西安交通大学正卓法学系列

中外投资条约研究

单文华　娜拉-伽拉赫　著
魏艳茹　李庆灵　译

法律出版社
LAW PRESS·CHINA

最早的经济法学硕士点之一。2008 年,法学院正式成立,以建设"高起点、国际化、研究型"的国际一流法学院为目标。2011 年,法学学科成为西安交通大学"985 工程"三期重点建设学科之一,其中国际经济法与比较法学科被确定为拟建世界一流学科。2012 年,法学学科首批获得由教育部和中央政法委员会联合评审批准的两个国家级卓越法律人才教育培养基地——"应用型、复合型法律职业人才教育培养基地"和"涉外法律人才教育培养基地"。学院现已形成"法律治理学"(Law and Governance)交叉学科博士点、法学一级学科硕士点和法学本科的完整法学人才培养体系,并取得了法律硕士(J. M.)专业学位授予权,目前在校本科生、硕士生和博士生五百余人,是我国最重要的法学人才教育培养基地之一。2014 年,法学院又牵头成立"丝绸之路经济带研究协同创新中心",倡建"丝绸之路学术带"和"丝绸之路能源带",为中国特色新型高校智库和"一带一路"建设不懈努力。

法学院建院后发展迅速,迄今已有毕业于英国剑桥大学、牛津大学、美国宾夕法尼亚大学、密歇根大学、北京大学等国内外知名大学的教职工五十余人,包括"千人计划"国家特聘专家 1 人、教育部"长江学者"讲座教授 2 人、教育部"新世纪优秀人才计划"入选者 2 人、陕西省"百人计划"入选者 1 人、西安交通大学"领军人才"2 人、"腾飞人才"特聘教授 3 人、"青年骨干"3 人,博士生导师 10 人、教授 13 人、副教授 13 人。

法学院的教师们主编了牛津大学出版社出版的国际学术期刊《中国比较法学刊》(Chinese Journal of Comparative Law)、牛津哈特出版社出版的英文专著系列"中国与国际经济法专著系列"、在美国布里尔出版社出版的"丝绸之路国际经济法专著系列"等书刊系列,在牛津大学出版社、北京大学出版社等中外著名出版机构出版了著作、教材 50 多部,并在《美国比较法杂志》(American Journal of Comparative Law)、《欧洲国际法杂志》(European Journal of International Law)、《现代法律评论》(Modern Law Review)、《中国社会科学》《法学研究》《中国法学》等中外权威专业期刊上发表学术论文百余篇,承担多项重要国际科研课题、两项国家重大项目攻关课题和数十项国家级和省部级社科基金项目课题。

法学院拥有一流的教学设施,包括一个亚太一流的国际法专业图书馆和一个达到国际先进水平的“法律坊”(由模拟法庭实验室、模拟仲裁庭实验室和计算机教学实验中心组成)。学院拥有十分优越的电子图书资料,包括Westlaw、LexisNexis、TDM/OGEL、IAReporter、InvestmentClaims 等法学专业数据库,正在努力建成一个国际一流的法学专业综合图书馆。法学院还与英国剑桥大学、英国国际法与比较法研究院、伦敦大学国王学院、德国马普国际私法研究所、欧洲大学研究院、美国印第安纳大学、澳大利亚莫纳什大学等国际一流院校和科研机构有着密切的学术交流与合作关系,并已选派学生前往这些校院所学习深造。

新一代交大法律人筚路蓝缕,殚精竭虑,在迈向“高起点、国际化、研究型”国际一流法学院的征途中孜孜以求。为开拓法治研究新气象,累积学术研究成果,在纪念西安交通大学法学学科复办 30 周年之际,我们得到法律出版社的热忱支持,得以创办“正卓”法学系列丛书。“正卓”源自法学院院训“正气、正道、正义、卓越”,意即做人讲正气,行事走正道,执业求正义,为学尚卓越。归根结底,冀望本院学生学者能以正气立身,正道任事,追求正义,进而达致各自职业与人生诸面向之“卓越”。系列丛书既包括本院学人富于原创性的专著及其高水平论文集,也容纳本院学者研究推介外文法学经典的高质量中文译作,计若数十本数百万言,在在皆为一己之精思妙构,俾便为沟通中西学术,推动内外法治贡献绵薄之力。

藉此“正卓”法学系列丛书的编辑出版,我们和学界同人一起瞻望中国法学和法治中国的辉煌未来!

西安交通大学“正卓”法学系列丛书编辑委员会　谨识

总编序言

本书是研究国际仲裁法律与实践前沿问题的“牛津国际仲裁”专著系列中的第二部。第一部为 MacLachlan、Shore 和 Weiniger 三位学者合著的《国际投资仲裁》一书。

本系列专著的重心,不在于泛泛而言的通识著作,而在于就本领域重要问题和方面提供集中深入论述与探讨的专题著作。它一方面为透彻深入地探索重要的实践和理论问题提供论坛,另一方面也促进作为一门学科和一个国际法律实践领域的仲裁的发展。在过去的二十五年中,仲裁得到了越来越广泛的接纳和采用。越来越多的人们愿意利用仲裁解决不同法律体制下各种各样的国际争端。这种扩张不仅体现在地理区域上,也体现在提起仲裁的事项上。虽然我们仍然难以甚至不可能确定具体的仲裁案件究竟有多少,但主要仲裁机构所提供的数字表明,仲裁案件数量正在持续增长。中国是国际仲裁领域的主角之一,不仅有着众多的仲裁机构,而且每个仲裁机构所处理的案件数量均不在少数。

本书的目的不在于研究传统的国际商事仲裁,而在于探索中国如何成为双边投资条约(BITs)缔约实践的一个主角。它对中国缔结的 126 项 BITs 进行了系统的检视和分析。其中,最早的是 1982 年《中国—瑞典 BIT》;最新的则是几个月前签订的《中国—墨西哥 BIT》。【译者注:依照联合国贸易和发展会议的报告及中国商务部的官方网站数据,截至 2013 年年底,中国已缔结 130 个 BITs,最近签署的 BIT 是 2013 年的《中国—坦桑尼亚 BIT》。】本书作者也研究了《中国—新西兰自由贸易协定》等新近自由贸易协定,因为这些协定包含了一个投资专章。

也许有人要问:为什么要研究中国的投资条约?原因很简单:中国不仅是外资流入量最大的投资东道国,也是海外投资流量最大的投资者母国之一——近年来,中国海外投资量的增长可谓一日千里。诚然,当前的全球金融危机也许会改变人们的观念和当前的形势。但毫无疑问的是,中国已经证明:它是世界经济的一个主要影响因素。

本书首先分析了中国的外资法律环境,详细回顾中国外资法及其所缔结的 BITs 的起源与流变,为读者理解中国的外资法律环境与不断变化的政治环境之间的相辅相成奠定了基础。与此同时,作者还阐述了外国来华投资可以采用的各种形式,为投资实务提供了可靠指南。

本书第二部分主要研究中国 BITs 的所有主要规则,包括投资的定义、待遇条款、征收以及其他实体性规则。本书的研究重心乃中国的 BITs,故第二部分各章并不试图对这些实体性规定进行全面系统的一般性分析。然而,为了让读者能理解并预测仲裁庭或将怎样适用中国的这些规定,第二部分各章对这些问题的国际一般理论与实践进行了非常有针对性的深入论述,并对中国的 BIT(条约)实践与国际投资条约仲裁实践之间的同异关联进行了生动地勾勒描画。

本书的最后一部分提出了新的《中国 BIT 范本》。该部分研究了各种可能的缔约路径,并力图界定 BIT 的发展新趋势。在各种各样的范本中制定一个中国范本殊非易事——而且,毫无疑问,世界上本来就没有完美无缺的范本。但是,本书作者似乎成功描绘了一个清晰准确而且能够广泛适用的 BITs 蓝本。

除了提供内容丰富、条理清楚、意义重大的信息外,本书的主要成就还在于,作者在实践预测与理论研究之间实现了很好的平衡。鉴于迄今为止有关中国的投资仲裁实践非常有限,本书作者所面临的任务甚为艰巨。我认为,作者不仅成功地提出了一个精心设计的外国投资者来华投资指南,同时也揭开了一个非常专业的法律领域的神秘面纱。作者也间接表明,作为海外投资者母国的中国应该采用何种思维取向。本书文字通俗易懂,所作的比较分析博大精深而又简洁明了。本书的结论不仅与中国息息相关,而且还在条约起草、条约实践,乃至国际仲裁庭对 BITs 的解释与适用等方面将产生深远的普遍性影响。

我一直非常荣幸能与这两位作者共事,其中一位与我已是多年的老相识。他们在国际公法与国际仲裁领域,学术造诣深厚,实践经验丰富,是个中翘楚。该书议论精当、内容丰富,立足但并未局限于实践,其所有的结论和建议均具有最高的学术价值。尤其对于打算在中国从事直接投资活动的外国公司的法律顾问们而言,本书是不可或缺的经典指南。

Loukas Mistelis

2009 年 1 月 27 日

致　谢

中国很大，不管从哪个角度来看，都是如此：人口很大；面积很大；投资数额也很大。诚然，中国能否继续保持最大的外国投资东道国的地位尚待观察。

写作本书的设想由来已久，其时间起点远在当前的全球金融危机发生之前，也远在中国开始关闭工厂融入裁减冗员和经济衰退的世界大势之前。但是，这突如其来的经济低迷本身对本书所述任何内容的准确性并无影响，因为其研究重点在于中国所签条约的具体规定。鉴于金融危机使东道国政府往往采取不利外资的极端行动，本书所研究内容的重要性可谓有增无减。无论是外来投资，还是对外投资，概莫能外。

在若干年前，这个写作计划看起来相当美妙，瞄准时下热点、切合实际需要。至于其可能涉及哪些问题，或许我们当时都过于天真、不知深浅。先完整地状写中国相关投资的法律框架，再系统检讨其缔结的所有 126 个 BITs 的主要规定，这貌似是解读中国外资政策与法律的上佳之选。然而，中国对待投资条约的态度几经变迁。特别是自从其海外投资不断增长以来，中国开始愿意接受更现代化的投资保护理念，拓展投资保护的范围与程度。尽管有人呼吁中国应该退回不提供有效的投资者—国家争端解决机制的中国 BIT 范本早期时代，中国却从未如此行事。

实践证明，彻底检讨中国的投资条约诚非易事。我们当时并不知道全面比较和检讨所有中外投资条约是如此浩大艰辛、耗费时日的工程，甚至将这些条约规定弄进表格里的工作都是一个耗时费力的技术流程。我们希望，对于来华投资者或者潜在投资者、业界人士、学术界人士以及学生而言，我们的劳动成果都能有所助益。

在初稿中，我们常常在提到某一特定 BIT 时特别标示"中国"二字，比如《中国—俄罗斯 BIT》。后来我们意识到，读者可以顺理成章地推断出来，在整部书中，只要是没有提到缔约另一方的 BIT，那一定是中国缔结的 BIT。在此种情况下，不特别标示"中国"二字也许更为合理。本书首先全面检讨了中国投资法和 BIT 的历史演变，以帮助读者理解其如何与中国不断变动的政治经济环境相适相应。本书接下来的各章分别论述具体的条约规定，但我们在撰写的过程中刻意地尽量避免与本系列第一部，也即 MacLachlan、Shore 和 Weiniger 三位学者合著的《国际投资仲裁》一书的内容重复，故在这几章中并不试图对这些实体性条款进行全面、系统的一般性分析。我们努力在全书中始终贯彻这样一个逻辑思路：每章首先概论条约规定及其最新发展，然后考察中国的具体实践。我们希望，通过这样的方式，本书能清晰地描绘出中国缔结的 BITs 在哪些地方与国际投资法相契合，又在哪些方面与后者各有千秋。

在本书的最后，我们提出了新的《中国 BIT 范本》，这是一个面向 21 世纪的范本。不过，这也成为本书两位作者之间唯一的意见分歧之处。就第 9 章所建议的新 BIT 范本的体例和版式问题，两位作者的意见截然相反：其中一位喜欢像《英国 BIT 范本》那样的简短的 BIT，也就是说，在现行的《中国 BIT 范本》的基础上根据晚近投资仲裁实践的发展进行有限的调整，如设定对"投资"定义与双重国籍国民的限制，以及在一些实体性规定中添加其他限制性规定，等等。另一位则喜欢像北美国家，如加拿大和美国的 BIT 范本那样的篇幅更大、内容更详细的条约范式。从某种意义上说，这种分歧恰恰反映了条约谈判者所面临的困难：制定一国的 BIT 范本本非易事，而缔约国之间的条约也本来就是妥协的产物,我们拟定的《中国新 BIT 范本》也不例外。

无疑,如果没有许多人在本书撰写的整个过程中惠予帮助、鼓励,本书也许永远无缘付梓。我们非常感谢中国商务部(MOFCOM)、外交部(MFA)以及其他部门的朋友们——他们给我们提供了最大可能地接触条约和其他相关档案的宝贵机会。我们对商务部的多次造访尤其证明富有成效,不仅获得了第一手资料(有些资料非常难得),而且还建立了持久深厚的专业友谊。感谢我们的出版社(尤其是我们的责编 Darcy Ahl、Manju Manglani、Vicky Pittman),他们对我们的写作构思给予了充分的肯定,并在我们写作速度放慢时督促我们尽早完工。我们也感谢众多(匿名)的外部评议者,他们给拙作提出的反馈意见非常务实中肯。特别感谢 Loukas Mistelis 教授和 Stavros Brekoulakis 博士一直以来对我们所给予的支持。感谢张生(Jerry)在搜集、整理研究资料方面提供的非常宝贵的协助,尤其是,他就 126 项中外 BITs 的每个条文所制定的表格很有帮助。感激 Julian DM Lew 博士在我们懈怠的时候所给予的鼓励。感谢好朋友 Larry Shore 和 Monique Sasson,他们在我们几乎半途而废的时候帮助我们咬紧牙关攻坚克难。感谢杨帆女士所提供的翻译协助。感谢我们的朋友和家人,他们容忍了我们撰写本书过程中带给他们的所有烦扰,理解我们在将近一年的时间内为何错过了每一个重要的事件。其中,Grainne NiDhubhghaill 在本书撰写的最后关头还送来了鲜花和箴言,这对我们继续保持全神贯注的写作状态大有裨益。写作本书结尾的时候正值汶川地震的一次余震——书桌上剧烈晃动的水杯见证了本书最后的几段文字!

本书旨在对中国缔结的 126 项 BITs 进行系统的检讨和分析,其研究范围始自 1982 年《中国—瑞典 BIT》,这也是中国缔结的第一个 BIT,终于 2008 年《中国—墨西哥 BIT》,这也是中国最近缔结的 BIT。我们希望通过本书,读者能够对中国的投资政策与法律,包括其源流演变与未来走向,有更新更深的认识。我们也希望至少本书的部分预测能够成为现实。

单文华　娜拉－伽拉赫

2009 年 1 月 28 日

要 目

目 录

案　例

AAPL v. Sri Lanka, ICSID Case No. ARB/87/3, Award, 27 June 1990, 4 ICSID Reports 250, 30 ILM (1991) 577.

ADC Affiliate Limited and ADC & ADMC Management Limited v. Hungary, ICSID Case No. ARB/03/16, Award, 2 October 2006.

ADF Group Inc. v. United States of America, ICSID Case No. ARB (AF)/00/1, Final Award, 9 January 2003.

ADM Co. v. Mexico.

AES Corporation v. The Argentine Republic, ICSID Case No. ARB/02/17, Decision on Jurisdiction, 26 April 2005.

Aguas Argentinas, SA, Suez, Sociedad General de Aguas de Barcelona, SA and Vivendi Universal, SA v. Argentina, ICSID Case No. ARB/03/19.

Aguas Cordobesas, SA, Suez, and Sociedad General de Aguas de Barcelona, SA v. Argentina, ICSID Case No. ARB/03/18.

Aguas del Tunari S. A. v. Republic of Bolivia (AdT v. Bolivia), ICSID Case No. ARB/02/3 Decision on Respondent's Objections to Jurisdiction, 21 October 2005.

Aguas Provinciales de Santa Fe, SA, Suez, Sociedad General de Aguas de Barcelona, SA and Interagua Servicios Integrales de Agua, SA v. Argentina, CSID Case No. ARB/03/17.

Alex Genin, Eastern Credit Limited, Inc. v. Estonia, ICSID Case No. ARB/99/2, Award, 25 June 2001.

Alstom v. Mongolia (Alstom Power Italia SpA and Alstom SpA v. Republic of Mongolia, ICSID Case No. ARB/04/10).

Ambatielos Claim (Greece v. UK), 12 RIAA 107 (1956).

Amco Asia Corporation and others v. Indonesia, ICSID Case No. ARB/81/1, Decision on Jurisdiction, 25 September 1983 (1 ICSID Reports 394).

Amco Asia Corporation and others v. Indonesia, ICSID Case No. ARB/81/1, Award, 20 November 1984.

Amco Asia Corporation and others v. Republic of Indonesia, ICSID Case No. ARB/81/1, Annulment decision 16 May 1986.

American Manufacturing & Trading (AMT) v. Zaire, ICSID Case No. ARB/93/1, Award, 21 February 1997.

Amco International Finance v. Iran, 15 Iran – US CTR, 189.

Anglo – Iranian Oil Co. (UK v. Iran) 1952 ICJ 93.

Arab Republic of Egypt v. S outhern Pacific Properties Lrd and others, 23 ILM 1004 (France: Court of Appeals of Paris).

Asian Agricultural Products Ltd. (AAPL) v. Republic of Sri Lanka, ICSID Case No. ARB/87/3, Award of the Tribunal 21 June 1990, reprinted in 30 ILM 577; 6 ICSID Review 526, 543 – 48 (1991).

Attorney General v. Burgoa(Case 812/79) [1980] ECR 2787.

Autopista Concesionada de Venezuela, C. A. v. Venezuela, ICSID Case No. ARB/00/5, Award 23 September 2003.

Autopista Concesionada de Venezuela, C. A. v. Venezuela, ICSID Case No. ARB/00/5, Decision on Jurisdiction, 27 September 2001.

Award in Arbitration between SPP(Middle East) Ltd., Southern Pacific Properties Ltd. and the Arab Republic of Egypt, the Egyptian general for Tourism and Hotels, 11 March 1983, 22ILM 752 (International Chamber of Commerce).

*AWG Group Ltd. v. Argentina*UNCITRAL.

Azinian, Davitian, & Baca v. Mexico (Azinian v. Mexico), ICSID Case No. ARB (AF)/97/2(NAFTA), Award, 1 November 1999.

Azurix Corp v. Argentine Republic, ICSID Case No. ARB/01/12, Decision on Jurisdiction, 8 December 2003.

Azurix Corp. v. Argentina, ICSID Case No. ARB/01/12, Final Award, 14 July 2006.

Barcelona Traction, Light and Power Co., Ltd. Case (Belgium v. Spain), ICJ Judgement, 5 February 1970, ICJ Reports 1970, 3.

Bayindir Insaat Turizm Ticaret Ve Sanayi A. S. v. Islamic Republic of Pakistan (Bayindir v. Pakistan), ICSID Case No. ARB/03/29, Decision on Jurisdiction, 14 November 2005.

Bayview Irrigation District and others v. United Mexican States, ICSID Case No. ARB (AF)/05/1 (NAFTA), Award, 19 June 2007.

Beijing Jialilai Case, MOFCOM (then MOFTEC) Decision No. [2007] 67 (administrative review).

Beijing Jialilai Case, The Second Intermediate Court Administrative Decision No. 151 (December 2003).

Berschader v. The Russian Federation, SCC Award of 21 April 2006.

BG Group Plc v. Argentina, UNCITRAL Award, 24 *December* 2007.

Biwater Gauff (Tanzania) Ltd. v. United Republic of Tanzania(Biwater v. Tanzania), ICSID Case No. ARB/05/22, Award of 24 July 2008.

BP America Production Co. and Others v. Argentina, ICSID Case No. ARB/04/8, Award on Jurisdiction 27 July 2006.

Bridas SAPIC v. Turkmensitan, 21 April 2006(US Court of Appeals, 5th Circuit).

British Petroleum Exploration Company Ltd. v. Libyan Arab Republic(1979), 53 ILR 297.

Cable Television of Nevis, Ltd. and Cable Television of Nevis Holdings, Ltd. v. Federation of St. Kitts and Nevis, ICSID Case No. ARB/95/2.

Calmark Commercial Development Inc. v. Mexico.

Camuzzi International S. A. v. the Argentine Republic, ICSID Case No. ARB/03/2, Decision on Objections to Jurisdiction, 11 May 2005.

Canfor Corporation, Tembec Investments and Terminal Forest porducts Ltd., 7 September 2005,《Order of the NAFTA》Consolidation Tribunal.

Case Concerning Rights of Nationals of the United States of America in Morocco(France v. USA) 1952 *ICJ* 176.

Case Concerning Payment of Various Serbian Loans Issued in France (*France v. Kingdom of Serbs Croats and Slovenes*),1929 PCIJ(ser A) No 20/21(July 12). 8. 93.

*Case No. A/*18 *of* 6 *April* 1984,Iran – United States Claim Tribunal,5 Iran – US CTR, 251.

Cementownia 'Nowa Huta' S. A. (*Poland*) *v. Turkey*,ICSID Case No. ARB (AF)/06/2.

Ceskoslovenska Obchodni Banka,as v. The Slovak Republic,ICSID Case No. ARB/97/4.

Champion Trading v. Egypt, ICSID Case No. ARB/02/9, Decision on Jurisdiction, 21 October 2003.

Champion Trading v. Egypt,ICSID Case No. ARB/02/9,Award 27 October 2006.

Changchun Huijin, Administrative Decision of the Higher People's Court of the Jiling Province(2004,*Jixinzongzi No.* 11).

CME Czech Republic B. V. v. Czech Republic,UNCITRAL Partial Award 13 September 2001.

CME Czech Republic B. V v. Czech Republic,UNCITRAL,Final Award,14 March 2003.

CMS Gas Transmission Com pany v. Argentina,ICSID Case No. ARB/01/8,Decision on Jurisdiction of 17 July 2003.

CMS Gas Transmission Company v. Argentina,ICSID Case No. ARB/01/8,Award of 12 May 2005.

CMS Gas Transmission Company v. Argentine, Republic, ICSID Case No. ARB/01/8, Argentine Republic's Application for Annulment,8 September 2005.

CMS Gas Transmission Company v. Argentine, Republic, ICSID Case No. ARB/01/8, Annulment Decision,25 September 2007.

Commission v. Belgium,Case C – 170/98,[1999] ECR I – 5493.

Commission v. Ireland [2006],ECR I – 4635.

Commission of the European Union v. Kingdom of Sweden, Case C – 249/06, Action brought on 2 June 2006.

Commission of the European Union v. Republic of Austria, Case C – 205/06, Action brought,5 May 2006.

Commission v. Portugal (*Case* 62/98) Judgment,4 July 2000.

Commission v. Austria*and* Commission v. Sweden(*Cases C* – 205/06) Action brought,5 May 2006.

Commission of the European Union v. Republic of Finland(Case C – 118/07), Action brought,27 February 2007.

Compañiá de Aguas del Aconquija S. A. and Vivendi Universal v. Argentine Republic, ICSID Case No. ARB/97/3,Award,21 November 2000.

Compañiá de Aguas del Aconquija S. A. and Vivendi Universal v. Argentina,ICSID Case No. ARB/97/3,Decision on Annulment,3 July 2002.

Compañiá de Aguas del Aconquija S. A. and Vivendi Universal v. Argentina,ICSID Case No. ARB/97/3,Award,20 August 2007.

Compañia del Desarrollo de Santa Elena SA v. Costa Rica,ICSID Case No. ARB/96/1.

Consortium Groupement L. E. S. I. – DIPENTA v. Algeria,ICSID Case No. ARB/03/08,Award 10 January 2005.

Continental Casualty Company v. Argentina, ICSID Case No. ARB/03/9, Decision on Jurisdiction,22 February 2006.

Corn Products International v. Mexico, ICSID Case No. ARB (AF)/04/1, Order of the Consolidation Tribunal, 20 *May* 2005.

Czech Republic v. European Media Ventures SA[2007] EWHC 2851(Comm).

David Wilson Homes Ltd. v. Survey Services Ltd. and Others[2001], 1AllER 449.

Eastern Sugar BV v. Czech Republic, SCC Case No. 088/2004.

El Paso Energy International Company v. Argentina, ICSID Case No. ARB/03/15, Decision on Jurisdiction, 27 April 2006.

Elettronica Sicula S. p. A. (ELSI) (United States of America v. Italy) [1989], ICJ Rep 14.

Emilio Agustín Maffezini v. Kingdom of Spain (Maffezini v. Spain), ICSID Case No. ARB/97/7, Award on Jurisdiction of January 25, 2000.

Emilio Agustín Maffezini v. Kingdom of Spain, ICSID Case No. ARB/97/7, Award on Merits, 13 November 2000.

Empresas Lucchetti, S. A. and Lucchetti Peru, SA v. Peru (Lucchetti v. Peru), ICSID Case No. ARB/03/4 (also known as *Industria Nacional de Alimentos, S. A. andIndalsa Perú, S. A. v. Peru*), Award, 7 February 2005.

Enron Corporation and Ponderosa Assets L. P. v. The Republic of Argentina, ICSID Case No. ARB/01/3, Decision on Jurisdiction, 14 January 2004.

Enron Corporation and Ponderosa Assets L. P. v. The Republic of Argentina, ICSID Case No. ARB/01/3, Award of 22 May 2007.

Enron Corporation and Ponderosa Assets L. P. v. The Republic of Argentina, ICSID Case No. ARB/01/3, Decision on Rectifi cation, 25 October 2007.

Eureko B. V. v. Republic of Poland(Eureko v. Poland), UNCITRAL Arbitration, Partial Award and Dissenting Opinion, 19 August 2005.

Europe Cement Investment and Trade S. A. (Poland) v. Turkey, ICSID Case No. ARB (AF)/07/2.

European Media Ventures SA v. Czech Republic, UNCITRAL, Award on Jurisdiction, 15 May 2007.

Factory at Chorzów (Germany v. Poland) Merits(1928), PCIJ Series A, No. 17.

FEDAX N. V. v. Republic of Venezuela, (FEDAX v. Venezuela) ICSID Case No. ARB/ 96/3(1), Decision on Jurisdiction, 11 July 1997.

FEDAX N. V. v. Republic of Venezuela, (FEDAX v. Venezuela) ICSID Case No. ARB/ 96/3(1), Award 9 March 1998.

Feldman v. Mexico, See Marvin Roy Feldman v. United Mexican States.

Fireman's Fund Insurance Company v. United Mexican States, ICSID Case No. ARB (AF)/02/1 (NAFTA), Award, 17 July 2006.

France: *Court of Appeals of Paris Decision in Arab Republic of Egypt v.*

Southern Pacifi c Properties, Ltd. et al., 23 International Legal Materials (ILM), 1004.

Fraport AG Frankfurt Airport Services Worldwide v. Philippines, ICSID Case No. ARB/ 03/25, Award, 16 August 2007.

Fuzhou Xinyuan.

GAMI Investments Inc. v. Mexico, UNCITRAL, Final Award, 15 November 2004.

Gas Natural SDG, S. A. v. The Argentine Republic, ICSID Case No. ARB/03/10, Decision of the Tribunal on Preliminary Questions on Jurisidiction, 17 June 2005.

Generation Ukraine, Inc. v. Ukraine, ICSID Case No. ARB/00/9.

Genin and ors v. Estonia, ICSID Case No. ARB/99/2, Award, 25 June 2001.

Goetz and others v. Burundi, ICSID Case No. ARB/95/3, Award (Embodying the

Parties' Settlement Agreement), 10 February 1999.

Grand River Enterprises, Six Nations Ltd. & Others v. United States of America, UNCITRAL Arbitration, Decision on Jurisdiction, 20 July 2006.

Helnan International Hotels A/S v. Egypt, ICSID Case No. ARB/05/09, Award of 7 June 2008.

Impregilo S. p. A. v. Pakistan, ICSID Case No. ARB/03/3, Award on Jurisdiction 22 April 2005.

Impregilo SpA v. Pakistan, ICSID Case No. ARB/03/3, Award of 2 August 2006 *INA Corporation v. Iran*, 8 Iran – USCTR, 373.

Inceysa Vallisoletana S. L. v. Republic of El Salvador, ICSID Case No. ARB/03/26, Award, 2 August 2006.

Inmaris Perestroika Sailing Maritime Services GmbH and others v. Ukraine (*Inmaris v. Ukrain*), ICSID Case No. ARB/08/8 (pending).

International Thunderbird Gaming Corporation v. Mexico, UNCITRAL (NAFTA), Arbitral Award (*Thunderbird v. Mexico*), 26 January 2006.

Jack Rankin v. The Islamic Republic of Iran, Iran – United States Claims Tribunal, Award, 3November 1987 (17 Iran – United States Claims Tribunal Reports).

Jalapa Railroad and Power Co. (1948), 8 Whitesman's Digest of International Law, 908.

James v. UK(1986), 8 EHRR 123.

Jan de Nul NV and Dredging International NV v. Egypt, ICSID Case No. ARB/04/13, Decision on Jurisdiction, 16 June 2006.

Joy Mining Machinery Limited v. Egypt, ICSID Case No. ARB/03/11, Award on Jurisdiction of 6 August 2004.

Kaiser Bauxite v. Jamaica, ICSID Case No. ARB/74/3, Decision on Jurisdiction, 6 July 1975.

Kazakhstan v. Istil Group Inc. [2006] EWHC 448(England: High Court).

Klöckner Industrie – Anlagen GmbH and Others v. United Republic of Cameroon and Société Camerounaise des Engrais, ICSID Case No. ARB/81/2, Award, 21 October 1983 (2 ICSID Reports 16).

Kuwait v. American Independent Oil Co. (*AMINOIL*) (1982), 21 ILM 976.

Lanco International Inc. v. Argentina, ICSID Case No. ARB/97/6, Decision on Juridiction, 8 December 1998.

Lauder v. Czech Republic, UNCITRAL Final Award, 3 September 2002.

*LG& E Energy Corp., LG& E Capital Corp. and LG& E International Inc. v. Argentina*ICSID Case No. ARB/02/1, Award on Jurisdiction, 30 April 2004.

LG&E Energy Corp., LG&E Capital Corp. and LG&E International Inc. v. Argentina, ICSID Case No. ARB/02/1, Award 3 October 2006.

LG&E Energy Corp., LG&E Capital Corp. and LG&E International Inc. v. Argentina, ICSID Case No. ARB/02/1 Decision on Liability, 3 October 2006.

Liberian Eastern Timber Corporation (*LETCO*) *v. Liberia*, ICSID Case No. ARB/83/2, Decision on Jurisdiction, 4 October1984(2 ICSID Reports 349).

Liberian Eastern Timber Corporation (*LETCO*) *v. Liberia*, ICSID Case No. ARB/83/2, Award, 31 March 1986.

Libyan American Oil Company (*LIAMCO*) *v. Libya Arab Republic*(1981), 62 ILR 140.

Loewen Group Inc. and Raymond Loewen United States, ICSID Case No. ARB(AF)/98/3, Award on Jurisdiction, 5 January 2001.

Loewen Group, Inc. and Raymond L. Loewen v. United States, ICSID Case No. ARB (AF)/98/3, Decision on Jurisdiction, 5 January 2001.

Loewen Group, Inc. and Raymond L. Loewen v. United States, ICSID Case No. ARB (AF)/98/3, Award on Merits, 26 June 2003.

Loewen Group Inc. and Raymond Loewen United States, ICSID Case No. ARB (AF)/98/3, *United States District Court Dismissing Loewen's Motion to Vacate Arbitral Award*, 31 October 2005.

Lucky – Goldstar International (HK) v. Ng Moo Kee Engineering[1993], 2 HKLR 73.

Maffezini v. Spain, see *Emilio Agustín Maffezini v. Kingdom of Spain.*

Malaysian Historical Salvors, SDN, BHD v. Malaysia, ICSID Case No. ARB/05/10 ('*MHS v. Malaysia*'), Decision on Jurisdiction, 17 May 2007.

Malek v. Iran, Award of 23 June 1988, 19 Iran – US CTR 48.

Maritime International Nominees Establishment v. Republic of Guinea, ICSID Case No. ARB/84/4, Annulment Decision 22 December 1989, 4 ICSID Rep. 79 (1997).

Marvin Roy Feldman v. United Mexican States, ICSID Case No. ARB (AF)/99/1, Award on Jurisdiction, 6 December 2000.

Marvin Roy Feldman v. the United Mexican States, ICSID Case No. ARB (AF)/99/1, Award on the Merits, 16 December 2002.

M. C. I. Power Group L. C. and New Turbine, Inc. v. Ecuador, ICSID Case No. ARB/03/6 ('*MCI v. Ecuador*'), Award, 31 July 2007.

Mellacher and Others v. Austria (1989) ECHR Series. A, No. 169.

Metalclad Corporation v. Mexico(2002), ICSID Case No. ARB (AF)/97/1, USA Art. 1128 Post – hearing Brief, 9 November 1999.

Metalclad Corporation v. Mexico(2002), ICSID Case No. ARB(AF)/97/1 (NAFTA), Award of 30 August 2000, 40 ILM 36.

*Metalpar SA and Buen Aire SA v. Argentina, ICSID Case No. ARB/*03/5.

Methanex Corporation v. United States of America (*Methanex v. USA*), UNCITRAL Final Award 3 August 2005.

*Micula and ors v. Romania, ICSID Case No. ARB/*05/20, Decision on Jurisdiction and Admissability, 24 September 2008.

Middle East Cement Shipping and Handling Co. S. A. v. Egypt(*Middle East Cement v. Egypt*), ICSID Case No. ARB/99/6, Award 12 April 2002.

Mihaly International Corporation v. Sri Lanka, ICSID Case No. ARB/00/2, Award of 15 March 2002.

Mondev International Inc. v. United States (*Mondev v. USA*), ICSID Case No. ARB (AF)/99/2, Award, 11 October 2002.

MTD Equity Sdn. Bhd. and MTD Chile S. A. v. Republic of Chile, ICSID Case No. ARB/01/7, Award of 25 May 2004.

MTD Equity Sdn. Bhd. & MTD Chile SA v. Chile, ICSID Case No. ARB/01/7 Annulment Decision 21 March 2007.

National Grid v. Argentina, UNCITRAL, Decision on Jurisdiction of 20 June 2006.

Neer v. Mexico, Reports of International Arbitral Awards (RIAA), 1926.

Noble Ventures, Inc. v. Romania, ICSID Case No. ARB/01/11 Award 12 October 2005.

North American Dredging Company Case, 4 UN Rep. 2 (1926, American – Mexican Claims Commission).

Nottebohm Case (*Liechtenstein v. Guatemala*), ICJ, 1955.

Nykomb Synergetics Technology Holding AB v. Latvia (*Nykomb v. Latvia*), SCC Case

No. 118/2001, Award of 16 December 2003.

Occidental Exploration and Production Company v. The Republic of Ecuador, Case No. UN3467, Final Award, 1 July 2004.

Olguín v. Paraguay, ICSID Case No. ARB/98/5, Decision on Jurisdiction, 8 August 2000.

Pan American Energy LLC and BP Argentina Exploration Company v. Argentina, ICSID Case No. ARB/03/13, Decision on Preliminary Objections, 27 July 2006.

Parkerings - Compagniet AS v. Lithuania, ICSID Case No. ARB/05/8, Award, 11 September 2007.

Patrick Mitchell v. The Democratic Republic of Congo, ICSID Case No. ARB/99/7, Decision on the Application for Annulment of the Award, 1 November 2006.

Petrobart Limited v. Kyrgyz Republic, SCC ARB. No. 126/2003, Award, 29 March 2005.

Petroleum Development Ltd. v. Sheikh of Abu Dhabi(1951), 18 ILR 144.

Phelps Dodge Corp v. Iran(1986), 10 Iran - USCTR 121.

Phillips Petroleum Co. Iran v. Iran(1989), 21 Iran - USCTR 79.

Plama Consortium Limited v. Republic of Bulgaria, ICSID Case No. ARB/03/24, Decision on Jurisdiction of 8 February 2005.

Pope & Talbot, Inc. v. Government of Canada, UNCITRAL, Interim Award on Merit, 26 June 2000.

Pope & Talbot, Inc. v. Government of Canada, UNCITRAL, Award on Merit, 10 April 2001.

Pope & Talbot, Inc. v. Government of Canada, UNCITRAL, Award on Damage, 31 May 2002.

Pope & Talbot, Inc. v. Government of Canada, UNCITRAL, Award on Cost, 26 November 2002.

PSEG Global et al. v. Republic of Turkey, ICSID Case No. ARB/02/5, Award 19 January 2007.

Ronald S. Lauder v. The Czech Republic, UNCITRAL, Final Award, 3 September 2001.

RosInvest Co. UK Ltd. v. Russian Federation, SCC Case No. ARB. V079/2005 (published January 2008).

Ruler of Qatar v. International Marine Oil Co. Ltd. (1953) 20 ILR 534.

Rumeli Telekom AS and Telsim Mobil Telekomunikasyon Hizmetleri AS v. Kazakhstan, ICSI Case No. ARB/05/16.

Saipem S. p. A. v. People's Republic of Bangladesh, (*Saipem v. Bangladesh*) ICSID Case No. ARB/05/7, Decision on Jurisdiction of March 21, 2007.

Salini Construtorri SpA and Italstrade SpA v. Morocco, ICSID Case No. ARB/00/4, Decision on Jurisdiction, 23 July, 2001.

Salini Construttori S. p. A. and Italstrade S. p. A. v. the Hashemite Kingdom of Jordan, ICSID Case No. ARB/02/13, Decision of the Tribunal on Jurisdiction, 9 November, 2004.

Saluka Investments BV (The Netherlands) v. Czech Republic, UNCITRAL Arbitration, Partial Award of 17 March 2006.

Santa Elena v. Costa Rica, Award of 17 February 2000.

Saudi Arabia v. Arabian American Oil Co. (*ARAMCO*), (1963) 27 ILR 117.

S. *D. Myers, Inc. v. Canada*, UNCITRAL First Partial Award 13 November 2000.

Sempra Energy International v. Argentina, ICSID Case No. ARB/02/16, Award on

Jurisdiction 11 May 2005.

Sempra Energy International v. Argentina, ICSID Case No. ARB/02/16 Award 28 September 2007.

SGS Société Générale de Surveillance S. A. v. Islamic Republic of Pakistan, ICSID Case No. ARB/01/13 (*SGS v. Pakistan*), Award on Jurisdiction, 6 August 2003.

SGS Société Générale de Surveillance S. A. v. Republic of the Philippines (*SGS v. Philippines*), ICSID Case No. ARB/02/6 Jurisdiction, 29 January 2004.

Siemens A. G. v. Argentine Republic, (*Siemens v. Argentina*) ICSID Case No. ARB/02/08, Decision on Jurisdiction of 3 August 2004.

Siemens A. G. v. Argentine Republic, (*Siemens v. Argentina*) ICSID Case No. ARB/02/08, Award, 6 February 2007.

Société Ouest Africaine des Bétons Industriels [SOABI] v. State of Senegal.

Soufraki v. United Arab Emirates, ICSID Case No. ARB/02/7, Decision on Jurisdiction, 7 July 2004.

Southern Pacific Properties v. Egypt, ICSID Case No. ARB/84/3, Decision on Jurisdiction, 27 November 1985.

Southern Pacific Properties v. Egypt, ICSID Case No. ARB/84/3, Award, 20 May 1992.

Southern Pacific Properties Ltd. and others v. Arab Republic of Egypt(*Appeallate Review of Aribitral Awards Between States and Private Parties*), 6 January 1987, 26 ILM 1004 (France: Court of Cassation).

Suez and Vivendi v. Argentina, ICSID Decision on Jurisdiction of 3 August 2006.

Suez, Sociedad General de Aguas de Barcelona S. A. and InterAguas ServiciosIntegrales delAgua S. A. v. The Argentine Republic, ICSID Case No. ARB/03/17, Decision on Jurisdiction, 16 May 2006.

Suez, Sociedad General de Aguas de Barcelona S. A. , and InterAguas ServiciosIntegrales del Agua S. A. v. The Argentine Republic, ICSID Case No. ARB/03/17.

Svenska Petroleum Exploration AB v. Government of Republic of Lithuania (*No.* 2) [2006] EWCA Civ 1529 (England: Court of Appeal).

Tecnicas Medioambientales Tecmed S. A. v. Mexico (*Tecmed v. Mexico*), ICSID Case No. ARB(AF)/00/2, Final Award, 29 May 2003.

Telenor Mobile Communications A. S. v. Republic of Hungary, ICSID Case No. ARB/04/15, Award, 13 September 2006.

Texaco v. Libyan Arab Republic(1978), 17 ILM 1.

Tokios Tokelés v. Ukraine, ICSID Case No. ARB/02/18, Decision on Jurisdiction of April 29, 2004.

Tokios Tokelés v. Ukraine, ICSID Case No. ARB/02/18 Award 26 July 2007 (made public August 2008).

Too v. Greater Modesto Insurance Associates(1989), 23 Iran US Cl. Trib. Rep. 378.

TSA Spectrum de Argentina SA v. Argentina, Award, ICSID Case No ARB/05/5, Award, 19 Decmber 2008.

Tza Yap Shum v. Republic of Peru(ICSID Case No. ARB/07/6) (pending).

United Mexican States v. Metalclad Corporation(2001) BCSC 664; 119 ILR 647.

United Parcel Service (UPS) of America Inc. v. Canada, UNCITRAL (NAFTA), Award on the Merits, 24 May 2007.

Vacuum Salt Products Limited v. Ghana, ICSID Case No. ARB/92/1, Award, 16 February 1994 (reprinted in ICSID Review, 1994, vol. 9, 1, pp. 71 – 101/1994).

Waguih Elie George Siag and Clorinda Vecchi v. The Arab Republic of Egypt, ICSID

Case No. ARB/05/15, Decision on Jurisdiction, 11 April 2007.

Waste Management Inc. v. Mexico, ICSID Case No. ARB(AF)/00/3, Final Award, 30 April 2004.

Waste Management, Inc. v. Mexico, ICSID Case No. ARB (AF)/98/2, Jurisdiction Award 20 June 2000.

Wena Hotels Ltd. v. Arab Republic of Egypt, ICSID Case No. ARB/98/4, Award on Merits, 8 December 2000.

Wena Hotels Ltd. v. Arab Republic of Egypt, ICSID Case No. ARB/98/4, Decision on Annulment, 5 February 2002.

William Nagel v. Czech Republic, SCC CASE 49/2002, Final Arbitral Award, 2003.

William Nagel (United Kindom) v. Czech Republic, (Sweden: Svea Court of Appeal).

Wintershall Aktiengesellshaft v. Argentina ICSID Case No. ARB/04/14, Award, 8 December 2008.

Wintershall A. G., et al. v. Government of Qatar(1989), PartialAward on Liability of 5 February 1988, 28 ILM 795 (1989).

Woodruff(1903,) Reports of International Arbitral Awards, vol. IX (1903, American – Venezuelan Claims Commission).

Zhinvali Development Limited v. Georgia, ICSID Case No. ARB/00/1, unpublished.

国内立法

厄瓜多尔

埃及

加纳

格鲁吉亚

希腊

印度尼西亚

吉尔吉斯斯坦共和国

拉脱维亚

莫桑比克

俄罗斯

美国

委内瑞拉

条约及其他国际法律文件

图 表

图

表

缩略语

ADM	Arbitrary and Discriminatory Measures 歧视和专断性
AOC	Amount of Compensation 赔偿款额
APL	Administrative Procedures Law(1989) 1989 年行政诉讼法
ASEAN	Association of South - Eastern Asian Nations 东南亚国家联盟
BECZ	Border Economic Cooperation Zone 边境经济合作区
BIT	Bilateral Investment Treaty 双边投资条约
BLEU	Belgium - Luxemburg Economic Union 比利时—卢森堡经济联盟
BoPs	Balance of Payments 国际收支
BOT	Build - Operate - Transfer 建设—经营—移交
BOT Notice	MOFTEC Notice on Some Issues about Utilising Foreign Investment in the Form of BOT(1995) 1995 年商务部《关于以 BOT 方式吸收外商投资有关问题的通知》
CARICOM	Caribbean Community and Common Market(established by Treaty of Chaguaramas,4 July 1973) 加勒比共同体和共同市场(1973 年 7 月 4 日签署的《查瓜拉及斯条约》建立)
CIETAC	China International Economic and Trade Arbitration Commission 中国国际经济贸易仲裁委员会
CJV	Contractual Joint Venture 合作经营企业
CJVL	The Law of China - Foreign Contractual Joint Ventures(1988) 1988 年《中外合作经营企业法》
CNOOC	China Nation offshore Oil Corporation 中国海洋石油总公司

COE	Collectively – Owned Enterprises 集体所有企业
CPC	Communist Party of China 中国共产党
CPEC	Chinese Partners Equity Control 中方控股
CPREC	Chinese Partners Relative Equity Control 中方相对控股
CRCICA	Cairo Regional Centre for International Commercial Arbitration 开罗国际商事仲裁区域中心仲裁
DGTL	Directorate – General of Treaty and Law 外交部条约和法律司
DTT	Double Taxation Treaty 避免双重征税协定
EC	European Community 欧共体
ECJ	European Court of Justice 欧洲法院
EJV	Equity Joint Venture 合资经营企业
EJVL	The Law of China – Foreign Equity Joint Ventures 《中外合资经营企业法》
ETDZs	Economic and Technology Development Zones 经济技术开发区
EU	European Union 欧盟
FDI	Foreign Direct Investment 外国直接投资
FET	Fair and Equitable Treatment 公平公正待遇
FIE	Foreign Invested Enterprises 外资企业
FIP	Foreign Investment Projects 外国投资项目
FTC	(NAFTA) Free Trade Commission 《北美自由贸易协定》自由贸易委员会
FTA	Free Trade Agreement 自由贸易协定
GATS	General Agreement on Trade in Services 《服务贸易总协定》
GATT	General Agreement on Tariff and Trade 《关贸总协定》
GPCL	General Principles of Civil Law 《民法通则》
HCFI	Holding Company with Foreign Investment 外商投资控股公司
High – tech	Catalogue of Encouraged High – Tech Industries for

Catalogue	Foreigh Investment 2003 2003 年《鼓励外商投资高新技术产业目录》
ICC	International Chamber of Commerce 国际商会
ICJ	International Court of Justice 国际法院
ICLQ	International and Comparative Law Quartly 《国际法和比较法季刊》
ICSID	International Centre for the Settlement of Investment Disputes 国际投资争端解决中心
IISD	International Institute for Sustainable Development 国际可持续发展研究会
ILC	International Law Commission 国际法委员会
IMS	International Minimum Standard 国际最低标准
IPRs	Intellectual Property Rights 知识产权
JE	Joint Exploitation 合作开发
JV	Joint Ventures 合资企业
LLC	Limited Liability Company 有限责任公司
M&A	Merger and Acquisition 收购和兼并
MFA	Ministry of Foreign Affairs 外交部
MFN	Most Favoured Nation 最惠国待遇
MIGA	Multilateral Investment Guarantee Agency 多边投资担保机构
MOFCOM	Ministry of Commerce (formerly MOFTEC) 商务部(前为对外贸易经济合作部)
MOFTEC	Ministry of Foreign Trade and Economic Cooperation (now MOFCOM) 对外贸易经济合作部(现为商务部)
MOST	Ministry of Science and Technology 科技部
NAFTA	North America Free Trade Agreement 《北美自由贸易协定》
New Model	The Proposed New Model BIT for China(appearing in Annex Ⅴ) 《中国 BIT 新范本(草稿)》(参见附件五)
NDT	National Treatment 非歧视待遇
NPC	National People's Congress 全国人民代表大会

NPCSC	National People's Congress Standing Committee 全国人民代表大会常务委员会
NT	National Treatment 国民待遇
ODI	Outward Direct Investment 对外直接投资
OECD	Organisation of Economic Cooperation and Development 经济合作与发展组织
PCIJ	Permanent Court of International Justice 常设国际法院
PEFI	State Council Provisions for Ecouraging Foreign Investment (1986) 1986 年《国务院关于鼓励外商投资的规定》
PNS	Protection and Security 保护与安全
PRC	People's Republic of China 中华人民共和国
PRSF	Provisions Regulations on the Establishment of Stock Companies with Foreign Investment (1995) 《关于设立外商投资股份有限公司若干问题的暂行规定》(1995 年)
PSC	Product Sharing Contract 产品分成合同
QGPC	Qatar General Petroleum Corporation 卡塔尔石油总公司
REIO	Regional Economic Integration Organization 区域经济一体化组织
REOFF	Regulations on the Exploration of Offshore Petroleum Resources in Cooperation with Foreign Enterprises 《对外合作开采海上石油资源条例》(1982 年)
REON	Regulations on the Exploration of Onshore Petroleum Resources in Cooperation with Foreign Enterprises(1993) 《对外合作开采陆上石油资源条例》(1993 年)
REFEA	Regulations for Foreign Exchange Administration(1996) 《外汇管理条例》(1996 年)
RMB	Renminbi (Chinese currency) 人民币
SAFE	State Administrative of Foreign Exchange 国家外汇管理局
SAR	Special Administrative Regions 特别行政区
SCC	Stockholm Chamber of Commerce 斯德哥尔摩商会
SCFI	Stock Company with Foreign Investment 外商投资股份有限公司
SCM	Agreement on Subsidies and Countervailing Measures 补贴与反补贴协定

SDRC	State Development and Reform Commission (formerly the State Planning Commission) 国家发展改革委员会(前为国家计划委员会)
SEZ	Special Economic Zones 经济特区
SOE	State – Owned Enterprises 国有企业
SPC	Supreme People's Court 高级人民法院
The 2006 plan	The Eleventh Five – year Plan on Utilization of Foreign Investment 2006 2006 年《利用外资"十一五"规划》
The 2007 Catalogue	Catalogue for Guidance of Foreign Investment Industries 2007 2007 年《外商投资指导目录》
TRIM	Agreement on Trade – Related Investment Measures 《与贸易有关的投资措施协议》
TRIP	Agreement On Trade – Related Aspects of Intellectual Property Right 《与贸易有关的知识产权协议》
UAE	United Arab Emirates 阿拉伯联合酋长国
UNCITRAL	United Nation Commission on International Trade Law 联合国国际贸易法委员会
UNCLOS	United Nations Convention on the Law of the Sea(1982) 《联合国海洋法公约》(1982 年)
UNCTAD	United Nations Commission on Trade and Development 联合国贸易和发展会议
VCLT	Vienna Convention on the Law of Treaties 《维也纳条约法公约》
Western Catalogue	Catalogue of Encouraged Industries for Foreign Investment in the Middle and Western Areas(2000) 《中西部地区外商投资优势产业目录》(2000 年)
WFE	Wholly Foreign – Owned Enterprise 外资企业
WFEL	The Law of Wholly Foreign – Owned Enterprises 《外资企业法》
WIPO	World Intellectual Property Organization 世界知识产权组织
WTO	World Trade Organization 世界贸易组织

CHAPTER 01 >>

第一章

中国国际投资与 BIT 计划

一、导言

在过去的十年间,中华人民共和国(以下简称中国)在吸引外资上取得了无可置疑、前所未有的成功。自 1993 年以来,中国一直是外资流入量最多的发展中国家,也是世界上外资流入最多的国家之一。[1] (请参见第 1.11 段中的图 1.1)2002 年,中国超过美国成为世界上外资流入量最多的国家。[2] 截至 2007 年年底,中国的外国直接投资存量累计已达 7680 亿美元。[3] 另外,近些年来,中国的海外投资总量更是急剧攀升,跃居世界第 13 位,中国也已成为发展中国家中最大的资本输出国。[4] (请参见第 1.19 段中的图 1.2)

人们经常将中国完善外国直接投资管制框架的努力,包括构建庞大的投资条约网络,归结为其在国际投资,尤其是吸引外国直接投资方面取得成功的原因之一。[5] 联合国贸易和发展会议(UNCTAD)的数据统计显示,中

---

〔1〕 关于中国在全世界接受外国直接投资国家排行榜中的位置的更多详细信息,see UNCTAD, World Investment Report series (since 1991), available at http://www.unctad.org/Templates/Page.asp?intItemID=1485&lang=1,2008 年 2 月 2 日访问。

〔2〕 联合国贸易和发展会议报告称,是年,中国破纪录地吸引了 530 亿美元的外国直接投资,"成为世界上外资流入最大的投资东道国"。但是,联合国贸易与发展会议也注意到,"由于特殊原因",无论就外国直接投资的流入还是流出排行榜而言,卢森堡实际上都是名列第一。See UNCTAD, World Investment Report 2003: Overview, 8.

〔3〕 该图中的数据系作者根据中国商务部所提供的官方数据计算而得,商务部的原始数据可见于下述网页:http://www.fdi.gov.cn/pub/FDI_EN/Statistics/FDIStatistics/default.htm,2008 年 2 月 2 日访问。

〔4〕 联合国贸易与发展会议数据显示,2006 年度,中国的外国直接投资流出量为 160 亿美元,在全世界最大的资本输出国中排名第 18 位。See UNCTAD, World Investment Report 2007: Overview, at 2-3. 中国商务部部长陈德铭表示,中国对外投资数量从 2002 年的 25 亿美元上升到 2007 年的 200 亿美元,增长 7 倍,升至世界第 13 位,居发展中国家首位。See MOFCOM: Chinese Enterprises Made $20 Billion Investment Abroad in 2007, posted at <http://www.fdi.gov.cn/pub/FDI/tzdt/dt/t20080122_89075.htm>,2008 年 2 月 5 日访问。

〔5〕 一般认为,吸引外国直接投资来华的其他因素还包括,比如巨大且持续增长的国内市场、其出口导向政策、成功打入世界市场、宏观经济环境的显著改善、邻国经济体产业升级的溢出效应。See OECD Press Release: Reforms Could Boost China's Ability to Attract Foreign Investment, posted at http://www.oecd.org/document/8/0,2340,en_2649_37467_3240968_1_1_1_37467,00.html,2008 年 2 月 2 日访问; Ricupero, Rubens(时任联合国贸易与发展会议秘书长), 'Recent Development in FDI Trends and Policies and Their Implications for Developing Counties', a paper submitted on the Forum on Direct Investment Strategies of the Multinational Corporations, September 1998, Xiamen, at 7。

国缔结的双边投资条约(BITs)数量居世界第二,仅次于德国。[6] 截至 2008 年 7 月,中国已经与 126 个国家缔结了 BITs[7](请参见附件一:中国缔结的 BIT 清单)。此外,中国还签订了世界贸易组织协议(WTO)、《解决国家与他国国民间投资争端公约》(《ICSID 公约》)、《建立多边投资担保机构公约》(《MIGA 公约》)、与东盟(ASEAN)国家之间的自由贸易协定,也一直积极参与多边投资协议(MIA)谈判。

本书首次尝试全面评述中国的投资条约实践,重点研究中国缔结的 126 个 BITs。[8] 本书拟审查投资条约在中国当前对外经济政策中所扮演的角色,分析和诠释上述 BITs 的核心条款,探讨中国投资计划的未来议程。本

---

〔6〕 UNCTAD, Developments in International Investment Agreements in 2005 (IIA Monitors Series No 2 2006), UNCTAD/WEB/ITE/IIA/2006/7, at 2.

〔7〕 相关数据来自商务部条约和法律司。详情请参见附件一:中国缔结的 BITs 清单(截至 2008 年 7 月 1 日)。

〔8〕 关于中外 BITs 的现有研究多已过时或一知半解。1989 年李适时发表的关于中外 BITs 的论文首次尝试全面探讨中国 BITs。但是,该文仅以当时生效的几个 BITs 为研究基础,内容多已过时。迄今已有一些文章对中外 BITs 进行研究,但所研究的中外 BITs 样本寥寥无几。比如,Sornarajah 就中国与东盟国家之间的 BITs 所出版的著述,以及就中国与英国、澳大利亚之间的 BITs 乃至中美之间的 BIT 谈判所发表的论文均为如此。本书作者曾将中国与欧盟成员国之间的 22 个 BITs 作为调整欧盟对华投资关系的法律框架的组成部分,对其进行专门研究,这很可能是迄今为止关于中外 BITs 的最为宏大的研究项目。然而,作者的上述研究仅局限于中国与少数的、特定地区的国家之间缔结的 BITs。当然,这些地区的重要性毋庸置疑。晚近出现了一些研究新一代中外 BITs 的文章,指出了某些新缔结的 BITs 的若干特征,但未能深入透彻地全面理解中外 BITs。See Shishi Li, 'Bilateral Investment Promotion and Protection Agreements: Practice of the People's Republic of China', in International Law and Development 163 (Paul de Waart, Paul Peters, and Erik Denters eds., 1988); M Sornarajah, 'Protection of Foreign investment in the Asian Pacific Economic Co. - operation Region', 29 Journal of World Trade, No 2 (1995); Q Kong, 'Bilateral Investment Treaties: The Chinese Approach and Practice', 8 Asian Y. B. Int'l L. 105 (1998 - 1999); L W Bates, 'Protecting Foreign Investments in China: the Sino Japanese Bilateral Treaty: Comparison with Earlier BITs and U. S. Positions', 10 East Asian Executive Report 9 (1988); J S Mo, 'Some Aspects of the Australia China Investment Protection Treaty', 25 Journal of World Trade Law 43 (1991); T A Steinert, 'If the BIT Fits: The Proposed Bilateral Investment Treaty between the United States and the People's Republic of China', 2 Journal of Chinese Law (fall 1988); F A Mann, 'British Treaties for the Promotion and Protection of Investments', 52 British Yearbook of International Law (BYIL) 241 (1981). 更多最近的阐析, see W Shan, The Legal Framework of EU - China Investment Relations - A Critical Appraisal (Hart Publishing, Oxford, 2005) (hereinafter Legal Framework); Wenhua Shan, 'Towards a New Legal Framework for EU - China Investment Relations', 35 Journal of World Trade (JWT) 5, 2000; Stephan W. Schill, 'Tearing Down the Great Wall: The New Generation Investment Treaties of the People's Republic of China', 15 Cardozo J. Int'l & Comp. L. 73 (Winter 2007)。

书亦研究该投资机制与国内体系之间的相互联系之道，思考其对外国来华投资者的影响与启示。最后，本书就中国如何修订BIT范本提出应对之策，建议其在国家主权和确保外国直接投资持续增长之间保持平衡，并以此作为本书的结论。

作为绪论，本章将首先简要探讨中国在国际投资领域之中的角色转变，接着详细阐述外国来华投资的主要形式。其后，本章将围绕中国BIT计划的演变和特征，以及投资条约在中国法律体系中的法律地位，继续全面地分析中国缔结的投资条约。最后，本章对本书作简要介绍。

二、中国在国际投资领域的角色转变

简要回顾中国的国际投资活动史将有助于我们理解中外投资条约演变的宏观背景。本章以下部分将依次回顾外国来华直接投资史、中国海外直接投资(ODI)史。这些历史表明，中国的角色已经发生变化：从重要的外国直接投资输入国转变为重要的外国直接投资输入国与输出国。因此，中国开始在吸引外资时“择善而从”，更多地关注外资的类型和质量。这种态度转变的本身就已彰显中国的成功：在短短不到三十年的时间内，中国已经吸引了数量庞大的外国直接投资。

(一)外国来华直接投资简史

外国来华直接投资历史可以划分为四个阶段：国有化和排斥(1949～1978年)、逐渐恢复(1979～1991年)、第一次浪潮(1992～2000年)、第二次浪潮(2001年迄今)。[9]

1. 1949～1978年：新中国以及对外国直接投资的国有化和排斥

中华人民共和国成立于1949年，但是直到1978年实行改革开放政策以来，中国才开始欢迎外国直接投资。但是，这并不意味着在1978年以前中

〔9〕 此处对外国直接投资发展阶段的划分与作者在以前的一次研究【这次研究关注的是欧盟来华投资问题，但欧盟来华投资状况与来华外资的总体情况大体吻合】中的划分稍有不同，但此处的划分可能更准确。关于上述相关早期研究的具体事宜，See W Shan，Legal Framework，Introduction。

国境内没有外国直接投资。的确,1949 年中华人民共和国建立之初,中国境内的外国企业的数量已经相当可观,它们实际控制着“现代”经济的一些关键部门,比如铁路、矿业、纺织、市政服务、轮船运输等。[10] 但是,共产主义的意识形态是排斥私有财产的观念的,再加上 20 世纪 40 年代遍布全国的反帝情绪,以及以美国为首的外交孤立,导致这个新生的共产主义政府在执掌政权后致力于消灭这些外国投资。[11] 通过“对资本主义工商业进行社会主义改造”(西方人经常将其称作“人质资本主义”或“渐进式征收”),[12] 偶尔也采用“报复性征用”,[13] 中国政府有效地取缔了境内的外国投资(与苏联国家合营的企业除外[14]),这个过程历时 7 年。[15] 在其后的 20 年中,外国投资被有效地驱逐出中国。[16]

但是,对外资长达 20 年的排斥并未给中国带来稳定和繁荣。与之相

〔10〕 T N Thompson, China's Nationalization of Foreign Firms: The politics of hostage capitalism, 1949 - 1957, *University of Maryland Law School Occasional Papers/Reprints Series in Contemporary Asian Studies*, (1979) No. 6 (27), 3.

〔11〕 Thompson, above, n 10, at 4.

〔12〕 据说,通过这种方法,政府可以在一个较长的时间内逐步地实施征收。据此,政府可以通过诸如限制企业的资金转移出境或者取消协议,同时实施价格控制、增加税收、提高工资此类的方式介入企业的业务运营。直至最后,外国投资者失去企业的控制,而投资也失去其价值。因此,尽管中国政府对它的外资国有化安排只字未提,也拒绝承认国有化真正发生,但 Thompson 仍将其称为“人质资本主义”,而 Chew 则认为它构成“渐进式征收”, PK Chew, ‘Political Risks and US Investment in China: Chimera of Protection and Predictability?’, Virginia Journal of International Law 4 (spring 1994). See also Thompson, above, n 10 at 67 and 68。

〔13〕 其中一个例子就是 1951 年 5 月,在香港政府扣留与中国存在所有权争议的油轮之后,中国随即没收了壳牌石油公司在中国的全部财产。此外,据悉,1950 年朝鲜战争的爆发进一步加速了国有化的进程,中国政府对西方主要大国实施了严厉的经济制裁,以报复后者之前对中国实施的经济封锁。Thompson, above, n 10, at 68; Cohen, Jerome Alan and Chiu, Hungdah, People's China and International Law (Princeton University Press, 1974), at 682.

〔14〕 应予注意的是,在那段时期,中国还有一些来自苏联阵营国家的外国直接投资。例如,20 世纪 50 年代初期,来自苏联和波兰的投资者曾在中国建立了 5 个合营企业。关于这方面的具体情况,请参见卢进勇:《入世与中国利用外资和海外投资》,对外经济贸易大学出版社 2001 年版,第 1 ~ 2 页。

〔15〕 Thompson, above, n 10, at 6.

〔16〕 关于这两个阶段外国来华直接投资(“国有化”和“排斥”)情况的具体阐析, see W Shan, Legal Framework, Introduction。

反,巨大的社会动荡和经济冲击接踵而来。[17] 到20世纪70年代末期,国民经济已到达崩溃边缘。

2. 1979~1991年:开放政策和外国直接投资返华

在这种背景下,1978年,中国开始实行开放政策。[18] 在中国以及社会主义的发展问题上,以邓小平为首的新一代领导人采取务实的立场,决定在中国实行"有中国特色的社会主义"。[19] 邓小平曾引用了一句非常著名的话:"不管黑猫白猫,只要抓住老鼠就是好猫。"[20]吸引外国直接投资就是一只"黑猫",它与既有的共产主义理念不符,但在实践中却可以使诸多迫切需要解决的内部问题迎刃而解。相应地,为鼓励外国直接投资流入,中国双管齐下:一方面,颁布国内法律法规;另一方面,缔结投资条约。1979年,全国人民代表大会通过了关于外国直接投资的第一部国家立法——《中外合资经营企业法》。其后,1982年3月29日,中国与瑞典缔结了第一个BIT。[21] 截至20世纪90年代初期,中国已经建立了有关外国投资企业的国内法体系,包括关于合营企业、外资企业、合作开采陆上和海上石油资源的基础性

---

〔17〕 相关的重要事件包括1958年的"大跃进"和1966~1976年的十年"文化大革命"。"大跃进"运动是一个旨在提高技术和农业自助的5年军事计划,但由于毛泽东对群众路线的认识出现偏差,尽管是短暂的,这场运动还是引发了1960~1961年的大饥荒。"文化大革命"则是一场旨在重燃革命热诚和净化党内不正之风的政治尝试,历经十年,却导致巨大的社会动荡。有关这些运动的更多信息,see the British Broadcasting Corporation (BBC): China's Communist Revolution, http://news. bbc. co. uk/hi/english/static/special_report/1999/09/99/china_50/great. htm >,2008年5月访问。

〔18〕 1978年中国共产党第十一届中央委员会第三次全体会议做出的该决议。See Y Wang, Investment in China: A question and answer guide on how to do business, CITIC Publication House, 1997, p. 1.

〔19〕 "有中国特色的社会主义"理论旨在将"马克思主义普遍真理"与"中国的具体实践"相结合,由邓小平在1982年提出,是马列主义与中国实践相结合的过程中继找到中国新民主主义革命道路、实现第一次历史性飞跃之后的第二次历史性飞跃。关于该理论的更多信息,see Beijing Review, The Theory of Building Socialism with Chinese Characteristics, posted at http://www. bjreview. com. cn/2001/200126/CoverStory-200126(Background-3). htm,2008年5月访问。

〔20〕 See BBC, China's Communist Revolution, posted at http://news. bbc. co. uk/hi/english/static/special_report/1999/09/99/china_50/deng. htm,2008年8月23日访问。

〔21〕 1980年10月30日,中国与美国达成了一项双边投资保证协议,人们有时将该协议视为中国签署的第一个双边投资协议。但是,该协议仅涉及投资保险和保证,并不包括诸如待遇标准、争端解决之类的正常的BIT事项,不宜认定为"真正的"BIT。See US and China Exchange of notes constituting an agreement relating to investment guarantees (with related notes and letter and statement dated 7 October 1980), Beijing 30 October 1980.

法律法规,以及一系列补充性的法律法规。[22] 同时,中国缔结了 30 个 BITs,缔约对方涵盖其大多数主要投资伙伴,包括德国、法国、比利时、卢森堡、芬兰、挪威、意大利、丹麦、英国、荷兰、奥地利、新加坡、瑞士、澳大利亚、日本以及新西兰。不过,引人注目的是,这些国家并不包括美国和加拿大(请参见附件一)。另外,中国还加入了两个最重要的投资公约,也即《ICSID 公约》和《MIGA 公约》。[23]

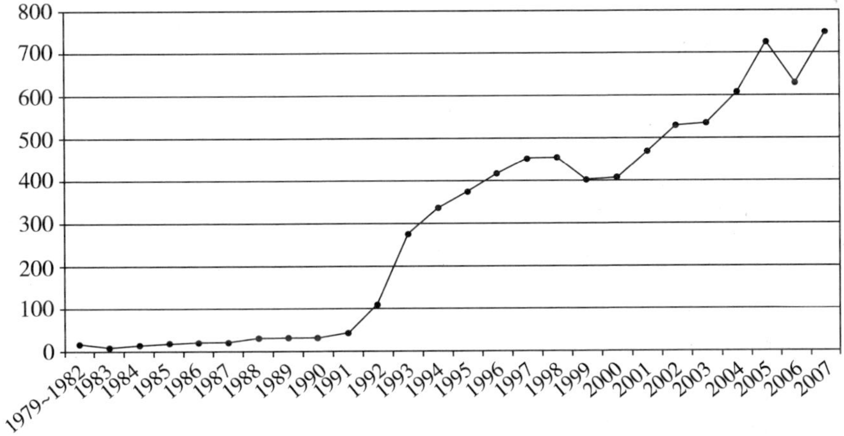

图 1.1 外国来华直接投资(1979 ~ 2007 年度)(单位:亿美元)

开放政策的实行,外加国内、国际基础性法律框架的建立,不仅吸引了最初的外国来华直接投资,而且还为后续外国直接投资的汹涌而至铺平了道路。正如图 1.1 所示,自 1979 年以来,外国来华直接投资逐步稳定增长,1992 年以后增长急剧加速,2001 年后,进一步攀升。

3. 1992 ~ 2000 年:市场经济和外国直接投资流入的第一次浪潮

1991 年之后,外国来华投资急剧增长。如图 1.1 所示,在 1991 年到

〔22〕 关于这些法律、法规的清单,see Shan, Legal Framework, Chapter 1。姚梅镇:《外商投资企业法教程》,法律出版社 1990 年版,第 27 ~ 33 页。

〔23〕 《多边投资担保机构公约》的宗旨是,通过为投资提供政治风险担保,促进发达国家的投资流向发展中国家。《ICSID 公约》建立了解决投资者—国家投资争端的常设仲裁机制。自《多边投资担保机构公约》1988 年生效时起,中国即是其创始成员。中国也于 1990 年签署了《ICSID 公约》,并于 1993 年 1 月 1 日生效。

1997 年这 6 年的时间里,外国来华直接投资年流入量增长了 10 倍,从 1991 年的仅仅 43 亿美元增长到 1997 年的 452 亿美元。外资流入量激增背后的主要政策转变在于:1992 年,中国接受了“市场经济”,引入了“社会主义市场经济”并将其作为经济改革目标。是年春天,邓小平赴改革开放的前沿和试验区——中国南方考察,并发表评论说,在“市场经济”与“社会主义”之间不存在根本矛盾,在社会主义国家实施“市场经济”是可行的。[24] 中国经济改革的目标因此得以确立:建立“社会主义市场经济”。[25] 1993 年,中国修订了宪法,将实行社会主义市场经济确立为中国的一项基本国策。[26]

与这个新概念相对应的举措是,同一年,中国政府决定对外资企业逐步实行国民待遇。[27] 为了给外国来华直接投资以及国内投资者提供公平的竞争环境,[28] 中国革故鼎新,大幅修订法律法规。在国际层面,中国开始积极对外缔结 BITs,在此期间,中国缔结了 66 个 BITs,是此前十年缔结 BITs 数量的两倍以上(请参见附件一和图 1. 3)。中国的 BIT 网络得到极大延伸。另外,给予外资国民待遇的举措,特别是“市场经济”的实行,显著提升其外资国内法律制度的自由化,这些都是掀起外资来华第一次浪潮的主要原因。

4. 2001 年迄今:加入 WTO 和外国直接投资流入的第二次浪潮

如图 1. 1 所示,外国直接投资的急剧增长始于 2001 年,是年,中国加入了世界贸易组织。统计数据显示,在中国加入 WTO 的前 5 年,外国来华直

---

〔24〕 人们也经常引用邓小平的下述论断:“计划经济不等于社会主义,资本主义也有计划;市场经济不等于资本主义,社会主义也有市场。” See ‘Deng Xiaoping: leading thinker in China's market economy’, People's Daily Online (24 August 2004), available at http://english. peopledaily. com. cn/200408/12/eng20040812_152737. html,2008 年 2 月 3 日访问。

〔25〕 中国自 1978 年即开始了以市场为导向的改革。但是,直至 1992 年邓小平南方讲话,这个改革的目标才得以明晰。See ‘Deng Xiaoping: leading thinker in China's market economy’, ibid.

〔26〕 See ‘China's Constitution amendments to have far – reaching influence’, People's Daily Online (28 December 2003), available at http://english. peopledaily. com. cn/200312/28/eng20031228_131405. shtml,2008 年 2 月 3 日访问。

〔27〕 参见《中共中央关于建立社会主义市场经济体制若干问题的决定》,载《人民日报》1993 年 11 月 7 日,第 1 版。

〔28〕 关于给予来华外资国民待遇的进一步决定,请参见本书第四章第三部分。

接投资几乎翻了一番，从2000年的400亿美元增长到2005年的720亿美元。

毋庸置疑，中国加入世界贸易体系，包括中国政府为使本国的法律法规符合WTO要求而做出的努力，在其中发挥了关键作用。[29] WTO虽号称是“贸易”体制，但其对世界投资流动具有重要的影响。许多WTO协定与国际投资密切相关。例如，《服务贸易总协定》（GATS）就被认为有助于“投资的增长”，因为，它可以改善服务产业的外国直接投资的市场准入和运营条件。《与贸易有关的投资措施协议》（TRIMs）旨在取消特定的限制性投资措施，同样有助于促进国际投资流动的自由化。[30] 为了符合WTO的相关要求，履行在加入WTO时所作出的特别承诺，中国已经在大规模地修改其贸易和投资的法律法规。[31]

同时，中国还另外签订了43个BITs，包括与荷兰、德国、芬兰、比利时、卢森堡、西班牙、葡萄牙等一些欧洲国家重签的BITs。加入WTO所产生的巨大信号效应，上述中国政府努力作出的具体改善，再加上经济的快速增长，这三个因素必然会推动当时外国来华直接投资的高潮，甚至掀起第二次高潮。考虑到中国仍然保持着政治稳定、经济繁荣，故当前阶段的外资浪潮非常有可能会继续持续下去。

的确，在吸引外资方面，中国政府当前的立场不再是“来者不拒”，而是“择善而从”，其重心也从“追求数量”转向“讲求质量”。[32] 2006年出版的《利用外资“十一五”规划》（2006年《规划》）[33]和《外商投资产业指导目录

---

〔29〕 See eg ‘FDI Increases after WTO Entry, Foreign Trade up’, China Daily (16 May 2002), available at http://www1.china.org.cn/english/investment/32702.htm, 2008年2月3日访问。

〔30〕 诸如《与贸易有关的知识产权协议》（TRIPs）、《补贴和反补贴措施协议》（SCMs）等其他WTO协议也对投资有重要影响。关于WTO与投资的相关性方面的更详细论述，see Shan, Legal Framework, Section 3.2.2.3。

〔31〕 比如，中国已经对其外国直接投资基本法做了近乎全面的修订，以确保其符合WTO的要求。相关立法变动的具体情况，see eg W Shan, ‘Towards a Level playing Field for Foreign Investment in China’, The Journal of World Investment and Trade, Vol. 3, No. 2 (April 2002)。

〔32〕 See eg. SM Dickinson, Quality over Quantity, China International Business (a MOFCOM publication, December 2007).

〔33〕 2006年11月6日，国家发展与改革委员会发布了《利用外资“十一五”规划》。

(2007年修订)》(2007年《目录》)〔34〕就是明证。2006年《规划》是中国政府首个公开发布的外资规划。〔35〕这个规划的关键词是"质量"而非"数量"。用该《规划》的原话来说,那就是政府将"推动利用外资从'量'到'质'的根本转变,使利用外资的重点从弥补资金、外汇不足切实转到引进先进技术、管理经验和高素质人才上来。"〔36〕换句话说,"择善而从"的方针已在这个规划当中有所体现。此外,该《规划》还有另外两个重要特色,即"环境友好型""创新为导向"。〔37〕因此,该规划强调中国将"更加注重生态建设、环境保护、资源能源节约与综合利用",与此同时"增强集成创新能力和引进消化吸收再创新能力"。〔38〕2007年第四次修订的《外商投资产业指导目录》正是贯彻实施2006年《规划》"择善而从"方针的重要举措。2007年《目录》的详细内容将在下文予以讨论。

(二)中国海外直接投资简史

早在20世纪90年代末,外国来华直接投资的规模就已非常可观,与之不同的是,中国的海外直接投资直至近些年才初具规模并为外界所关注。两者的反差正如下图1.2所示,中国在2005年之前对外投资从未超过100亿美元,而早在1992年外国来华直接投资就已经超过100亿美元。当前中国海外直接投资高涨背后的主要政策因素正是"走出去"政策。1998年年底,中国政府开始推行这个政策,并在近些年有效实施。更根本性的原因则应该是中国加入WTO与外汇储备的激增。尤其晚近一些年来,外储激增情况更为明显。

---

〔34〕 2007年10月31日,国家发展和改革委员会、商务部第57号令发布《外商投资产业指导目录(2007年修订)》。

〔35〕 袁宏明:《权威解读利用外资十一五规划》,第一部分,载http://www.sina.com.cn,2008年4月23日访问。

〔36〕 2006年《规划》第二部分,关于我国"十一五"期间利用外资的"总体战略目标"。

〔37〕 袁宏明,同上注35。

〔38〕 2006年《规划》第二部分,关于我国"十一五"期间利用外资的"总体战略目标"。

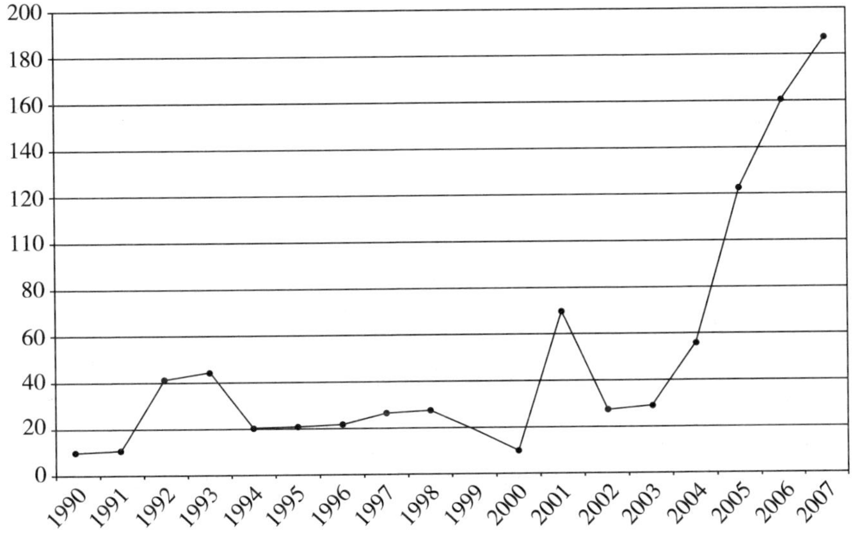

图 1.2　1990～2007 年间中国的海外直接投资(单位:亿美元)

1. 1998 年以前:发展与管制

1949～1978 年间,中国不仅将外资逐出国门,也没有对外实施真正意义上的投资。虽然中国的大型国营贸易、运输和银行企业在包括纽约、伦敦、巴黎在内的主要外国港口、城市都设立了海外办事处和企业,但规模很小,且主要从事与外贸相关的活动。[39]

直到中国实行“开放”政策以后,中国的非贸易性海外投资才开始萌生。但是,投资的数量和规模都非常有限。统计数据显示,截至 1991 年年底,中国仅有 1005 家非贸易性海外企业,总投资额刚刚超过 10 亿美元。[40] 这些企业的主要投资领域包括资源开发、加工装配、合同工程、金融和保险、航运服务以及中式餐饮等。[41] 这一阶段可以看作中国海外直接投资的起步和摸索阶段。

就像对外国直接投资流量的影响一样,“市场经济”的实行对海外直接投资流量也影响重大。正如上图 1.2 所示,中国海外直接投资在 1992 年、1993 年

〔39〕 请参见卢进勇,同上注 14,第 319～320 页。
〔40〕 请参见卢进勇,同上注 14,第 321 页。同时,另请参见图 1.2。
〔41〕 同上注,第 320～321 页。

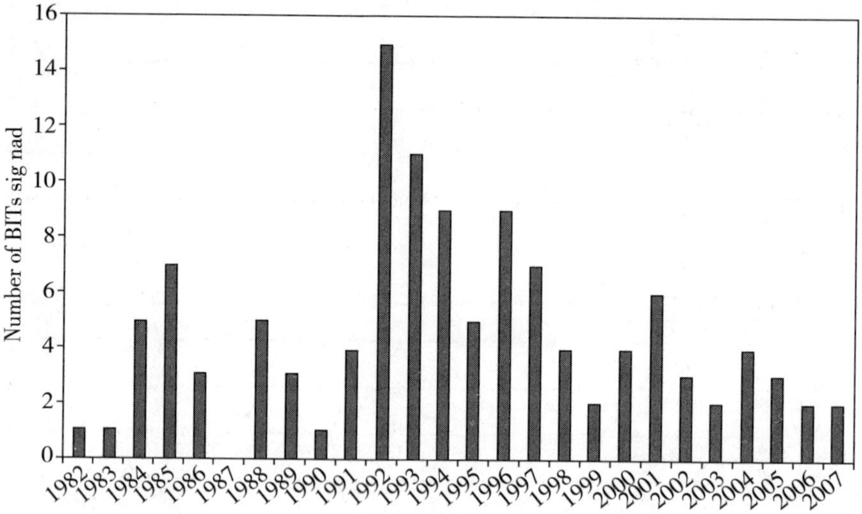

图 1.3　1982 ~ 2007 年间中国缔结的 BITs 年增长数量

掀起了高潮。在整个 20 世纪 90 年代,中国海外直接投资一直保持在较高的水平上,远高于 1992 年之前的水平。但是,有人注意到,在 1980 ~ 1998 年那段时期,中国有关海外直接投资的宏观政策仍是保守的,其特征便是管制。[42] 换句话说,中国政府那个时候主要关注的是吸引外资来华,海外直接投资只是中国外贸的补充,并不是冠以投资名义的独立战略。[43] 因为,外国直接投资流入和出口贸易有助于改善中国长期以来外汇短缺的情况。[44]

2. 1998 年后:“走出去”政策及其实行

随着经济的快速增长,包括外国直接投资、贸易顺差和外汇储备的激增,海外直接投资战略开始提上日程。[45] 1998 年,中国共产党中央委员会

---

〔42〕 Congyan Cai,“Outward Foreign Direct Investment Protection and the Effectiveness of Chinese BIT Practice”,The Journal of World Investment and Trade,621 (2006).

〔43〕 那时中国的大多数海外直接投资企业实际从事的均为贸易,该事实亦证明了这一判断的正确性。See also Cai,ibid.

〔44〕 充足的外汇储备是有效实施海外直接投资战略的条件之一。但是,正如图 1.4 所示,中国 1980 年累计外汇储备为 12.9 亿美元,直到 1996 年才达到 1000 亿美元。

〔45〕 如图 1.4 所示,20 世纪 90 年代,中国的外汇储备激增,从 1990 年的 100 亿美元增加到 1997 年的将近 1400 亿美元,在这短短的 7 年中,增幅达到了 14 倍。这显然给予了政府制定“走出去”决策的信心。

提出:"要抓紧研究和实施'走出去'的开放战略,积极开拓国际市场和利用国外资源,以利于增加我国经济发展动力和后劲"。有观察指出,[46]"走出去"战略主要指的是海外直接投资。3 年后,"走出去"战略首次列入中国的第十个"五年计划"。2003 年 10 月 4 日,中国共产党中央委员会重申要继续实施"走出去"战略。[47] 2004 年 7 月 22 日,国务院发布了简化海外直接投资审批程序的重要法规,废除了旧有的实体审查机制,代之以单纯的"登记"要求。[48] 此外,最近一些年来,中国的相关主管部门也为实施"走出去"战略采取了一系列措施,以促进中国的海外直接投资。[49] 因此,可以看出,虽然该战略是在 1998 年提出的,但直至最近才得以有效实施,其中的典例就是 2004 年实施的"登记"机制。这也就解释了为什么从 2004 年开始中国海外直接投资持续大幅增长。[50]

海外直接投资大幅增长的决定性因素是加入 WTO 带来的经济成功,尤其是巨大的贸易顺差和外国直接投资流入量的激增,这反过来为中国带来了巨额的外汇储备。事实上,2004 年,中国的外汇储备已达到 6090 亿美元,创历史新高,足以为中国实施"走出去"战略提供充分的资金支持。从那时起,中国政府主要关注的不再是怎样吸引外资和建立巨大的外汇储备,而是如何妥善地利用这些储备,进一步推动经济发展。[51] 摆在面前的路显然就是"走出去"进行海外直接投资。[52]

---

〔46〕 姚望、蔡小军:《"走出去"战略研究概况》,载《经济与管理研究》2005 年第 10 期。

〔47〕 《中共中央关于完善社会主义市场经济体制若干问题的决定》,载 http://news.xinhuanet.com/newscenter/2003 - 10/21/content_1135402.htm,2008 年 2 月 5 日访问。

〔48〕 参见《国务院关于投资体制改革的决定》,第二、三部分,载 http://news.xinhuanet.com/zhengfu/2004 - 07/26/content_1648074.htm,2008 年 2 月 5 日访问。

〔49〕 Congyan Cai, 'Outward Foreign Direct Investment Protection and the Effectiveness of Chinese BIT Practice' 7 J. World Inv. & Trade 621,625(2006).

〔50〕 该年度外汇储备的增幅几乎接近 100%,从 2003 年的 285 亿美元增长到 2004 年的 550 亿美元。更多详细数据,请参见图 1.4。

〔51〕 一些经济学家估计,中国外汇储备的最优规模为 7 万亿美元,但是,中国早在 2005 年便开始大大超越这个阀值,当年的外汇储备为 8180 亿美元。紧接着,人们对如何处理这样巨额的外汇储备展开激烈的争议。例如,可参见夏斌:《中国外汇储备最优规模应为 7000 亿美元》,载 http://finance.people.com.cn/GB/8215/4287610.html,2008 年 2 月 5 日访问;江涌:《外汇储备的喜与忧》,载 http://news.people.com.cn/GB/37454/37459/4279478.html,2008 年 2 月 5 日访问。

〔52〕 同上。

正因如此,2005 年,中国的全年对外直接投资额比上年翻了一番,从 2004 年仅有的 55 亿美元增长到 120 亿美元。在 2006 年(161 亿美元)和 2007 年(187 亿美元),这一增幅进一步扩大,中国在海外直接投资的世界排名也随之提升至第 13 名。截至 2008 年 4 月,中国外汇继续增长至 1.76 万亿美元,创历史新高。[53] 随着一个外汇投资公司的设立,[54]可以期待的是,中国海外直接投资未来会继续快速增长(请参见图 1.4)。[55]

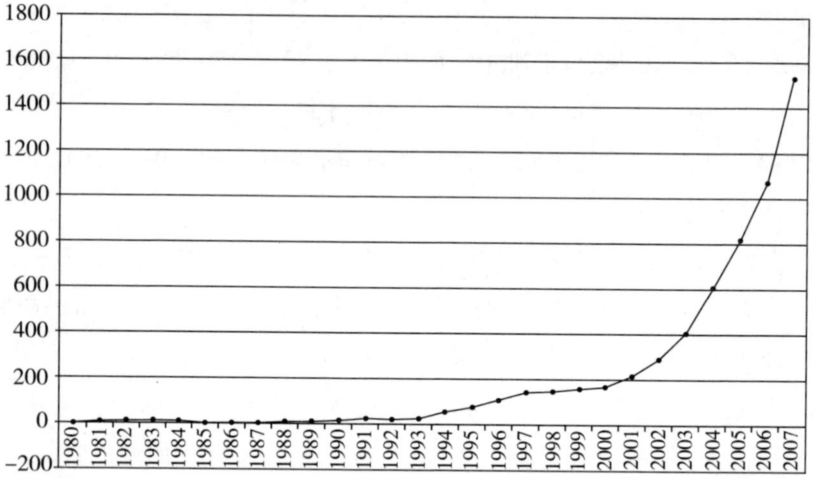

图 1.4　1980～2007 年间中国的外汇储备(单位:10 亿美元)

〔53〕 中国的外汇储备量现居世界第一,超过七国集团所有国家的外汇储备量总和。请参见《中国大陆外汇储备超过 G7 总和》,载 http://news.163.com/08/0603/02/4DFRH5E00001124J.html,2008 年 8 月 22 日访问。

〔54〕 中国于 2007 年 9 月建立了一个外汇储备投资公司(中国投资公司),以统筹安排投资活动。关于这方面的相关报导,请参见赵建华:《中国投资有限责任公司 29 日在北京成立》,载 http://finance.sina.com.cn/roll/20070929/09571699771.shtml,2008 年 2 月 5 日访问。See also 'China will establish a forex investment company under the direction of the State Council', posted at the Zaobao.com: http://realtime.zaobao.com/2007/03/070309_22.html,2008 年 2 月 5 日访问。

〔55〕 See Special Report in The Lawyer, 6 August 2007, Eastern Assist,据该报告估计,中国已经在撒哈拉沙漠以南地区投资了 117 亿美元。其中,大量投资投入到安哥拉、乍得、尼日利亚和苏丹等地的石油生产之中。中国海洋石油总公司同意购买南大西洋石油公司某一海洋油田 45% 的工作权益,该油田位于尼日尔三角洲,南太平洋石油公司拥有这块油田的开采许可证。See 'Nigeria: China National Oil Invests N290b in Sapetro', posted at http://allafrica.com/stories/200709180854.html,2008 年 8 月 23 日访问。

前述部分阐述了中国在国际投资中的角色转变：一方面，中国在吸引外国直接投资流入方面保持了长达十年之久的巨大成功，因此，她的目标不再是千方百计地吸引外资，而是“择善而从”，提高外资的“质量”。另一方面，中国已经变成重要的、潜力巨大的外国直接投资来源地。〔56〕 正如本书下文所要讨论的那样，这个角色转变已对中国的国际投资条约缔结产生影响。

三、外国来华投资的形式

外国来华直接投资是本书的研究重心，而对于整本书讨论的许多议题来说，外资形式都是关键所在。是故，本书以下将全面评述这些类型的交易，包括某些投资所涉及的合同。

根据商务部提供的信息，在中国，最经常使用的外资形式是合营企业（包括合资经营企业和合作经营企业）、外商独资企业、合作开采企业、外商投资股份有限公司。〔57〕 合营企业是当前最常见的外国直接投资形式，约占所有外国来华直接投资的 52%（其中，37% 是合资经营企业，14% 是合作经营企业），其后依次是外商独资企业（44%）、合作开采企业（1. 18%）。详情请参见本书的表 1. 1。同时，尤其是最近一些年来，中国也已摸索和扩展了一些外国直接投资“新形式”，也即外商投资控股公司、建设—运营—移交（BOT）、外资并购。〔58〕 本书以下部分将介绍这些外资形式，并分析相关投资合同。

---

〔56〕 截至 2007 年，中国的外汇储备达到 1. 5 万亿美元，占全世界外国直接投资存量的 13%（中国 2006 年外汇储备量为 12. 47 万亿美元）。如果中国的外汇储备很大一部分用于海外直接投资，那对国际投资流量造成的影响必定非同小可。如上所述，中国已经建立了一个外汇储备投资公司——中国投资公司，以统筹安排投资活动。请参见图 1. 4。

〔57〕 参见中国投资指南（商务部主办的网站）：http://www. fdi. gov. cn/pub/FDI/zgjj/tzhj/wzzzg/default. htm，2008 年 2 月 4 日访问。

〔58〕 外国投资的其他工具包括诸如补偿贸易、出口加工和装配等。同上。

表 1.1 按投资形式分类的外国来华直接投资(截至 2005 年年底)[59]

(单位:亿美元)

形式	项目		合同		实际投资	
	数量	百分比	总额	百分比	总额	百分比
总计	552,960	100	12,856.73	100	6,345.06	100
合营企业	**317,438**	**57.41**	**5,991.98**	**46.61**	**3,285.90**	**51.79**
合资经营企业	260,417	47.10	4,119.20	32.04	2,370.27	37.36
合作经营企业	57,021	10.31	1872.78	14.57	915.63	14.43
外商独资企业	235,124	42.52	6773.32	52.68	2821.83	44.47
外商投资控股公司	157	0.03	42.51	0.33	32.47	0.51
合作开采企业	**191**	**0.03**	**47.40**	**0.37**	**75.07**	**1.18**
其他	50	0.01	1.52	0.01	129.79	2.05

(一)中外合营企业

如果一个外国投资者想来华投资,但由于某些原因而不愿承担全部风险,则他/她可以选择与当地的中国企业合作,建立中外合营企业。这个合营企业可以是合资经营企业,也可以是合作经营企业。在前者中,合营伙伴的权利义务是根据其所拥有的股权(股份)的比例划分的;后者则所有事项都由合营伙伴间的合同确定。[60]

从 1979 年《中外合资经营企业法》通过开始,[61]直到 1986 年《外资企业法》[62]颁布,合资经营企业是来华外资第一种也是唯一的一种形式。合作经

〔59〕 资料来源:商务部外国直接投资统计数据,http://www.fdi.gov.cn/pub/FDI/wztj/lntjsj/wstzsj/2005nzgwztj/t20060906_61337.htm,2007 年 2 月 18 日访问。

〔60〕 总体来说,国家对中外合作经营企业的法律规制较少,给合营各方确定合营关系留下了较多余地。关于此方面的更多信息,see Shan, ibid., pp. 39–41。

〔61〕 这也是中国决定奉行开放政策的法律信号。《中外合资经营企业法》(以下简称《合资经营企业法》)由第五届全国人民代表大会第二次会议于 1979 年 7 月 1 日通过。

〔62〕 《外资企业法》由第六届全国人民代表大会第四次会议通过,经中华人民共和国主席令第 39 号颁布,自 1986 年 4 月 12 日起施行。

营企业直到1988年《中外合作经营企业法》[63]通过时，才被法律所认可。正如表1.1所示，合营企业迄今仍是最常见的来华外资形式。

在采用合资经营企业或者合作经营企业形式的投资中，合营伙伴之间的合同至关重要。根据相关中国立法，这种合营企业合同须经中央或者地方主管机关审查批准方可生效。[64] 此类立法一般也要求合营伙伴在合同之外签订"协议"。[65] 这种协议是合营各方对设立合营企业的某些要点和原则达成一致意见而订立的书面文件。[66] 正常情况下，当事方在谈判的早期阶段达成协议。与之相反，合营企业合同则是在谈判的较晚期阶段形成的，并就合营各方为设立合营企业的权利、义务做出详细的规定。[67] 如这两份合同文书发生冲突，则以合同为准。[68] 显然，合同文件的二元性会导致外国投资者发生混淆。但是，中国立法也规定，经合营各方同意，可以只订立"合营企业合同"而不需订立"协议"。[69]

中国法对合营企业合同的内容做了详细的规定。[70] 它还要求将中国法

---

〔63〕《中外合作经营企业法》（以下简称《合作经营企业法》）由第七届全国人民代表大会第一次会议通过，1988年4月13日经中华人民共和国主席令第4号颁布，自公布之日起施行。

〔64〕《中外合资经营企业法》第4条、《中外合作经营企业法》第5条。有关审查批准程序的更多详细信息，see W Shan，Legal Framework，at 123－36。

〔65〕例如，《中外合资经营企业法》《中外合作经营企业法》及其实施条例一般均要求，在报请审查批准时，合营各方需提交"协议"和"合同"。请参见《中外合资经营企业法》第3条、《中外合资经营企业实施条例》（国务院1983年9月20日颁布，1986年1月15日、1987年12月21日、2001年7月22日修订）第7条，《中外合作经营企业法》第5条、《中外合作经营企业法实施条例》（国务院1995年8月7日批准、商务部〈当时的对外经济贸易合作部〉1995年9月4日颁布）第7条。

〔66〕《中外合资经营企业法实施条例》第10条、《中外合作经营企业法实施条例》第10条。

〔67〕同上。

〔68〕同上。

〔69〕同上。

〔70〕例如，《中外合资经营企业法实施条例》规定，合营企业合同中应包括如下内容：

"（1）合营各方的名称、注册国家、法定地址和法定代表人的姓名、职务、国籍；

（2）合营企业名称、法定地址、宗旨、经营范围和规模；

（3）合营企业的投资总额，注册资本，合营各方的出资额、出资比例、出资方式、出资的缴付期限以及出资额欠缴、股权转让的规定；

（4）合营各方利润分配和亏损分担的比例；

（5）合营企业董事会的组成、董事名额的分配以及总经理、副总经理及其他高级管理人员的职责、权限和聘用办法；

（6）采用的主要生产设备、生产技术及其来源；

（7）原材料购买和产品销售方式；

作为调整诸如合营企业合同的订立、效力、解释、执行及其争议的解决此类事项的准据法。[71]这当然对投资争端解决产生影响,对此,本书将在第 8 章予以探讨。

(二)外商独资企业

外商独资企业是指在中国境内设立的全部资本由外国投资者投资的企业。[72]根据《外资企业法》,外商独资企业必须有益于中国的经济发展。[73]旧《外资企业法》要求外商独资企业采用先进技术和设备[74]或者自产产品全部或大部分出口至国外。[75]这些要求均在该法最新修订版中被删除。[76]正常情况下,外资企业采取有限责任公司的形式,在特定领域受到禁止或者限制,这些内容都规定在《投资指导》[77]和《指导目录》中。

随着外国投资者越来越熟悉中国的投资环境,外商独资企业已成为非

---

(8)财务、会计、审计的处理原则;

(9)有关劳动管理、工资、福利、劳动保险等事项的规定;

(10)合营企业期限、解散及清算程序;

(11)违反合同的责任;

(12)解决合营各方之间争议的方式和程序;

(13)合同文本采用的文字和合同生效的条件。"

请参见《中外合资经营企业法实施条例》第 11 条。旧《实施条例》要求,中外合资经营企业合同还应规定"产品在中国境内和境外销售的比例""外汇资金收支的安排"。在 2001 年修订该条例过程中,删除了这些要求,以免违反中国的 WTO 成员义务和承诺。请参见国务院 1983 年 9 月 20 日颁布的《中外合资经营企业法实施条例》第 14 条。最近一次修订发生在 2001 年 7 月 22 日,并经国务院通过【原文如此。该条例此后又历经两次修改,最近一次修订为 2014 年 2 月 19 日。——译者注】。《中外合作经营企业法实施条例》第 12 条有类似的规定。

〔71〕《中外合资经营企业法实施条例》第 12 条、《中外合作经营企业法实施条例》第 55 条、《合同法》第 126 条。

〔72〕不包括外国企业在中国的分支机构或办事处。请参见《外资企业法》第 2 条。

〔73〕同上注,第 3 条。

〔74〕根据之前的《外资企业法实施条例》(1990 年 10 月 28 日国务院批准,最后一次修订时间为 2001 年 4 月 12 日【原文如此。该条例已于 2014 年 2 月 19 日第二次修订。——译者注】)第 3 条,这指的是"节约能源和原材料,实现产品升级换代,可以替代进口"。

〔75〕指的是年出口产品的产值达到当年全部产品产值 50% 以上,实现外汇收支平衡或者有余。同上。

〔76〕国家仍然鼓励外商独资企业采用高新技术和将产品出口到国外。关于此次修订的更详细内容,see W Shan,'Towards a Level Playing Field for Foreign Investment in China',3(2) The Journal of World Investment at 334 – 6 (2002)。

〔77〕《指导外商投资方向规定》(《投资指导》)第 8 条。

常常见的投资形式。[78] 正如第 1. 28 段的表 1. 1 所示，如今近 45% 的外国来华直接投资是外商独资企业，大有在不久的将来赶超合营企业成为最主要的外资形式之势（目前合作经营企业和合资经营企业总和所占的百分比不到 52%）。[79] 的确，已有不少报道指出，外商投资企业，尤其是大型跨国公司呈现出一种加速发展的态势，即从合营企业转型为外商独资企业（独资化）。[80] 这一现象已引发不少忧虑，因为它可能会加剧外国垄断或者控制重要产业的趋势，造成民族品牌的衰落，减少中国企业从他们的外国对手那里学习经验教训的机会。[81]

（三）中外合作开采

合作开采包括合作开采陆上和【原文误作“或”。——译者注】海洋石油资源。从 20 世纪 80 年代初期以来，中国就开始制定接受和吸引外资合作开发陆上和海洋石油资源的法律。1982 年，调整该领域事宜的第一部法律——《对外合作开采海洋石油资源条例》正式颁布。该条例允许外国企业参与合作勘探开发中国的海洋石油资源。[82] 11 年后，中国又通过了《对外合作开采陆上石油资源条例》，调整外国企业合作开采陆上石油资源事宜。[83] 2001 年，国务院分别对这两个条例进行修订，以使其与中国的 WTO

---

〔78〕 徐崇利、林忠：《中国外资法》，法律出版社 1998 年版，第 81 页。

〔79〕 例如，2002 年头 8 个月，中国成立了 14,024 家外商独资企业，占同期成立的外商投资企业总数的 65%。See Yi Zhang, China Attracted 34. 4 Billion US Dollars of Realized Foreign Investment in the First 8 Months, People's Daily (overseas edition), 14 September 2002, p. 1.

〔80〕 商务部 2005 年的一项调查显示，在 2005～2007 年间，82% 的跨国公司愿意扩大对华投资，但 57% 的跨国公司的投资倾向于独资新建。请参见《外商独资化风潮动了谁的奶酪》，载 http://finance. sina. com. cn/review/20061128/09413115559. shtml，2007 年 5 月 16 日访问。

〔81〕 同上。

〔82〕 该条例由中华人民共和国国务院 1982 年 1 月 30 日发布，自公布之日起施行。为了使之符合中国的 WTO 义务与承诺，国务院 2001 年 9 月 23 日进行了修订【该条例此后又历经 2 次修订，即 2011 年 9 月 30 日第 3 次修订，2013 年 7 月 18 日第 4 次修订。——译者注】。

〔83〕《对外合作开采陆上石油资源条例》经 1993 年 10 月 7 日国务院令第 131 号发布，自公布之日起施行；为了使之符合中国的 WTO 义务与承诺，国务院 2001 年 9 月 23 日进行了修订。

承诺保持一致。[84] 除此之外，还有不少法律法规涉及合作开采石油、天然气资源。[85]

从第1.28段的表1.1可以看出，截至2005年年底，中国境内合作开采项目的投资总额已达75亿美元。[86] 虽然，合作开采的投资大约仅占所有外国来华直接投资总额的1%（1.18%），但其平均出资额一直非常巨大（3900亿美元）。以下我们将以合作开采海洋石油资源为例，考察合作开采项目的法律内容。[87]

根据《对外合作开采海洋石油资源条例》，参与合作开采海洋石油资源的外国企业的投资、应得利润和其他合法权益以及其合作开采活动依法受到保护。[88] 《矿产资源法》同样规定，"国家保障依法设立的矿山企业开采矿产资源的合法权益。"[89]《对外合作开采海洋石油资源条例》也做出一般性地保证，国家对外国企业的投资和收益不实行征收，对于特殊情况下进行的征收，国家给予适当的补偿。[90] 但是，《对外合作开采海洋石油资源条例》同样要求，合作开采海洋石油资源的一切活动，都应当遵守中国的法律法规；外国企业和个人都应当受中国法律的约束，接受中国政府有关主管部

---

〔84〕 例如，《对外合作开采海洋石油资源条例》删除或修改了一些限制性的规定，尤其是关于技术转让、产生规模、原材料购买以及雇佣的规定。同时，2002年《外商投资产业指导目录》将勘探、开采油气资源和开发相关新技术列为鼓励外商投资的领域。

〔85〕 这类法律包括《矿产资源法》（1986年3月19日第六届全国人民代表大会常务委员会通过；1996年修正，自1997年1月1日起施行）、《海洋环境保护法》（1982年8月23日全国人民代表大会常务委员会通过，自1983年3月1日起施行；1999年12月25日修订，自2000年4月1日起施行）、《海洋石油勘探开发环境保护管理条例》（国务院1983年12月29日发布），等等。关于这类立法的更全面清单，尤其有关合作开采海洋石油资源的立法清单，see K Zou，'China's Governance over Offshore Oil and Gas Development and Management'，35 Ocean Development & International Law 339，(2004) Table 2，p. 343。

〔86〕 有意思的是，正如表1所示，人们可以注意到，这个表格中的实际投资超出了合同投资（47亿美元）。这很可能意味着外国投资者除了根据合营合同当初所规定的投资额度予以出资外，还进行了追加投资。

〔87〕 下述论文对合作开采海洋石油资源法律做了很好的介绍，See KM Wolf，'The Legal Framework for Joint Development of China's Onshore Oil recourses: Negotiation Strategies and Future Prospects'，9 Journal of Chinese Law 141－205。

〔88〕 《对外合作开采海洋石油资源条例》第3条。

〔89〕 《矿产资源法》第4条。

〔90〕 《对外合作开采海洋石油资源条例》第4条。

门的检查、监督。[91]

来华合作开采的具体模式看似是“风险合同”和“产品分成合同”的混合体。[92]《对外合作开采海洋石油资源条例》第 8 条对这种合同关系做了最权威的界定：

“中国海洋石油总公司通过订立石油合同与外国企业合作开采海洋石油资源，除法律、行政法规另有规定或者石油合同另有约定外，应当由石油合同中的外国企业一方（以下简称外国合同者）投资进行勘探，负责勘探作业，并承担全部勘探风险；发现商业性油（气）田后，由外国合同者同中国海洋石油总公司双方投资合作开发，外国合同者并应负责开发作业和生产作业，直至中国海洋石油总公司按照石油合同规定在条件具备的情况下接替生产作业。外国合同者可以按照石油合同规定，从生产的石油中回收其投资和费用，并取得报酬。”[93]

因此，合作开采是由中方的中国海洋石油总公司和外国订约人之间通过“石油合同”的方式加以安排的，该合同同时调整勘探和开发阶段的权利和义务。[94] 在勘探阶段，外国投资者应该提供所有的资金，承担所有的风险。如果勘探失败，投资就无法收回。在这个意义上，其是一个风险合同。一旦发现了具有商业价值的油田，中外双方则应共同提供开发资金，进行油/气田的开发和生产作业，外国订约人就可以收回其投资，补偿费用，并从已生产的石油中取得报酬。在这个意义上讲，其又是“产品分成合

---

〔91〕《对外合作开采海洋石油资源条例》第 3 条。

〔92〕中国政府是经过深思熟虑之后才做出的这一选择。据报道，1978 ~ 1979 年间，中国向包括美国、英国、法国、巴西、挪威、日本在内的各国派出代表团前往调研考察，还邀请了 23 个外国石油公司来华。在分析了来自 125 个国家的 120 多个合同样本和法律文件之后才选定了这种合同安排。请参见赖万忠：《开展对外合作加速海洋油气开发》，载国家海洋发展战略研究所：《海洋法律与政策》，第二集，海洋出版社 1992 年版，第 160 页。转引自 K Zou, ‘China’s Governance over Offshore Oil and Gas Development and Management’, 35 Ocean Development & International Law 339 (2004), 349，另请参见余劲松：《国际投资法》，法律出版社 2003 年版，第 98 页。

〔93〕《对外合作开采海洋石油资源条例》第 8 条。

〔94〕《矿产资源法实施条例》（1994 年 3 月 26 日国务院颁布）规定，探矿权只能在勘查许可证（合同）规定的范围内行使，而勘查许可证指的是在所授予的许可证（合同）允许的范围内勘查和开采矿产资源的权利。这种界定有助于厘清两个术语之间的关系。请参见《矿产资源法实施条例》第 6 条。

同”。事实上，一些晚近发布的官方文件已将这个术语直接说成合作开采合同模式。[95] 例如，2001 年 5 月，中国海洋石油总公司与圣太菲能源资源（中国）有限公司的中国分公司（Santa Fe Energy Resources < China > Ltd.）签订了一份产品分成合同，该合同涉及开采面积为 6546 平方公里的珠江口盆地 27/10 合同区的事宜。[96]

在合作开采合同中，大多数条款和条件是固定的，可供缔约双方进一步讨论的地方非常有限。[97] 这种合同须经中国商务部正式批准后方可生效。[98] 缔约双方可以就合同期达成协议，但上限通常为，从合同生效之日起：7 年勘探期、30 年生产期。[99]

合作开采合同的特征之一是，它们往往是涉及巨大商业风险的长期合同。在漫长的合同期间，一国的政治、经济和其他条件有可能发生重大甚至翻天覆地的变化，导致政府修改法律法规或者对外国投资者所做出的特定承诺。有时外国投资者会在其与东道国之间的投资合同中加入“稳定性条款”，以便限制东道国上述翻云覆雨的空间。一些政府也在其国内法律法规中对这种稳定性予以保证。[100] 但是，现代的稳定性条款似乎已经转变为重新谈判和调整条款，此类条款规定，如果政府修改法律且因此对投资项目的经济均衡产生不利影响，则可以调整合同，以使合同项目继续维持最初协议

---

〔95〕 例如，可参见国务院新闻办：《中国的矿产资源政策》，载《人民日报》2003 年 12 月 24 日，第 6 版。

〔96〕《全国海洋经济发展规划》，《中国海洋报》2004 年 2 月 6 日，第 1 版。

〔97〕 请参见余劲松《国际投资法》，法律出版社 2007 年版。高之国注意到，实际上可以谈判的领域只有三个：工作方案、×因素（该因素决定了一个公司所能得到作为利润的产品百分比），以及其他投入。See Zhiguo Gao, International Petroleum Contracts: Current Trends and New Directions (London: Graham & Trotman/Martinus Nijhoff, 1994), 157.

〔98〕 关于批准的具体事宜，请参见 1996 年 11 月 5 日对外经济贸易合作部通过的《部分行业外商投资企业审批原则和审批程序》。

〔99〕 Gao, n 97 above, at 163.

〔100〕 例如，1999 年俄罗斯通过了《新外资法》（第 160 – FZ 号法，该法自 1999 年 7 月 14 日起施行），其特色之一便是该法第 9 条的税收稳定性条款。该条规定，特定公司和项目的投资者收回初始投资之前，不得提高特定进口税和联邦税的税率。See B Zimbler and K Arbatova, 'Russia: The new Russian foreign investment law', available at http://www.iflr.com/? Page = 10&PUBID = 33&ISS = 11977&SID = 508948&TYPE = 20，2007 年 3 月 29 日访问。

的那种财务状态。[101] 中国有关稳定性条款的法律也发生了同样的转变,下文将予探讨。

合作开发合同的准据法规则与合营合同的情况类似,也即中国法是准据法。[102]

(四)外商投资股份有限公司

外商投资股份有限公司是指全部资本由股份构成,中外股东共同持有公司股份,外国股东拥有的股份占公司注册资本 25% 以上的企业法人。[103] 这种形式的投资在历史上一直比较少见(请参见表 1.1),但这种情况在未来可能会发生变化。公司以全部财产对公司外部债务承担责任,股东则以其所认购的股份按比例对公司外部债务承担责任。[104] 外商投资股份有限公司的注册资本,也即登记机关记录的总资本,其最低限额为人民币 3 千万元(约 440 万美元)。[105] 外商投资股份有限公司可采取发起方式或者募集方式设立,但必须符合国家有关外商投资企业产业政策的规定。[106]

(五)外商投资举办的投资性公司

1995 年,中国颁布了《关于外商投资举办投资性公司的暂行规定》,[107] 以鼓励大型跨国公司在中国进行系列投资。2003 年 6 月,该暂行规定被《关于外商投资举办投资性公司的规定》取代。根据后者,投资型公司以独资或与中国投资者合资的形式设立,但必须设立为有限责任公司。[108]

---

[101] R D Bishop, J Crawford, and W M Reisman, Foreign Investment Disputes: Cases, Materials and Commentary (Kluwer Law International, 2005) 15.

[102] 《对外合作开采海洋石油资源条例》第 3 条;《合同法》第 126 条。

[103] 《关于设立外商投资股份有限公司若干问题的暂行规定》(对外贸易经济合作部,也就是现在的商务部 1995 年发布)第 2 条。

[104] 同上。

[105] 同上注,第 7 条。

[106] 同上注,第 4 条、第 5 条。

[107] 也即 1995 年商务部令第 4 号所颁布的《关于外商投资举办投资性公司的暂行规定》。

[108] 2003 年商务部令第 1 号发布的《关于外商投资举办投资性公司的规定》第 2 条。

（六）建设—运营—移交（BOT）

BOT是一种相对较新的投资形式，[109]经常在诸如公路、港口、水坝、公共交通系统、电站、供水系统和工业区之类的大型基础设施和公用事业项目中得到运用。[110] 1995年，中国引进了第一个BOT项目，[111]自那时起，BOT便经常运用于能源、运输、电信和环境工程之中。[112] 中国第一个调整BOT项目的法律是商务部（当时的对外经济贸易合作部）于1995年1月通过的《关于以BOT方式吸收外商投资有关问题的通知》（以下简称商务部《BOT通知》）。同年晚些时候，国家计委、电力部、交通部联合颁布了《关于试办外商投资特许权项目审批管理有关问题的通知》（以下简称《BOT联合通知》）。1997年《境外进行项目融资管理暂行办法》[113]也是与BOT投资有关

[109] BOT投资的典型定义如下："BOT模式是政府与私人承包人之间的合同安排。私人承包者承担基础设施的融资和建设，并在约定时间内管理和经营该设施。在合同约定期间内，允许承包者收取设施的使用费以及其他足以使其收回投资和运营成本并取得合理利润的费用。合同期满，该设施交由政府管理。"

BOT项目与交钥匙项目不同，BOT项目的承包商为收回成本和利润而运营该设施。See M Sornarajah, The Settlement of Foreign Investment Disputes, Kluwer Law International, 2000, ch 2 - 2.7.

[110] 但是，BOT目前也经常在离岸外包信息工作中应用。这些情况通常都不涉及政府或者公共资助。一般情况下，西方主顾与印度或中国供应商订立合同，后者建立并在很长一段时间内运营某个客户呼叫中心或者其他业务流程，但是，委托人仍保留在符合特定条件并向离岸方支付特定金钱的情况下随时接管运营（"移交"）的权利。See Wikipedia, 'Build - Operate - Transfer', available at http://en.wikipedia.org/wiki/Build - Operate - Transferhttp://en. wikipedia. org/wiki/Build - Operate - Transferhttp://en. wikipedia. org/wiki/Build - Operate - Transferhttp://en. wikipedia. org/wiki/Build - Operate - Transferhttp://en. wikipedia. org/wiki/Build - Operate - Transfer, 2007年2月26日访问。

[111] 事实上，对于中国第一个BOT项目，人们似乎存在不同看法。中国中央电视台报道说，成都自来水厂实际上是中国第一个BOT项目。但是，学者余劲松曾在其著作中提到，经国家计委批准，广西来宾火电B厂是中国试点BOT项目。See China Central Television (CCTV), 'The First BOT Water Project has Started to Provide Water', posted at http://www.cctv.com, 2008年8月20日访问, as cited in W Shan, Legal Framework, 43；余劲松：《国际投资法》，法律出版社2003年版，第106页。

[112] 中国学界关于来华BOT投资的著述，请参见孟国碧：《BOT特许协议法律性质廓清及立法内容架构》，载《国际经济法学刊》2006年第3期；于安：《外商投资特许权项目协议（BOT）与行政合同法》，法律出版社1998年版；孙潮、沈伟：《BOT投资方式在我国的适用冲突及其法律分析》，载《中国法学》1997年第1期；朱遂斌、林伟明：《我国BOT特许权协议法律性质分析》，载《中国法学》1999年第4期；北京市工程咨询公司：《BOT项目指南》，地震出版社1995年版；谢岚：《政府介入与BOT特许协议专项立法初探》，载《法学评论》1999年第4期。

[113] 这个文件是国家计委（现在的国家发展和改革委员会）和国家外汇管理局1997年4月16日联合通过的，它对这类项目的审批和融资做了详细规定。

的重要法律。这些立法措施构成了来华 BOT 投资的法律框架。[114]

根据《BOT 联合通知》，建设—运营—移交项目是政府部门通过与外商为 BOT 项目成立的项目公司之间特许权协议形式设立的一种机制。[115] 在该协议中，项目公司负责该项目的投融资、工程设计、施工建设、设备采购、运营管理和收费，并承担对特许权项目的设施进行维修保养的义务。[116] 政府部门具有对特许权项目监督、检查、审计以及对项目公司不符合特许权协议规定的行为予以处罚的权力。[117] 商务部《BOT 通知》要求，项目公司须设立为中外合资经营企业、中外合作经营企业或外商独资企业。[118]

（七）并购

鉴于并购已经成为国际投资的主要形式，据预测未来还将成为来华外资的最重要形式，[119] 中国已经制定了推动其发展的规章。[120] 中国法中的并购有两类：股权并购和资产并购。[121] 股权并购系指外国投资者购买境内企业股东的股权从而使该境内企业变更设立为外商投资企业；[122] 资产并购系

[114] 但是，据观察，这个法律框架存在立法不够完善、法律位阶相对较低以及法律规定之间互相抵触的缺陷。立法不够完善体现在，诸如政府保证的性质、准据法、争端解决等一系列重要事项未予规定。而且这些立法均采用了部门规章的形式，在中国的立法体系中位阶非常低。最后，一些规定互相矛盾。例如，两个《通知》对政府担保的规定就不相同，且互相矛盾，这一点容后探讨。请参加孟国碧，同上注 112。

[115] 《BOT 联合通知》第 1 点。

[116] 同上。

[117] 同上。

[118] 商务部《BOT 通知》第 1 点。

[119] 从世界范围来看，并购占外国直接投资总流量的 70% 以上。但是，据估计，只有不到 5% 的外国来华直接投资是通过并购实现的。不过，有人预计，并购不日即将成为最通行的来华外资形式。See F Wu and S Xu, 'M&A is to Become the Major Form of FDI in Shanghai'; L Yan etc., 'M&A Becomes Popular in China', Q Yang, 'Sharp Increase of Investment Opportunities in China for Transnationals', in People's Daily (overseas edition), 7 July 2003, at 2, 9 February 2002, at 5 and 24 May 2003, at 5 respectively.

[120] 2006 年 8 月 8 日，商务部、国务院国有资产监督管理委员会、国家税务总局、国家工商行政管理总局、中国证券监督管理委员会、国家外汇管理局联合颁布了《关于外国投资者并购境内企业的规定》（《并购规定》），该规定自 2006 年 9 月 8 日起施行。这个新法取代了《外国投资者并购境内企业暂行规定》，后者则是由对外经济贸易合作部（现在的商务部）、国家税务总局、国家工商行政总局、国家外汇管理局于 2003 年 1 月联合颁布，于 2003 年 4 月 12 日实施。

[121] 《并购规定》第 2 条，同上。

[122] 同上。

指,外国投资者设立外商投资企业,并通过该企业购买境内企业资产且运营该资产或外国投资者购买境内企业资产,并以该资产投资设立外商投资企业。[123] 此外,外国投资者在并购后所设外商投资企业注册资本中的出资比例高于25%的,该企业享受外商投资企业待遇,但并购应符合国家的产业政策。[124]

(八)《2007年目录》

在选择适当的投资形式时,明智的做法是查阅一下中国有关投资准入的最重要文件,也即《指导外商投资方向规定》(《投资指导》)[125] 及其附件《外商投资产业指导目录》(《指导目录》)。[126] 1995年,中国政府采用"负面清单"的方式第一次发布《投资指导》和《指导目录》。这两个规定均周期性修改。《投资指导》迄今只在2002年中国加入WTO后修改了一次,《指导目录》则历经频繁修订——到目前为止已经修订了4次【原文如此,该目录迄今一共修订了6次。——译者注】。[127] 第一次修订发生在1997年,当时"亚洲金融危机"余波未了。为了降低危机所带来的负面影响,中国给予外资更多的税收激励。2002年,《指导目录》再次修订。中国于2001年入世,该次修订旨在使其符合中国的入世承诺。2004年,为实施国家的宏观经济政策,《指导目录》做了第三次修订,取消诸如钢铁、水泥、电解铝等行业的特殊优惠。最新的一次修订发生于2007年【原文如此,该目录已先后于2011年12月24日和2015年4月10日再次修订。——译者注】,这次修订既反映了宏观经济政策的最新发展,也反映了中国入世过渡期结束之后进一步深化开放的需求。据报道,这次修订过程开始于2005年,参考了41个政府部门、16

---

〔123〕 同上。

〔124〕 《并购规定》第4条、第9条,同上。

〔125〕 《指导外商投资方向规定》(《投资指导》),2002年2月11日国务院令第346号公布,2002年4月1日起施行。

〔126〕 《外商投资产业指导目录》(《指导目录》),首次公布于2002年,最新版为2007年修订版,自2007年12月1日起施行。

〔127〕 袁宏明:《解读新版外资目录》,载《中国投资》(中文版),http://www.sina.com.cn,2008年4月24日访问。

个重点行业协会的意见,也吸收了一大批专家学者的建议。[128]

《投资指导》和《指导目录》将所有的外资项目分为四类:鼓励类、限制类、禁止类和允许类。鼓励类、限制类和禁止类的产业都是明确规定的,其余则属于允许类。鼓励类目录之下的外国投资项目享受特定优惠,比如税收激励等。根据国家发展与改革委员会外资司司长孔令龙的说法,中国将继续对鼓励类的外资项目给予税收优惠。[129] 这些企业的进口设备可继续享受免除进口关税和增值税的优惠,其购买国内生产的设备则可享受增值税退税的优惠。他也指出,2007 年 12 月 1 日之前批准的外商投资项目执行以前适用的税收激励政策,而新政策则适用于 2007 年 12 月 1 日之后批准的外商投资项目。[130] 在这方面,应予注意的是,2007 年通过的统一的新《企业所得税法》虽然将内资与外资企业的所得税率统一确定为 25%,但该法对外商投资项目的上述税收优惠并无不利影响,它真正影响的是设立在诸如经济特区、经济和技术开发区等特殊经济区内的外商投资项目。因为该法不再对外商投资项目设置区域优惠,但它也为这些特殊经济区的外商项目设计了为期五年的过渡期,以使之能够适应新政策。

与之相反,限制类目录中的外商投资项目受制于特定的限制因素。一些限制因素与投资模式相关。来华外资采纳的模式主要有三种:中外合资经营企业、中外合作经营企业、外商独资企业。但是,该目录会对一些外商投资项目所采取的形式做出规定,要求其只能采取中外合资企业或者中外合作企业的形式,不得采用外商独资企业的形式。一些外商投资项目必须符合更为严格的条件,比如,要求中方在企业中占控股或者相对控股地位。前者要求所有中方合作伙伴在外商投资项目总股份中合计控股达 51% 或以上;后者则只要求所有的中方合作伙伴合计持股比例大于任何一个外国合

[128] 袁宏明:《解读新版外资目录》,载《中国投资》(中文版),http://www.sina.com.cn,2008 年 4 月 24 日访问。

[129] 袁宏明,同上注 127。

[130] 同上。

营方的持股比例。[131] 这些限制也适用于外资并购活动。[132] 根据2006年《关于外国投资者并购境内企业的规定》第4条,不允许外国投资者独资经营的产业,并购不得导致外国投资者持有企业的全部股权;需由中方控股或相对控股的产业,该产业的企业被并购后,仍应由中方在企业中占控股或相对控股地位。同样,对禁止外国投资进入的产业,外国投资者不得实施并购。

在2007年《目录》修订版中,有40个部门禁止外国投资者独资经营,6个部门只允许外资以"中外合资经营企业"形式投资,其他6个部门只能采用"中外合作经营企业"的形式。另外,有40个部门要求中方在企业中占控股地位,3个部门要求中方在企业中占相对控股地位。此外,一些部门还对外方股权有最大份额方面的具体要求。例如,增值电信业务的外资比例不得超过50%,基础电信中的移动话音和数据服务、国内业务和国际业务外资最高比例为49%。诸如保险公司(其中寿险外资比例不超过50%)、证券公司(限于从事A股承销、B股和H股以及政府和公司债券的承销和交易,外资比例不超过1/3),证券投资基金管理公司(外资比例不超过49%)。

综上可知,2006年《规划》的政策已经在这一修订版中得到良好的贯彻。很明显,中国政府对外资采取了更为"择善而从""注重质量"的方针。中国需要的是有益于其经济和社会的外商投资项目,而不是来者不拒。而且,该《规划》已经增加了40个具有节能环保作用的外商投资项目,这表明"环境友好型"原则已经得到重视。"注重创新"也体现在不再鼓励一般制造产业,而只继续鼓励高科技产业和新材料产业。这个新《目录》或许会令对房地产和特定采矿行业有兴趣的外国投资者失望,而服务投资者则很可能大受鼓舞。所有这些表明,中国在处理外资事宜上愈加成熟。

在此方面,应予注意的是,除了这个一般性的《目录》外,中国还通过了

---

〔131〕《指导外商投资方向规定》(《投资指导》)第8条。

〔132〕《关于外国投资者并购境内企业的规定》(商务部和6个其他部委2006年8月联合公布,自2006年9月8日起施行)第4条。

《中西部地区外商投资优势产业目录》(《西部目录》)[133]和《鼓励外商投资高新技术产品目录》(《高科技目录》)。[134]《高科技目录》的内容已经整合到这个修订版《目录》当中,而《西部目录》继续发挥效用,迄今尚未更新【原文如此。该目录此后于 2008 年 12 月 23 日和 2013 年 6 月 10 日再次修订。——译者注】。

四、法律框架与 BIT 计划

(一)外资法律框架

中国在国际投资,尤其是吸引外国直接投资方面所取得的巨大成功可部分归因于,中国政府努力使自己的法律框架与国际标准接轨。[135]来华外商直接投资法律框架由国内法和国际协议两个部分组成。在国内层面,中国已经逐渐建立了一个三层次结构的法律体系,包括宪法规定、全国性法律以及非全国性的法规、规章。[136]最重要的全国性法律涉及的就是前述的外资形式,也即中外合资经营企业、中外合作经营企业、外商独资企业、合作开采、BOT、外商投资设立的投资性公司、外商投资股份有限公司和并购。同样重要的是,前述《投资指导》和《指导目录》《企业所得税法》(原来称作 1991 年《外商投资企业和外国企业所得税法》)及其《实施条例》,1986 年国务院《关于鼓励外商投资的规定》和《关于当前进一步鼓励外商投资的意见》。[137]

在国际层面,就目前的研究而言,更重要的是,中国一直积极缔结双边投资条约和其他国际投资文件。的确,中国已经构建了全世界第二大范围

---

[133] 前国家经济贸易委员会、国家发展计划委员会、对外贸易经济合作部 2000 年 6 月第一次发布该目录;国家发展和改革委员会 2004 年 7 月对其予以修订,这次修订自 2004 年 9 月 1 日起施行。

[134] 该目录由商务部、科技部 2003 年 7 月首次联合颁布,并于 2006 年 12 月 30 日修订。

[135] OECD Press Release:'Reforms Could Boost China's Ability to Attract Foreign Investment', posted at <http://www.oecd.org/document/8/0,2340,en_2649_37467_3240968_1_1_1_37467,00.html>,2008 年 6 月 2 日访问。

[136] W Shan, Legal Framework, Chapter 1.

[137] Shan, id., 商务部、国家发改委以及 7 个其他部委 1999 年 8 月 3 日联合颁布《关于当前进一步鼓励外商投资的意见》。

的促进和保护国际投资的条约网络。[138] 这个条约网络包括：诸如《ICSID 公约》、WTO 协议、《MIGA 公约》[139]此类的多边协议，诸如《APEC 非约束性投资原则》[140]之类的区域文件，[141]诸如 BITs 和避免双重征税条约（DTTs）[142]之类的双边协议以及自由贸易协定（FTAs）[143]——包括最近且最引人注目的中国与新西兰之间的自由贸易协定。这是中国与 OECD 国家之间缔结的第一个自由贸易协定。[144] 但是，当前研究的焦点是中国缔结的 BITs。以下部分因此将审查这些 BITs，包括其概述、过去十年来的演变、当前 BIT 范本的关键特征、这些条约在中国法律体系中的地位。但是，在讨论这个 BIT 计划之前，简要回顾一下中国法中的法律变化问题和“稳定性条款”，显然是有所裨益的。

（二）法律变化和中国法之中的“稳定性条款”

中国法律的稳定性（或曰缺乏稳定性）看似已经成为外国来华投资者所

〔138〕 UNCTAD，above，n 6.

〔139〕 关于这些多边投资协议及其与中国的关系的详细论述，see Shan，Legal Framework，Chapter 3。

〔140〕 近年来，中国在区域经济合作方面一改原来的被动的立场而变得积极主动。中国已签署了《亚太贸易协定》（前身为《曼谷协定》，在联合国亚太经济和社会理事会的主持下，该协议最初缔结于 1975 年。现在其成员包括中国、印度、孟加拉、老挝、韩国和斯里兰卡）。为了在 2010 年之前与东盟建立自由贸易区，中国也已与东盟签订了框架协议。中国也积极参与亚太经合组织的活动和东亚经济一体化谈判。关于中国在区域经济合作活动方面的更多信息，请参见商务部：《区域经济合作》，载 http：//gjs. mofcom. gov. cn/af/af. html，2007 年 2 月 8 日访问。

〔141〕 该文件副本可参见下述网页：http：//www. asianlii. org/apec/other/agrmt/anip355. txt/cgi - bin/ download. cgi/download/apec/other/agrmt/anip355. pdf，2008 年 2 月 8 日访问。

〔142〕 在本书撰写之时，中国已经签署并批准了 86 个避免双重征税协议。关于这些协议的详细情况，请参见下述网页：http：//www. chinatax. gov. cn/n480462/n480513/n481009/index. htm，2008 年 2 月 8 日访问。关于这些避免双重征税协议的全面研究，see Xin Zhang，Law and Practice of International Tax Treaties in China（Wildy，Simmonds and Hill Publishing，2003）。

〔143〕 除了《亚太贸易协定》和与东盟之间的自由贸易协定之外，中国还与巴基斯坦（2006 年）、智利（2005 年）等国签署了自由贸易协定。与其他自由贸易协定相比，其中，《中国—巴基斯坦自由贸易协定》的不同之处在于包括了一个投资篇章，也就是其第 9 章，这一章包括诸如待遇、征收、国家—投资者争端解决等典型的 BIT 规定。《中国—智利自由贸易协定》中没有投资篇章，但其第 120 条规定，两国政府将就投资和服务贸易展开谈判。在这样的背景下，需要注意的是，中国已经在《中国—东盟自由贸易协定》框架下与东盟签订了服务贸易协议。关于此方面的更多具体信息，请参见商务部：《区域经济合作》，http：//gjs. mofcom. gov. cn/af/af. html，2008 年 2 月 8 日访问。

〔144〕 2008 年 4 月《新西兰—中国自由贸易协定》，www. chinafta. govt. nz. 这个自由贸易协定第 11 章包含了非常复杂的投资规定。该章第一部分包括对投资的实体保护规定，第二部分则包括争端解决规定。

面临的一个主要问题,[145] 最近的一份数据调查也确认了这一问题。[146] 为了给外国投资者树立信心,中国政府在国内立法和法规中引入了一些“稳定性条款”。例如,财政部 1982 年颁布了一个规定,内容是在中外合资企业法生效之前缔结的中外合资经营企业合同仍可依据当初的合同规定缴纳所得税,直至合同期满。[147] 更为重要的是,1985 年通过并生效的《涉外经济合同法》规定:

“在中华人民共和国境内履行、经国家批准成立的中外合资经营企业合同、中外合作经营企业合同、中外合作勘探开发自然资源合同,在法律有新的规定时,***可以仍然按照合同的规定执行*** 。”[着重部分系作者标示][148]

该法也规定,经当事人协商同意,其亦可适用于其施行之日前成立的合同。[149] 这种规定表明,中国政府急于向外国投资者保证,中国的外国直接投资法律环境健康稳定。然而,这类“稳定性”承诺在国内法中的意蕴一向非常重要,因为其会导致政府有效管制外资的能力受到极大削弱。结果,在修订《涉外经济合同法》并将其融入 1999 年颁布的新的统一《合同法》时,删除了上述稳定性条款。但是,中国标准石油合同仍然包含一条现代的稳定性条款或曰重新协商和调整条款。[150]

---

〔145〕 See e. g. HR Zheng, ‘The Sino – U. S. Income Tax Treaty and Its Effect on Chinese Taxation of American Economic Interests’,40 Tax Lawyer 733 (spring 1987),at 773.

〔146〕 超过 40% 的受调查投资者答复说,在中国,法律“总是”“通常”或者“频繁”地发生意料之外的变化,而大约半数(49%)的受调查者报告说,自己“有时”经历到意料之外的法律变化。只有 5% 的受调查者说,他们“很少”遭遇意料之外的法律变化。See Wenhua Shan,Legal Framework,Chapter 8.

〔147〕 姚梅镇:《外商投资企业法教程》,法律出版社 1994 年版,第 71 页。

〔148〕 《涉外经济合同法》(第六届全国人民代表大会常务委员会第十次会议于 1985 年 3 月 21 日通过,自 1985 年起施行),第 40 条。该法后来被《合同法》(第九届全国人民代表大会常务委员会第二次会议 1999 年 3 月 15 日通过,自 1999 年 10 月 1 日起施行)取代,《合同法》没有保留这一规定。

〔149〕 同上注,第 41 条。

〔150〕 一份四川盆地开采合同中的下述规定就是个很好的例子:“本合同生效后,如因中华人民共和国政府颁布新的法律、法规、规则和规章,或者修订可适用的法律、法规、规则和规章,导致承包商的经济利益发生实质改变,则本合同当事方应该立即磋商,对本合同的相关规定进行必要的修改和调整,以维持承包商在本合同项下的合理经济利益。”请参见《中国国家石油公司与泛华能源有限公司关于在中华人民共和国四川盆地梓潼矿区进行勘探、开发和生产的合同》第 29 条第 2 款(中国北京),2002 年 9 月 19 日,http://contracts. onecle. com/ivanhoe/cnpc. zitong. 2002. 09. 19. shtml,2007 年 2 月 25 日访问。也可参见姚梅镇:《外商投资企业法教程》,第 72 页(注意到晚近中国的石油合同包含此类重新谈判和调整规定)。

在这方面,回顾一下中国缔结的一些 BITs 颇有益处:这些 BITs 包括的相关规定,或者确认东道国拥有改变其法律法规的权利,[151]或者要求缔约方"对外国投资者的适当利益给予合理安排"。[152] 的确,中国政府通过提供过渡期安排,致力于使法律变化尽可能地平稳。例如,《外商投资企业和外国企业所得税法》[153]和当前统一适用的《企业所得税法》[154]均有类似的过渡期规定。

(三)中国缔结的 BITs:基本事实

中国自从 1982 年与瑞典订立了第一个 BIT 开始,迄今已经订立了 126 项 BITs。其中,半数 BITs(68 项 BITs)缔结于 20 世纪 90 年代;其他的则签订于 20 世纪 80 年代(24 项 BITs)和 21 世纪 00 年代。中国缔结的大多数 BITs 签订于 20 世纪 90 年代的事实表明,其时 BITs 缔结热潮正席卷全球,中国并未置身其外。但是,特定国家因素,比如,中国接受 ICSID 机制以及实行"市场经济"也发生了重要的作用。

应予注意的另一个事实是,21 世纪 00 年代,中国对外重新谈判缔结了 11 项 BITs(或者以新的 BITs 形式,或者以修改《议定书》形式)。这些重新谈判缔结的 BITs 缔约对方大多是欧洲国家,这些国家早年间曾与中国缔结了 BITs,需要将这些 BITs 更新升级。此外,中国迄今已经缔结了两个包含 BIT 类型篇章的自由贸易协定,也即《中国—新西兰自由贸易协定》和《中

---

〔151〕《中国—德国 BIT》(1983 年)第 8 条第 2 款。2003 年中国与德国签订的新 BIT 删除了这一规定。

〔152〕《中国—泰国 BIT》第 4 条第 2 款。

〔153〕《外商投资企业和外国企业所得税法》规定:"本法公布前已设立的外商投资企业,依照本法规定,其所得税税率比本法施行前有所提高或者所享受的所得税减征、免征优惠待遇比本法施行前有所减少的,在批准的经营期限内,依照本法施行前法律和国务院有关规定执行;没有经营期限的,在国务院规定的期间内,依照本法施行前法律和国务院有关规定执行。具体办法由国务院规定。"参见《外商投资企业和外国企业所得税法》(1991 年 4 月 9 日第七届全国人民代表大会第四次会议通过)第 27 条。

〔154〕新的《企业所得税法》第 57 条的规定与《外商投资企业和外国企业所得税法》第 27 条类似。该新法由第十届全国人民代表大会第五次会议于 2007 年 3 月 16 日通过,自 2008 年 1 月 1 日起施行。关于该新法的介绍,也可参见新华社:《企业所得税法草案聚焦:内外资迎来"两法合并"》,载 http://news.xinhuanet.com/legal/2006-12/24/content_5526401.htm,2007 年 2 月 26 日访问。

国—巴基斯坦自由贸易协定》。这意味着中国在 21 世纪 00 年代的条约缔结活动一直远比(参见附件一)具体数字所展示的活跃。

从地域上来看,中国缔结的 BITs 覆盖了包括亚洲、欧洲、非洲、拉丁美洲和大洋洲在内的大多数大洲。中国的 BITs 网络在亚洲分布得最密集,覆盖了这一大洲 44 个国家中的 40 个,包括诸如日本、韩国、新加坡、印度、俄罗斯、伊朗、沙特阿拉伯、科威特和哈萨克斯坦等中国的重要投资伙伴。排在第二位的是欧洲,76% 的欧洲国家均与中国签署了 BITs,包括欧盟 27 国中的 25 国。[155] 在非洲,超过半数的国家(53 国中的 31 国)均与中国存在 BIT 安排。这些国家包括诸如南非、埃及、尼日利亚、苏丹、刚果和肯尼亚等重要投资伙伴。中国也与 4 个太平洋国家签署了 BITs,包括最重要的澳大利亚和新西兰。在拉丁美洲,中国的 BIT 网络覆盖了 13 个国家,包括诸如阿根廷、玻利维亚、乌拉圭、厄瓜多尔、智利和秘鲁之类的主要国家。中国最近与墨西哥也签订了 BIT。[156] 但引人注目的是,中国尚未与巴西缔结 BIT,其原因很可能在于巴西对签订和批准 BIT 惯常持抗拒的态度。[157]

就中国 BIT 网络的庞大覆盖范围而言,最惹眼的例外便是北美地区,尤其是美国和加拿大。中国尚未与这两个国家中的任何一个缔结 BIT,而在外国来华投资者的数量排名中,美国位列第 3,加拿大则排在第 15 位。[158] 中、美两国 BIT 谈判早在 1983 年即已经开始,但由于两国就很多事项分歧过大

---

[155] 在欧盟成员国中,只有爱尔兰和马耳他尚未与中国签订 BIT。关于欧盟对华投资关系法律框架的详细分析,See W Shan *Legal Framework*。

[156] 协定于 2008 年 5 月 21 日达成,2008 年 7 月 11 日正式签署。See Xinhua,'Mexico,China to sign agreement promoting investments',posted at: < http://english. china. com/zh_cn/business/foreign_trade/11021616/20080521/14859162. html > ,,2008 年 6 月 3 日访问;新浪新闻:《胡锦涛同墨西哥总统会谈签署保护投资协定》,http://news. sina. com. cn/c/2008 - 07 - 11/160515916246. shtml,2008 年 8 月 4 日访问。

[157] 巴西已经签署了十几项 BITs,但尚未批准其中的任何一项。See W Shan,'Is Calvo Dead?' Vol 55 American Journal of Comparative Law (Winter 2007),at 148.

[158] 商务部:《2005 年对华投资前 15 位国家/地区情况》,载商务部网站:http://www. fdi. gov. cn/pub/FDI/wztj/lntjsj/wstzsj/2005nzgwztj/t20060906_61358. htm,2008 年 2 月 9 日访问。

而未能成功。[159] 现在加拿大正在与中国就缔结 BIT 事宜展开谈判【该 BIT 已于 2012 年 9 月 9 日签署。——译者注】。[160] 经过时日迁延的讨论，中美两国晚近宣布，重启 BIT 谈判。[161] 考虑到当前有关 BIT 方面的保守主义倾向在许多国家盛行，以及美国一贯采用事无巨细均予规定的缔约模式，静观中美两国之间的进一步努力能否达成令两国均满意的 BIT，这的确是件饶有趣味的乐事。

(四)中国缔结的 BITs：缔约程序

中国的条约缔结实践受《缔结条约程序法》调整。[162] 根据该法，以中华人民共和国名义谈判和签署条约、协定，由外交部或者国务院有关部门会同外交部提出建议，报请国务院审核决定。[163] 但是，该法并未就规定谈判和批准程序的详细规则。实践中，主要是商务部条约和法律司处理投资条约缔结事宜。正常情况下，涉及如下 9 个步骤：

第一步：请示。如有缔结新 BIT 的需要，商务部(正常情况下，由条约和法律司，更确切地说是由该司内部负责投资条约事宜的官员发动和起草)将在咨询外交部后与外交部联合请示国务院，请求允许就此类协定展开谈判。

第二步：批复。国务院如果批准商务部和外交部的上述请示，则会发布批复。

---

[159] 中美两国对国民待遇标准的意见分歧是一个主要障碍。See TA Steinert, If the BIT fits: the proposed bilateral investment treaty between the United States and the People's Republic of China, Journal of Chinese Law, 1988, pp. 405 – 57. 对于早期的报告，see CH Farnsworth, 'U. S. – China Investment Talks', The New York Times (26 May 1983), posted at <http://query. nytimes. com/gst/fullpage. html? sec = technology&res = 9D07EEDE1F38F935A15756C0A965948260>, 2008 年 2 月 9 日访问。

[160] 关于中国—加拿大 BIT 谈判的报告，see Robert Wisner, 'Canada and India conclude investment treaty: Negotiations with China continue', posted at <http://www. bilaterals. org/article. php3? id_article = 9498, 2008 年 2 月 9 日访问。

[161] 关于美国在 BIT 谈判上的立场，see US Department of the Treasury: U. S. Fact Sheet: The Third Cabinet – Level Meeting of the U. S. – China Strategic Economic Dialogue (December 13, 2007, Beijing). Available at <http://www. ustreas. gov/press/releases/hp733. htm>, 2008 年 2 月 9 日访问。

[162] 《缔结条约程序法》(第七届全国人民代表大会常务委员会第十七次会议于 1990 年 12 月 28 日通过，中华人民共和国主席令第 37 号颁布，自公布之日起施行)。

[163] 《缔结条约程序法》，同上注，第 5 条第 2 款。

第三步:谈判。收到批复后,商务部官员便与外方相应部门官员进行谈判。正常情况下,谈判是在北京和对方国家的首都轮流举行。

第四步:草签。达成协议后,两个谈判代表团的领导就达成协议的条约文本进行草签。

第五步:正式请示。商务部接着再次会同外交部向国务院正式请示,请求正式签署该协议。草签的条约文本和签署活动的建议(包括对签署该约的场合与人员的建议)通常作为申请书附件一并呈交。

第六步:正式签署。国务院批准后,可以正式签订投资协议。正常情况下,由部级或以上层次的官员签署。通常会举行签约仪式。

第七步:备案。实践中,投资条约并不需经全国人大常务委员会正式批准,或者国务院进一步批准。更准确地说,仅需要(由商务部)提交国务院备案。至此,使条约有效的国内法律程序便走完了。

第八步:互换外交照会。外交部随后便通过外交照会的形式通知外国相应部门,中国已经履行有关该约的国内法程序。作为交换,外国相应部门可以发布类似的照会。

第九步:生效。正常情况下,条约在互换外交照会后一定时限内生效,但具体取决于条约的规定。[164]

上述条约缔结实践相对复杂,但与其他国家的实践可能相差并不大。但是,考虑到投资条约对东道国的经济和社会的深远影响,要求这类条约须经全国人大常务委员会批准更为合理。

(五)中国缔结的 BITs:计划的演进

中国的 BIT 计划启动于 1982 年,迄今业已历经三个时期、三代 BITs。20 世纪 80 年代是第一个时期,以中国缔结的第一代 BITs 为特征;20 世纪 90 年代的大部分时间属于第二个时期,其间,中国缔结了第二代 BITs;中国缔结的第三代 BITs 出现于 20 世纪 90 年代末期,其标志着中国缔结 BITs 历

〔164〕 作者系根据自己与商务部一位资深官员的沟通所得做出有关条约缔结实践的上述描述,该官员在此类条约缔结实践方面拥有丰富的亲身经验。

史上的第三个时期的开始。应予注意的是,虽然每一代 BITs 都带有某一特定时代的烙印,但也可能存在同一特定时期内不同代际的 BITs 并存的格局。因此,在第二或者第三时期签订的 BITs 也可能呈现出第一代 BITs 的主要特征。但不可避免的是,中国缔结的 BITs 都倾向于受其时的三个 BIT 范本的影响。

1. 1982～1989 年:BIT 计划的启动与第一代 BITs

中国 BIT 计划的启动缘于上述 20 世纪 70 年代后期所实行的"开放"政策。为了刺激经济增长,中国那时实施了全面的现代化规划,引入外国直接投资以及先进技术和管理经验便是该计划所列的首要目标。[165] 相应地,1979 年通过的第一部外国直接投资法,即《中外合资经营企业法》,发出了欢迎外国投资者的第一个法律信号。其后一些年来,大量的其他法律法规如雨后春笋般涌现,调整诸如所得税、劳动力管理、外汇控制之类的相关问题。[166] 更重要的是,1982 年修订的《宪法》新增了一个具体提到外资的条文,该条文确认外资受到中国法律保护。[167]

但是,中国政府当时已经意识到,仅仅国内立法的变化是不够的,为了"加强国内承诺和降低不信任",需要做出国际法上的承诺。[168] 例如,李适时对这个打消外国投资者疑虑的要求做了合理的解释:

"虽然国家规定了开放政策,并一再确认,但在一些人看来,这仍然是新生事物,不能完全相信,毕竟中国从性质上看是一个社会主义国家,其经济生活以中央计划为主导,与自由的市场经济体制截然不同。

国内法所给予的优惠、保护以及政策许诺均不能在短期内消除一些人根深蒂固的不信任情绪,因为他们认为,政策可能发生变化,而政府在改变政策时对过去做出的许诺并不负任何责任。人们相信,通过双边协定的方

---

〔165〕 Shishi Li, n 8 above, at 164.

〔166〕 Ibid. , at 165.

〔167〕 该条内容是:"在中国境内的外国企业和其他外国经济组织以及中外合资经营的企业,都必须遵守中华人民共和国的法律。它们的合法的权利和利益受中华人民共和国法律的保护。"参见 1982 年《中华人民共和国宪法》第 18 条(1982 年 12 月 4 日第五届全国人民代表大会第五次会议通过)。

〔168〕 Shishi Li, ibid.

式让政府承担国际义务，可以赢得外国投资者的信任和信心。”[169]

李适时所观察的另一个动因则是中国海外投资的保护，因为中国同样积极开展海外投资活动（其投资量正在迅猛增长）。从中国与其他发展中国家和转型经济体之间的 BITs 中即可清晰地看到这一动因，这些 BITs 旨在促进南南合作和“同志式的关系”。[170] 但是，考虑到中国其时整体上主要是资本输入国，中国那时的 BIT 政策焦点毫无疑问是保护和促进内向而非外向投资。[171]

从这个背景来看，不难理解为何中国较早期的主要目标是以与工业化国家或资本输入国缔结 BITs。1982 年中国与瑞典签订第一个 BIT 之后的 3 年内，中国 BITs 的缔约对方均为欧洲的发达国家，比如德国、法国、比利时、卢森堡、芬兰和挪威。与美国的 BIT 谈判也已于 1983 年启动，但终未成功。

但是，从 1985 年开始，中国对外所签订的 BITs 开始多样化。第一，中国在继续与其他发达国家签订 BITs 的同时，开始与发展中国家签订 BITs。1985 ~ 1989 年间，中国与诸如丹麦、荷兰、奥地利、英国、瑞士、澳大利亚、日本、新西兰等发达国家缔结了 BITs。同时，泰国成为与中国缔结 BIT 的第一个发展中国家。其后，新加坡、科威特、斯里兰卡、马来西亚、巴基斯坦、加纳等发展中国家都纷纷与中国缔结了 BITs。第二，《中国—罗马尼亚 BIT》是中国与社会主义国家之间的第一个 BIT。稍后，中国又与转型经济体，诸如波兰、保加利亚等签订 BITs。中国缔结的 BITs 所覆盖的地理范围开始延伸，从仅限于西欧延伸至东欧、亚洲和非洲。

早期中国缔结的 BITs 相对保守，这其实折射了中国最初的两个 BIT 范

[169] Ibid.

[170] 李适时发现，与同发达国家缔结的 BITs 相比，中国同发展中国家和社会主义国家缔结的早期 BITs 具有若干特征。他尤其注意到，中国与发展中国家之间的 BITs 更注重投资促进和鼓励，更强调国家主权和国内管辖，为国家当事方保留了更多余地。See Shishi Li, n 8 above, at 177 – 80.

[171] 正如李适时所注意到的那样，截至 1986 年年底，中国接受外国直接投资 66 亿美元、外国贷款 120 亿美元，与此同时，其面向世界其他地方的海外直接投资仅为 2.3 亿美元。Li, ibid.，孔庆江也注意到，中国那时签订的 BITs 的主要目的在于保护和促进外国来华直接投资。See Q Kong, ‘Bilateral Investment Treaties: the Chinese Approach and Practice’, Asian Yearbook of International Law (2003), at 114.

本的保守倾向，也与当时的国家实践相吻合。[172] 中国的第一个 BIT 范本制定于 1984 年，在《中国—法国 BIT》签署之后，其包含了诸如定义、公平公正待遇、最惠国待遇、征收和补偿、损害补偿、转移、代位和“权利保留”条款等基本规定。这个早期的 BIT 范本也规定了投资者和国家之间的争端解决事宜，涉及征收补偿款额的争端可以提交专设仲裁，而其他争端则应由当地法院解决（请参见附件二）。这个早期模型的版式是许多前共产主义国家所采用的典型版本。20 世纪 80 年代末，中国对其第一个 BIT 范本进行修订，从而推出了第二个 BIT 范本。后者保留了第一版的主要框架，但新增了有限的国民待遇标准（受国内法约束）和保护伞条款，并在征收规定中纳入了“市场价值”和估价因素（请参见附件三）。

尽管在一般内容方面，已经有人注意到，与发达国家之间的 BITs 相比，中国与其他发展中国家之间的 BITs 并无太大差别，但仍有其特殊之处。[173] 第一，整体基调定位为促进和保护投资，这不仅反映在序言中，而且也反映在更为具体地规定“投资”定义和协商程序上。[174] 第二，再三地强调国家主权原则和国家管辖权。例如，中国与泰国、新加坡、斯里兰卡之间分别签署的 BITs 都要求投资必须先得到东道国的具体批准，然后才能享受到 BITs 保护。这些 BITs 规定，征收的合法性问题应该由当地的主管法院决定，国际仲裁庭无权置喙。[175] 第三，为了满足相关 BIT 伙伴的需求，这些 BITs 中包含了更多的弹性空间，主要反映在货币转移规定中。[176]

中国在这段时期唯一与社会主义国家所缔结的 BIT，也即《中国—罗马尼亚 BIT》，其内容与其他中外 BITs 类似，但更为简洁（只有 10 条），具有“同志式的关系”的特征。[177]

---

〔172〕 回顾20 世纪 70 年代和20 世纪 80 年代早期缔结的许多 BITs 可以发现，它们通常都未包括投资者—国家争端解决的选择权事宜。See Volumes Ⅰ – Ⅸ, Oceana, Investment Treaties of the World (loose – leaf).

〔173〕 Shishi Li, above, n 8 above, at 177 – 80.

〔174〕 Ibid., at 177 – 8.

〔175〕 Ibid., at 178 – 9.

〔176〕 关于更多的详细情况，see Li, ibid., at 179 – 80。

〔177〕 Li, ibid., at 180.

此外,有人还归纳出两个鲜明特征。其一是“投资”的定义外延扩展至包含“间接参与”,从而包含在东道国进行系列投资的控股公司。其二是投资者—东道国争端解决的特别规定,其仅调整征收补偿款额争端,且此类争端应首先由当地机构评估。当争端持续存在时,则应由“缔约双方解决”。换句话说,投资者—东道国争端最终变成国家与国家之间的争端。[178] 这就重新回到了外交保护的轨道。这是在《ICSID 公约》通过前,许多投资者不得不依赖的方式。

2. 1990～1997 年:加入《ICSID 公约》和第二代 BITs

1965 年《ICSID 公约》创设的 ICSID 系世界上最重要的投资者—东道国争端解决机构,而晚近一些年来,投资争端大量涌现。[179] 像许多其他发展中国家一样,中国最初对该约和 ICSID 非常怀疑和抗拒,认为其危及国家主权和国家管辖权。[180] 但是,实施改革开放政策,包括引入外国直接投资所带来的好处强化了中国领导层的信心,认为这(ICSID 成员资格)是中国的必由之路。邓小平在具有历史意义的南巡过程中所发表的讲话清楚地体现了这一点。当时,邓小平发起了进一步推动国家经济改革开放的运动,包括大胆地将“市场经济”的概念引入这个社会主义国家。

在这个背景下,经过多方辩论、仔细思考,[181] 1990 年 2 月 9 日,中国正式签署了《ICSID 公约》,并于 1993 年 1 月 7 日正式予以批准。该约于 1993 年 2 月 6 日对中国生效。根据《ICSID 公约》第 25 条第 4 款,中国在批准该约的时候通知 ICSID,其仅考虑就征收补偿方面的争端接受 ICSID 管辖。[182]

---

〔178〕 Ibid.,请参见更早些签订的 1983 年《中国—罗马尼亚 BIT》第 4 条第 3 款。

〔179〕 关于 ICSID 所受理的案件清单,请访问 ICSID 网站:http://icsid.worldbank.org/ICSID/FrontServlet? requestType = CasesRH&actionVal = ListCasesn. 关于晚近投资仲裁案件和所涉事项的较好综述,see UNCTAD:‘Investor - state dispute settlement and impact on investment rule - making’, posted at <http://www.unctad.org/en/docs/iteiia20073_en.pdf>,2008 年 2 月 10 日访问。

〔180〕 有关中国学者所持忧虑与谏言的详细阐述,请参见陈安主编:《国际投资法的新发展与中国双边投资条约的新实践》,复旦大学出版社 2007 年版,第 28～34 页。

〔181〕 关于这些不同意见的详细情况,请参见陈安,同上书,第 25～41 页。

〔182〕 中国对可提交 ICSID 解决的争端种类的保留为:“根据《公约》第 25 条第 4 款,中国政府将仅考虑将因征收和国有化产生的补偿争端提交‘解决投资争端国际中心’管辖。”这个保留可参见 ICSID 网站:http://icsid.worldbank.org/ICSID/FrontServlet,2008 年 2 月 16 日访问。本书第八章将对该保留的法律效果进行探讨。

尽管存在这个保留，但加入《ICSID 公约》对中国的投资缔约实践仍具有重要影响，因为在条约谈判中可以直接提到 ICSID 管辖权。

事实上，一些国家，尤其是发达国家在与中国进行 BITs 谈判时，一直积极地谋求通过 ICSID 仲裁解决投资争端。但是，在中国加入《ICSID 公约》之前，他们只能设法在与中国的 BITs 中加入这样一个规定，缔约双方将就通过 ICSID 仲裁解决投资者—东道国争端的可能性展开谈判。[183] 在中国加入该约后，在中外缔结的 BITs 中加入有效的 ICSID 仲裁条款遂成为可能。在加入该约前，中国仅允许将征收补偿款额争端提交 ICSID 仲裁，条件是缔约双方都是该约成员国。[184] 中国一批准该约，就立即开始在其缔约实践中无条件提到 ICSID。1993 年签订的《中国—立陶宛 BIT》很可能是第一个采用这种提法的 BIT。它规定，如征收补偿款额争议在 6 个月内未能协商解决，缔约一方投资者有权将争议提交 ICSID。[185] 自此，中国的第二代 BITs 即已出现，其重要特征为，直接提到将征收补偿款额争端提交 ICSID。但应该指出的是，并非中国 1993 年后对外签订的所有 BITs 都沿用这个范本，其中的许多 BITs 仍旧沿用第一代 BIT 范本，避免直接提到 ICSID 管辖权。[186] 这表明，中国仍然不愿接受 ICSID 仲裁。

3. 1998 年至今：中国—加拿大 BIT 谈判和第三代 BITs

中国最新的也即当前的 BIT 范本（第三版）即是中国第三代 BITs，于 20 世纪 90 年代末期采用，其时人们正在思考下述问题：在这个外国直接投资蜂拥而至的阶段，中国究竟为何修订 BIT 范本？最引人注意的是，这个最新

---

〔183〕 这一规定可以追溯到 1983 年中国与德国签订旧 BIT 当时。

〔184〕 比如，可参见 1992 年《中国—西班牙 BIT》第 9 条第 2 款、《中国—希腊 BIT》第 10 条第 4 款。

〔185〕 参见《中国—立陶宛 BIT》第 8 条第 2 款。根据该条规定，经当事方同意的其他争端也可提交 ICSID 仲裁。

〔186〕 的确，在《中国—立陶宛 BIT》签订之后，中国紧跟着又对外签订了三个 BITs，但这三个 BITs 中均未提到 ICSID 管辖权问题。请参见《中国—乌拉圭 BIT》（1993 年 12 月）第 9 条、《中国—阿塞拜疆 BIT》第 9 条、《中国—厄瓜多尔 BIT》第 9 条。这三个国家在与中国签订 BITs 之时，均已签署了《ICSID 公约》，其具体签署时间分别是：1992 年、1986 年、1992 年。关于 ICSID 成员资格事宜，请参见 http://icsid.worldbank.org/ICSID/FrontServlet?requestType = ICSIDDocRH&actionVal = ContractingStates&ReqFrom = Main，2008 年 6 月 3 日访问。

版的范本允许投资者就所有的投资者—东道国争端提起包括 ICSID 仲裁在内的国际仲裁。当前 BIT 范本的实体规定中也有一些微妙但整体倾向于自由主义的变动,这些规定包括国民待遇,下文将予讨论。

基于这个范本所签订的第一个 BIT 是《中国—巴巴多斯 BIT》,该 BIT 于 1998 年 7 月 20 日生效。这是第三代 BIT 的规定首次转化为实践,其中最令人注目的是所有的投资者—国家争端都可以提交 ICSID 仲裁。[187] 巴巴多斯成为中国落实其第三代 BIT 规定的第一个国家看似是一种巧合。[188] 我们的调查显示,当时有关部门未就这个特殊的 BIT 向国务院提交任何具体请示。更确切地说,有关部门曾于 1998 年 5 月有关《中国—苏里南 BIT》的提议中提交过此类申请,国务院予以批准,但该 BIT 最后未能变成现实。[189] 在这个请示中,对外经济贸易合作部(现在的商务部)和外交部将当时的一份标准文本作为附件呈上,而这个标准文本具备新一代 BIT 的所有特征。[190] 这个请示建议国务院基于这个文本,就中国与其他国家之间的此类谈判给予一般性或曰持续的授权。除非条约文本发生"原则性变化",不然,对外经济贸易合作部和外交部不必就此类谈判寻求具体授权。[191] 既然该申请得到国务院批准,《中国—巴巴多斯 BIT》作为在 1998 年 5 月之后签订的第一个 BIT,所采用的又是这个新范本,文本并没有原则性变化,故无须得到国务院的具体批准。倘若《中国—苏里南 BIT》按原计划(在 1998 年 5 月苏里南总统访华期间)签署,则《中国—巴巴多斯 BIT》只能排在其后。的确,自 20 世纪 90 年代早期中国加入《ICSID 公约》之后,对外经济贸易合作部和外交部一直考虑这种新一代 BITs 的问题。1997 年,在中国与加拿大就缔结 BIT 所

---

〔187〕 请参见《中国—巴巴多斯 BIT》第 9 条。1997 年《中国—南非 BIT》是第一个同意将投资者与国家之间的所有争端均提交国家仲裁的 BIT。但是,这个 BIT 所接受的仅仅是通过专设仲裁解决这些争端,不是 ICSID 仲裁。请参见《中国—南非 BIT》第 9 条。作者注意到,在本书撰写之时,南非尚未参加《ICSID 公约》。

〔188〕 商务部一位不愿被提及姓名的负责条约事宜的资深官员确认了这一点。

〔189〕 参见《关于与苏里南及其他国家谈判和签署双边投资保护条约的授权的请示》,对外经济和贸易合作部与外交部于 1998 年 5 月 4 日联合提请,[1998](外经贸发),第 290 号,作者留存。

〔190〕 同上。

〔191〕 同上。

进行的谈判中,中国国务院已经批准了这个新范本包含的一些主要变化。可以说,这一突破实际早在 1997 年经由加拿大人的努力已经实现,虽然后来中加两国的谈判未能达成协议。

中国政府之所以愿意在 20 世纪 90 年代采纳新 BIT 机制,原因很多。自 20 世纪 90 年代初开始,尤其是邓小平 1992 年发表“南巡”讲话以来,外国来华直接投资急剧增长。同时,中国海外直接投资的增长更是一日千里。在中国之外,世界正因苏联解体而发生翻天覆地的变化:苏联国家、东欧国家,甚至拉美国家已经实施新自由主义投资政策,努力使本国的法律和条约实践与国际做法接轨,以吸引外国直接投资。这些国家为吸引外国直接投资展开了激烈竞争。中国政府已经感觉到进一步放开体制迫在眉睫。从技术层面上来看,如果在诸如争端解决、国民待遇、征收等棘手问题上采取更为自由化的方案,则 BIT 谈判程序将大大简化。这种技术上的便利当然会刺激中国相关部门接受或者推动一个更加自由化的 BIT 体制。所有这些因素在 20 世纪 90 年代共同发挥作用,最终在 1997 年中国与加拿大的双边谈判过程中取得了突破性进展。

自从《中国—巴巴多斯 BIT》以来,中国已经缔结了 44 项 BITs(12 项属于重新谈判),其中大多数都沿用了这个新范本,包含了全面接受 ICSID 管辖权的规定(请参见表 1.2)。但是,这并不意味着没有例外。例如,《中国—卡塔尔 BIT》签订于 1999 年 4 月,但其所包含的投资者—东道国争端解决规定与第一代 BITs 类似:投资者仅有权就征收补偿款额争议提交专设仲裁,根本无权提起 ICSID 仲裁![192]

---

〔192〕 此处遗漏了 ICSID 管辖权的原因可能在于,卡塔尔尚未成为《ICSID 公约》成员国。(也许缔约双方也不想在 BIT 中包含有待后来完善的附条件同意 ICSID 仲裁的规定,see for e. g. AdT v. Bolivia ICSID Case No. ARB/02/3 Jurisdiction Decision 21 October 2005)有意思的是,这个 BIT 规定,如果当事方未能指定仲裁庭成员,则 ICSID 秘书长可以代劳。很显然,缔约方在谈判过程中考虑过 ICSID 仲裁,但因为这个 BIT 不允许将征收补偿款额以外的争端提交国际仲裁,故整体看来,其就像第一代 BIT 那样具有限制性。实际上,早在 1997 年与南非签订 BIT 时,中国就已就所有投资争端接受专设性的国际仲裁。请参见《中国—卡塔尔 BIT》第 9 条、《中国—南非 BIT》第 9 条。

表1.2　中国缔结的全面接受国际仲裁管辖权的BIT和自由贸易协定

（截至2008年7月）

《中国—南非BIT》	1997年12月30日
《中国—巴巴多斯BIT》	1998年7月20日
《中国—巴林BIT》	1999年6月17日
《中国—刚果（金）BIT》	2000年3月20日
《中国—博茨瓦纳BIT》	2000年6月12日
《中国—伊朗BIT》	2000年6月22日
《中国—文莱BIT》	2000年12月17日
《中国—塞浦路斯BIT》	2001年1月15日
《中国—塞拉利昂BIT》	2001年5月16日
《中国—莫桑比克BIT》	2001年7月10日
《中国—肯尼亚BIT》	2001年7月16日
《中国—尼日利亚BIT》（2001年）	2001年8月27日
《中国—约旦BIT》	2001年11月1日
《中国—荷兰BIT》（2001年）	2001年11月26日
《中国—缅甸BIT》	2001年12月12日
《中国—波斯尼亚和黑塞哥维那BIT》	2002年6月26日
《中国—特立尼达和多巴哥BIT》	2002年7月22日
《中国—科特迪瓦BIT》	2002年9月30日
《中国—圭亚那BIT》	2003年3月27日
《中国—吉布提BIT》	2003年8月18日
《中国—德国BIT》（新）	2003年12月1日
《中国—贝宁BIT》	2004年2月18日
《中国—拉脱维亚BIT》	2004年4月15日
《中国—乌干达BIT》	2004年5月27日
《中国—突尼斯BIT》	2004年6月21日
《中国—瑞典BIT》（《议定书》）	2004年9月27日

续表

《中国—芬兰 BIT》(2005 年)	2004 年 11 月 15 日
《中国—朝鲜 BIT》	2005 年 3 月 22 日
《中国—比利时和卢森堡 BIT》	2005 年 6 月 10 日
《中国—西班牙 BIT》(2005 年)	2005 年 11 月 14 日
《中国—捷克 BIT》(2005 年)	2005 年 12 月 8 日
《中国—葡萄牙 BIT》(2005 年)	2005 年 12 月 9 日
《中国—瓦努阿图 BIT》	2006 年 4 月 5 日
《中国—俄罗斯 BIT》	2006 年 11 月 9 日
《中国—印度 BIT》	2006 年 11 月 21 日
《中国—塞舌尔 BIT》	2007 年 2 月 10 日
《中国—罗马尼亚 BIT》(《议定书》2007 年)	2007 年 4 月 16 日
《中国—古巴 BIT》(《议定书》2007 年)	2007 年 4 月 20 日
《中国—韩国 BIT》(2007 年)	2007 年 9 月 7 日
《中国—哥斯达黎加 BIT》	2007 年 10 月 24 日
《中国—墨西哥 BIT》	2008 年 7 月 11 日
《中国—巴基斯坦自由贸易协定 》第 9 章	2006 年 11 月 24 日
《中国—新西兰自由贸易协定》第 11 章	2008 年 4 月 7 日

对中国 BIT 计划历史发展的简要综述显示,在过去的 20 年间,中国一直在推动其 BIT 机制的自由化。但是,这种趋势是否将持续下去,尚难预测。就中国未来的 BIT 计划,意见分歧很大。一方面,鉴于从中国海外投资迅猛增长,相关政府部委似乎愿意进一步推动该体制的自由化;[193] 另一方面,学术界则正在迫切要求中国谨慎行事,采取更为稳健的姿态。[194] 许多学

[193] 作者通过对商务部条约和法律司官员的访谈,发现他们倾向于积极主动地继续签订自由化的投资协议。晚近签署的 2008 年 4 月《中国—新西兰自由贸易协定》、2008 年 7 月《中国—墨西哥 BIT》似乎验证了这一点。

[194] 有关中国学者所持担忧与谏言的详细阐述,参见陈安主编:《国际投资法的新发展与中国双边投资条约的新实践》,复旦大学出版社 2007 年版。

者都在强烈抨击当前的自由化趋势和做法的同时指出，阿根廷的惨痛教训就是对同样采纳这种扩张性 BITs 的中国所面临的潜在风险的严重警告。[195]

因此，相关政府部委正在评估形式，重新考虑中国 BIT 计划的未来走向问题。事实将会证明，中国与北美国家，尤其是美国和加拿大的谈判是鉴别中国 BIT 政策的未来发展趋势的关键所在。但是，考虑到中国已经在过去一些年中走了自由主义的路线，而且中国的海外直接投资快速增长（自然资源和基础设施领域尤甚），可以预计的是，中国不太可能折回到更稳健的路线上，继续沿着自由主义趋势走下去，可能性似乎更大。[196]

（六）中国缔结的 BITs：当前范本的关键特征

当前中国的 BIT 范本含序言和 13 个条文。与诸如含 14 个条文的英国 BIT 范本等欧洲式 BIT 相比，这是标准版式。但与美国和加拿大两国的范本相比，中国的范本显得极为简略。《美国 BIT 范本》含 37 个条文和若干附件，《加拿大 BIT 范本》含 52 个条文和若干附件。从整体来看，中国范本效仿的是篇幅短小的欧洲式范本，而不是内容详尽的北美范本。

中国的 BIT 范本包括了现代 BIT 都含有的许多标准规定，也即：

• 序言

• 定义

• 实体性条文，有关诸如准入、待遇标准、征收与补偿、损失补偿、转移、代位求偿之类的事项

• 国家间争端以及投资者与国家间争端的解决

• 其他义务条款，列于争端解决条文之后，包含保护伞条款以及“权利

---

〔195〕 同上。

〔196〕 需要主义的是，许多其他国家都在重新考虑他们的 BIT 计划。例如，委内瑞拉已经通知荷兰，说它将终止两国之间的 BIT。厄瓜多尔也已就与美国和其他一些国家之间的 BITs 表达了同样的意图。同时，玻利维亚还通知 ICSID，说玻利维亚已经决定退出《ICSID 公约》。确实，BIT 的路径选择正从新自由主义向根植于传统中国 BIT 之中的卡尔沃主义转向。此种转向似乎已然成风！有关卡尔沃主义之兴与新自由主义方案之衰的更详细情况，see Wenhua Shan，‘From North – South Divide to Private – Public Debate：Revival of the Calvo Doctrine and the Changing Landscape in International Investment Law’，27 Northwestern Journal of International Law and Business at 631 – 64。

的保留”条款

• 最后条款，含3个条文，分别规定适用、磋商，生效、有效期限，条约终止等事项

观察当前的BIT范本可知，其具有5个关键特征。这些特征可视为中国BIT计划的“中国特色”。下文将简要考察这些特征。

第一，在“投资”定义的范围方面，BIT范本将其与投资方式相挂钩，故只有“缔约一方投资者根据缔约另一方的法律、法规投入到后者境内”的资产才被视为该约所调整的投资、受该约的保护。[197] 鉴于中国在外资准入方面坚持逐项审批制度，[198] 这条规定遂尤其重要。换句话说，未经中国政府适当批准的投资都不符合“投资”要件，不能得到相应BIT的保护。2003年《中国—德国BIT》在“投资”定义部分删除了“法律所许可”的要求。[199] 但是，该约的投资准入条文规定，缔约任何一方仅需“依照其法律和法规接受这种投资”。[200] 即便在这个第三代BITs中，“受当地法约束”的要求也被暗渡陈仓了。

第二，在待遇标准方面，虽然新BIT范本给予外国投资国民待遇和非歧视待遇，但此类待遇仍受东道国的法律、法规约束。这在很大程度上可以归因为，没有市场经济，就不能实行国民待遇。[201] 中国有计划经济的传统，目前还仅仅处在全面建立市场经济的道路上。[202] 尤其需要注意的是，在最早的BIT范本中，中国根本未曾纳入国民待遇规定。1986年签署的《中国—英国BIT》是第一个包括这种待遇标准的BIT，即便如此，其采用的也仅仅是“最大努力”条款，要求缔约双方“尽量”给予国民待遇。[203] 1998年《中国—日本BIT》是第二例，其国民待遇条款也受到“国民经济的正常发展”的实质

---

[197] 《中国BIT范本》(第三版)第1条第1款。

[198] 关于中国的外国直接投资审批体系的更详细情况，see Shan，*Legal Framework*，Chapter 4。

[199] 请参见2003年《中国—德国BIT》第1条第1款。

[200] 同上注，第2条第1款。

[201] See W Shan，‘National Treatment and the Transformation of FDI Laws and Policies in China’，International Trade Law and Regulation (2000)6(1).

[202] Ibid.

[203] 《中国—英国BIT》第3条第3款。

性约束。[204] 但是,更近期的 BITs 则比当前的范本更迈进了一步。例如,《中国—德国 BIT》已经从国民待遇条款中删除"当地法所许可"的限制要求,而在《议定书》中代之以专为中国设计的"祖父条款"。[205] 这个规定允许中国继续实施现存的不符合国民待遇标准的措施。[206] 该约在非歧视待遇标准方面也有专为中国设计的类似的祖父条款。[207]

第三,在征收补偿标准方面,《中国 BIT 范本》并未直接提到"赫尔公式",也即"充分、及时、有效"赔偿标准。但是,它承认,补偿应"等于被征收投资的价值",应"毫不迟延地有效兑换和自由转移"。[208]

第四,在转移问题上,当前 BIT 范本要求投资的自由转移需遵守东道国的"法律和法规"。[209] 鉴于中国仍实施外汇管制政策,人民币尚不能自由兑换,这个规定非常必要。在晚近缔结的 BITs 中,这个规则已经被进一步放松。再以《中国—德国 BIT》为例,其解除了转移方面的"依照其法律和法规"限制,[210] 而在《议定书》中代之以"沿用关于外汇管理的中国现行法律和法规规定的相关手续",以及贷款协议已在相关的外汇管理部门登记的要求。[211] 随着外汇管理体制的进一步开放,中国可能最终彻底废除这些与自由转移有关的规定。[212]

第五,在投资者—国家争端解决方面,当前的 BIT 范本包含了"岔路口"条款,要求受到侵害的当事方如不能在 6 个月内通过友好协商解决争端,则可以选择通过当地法院解决争端,或者通过 ICSID 仲裁解决争端。[213] 一旦投资者选择了 ICSID 仲裁,则国家当事方可以要求投资者在求助于 ICSID

---

〔204〕《中国—日本 BIT》第 4 条及其《议定书》第 3 点。
〔205〕《中国—德国 BIT》第 3 条第 2 款及其《议定书》第 3 点。
〔206〕同上。
〔207〕《中国—德国 BIT》第 3 条第 3 款及其《议定书》第 3 点。
〔208〕《中国 BIT 范本》(第三版)第 4 条第 2 款。
〔209〕同上注,第 6 条。
〔210〕《中国—德国 BIT》第 6 条。
〔211〕《中国—德国 BIT》之《议定书》第 5 点。
〔212〕同上。
〔213〕《中国 BIT 范本》(第三版)第 8 条第 2 款。

之前走完国内行政复议程序。[214] 有人注意到,中国晚近缔结的一些 BITs 已经对“岔路口”条款进行了实质性的淡化处理,例如,《中国—德国 BIT》规定,争端方可以从国内法院撤诉,再将争议提交国际仲裁。[215] 这个 BIT 也清楚地规定,德国投资者求助于 ICSID 之前,必须走完国内复议程序,但该程序最长时限为 3 个月。[216] 如上所述,《中国 BIT 范本》的早期版本仅仅允许投资者提起专设仲裁而非 ICSID 仲裁,原因是中国迟至 1993 年才批准《ICSID 公约》。但从那时起,中国开始就征收补偿款额争议接受 ICSID 仲裁。直至 1998 年 7 月 20 日与巴巴多斯签署 BIT 时,中国才同意将征收补偿款额以外的争端提交 ICSID 仲裁。《中国—德国 BIT》《中国—巴巴多斯 BIT》,以及一些其他第三代 BITs 均业已生效,至少对于这些条约所保护的投资者和投资来说,中国批准《ICSID 公约》时所发出的限制性通知已经被废除了。[217]

(七)中国缔结的 BITs:在中国法律体系中的地位

国际条约在中国法律体系中地位如何?由于中国《宪法》并没有做出明确规定,故对这一问题的回答并不容易。不过,许多法律法规规定,如果国际条约与国内法之间存在冲突,则国际条约优先。例如,《民法通则》[218] 规定:

“中华人民共和国缔结或者参加的国际条约同中华人民共和国的民事法律有不同规定的,适用国际条约的规定,但中华人民共和国声明保留的条款除外。”[219]

此外,包含类似规定的法律法规多达 70 个。这些法律法规包括民法、民事诉讼法、行政诉讼法、专利法、野生动植物资源保护法、邮政管

[214] 《中国 BIT 范本》(第三版)第 8 条第 2 款。

[215] 《中国—德国 BIT》之《议定书》第 6 点。

[216] 同上。

[217] 通过最惠国待遇条款,那些只与中国缔结第一代、第二代 BITs 的国家的投资者能否享受到这种保护?人们对此唇枪舌剑、意见不一。本书专论争端解决事项的第八章将对之进行评判。

[218] 《民法通则》(1986 年 4 月 12 日全国人民代表大会通过,自 1987 年 1 月 1 日起施行。)

[219] 同上注,第 142 条。

理法等。[220] 1987 年《外交部、最高人民法院、最高人民检察院、公安部、国家安全部、司法部关于处理涉外案件若干问题的规定》规定：

"当国内法以及某些内部规定同我国所承担的条约义务发生冲突时，应适用国际条约的有关规定。根据国际法的一般原则，我国不应以国内法规定为由拒绝履行所承担的国际条约规定的义务。"

这些规定被用来证明，中国在总体上已经承认条约优先于所有国内法律和法规。[221] 但是，大多数中国国际法学者，包括王铁崖法官都相信，这种规定只不过仅仅表达了中国愿意在特定领域，如在涉外民商事领域，而非整个中国法领域的法律位阶范围内承认条约优先。[222]

一些中国学者将国际协议的法律效力与其批准机关的层级联系在一起。[223] 全国人大常委会批准的条约等同于中国法律位阶中的"法律"，而国务院批准的条约等同于"行政法规"，不要求批准的条约则等同于"部门规章"。[224] 但是，事实可能会证明，这种机械的方法在实践中难以执行，[225] 一些著名学者已经对此进行了批驳。[226] 因此，目前尚不清楚国际条约是否对

---

〔220〕 陈寒枫、周卫国、蒋豪：《国际条约与国内法的关系及中国的实践》，载《政法论坛》2000 年第 2 期；王铁崖：《国际法》，法律出版社 1995 年版，第 33 页。

〔221〕 例如，可参见贺小勇：《论世贸组织协定在我国法院的适用问题》，载《国际贸易问题》2001 年第 3 期。

〔222〕 例如，可参见王铁崖：《国际法》，法律出版社 1995 年版，第 33 页。陈寒枫等，同上注 220，第 122 页。

〔223〕 关于此类学者观点的具体情况，请参见朱晓青、黄列主编：《国际条约与国内法的关系》，世界知识出版社 2000 年版。

〔224〕 根据中国的《立法法》，中国的法律层级自上而下依次是：宪法、基本法（这两者均为全国人民代表大会通过的）、法律（全国人民代表大会常务委员会通过）、行政法规（国务院通过）、部门规章（国务院部委通过）。请参见中国《立法法》（2000 年 3 月 15 日第九届全国人民代表大会第 3 次会议通过，自 2000 年 7 月 1 日起施行）第 7 条、第 56 条、第 71 条。根据有关条约缔结程序的中国法律，只有重要协议才须经全国人民代表大会常务委员会批准，其他国际协议或经国务院批准，或不需要批准。请参见《中华人民共和国缔结条约程序法》（1990 年 12 月 28 日第七届全国人民代表大会常务委员会第十七次会议通过，自公布之日起施行）第 7～10 条。

〔225〕 一个明显的问题是，中国的一些基本法，比如《中外合资经营企业法》，实际上是由全国人民代表大会通过的，鉴于 BITs 大多数情况下由国务院批准，有时由全国人民代表大会常务委员会批准，其法律层级相对较低，故这类基本法与 BIT 之间倘存在冲突，则基本法将优先适用。这与中国在上述国内立法中所表现的态度似乎背道而驰。

〔226〕 例如，中国社会科学院的刘楠来教授就批评了这种方法，并指出了其所可能导致的问题。参见刘楠来：《条约在国内的适用与我国的法制建设》，载朱晓青、黄列主编：《国际条约与国内法的关系》，世界知识出版社 2000 年版，第 145 页。

国内法直接产生影响、是否优先于国内法,以及在宪法没有进一步澄清这种关系的情况下国际条约能否直接生效。[227]

中国缔结的投资条约,尤其是BITs,能否推翻国内法的规定,这个问题有待继续讨论。实际情况是,中国关于对外贸易和外国直接投资的所有主要法律都没有提到国际条约与国内法的关系问题。学术界对《WTO协议》在中国如何适用的辩论表明,《WTO协议》中关于关税、反倾销、金融服务市场准入、与贸易有关的投资措施等方面的规定并不能优先于国内法。[228]

最高人民法院晚近发布的2002年8月27日【原文误作"8月29日"。——译者注】《关于审理国际贸易行政案件若干问题的规定》也认同了这种解读。该司法解释规定,中国法院审理国际贸易行政案件,应当仅仅依据中国全国性以及地方性的法律法规。[229] 最高人民法院的这一司法解释澄清也适用于国际投资行政案件。[230] 显而易见,至少从司法的视角来看,中国所参加的国际贸易和投资协议必须转化为中国法,然后才能适用和实施。但是,该司法解释也要求,落实国际贸易和投资条约的法律法规的具体条文存在两种以上的解释时,必须按照与国际条约规定相一致的方式进行解释。[231]

(八)中国缔结的BITs:目的和解释

BIT的主要目的是吸引和鼓励缔约双方国家之间的外国直接投资流动。虽然缔约各方在谈判中目标可能各异,但条约的目的一般都是通过BIT的具体规定便利投资的流动。BIT的主要目的和宗旨通常反映在序言中,序言

---

[227] 有人提出,鉴于全国人民代表大会常务委员会拥有解释准据法的权力,故上述1987年规定是否具有普遍约束力的问题尚待讨论。请参见贺小勇,同上注221。

[228] 参见贺小勇,同上注221。

[229] 2002年8月27日【原文误作"8月29日"。——译者注】最高人民法院颁布的《关于审理国际贸易行政案件若干问题的规定》第7条、第8条。

[230] J Tian and Z Lin, '*Judicial Review of Administrative Actions Involving International Trade*', People's Daily (overseas edition), 7 September 2002, at 3.

[231] 2002年8月27日【原文误作"8月29日"。——译者注】最高人民法院颁布的《关于审理国际贸易行政案件若干问题的规定》第9条。

因此常被仲裁庭作为解释条约条款的辅助工具。[232] 中国缔结的 BITs 序言一般沿用一个模板，三个《中国 BIT 范本》的序言一直没有变化。[233] BIT 范本的原则并没有像法国等其他一些国家缔结的 BITs 那样详尽或曰具体（如转移义务的术语）。三个范本中的标准式序言内容如下：

"……愿为缔约一方的投资者在缔约另一方领土内投资创造有利条件：

认识到相互鼓励、促进和保护投资将有助于激励投资者经营的积极性和增进两国繁荣；

愿在平等互利原则的基础上，加强两国间的合作……"

换句话说，中国缔结的 BITs 的序言通常包括三个原则，也即：(1) 便利和吸引投资；(2) 增进两国繁荣；(3) 在平等互利原则基础上合作。因此，可以说，虽然 BITs 的主要目的是吸引外国直接投资，但是，这类投资对东道国有益，这一点非常重要。[234] 从最后两个原则，也即需要增进两国繁荣、平等互利原则亦可看出这一点。是故，一般来说，当 BITs 解释中存在疑义或模棱两可之处时，不应做出片面地有利于投资者的假设。[235]

虽然三个 BIT 范本的序言一直保持不变，但中国一些早期的 BITs 的序言却更为简明。中国缔结的第一个 BIT，1982 年《中国—瑞典 BIT》仅用一

---

[232] 《维也纳条约法公约》要求："条约应依其用语按其上下文并参照条约之目的及宗旨所具有之通常意义，善意解释之。"参见《维也纳条约法公约》第 31 条第 1 款。鉴于该约已被公认为系对习惯国际法的编撰，故将 BIT 序言解释作为解释条约条款辅助工具是自然而然的事情。

[233] 请分别参见这三个版本的《中国 BIT 范本》序言。

[234] 挪威发布的 BIT 范本（草案）也强调投资者利益和东道国利益之间的平衡。在保护投资者利益的同时，承认东道国在健康安全、环境保护和劳工权利进行管制的合法利益。挪威 BIT 范本（草案）的序言可参见下述网页：www. regjeringen. no/upload/NHD/Vedlegg/hoeringer/Utkast% 20til%20modellavtale2. doc。

[235] 在投资仲裁裁决以及学者著述中，这种"有利于投资者"假定屡见不鲜。例如，Dolzer 和 Stevens 就在他们那本著名的《双边投资条约》一书中指出，"既然这个 BIT 中的大多数实体性保护均涉及促进和保护外国投资，那么，就可以论证说，在条约规定不明确的情况下，应按照有利于所授予给投资者的权利的方式进行解释。" See R Dolzer and M Stevens, Bilateral Investment Treaties, at 17. SGS v. Philippines 案仲裁裁决就是这方面的例子。在该案中，仲裁庭断定："116. 这个 BIT 的目的和宗旨都支持我们对第 10 条第 2 款进行有效解释。这个 BIT 是一个促进和相互保护投资的条约。它的序言表明，它的本意是"为缔约一方投资者在另一方领域内的投资创造和保持有利的环境。"在这个 BIT 规定不明确的情况下，以有利于保护其所调整的投资的方式进行解释合理合法。See SGS v. Philippines, ICSID case No ARB/02/6, para 116.

句话表述其目的,“坚持公平合理地对待投资”。[236] 中国缔结的第二个 BIT,1983 年《中国—德国 BIT》的序言也非常短,只有一句话。但它却是第一个清晰地确定“有利于投资者”宗旨的条约,即缔约双方本着“发展两国间经济合作”及“为投资创造有利条件” 的愿望[237]才签署该 BIT。1984 年《中国—比利时和卢森堡 BIT》看似才是采用当前序言模板的 BIT,[238]自此,为中国缔结的众多 BITs 所沿用。

中国缔结的一些 BITs,尤其是晚近的那些,其序言对投资保护和东道国利益两大价值取向采取更为均衡的方案。例如,1988 年《中国—澳大利亚 BIT》的序言就在谈及上述一般目标外,明确承认应根据东道国法律法规进行投资,两国间现行的 BIT 对该措辞进行了稍许修改。[239] 1997 年《中国—尼日利亚 BIT》序言中也只用了一句话的篇幅,承认投资者有义务尊重东道国的主权和法律。中国与特立尼达和多巴哥(2002 年)、圭亚那(2003 年)、贝宁(2004 年)之间的 BITs 也重申了投资者的这一义务。[240] 晚近与特立尼达和多巴哥、圭亚那等国签订的这些 BITs 更前进一步,在序言包括了一个“例外条款”。其承认,BIT 的目标是促进和保护投资,但应在“不放松对健康、安全和环保措施的普遍适用”情况下实现该目标。[241] 这将影响到未来仲裁庭如何解释实体性条款,尤其是公平公正待遇条款、征收条款。鉴于序言中包含此类规定,故仲裁庭不大可能对上述实体性保护义务进行漫无边际

[236] 1982 年《中国—瑞典 BIT》序言。

[237] 1983 年《中国—德国 BIT》序言。2003 年《中国—德国 BIT》采用了该 BIT 范本序言中的措辞。

[238] 1984 年《中国—比利时和卢森堡 BIT》序言。

[239] 《中国—澳大利亚 BIT》序言指出,缔约方签署条约的同时,

“认识到为经济活动和发展而促进资本流动的重要性,并意识到其对缔约双方在发展经济关系和技术合作,尤其是缔约一方国民在缔约另一方领土内的投资的作用;

考虑到应沿用国际上接受的相互尊重主权、平等、互利、非歧视和相互信任的原则促进投资关系与加强经济合作;

认识到缔约一方国民在缔约另一方领土内的投资应在缔约另一方法律范围内进行;

承认在缔约双方领土内对保护投资和有关活动的原则的明确声明,和为更有效地适用这些原则所制定的规定,将有助于达到上述目标……”

[240] 请分别这些 BITs 的序言。

[241] 请分别参见《中国—特立尼达和多巴哥 BIT》以及《中国—圭亚那 BIT》的序言。

的扩张性解释，而不顾政府措施的性质及其对公共福利的影响，一股脑地将其都纳入实体性保护义务的规制范畴。仲裁庭对 BITs 规定的解释是根据具体情况进行的，不同仲裁庭对相同或者不同 BITs 规定的解释结论存在差异。虽然一些仲裁庭认为，倘若其他仲裁庭已发布的裁决与待决案件相关，且具有说服力，则其可以依据该裁决进行裁断，但仲裁庭审理过程中并不存在沿用先例原则。

五、本书：目的和内容

本书试图对中国对外签订的投资条约进行全面综合评述，主要内容包括：上述条约的肇端与演变、其所依托的政策基石、其实施做法。全书大致可分为三部分。第一部分为绪论，该部分将中国的整个 BIT 计划放置于历史背景之下进行探讨和阐析，以便读者更准确深入地理解中国晚近在 BIT 方面的态度转变。

接下来的部分对上述 BITs 的关键性规定予以详细的回顾和分析。这些关键性规定主要包括公平公正待遇、非歧视待遇、货币转移、征收、争端解决，等等。本部分首先考察中国对外签订的投资条约的适用范围，具体包括若干关键性术语的定义、此类条约的适用问题，尤其是对香港、澳门等中国特别行政区的适用问题。对于每一项条约规定，本书都首先考察其在 BIT 范本中的标准表述，然后分析其在实际缔结的 BITs 中值得注意的变动之处。本书的评价不仅着眼于 BIT 范本以及实际缔结的 BITs 中的各项规定的现状，而且还着眼于此类规定在中国国内法律法规中的体现，以及国内法院和国际仲裁庭的解释情况。

最后一部分，也即结论部分，本书探讨中国投资计划的未来日程，尤其是中国新 BIT 范本的展望。本书认为，此时正是中国采纳独立的新 BIT 范本之时，这个新范本应致力于实现投资者与东道国之间的利益均衡。因此，该范本不仅应包括传统的 BIT 规定，如待遇、征收、转移、争端解决，而且还应详细规定国家义务的例外，以及投资者应承担的公司社会责任。本书附录五【原文误作“附录三”。——译者注】即为作者草拟的整个 BIT 范本文本。作者也对这个新 BIT 范本的具体规定进行了简要评述。

本书服务于以下四个【原文误作“三个”。——译者注】主要目的。第一,分析 BIT 计划所依托的政策,这将对解释 BITs 规定有根本性的帮助。第二,详细阐述 BITs 规定如何在实践中转化到国内法律法规当中,诸如法院、仲裁庭之类的司法或准司法机构如何对其加以解释。本书也因此将针对此类条约规定的实施和解释提出实践指导。第三,评价个别 BIT 的谈判过程在多大程度上对 BIT 范本的规定进行实质性修订,以至于偏离条约起草者的本来意图。本书将从历史的角度分析这些变动之处,探讨其对目前及将来的来华投资者的潜在影响。第四,在就现行投资条约进行全面综合分析的基础上,探索和提出新的 BIT 范本。目前中国正在积极思考是否以及如何制定新 BIT 范本,我们希望,本书所附的建议范本条文和相应评述能有助于条约起草者和谈判者的条约缔结实践。

CHAPTER 02 >>

第二章

范围和定义

一、导言

仅当案件落入 BIT 的适用范围时,该 BIT 才与案件有关。因此,在研究 BIT 的其他实体和程序规则之前,有必要研究中外 BITs 的适用范围。正常来说，BIT 的适用范围包括四方面：对物、对人、空间与时间的适用范围。[1] 中外 BITs 亦莫能外。但是，中外 BITs 的确可能引发一些比较独特的问题，比如，在一个 ICSID 仲裁案件中，当事方就曾提出这样一个问题：中外 BITs 能否保护来自香港——中国的一个特别行政区的投资者。[2]

本章主要论述上述有关适用范围的四个方面问题，特别关注具有中国特色的部分。本章也将简要探讨投资准入的问题，该问题整体看来留给东道国自由裁量。[3]

二、标的物（对物管辖权）

BIT 对物的适用范围通常被界定为“投资”，各国通常在 BIT 的定义条款中对投资的概念予以界定。在这方面，中外 BITs 采用了以资产为基础的投资定义，[4] 这也是迄今多数 BITs 所采用的界定方式。其范围非常宽泛，其列举则是非穷尽的，加拿大 BIT 范本即是如此。[5] 第一个中外 BIT 范本将投资界定为：

“（1）‘投资’一词，系指缔约一方投资者根据缔约另一方的法律和法规在后者境内投入的各种资产，尤其包括但不限于：

---

〔1〕 联合国贸易与发展会议所作的一个有关国际投资协议的综合性研究认为，一项国际投资协议的适用范围至少包括三个维度。其中，它将对物与对人的适用范围合并为一个主要内容。该研究观察到，这类主要内容通常规定在 BIT 的定义条款之中。地域以及时间维度则一般作为单独的条款在协议的“最后条款”之内加以规定。See UNCTAD, International Investment Agreements: Key Issues (Vol. I), UNCTAD/ITE/IIT/2004/10 (hereinafter as ‘UNCTAD, Key Issues I’), United Nations, pp. 114 – 115.

〔2〕 Tza Yap Shum v. Republic of Peru, ICSID Case No. ARB/07/6. 这是第一个涉及中外 BITs 的案件。该案中，一个香港投资者依据中国—秘鲁 BIT 对秘鲁政府提起仲裁。与管辖权相关的一个问题便是，香港投资者能否得到这个 BIT 的保护。

〔3〕 应予注意的是，最惠国待遇条款仅适用于待遇标准而非 BIT 的适用范围，故不适用于投资者和投资的界定事项。

〔4〕 也有其他的定义方式，比如以企业为中心的定义、以交易为中心的定义。关于这些界定方式的具体情况，see UNCTAD, Key Issues I, at 118 – 26.

〔5〕 2004 年《加拿大外国投资促进协议》（FIPA）范本第 1 条，http://www.sice.oas.org/Investment/NatLeg/Can/2004 – FIPA – model – en.pdf，2008 年 5 月 10 日访问。有意思的是，晚近的《中国—墨西哥 BIT》包含了穷尽式列举的投资定义。鉴于墨西哥在《北美自由贸易协定》框架下积累了丰富的投资仲裁经验，所以，这一定义十有八九是应墨西哥的要求作出的。

①动产和不动产及其他物权，如抵押权和质权；

②公司的股份、股票和其他形式的参股；

③金钱请求权或具有经济价值的行为请求权；

④版权、工业产权、专有技术、工艺流程；以及

⑤法律授予的经营特许，包括勘探或开发自然资源的特许。"

中国此后的 BIT 范本[6]以及缔约实践基本沿用这一模式。因此，中外 BITs 中的"投资"定义非常宽泛，包括"缔约一方根据缔约另一方的法律和法规在后者境内投入的各种资产"。

（一）"依据法律和法规"要件

在中外 BITs 中，"依据法律和法规"是唯一一个普遍存在于定义条款的要件。[7] 晚近一些案例涉及此类要件的适用问题，如 Inceysa Vallisoletana v. El Salvador 案[8]和 Fraport v. Philippines 案[9]等。大多数中外 BITs 并未就"依据法律和法规"这一限制性词语作进一步解释。但是，晚近的《中国—古巴 BIT》对其所做的解释引人注意：

"1. 就第 1 条第 1 段而言，'依据后者的法律和法规'[10]指的是倘若一

---

〔6〕 第二版 BIT 范本沿用第一版的定义，未进行任何修改。第三版则对该定义进行了一些修改，其界定更加详细：在财产权的列举清单最后增加"类似权利"的字样；在"股票""股份"之外又并列增加了"债券"这一公司参与形式；用"与投资有关的"这一限制性用语修饰"金钱请求权和其他具有经济价值的履行请求权"。当前范本的另一个变化是，将 BIT 的调整范围由原先的"法律授予的"商业特许扩展为包括"法律允许依合同"授予的商业特许。最后，当前范本还新增一段澄清性的表述，即作为投资的财产发生任何形式上的变化，都不影响其作为投资的性质，只要此种变化不违反东道国的法律法规。请参见第二版和第三版《中国 BIT 范本》的第 1 条第 1 款。

〔7〕 2003 年《中国—德国 BIT》对投资定义规定了若干客观的衡量标准，这是迄今为止唯一的例外。具体情况容后详述。

〔8〕 Inceysa Vallisoletana S. L. v. Republic of El Salvador, ICSID Case No. ARB/03/26, Award, 2 August 2006. 在这个案件中，仲裁庭断定，萨尔瓦多虽然在《萨尔瓦多—西班牙 BIT》（1995 年）中同意接受 ICSID 管辖权，但是，这一同意的适用范围并未扩及欺诈性投资，这类投资因而亦为违反法律进行的投资。

〔9〕 Fraport AG Frankfurt Airport Services Worldwide v. Philippines, ICSID Case No. ARB/03/25, Award, 16 August 2007. 在确定投资者没有"根据菲律宾的法律"进行投资之后，该案仲裁庭根据《德国—菲律宾 BIT》（1997 年）的规定，认定自己无权管辖。

〔10〕 原始英文版本的用语一般是"in accordance with the laws and regulations"。请参见 1995 年《中国—古巴 BIT》第 1 条第 1 款。

项投入的资产需要被认定为受本协议保护的投资,则其必须符合接受投资一方的立法所界定的任何外国投资形式,并在相应的登记部门登记。”

这一解释是有助于概念的澄清,抑或引发更多的混淆,尚待考察。就中国而言,这一澄清意味着,倘若一项古巴的投资想成为受该协议保护的“投资”,必须采取中国所接受的外资形式并在中国相应部门登记,由此带来了“批准”的问题。在中国,每个外资项目都必须经过中央或地方政府的审批。[11] 但是,这里并未提及审批要求,遂让人疑惑外资是否仍然需要审批。比较安全的观点可能是:只要中国法律仍然要求审批,那么外资就应该经过审批,因为《中国—古巴 BIT》在另一个条款中规定,缔约方应“根据自己的法律和法规接受此类外资”[12],而中国法律要求审批并将审批作为登记的前提条件。[13]

值得注意的是,一些晚近的中外 BITs 已经从投资定义中剔除“依据法律和法规”这一表述,如 2003 年《中国—德国 BIT》和 2004 年《中国—乌干达 BIT》。但是,这两个 BITs 在另一个条款中保留了缔约方应“根据自己的法律和法规接受此类投资”的表述。[14] 可以说,在这两个 BITs 中,“依据法律和法规”的要求仍然存在。但是,倘若一项投资最初符合当地法律和法规,但其后却转化为其他不符合当地法律的投资形式,则晚近的 BITs 或许(might)能将给予前者的保护延伸至后者。一些 BITs 明确规定,投资形式的任何变化并不影响其作为“投资”的属性,同时并未明确要求这种形式变化必须符合当地法律和法规,如 2003 年《中国—德国 BIT》,则上述忧虑可能(might)尤为重要。有关投资形式变化和准入的探讨将在下文的第 2. 30 段起和第 2. 100 段起分别探讨。

依前述可知,中国采取的是逐个审批的体制,故在某种程度上,一项外国投资是否符合“中国的法律和法规”还是较容易断定的。假设一项外国投

[11] W Shan, Legal Framework, Chapter 4.
[12] 1995 年《中国—古巴 BIT》第 2 条第 1 款。
[13] W Shan, Legal Framework, Chapter 4.
[14] 2003 年《中国—德国 BIT》第 2 条第 1 款、2004 年《中国—乌干达 BIT》第 2 条第 1 款。

资已经获得相关政府部门的批准，则可以看作其符合当地法律。但是，仍然可能产生问题，比如，地方政府超越权限批准的外资项目。[15] 中国法律在此方面非常严格，越权批准的外资项目无效，[16] 因此，这种越权批准的外资项目无权享受 BITs 的保护。

（二）客观标准

考虑到以资产为基础的"投资"定义非常宽泛，有必要通过引入客观标准来限制这个定义。一些仲裁庭和 BITs 谈判者已就此作出努力。比如，2004 年《美国 BIT 范本》要求其所涵盖的所有投资具有"投资的特征"，包括"资本或其他资源的投入，收益或利润的预期，风险的承担"。[17] 晚近一些仲裁庭则提出了一套客观标准。[18] 在 Fedax v. Venezuela 案中，仲裁庭查明了投资的五个客观特征，指出本票符合这些特征。这五个特征包括"特定的持续期间，利润或回报的特定规律性，风险的承担，实质性的投入，对东道国

---

〔15〕 基本看来，中国的审批体系是三级制：国务院、部委（诸如商务部、国家发展和改革委员会等）、省级政府（一些省级政府将审批权限进一步下放给下一级的政府）。除国务院外，其他级别的审批机关都可在规定的权限内（例如，省级主管机关可审批 3000 万美元以上的项目）独立审批外商投资项目。但是，一些地方政府官员因急于吸引外国直接投资，超越权限审批或者以其他非法方式审批外商投资项目的现象并不鲜见。这种外商投资项目虽经审批，但根据中国法律，仍是非法、无效的。关于此方面更多具体问题，see W Shan，Legal Framework，Chapter 4。

〔16〕 同上。

〔17〕 如今的《美国 BIT 范本》【原文如此。需要注意的是，美国已于 2012 年 4 月公布新的 BIT 范本。——译者注】这样界定投资："'投资'指的是投资者直接或者间接拥有或控制的具有投资特征的资产。这些特征包括资本或其他资源的投入、获得收益或利润的预期，以及风险的预估。投资可能采用的形式包括：……"参见 2004 年《美国 BIT 范本》第 1 条。同样参见第 1 条第 2 款《挪威 BIT 范本》。

〔18〕 最相关的案例包括：FEDAX N. V. v. Republic of Venezuela，ICSID Case No. ARB/96/3（1）（FEDAX v. Venezuela），Decision on Jurisdiction，11 July 1997；Salini Costruttori S. p. A. and Italstrade S. p. A. v. Jordan，ICSID Case No. ARB/02/13（Salini v. Jordan），Decision on Jurisdiction，9 November 2004；Joy Mining Machinery Limited v. Egypt，ICSID Case No. ARB/03/11（Joy Mining v. Egypt），Decision on Jurisdiction，6 August 2004；Saipem S. p. A. v. The People's Republic of Bangladesh，ICSID Case No. ARB/05/07（Saipem v. Bangladesh），Decision on Jurisdiction and Recommendation on Provisional Measures，21 March 2007；M. C. I. Power Group L. C. and New Turbine，Inc. v. Ecuador，ICSID Case No. ARB/03/6（MCI v. Ecuador），Award，31 July 2007；Malaysian Historical Salvors，SDN，BHD v. Malaysia，ICSID Case No. ARB/05/10（MHS v. Malaysia），Decision on Jurisdiction，17 May 2007；and Biwater Gauff（Tanzania）Ltd. v. United Republic of Tanzania，ICSID Case No. ARB/05/22，Award of 24 July 2008（Biwater v. Tanzania）。

发展的重要性”。[19] Salini v. Morocco 案仲裁庭走得更远，不仅检查与FEDAX v. Venezuela 案相似的四个客观标准，也即投入、合同履行的特定持续期间、交易风险的参与、对东道国经济发展的贡献，而且还明确承认，倘一项特定的资产被认定为“投资”，则必须满足上述标准，以便符合《ICSID 公约》和可适用的 BIT 的要求。[20] Salini v. Morocco 案所确立的衡量标准被称为“Salini 标准”，并被其后的一些案例所沿用，如 Joy Mining v. Egypt 案[21]、Saipem v. Bangladesh 案[22]和 MHS v. Malaysia 案[23]。在 Patrick Mitchell v. Congo 案撤销程序中，撤销委员会也采用了上述四个标准，并指出这些标准

---

〔19〕 该案决定书接着指出：“这些本票在《公共信用法》中的地位是一个重要的证据，即本案所涉投资不是单纯性、偶然性的短期资金安排，即并非诸如游资此类为追求高回报而在市场上快进快出的资本。投资的基本属性应包括：特定的持续期间、利润和回报的特定规律性、风险的承担、实质性投入、对东道国的发展具有重要意义。【……】”See Fedax v. Venezuela，para 43。

〔20〕 该案仲裁庭指出：

“本庭注意到，目前尚无案例就《ICSID 公约》第 25 条所言的投资进行界定。但是，这并不意味着，缔约方的同意可以放宽争端必须‘与投资直接相关’的要求。恰恰相反，ICSID 的司法实践以及法学界均认为，必须将投资要件作为 ICSID 管辖权的客观条件来尊崇。

如果已有裁决由于导致产生争端的基础交易的缘故而认定 ICSID 没有管辖权，那么，本庭就会更容易找到《ICSID 公约》所言的投资定义的衡量标准。但值得注意的是，除了 ICSID 秘书长曾决绝登记一个单纯因单纯的【……】销售而产生的争端之外，本庭手头的仲裁裁决书甚少论及投资定义，直到 1997 年才开始有裁决涉及(Fedax 案，前注)。因此，用以衡量投资定义是否得到满足的标准实际上来源于这样的一些案例：在几乎所有的情况中，仲裁庭甚至都没有对该问题进行过真正的讨论，就认定衍生争端的基础交易构成投资。

一般认为，投资意味着：投入、特定持续期间的合同履行、利润或回报的特定规律性、交易风险的承担。在阅读《ICSID 公约》序言之时，人们可能还会将对东道国经济发展的贡献作为投资的补充条件。”

See Salini v. Morocco，para 52. 该案仲裁庭承认，这些标准之间很可能是互相依存的关系。后来，在 Biwater v. Tanzania 案中，仲裁庭拒绝严格适用这些标准。它指出：“在本庭看来，生搬硬套，或者矫枉过正地将 Salini 案的五个标准适用于任何情况是毫无根据的。《ICSID 公约》中并没有规定这些标准。正好相反，《ICSID 公约》的缔约准备文献清楚地表明，曾有谈判代表数次试图在该约中为‘投资’规定一个定义，但终未成功。最后，该约有意不界定这个术语，而是主要期待缔约方之间可以就这个定义达成协议。”See Biwater v. Tanzania(ICSID Case No. ARB/05/22 的)，Para 312.

〔21〕 这是 ICSID 仲裁庭认定其因所争议的交易不具备“投资”资格而没有管辖权的第一起案件。在该案中，仲裁庭断定，这些担保不是“投资”，而是单纯的或有债务，具有销售合同的一般特征。仲裁庭肯定了 Salini 案所采用的方法，它指出：“就确定 ICSID 管辖权的目的而言，争端当事方不能通过合同或者条约的方式将不合《ICSID 公约》第 25 条客观要求的东西界定为投资。否则，即便第 25 条没有明确界定投资这一概念，但该条的规定仍将变得毫无意义，该条对投资概念的倚重也成为一纸空文【……】”See Joy Mining v. Egypt，paras 45 – 53。

〔22〕 Saipem v. Bangladesh，para 99.

〔23〕 MHS v. Malaysia，paras 130 – 1.

是“互相依存”的，需要综合审查。[24] 但是，MCI v. Ecuador 案仲裁庭则裁定，这些衡量标准仅能当成例子，而不是出于《ICSID 公约》第 25 条目的判断“投资”存在与否的必要因素。[25] 在 Biwater v. Tanzania 案裁决中，仲裁庭看起来似乎认为，既然《ICSID 公约》中没有就“投资”下定义，那么，“个案仲裁庭应在仲裁实践中设置一个投资定义的做法是令人生疑的。”[26] 因此，人们似乎越来越对下述做法表示怀疑：倘若 BIT 中的投资定义非常宽泛，仲裁庭在个案中仍对《ICSID 公约》中的投资定义进行狭义解释。[27]

多数中外 BITs 并未像美式 BIT 那样对“投资”定义进行明示、客观的限制性界定。然而，2003 年《中国—德国 BIT》却是一个例外，该协议的《议定书》有这样一条解释：

“关于第一条　为了避免歧义，缔约双方议定第一条所指的‘投资’，系指为了与企业建立持续的经济关系，尤其是那些能够对企业的管理产生有效影响的投资。[28]”

据此，该 BIT 对“定义”条款中的“投资”术语引入了三个额外的“客观标准”，也即“持续的经济关系”“与企业有关”“对管理的有效影响”。虽然这三个标准看来与晚近投资仲裁案例以及美式 BIT 范本所采用的衡量标准并不一样，但其仍然代表了中外 BITs 的一个突破。但是，今后中国缔结 BITs 时是否会采用这一做法，目前还不得而知，因为中国随后与几个欧洲国家缔结的 BITs 并未沿用这一做法。

---

〔24〕 Mr Patrick Mitchell v. The Democratic Republic of Congo, ICSID Case No. Arb/99/7, Decision of 1 November 2006 on the Application for Annulment of the Award, para 27 onwards. 该案专门委员会忽略了第五个标准，也即利润和收益具有一定的规律性。专门委员会认为，这一点可关联到进行了大量投入这一标准。

〔25〕 但是，仲裁庭认为，“就是海岸工程及其结果这些因素符合了认定存在受保护的投资所必需的特征。See MCI v. Ecuador, para 165.

〔26〕 Biwater Gauff (Tanzania) Ltd. v. United Republic of Tanzania, ICSID Case No. ARB/05/22, Award of 24 July 2008 (Biwater v. Tanzania), para 313.

〔27〕 Biwater v. Tanzania, id, paras 314 – 1(5). 有关此问题的探讨，see D Krishan, ‘A notion of ICSID Investment’ in T Weiler (ed.), Investment Treaty Arbitration and international Law JurisNet (2008), p. 61.

〔28〕 请参见 2003 年《中国—德国 BIT》之《议定书》。

(三)列举式清单

在所有的中外BITs中,上述宽泛的“投资”定义都辅之以解释性的列举,罗列出该协议所覆盖的具体资产。中外BITs通常包含五类投资,也即动产和不动产,公司中的利益,合同权利,知识产权,以及商业特许。唯一的例外是中国分别与波兰和保加利亚签订的BITs,〔29〕这两个协议的列举式清单仅包括上述前四种投资,排除了商业特许。虽然这种例外做法的确切原因尚不清楚,但一般认为,这些国家与中国一样,都曾采取共产主义体制,因而排斥商业特许,这是重要但或许并非决定性的影响因素。然而,上述两个BITs虽然在解释性的列举清单中未包括商业特许合同,但并不意味着商业特许合同不受此类BIT调整。恰恰相反,考虑到列举清单仅仅是说明性的,且这三个国家都已经在BIT缔结实践中接受了商业特许,故可以很有把握地说,这类商业特许也应受上述两个BITs的保护。下面,我们将审查“投资”的五种范畴。

1. 动产和不动产

第一类可构成投资的资产包括动产和不动产,以及其他财产权利。故该定义明确包括了商品和几个世纪以来一直受国际习惯法保护的其他有形财产。〔30〕对不动产的提及很明确地传达出这样一个意义,诸如房屋之类的不动产也包括在投资的外延之列。这一范畴的资产还包括不完全所有权的财产利益,如抵押权、质权、留置权、用益权,以及有时也包括的其他类似权利。〔31〕中国2007年3月颁布的《物权法》包括上述所有财产权利,〔32〕上述缔约做法与该法相一致。

---

〔29〕《中国—波兰BIT》第1条、《中国—保加利亚BIT》第1条。

〔30〕UNCTAD, Key Issues I, at 120.

〔31〕许多中外BITs仅举例说明其他财产权时,仅仅列举了抵押权和留置权,但还有一些BITs的清单更长,包括留置权、用益权和其他类似权利。例如,可参见《中国—科威特BIT》第1条第1款、《中国—阿拉伯联合酋长国BIT》第1条第1款。

〔32〕《中华人民共和国物权法》,2007年3月16日全国人民代表大会通过,自2007年10月1日起施行。

2. 公司权益

第二类范畴包括公司中的各种形式的利益。股份和股票是公司的典型参与方式。许多中外BITs的列举式清单还包括公司中的其他权利和利益,如法人债券、贷款、公共以私人实体发行的担保债券(bond)。[33] 这一用语意味着,获得BIT的保护并不需要任何控制性的利害关系,[34]这一点已为不少仲裁案例所确认。[35] 一些BITs也明确规定,这类公司的参与可以采取直接或间接的形式。[36] 此外,对贷款、法人债券和其他债券的明确提及表明,BIT的投资涵盖股权投资和债权投资。换句话说,组合投资和直接投资(portfolio and direct investment)都被纳入这一范畴。在这个问题上,有必要注意到中国的《证券法》不仅适用于传统的证券,如股票、法人债券(debentures)和公司债券(corporate bonds),且包括政府债券(government bonds)和证券投资基金。[37] 这些形式的证券,以及公司中的其他权利和利益(如优先购买权,股份分配和在清算时剩余财产分配权),都可能被看作"投资"的形式,受BITs保护。

资产范畴方面的一个潜在问题是,列举式清单看起来并不区分作为投

〔33〕 例如,《中国—科威特BIT》规定,以公司利益形式体现的投资包括:"公司的股份、股票和债券或该类公司的其他权利或权益;缔约一国或其自然人或法人发行的贷款和债券以及为再投资而留存的收益。"请参见《中国—科威特BIT》第1条第1款。

〔34〕 UNCTAD, Key Issues I, at 120. 一些BITs中明文规定了这一点,比如,《中国—法国BIT》即是如此。请参见《中国—法国BIT》第1条第1款。但是,合营企业中的外方出资必须达到一定百分比的要求(至少25%)后才能具有"外商投资企业"的资格、享受外商投资企业的优惠。

〔35〕 联合国贸易与发展会议的一个研究纵览了晚近关于少数、非控股和间接股东的身份的案例,得出的结论是,在所有这些案件中,此类股东的身份都得到了仲裁庭的承认。See UNCTAD, Investor – State Dispute Settlement and Impact on Investment Rulemaking, UNCTAD/ITE/IIA/2007/3, at 15 – 17. 但是,考虑到所有这些案件都是以投资条约作为准据法进行的裁判,故此类发展是否具备改变Barcelona Traction案所确定的习惯国际法规范的效果,还尚待讨论。See Case Concerning the Barcelona Traction, Light and Power Company, Limited, ICJ 3 at 35 – 36, 9 ILM 227. 关于一般国际法规则变化的辩论, see CMS Gas Transmission Company v. Argentine Republic, ICSID Case No. ARB/01/8, Decision on Jurisdiction, 17 July 2003, para 44.

〔36〕 例如,可参见《中国—法国BIT》第1条第1款。一些BITs(比如,2003年《中国—德国BIT》、《中国—塞舌尔BIT》、1983年《中国—罗马尼亚BIT》)规定,投资包括"直接或间接投入的各种资产"。容后详述。

〔37〕 《中华人民共和国证券法》,2005年10月27日全国人民代表大会常务委员会通过,自2006年1月1日起施行。

资的债权和正常商业交易中产生的债权。在这方面,2008 年《中国与新西兰自由贸易协定》试图进一步区分投资债权与贸易债权。该自由贸易协定将"……(6)包括政府发行的债券在内的债券、信用债券、贷款和其他形式的债权以及由此产生出来的权利"列为一种单独的"投资"范畴,并将这种投资范畴与股票和股份形式的正常公司参与相提并论。[38] 该自由贸易协定在脚注中对此类贷款和债权进行限定:

"缔约方有权机关登记的贷款和其他形式的债权,并不包括在按时偿还无罚息的情况下无利息收益的贸易债权。"[39]

这一限定与《美国 BIT 范本》所采用的脚注相似,[40] 区分两类债权,有助于避免投资者根据 BIT 的保护机制提起缔约方意想不到的请求。

3. 合同权利

第三类范畴的投资是金钱请求权以及具有经济价值的合同请求权。这一范畴的作用是,将 BIT 的保护面由正常的物权延伸至合同权利,这类合同权利以履行诸如管理协议、财务协议或其他专业服务协议、交钥匙合同和保险单之类的服务为目的。[41] 由于 BIT 的用语似乎并不区分贸易服务性质的交易和投资服务性质的交易,在"投资"定义中纳入合同权利可能会产生一系列问题。

如上所述,仲裁庭已经开始努力纠正 BITs 的这一漏洞,方式就是对"投资"定义加入一些客观标准。比如,在 Fedax v. Venezuela 案中,仲裁庭不得不确定 Fedax 持有的一系列本票是否属于《ICSID 公约》第 25 条意义上的"投资"。仲裁庭断定自己对该争议有管辖权,其诸多理由中就包括,该案中的 BIT,也即《荷兰—委内瑞拉 BIT》的"投资"定义非常宽泛,包括"对金钱或其他资产以及具有经济价值的履行请求权",仲裁庭注意到了本票和"游资"(volatile capital)的不同,认为 Fedax 持有的本票符合上述投资的特

〔38〕《中国—新西兰自由贸易协定》第 135 条。

〔39〕《中国—新西兰自由贸易协定》第 135 条、脚注 8。

〔40〕2004 年《美国 BIT 范本》第 1 条、脚注 1。

〔41〕UNCTAD, Key Issue I, at 120 - 1.

征,[42]在 Salini v. Morocco 案中,仲裁庭断定,通过援用所谓的"Salini 标准",两个意大利公司与摩洛哥共和国控制的摩洛哥公司 ADM 之间的高速公路建筑合同构成了《意大利—摩洛哥 BIT》以及《ICSID 公约》项下的"投资"。[43] 另一个非常有趣的案例是 Joy Mining v. Egypt 案,这是 ICSID 仲裁庭以争议中的交易不属于"投资"为由认定自己无管辖权的第一个案例。[44] 在该案中,英国公司向埃及国有企业 IMC 公司供应采矿设备,此类设备用于埃及的一个项目,双方之间的合同要求申请人实施信用保证书。申请人主张,虽然该设备得到了付款,但是,由于埃及政府未能对设备进行试运行和性能测试,而试运行和性能测试又是提供保证的前提条件,故保证书从未发出。申请人因此请求埃及就从未发出的银行保证的全价进行赔偿。但是,通过援用"Salini 标准",仲裁庭断定,保证书不是"投资",它仅仅是一种或然债务,具有国家合同的通常特征。不言而喻,投资不同于货物交易合同或单纯的商事交易。这些案例无疑将会影响未来对中外 BITs 条款的解释。

4. 知识产权

知识产权是中外 BITs 所涵盖的第四类资产。中外 BITs 中所列举的知识产权的具体种类并不相同。一些 BITs 的规定非常简短,比如,1988 年《中国—波兰 BIT》仅包括了版权、工业产权、技术流程和专有技术。[45] 另一些 BITs 的规定则长得多,如 2005 年《中国—葡萄牙 BIT》包括了"知识产权,尤其是版权、专利权与工业设计、商标、商名、技术流程、商业与经营秘密、专有技术和商誉"。[46] 但是,所有的 BITs 都包括了传统上不受法律保护的知识产权形式的有价信息,如"技术流程""专有技术"(know – how)。

《中国—黎巴嫩 BIT》的例举清单较长,还增加有"缔约方法律承认的其

〔42〕 Fedax v. Venezuela, para 43.

〔43〕 Salini v. Morocco, para 52, cited in n 20 above.

〔44〕 Joy Mining v. Egypt, paras 45 – 53. See also Malaysian Historical Salvors, SDN, BHD v. Malaysia, ICSID Case No. ARB/05/10 (MHS v. Malaysia), Decision on Jurisdiction, 17 May 2007 and The Rompetrol Group N. V. v. Romania, ICSID Case No. ARB/06/3.

〔45〕 1988 年《中国—波兰 BIT》第 1 条第 1 款。

〔46〕 2005 年《中国—葡萄牙 BIT》第 1 条第 1 款。

他类似权利”。[47] 在这方面，有必要注意到，在加入 WTO 之前，中国已经对其知识产权法律制度进行了大幅修改，建立了知识产权保护法律制度。[48] 目前，中国保护专利、商标、版权、计算机软件、集成电路布图设计、地理标志、植物品种，以及诸如贸易秘密之类的未披露信息。[49] 据报道，中国正在考虑进一步修改主要的知识产权法，如专利法、商标法，以及颁布保护商业秘密、民歌和民间艺术的新法。[50]

一些中外 BITs 将知识产权的定义和诸如 WIPO 协议之类的国际公约联系起来，例如，《中国—约旦 BIT》涵盖了诸如“诸如 WIPO 协议在内的国际公约所界定的知识产权，只要缔约方都是前述国际协议的缔约国，包括但不限于版权、工业产权、商标、专利权、工业设计和工艺流程、专有技术、贸易秘密和商誉”。[51] 在这方面，中国一直非常积极接受国际规范，积极参与知识产权事务方面的国际合作。正如下述表 2.1 显示的那样，中国已经加入了 WIPO 框架下的多数主要知识产权公约。同时，中国也已经与其他国家开始了许多双边合作和协商，尤其是美国、欧盟、日本、法国等主要贸易伙伴。[52] 但是，据观察，尽管中国政府做了很大努力，但中国的知识产权实施情况仍然存在问题。[53]

---

〔47〕 这个规定包括：“……（四）知识产权，如著作权、专利权、工业设计或实用新型、商标或服务商标、商业名称、工艺流程、专有技术和商誉，以及缔约另一方法律承认的其他类似权利。”参见 1996 年《中国—黎巴嫩 BIT》第 1 条第 1 款。

〔48〕 包括对《专利法》（2000 年）、《商标法》（2001 年）、《著作权法》（2001 年），《植物新品种保护条例》（2001 年）、《集成电路布图设计条例》（2001 年）的修订，以及对计算机软件保护的新规定（2001 年）。此外，中国计划进一步修订《专利法》《商标法》和其他知识产权方面的基本法，同时也再考虑制定的新的知识产权方面的法律。See WTO：'Trade Policy Review on People's Republic of China：Report by the Secretariat'，WT/TPR/S/161 (28 February 2006)，para 272.

〔49〕 关于详细信息，see WTO：Id.，at paras 274 – 301。

〔50〕 请参见《最高法院副院长：中国专利法商标法酝酿再修订》，载 http://news.cctv.com/china/20080423/100265.shtml，2008 年 5 月 16 日访问。

〔51〕 《中国—约旦 BIT》第 1 条第 1 款。

〔52〕 例如，中国已经与美国和欧盟签订了一系列知识产权协议，也与包括日本、韩国、法国在内的其他国家展开定期的知识产权对话。See WTO：'Trade Policy' Review on People's Republic of China：Report by the Secretariat'，WT/TPR/S/161 (28 February 2006)，para 273.

〔53〕 关于中国知识产权实施及实施机制的较好说明，see WTO：'Trade Policy Review on People's Republic of China：Report by the Secretariat'，WT/TPR/S/161 (28 February 2006)，paras 302 – 13。

表 2.1 中国在国际知识产权公约中的成员资格[54]

公 约	加入时间
《保护文学艺术作品伯尔尼公约》	1992 年
《国际承认用于专利程序的微生物保存布达佩斯条约》	1995 年
《建立世界知识产权组织公约》	1980 年
《保护录音制品制作者防止未经授权复制其制品公约》	1993 年
《保护植物新品种国际公约》	1999 年
《建立工艺品外观设计国际分类洛迦诺协定》	1996 年
《商标国际注册马德里协定》	1989 年
《商标注册用商品与服务国际分类尼斯协定》	1994 年
《保护工业产权巴黎公约》	1985 年
《专利合作条约》	1994 年
《商标国际注册马德里协定有关议定书》	1995 年
《国际专利分类斯特拉斯堡协定》	1997 年
《关于集成电路知识产权条约》	1989 年
《世界版权公约》	1992 年

5. 商业特许

除了中国分别与波兰、保加利亚之间的 BITs 外，中外 BITs 中都包含了商业特许。这一范畴表明，BIT 保护的投资可能包括政府机关通过专门的行政或立法行动给予私人当事方的权利，而其他更传统的作为投资的资产形式则是在正常情况下通过私人当事方之间的交易来取得。[55] 此外，中外 BITs 在具体用语上并不相同。一些最早期的中外 BITs 没有进行任何限制

〔54〕 WTO, 'Trade Policy Review on People's Republic of China: Report by the Secretariat', WT/TPR/S/161 (28 February 2006), Table III. 16.

〔55〕 UNCTAD, Key Issues I, at 121.

地使用了“特许”一词。[56] 多数BIT用诸如“法律/公法授予”[57]“法律或合同授予”[58]“法律或法律允许的合同授予”[59]“法律、法律所允许的合同或有权的国家机关的行政行为授予”[60]之类的词语限定的“特许”或“权利”。中国大多数BITs,包括新的BIT范本都采纳了上述第三、四种情况下的用“法律所允许的”一词限制合同权利的做法。这显然表明,中国对于外国公司的商业特许采取非常谨慎的态度。[61]

显然,这类条款主要针对的是勘探开发自然资源的商业特许。因此,多数中外BITs通常增加了“包括勘探、耕作、提炼或开采自然资源”的限制语。[62] 但是,《中国—澳大利亚BIT》却与此不同,该协议包括了“从事农业、林业、渔业和动物养殖业的权利”以及“制造、使用和销售产品”的权利,此外还有“勘探、提炼或开发自然资源的权利”。[63]

除了传统的商业特许,一些中外条约中还包括依法获得的特许和许可。

〔56〕 例如,1983年《中国—德国BIT》,使用的表述是“特许,包括勘探、开采和提炼的特许”。请参见1983年《中国—德国BIT》第1条第1款。1984年《中国—奥地利BIT》第1条第1款也使用了类似的表述。

〔57〕 例如,可参见《中国—意大利BIT》第1条第1款,1985年《中国—荷兰BIT》第1条第1款。一些BITs的规定似更严格,将相关权利限定为“公法授予的权利”。例如,可参见《中国—阿尔巴尼亚BIT》第1条第1款【原文如此。——译者注】。

〔58〕 例如,可参见《中国—科威特BIT》第1条第1款,该款也将投资的外延延伸至“依法获得的特许和许可”。

〔59〕 例如,可参见《中国—澳大利亚BIT》第1条第1款。

〔60〕 例如,可参见2005年《中国—葡萄牙BIT》第1条第1款。

〔61〕 如第6章所示,中国在尽可能地避免直接参与政府特许权合同。比如外资参与开采石油资源的标准做法是,外国公司与指定的中国国有企业达成协议。根据该协议,当事方有义务共同勘探开发这类资源。就中国政府而言,这类协议不是国家合同,故在这些合同项下发生任何争议时不产生国家责任。但是,正如前述第6章第6.66段所言,若真的发生此类争议,未必如此。

〔62〕 晚近中国与一些国家重新谈判签订了欧洲式BITs,也即中国分别与荷兰、德国和芬兰签署的BITs。这些BITs使用了下述用语:“……(5)法律或法律允许依合同授予的商业特许,包括勘探、耕作、提炼或开发自然资源的特许。”请参见下述BIT的第1条第1款:2003年《中国—德国BIT》、2004年《中国—芬兰BIT》、2001年《中国—荷兰BIT》。

〔63〕 《中国—澳大利亚BIT》第1条第1款。该款的内容是:“法律或法律允许按照合同赋予的任何权利,包括从事农业、林业、畜牧业、渔业的权利,勘探、开采或开发自然资源的权利以及制造、使用和销售产品的权利。”

比如,《中国—科威特 BIT》、[64] 新近的《中国—新西兰自由贸易协定》。[65] 这一条款与《能源宪章条约》[66]《美国 BIT 范本》的做法类似。[67] 但是,美式 BIT 范本通常要求所有受保护的投资都具有上述“投资的特征”,并通过两个脚注排除了任何许可证和“未创设国内法所保护的任何权利”的其他类似文书,[68] 或者“在司法或行政行为中产生的任何命令或判决”[69] 包含上述限制性规定将非常有助于防止对此类条约条款的过于宽泛的解释。

6. 其他资产

除了上述五类资产外,一些中外 BITs“投资”定义条款中还包括其他形式的资产。比如,2005 年《中国—葡萄牙 BIT》就包括了第六类资产,具体为“在缔约一方境内,根据其法律和法规,按照租赁合同置于承租人支配下的货物”。[70] 这一规定明显表明,租赁的大型机器被视为“投资”,并受到该 BIT 的保护。[71] 在《中国—土库曼斯坦 BIT》中,“有偿服务”被列为第六类受保护的投资。[72] 可以有根据地判断,该 BIT 项下的第三类资产,也即合同

---

〔64〕《中国—科威特 BIT》的相关部分(第 1 条第 1 款)规定了“投资”定义,其外延包括:“由法律或合同所赋予的权利以及依法获得的特许和许可。”

〔65〕《中国—新西兰自由贸易协定》第 135 条将传统的商业特许从法律或合同授予的权利和特许和许可中分离出来,并在“投资”定义中将这些资产并列规定如下:“……(5)法律或法律允许依合同授予的特许经营权,包括自然资源的勘探、种植、开采或开发的特许;……(7)法律或合同授予的权利,以及依据法律特许及许可授予的权利。”

〔66〕《能源宪章条约》所界定的“投资”包括“法律或合同所授予,或者依法获得的特许和许可所授予的在能源部门从事任何经济活动的任何权利。”请参见《能源宪章条约》第 1 条第 6 款第 6 项。

〔67〕2004 年《美国 BIT 范本》所界定的投资包括“许可、授权、执照和国内法所授予的类似权利”,并在脚注中将其解释为包括特许。这个脚注的内容是:“2. 某一特定类型的许可、授权、执照或类似文件(包括特许,条件是其具有这种文件的特征)是否具有投资特征,这取决于根据缔约方的法律持有者所享有的权利的性质和程度之类因素。不受国内法保护的权利的许可、授权、执照和类似文件,则不属于具有投资属性。为进一步明确起见,上述规定与任何有关许可、授权、执照的资产是否具有投资属性无关。”请参见 2004 年《美国 BIT 范本》第 1 条和脚注 2。

〔68〕同上。

〔69〕同上注,脚注 3。

〔70〕2005 年《中国—葡萄牙 BIT》第 1 条第 1 款;另请参见《中国—希腊 BIT》第 19 条第 1 款第 6 项。

〔71〕运输纠纷很可能被纳入调整范围,就像 2008 年 6 月 16 日 ICSID 所登记的 Inmaris v. Ukraine 案件那样。在该案涉及的是一艘名为 Khersones 的乌克兰风帆训练舰,这艘训练舰自 2006 年 4 月开始便一直被乌克兰扣押。Inmaris 的两个子公司因此破产。这些公司和破产清算人正在寻求乌克兰的赔偿。See Inmaris Perestroika Sailing Maritime Services GmbH and others v. Ukraine (Inmaris v. Ukrain), ICSID Case/ARB/08/8. 该案目前尚未审结。

〔72〕《中国—土库曼斯坦 BIT》第 1 条第 1 款。

权利包含服务。该协议这样将“有偿服务”明确列入其中有助于确认此类服务属于该BIT保护的范围。

中外BITs中的最后一种附加性的“投资”范畴是利润的再投资。由于这类利润正常情况下都是在东道国赚得,未被转移至国外,故东道国可能不将其认定为合格的投资,因为东道国的理念是倾向于吸引外来资本。外国投资者更喜欢自己的利润享受初始投资一样的待遇,以便在获得资本方面享受更多的自由空间。虽然多数中外BITs对这个问题未作规定,但诸如《中国—澳大利亚BIT》[73]《中国—土耳其BIT》[74]等一些BITs明确规定,利润的再投资亦属于“投资”。一些与欧洲国家重新谈判的BITs也包括了具有同样效果的条款。[75]

(四)间接投资

晚近中外BITs的一个新发展是,在投资定义条款中引入“间接投资”。采取这一做法的第一个中外BIT看来是1997年《中国—加蓬BIT》,该协议将“投资”界定为“缔约一方的投资者在缔约另一方境内根据后者的法律和法规直接或间接投入的各种资产”。但是,该协议未就何谓“直接或间接投入”一语进行界定。如前所述,2003年《中国—德国BIT》也在投资定义中使用了“直接或间接投入”的术语,但没有“根据法律和法规”一语。而且,该协议对“间接投入”进行了解释,内容是:

“……(二)‘间接投资’系指缔约一方的投资者通过其完全或部分拥有的、住所在缔约另一方境内的公司所作的投资。”[76]

因此,中国与德国之间的新BIT澄清,德国投资者完全或部分拥有的中

---

〔73〕《中国—澳大利亚BIT》中的第六类受保护的投资为:“用于在投资的收益”。参见1988年《中国—澳大利亚BIT》第1条第1款。

〔74〕这些BIT将“投资”定义所包含的第六类资产界定为:“收益的再投资及与投资有关的贷款协议发生的本金和利息支付款项的再投资。”请参见《中国—土耳其BIT》第1条第1款。

〔75〕2004年《中国—芬兰BIT》规定,“再投资收益应享受与初始投资同样的待遇”。请参见2004《中国—芬兰BIT》第1条第1款。2003年《中国—德国BIT》之《议定书》和2004年《中国—葡萄牙BIT》之《议定书》也有类似的规定。

〔76〕请参见2003年《中国—德国BIT》之《议定书》关于第1条。

国境内的外商投资项目,比如上海大众,也是该 BIT 所保护的投资。这对中国境内的外商投资持股公司非常有利,因为其倾向于在中国境内进行一系列进一步投资,而所有这些投资都属于受条约保护的“投资”。2005 年《中国—葡萄牙 BIT》也在“投资”定义中采纳了“直接或间接投入的投资”的表述,但未进一步界定“间接投入”的概念。2005 年《中国—西班牙 BIT》并未提及“直接或间接投入”,但其另一个条款有效涵盖了 2003 年《中国—德国 BIT》中的“间接投资”概念。[77] 2007 年《中国—塞舌尔 BIT》不仅沿用了 2003 年《中国—德国 BIT》的做法,而且还对“间接投入”做了界定,但与 2003 年《中国—德国 BIT》不同的是,其所界定的“间接投入”不仅包括缔约另一方投资者在中国境内的外国投资项目所做的投资,而且还包括缔约另一方的投资者拥有或控制的为第三国法人在中国境的外国投资项目所作的投资。[78] 但是,仅仅在缔约另一方征收投资后上述第三国无权或放弃提出赔偿请求的情况下,后一种形式的投资才受到 BIT 的保护。[79] 换言之,为了获得上述 BIT 的保护,必须满足两个条件:一是仅限于征收和赔偿案件;二是第三国无权或放弃了提出赔偿请求的权利。这有助于解决“巴塞罗那牵引车案”中的此类问题。[80] 在该案中,国际法院判定,虽然比利时国民在加拿大公司中拥有多数股份,该加拿大公司在西班牙进行了投资并据称受到了西班牙的征收,但比利时政府仍无权就此事对西班牙行使外交保护。

---

〔77〕 其内容是:“在缔约一方的领土内,缔约另一方的投资者依据缔约一方的法律法规,并通过其实际拥有或控制的缔约一方的公司所作的投资应同样视为缔约另一方投资者所作的投资。”该 BIT 保护西班牙投资者拥有或控制的来华外商投资企业的投资,故其与 2003 年《中国—德国 BIT》稍有不同。“外国控制”这一衡量标准的引入有助于扩展该 BIT 的保护范围。另一个不同之处在于,它在本条款的各个规定中始终坚持“根据法律法规”的要求。2005 年《中国—西班牙 BIT》第 1 条第 1 款。

〔78〕 《中国—塞舌尔 BIT》的内容是:“2. ‘间接投资’包括:

(1)缔约一方的投资者通过其完全或部分拥有的且住所在缔约另一方境内的公司所作的投资;和

(2)本条第一款所述“投资”一词包括由缔约一方投资者拥有或控制的第三国法人在缔约另一方领土内依照后者的法律法规已经进行的投资。只有当投资被缔约另一方征收之后该第三国无权或放弃其赔偿请求权的情况之下,本协定相关条款方为适用。”请参见《中国—塞舌尔 BIT》第 1 条第 1 款。

〔79〕 同上。

〔80〕 Case concerning the Barcelona Traction, Light and Power Company, Limited (Second Phase), Judgment of 5 February 1970. 该决定书概要可参见下述网页:http://ita. law. uvic. ca/documents/ICJ - BarcelonaSecondDecision. pdf。

最后,2008年《中国—新西兰自由贸易协定》的规定非常有意思:其“投资”定义与上述2003年《中国—德国BIT》的规定非常类似,但并未像后者那样界定“间接投资”。不过,在涉及缔约另一方投资者控制的第三国法人在中国境内的外国投资项目方面,它包含了与上述《中国—塞舌尔BIT》相同的“间接投资”定义。[81]

（五）投资形式的变化

多数中外BITs规定,投入的资产的形式的更改或变化不影响“投资”的分类/属性指定。这对中国境内的外国投资项目非常重要,其可能需要改变投资形式但仍保留享受BIT保护的资格。很多报导指出,中国境内的外国投资项目,特别是大型跨国公司,越来越倾向于从合营企业转型为外资独资公司(独资化)。[82] 这个规定有助于确保这些外国投资项目在改变投资形式的时候仍然享受BIT的保护。

但是,打算转变为外商独资公司的外国投资项目必须注意,多数中外BITs都要求,投资形式的变化必须符合东道国的法律和法规,[83] 或不应违反当地法律,或不应“违反最初投入该资产之时所获得的准入许可,如果有这种许可的话”。[84] 这一规定的基本原理在于,转变形式的外国投资企业,在享受初始投资所享受的同样待遇的时候,必须遵守初始投资被批准时所根据的要求和条件。[85]

总而言之,中外BITs对“投资”采取了宽泛的以资产为基础的定义,通

〔81〕 请参见《中国—新西兰自由贸易协定》第135条。

〔82〕 2005年的一项调查显示,在2005~2007年间,82%的跨国公司有意扩大来华投资,但57%的跨国公司倾向于采用独资企业的形式。大型跨国公司尤其青睐外资企业。请参见《外商独资化风潮动了谁的奶酪》,载http://finance.sina.com.cn/review/20061128/09413115559.shtml,2008年5月16日访问。

〔83〕 《中国—立陶宛BIT》第1条第1款。另请参见《中国—俄罗斯BIT》和《中国—波斯尼亚和黑塞哥维那BIT》。

〔84〕 《中国—科威特BIT》第1条第1款。

〔85〕 UNCTAD Key Issues I, p. 121. 但是,这份联合国贸易与发展会议的研究似给人这样的印象:“投资形式变化”的规定具有自动将BIT保护范围延伸至用于再投资的收益的效果。对此,作者不敢苟同。我们不能假定说,投资形式变化的规定不能自动涵盖再投资,更何况一些中外BITs已经包括了有关再投资的明文规定。但这并不是说,中外BIT中普遍存在的宽泛性的投资定义不涵盖再投资的收益。

常仅要求该投资必须遵守东道国的法律和法规，而并未包括有关“投资”的客观性标准，唯一的例外是2003年《中国—德国BIT》。

像其他BITs一样，中外BITs通常都包括五类资产的列举式清单，这些资产被看作受保护的投资，具体就是物权、公司利益、合同权利、知识产权、商业特许。一些BITs也包括了利润的再投资，另一些BIT则明确保护“间接”投入的投资。多数BITs确认，投资形式的变化不影响其作为“投资”的性质。虽然该清单有利于澄清“投资”的含义，但必须记住该清单只是解释性的，未被列举到的资产类型并不等于必然不在BIT的保护范围之内。[86]

鉴于晚近以BITs为根据提起的仲裁数量大幅攀升，而发展中国家和发达国家都采取了类似的对策，故中国确应仔细重估投资定义的用语，以避免外国投资者滥用投资仲裁。可能的下一步措施也许是引入诸如晚近的《美国BIT范本》中的限制性规定，这包括在该条款中加入“投资的特征”要求，并就清单中投资的形式进行限制，比如脚注部分有关《美国BIT范本》债权和许可的规定。

三、人员和实体（对人管辖权）

BIT一般保护的是缔约另一方投资者的投资。[87] 因此，在确定相关BITs的适用范围时，“投资者”的定义与“投资”的定义一样重要。多数中外BITs的“投资者”定义比较一致，其界定可分为两种形式：自然人（国民）和法人实体（公司）。许多中外BITs，尤其是诸如《中国—瑞典BIT》此类早期

〔86〕 联合国贸易与发展会议的一份研究评论道：“投资协议中所用的‘投资’一词是个术语。为了实现条约缔约方的经济和政治目标，这个术语的适用范围将被限定在特定范围，其并不必然等同于其他领域中的‘投资’一词的含义，例如在国民经济核算，或其他相关经济术语的含义。” See UNCTAD, Key Issues I, p. 121.

〔87〕 但是，《中国—新西兰自由贸易协定》既适用于“投资者”，也适用于投资者的“投资”。其内容是：

“第137条　范围

1. 本章适用于一方采取或维持与下列内容相关的措施：

（1）另一方投资者；

（2）另一方投资者的投资。”

请参见《中国—新西兰自由贸易协定》第137条第1款。

的 BITs,[88] 采取各自表述的做法,分别从两个缔约方的角度对“投资者”进行界定。[89] 其他的 BITs 则与之相反,特别是 20 世纪 90 年代后期签订的 BITs,如 2005 年《中国—芬兰 BIT》,它们通常沿用第三版 BIT 范本的做法,即采用统一表述。第三版 BIT 范本将“投资者”定义为:

“(1)依据缔约任何一方法律具有该国国籍的自然人;

(2)法律实体,包括根据缔约任何一方的法律和法规组建或成立,并在该方境内拥有住所的公司、协会、合伙和其他组织。”[90]

以下将以此探讨这两类投资者。

(一)自然人

几乎所有的中外 BITs 都将自然人(一些 BITs 使用了“国民”一语)作为受保护的投资者之一种,唯一的例外是 1983 年《中国—保加利亚 BIT》,该协议仅将经济实体规定为受保护的投资者,而未列入自然人。[91] 为了成为受保护的投资者,自然人必须与 BIT 的缔约方存在特定的联系。根据中外 BITs,这类联系或者是单独的,或者是累加的。正如第三版 BIT 范本所示,多数中外 BITs 均要求与缔约一方有一种联系,而最经常使用的联系便是国籍(公民资格[92])。但是,一些中外 BITs(如中国与澳大利亚、波黑、以色列

---

[88] 1982 年《中国—瑞典 BIT》第 1 条第 2 款。

[89] 第一版《中国 BIT 范本》也有这样的规定,其将“投资者”界定为或“根据中华人民共和国法律具有其国籍的自然人”,或“依照中华人民共和国法律设立,其住所位于中华人民共和国领土内的经济实体”。请参见第一版《中国 BIT 范本》文本第 1 条第 1 款。

[90] 请参见第三版《中国 BIT 范本》文本第 1 条第 2 款。

[91] 原因很明显,即两国都是实施社会主义计划经济体制的国家,刚刚开始对外开放,因此只允许特定的国有企业相互到对方国家从事投资和贸易活动。这个 BIT 后来被两国 1994 年新签的 BIT 取代。2007 年 4 月,在保加利亚加入欧盟后,两国又签订了一个新的《议定书》。请参见 1983 年《中国—保加利亚 BIT》第 2 条第 3 款。

[92] 通常来说,“国籍”和“公民权”含义相同,可以交互使用。但是,这两个术语之间仍有细微的差异,在一些情况下,两者的范围大不相同。例如,在英国,“英国公民”身份只是几类市民身份中的一种,而所有这些市民统称“不列颠国民”。如欲对快捷方便地了解此方面知识,请参见维基百科中的“英国国籍法”词条:http://en. wikipedia. org/wiki/British _ nationality _ law # Classes _ of _ British _ nationality,2008 年 5 月 18 日访问。《中国—英国 BIT》适用于英国法所界定的英国国民,其有权在英国境内或者该 BIT 第 10 条同意扩展适用的任何领域内居住。根据第 10 条,通过双方政府的换文,该 BIT 的保护范围可以扩展到英国政府负责其国际关系的领域,比如维尔京群岛和开曼群岛。事实上,中英双方尚未就此进行换文。因此,来自这两个群岛的投资无权享受《中国—英国 BIT》的保护。

的 BIT 和与新西兰的自由贸易协定）给予了缔约一方的永久居民以条约保护，故将“永久居所”用作国籍的替代选项。[93] 其他 BIT 则使用了累加联系的方法，通常是将国籍和诸如住所、[94] 居所（定居权）、[95] 营业地点[96] 之类的其他因素结合起来。

施加上述附加联系的目的显然在于增加与母国的实质性联系，因为有时国籍可能是一个非常表面的联系。根据习惯国际法，除非一个人与他的国籍国有真实的联系，否则该国没有义务承认该人的国籍。[97] 但是，中外 BIT 并未就此提出要求。

如上所述，在确定自然人是否有权被归类为受保护的“投资者”的时候，国籍是最基本的决定因素，也是多数案件中的唯一决定因素。但是，对这个因素的使用可能产生一些问题。常见的问题与国籍的冲突有关：双重/多重国籍（积极冲突）或无国籍（消极冲突）。中外 BIT 下的更进一步、更特殊的问题是，中国的特别行政区，也即香港、澳门的居民是否属于有权享受中外 BIT 保护的中国国民。我们以下将讨论这个问题。

1. 双重/多重国籍

当一个投资者拥有不止一个国籍时，会产生双重/多重国籍的问题。这

---

〔93〕《中国—澳大利亚 BIT》适用于永久居民，例外情况是：（1）已援引了缔约另一方与该自然人的国籍国间的投资保护协定中的有关该事宜的规定；（2）该自然人是缔约另一方的公民。《中国—新西兰自由贸易协定》也适用于永久居民和自然人，但条件是：“在中方关于外国永久居民待遇的国内法律颁布之前，除第 142 条、第 143 条、第 144 条、第 145 条及第 148 条规定的义务外，本章其他条款不涉及对永久居民的义务。”这显然是出于互惠的考虑，因为中国迄今尚无永久居留的法律。请参见《中国—澳大利亚 BIT》第 1 条第 1 款第 4 项，《中国—新西兰自由贸易协定》第 135 条。另请参见《中国—以色列 BIT》之《议定书》，其规定，以色列永久居民享有与以色列国民同样的权利，受该 BIT 保护。

〔94〕 例如，1995 年《中国—前南斯拉夫 BIT》规定，BIT 框架下的合格投资者应是具有南斯拉夫联盟共和国国籍并“在其领土内拥有居所或住所”的自然人。请参见《中国—前南斯拉夫 BIT》第 1 条第 2 款。

〔95〕 请参见《中国—前南斯拉夫 BIT》，同上。另请参见《中国—英国 BIT》第 1 条第 1 款（其对国籍和居住权均有要求）。最近修订后的《中国—古巴 BIT》将具有国籍和“永久居留”作为受该 BIT 保护的自然人投资者必须同时具备的资格要件。请参见《中国—古巴 BIT》修正案，第 1 条。

〔96〕《中国—波斯尼亚和黑塞哥维那 BIT》规定，具有波斯尼亚和黑塞哥维纳公民地位的自然人，只有其永久居留地或主要营业场所在波斯尼亚和黑塞哥维纳境内，才能成为受保护的投资者。请参见《中国—波斯尼亚和黑塞哥维那 BIT》第 1 条第 2 款。

〔97〕 UNCTAD，Key Issues I，127.

可能出现两种情况:第一,其中一个国籍是东道国国籍;第二,其中任何一个国籍都不是东道国的国籍。中外 BITs 均未触及第二种情况,一些中外 BITs 通过拒绝保护东道国国民的方式处理第一种情况。例如,《中国—哥斯达黎加 BIT》规定,对哥斯达黎加来说,受保护的"自然人"不包括"具有缔约双方的双重国籍的自然人"。《中国—伊朗 BIT》规定,受保护的"自然人"不应该拥有作为缔约一方的东道国的国籍。[98]《中国—乌拉圭 BIT》也规定,其不保护"被认为具有双重国籍"的乌拉圭自然人。[99]《中国—澳大利亚 BIT》原则上保护澳大利亚永久居民,但具有东道国国籍者除外。[100]

在这方面,应注意到中国的国籍法并不承认中国公民的双重国籍。[101] 定居国外并且自愿接受或通过其他方式获得第三国国籍的中国公民自动丧失其中国国籍。[102] 其用语似乎意味着中国公民一旦获得外国护照,其中国护照就自动失效。但是,事实可能并非如此。1990 年公安部和外交部联合发布的通知规定,除非中国公民已经退出中国国籍,或者事实上定居在外国并已取得外国国籍,否则,中国公民持有的外国护照将不会得到承认。[103] 在后一种情况下,中国公民必须已经事实上定居在外国,并且提供有效证据予以证明。[104] 换言之,在确定外国护照以及中国护照是否无效的问题上,事实上的定居与持有外国护照一样重要。毫无疑问,中国的海关或域外使领馆会执行上述部委的规则,但诸如 ICSID 仲裁庭之类的外国仲裁庭是否会对上述规则进行不同的解释尚不得而知。

在这方面,需要注意《ICSID 公约》已明确地排除了对上述双重国籍持

---

[98] 《中国—伊朗 BIT》第 1 条第 2 款第 1 项。

[99] 《中国—乌拉圭 BIT》第 1 条第 2 款。但现在还不清楚的是,是所有拥有双重国籍的乌拉圭国民都不受该 BIT 保护,还是仅仅那些同时拥有缔约双方国籍的乌拉圭国民不受该 BIT 保护。

[100] 《中国—澳大利亚 BIT》第 1 条第 3 款。

[101] 《中华人民共和国国籍法》,1980 年 9 月 10 日全国人民代表大会通过,第 3 条。

[102] 同上注,第 9 条。

[103] 《公安部外交部关于中国公民非法持用外国护照有关问题的通知》,公通字[1990]64 号,1990 年 6 月 28 日颁布并生效。

[104] 同上。

有者的管辖权,[105] Champion Trading v. Egypt 案确认这一点。[106] 在该案中,ICSID 仲裁庭断定,投资者具有双重国籍,故其对案件没有管辖权。该案中,投资者/申请人的父亲出生于埃及但投资者却出生于美国。根据埃及法,埃及父亲的孩子一出生就取得埃及国籍,虽然投资者的父亲已经变成美国公民,故被申请方埃及辩称,投资者一直是埃及国民,因为他从未放弃他的埃及国籍。同理,投资者的三个儿子也自动取得了埃及国籍。申请人辩称,三个申请人的埃及国籍不符合诺特波姆案[107] 和 A/18 108 号决议[108] 所反映的国际法中的主流国籍定义。上述案例以及决议要求与所主张的国籍所属国有"真实的联系"。仲裁庭做出了对东道国有利的裁决,指出不可争辩的事实是,申请人以具有埃及国籍的身份从事其与投资有关的讼争中交易,《ICSID 公约》对双重国籍问题做了明确而具体的规定。[109] 换言之,在 BIT 未对双重国籍问题做出清晰、具体的规定时,习惯国际法或许能对此问题发挥作用。[110] 但是,为更加确定和清晰起见,中国应该采用诸如《美国 BIT 范

---

[105] 《ICSID 公约》第 25 条第 2 款第 1 项规定:"'另一缔约国国民'系指:

(1)在双方同意将争端交付调解或仲裁之日以及在根据第 28 条第 3 款或第 36 条第 3 款将请求予以登记之日,具有作为争端一方的国家以外的某一缔约国国籍的任何自然人,***但不包括在上述任一日期也具有作为争端一方的缔约国国籍的任何人……***"[着重部分系作者标示]

[106] Champion Trading v. Egypt, ICSID Case No. ARB/02/9, Decision on Jurisdiction, 21 October 2003.

[107] See Nottebohm Case (Liechtenstein v. Guatemala), ICJ, 1955.

[108] Iran – United States Claims Tribunal, Case No. A/18 of 6 April 1984 (5 Iran – USCTR – 251).

[109] See Champion Trading v. Egypt, ICSID Case No. ARB/02/9, Decision on Jurisdiction, 21 October 2003. 另请参见 Waguih Elie George Siag and Clorinda Vecchi v. The Arab Republic of Egypt 案,在该案中,仲裁庭确认:"《ICSID [公约]》第 25 条所确立的机制并未给衡量主要或有效国籍留下余地。"ICSID Case No. ARB/05/15, Decision on Jurisdiction, 11 April 2007, para 198.

[110] 在这类情况下,诸如"有效"国籍原则之类的习惯国际法原则可能会成为确定可适用的国籍规则。See Dolzer and Stevens, Bilateral Investment Treaties, Martinus Nijhoff 1995, at 34. 另请参见下述案例对"有效"国籍的讨论:Olguín v. Paraguay, ICSID Case No. ARB/98/5, Decision on Jurisdiction, 8 August 2000. 在该案中,巴拉圭提出了管辖权异议,理由是 Olguín 具有双重国籍(秘鲁和美国),没有资格作为投资者享受《乌拉圭—美国 BIT》的保护。但是,因为该 BIT 要求,只要具备秘鲁国籍且该国籍有效即可,故仲裁庭确认其对该案有管辖权。

本》中采用的“主要和有效的国籍衡量标准”等明确的规则。[111]

Soufraki v. United Arab Emirates 案也涉及双重国籍问题。[112] 在该案中，投资者出生于意大利，但后来成为加拿大公民，他试图享受 1995 年《意大利—阿拉伯联合酋长国 BIT》的保护。与中国国籍法类似，意大利国籍法也规定，定居国外并取得另一个国籍的意大利公民将会自动丧失意大利国籍，但允许其通过在意大利定居一年以上的方式重新获得意大利国籍。在这个背景下，仲裁庭不得不断定，申请人是否因获得加拿大国籍并定居于加拿大而丧失意大利国籍，倘若如此，申请人是否达到意大利法律的有关要求而重新获得意大利国籍。根据意大利法律，仲裁庭断定，申请人已经丧失了意大利国籍，且尚未有效证明其已经根据意大利法律的相关要求而重新获得意大利国籍。[113] 因此，他不是意大利国民，也不能享受上述《意大利—阿拉伯联合酋长国 BIT》项下的保护。考虑到意大利国籍法与中国国籍法之间的类似性，这个案件很可能对中国未来的涉及国籍的投资仲裁案件产生影响。

2. 无国籍

双重国籍或多重国籍的反面就是没有国籍。通常情况下，BIT 仅将保护延伸至原来是受保护的国民但其后丧失了该国籍的自然人。《中国—拉脱维亚 BIT》看起来似乎是唯一的包括该条款的中外 BIT。该 BIT 规定，对拉脱维亚而言，其保护根据拉脱维亚法律法规属于拉脱维亚公民或非公民的

---

〔111〕《美国 BIT 范本》将“缔约一方的投资者”界定为：“‘缔约一方的投资者’指的是试图、正在或已经在缔约另一方领域内投资的缔约一方或其国有企业，或者缔约一方的国民或企业；但是，假如一个自然人拥有双重国籍，则应将其视为仅仅是他或她的主要和有效国籍国的国民。”请参见 2004 年《美国 BIT 范本》第 1 条。这个定义可以排除与美国没有真正联系的美国国民。

〔112〕 Soufraki v. United Arab Emirates, ICSID Case No. ARB/02/7, Award, 7 July 2004.

〔113〕 在作出决定时，仲裁庭对意大利国内法和相关主管机关给予了极大的尊重，但同时也认定自己有权裁断国籍事宜。它指出：“55. 国际法公认的一点是，国籍属于国家的国内管辖事项，其可通过立法制定规定解决国籍的取得（和丧失）的问题。［意大利和阿拉伯联合酋长国之间的］BIT 第 1 条第 3 款就是这一规则的反映。但同样被公认的是，在国际仲裁或者诉讼程序中，如果当事方对一个人的国籍提出异议，则国际仲裁庭或者其他争端解决机构有权就该异议做出［裁断］。仲裁庭将非常重视对所涉国家的国际法以及其主管机关对该法的解释和适用，但在国籍涉及争议的个人是否、何时持有争议国的国籍，以及裁决应依据什么做出的问题上，最终还应由仲裁庭自己根据其所认定的事实和法律来断定。就像在本案中这样，就体现出在国籍问题上的管辖权，仲裁庭有权对这一事项作出真正有约束力的裁决。”See Soufraki v. United Arab Emirates, para 55.

自然人,[114]这意味着,正如其《议定书》所解释的那样,“根据《关于不具有拉脱维亚国籍或不具有任何其他国家国籍的前苏联公民的地位法》,一个人有权获得拉脱维亚颁发的非公民护照。”[115]倘若没有上述规定,则任何 BIT 都不可能给予前国民或非国民以保护。[116]

3. 中国特别行政区的国民

在国际法上,特别行政区的创建导致了很多具有挑战性的问题,也给国际律师提出了严峻的挑战。其中一个有趣的问题是,香港、澳门等特别行政区的投资者能否享受中外 BITs 中的投资保护机制。这个问题之所以产生,是因为特别行政区在法律上属于中国的组成部分,其享受高度自治,并在回归中国后继续实行资本主义制度和资本主义生活方式 50 年不变(不同于中国大陆实行的社会主义体制)。[117] 尤其是,特区政府有权签订贸易和投资领域的国际协议,[118]而香港已经与其他国家签订了十多个 BITs。这种情况至少导致两种情况:第一,在大陆和香港都与某一东道国存在有效的 BITs 的情况下,香港投资者可以援用哪个 BIT 保护自己的投资?第二,如果香港和某一东道国之间没有有效的 BIT,那么香港投资者可否援用大陆与该国之间的 BIT 保护自己的投资?[119] 对这两个问题的处理取决于相关 BIT 的具体用语。香港 BIT 理所当然保护的是香港投资者,故在上述第一种情况下,香港 BIT 至少是可以适用的 BIT 之一。问题在于,香港享受上述高度自治和条约缔结权,香港投资者可否援用相关的中外 BITs?

---

〔114〕《中国—拉脱维亚 BIT》第 1 条第 2 款第 1 项第 1 目。

〔115〕这个有关非公民的规定当然具有特定的历史背景:“二战”后许多俄罗斯人被送往诸如拉脱维亚之类的波罗的海国家,尽管这些人绝大部分符合国际上判断国籍的“主要和有效”标准,但直到苏联解体,他们仍没有被给予公民身份。请参见《中国—拉脱维亚 BIT》之《议定书》关于第 1 条。

〔116〕Dolzer 和 Stevens 对是否存在此类 BIT 扩展适用的情况表示“怀疑”。Dolzer and Stevens, n 110 above, at 34.

〔117〕《中华人民共和国香港特别行政区基本法》,1990 年 4 月 4 日第七届全国人民代表大会第三次会议通过,第 2 条、第 5 条。

〔118〕同上注,第 151 条。该条的内容是:“第 151 条:香港特别行政区可在经济、贸易、金融、航运、通讯、旅游、文化、体育等领域以‘中国香港’的名义,单独地同世界各国、各地区及有关国际组织保持和发展关系,签订和履行有关协议”。

〔119〕显而易见,还有另一种可能性:香港和东道国之间存在 BIT,而中国却与该国之间无 BIT。在这种情况下,答案一目了然:香港投资者应当适用这个香港缔结的 BIT。

据承认,上述自治和权限不应阻碍香港投资者寻求从可适用的中外BITs中受益,上述自治和权限的立法意旨是为了香港居民的利益,保护他们的利益和生活方式,而不是相反。在上述两种情况下,香港投资者都有权援用相关中外BITs保护自己的海外投资,只要该中外BIT覆盖了香港投资者,例如在其"投资者"定义中覆盖了香港投资者。

的确,香港投资者已经根据《中国—秘鲁BIT》提起了一个ICSID仲裁(Tza Yap Shum v. Peru案),[120]该BIT的第1条第2款规定:

"2.'投资者'一词

在秘鲁共和国方面,系指:[……]

在中华人民共和国方面,系指:

(1)依照中华人民共和国法律拥有其国籍的自然人[……]"

上述BIT用语非常清楚:只要投资者属于中国国民,那么他就是受保护的投资者,可以在发生争议时援用该BIT。在这方面,值得注意的是,中国国籍法是有限的几个适用于香港的法律之一。[121] 正如全国人大所解释的那样,[122]该法给予很大范围的香港居民以中国国籍,包括"不列颠属地居民护照""不列颠国民(海外)护照",或者通过"居英权计划"而获得英国国籍的香港居民。[123] 故该案申请人Tza Yap Shum很可能拥有中国国籍,而这就可以证明他有权享受上述中外BIT的保护。但是,如果Tza Yap Shum也获得秘鲁国籍的话,结论则可能有所不同。由于中国国籍法不承认双重国籍,又由于《ICSID公约》第25条第2款不允许东道国国民提起ICSID仲裁,Tza Yap Shum也有可能无权提起ICSID仲裁。

需要注意的是,条约对人(实体)适用范围不同于条约的地域适用范围。虽然这两件事情是相关联的,但是,这两个适用范围机制行使不同的功能,

---

〔120〕 Tza Yap Shum v. Republic of Peru (ICSID Case No. ARB/07/6). 投资者系根据1994年《中国—秘鲁BIT》提起的仲裁。关于该案的具体信息,see Fernando Cabrera Diaz, Chinese investor launches BIT claim against Peru at ICSID, Investment Treaty News, 2 March, 2007。

〔121〕 《基本法》,同上注117,第18条。

〔122〕 《全国人民代表大会常务委员会关于〈中华人民共和国国籍法〉在香港特别行政区实施的几个问题的解释》,1996年5月15日第八届全国人民代表大会第十九次会议通过。

〔123〕 同上。

其覆盖范围并不必然相同。比如,在投资仲裁中,前者确定了条约对自然人和实体(涵盖的投资者)的适用范围,而后者确定了条约对发生在特定地域内(涵盖的领土)的活动的适用范围。一个适用范围是所有中国国民的BITs,即便其在缔约适用范围上明确排除了香港和澳门这两个特别行政区,仍可能保护香港和澳门投资者,就像《中国—俄罗斯 BIT》那样。[124] 同理,不能这样说,因为未能履行特定形式要求,[125]故一个中外 BIT 不能适用于特别行政区,也不能保护特别行政区的投资者。

简言之,在确定哪些自然人属于合格的"投资者"的过程中,国籍是最重要的因素。一些中外 BITs 采纳了累加方法,将国籍和一些其他因素,如住所、居所、营业地联系在一起。一些中外 BITs 中明确涉及了双重国籍问题,但也有中外 BITs 未提及此问题。《ICSID 公约》规定,拥有东道国国籍的投资者不能提起 ICSID 仲裁。当不存在上述明示的条约规定时,习惯国籍法原则可能就会发挥作用。除《中国—拉脱维亚 BIT》另有规定外,中外 BITs 不适用于无国籍的投资者。来自香港、澳门等特别行政区的中国投资者应有权享受相关中外 BITs 的保护,只要他们拥有中国国籍。

(二)法人实体

所有的中外 BITs 都适用于法人实体。如上所述,依照缔约双方对衡量标准观点相同与否,中外 BITs 在界定法人实体时采取了"各自表述"和"一体表述"两种缔约方式。[126] 法人实体的国籍与自然人的国籍这两个概念大

---

[124] 《中国—俄罗斯 BIT》明确规定,其不适用于中国的特别行政区,包括香港和澳门。其内容是:"1. 除非缔约双方另行商定,本协定不适用于中华人民共和国香港特别行政区和中华人民共和国澳门特别行政区。" 由此可见,这个规定只是不保护在这两个特别行政区投资的俄罗斯投资,但并不必然不保护来自这两个地区的投资者。只要这类投资者具备该 BIT 第 1 条第 2 款第 1 项所述的中国国民资格,就有权获得该 BIT 的保护。请参见《中国—俄罗斯 BIT》之《议定书》关于第 1 条。

[125] 例如,《香港特别行政区基本法》规定了一个征求意见程序:中央政府在决定中国缔结的特定条约应否适用于香港特别行政区之前,应向香港政府征求意见。相关条文的内容是:"第 153 条中国中央人民政府根据具体情况和相关特别行政区的需要,经过征求相关地区政府的意见,决定是否将作为一缔约方的国际协议适用于香港。"请参见《香港基本法》,同上注 116,第 153 条。

[126] 放眼世界范围,各国在 BIT 缔结实践中也通常如此行事。See Dolzer and Stevens, n 110 above, at 34.

相径庭,因为对法人实体而言,个人的忠诚与紧密联结几乎没有什么意义。[127] 法人实体的国籍确定规则因此主要根据法律和/或经济考虑来规划。[128]

中外 BITs 在确定法人实体的国籍时所采取的基本标准是"成立""住所"(seat)和"控制"。一些中外 BIT 累加适用两个标准,以便限制相关 BITs 对公司的适用。另一些中外 BITs 则将这些标准作为备选的单独标准,以便扩大相关协议的适用范围。此外,为了限制 BIT 的适用范围,一些 BITs 要求中国公司必须经过批准获得从事对外经济活动的资格。一些 BITs 则包括不具有法人形式的公司、商业实体或有限责任公司,以便扩大其适用范围。以下将评析中外 BITs 中的这些标准和其变体。中外 BITs 项下的香港公司的地位也将被讨论。

1. 成立

采取这个方法的中外 BITs 往往规定,依据一国法律成立的任何公司、商行或组织均被看作具有该国的国籍。中国在与盎格鲁—撒克逊国家签订 BIT 时常常使用这一标准。[129] 《中国—英国 BIT》就是一个好例子:

"(4)'公司'

①在联合王国方面,系指在联合王国任何地方或依照本协定第 10 条规定延伸适用的任何领土内依照有效法律设立或组建的公司、商号或社团。

②在中华人民共和国方面,系指在中华人民共和国领土内任何地方依照有关法律设立或组建的公司、商号或社团。"[130]

鉴于成立地点容易查到,且不易改变,故这一衡量标准的优点在于其稳定性和易于适用。但是,这一方法也存在明显的缺陷,即其可能是一个缺乏实质内容的表面的联系。比如,根据这种衡量标准,一个公司即便没在某一

[127] Id. ,at 35.

[128] Id.

[129] 此方面的例子包括英国、澳大利亚和新西兰。但是,《中国—澳大利亚 BIT》还增加了一个可供选择的因素:"控制"。请参见《中国—英国 BIT》第 1 条第 1 款、《中国—澳大利亚 BIT》第 1 条第 1 款第 1 项、《中国—新西兰 BIT》第 1 条第 4 款。See also Dolzer and Stevens(这两位学者注意到盎格鲁—撒克逊国家青睐此种做法),n 110 above,at 35.

[130] 《中国—英国 BIT》第 1 条第 1 款。

国进行任何活动,其国民也未拥有该公司的股份或参与管理,但该公司仍可能声称自己具有该国的国籍。[131] 而在另一方面,东道国国则可能会发现自己将保护延伸至第三国居民最终拥有的投资之上,而该第三国并未对东道国的投资者给予互惠性的利益,或者该第三国与东道国之间并不存在正常的经济关系。[132] 为了解决上述问题,1994 年《美国 BIT 范本》包括了"拒绝给予利益"条款,将之作为"成立"这一衡量标准的补充。[133] 该 BIT 范本实际上允许东道国拒绝给予缔约另一方投资者所拥有的投资以条约保护,条件是该投资者未在缔约另一方境内具有实质性经营活动,或者最终控制该投资的国家与东道国之间没有正常经济关系。[134] 直到晚近,中外 BITs 才开始有这样的条款。[135] 《中国—墨西哥 BIT》已采用类似限制,要求公司实体必须"在该缔约方境内从事实质性经营活动"。[136]

2. 住所

一些中外 BITs 使用了住所(seat, siège social)作为衡量公司国籍的标准。《中国—德国 BIT》便是一个典型的例子。该 BIT 规定:

"2. '投资者'一词,

(1)在德意志联邦共和国方面,系指:

[……]

---

[131] UNCTAD Key Issues I, at 128. 请参见 Tokios Tokelés v. Ukraine 案,在该案中,乌克兰国民在立陶宛成立了一个公司。另请参见其他案件,比如,Plama v. Bulgaria 案,在该案中,被申请人指出,在塞浦路斯成立的邮政信箱公司没有任何业务存在,故根据《能源宪章条约》仲裁庭没有管辖权。

[132] Id.

[133] 该规定的内容是:"缔约任何一方保留拒绝将本条约的利益给予缔约另一方公司的权利,条件是第三国国民控制或拥有该公司,并且

(1)拒绝给予利益的一方与该第三国之间未保持正常的经济关系;或者

(2)该公司在依据其法律成立或者组建的缔约方领域内没有实质性的业务活动。"

请参见 1994 年《美国 BIT 范本》第 7 条。但是,2004 年版删除了这个规定。

[134] 同上。

[135] 但是,《中国—新西兰自由贸易协定》要求,"位于缔约一方领域内的子公司"必须已经"在该领域内从事实质性商业经营活动"才能具备受保护的"缔约一方的企业"的资格。这个规定明显是模仿了《美国 BIT 范本》。其定义的内容为:"一方的企业是指根据一方法律设立或组建,并在其境内从事实质性商业经营的企业和子公司……"

请参见《中国—新西兰自由贸易协定》第 135 条。另请参见 2004 年《美国 BIT 范本》第 1 条。

[136] 《中国—墨西哥 BIT》第 1 条。

② 任何住所在德意志联邦共和国境内的法人,具有或不具有法人资格的、营利或非营利的商业公司、其他各种公司和社团。"[137]

公司的住所反映了其与该国之间更实质性性的联系,因为住所暗指"有效管理"的地点,[138]且该地点很可能是永久的。[139] 但是,该地点可能不像成立地那样容易确定。[140] 许多中外 BITs 都采用上述第三版《中国 BIT 范本》的做法,累加使用上述两种衡量标准,以缩小条约的适用范围。但是,《中国—墨西哥 BIT》累加使用"成立地"和"实质性经营地"两个标准来确定企业形式的投资者的国籍。[141] 同时,一些中外 BITs 则仅将这两个标准作为可互相替代的选项,比如下面所述的"控制"(或者"永久利益")。

3. 控制和拥有

在中外 BITs 中,不仅将"控制"标准作为公司的国籍衡量标准,而且还将其作为诸如"成立""住所"或这些标准累加的替代性选项。中外 BITs 中的具体用语并不一致。一些使用"控制"一词,还有一些则使用诸如"最主要的利益/重要的利益"[142]"实质性或控制性利益"[143]"主要利益",[144]或仅仅是"利益"[145]之类的术语。比如,1984 年《中国—法国 BIT》将投资者界定为包括:

"依据缔约任何一方法律成立并在其领土内设立公司总部的各种经济

---

〔137〕 2003 年《中国—德国 BIT》第 1 条第 2 款。旧《中国—德国 BIT》采用了同样的路数,但使用的衡量标准是"注册办公地"而非"住所"。请参见 1983 年《中国—德国 BIT》第 1 条第 3 款。

〔138〕 例如,《中国—巴巴多斯 BIT》将"住所在……"界定为"该企业在……受到有效管理和控制"。请参见《中国—巴巴多斯 BIT》第 1 条第 3 款。See also UNCTAD, Key Issues I, at 129.

〔139〕 UNCTAD, id.

〔140〕 Id. See also, Dolzer and Stevens, n 109 above, at 36.

〔141〕 这类 BIT 相关条款的内容是:"'缔约一方投资者'一词系指:在缔约另一方领土内已拥有投资的,

1. 根据缔约一方可适用的法律,具有其国籍的自然人;或

2. 根据缔约一方的法律设立或组建并在该缔约一方领土内开展实质性经营活动的企业。"

请参见《中国—墨西哥 BIT》第 1 条。

〔142〕 例如,可参见《中国—瑞典 BIT》第 1 条第 2 款。(瑞典公民或企业有主要利益);1984 年《中国—芬兰 BIT》第 1 条第 2 款("芬兰的自然人或经济组织有重要利益")。

〔143〕 《中国—文莱 BIT》第 1 条第 2 款第 1 项。

〔144〕 《中国—奥地利 BIT》第 1 条第 3 款(德文版的用语是"überviegendes interesse")。

〔145〕 《中国—科威特 BIT》第 1 条第 4 款,《中国—爱沙尼亚 BIT》第 1 条第 3 款。

实体或法人，以及由缔约任何一方国民或依据该一方法律设立并在其领土内设立公司总部的各种经济实体或法人所直接或间接控制的各种经济实体或法人。”[146]

是以，该BIT涵盖的公司包括两类：依据缔约任何一方法律成立并在其领土内设立公司总部的公司，以及由缔约任何一方国民或此类公司所“直接或间接控制”的公司。该BIT对直接或间接控制的含义未作进一步解释。但是，2007年《中国—塞舌尔BIT》在采用同样的方法的同时，还对“间接控制”进行解释：

“‘间接控制’是指由拥有缔约一方国籍的自然人或者依缔约一方生效法律成立或组建且总部设在该缔约国的法人所拥有或控制的第三国公司、合伙和社团。”[147]

该定义将有助于防止因过于宽泛的解释把那些与缔约一方关联度不高的公司纳入条约的保护范围。但是，该协议并未对“控制”和“拥有”之类的术语进行解释。在这方面，据观察，《中国—日本BIT》对“实质性利益”一词进行了解释：[148]

“协定第12条所述的‘实质利益’，系指达到能够控制公司或对其有决定性影响的程序的利益。缔约任何一方国民或公司拥有的利益是否相当于‘实质利益’，应根据各个情况分别由缔约双方协商决定。”[149]

这一解释当然会对这一术语的理解有所帮助，但它过于抽象，因而仍难以操作。该协议规定的国家协商程序也是有用的，但可能不够有效或有效率。1992年《瑞典—立陶宛BIT》中的定义更有可操作性，其将“主要利益”界定为：

---

[146] 《中国—法国BIT》第1条第3款。

[147] 《中国—塞舌尔BIT》第1条第3款。

[148] 《中国—日本BIT》规定，缔约任何一方国民或公司拥有实质利益的第三国公司，在缔约另一方境内，除非该缔约另一方和该第三国之间具有BIT安排，应在一定程度上受到《中国—日本BIT》的保护。这种保护包括：关于第2条第2款、第3条、第5条第1款至第4款、第6条及第9条规定的事项，享受最惠国待遇；关于第3条、第5条第1款至第4款、第6条和第9条规定的事项，享受国民待遇。请参见《中国—日本BIT》第12条。

[149] 《中国—日本BIT》之《议定书》第9点。

“缔约方可以要求在其境内投资的另一缔约方的投资者提出证据证明其拥有主要利益，除了其他事情外，还有以下的事实应该接受为拥有主要利益的证据：

①缔约另一方法人的附属机构的地位；

②对法人资本的直接或间接的参与，该法人允许被有效控制，尤其是通过直接或间接参与50%以上的资本进行的有效控制；

③直接或间接地拥有为获得公司组织中的优势地位所必需的投票权，或者直接或间接地拥有为决定性地影响法人的运行所必需的投票权。”[150]

考虑到《瑞典—立陶宛BIT》也提及“最主要的利益”[151]，在就该用语发生争议的时候，上述解释或许可用作解释的参考。的确，《中国—瑞典BIT》事实上使用的术语为“控制”。考虑到在不同的条约框架下使用的这两个术语应具有相同的意义，故上述《瑞典—立陶宛BIT》的解释可能(might)也可以在解释“控制”的含义时提供指引。在其他一些国际法律文件中也可以找到对“控制”或“拥有”的解释，[152]如《服务贸易总协定》(GATS)、[153]《建立加勒比共同体企业机制协议》(the Agreement for the Establishment of a Regime for CARICOM Enterprises)，[154]正在审议中的《欧洲公司法》(Statute

---

[150] 《瑞典—立陶宛BIT》(《瑞典王国政府与立陶宛共和国政府关于促进和相互保护投资的协议》)，1992年3月17日签订于斯德哥尔摩的《议定书》第2点(关于第1条第3款第2项)。

[151] 该约第1条第2款规定：“在瑞典方面，‘投资者’系指……所在地在瑞典境内或者瑞典公民或企业拥有主要利益的任何法人。”

[152] See UNCTAD, Key Issues I, at 130－1.

[153] 《服务贸易总协定》将法人界定为：“(14)法人：

①由一成员的个人所‘拥有’，如该成员的人实际拥有的股本超过50%；

②由一成员的个人所‘控制’，如此类人拥有任命其大多数董事或以其他方式合法指导其活动的权力；

③ 与另一成员具有‘附属’关系，如该法人控制该另一人，或为该另一人所控制；或该法人和该另一人为同一人所控制……”

请参见《服务贸易总协定》第28条第14款。

[154] 该约第11条将“地方所有与控制”的企业界定为至少两个成员国的国民：“通过直接或者间接拥有给此类国民带来下述权利的股份并从中受益的方式行使管理和控制：

(1)在该公司中行使半数的表决权的权利；

(2)接受半数以上的该公司可能支付的任何股息的权利；

(3)在该公司解散或者减少股本的情况下接受过半数的任何资本分配的权利……”

for European Company)。[155] 在控制事宜的解释上,投资仲裁庭发展出来的判例,包括 ICSID 判例,当然也是非常重要的参考资料来源,我们将在以下讨论到这个问题。

当然,上述 BIT 所提及的缔约一方国民所控制的公司可能是第三国的公司或者是缔约另一方也即东道国的公司,[156]但一些 BITs 仅将条约适用范围延伸至第三国公司,而排除那些东道国的公司。[157] 比如,《中国—文莱BIT》在受保护的“公司”方面的规定是:

“(2)‘公司’一词系指正当成立、组建或组织的,具有或不具有法人资格的任何实体,包括合伙、公司、个体业主、商号、协会或其他组织。

①根据缔约一方法律在其境内设立并具有有效的管理住所(seat of management);或

②***根据第三国法律设立,且在本款第 1项定义的缔约一方的国民或公司在公司中享有实质或控制利益。***”[158][着重部分系作者标示]

《中国—文莱 BIT》接着加了一个限制性规定:

“本款第 2 项的规定仅在第三国放弃或没有行使保护上述公司的权利时,方能适用。”[159]

这一限制性规定的好处是,对相关公司具有其国籍的第三国给予适当的尊重,同时亦防止此类公司从事“挑选条约”活动。

---

[155] 法令的讨论稿第 61 条将“受控制企业”界定为自然人或者法人在其中拥有下述权利或从事下述活动的任何企业:

“(1)拥有多数股东或者成员的表决权;或者

(2)有权任命或者撤销行政管理层或监事会的多数成员,并且同时也是该企业的股东或者成员;或者

(3)是股东或者成员,并且根据与其他股东或者成员达成的协议,在该企业中享有独立过半数的股东或成员表决权。”

[156] 此类公司很可能受到母国国内公司的控制(的确也是司空见惯)。但是,由于这种公司已经满足了其他可替代标准,故受相关 BIT 的保护。此处将这类公司列举在内的做法毫无意义,因为这种做法的目的并不在于扩大该约的适用范围。

[157] 例如,可参见《中国—文莱 BIT》第 1 条第 2 款第 2 项、《中国—科威特 BIT》第 1 条第 4 款。

[158] 《中国—文莱 BIT》第 1 条第 2 款第 2 项。类似的规定还可见于《中国—科威特 BIT》第 1 条第 4 款;《中国—新西兰自由贸易协定》第 135 条。

[159] 《中国—文莱 BIT》第 1 条第 2 款第 2 项;《中国—科威特 BIT》第 1 条第 4 款。

与之相反，一些中外BITs则可能被认为是明确包括了由母国国民或公司所控制的东道国当地的公司。比如，2003年《中国—德国BIT》就是一个例子。如上所述，该BIT涵盖在缔约一方境内“间接投入”的公司，这意味着“缔约一方的投资者通过其完全或部分拥有的、住所在缔约另一方境内的公司投资的”公司。[160] 上述《中国—塞舌尔BIT》对“间接投入”所采用的宽泛界定可能具有覆盖东道国以及第三国的国民和公司所控制的公司的效果。

在这方面，需要注意的是，《ICSID公约》也允许特定外来控制的当地公司提起ICSID附加程序仲裁。ICSID仅接受缔约一方与缔约另一方的国民之间的争议，它将后者界定为：

“2.‘另一缔约国国民’系指：

……

(2)在争端双方同意将争端交付调解或仲裁之日，具有作为争端一方的国家以外的某一缔约国国籍的任何法人，***以及在上述日期也具有争端当事国的缔约国国籍的法人，而该法人因受外来控制，双方同意为了本公约的目的，应看作是另一缔约国国民***。”[161]［着重部分系作者标示］

《ICSID公约》因此原则上确定，公司只有在具备非东道国的缔约国国籍时才有权提起ICSID附加程序仲裁。[162] 但是，东道国公司仍然有可能利

---

[160] 请参见2003年《中国—德国BIT》之《议定书》关于第1条。

[161] 《ICSID公约》第25条第2款第2项。

[162] 实践中，ICSID仲裁庭在确定公司(法人)的国籍时，倾向于或者同时使用“成立”标准和“住所标准”，或者在两者中择一使用，而并不喜欢使用“控制”标准。例如，在Tokios Tokelés v. Ukraine案中，申请人是立陶宛的法人，其99%的股份为乌克兰国民控制。但是，仲裁庭多数成员认为，在确定申请人身份的时候，起决定性作用的是投资者的成立地所在国的国籍，不是控股股东的国籍。还有一些案件的仲裁庭也作出了类似的结论，比如Southern Pacific Properties v. Egypt案［该案仲裁庭认定，因申请人是住所在(中国)香港的香港公司，故其来自香港］、Kaiser Bauxite v. Jamaica案(该案仲裁庭断定，因“Kaiser Bauxite”系根据内华达州法律组建的私法人，故其来自美国)、Autopista Concesionada de Venezuela v. Venezuela案(该案仲裁庭确定，一个在内华达州成立但由墨西哥投资者控制的企业是美国企业)。See Tokios Tokelés v. Ukraine, ICSID Case No. ARB/02/18, Decision on Jurisdiction, 29 April 2004; Southern Pacific Properties v. Egypt, ICISD Case No. ARB/84/3, Decision on Jurisdiction, 27 November 1985; Kaiser Bauxite v. Jamaica, ICSID Case No. ARB/74/3, Decision on Jurisdiction, 6 July 1975; Autopista Concesionada de Venezuela v. Venezuela, ICSID Case No. ARB/00/5, Decision on Jurisdiction, 27 September 2001.

用 ICSID 附加程序仲裁,条件是满足以下两点:该公司实际上为外来控制,争端双方同意将该公司当作外国公司对待。

就像其对该条款的“同意”的解释那样,ICSID 仲裁庭往往对第二个要件做扩大解释,也即是外来控制的当地实体有权提起 ICSID 仲裁所必需的“同意”(agreement)。[163] 很明显,如果像前述提及的 BITs 那样明确地规定,拥有缔约一方国籍但受到缔约另一方国民控制的公司应被视为后者的国民,那么,应该认为国家一方已经做出了同意的意思表示。即便争端中的国家一方没有做出此类明示的同意,ICSID 仲裁庭的裁决已表明,国家的这种同意可以从具体案情中推断出来。一些仲裁庭,如 LETCO v. Liberia 案[164]和 Klöckner v. Cameroon 案[165]仲裁庭认为,与当地公司签署的合同中包含 ICSID 仲裁条款这一单纯的事实便构成了将该公司看作缔约另一方国民的同意。在 Amco v. Indonesia 案[166]中,仲裁庭断定,在同意将受到外来控制的当地公司视为外国公司方面,《ICSID 公约》并不要求此类同意以正式的方式做出。该仲裁庭声称:

“14……②该公约的任何规定,尤其是第 25 条的规定,都没有要求下述同意必须以明示的条款的方式正式地做出:当事方决定,由于依法拥有作为争端当事方的缔约一方国籍的公司受到外来控制,故将其视作缔约另一方的外国公司。上述第 25 条第 2 项第 2 款最后的规定适用的前提条件是:(1)作为争端当事方的该法人依法是作为争端另一方的缔约一方的国民;以

---

[163] 投资条约规定了另一种可能性,比如《北美自由贸易协定》第 11 章规定,公司的投资者代表公司提起仲裁。其相关条文的内容是:

“第 1117 条:缔约一方的投资者代表企业提起的诉讼

1. 缔约一方的投资者可以根据本部分代表其直接或者间接拥有或控制的作为另一缔约方的法人的企业提起仲裁,内容是主张缔约其他方违反了下述义务:

(1)第一部分 [……]的义务。”

参见《北美自由贸易协定》第 11 章第 1117 条。

[164] Liberian Eastern Timber Corporation (LETCO) v. Liberia, ICSID Case No. ARB/83/2, Decision on Jurisdiction, 24 October 1984 (2 ICSID Reports 349); Award, 31 March 1986.

[165] Klöckner Industrie – Anlagen GmbH and others v. Cameroon, ICSID Case No. ARB/81/2, Award, 21 October 1983 (2 ICSID Reports 16).

[166] Amco Asia Corporation and others v. Indonesia, ICSID Case No. ARB/81/1, Decision on Jurisdiction, 25 September 1983 (1 ICSID Reports 394); Award, 20 November 1984.

及(2)该缔约一方知悉该法人受到外来控制,双方同意将其视作外国法人。”[167]

就外来控制的事实而言,ICSID 的分析方法并不相同。例如,一些仲裁庭探寻外国人是否拥有相关企业的多数股份。比如,在 Klöckner v. Cameroon 案中,仲裁庭认定当地企业 SOCAME 受到外来控制的依据就在于,Klöckner 及其欧洲股东对 SOCAME 的出资占 51% 的股份。[168] 在 LETCO v. Liberia 案中,在利比里亚成立的公司的 100% 的股份是由法国投资者所拥有。[169] 而在 Vacuum Salt v. Ghana 案中,仲裁庭拒绝行使管辖权的其理由,除了别的事项外,还包括该案中在加纳成立的公司只有 20% 的股份为外国人所拥有,其余 80% 均为加纳国民所拥有。[170] 除了这类以所有权形式进行的法律控制外,投资仲裁庭也审查和接受了事实上的控制。在 SD Myers Inc. v. Canada 案中,加拿大提出了管辖权异议,理由是投资者在投资中并未拥有股份,故不是《北美自由贸易协定》项下的受保护的投资。但是,仲裁庭却断定,因为 Dana Myers 先生是 SD Myers Inc. 的董事长,事实上控制了相关投资的每一项决策、投资和交易,故该项投资系为申请人所控制。[171]

此外,ICSID 判例已经确认,第 25 条第 2 项第 2 款包括间接控制和直接控制。在 Société Ouest Africaine des Bétons Industriels (SOABI) v. Senegal 案中,申请人 SOABI 是一个在巴拿马(那时巴拿马还不是《ICSID 公约》缔约国)成立的公司所拥有的当地公司,而该巴拿马公司又受到 Flexa 公司控制,Flexa 公司则是比利时国民控制的公司。由于比利时是《ICSID 公约》的缔约方,仲裁庭断定,SOABI 受到缔约一方国民的间接控制,因此符合外来

---

[167] Amco v. Indonesia, id., para 513.

[168] Klöckner Industrie - Anlagen GmbH and others v. Cameroon, ICSID Case No. ARB/81/2, Award, 21 October 1983 (2 ICSID Reports 16).

[169] Liberian Eastern Timber Corporation (LETCO) v. Liberia, ICSID Case No. ARB/83/2, Decision on Jurisdiction, 24 October 1984 (2 ICSID Reports 349); Award, 31 March 1986.

[170] Vacuum Salt Products Limited v. Ghana, ICSID Case No. ARB/92/1, Award, 16 February 1994 (reprinted in ICSID Review, 1994, vol. 9, 1, pp. 71 - 101/1994).

[171] See SD Myers Inc. v. Canada, UNCITRAL, First Partial Award, 13 November 2000, available at (http://www.investmentclaims.com/decisions/SDMyers - Canada - 1stPartialAward - 13Nov2000.pdf).

控制要求。[172]

同时,普遍接受的观点是,就第25条第2款第2项的目的而言,控制当地公司的国民具有双重国籍且其中一个是东道国国籍的事实并不是问题。这与第25条第2款第1项的规定截然相反,该条排除了拥有双重国籍且其中一个是东道国国籍的自然人。在 Champion Trading v. Egypt 案中,仲裁庭断定,它对两个公司申请人的仲裁请求确实拥有管辖权,尽管其中一个公司是在特拉华州成立,且实际上被一个拥有美国和埃及双重国籍的自然人所控制。[173] Champion Trading 案仲裁庭在法人实体国籍的认定上采用较为宽松的方法,这种方法已为 Soufraki 案仲裁庭所关注,它指出:"假如 Soufraki 先生通过一个在意大利成立的壳公司而非亲自与阿拉伯联合酋长国订立合同,那么现在将不会产生任何管辖权问题。"[174]

在这种情况下,需要考虑的最后一个问题是,"国籍连续规则"能否适用于投资仲裁案件。该规则要求,在整个仲裁过程中,投资者必须拥有一个非东道国国籍的外国国籍。Loewen v. USA 案[175] 仲裁庭坚持了这个规则,该案由加拿大投资者根据《北美自由贸易协定》提交 ICSID 附加程序仲裁。在该案中,加拿大公司 Loewen 集团以自己及其美国子公司的名义提起仲裁。同时,作为个人的 Raymond Loewen 也以"缔约方的投资者"的身份提起仲

[172] 正如 Vacuum Salt v. Ghana 案仲裁庭所确认的那样,如果申请人是在东道国设立的公司,则只有另一个 ICSID 缔约国国民对其进行了有效控制,ICSID 仲裁庭才可以视其为外国投资者,进而拥有对人管辖权。Vacuum Salt Products Limited v. Ghana, ICSID Case No. ARB/92/1, Award, 16 February 1994 (reprinted in ICSID Review, 1994, Vol. 9, 1, pp. 71 – 101).

[173] 在该案件中,仲裁庭指出:"与《ICSID 公约》第25条第2款第1项有关自然人的具体例外规定相反的是,该条约和《ICSID 公约》均未规定,拥有双重国籍的国民不能成为缔约另一方公司的股东。对于双重国籍国民不能作为公司股东根据该条约提起 ICSID 仲裁的主张,被申请人并未提交任何先例或者权威著述作为根据。仲裁庭因此裁定,它对两个公司申请人的申请享有管辖权。" See Champion Trading v. Egypt, ICISD Case No. ARB/02/9, Decision on Jurisdiction, 21 October 2003.

[174] Soufraki v. United Arab Emirates, ICSID Case No. ARB/02/7, Decision on Jurisdiction, 7 July 2004, para 83.

[175] Loewen Group Inc. and Raymond Loewen United States, ICSID Case No. ARB(AF)/98/3, Award on Jurisdiction, 5 January 2001; Award on Merits, 26 June 2003. R Loewen 先生曾以一个加拿大籍个人申请人的身份提出附带申请,但该仲裁请求即刻被驳回。Loewen 先生之后试图对该裁决提出质疑,但因超过时效而被驳回。与该附带申请和质疑有关的文件可参见美国国务院【原文误作"国务卿"。——译者注】网站:http://www.state.gov/s/l/c14802.htm,2008年8月23日访问。

裁，其依据是 Raymond Loewen 拥有加拿大公司控制权或所有权因而有权代表后者提起仲裁。在提起仲裁之后，加拿大公司被重组，以美国公司身份出现。仲裁庭据此断定，有资格继续该项仲裁请求的加拿大公司已不存在。不仅如此，仲裁庭还驳回 Raymond Loewen 提出的仲裁请求，理由是他没能证明自己仍然在该公司中拥有控制性利益。该案裁决引起了很大争议。[176] 但是，一般认为，此类规则不适用于《ICSID 公约》第 25 条，因为该条规定仅仅在同意之日适用国籍要求。[177]

4. 法律人格、形式和目的

一些中外 BITs 要求，受保护的社团实体必须是法人。[178] 但是，多数中外 BITs 并无此类要求。[179] 在这方面，主要注意的是，根据中国法律，法人必须得是"依法成立、有独立的民事权利能力和民事行为能力、独立享有民事权利和承担民事义务的组织。"[180] 法人必须符合一系列的资格条件，包括：(1)依法成立；(2)有必要的财产和经费；(3)有自己的名称、组织机构和场所；(4)能独立承担民事责任。[181] 中国公司都采取了法人的形式，但是，作为一种典型的经济实体，合伙却不具有法律人格。在中国境内的外国投资企业中，中外合资经营企业和外商独资企业正常情况下都是法人，而中外合作经营企业则不确定。

中外 BIT 均未明确根据法律形式或目的的不同将一些社团实体排除在

---

〔176〕 例如，Mendelson 曾提出："事实上，认为习惯国际法要求在裁决或判决做出之前国籍必须连续的主张缺乏充分的判例支持。反对这种主张的判例和作为论据的原则倒是存在。" See M Mendelson, 'The runaway train: The "Continuous Nationality Rule" from the Panevezys – Saldutiskis railway case to Loewen', in T Weiler (ed.), International Investment Law and Arbitration: Leading Cases from ICSID,《北美自由贸易协定》, Bilateral Treaties and Customary International Law (London: Cameron May 2005), 97 – 150, at 147 – 8。

〔177〕 例如，Schreuer 写道："法人做出同意的意思表示之后，其国籍方面的任何变动都与管辖权问题毫不相干。在表示同意之后，法人可能丧失当初的缔约方的国籍而取得非 ICSID 缔约方的国籍或东道国的国籍，但其并不因此丧失进行 ICSID 仲裁的权利。" See C Schreuer, The ICSID Convention: A Commentary (Cambridge: Cambridge University Press 2001). (Schreuer 2001, para 493).

〔178〕 例如，可参见《中国—瑞典 BIT》第 1 条第 2 款；《中国—泰国 BIT》第 1 条第 2 款。

〔179〕 例如，可参见《中国—德国 BIT》1983 第 1 条第 3 款；《中国—德国 BIT》2003 第 1 条第 2 款；《中国—法国 BIT》第 1 条第 3 款。

〔180〕 《中华人民共和国民法通则》(1986 年 4 月 12 日通过) 第 36 条。

〔181〕 同上注，第 37 条。

适用范围之外。恰恰相反，许多中外 BITs 明确规定，其涵盖许多形式的经济实体，不管其是否以盈利为目的，[182] 也不论其是否承担有限责任。[183] 一些中外 BITs 甚至专门规定，其所保护的投资者包括公共机构和实体。在这方面，《中国—卡塔尔 BIT》规定的最为详尽。[184] 其规定：

"2. '投资者'一词

……

在卡塔尔国方面，系指：

(1)……

(2)按照卡塔尔国立法组建，其住所在卡塔尔国领土内的法人，包括公司，总公司，***公共组织，公共和半公共实体***；

(3)卡塔尔国政府。"[着重部分系作者标示][185]

这种明示条款将有助于促进公共实体的外国投资，它消除了此类实体未来作为投资者提起仲裁时的不确定性。

5. 对外经济权能限制

一些早期的中外 BITs 对来自中国的"投资者"作了特殊限制，要求其获得进行海外投资的专门授权，[186] 或者具有与外国进行经济合作活动的能力。[187] 多数中外 BITs 系对社团投资者施加此类要求，[188] 但是，《中国—瑞典 BIT》对个人投资者也施加了此类要求。[189] 这当然会限制中国投资者从

〔182〕 请参见《中国—日本 BIT》第 1 条第 4 款，就日本公司而言，"不管是否以营利为目的"。《中国—波斯尼亚和黑塞哥维那 BIT》第 19 条第 2 款第 2 项。

〔183〕 例如，可参见《中国—文莱 BIT》第 1 条第 2 款；《中国—莫桑比克 BIT》第 1 条第 2 款；《中国—博茨瓦纳 BIT》第 1 条第 2 款。

〔184〕 类似的规定可参见《中国—沙特阿拉伯 BIT》第 1 条第 3 款(包括机构和机关，如沙特阿拉伯货币总署、公共基金、发展署和其他类似的，在沙特阿拉伯设有总部的政府机构)；《中国—阿拉伯联合酋长国 BIT》第 1 条第 2 款(包括阿拉伯联合酋长国联邦政府、地方政府及其他地方机构和金融机构)。

〔185〕 《中国—卡塔尔 BIT》第 1 条第 2 款。

〔186〕 请参见《中国—瑞典 BIT》第 1 条第 2 款。

〔187〕 请参见 1983 年《中国—德国 BIT》第 1 条第 3 款；1983 年《中国—保加利亚 BIT》第 1 条第 3 款；1994 年《中国—保加利亚 BIT》第 1 条第 3 款。

〔188〕 同上。

〔189〕 《中国—瑞典 BIT》第 1 条第 2 款。

此类 BITs 中受益,因为未经审批的或因为其他原因而不合格的投资者将不在 BIT 的适用范围之内。导致这种情况出现的原因在于,当时中国政府的政策是限制对外投资。这一政策一直持续到 20 世纪 90 年代后期。之后,情况发生转变,中国在鼓励其企业走出去,正因如此,新近签订中外 BITs 不再包括这些限制。事实上,即便是在遏制对外投资时,剥夺未经审批或不合格的海外投资者获得条约保护的做法亦非明智之举,因为缔约对方的同类投资者却能得到条约的保护。在引导和管制投资外流问题上,国内立法将是更好的工具。

6. 特别行政区的社团实体

中外投资条约项下的特别行政区社团实体的地位与自然人的地位类似,但更具复杂性。该复杂性存在于可适用的法律制度——特别行政区自然人国籍的确定受中国国籍法的规范,这是统一适用全国的法律,同时,在两个特别行政区内成立社团实体则受到各自的特别行政区法律的规制。之所以出现这种情况,乃是因为根据两个特别行政区的基本法,特别行政区行使高度自治权,享有行政、立法和独立的司法权,包括终审权,从而形成两个与大陆的法域相平行的、不同的法域。比如,在公司法领域,并无统一适用于这三个地区的公司法。确切地说,这三个地区各有只适用于各自领域的公司法。换言之,在这三个地区内,诸如公司之类的社团实体的"成立"或"组建"均系依据三个不同法域的法律而不是统一适用于中国的法律。因此,特别行政区的社团实体往往因为其依据各自的特别行政区法律成立,被视为仅是该特别行政区的社团实体,而不受中外 BITs 保护。但是,这种观点是错误的、引人误解的。尽管存在不同的法域,特别行政区的法律依旧是中国法律的组成部分。比如,依据香港特别行政区法律成立的实体,也仍然是依据中国法律成立的实体。

倘若对一些中外 BITs 的条文详加研究,上述结论将更显而易见。且以《中国—挪威 BIT》为例,该 BIT 将中国方面的"公司"一词界定为"依照中华人民共和国法律在其领土内设立并有住所的经济组织”。[190] 此处的“法律”一词使用的是复数而非单数，这就给人一种很强的暗示：此类法律包括各种形式的中国法，而特别行政区作为“中国领土”的组成部分，亦包括在内。《中国—英国 BIT》的措辞则更加明确。如上所述，在中国方面，《中国—英国 BIT》所界定的“公司”为“在中华人民共和国领土内任何地方依照有法律设立或组建的公司、商号或社团”[191]。此处提及的中国“任何地方”清楚地将诸如香港、澳门等特别行政区包含在内。英国国内的法律情况亦支持上述解读。英国也有不同的法域，如英格兰、苏格兰、威尔士、北爱尔兰，在《中国—英国 BIT》中，英国对公司的界定采用相同措辞，其意图非常明显，即将英国的所有公司都纳入条约保护的范围，不管其成立系依据英格兰法律还是英国境内其他法域的法律。倘若同样的措辞在涉及中国时进行不同的解释，则无疑是荒唐的。

同样地，在应用“住所”（Seat）标准进行衡量时，特别行政区的社团实体也是受中外 BITs 保护的投资者，因为香港域内的住所仍是在中国领土内，除非像《中国—俄罗斯 BIT》那样，明确地将特别行政区排除在 BIT 适用范围之外。[192]

此外，通过“控制”标准，中外 BITs 也可能适用于特别行政区的实体。这对许多投资于香港和澳门的公司来说，是大有裨益的，但是，仅当相关中外 BITs 将该标准作为公司国籍的替代性标准时，“控制”标准才可为特别行政区的公司所采用。

总之，中外 BITs 在确定社团实体的国籍时采用的标准主要有三：成立、住所、控制。许多 BITs 会同时使用两种标准，从而扩大（选择性使用）或缩小（累加使用）其适用范围。在中外 BITs 当前所使用的三种方法中，最复杂的一种是“控制”标准。虽然中外 BITs 并未就“控制”一词进行明确的界定，但其含义可以参考投资仲裁案件的先例和其他投资文件的解释得出。为避

[190] 《中国—挪威 BIT》第 1 条第 4 款。
[191] 《中国—英国 BIT》第 1 条第 1 款第 4 项。
[192] 《中国—俄罗斯 BIT》之《议定书》第 1 点。

免在将来出现任何疑义,应在 BIT 中对“控制”一词进行描述性的界定,比如规定超过 50% 的股份就是控制,由此向仲裁庭澄清该标准。否则,在投资的过程中,投资者可能努力寻求对自己地位的确认。多数中外 BITs 并不要求受保护的投资具有法律人格,其中一些明确规定,其适用于经济实体,不管其是否以盈利为目的,也不管其是否承担有限责任。一些中外 BITs 明确包括了公共实体。早期的中外 BITs 对中国投资者进行了特别限制,要求后者经过政府的审批或者资格授权,后来中国抛弃了这一做法。最后,中国的特别行政区的社团实体很可能借由上述三种衡量标准而获得中外 BITs 的保护。

四、地域适用范围

如上所述,受保护的“投资”和“公司”的定义,无论是采用“成立”还是“住所”的标准,通常都要求其位于缔约一方的领土内,故“领土”定义的重要性不言而喻。但是,《中国 BIT 范本》均未提及该术语,倒是一些晚近缔结的 BITs 对其进行了界定。比如,2004 年《中国—芬兰 BIT》第 1 条第 4 款将其界定为:

“‘领土’一词系指缔约任何一方的领土,包括在缔约一方主权下的陆地领土、领水、领海、和其上的空间区域,以及根据国内法和国际法缔约一方可以行使主权或管辖权的在领海以外的任何海洋区域。”[193]

还有一些中外 BITs 在“领土”的含义上采取缔约方各自表述的方法,如 2005 年《中国—比利时和卢森堡 BIT》将“领土”界定为:

“‘领土’系指:

(1)中华人民共和国领土(包括领海及其领空),以及根据中国法律和国际法,在其领海以外拥有勘探和开发海床和底土资源及海底以上水资源的主权权利的任何区域;

(2)比利时王国或卢森堡大公国的领土及海域,即比利时王国领水之外

---

〔193〕 需要注意的是,这种规定的主要目的不在于描述缔约方的领土疆域,而是指明缔约方行使主权的“领域”包括海洋区域。See UNCTAD, Key Issue I, at 132.

的比利时王国根据国际法行使主权权利和为勘探、开发和保护自然资源而行使管辖权的海域和水下区域。”[194]

在界定“领土”时,中国与比卢双方的措辞略有不同:中国领土的准据法是“中国法和国际法”,比利时和卢森堡领土的准据法则仅是“国际法”。只有在实际进行投资的地区和该地区是否存在有争议性的主权问题时,上述不同的重要性才会有所体现。

《中国—英国 BIT》第 10 条是一个特殊的条款,其目的在于扩大该条约的领土适用范围:

“在本协定签字之时或其后任何时候,缔约双方可互换照会同意将本协定的规定延伸适用于由联合王国政府负责国际关系的领土。”[195]

上述领土包括,诸如英属维尔京群岛、英属开曼群岛此类来华外资的主要来源地。但是,目前为止,中英两国尚未进行任何照会以便将适用范围延伸至此类群岛。[196] 这类照会若能召开,中国对这两个群岛(might)的潜在投资者更具吸引力。

中国对外缔结的 BITs 并未将香港、澳门、台湾排除在适用范围之外,而这些地区都是中国领土的组成部分。2006 年的《中国—俄罗斯 BIT》则是一个例外,它明确地将香港、澳门等特别行政区排除在其适用范围之外:

“1. 除非缔约双方另行商定,本协定不适用于中华人民共和国香港特别

---

[194] 另请参见《中国—波斯尼亚和黑塞哥维那 BIT》。在两个 SGS 案中,投资的地域限制也是仲裁庭所审查的内容,仲裁庭均坚定地确认,SGS 所提供的服务虽然主要位于东道国境外,但仍然符合条约中的投资定义。SGS Société Générale de Surveillance S. A. v. Republic of the Philippines, ICSID Case No. ARB/02/6; SGS Société Générale de Surveillance S. A. v. Islamic Republic of Pakistan, ICSID Case No. ARB/01/13.

[195] 《中国—英国 BIT》第 10 条。

[196] 与伦敦外交和联邦事务部法律顾问办公室的通信证实了这一点。例如,《英国—斯里兰卡 BIT》中的缔约双方真的进行了这种换文,将该 BIT 是适用范围扩展至香港,因此,香港公司能享受到该条约所提供的保护。首例 ICSID 案例——AAPL v. Sri Lanka 案就是其扩展适用的结果。该案涉及一个在斯里兰卡投资的香港公司,而仲裁庭基于东道国在 BIT 中所表示的同意确立了自己的管辖权。See Asian Agricultural Products Ltd. v. Republic of Sri Lanka, ICSID case No ARB/87/3, *Award of the Tribunal* 21 June 1990, reprinted in 6 ICSID Review 526, 543 – 8 (1991). See also Dissenting Opinion of 15 June 1990, id., at 582 – 5. See also Dolzer and Stevens, n 110 above, at 43.

行政区和中华人民共和国澳门特别行政区。"[197]

原则上,其他中外 BITs 均适用于这三个特别行政区。然而,在这三个地区中,台湾地区尚未与大陆统一,实际上正在实行自我管理。实际上,台湾已经与其他国家签订了一些投资条约。[198] 另外两个地区,也即香港和澳门,已经(分别从英国和葡萄牙)回归中国,并成为中国的特别行政区。如上所述,与中国大陆的其他地区不同,特别行政区享有高度的自治权以及行政、立法与司法权力,包括终审权,[199] 而且,还可以在包括投资和贸易在内的一些经济领域缔结国际协定。[200] 在实践中,香港已经以自己的名义(中国香港)签订了十几个 BITs。[201] 一个更加复杂的问题是,根据特别行政区基本法,在中央政府签订的国际条约适用于香港之前,必须遵守特定的正式手续。[202] 例如,《香港特别行政区基本法》规定:

"第 153 条　中华人民共和国缔结的国际协议,中国中央人民政府根据具体情况和香港特别行政区的需要,经过征求香港特别行政区政府的意见,决定是否将作为一缔约方的国际协议适用于香港。"[203]

因此,该基本法要求中央政府:(1)征求香港政府的意见;(2)根据具体情况和该地区的需要决定是否将相关条约适用于香港。考虑到中国中央政府尚未就任何一个中外 BIT 履行上述正式手续,因此,严格地说,这些 BITs 尚不能适用于香港。

但是,上述所有的概念和规则都是中国的国内法规则,国内法规则不能

---

〔197〕 请参见《中国—俄罗斯 BIT》之《议定书》关于第 1 条。

〔198〕 因大多数国家只承认台湾是中华人民共和国的组成部分,只有少数小国与台湾当局达成了 BIT。这些条约可参见下述网页:http://www.unctadxi.org/templates/DocSearch____779.aspx,2008 年 5 月 26 日访问。

〔199〕 例如,可参见《香港特别行政区基本法》第 2 条。

〔200〕 同上注,第 151 条。

〔201〕 这些条约可参见下述网页:http://www.unctadxi.org/templates/DocSearch____779.aspx,2008 年 5 月 26 日访问。

〔202〕 请参见《香港特别行政区基本法》(1990 年 4 月 4 日中华人民共和国第七届全国人民代表大会通过,自 1997 年 7 月 1 日起施行)第 153 条第 1 款。另请参见《澳门特别行政区基本法》(1993 年 3 月 31 日中华人民共和国第八届全国人民代表大会第一次会议通过,自 1999 年 12 月 20 日起施行)第 138 条第 1 款。

〔203〕《香港特别行政区基本法》第 153 条。

被用来证明未能履行条约义务的正当性。[204] 鉴于此，如果在香港境内的外国投资者与特区政府发生争议，该外国投资者可以依据中外 BIT（或者香港政府缔结的 BIT，如果存在）对中国政府（或者香港特区政府）提起仲裁。[205] 同理，香港或者澳门投资者也可以援引中外 BITs 保护其海外投资，如 Tza Yap Shum 对秘鲁政府提起的仲裁案。

但是，中国政府有必要完成必要的国内法程序，以消除有关这些中外 BITs 是否可以适用于特别行政区的疑惑。当然，如果中国政府不希望这些中外 BITs 适用于特别行政区，则其应该在相关条约中清楚地指出，就像《中国—俄罗斯 BIT》那样。实际上，最近《中国—墨西哥 BIT》在有关中国领土定义的脚注中确认，香港和澳门特别行政区"可单独协商和签订" BIT。[206] 对该脚注的平常解释表明，该脚注仅仅确认了两个特别行政区的现有权力，也即签订国际投资协议的权力，[207] 而"有效"解释则可能得出这样一个结论：该脚注意味着该条约不适用于两个特别行政区。为了避免产生歧义起见，《中国—俄罗斯 BIT》的方法更为可取。

五、时间适用范围

BIT 的适用范围有时间的维度。中外 BITs 的时间适用范围涉及诸如开始时间、持续时间以及终止时间等方面，这些内容通常规定在此类条约中的最后一个条款之中。另一个相关的问题是，该协议是否适用于条约缔结之前进行的投资，关于该内容的规定存在于各个条约的不同位置之上。

---

[204] 《维也纳条约法公约》第 27 条规定："一当事国不得援引其国内法规定为理由而不履行条约。此项规则不妨碍第 46 条。"

[205] 实际上，2007 年《中国—塞舌尔 BIT》明确规定，缔约双方均对其下属实体的作为与不作为负责，这些下属实体包括"缔约方控制、代表或负责其国际事务或者根据其国内立法行使主权的任何其他实体。"显而易见，这将包括诸如香港和澳门之类的特别行政区。请参见《中国—塞舌尔 BIT》第 2 条。

[206] 的确，2008 年缔结的《中国—墨西哥 BIT》已经对此做出了明确规定。该 BIT 在一个脚注中指出："经中华人民共和国中央政府的授权，香港和澳门特别行政区政府可以自己另行与墨西哥合众国政府谈判和签署促进和相互保护投资协定。"

[207] 如果采用这种解释口径，且墨西哥也已分别与这两个特别行政区签订了 BIT，则墨西哥和这两个特别行政区之间的相互投资或许将享受"双重保护"：墨西哥与中国之间的 BIT 所提供的保护，以及墨西哥与相关特别行政区之间的 BIT 所提供的保护。

（一）开始、持续与终止时间

所有的中国三个 BIT 范本都规定，条约应在缔约双方均书面通知对方其已完成使本协定生效的国内法律程序之日起第二个月的第一天生效，然后，将继续生效 5 年（第三版《中国 BIT 范本》规定的是 10 年）。[208] 如果缔约一方未能在该约最初 5 年（第三版《中国 BIT 范本》为 10 年）期满前一年，或者其后的任何时间书面通知缔约另一方终止该条约，则该约将继续生效。[209] 当该 BIT 终止时，对于该协议终止日之前进行的投资，该协议将继续有效 5 年（第三版《中国 BIT 范本》规定的是 10 年）。[210]

多数中外 BITs 都沿用了上述 BIT 范本中有关开始与结束时间的规定。但是，有些 BITs 规定，其自缔约双方以书面形式相互通知已完成此类生效所需的其国内法律程序之日一个月或 30 天后生效，2003 年《中国—德国 BIT》即属于前者，[211] 而 2004 年《中国—芬兰 BIT》则属于后者。[212] 此外，虽然多数中外 BITs 规定的最初有效期间为 10 年，但仍有一些中外 BITs 的有效时间更长，或更短。比如，《中国—乌克兰 BIT》的最初有效期间仅为 5 年，[213] 而中国最早签订的 BIT——1982 年《中国—瑞典 BIT》的最初有效期间为 15 年。[214] 2004 年《中国—芬兰 BIT》的最初有效期间最长，达 20 年。[215]

（二）对条约缔结前投资的可适用性问题

第一版和第二版《中国 BIT 范本》都规定：

“本协议适用于缔约任何一方根据在其领土内投资的缔约另一方的法

[208] 《中国 BIT 范本》，第一、二、三版，第 13 条第 1 款。
[209] 《中国 BIT 范本》，第一、二、三版，第 13 条第 2 款。
[210] 《中国 BIT 范本》，第一、二、三版，第 13 条第 3 款。
[211] 2003 年《中国—德国 BIT》第 15 条第 1 款。
[212] 2004 年《中国—芬兰 BIT》第 15 条第 1 款。
[213] 《中国—乌克兰 BIT》第 13 条第 1 款。
[214] 《中国—瑞典 BIT》第 9 条第 2 款。
[215] 2004 年《中国—芬兰 BIT》第 15 条第 2 款。

律法规在本协议生效之前或者之后进行的投资。”[216]

但是,目前的第三版《中国 BIT 范本》却多了一个限制性规定,排除了对“在本协议生效前发生的争议”的可适用性。[217] 这与如美国之类其他国家的一些 BIT 范本,[218] 以及一般性限制条约的溯及既往效力的国家实践相一致。[219]

多数中外 BITs 沿用当时的《中国 BIT 范本》,但同时也有一些 BITs 采用特殊的规定。

首先,一些 BITs 规定了其适用的具体时间,如 1982 年《中国—瑞典 BIT》仅适用于 1979 年 7 月 1 日之后进行的投资。[220] 2006 年《中国—俄罗斯 BIT》适用于 1985 年 1 月 1 日之后进行的投资。[221] 1986 年《中国—斯里兰卡 BIT》则适用于 1978 年 9 月 7 日之后在斯里兰卡进行的投资,以及 1979 年 7 月 8 日之后在中国进行的投资。[222] 同样地,1992 年《中国—韩国 BIT》仅保护 1949 年 10 月 1 日以后来华的韩国投资,以及 1948 年 8 月 15 日之后在韩的中国投资。[223]

其次,因为中国分别与印尼、莫桑比克签订的 BITs 规定了东道国可能批准的投资所必须遵守的相关外国直接投资立法,故其规定亦非常特殊。《中国—印度尼西亚 BIT》仅适用于根据印尼 1967 年外国资本投资第 1 号法律及其修订版在印尼进行的中国投资,以及根据中国法律在中国进行的印

---

〔216〕《中国 BIT 范本》,第一版和第二版,第 11 条。

〔217〕《中国 BIT 范本》,第三版,第 11 条。

〔218〕 2004 年《美国 BIT 范本》第 2 条第 3 款。另请参见《挪威 BIT 范本》第 13 条、《英国 BIT 范本》第 12 条,以及《能源宪章条约》中的“有效期”定义。不溯及既往的原则在第一个依据《能源宪章条约》做出的裁决书中得到了考虑:Nykomb Synergetics Technology Holding AB v. Latvia (Nykomb v. Latvia), Stockholm Rules (ECT), Award of 16 December 2003. 该案所涉合同的成立日期早于该条约的生效日期,拉脱维亚据此提出异议,但仲裁庭以拉脱维亚系在该条约生效后采取的涉诉行为为由予以驳回。

〔219〕 一般来说,国家不对条约生效之前所做出的行为负责。请参见《维也纳条约法公约》第 28 条。

〔220〕《中国—瑞典 BIT》第 8 条。另请参见《中国—日本 BIT》第 9 条中的“1972 年 9 月及以后”。

〔221〕《中国—俄罗斯 BIT》第 10 条第 1 款。

〔222〕《中国—斯里兰卡 BIT》第 2 条第 2 款。

〔223〕《中国—韩国 BIT》第 11 条。

尼投资。[224] 对于早在1967年法律通过之前进行的投资而言，由此产生的争端可以在国家之间进行磋商解决（这大概意味着当事方可以讨论解决问题的可能途径）。[225] 同理，《中国—莫桑比克 BIT》适用于该 BIT 生效之前、之后在中国境内的莫桑比克投资，以及该协定生效之前或之后根据1984年8月18日的第4/84号法律，或者1993年6月24日第3/93号法律以及上述法律的修订版在莫桑比克境内进行的中国投资。[226]

再次，《中国—肯尼亚 BIT》规定，该 BIT 具有溯及既往的效力。[227]

最后，一些 BITs 并未规定其是否适用于在该 BIT 生效前进行的投资。在这种情况下，BIT 很难具有溯及既往的效力，这包括中国与法国（1984年）、丹麦（1985年）、泰国（1985年）、叙利亚（1996年）、澳大利亚（1988年）之间的 BITs。如果这是国家想要达到的效果，谨慎的做法是，在 BIT 中明确规定，其仅适用于 BIT 生效后进行的投资。

六、投资的准入

多数 BITs，尤其是欧洲式 BIT，倾向于仅设定准入后阶段的投资保护义务，而将准入阶段的问题留给东道国酌情决定。[228] 之所以出现这种现象，很大一部分原因在于，发达国家设计 BIT 的最初目的不在于扩大"市场准入"，而是为了保护已经投入东道国的投资。中国的 BIT 缔结实践也沿用这一做法。根据中外 BITs，缔约国依据自己的法律法规来鼓励和接受外资。[229] 一些 BITs 也规定，缔约国根据其法律法规，为从事与投资有关的活动的人员的签证和工作许可的获得提供方便。[230]

---

[224] 《中国—印度尼西亚 BIT》第3条。

[225] 同上。

[226] 《中国—莫桑比克 BIT》第11条。

[227] 《中国—肯尼亚 BIT》第11条。

[228] 格外引人注意的是，美式 BIT 却通过同时适用最惠国待遇条款和国民待遇条款的方式设定了投资准入义务。See Dolzer and Stevens, n 109 above, at 49. See also UNCTAD, Key Issue I, at 143 – 4.

[229] 例如，可参见《中国—德国 BIT》1983 第2条、《中国—瑞士 BIT》第2条。中国法中有关投资准入的详细内容，see W Shan, Legal Framework, Chapter 4 (Admission and Establishment).

[230] 例如，可参见《中国—俄罗斯 BIT》第2条第3款。

这些要求是与投资准入阶段有关的基本规定，三个版本的《中国 BIT 范本》对此都有规定。[231] 与第一版的《中国 BIT 范本》相比，当前的 BIT 范本增加了两个有关准入的一般义务，也即“持续的保护和安全”义务和有限的非歧视义务。当前版本的规定内容是：

“第 2 条　促进和保护投资

(1)缔约一方应鼓励和促进缔约另一方的投资者在其领土内投资，并依照其法律法规接受这种投资。

(2)缔约一方投资者在缔约另一方境内的投资，应享受持续的保护和安全。

(3)在不损害其法律法规的前提下，缔约一方不得对缔约另一方投资者在其境内投资的管理、维持、使用、享有和处分采取任何不合理的或歧视性的措施。

(4)缔约一方应依据其法律法规，为在其领土内从事与投资有关活动的缔约另一方国民获得签证和工作许可提供帮助和方便。”

这一模式已为中国新近协商或重新协商的 BITs 所沿用。[232] 在一些新签或重签的 BIT 中已将“在不损害其法律法规的前提下”(without prejudice to its laws and regulations)这一限制性词语删除。[233] 虽然这一修改当然会强化非歧视要求，使其成为一项强制性的义务，但该义务仅适用于“投资的管理、维持、使用、享有、处置”，不适用于准入阶段。

但是，一些 BITs 在准入问题上设定了某些待遇标准，诸如最惠国待遇标准、公平公正待遇标准。比如，1992 年《中国—韩国 BIT》要求投资准入阶段的最惠国待遇义务，其规定为：

“2. 任何一方国家的投资者，在另一国的领土内，关于投资许可和与投

[231] 《中国 BIT 范本》，第一、二、三版，第 2 条。

[232] 例如，可参见下述 BIT 的第 2 条：2003 年《中国—德国 BIT》、2005 年《中国—葡萄牙 BIT》、2005 年《中国—西班牙 BIT》、2004 年《中国—拉脱维亚 BIT》。

[233] 请参见下述 BITs 的第 2 条：2003 年《中国—德国 BIT》、2005 年《中国—葡萄牙 BIT》、2005 年《中国—西班牙 BIT》。

资许可有关的事项，享受不低于第三国投资者的待遇。”[234]

1988 年《中国—日本 BIT》、2004 年《中国—芬兰 BIT》也有类似的规定。[235] 另外，有一个中外（意大利）BIT 对准入阶段的投资额外设定了“公平合理待遇”（fair and reasonable treatment）标准：

“缔约任何一方均应……依照其法律和法规允许该类投资并*给予公平合理的待遇*。”[236]［着重部分系作者标示］

目前仲裁实践尚未对这种条款作出解释。[237] 一种或然的理解是，在这个背景下，“公平合理待遇”义务指的是对潜在投资者公平合理地适用或实施法律法规的义务，但该义务并不触及这类法律法规的内容。就后者而言，东道国似乎保留了完全的自由裁量权。

2008 年签订的《中国—新西兰自由贸易协定》朝向投资自由化更加迈进了一步，它通过相当精巧的设置，史无前例地引入某些具体的投资准入义务：首先，规定它适用于“缔约另一方的投资者的投资”和“缔约另一方的投资者”。然后，它将“缔约方的投资者”界定为“寻求、正在或已经在缔约另一方领土内进行投资的缔约一方的自然人或企业”。接着，在有关该定义的脚注中指出，该自由贸易协定的第 139 条（最惠国待遇）和第 142 条（转移）适用于“投资的设立（establishment）”。[238] 虽然在最惠国待遇方面或许（might）并无差异，[239] 但是对与投资的设立有关的转移权利的保护则可能会

[234] 请参见《中国—韩国 BIT》1992 年第 2 条第 2 款。

[235] 《中国—日本 BIT》第 2 条第 2 款；《中国—芬兰 BIT》2004 年第 3 条。本书将在第 4 章第 4.17 段之后的部分进行详细探讨。

[236] 《中国—意大利 BIT》第 1 条。

[237] 在 Parkerings v. Lithuania 案中，仲裁庭不得不考虑“公正和合理”这一短语是否等于公平公正标准。仲裁庭认为，“既然公平公正待遇标准业已受到‘宽泛地解释’……则‘公平’和‘合理’这两个术语在解释上的差别无足重轻”。Parkerings v. Lithuania, para 277.

[238] 该脚注的内容是：“为进一步明确，一方投资者定义中与投资准入相关的因素仅适用于第 139 条及第 142 条。”请参见《中国—新西兰自由贸易协定》第 135 条，脚注 9。

[239] 这不是第一个包含准入阶段的最惠国待遇义务的中外 BIT。例如，1992 年《中国—韩国 BIT》也有这样的规定，其内容是：“……2. 任何一方国家的投资者，在另一国的领土内，关于投资许可和与投资许可有关的事项，享受不低于第三国投资者的待遇。”

请参见 1992 年《中国—韩国 BIT》第 2 条第 2 款。类似的规定可参见 2004 年《中国—芬兰 BIT》第 3 条第 3 款、1988 年《中国—日本 BIT》第 2 条第 2 款。

影响深远，尤其是，该自由贸易协定还在缔约国应允许自由转移的资产列表中明确添加了“设立、保持或扩大投资所必需的款项”。[240] 虽然“对设立或扩大投资所必需的款项的规定仅在成功完成引进外资的审批程序后才可适用”，[241]但这是中外 BIT 首次给予“准入前阶段的转移”以转移的自由。

应注意到，这方面已有一些与投资设立有关的案例，其中多数案例与准入前费用是否应被看作 BIT 所保护的“投资”有关。[242] 此方面的例案包括 Mihaly v. Sri Lanka 案[243]、Zhinvali v. Georgia 案、[244] William Nagel v. Czech Republic 案。[245] 在所有这三个案例中，投资前费用属于受相关 BIT 保护的“投资”的主张均被驳回。在 Mihaly v. Sri Lanka 案中，申请人与斯里兰卡就 BOT 项目进行了漫长的谈判，但最终未能达成协议。申请人提起仲裁，试图要求斯里兰卡偿还自己在项目准备阶段的费用支出和失去的利润。仲裁庭对此并未予以支持，认为除非东道国政府同意，否则，这样的投资前成本和开发成本不应被认定为“投资”。[246] 在 Zhinvali v. Georgia 案中，仲裁庭做出类似的结论：既然不能证明格鲁吉亚同意将 Zhinvali 的（水电站重建工程）开发成本当作“投资”对待，此类成本就不属于格鲁吉亚 1996 年投资法的调

---

[240] 《中国—新西兰自由贸易协定》第 142 条。

[241] 《中国—新西兰自由贸易协定》第 142 条，脚注 11。

[242] UNCTAD, Investor – State Dispute Settlement and Impact on Investment Rulemaking, UNCTAD/ITE/IIA/2007/3, pp. 37 – 40.

[243] Mihaly International Corporation v. Sri Lanka, ICSID Case No. ARB/00/2, Award of 15 March 2002.

[244] Zhinvali Development Limited v. Georgia, ICSID Case No. ARB/00/1, unpublished.

[245] William Nagel v. Czech Republic, SCC CASE 49/2002, Final Arbitral Award rendered in 2003. 当事方后来到瑞典法院对该裁决提出质疑，但被驳回。See Mr William Nagel (United Kingdom) v. The Czech Republic, Decision By The Svea Court Of Appeal (Sweden) rendered on 26 August 2005.

[246] 该案仲裁庭得出如下结论：“【……】申请人并未成功提交条约解释或者国家实践方面的任何证据，更不用说提交有关发展中国家或者斯里兰卡在这方面的证据，以证实其下列主张：在东道国未曾同意实施该项目的情况下，本案中的投资前活动和开发费用可自动被认定为‘投资’。应予注意的是，虽然《美国—斯里兰卡 BIT》包含了有关投资定义、投资准入条件的规定，但这些规定都承认东道国在此方面的特权。申请人把在筹备一个投资项目过程中所产生的特定费用单方面描述成或者内部描述成‘投资’，本庭认为这种于法无据的‘投资’命名不能接受。” See Mihaly v. Sri Lanka, paras 58 – 61.

整范围,不能被认为为《ICSID 公约》所言的"投资"。[247] 在 Nagel v. Czech 案中,申请人英国国民 Nagel 与捷克的一个国有电信公司 Sra 签订了一份合作协议,涉及在捷克建立和运行移动电话网络的许可问题。[248] 申请人最终并未获得这一许可,故依据 1990 年《英国—捷克 BIT》向斯德哥尔摩商会仲裁院提起仲裁,声称捷克剥夺了其依据合作协议获得的权利。[249] 申请人辩称,他在该合作协议项下的权利构成"金钱请求权或者合同项下具有经济价值的履行请求权",故构成该 BIT 项下的"投资"。[250] 仲裁庭以合作协议不具有"经济价值"为由驳回了申请人的仲裁请求。[251]

考虑到与准入前阶段的投资有关的案例非常有限,目前难以定论,但显而易见的是,仲裁庭不愿意将 BIT 的保护范围延伸至准入前的费用支出方面。

七、结论

前面的小节从以下几个概念探讨中外 BITs 的适用范围问题:"投资""投资者"(包括"自然人/国民"和诸如"公司"或"法人"在内的社团实体)、"领土",以及与 BIT 的时间适用范围有关的条款,包括与准入有关的条款。

中外 BITs 在"投资"定义方面采取了宽泛的以资产为基础的方法,并施加"遵守东道国法律法规"等条件。这种宽泛的定义伴之以列举式清单,这一清单包括通常被看作受保护"投资"的 5 种类型"资产":物权、公司利益、合同权利、知识产权和商业特许。一些 BITs 明确规定,收益的再投资和"间接"进行的投资也属于受保护的投资。考虑到发展中国家备受"骚扰性请求"之苦的经验教训,中国可取之道应是,通过引入"投资的特征"的方法对"投资"进行重新界定,这种做法已为 2004 年《美国 BIT 范本》以及 2008 年

---

[247] UNCTAD, Investor – State Dispute Settlement and Impact on Investment Rulemaking, UNCTAD/ITE/IIA/2007/3, at 39 – 40.

[248] Id. , at 40.

[249] Id.

[250] Id.

[251] 仲裁庭在确定其是否具有经济价值时,系以捷克共和国的法律为根据。仲裁庭也断定,没有令人信服的证据证实,捷克政府具体参与了该合作协议的缔结活动。

挪威 BIT 范本所采用。

根据中外 BITs,国籍是界定自然人是否为受保护的"投资者"的首要标准。一些中外 BITs 采取了累加适用标准的方法,即除了国籍外,还要考虑诸如住所、居所和营业场所等其他因素。一些中外 BITs 以及《ICSID 公约》已经专门提及双重/多重国籍的问题,但还有一些中外 BITs 对此未作规定。正常情况下,无国籍或公民权的投资者不受中外 BITs 的保护。但也有观点认为,来自香港、澳门等中国的特别行政区的投资者只要有中国国籍,就应有权享受相关中外 BITs 的保护。

中外 BITs 通过三种主要的标准来界定社团实体的国籍:成立、住所、控制。不少 BITs 联合采用两种标准,目的在于限制或扩张相关 BIT 的适用范围。多数 BITs 不要求受保护的公司具有法律人格,其中一些 BITs 明确规定,其适用于经济实体,而不考虑这些经济实体的目的(不管其是否以盈利为目的)和形式(不管其是否承担有限责任)。一些 BITs 则明确保护公共实体。早期的 BITs 规定,未经政府特别审批或授权的中国投资者不能从 BIT 中受益。这种特殊的限制性规定已为中国其后的实践抛弃。中国特别行政区的社团实体可能也受到中外 BITs 的保护。

就空间适用范围而言,中外 BITs 适用于缔约国的整个领土,包括缔约方行使主权的海洋领域。除了《中国—俄罗斯 BIT》以外,所有的中外 BITs 都应适用于中国的特别行政区,也即香港和澳门。但是,对中国政府而言,可取的做法是,完成上述特别行政区基本法所要求的国内法律程序,以消除人们对此类 BITs 能否适用于特别行政区的疑惑。《中国—墨西哥 BIT》包含了一个解释,涉及的是香港和澳门有权签订国际投资协议,而这一解释可能导致人们做出截然不同的解读。

中外 BITs 确认,外国直接投资的准入通常属于东道国的自由裁量范畴。但是,晚近的 BITs 表明,中国打算在投资准入和运行阶段给予"保护和安全"。2008 年《中国—新西兰自由贸易协定》又往前迈了一步,将最惠国待遇延伸至准入前阶段,并要求缔约国对特定投资前的转移给予自由。其后的《中国—墨西哥 BIT》对设立(establishment)有一个非常短的规定。

CHAPTER 03 >>

第三章

公平公正待遇

一、导言

和其他 BITs 一样,中外 BITs 确立了东道国给予外国投资者的一整套待遇标准。最常见的一般待遇标准包括公平公正待遇(FET)、完全的保护与安全(protection and security,PNS)、最惠国待遇(MFN)、国民待遇(NT)。在这其中,前两个属于无条件标准(或曰“绝对待遇标准”,absolute standard of treatment),而后两个则属于有条件标准(或曰“相对待遇标准”,relative standards of treatment)。[1] 顾名思义,绝对标准并不取决于给予其他投资者的待遇。与之相反,相对待遇标准取决于给予其他种类的投资者的待遇。上述“其他种类的投资者”,在国民待遇的情况下指的是东道国国民,在最惠国待遇的情况下指的是第三国的投资者。[2] 本章主要分析公平公正待遇,考虑到保护与安全可被认作公平公正待遇的组成部分,故本章也将同时分析保护与安全。相对待遇标准则留待下一章分析。

本章将首先审查公平公正待遇标准,重点关注在理论和仲裁实践中所发展出来的不同的解释方法。然后,本章将接着分析中外 BITs 项下的标准,评价其标准表达方式和各种变体的含义。

二、公平公正待遇及其解释

公平公正待遇[3]是 BITs 中一个常见的待遇标准。[4] 晚近大量案件涉及该待遇,仲裁庭对该待遇的范围和内容进行了详细的探讨。实践证明,其范围的划定殊非易事。实际上,有关该标准的确切含义,论说莫衷一是。有观点认为,该标准内含的要素包括:

---

〔1〕 第一个率先对“绝对”和“相对”待遇标准进行区分的人似乎是 Vandevelde。See KJ Vandevelde, United States Investment Treaties, Kluwer, 1992, pp. 71, 76.

〔2〕 本书第四章将对这两个标准予以探讨。有关这两个标准的最新详细分析,亦可以参见:C McLachlan, L Shore, and M Weiniger, International Investment Arbitration: Substantive Principles (2007) Chapter 6; P Muchlinski, F Ortino, and C Schreuer, The Oxford Handbook of International Investment Law (2008)。

〔3〕 在不同 BITs 中,该条款的措辞可能稍有不同,比如使用“公平合理”的措辞,或者仅仅使用“公正”这一措辞。在仲裁庭将应用这些措辞运用于仲裁实践中时,这些措辞的不同似乎无关紧要。例如,在 Parkerking 是案中,仲裁庭断定,“公平合理待遇”与最常见的“公平公正待遇”表达方式之间并无不同。See Parkerings, para 277.

〔4〕 一项受到世界银行资助的研究显示,在其所调查的 335 项 BITs 中,仅有 28 个没有明文规定该标准。联合国贸易与发展会议的研究也确认,BIT 中不规定这一标准的做法系例外而非原则。See M I Khalil, 'Treatment of Foreign Investment in Bilateral Investment Treaties', in F I Shihata (ed.), Legal Treatment of Foreign Investment: The World Bank Guidelines (1993), at 355; UNCTAD, International Investment Agreements: Key Issues (Vol. I), UNCTAD/ITE/IIT/2004/10 (hereinafter as UNCTAD, Key Issues I), at 217. 而且,似乎投资者向投资仲裁庭提起违反公平公正待遇标准的仲裁请求时,其胜算概率最大——请参见 R Walck 最近所作的一份调查结果:http://www.gfa-llc.com/。

“(1)法律框架的稳定性、可预测性和连续性的要求;(2)合法性原则;(3)投资者信心和合法期望的保护;(4)程序上的正当程序和拒绝司法;(5)实体上的正当程序或保护不受歧视和专横;(6)透明度的要求;(7)合理性和比例性的要求。”[5]

正如以下将要讨论到的那样,公平公正待遇标准的中心要素或曰最有影响的要素已经从仲裁实践中浮现出来,这就是投资者的“合法期望”。[6]

为了更好地适用公平公正待遇标准,仲裁理论界和实务界均已研究与发展出不同的方法。[7] 考虑到这些解释将为解读中外 BITs 项下的该标准提供启示,故在对中外 BITs 中的公平公正待遇条款进行详细分析前,有必要首先探讨这些解释。

---

[5] Stephan W Schill, ‘Fair and Equitable Treatment under Investment Treaties as an Embodiment of the Rule of Law’, IILJ Working Paper 2006/6. 其他学者的分类略有不同。See, for example, R Dolzer and C Schreuer, Principles of International Investment Law (2008), 119 – 48; C McLachlan, L Shore, and M Weiniger, International Investment Arbitration: Substantive Principles (2007); B Choudbury, ‘Evolution or Devolution? Defining Fair and Equitable Treatment in International Investment Law’ (2005) 6 Journal of World Investment and Trade 297.

[6] See eg Saluka Investments BV (The Netherlands) v. Czech Republic, UNCITRAL Arbitration, Partial Award of 17 March 2006, para 302. 关于审查合法预期概念的其他一些案件, see Tecnicas Medioambientales Tecmed S. A. v. Mexico, ICISD Case No. ARB(AF)/00/2, Award, 29 May 2003; MTD Equity Sdn. Bhd. & MTD Chile S. A. v. Chile, ICSID Case No. ARB/01/7, Award, 25 May 2004; International Thunderbird Gaming Corporation v. Mexico, UNCITRAL (NAFTA), Arbitral Award, 26 January 2006 (including the dissenting opinion) and Eureko B. V. v. Republic of Poland (Eureko v. Poland), UNCITRAL Arbitration, Partial Award and Dissenting Opinion, 19 August 2005。

[7] 公平公正待遇标准已经引起学界与业界的极大注意。除了上注 4 所提到的文献外,还有一些对这个待遇标准进行了讨论,如 C Schreuer, ‘Fair and Equitable Treatment in Arbitral Practice’, The Journal of World Investment and Trade (June 2005), 357 – 77, R Dolzer, ‘Fair and Equitable Treatment: A Key Standard in Investment Treaties’ (2005), 39 International Lawyer 87; S Vasciannie, ‘The Fair and Equitable Treatment in International Investment Law and Practice’, 70 British Yearbook of International Law 99 (1999), 113 – 14; I Tudor, The Fair and Equitable Treatment Standard in International Foreign Investment Law (OUP, 2008); E Snodgrass, ‘Protecting Investors’ Legitimate Expectations: Recognizing and Delimiting a General Principle’, ICSID REV. – FILJ, Vol. 21 No. 1 (Spring, 2006) 1 – 58; I A Laird, ‘MTD Equity Sdn. Bhd. And MTD Chile SA v. Republic of Chile, Recent Developments in the Fair and Equitable Treatment Standard’, TDM Vol. 1, issue 4, October 2004 http://www. transnational – dispute – management. com/about/welcome. html; OE Garcia – Bolivar, ‘Burgeoning ICSID Decisions’, TDM, Vol. 1, issue 4, October 2004; R H Kreindler, ‘Fair and Equitable Treatment – A Comparative International Law Approach’, TDM, Vol. 3, issue 3 (June 2006).

(一)不同的方法

在查明公平公正待遇标准的含义的过程中,至少提出了两个方法:一个是简单字面意思的方法('plain meaning' approach);另一个是将该标准等同于国际最低待遇标准(international minimum standard,IMS))。[8] 目前,《北美自由贸易协定》案例采取的是后一种方法,而其他案例则上述两种方法都有采用。

1. 简单字面意思的方法

简单字面意思的方法是解释公平公正待遇条款以及任何其他条约条款的自然出发点,因为这是习惯国际法所接受的规则,这些规则被编撰在《维也纳条约法公约》(Vienna Convention on the Law of Treaties, VCLT)之中。[9] 但是,这并不意味着该方法在实践中易于应用。实际上,在应用这种方法进行解释的时候,立即会产生两个主要的问题:其一便是公平公正待遇中包含的两个概念:"公平"和"公正",乃是固有的主观性概念,缺乏精确性。[10] 尤其是,在东道国看来"公平公正"的行为可能在外国投资者或者其母国看来却是"不公平""不公正"的行为。尤其在当事双方奉行不同的法律和文化传统时,情况更加如此。[11] 其二便是该方法往往不依据任何现有的法律文本。[12] 换言之,尚不清楚在判断何为"公平公正"时应依据国内法还是国际法。

在没有明确提及任何法律体系的时候,简单字面意思方法要求:

首先,依据相关条约的规定解释公平公正待遇标准。[13] 这点已为

---

〔8〕 See eg UNCTAD, Key Issue I, at 212 – 14.

〔9〕《维也纳条约法公约》第 31 条"解释之通则"第 1 款规定:"条约应依其用语按其上下文并参照条约之目的及宗旨所具有之通常意义,善意解释之。"

〔10〕 UNCTAD, Key Issues I, at 212.

〔11〕 Herman Jr. Walker, 'Modern treaties of friendship, commerce and navigation', Minnesota Law Review (1957 – 58), Vol. 42 (April), at 812.

〔12〕 UNCTAD, Key Issues I, at 213.

〔13〕 在这方面需要注意的是,一些中国缔结的 BITs 已经实际上明确将同约所确立的其他一些标准设定为公平公正待遇标准的门槛。容后详述。

Middle East Cement v. Egypt 案仲裁庭所确认,该案仲裁庭断定,“公平公正待遇条款”解读必须结合“第 4 条针对‘相当于征收’措施所提供的特殊保护,以及在第 4.1 条所要求的‘法律的正当程序’进行”。[14]

其次,必须依据普遍承认的国际法原则。公平公正待遇是在国际协议文本设定的,国际法原则也就自然而然地成为法律依据,至少是其中之一。在 Siemens v. Argentina 案中,[15] 仲裁庭注意到,虽然相关 BIT 并未提及“国际法”,但它仍有义务查明这些术语在国际法中的意义。[16] 又如,Maffezini v. Spain 案仲裁庭断定,贷款交易过程“缺乏透明度”,违反了公平公正待遇义务。[17] 虽然仲裁庭并未对该结论作进一步解释,但可以推定其所依据的是一般国际法原则。然而,这种国际法必须是真正为国际社会普遍接受的,发达国家和发展中国家同样接受的,而不是仅被有限的发达或“文明”国家所接受的国际法。[18]

最后,在这类一般国际法缺乏可适用的规则时,可依据的法律可能(might)就只有与投资活动紧密相连的东道国国内法。[19] 比如,在上述的 Middle East Cement v. Egypt 案中,仲裁庭确定埃及违反公平公正待遇标准所依据的就是埃及国内法——第 308 号法律。[20] 同样地,在确定是否存在违反国际法的情势时,有时可能(might)不得不依据国内法。在 Loewen v. US 案中,仲裁庭指出:“违反国内法且歧视外国诉讼参与人的决定相当于国

---

〔14〕 Middle East Cement Shipping and Handling Co. S. A. v. Egypt, ICSID Case No. ARB/99/6 (Middle East Cement v. Egypt), Award 12 April 2002, para 143.

〔15〕 Siemens A. G. v. Argentine Republic, ICSID Case No. ARB/02/08, Award, 6 February 2007.

〔16〕 该决定接着说:“这个条约没有提到国际法或者最低标准,但是,在适用这个条约的时候,仲裁庭有义务查找这些术语在国际法项下的通常含义。这一通常含义是牢牢根植于演进的国际法和这些术语所使用的特定上下文当中的。”See Siemens v. Argentina, id., para 291.

〔17〕 Maffezini v. Spain, Award, para 83.

〔18〕 正如国际法院在里程碑式的 Barcelona Traction 案中所承认的那样,发达国家和发展中国家业已均予普遍承认的待遇因素几乎没有。而且,尚不清楚晚近 BIT 以及仲裁案件的大量涌现是否已经改变了这种局面。See Case Concerning the Barcelona Traction, Light and Power Company Limited, ICJ Reports (1970), Judgment of 5 February 1970, at 48. See also Shan, Legal Framework, at 146, 177–91.

〔19〕 在这方面,中国缔结的一些 BIT 已经明确提到将国内法或者国际法作为确定公平公正待遇标准的法律参考。容后详述。

〔20〕 Middle East Cement v. Egypt, Award, para 143.

际法中的明显不正义”。[21]

从实践的角度来看，在解释公平公正待遇标准时，单纯参考其通常含义而不依据某个具体的法律文本，将导致所适用的标准高于或低于国际最低待遇标准，而具体是高还是低，则需要取决于具体情况。而且公平公正待遇标准也可能超越国际最低待遇标准。例如，Mann 主要就英国缔结的 BIT 中的公平公正待遇条款评论道：

“‘公平公正待遇’术语设想了超越最低标准的行为，与以前采用的用语形式相比，它提供了更深程度的保护，设定了更为客观的标准。仲裁庭不必关注最低、最高或平均标准。在所有情况下，它将不得不断定，相关行为是否是公平公正的。其他用语界定的标准不可能如此重要。‘公平公正待遇’的术语应该独立、自治地理解和适用。”[22]

但是，还可能(might)出现另一种或然情况：倘若对某个案而言，并无可适用的、普遍接受的国际法规范，仲裁庭在确定公平公正待遇标准的含义时，就只能依据东道国国内法，而这可能(might)导致其给予外国投资者的公平公正待遇要低于国际最低待遇标准。在这方面，应该注意到，许多发展中国家，尤其是受“卡尔沃主义”影响的发展中国家，长期以来坚持只给予外国投资者以国民待遇而不包括国际最低待遇的标准。[23] 虽然许多此类国家

---

〔21〕 Loewen Group, Inc. and Raymond Loewen v. United States, ICSID Case No. ARB(AF)/98/3, Award on the Merits, 26 June 2003, para 135.

〔22〕 FA Mann, British Treaties for the Formation and Protection of Investment, British Yearbook of International Law 24, 244 (1981). 他也注意到，公平公正待遇条款的最重要义务“十有八九是几乎足以涵盖所有能够想得到的案件的规定”。243. 甚至在尚未根据这个条约规定裁断任何案件之前，他就做出了这个评论。

〔23〕 特别是，在20世纪的大部分时间内，外国投资国际最低标准事项都是发达国家和发展中国家之间角力的中心，其中，发展中国家对这个标准是否存在表示质疑。这场角力产生了极为深远的影响，包括国际联盟失败、联合国国际法委员会未能就国家对有关外国人伤害的国家责任法之编撰达成一致、联合国中心以及跨国公司委员会的工作未能完成，等等。同时，发展中国家凭借其在联合国大会上的压倒性多数优势，提出这样的主张：在涉及征收的情况下，国民待遇原则才是合适的规则，国际最低待遇则反之。See C Yannaca - Small, ‘Fair and Equitable Treatment Standard in International Investment Law’, OECD Working Papers on International Investment Number 2004/3, 8 - 9, and n 34. 较早时期学者的观点，see G Roha, ‘Is the Law of Responsibility of States for Injuries to Aliens a Part of Universal International Law?’ (1961) American Journal of International Law, 863 onwards; M. Sornarajah, The International Law on Foreign Investment, Cambridge, 1994, at 126 onwards。有关卡尔沃主义及其实践的详细信息，see eg W Shan, ‘Is Calvo Dead?’ 55 American Journal of Comparative Law, 2007, pp. 124 - 30。

已签订 BITs，给予外国投资者及其投资优惠待遇，但他们并未彻底抛弃卡尔沃原则，并且，有迹象表明，卡尔沃原则正在复活。[24] 的确，正是为了防止人们对公平公正待遇进行低于国际最低待遇的标准的解释，一些国际投资协议引入等同于国际最低待遇标准的方法。[25]

“公平公正待遇”术语固有的主观性和模糊性，以及清晰外部依据的缺乏，很可能导致公平公正待遇标准的解释出现矛盾和不确定性，正如本章以下剖析的案例所证实的那样。但是，这种模糊性和不确定性可能也有其价值，因为其提供了灵活性，而这有时又是便利投资条约缔结程序所必需的。[26]

2. 等同于国际最低待遇标准的方法

解释公平公正待遇的第二个方法是将其等同于国际法中的国际最低待遇标准。这一解释的假设基础是，根据习惯国际法，外国投资者有权得到一定水平的待遇，低于这个水平的待遇将导致国家的国际责任。[27] 这一方法的优点是，相对清晰，因为已经存在较多的关于国际最低标准的要素的判例和学说。[28]

但是，这一方法也有缺点，因为国际社会对此类对等标准尚无共识。如上所述，发达国家强烈支持国际最低待遇标准，“许多发展中国家传统上则对这一待遇标准是否属于习惯国际法的一部分持保留意见”。[29] 国际投资法的大部分历史，始终贯穿着发达国家与发展中国家就创设和界定有关外资的国际最低待遇标准而展开的斗争。[30] 是以，除非存在明确规定，否则，不能想当然地运用国际最低待遇标准解释公平公正待遇。[31] 事实上，多数 BITs 并未明确规定将这两种标准等同，[32] 因此，不能简单地依据国际最低

---

〔24〕 See W Shan, “From ‘North - South Divide’ to ‘Private - Public Debate’”, 27 Northwestern Journal of International Law and Business, (2007) at 631 - 64.

〔25〕 这一做法首先由美国在 NAFTA 及其 BIT 范本当中所践行。但是，美国在采取这种做法时没有意识或预料到的是，仲裁庭仍可能宽泛地解释最低待遇标准，自己作为被申请国时，为其所伤！

〔26〕 Walker, n 10 above, at 812.

〔27〕 UNCTAD, Key Issue I, at 213.

〔28〕 Id.

〔29〕 UNCTAD, Key Issues I, at 214.

〔30〕 F Beveridge, The Treatment and Taxation of Foreign Investment under International Law (Juris Publishing, 2000), at 35.

〔31〕 Id.

〔32〕 Id., at 213.

待遇标准来解释公平公正待遇标准。

相反，如果相关投资协议明确采纳了这种等同方法，使用国际最低待遇标准来解释公平公正待遇，则理所当然。《北美自由贸易协定》第11章以及对公平公正待遇标准的相关解释就是其中典例，此外，还有美国、挪威和加拿大的新BIT范本。1994年1月1日生效的《北美自由贸易协定》的第1105条第1款便是以“最低待遇标准”为标题：

“缔约任何一方应给予缔约另一方投资者的投资符合国际法的待遇，包括公平公正待遇和完全的保护与安全。”

显然，《北美自由贸易协定》在此处明确地将“公平公正待遇”当作国际法的要求的组成部分。但是，一些早期的仲裁庭对第1105条第1款中的公平公正待遇的解释，却存在各异且宽泛的情况，相关内容，容后详述。为了澄清该条款的解释，《北美自由贸易协定》自由贸易委员会于2001年7月21日做出了一项具有约束力的解释。根据该项解释：

“《北美自由贸易协定》第1105条第1款规定了对待外国人的习惯国际法最低标准，将之作为给予缔约另一方投资者的投资的最低待遇标准。

‘公平公正待遇’和‘完全的保护与安全’的概念并不要求东道国给予额外的或者超过对待外国人的习惯国际法最低标准所要求的待遇。[33]”

这一规则排除了将公平公正待遇解释为超过国际最低待遇标准界限的可能性。同理，美国政府在2004年修正了其BIT范本，后者采取了与《北美自由贸易协定》解释相类似的语言。[34]

---

〔33〕 这个解释的根据是《北美自由贸易协定》第2001条第2款第3项，该项授权自由贸易委员会解决有关该协议的解释和适用方面的争端。《北美自由贸易协定》第1131条第2款规定，自由贸易委员会就该协议规定的解释对依据第11章第2部分组建的仲裁庭有约束力。

〔34〕 这个规定的内容是：“缔约任何一方应根据习惯国际法，包括公平公正待遇以及全面的保护与安全，对待本协议所调整的投资。

为进一步明确起见，【前款】规定的关于外国人待遇的习惯国际法最低标准就是应给予本协议所调整的投资的最低待遇标准……”

2004年《美国BIT范本》第5条。关于这个BIT范本的文本，see http://www.state.gov/e/eb/rls/prsrl/2004/28923.htm。另请参见《中国—墨西哥BIT》第5条第2款。

美国晚近缔结的自由贸易协定[35]以及加拿大的新 BIT 范本[36]中也包括了类似的规定。值得注意的是,中国晚近与墨西哥缔结的 BIT 也在其第 5 条最低待遇标准中采用了这个方法。这个“等同”方法的好处是双重的:一方面,它防止出现将公平公正待遇解释为低于国际最低待遇标准的标准这种可能性,而这种低于国际最低待遇标准的标准实际上是一些欠发达的东道国法律体系中的国内法标准;另一方面,它也杜绝了将公平公正待遇宽泛地解释为超过国际最低待遇标准要求的义务的可能性。由于这种“等同”方法目前尚未被大多数国际条约所采用,故这类方法只能作为例外而非原则。对于尚未采用这种等同法的 BITs 而言,如前所述,简单字面意思的方法应该是最主要的解释方法。[37]

但是,两种方法可能会产生殊途同归的效果,尤其是当缔约双方对国际最低待遇标准达成共识且均接受国际最低待遇标准时,更是如此。最近做出的 Siemens v. Argentina 案[38]裁决就是这种情况。虽然该案中相关 BIT 的公平公正待遇条款并未提及国际法,仲裁庭还是断定,应援用国际法来确定公平公正待遇的含义。最后,仲裁庭采取了与《北美自由贸易协定》第 1105 条及其解释非常类似的立场。[39]

(二)判例的发展

为了更好地理解公平公正待遇标准在实践中的解释,有必要研究一下

---

〔35〕 例如,可参见《美国—中美洲自由贸易协定》(CAFTA),2004 年 1 月 28 日签订(这些中美洲国家是:哥斯达黎加、萨尔瓦多、危地马拉、洪都拉斯、尼加拉瓜);《美国智利自由贸易协定》,2003 年 6 月 6 日签订;《美国—摩洛哥自由贸易协定》,2004 年 6 月 15 日签订;《美国—新加坡自由贸易协定》,2003 年 5 月 6 日签订。

〔36〕 关于新《加拿大 BIT 范本》或曰《外国投资促进协议范本》的文本,请参见 http://www.dfait - maeci. gc. ca/tna - nac/what_fipa - en. asp。相关规定的内容是:“最低待遇标准确保投资者的投资能根据习惯国际法的原则得到公平公正的待遇、全面的保护与安全。最低标准确定了一个‘基准’,以确保投资待遇不能低于普遍承认的习惯国际法标准”。

〔37〕 可以这样说,即便是包含这种等同式的规定的 BIT,也应根据“简单字面意思方法”进行解释,因为“简单字面意思方法”是《维也纳条约法公约》所反映的习惯国际法的组成部分。但殊途同归的是:这类规定的“简单字面意思”一目了然,也即应该根据国际最低标准解释公平公正待遇标准,舍此别无他途。

〔38〕 Siemens A. G. v. Argentine Republic, ICSID Case No. ARB/02/08, Award, 6 February 2007.

〔39〕 下文将对该案的具体情况详加分析。

晚近判例的发展。的确,在这个问题上,一些案例裁决已经取得重要的进步。此类解释公平公正待遇的判例发展可在《北美自由贸易协定》第 11 章和其他投资条约项下的案例当中可以看到。

1.《北美自由贸易协定》第 11 章项下判例的发展

晚近有关 BITs 中的公平公正待遇标准确切含义的讨论事实上是从《北美自由贸易协定》第 11 章项下的案件开始的。在一些早期的案例中,包括 Metalclad v. Mexico 案、[40] SD Myers v. Canada 案[41] 和 Pope & Talbot v. Canada 案,仲裁庭需要解释上述第 1105 条第 1 款。[42] 在这些案例中,仲裁庭采取了宽泛的解释方法,将公平公正待遇解释为包括超过国际最低待遇标准在内的义务。

在 Metalclad 案[43] 中,仲裁庭断定,墨西哥违反公平公正待遇义务的主要原因是,其没有履行《北美自由贸易协定》所要求的透明度义务。[44] 该裁决被英属哥伦比亚省最高法院部分撤销,后者的理由是,仲裁庭以墨西哥违反透明度义务为根据做出裁决,而透明度义务不在第 11 章范畴之内,故仲裁庭超越了权限。[45] 在该法院看来,仲裁庭不仅宽泛地解释了《北美自由贸易协定》第 1105 条第 1 款,将其他章节而非第 11 章中透明度义务包括进来,

---

〔40〕 Metalclad Corporation v. the United Mexican States, ICSID Case No. ARB (AF)/97/1 (Metalclad v. the Mexico), Award, 30 August 2000;裁决文本发表于 ICSID Review – FILJ (2001) 16。

〔41〕 SD Myers, Inc. v. Canada (SD Myers v. Canada), UNCITRAL, First Partial Award, 13 November 2000. International Legal Materials 408.

〔42〕 Pope & Talbot, Inc. v. the government of Canada (Pope & Talbot v. Canada), UNCITRAL, Interim Award on Merits, 26 June 2000; Award on the Merits, 10 April 2001; Award on Damages, 31 May 2002; Award on Costs, 26 November 2002.

〔43〕 在该案中,申请人主张,其子公司 COTERIN 在墨西哥瓜达尔卡萨尔市建立了一个危险废物掩埋场,但由于墨西哥的措施的阻挠,未能成功运营。申请人随之根据《北美自由贸易协定》提起仲裁,其主张的内容包括,瓜达尔卡萨尔市政府行使职权的过程缺乏透明度,违反了《北美自由贸易协定》第 1105 条;墨西哥在申请人提起仲裁之后颁布的生态法令违反了上述协定的第 1110 条征收和补偿条款。Metalclad Corporation v. the United Mexican States, ICSID Case No. ARB (AF)/97/1, Award, 30 August 2000.

〔44〕 该案仲裁庭断定:"墨西哥未能给 Metalclad 的商业计划和投资活动提供透明、可预测的框架,所有这些情况均表明,墨西哥在采取涉及缔约一方投资的措施时流程无序、处置拖延,而投资者投资时的心理预期却是,墨西哥将根据《北美自由贸易协定》公平、公正对待自己。"ICSID Case No. ARB (AF)/97/1, Award, 30 August 2000, para 99.

〔45〕 Review by the British Columbia Supreme Court (2001 BCSC 664), 2 May 2001.

而且这样做时,仲裁庭并未依据任何权威或证据就直接认定透明度原则是习惯法的组成部分。[46]

在 S. D. Myers v. Canada 案[47]中,仲裁庭断定,根据该案案情,违反了第 1102 条(国民待遇)实质上就构成了第 1105 条的违反。[48] 换言之,该案仲裁庭将违反传统国际法规则(国民待遇)等同于违反习惯国际法项下的最低标准,而不管这两个条款在形式、内容和目的上存在的差异。[49]

在 Pope & Talbot 案[50]中,仲裁庭承认,第 1105 条的文本"暗示[公平公正待遇和完全的保护与安全]的要素已经包含在国际法的要件之中了……"但是,仲裁庭断定,应该将公平公正待遇标准解释为超越了国际最低待遇标准。它的结论是:

"第 1105 条中存在公平要素的另一种可能解释是,公平公正待遇是附加于国际法的要求的。也就是说,《北美自由贸易协定》项下的投资者有权得到国际法最低待遇以及公平……本庭将第 1105 条解释为,要求《北美自由贸易协定》缔约国给予受保护的投资者和投资以这些国家中所适用的一般标准中的公平,而不能设定任何最低条件限制,比如限制受投诉的行为必须是'异乎寻常''令人无法容忍''令人震惊'或其他异乎寻常的。"[51]

如上所述,由这些案件引发的争议促使《北美自由贸易协定》自由贸易委员会进行了干预。2001 年,该委员会发布了一个解释,澄清了关于《北美

---

〔46〕 Id.

〔47〕 在该案中,美国申请人 SD Myers 在美国经营一个多氯联苯废物的修复设施,但加拿大发布了禁止将多氯联苯废物出口到美国的禁令,申请人主张此举违反了第 11 章,并根据《联合国国际贸易法委员会仲裁规则》提起的仲裁。SD Myers 主张的内容包括,加拿大以歧视性的、不公正的方法发布出口禁令,构成了国际法上的拒绝司法,也违反了国际法上的诚信原则,因此构成了违反第 1105 条。See SD Myers, Inc. v. Canada, UNCITRAL, First Partial Award, 13 November 2000.

〔48〕 Id.

〔49〕 J C Thomas, 'Reflection on Art 1105 of NAFTA: History, State Practice and the Influence of Commentators', ICSID Review – Foreign Investment Law Journal 17(1) (2002), 21 – 101.

〔50〕 在该案中,Pope and Talbot 反对《加拿大—美国软木材协议》的实施,也反对根据该协议进行的出口配额分配,认为这些措施多次违反了《北美自由贸易协定》。Pope & Talbot Inc. v. government of Canada, Award on the Merits (10 April 2001).

〔51〕 Id.

自由贸易协定》第1105条的一些基本观点。[52] 在该解释通过后,又出现了几个与第1105条相关的案件。在这些案件中,仲裁庭采纳了自由贸易委员会的上述解释,并承认其必须根据习惯国际法进行分析。[53]

在该解释通过后,国际投资仲裁实践对公平公正待遇标准又有了新的发展。首先,仲裁庭已经承认,自从20世纪20年代Neer案[54]确立了公平公正待遇标准后,该标准并没有在时间上被冻结,直到1994年缔结《北美自由贸易协定》及此后,该标准一直在发展之中。作为结果,违反"现代"公平公正待遇标准并不要求国家或其下属机构具有恶意。例如,在Mondev v. US案[55]中,仲裁庭断定:

"Neer案以及其他类似的仲裁裁决是在20世纪20年代做出的,那时候个人在国际法上的地位,以及对外国投资的法律保护,远未发展到现在这种程度…… ***在现代看来,不公平或不公正的行为并不等同于令人无法容忍的行为或极端恶劣的行为。尤其是,国家不公平或不公正地对待外国投资并不必然意味着国家以恶意行事。*** [……]'公平公正待遇'和'全面的保护与安全'源起于战后签署的双边条约。***在这种情况下,现代最低标准的内容就不应限制在20世纪20年代期间仲裁裁决所承认的习惯国际法的内***

[52] 关于这些观点,请参见前面引用的资料。

[53] 例如,在Mondev International Inc. v. United States案和ADF Group v. United States of America案中,两个仲裁庭都重申,其无权根据自己的喜好进行评判,其评判必须以国际法相关渊源为根据。See Mondev International Inc. v. United States ICSID Case No. ARB(AF)/99/2, Award, 11 October 2002, para 119; ADF Group v. United States of America ICSID Case No. ARB(AF)/00/1, Final Award, 9 January 2003, paras 184 – 5.

[54] 在国际最低待遇标准方面,Neer案是一个具有里程碑意义的案件。在该案中,美国公民Paul Neer在墨西哥被杀害,具体情况不明,美国政府遂代表Paul Neer的家属向美国—墨西哥求偿委员会提起诉讼。申请人主张,美国没有恪尽职责地追究责任人,故应赔偿受害人家属。委员会断定,墨西哥当局没有逮捕和惩罚谋杀美国公民的罪犯,该行为本身并不违反有关外国人待遇的国际最低标准。在一段后来被奉为经典的附带意见中,美国—墨西哥求偿委员会如是表述国际最低待遇:"政府行为的性质应该受到国际标准的检验……政府对待外国人的行为要构成国际不法行为,应相当于暴行,恶意,故意疏于职守,或者政府行动不力,远未达到国际标准,每个理性的、没有偏见的人都会很容易地看出其行动不力。至于上述行动不力是产生于合情合理的法律执行不力,还是产生于该国法律没有授权当局达到国际标准,这倒无关宏旨。" See Neer v. Mexico, Reports of International Arbitral Awards (RIAA), 1926, IV, at 60 onwards.

[55] 这个案件涉及加拿大开发商与波士顿市之间的不动产交易争议。See Mondev International Inc. v. United States ICSID Case No. ARB(AF)/99/2, Award, 11 October 2002.

容限度内。"[56][着重部分系作者标示]

ADF v. US 案[57]及 Loewen v. US 案[58]仲裁庭的观点类似。Loewen 案仲裁庭更是强调,恶意不是违反该标准的条件。[59]在 GAMI v. Mexico 案[60]中,仲裁庭断定,"如果相关规章已经达到'彻底且无正当理由地拒绝'的程度,则该行为将很可能违反了第 1105 条。"[61]

与之相反,一些仲裁庭附加上一个看似更高的门槛:要求具有一定程度的专横才可能构成违反该标准。比如,Waste Management v. Mexico 案[62]仲裁庭裁决道:

"[……]可归因于国家且损害申请人的下述行为违反了公平公正待遇的最低标准:专横、非常不公、不正义或极端恶劣,具有歧视性且使申请人遭受地区或种族歧视,或与缺乏正当程序有关且造成违反司法规范的后果——比如在司法程序中明显违反自然正义或在行政程序中彻底缺乏透明度和公正。"[63]

而且,人们还对《北美自由贸易协定》中公平公正待遇与最惠国待遇、国民待遇等标准进行了区分,前者为绝对标准,后者为相对标准。在 Methanex Corp. v. United States 案[64]中,仲裁庭裁断道:"[……]第 1105 条通常的、自然的含义并不支持下述主张:'最低待遇标准'排除了政府对本国人和外国

---

〔56〕 Id. ,paras 116,123,and 125.

〔57〕 ADF Group v. United States,ICSID Case No. ARB(AF)/00/1,Final Award,9 January 2003, para 179.

〔58〕 Loewen Group,Inc. and Raymond Loewen v. United States,ICSID Case No. ARB(AF)/98/3,Award on the Merits,26 June 2003.

〔59〕 该案仲裁庭裁定:"无论是国家实践、国际仲裁庭的决定,还是评论者的观点都不支持如是观点:不诚信或恶意是不公正和不公平待遇或者相当于违反国际正义的拒绝司法的基本要素。"Id. , para 132.

〔60〕 这个争议涉及墨西哥所实施的食糖体制。See GAMI Investments Inc. v. Mexico, UNCITRAL,Final Award,15 November 2004.

〔61〕 Id. ,para 103.

〔62〕 Waste Management Inc. v. Mexico,ICSID Case No. ARB(AF)/00/3,Final Award,30 April 2004.

〔63〕 Id. ,paras. 98 – 9.

〔64〕 Methanex Corp. v. United States,UNCITRAL,Final Award,3 August 2005.

人进行区别的行为。"[65]

最后,"合法期望"这一概念已经被发展为确定公平公正待遇标准的要素之一。在 Thunderbird v. Mexico 案中,仲裁庭试图对该要素进行如下界定:

"……147. 在已经考虑过晚近的投资案例法以及习惯国际法上的善意原则后,我们认为,在《北美自由贸易协定》框架下,'合法期望'这一概念涉及的是以下情势:缔约一方的行为给投资者(或者投资)创造合理的、正当的期望,投资者(或者投资)依据该行为善意地行事,倘若《北美自由贸易协定》缔约方不尊重此类期望,则会使投资者(或者投资)遭受损失。

148. 合法期望的门槛可能会随着下列情况的不同而各异:所声称的违反《北美自由贸易协定》的行为的性质以及个案的具体情况……"[66]

简言之,较早期的《北美自由贸易协定》仲裁庭倾向于对公平公正待遇进行宽泛的解释,考虑了被认为是附加于传统的国际最低待遇标准要求的要素,诸如透明度、国民待遇和公正等。在 2001 年《北美自由贸易协定》自由贸易委员会通过了解释后,《北美自由贸易协定》仲裁庭在几方面发展了对该标准的理解,但总体看来遵守了这一解释。更为重要的是,仲裁庭承认,在查明公平公正待遇标准的过程中所涉及的国际最低待遇标准并没有冻结在 20 世纪 20 年代 Neer 案的水平上,而是一直处于不断演变发展过程中。作为结果,国家违反公平公正待遇时并不要求恶意。而且一些仲裁庭要求,必须具有一定程度的专横方可构成对该标准的违反。人们也开始区分公平公正待遇标准与最惠国待遇、国民待遇等其他相对待遇标准,也开始界定"合法期望"这一要素。

2. 其他投资条约项下判例的发展

如上所述,多数 BITs 所采用的用语不同于《北美自由贸易协定》第 11

[65] Id. ,Part IV,Chapter C,para 14.

[66] International Thunderbird Gaming Corporation v. Mexico, UNCITRAL (NAFTA), Arbitral Award,26 January 2006, paras 147 – 8. See also Separate Opinion of Professor Thomas Walde, para 3 onwards.

章的第1105条。在这些众多公平公正待遇条款中，一些规定，根据国际法给予公平公正待遇，或者给予不低于国际法要求的公平公正待遇，同时还有一些BITs则没有提及国际法。[67] 因此，在过去的10年中，在其他国际投资条约项下的公平公正待遇标准方面的案例并不一致，这一点毫不奇怪。[68] 在可适用的BIT没有明确提及"国际法"的情况下，仲裁庭往往采用"简单字面意思"（或语义分析）的方法，在确定涉案行为是否违反公平公正待遇时，有的提及一般国际法，有的则完全没有提及一般国际法。在Maffezini v. Spain案[69]中，面对从西班牙银行私人账户转移政府官方经费的问题，仲裁庭断定，"在这个贷款交易过程中缺乏透明度"，因而违反了《西班牙—阿根廷BIT》项下的公平公正待遇义务。[70] 对此，该案仲裁庭并未作进一步推理，但主张这一结论是根据国际法一般原则得出的。

在Middle East Cement v. Egypt案[71]中，仲裁庭断定，对于即将实行的扣押船舶，埃及并没有直接对船东进行适当通知，这一做法违反了《埃及—希腊BIT》中的公平公正待遇要求。[72] 如上所述，在确定东道国的行为构成违反公平公正待遇时，仲裁庭并未依据一般国际法，而是依据该BIT以及东道国的相关国内法。仲裁庭指出：

"[……]该BIT的第2.2条要求，'应该在所有时候给予缔约一方投资者在缔约另一方境内的投资以公平公正待遇和全面的保护与安全'。***在解释这一规定时，应该特别注意到第4条对'相当于征收'的措施给予的特殊保护，以及第4.1条所要求的'法律正当程序'***。"

因此，对于像扣押和拍卖申请人船只这样重要的事情而言，被申请人***应该根据第308号法律第7条第1段的要求，直接通知申请人，而不管是否***

---

〔67〕 UNCTAD, Investor – State Dispute Settlement and Impact on Investment Rulemaking, UNCTAD/ITE/IIA/2007/3, at 43.

〔68〕 Id.

〔69〕 Emilio Agustín Maffezini v. Spain, ICSID Case No. ARB/97/7, Award, 13 November 2000.

〔70〕 Id., para 83.

〔71〕 Middle East Cement Shipping and Handling Co. S. A. v. Egypt, ICSID Case No. ARB/99/6, Award, 12 April 2002.

〔72〕 Id., para 143.

存在申请人所辩称的通过附带有回执的挂号信来通知的法律义务或做法。仲裁庭断定,事实上就此适用的程序没有符合该BIT第2.2条和第4条的要求。"[着重部分系作者标示]

在最新的Siemens v. Argentine案[73]中,仲裁庭指出,即便相关BIT在界定公平公正待遇时没有提及国际法,它也必须要依据国际法以确定该待遇标准的意义。[74] 该仲裁庭采用简单字面意思方法,断定阿根廷违反了公平公正待遇义务,因为其行为缺乏透明度,且违反了善意原则。[75] 此外,仲裁庭还指出,自20世纪20年代以来,国际法一直处于发展过程之中,恶意已经不再是违反公平公正待遇标准的必要要素。[76] 该案仲裁庭的立场显然与《北美自由贸易协定》的立场非常类似,尽管该案所涉BIT的用语与《北美自由贸易协定》的用语并不相同。这就再一次验证了上述观点,也即不管仲裁庭采用哪一种方法,最终得出的结论可能都是一样的。

在BIT明确提及"国际法"的情况下,其他国际条约项下的仲裁庭在衡量标准时都明显运用国际法来处理。而且还有一种"传统"的观点,该观点坚持20世纪20年代Neer案决定中所反映出来的传统国际法。采用这一方法的典型例子是Alex Genin v. Estonia案[77]。该案涉及爱沙尼亚当局撤销给予投资者的银行业许可问题。[78] 仲裁庭断定,虽然爱沙尼亚当局采取的特定程序并不符合爱沙尼亚法律,可以被认作违反了一般接受的银行以及管制做法,但这些程序并未构成对《美国—爱沙尼亚BIT》项下的公平公正待遇标准的违反,因为爱沙尼亚银行采取的行动有充足的理由。仲裁庭接着推理说:

---

〔73〕 Siemens A. G. v. Argentine Republic, ICSID Case No. ARB/02/08, Award, 6 February 2007.

〔74〕 Id., para 291.

〔75〕 该案仲裁庭注意到:"从'公平''公正'、该条约的目的和宗旨……来看,这些术语所表示的是以无偏见、合理的方式给予的待遇,这种待遇有助于推动外国投资的促进和保护,激发私人投资的主动性。"Id., paras 299、300、308.

〔76〕 Id.

〔77〕 Alex Genin, Eastern Credit Limited, Inc. v. Estonia, ICSID Case No. ARB/99/2, Award, 25 June 2001.

〔78〕 Id.

“该BIT第2条第3款第1项要求,签署国政府以‘公平合理的方式’对待外国投资……虽然这一标准的确切含义并不清楚,但仲裁庭的理解是,该标准指的是一种独立于国内法之外的‘国际最低标准’,但它事实上是一个最低的标准。***违反该最低标准的行为将包括表明故意的玩忽职守的行为,明显低于国际标准的不充分的作为,甚至还包括主观上的恶意***。”[79][着重部分系作者标示]

另外,还存在一种“进化”的观点,该观点认为,自从Neer案以后,国际法一直处于发展之中,持这种观点的包括CMS v. Argentina案[80]、Azurix v. Argentina案[81]仲裁庭的决定。例如,Azurix仲裁庭在仔细分析了之前的案例后断定:

“除掉Genin案之外,晚近《北美自由贸易协定》项下的案件以及Tecmed案均存在一个共同的观点,这就是不将恶意作为接受投资的国家未能公平公正地对待投资者的必要要素。正如CMS案仲裁庭最近所言,公平公正待遇是一个客观的标准,其与‘被申请人在采取争议中的措施时是否故意或恶意无关。当然,这种意图或恶意能使情况更为恶化,但其仍不是公平公正待遇标准的实质性要素。’人们也认为,在这种情况下,国家的行为必须低于国际标准,但这种国际标准不是1927年的标准。”[82]

除了这些一般性的方法外,有关公平公正待遇标准的具体要素也有发展。首先,Tecmed v. Mexico案[83]发展了投资者的“(合法)期望”的概念。该案涉及东道国拒绝给一个垃圾掩埋场的许可展期的问题。申请人依据《墨西哥—西班牙BIT》提起仲裁,该BIT第4条第1款规定,东道国应根据“国际法”给予公平公正待遇。仲裁庭认为,在确定东道国是否违反了该公

---

〔79〕 Id. ,para 367.

〔80〕 CMS Gas Transmission Company v. Argentina, ICSID Case No. ARB/01/8, Final Award, 12 May 2005.

〔81〕 Azurix Corp. v. Argentina, ICSID Case No. ARB/01/12, Final Award, 14 July 2006, para 368(该裁决书援引了本书上文所引用的Mondev v. US案决定书中的一段内容)。

〔82〕 Id. ,para 372.

〔83〕 Tecnicas Medioambientales Tecmed S. A. v. Mexico, ICISD Case No. ARB(AF)/00/2, Final Award, 29 May 2003.

平公正待遇义务时，考察投资者的期望至关重要：

“本庭认为，依据国际法中所确立的善意原则，该协议的这一条款要求缔约国像外国投资者提供不至于损害其基本期望的国际投资待遇，这种期望是投资者在进行投资时所重视的。外国投资者期望东道国在与之有关的行为上具有连续性，不模棱两可，完全透明，以便外国投资者可以事先知道调整其投资的任何规则和规定。……因此，东道国遵守这种行为模式与上述原则紧密相连，与强制实施这些原则的实际可能紧密相连，与排除东道国的国家行为具有专横性紧密相连，国家行为具有专横性，也即‘……任何一个理性的不偏袒的人’都会认为相关国家行为存在不足，或国家行为虽然没有违反哪个具体规定，但仍然因为……（其）对法律信仰（sense of juridical propriety）造成打击或至少惊吓，达到了违反法律的效果。”[84]

“合法期望”这一要素的重要性也在 Saluka v. Czech 案裁决中得到了集中体现。该裁决将“合法期望”这一概念视为公平公正待遇标准的“最主要要素”。[85]

人们围绕公平公正待遇标准所发展出来的另一个重要要素就是法律和商业框架的稳定性和可预测性，该要素与“合法期望”原则相关。例如，在 CMS v. Argentina 案裁决[86]中，仲裁庭断定：

“……274. 但是，该条约的序言清楚表明，其保护设计的一个主要目标便是，公平公正待遇有助于‘保持稳定的投资框架并最大化地利用经济资源’。***故毫无疑问，稳定的法律和商业环境是公平公正待遇的基本要素***。

……

[84] Id. ,para 154. 该案裁决为 MTD Equity Sdn. Bhd. and MTD ChileS. A. v. Republic of Chile 案仲裁庭所效仿（并援引）。MTD Equity Sdn. Bhd. and MTD ChileS. A. v. Republic of Chile（MTD v. Chile），ICSID Case No. ARB/01/7, Award of 25 May 2004, para 114. 但是，MTD 案仲裁庭并不认为，公平公正待遇标准包含东道国确保投资框架具有透明度的义务。它倒是确认，公平公正待遇标准极易受具体事实影响。在该案中，当事方各执一词。MTD v. Chile, paras 107 – 78.

[85] Saluka Investments BV（The Netherlands）v. The Czech Republic, UNCITRAL Arbitration, Partial Award, 17 March 2006, para 302.

[86] CMS Gas Transmission Company v. Argentina, ICSID Case No. ARB/01/8, Final Award, 12 May 2005.

276. 除了该条约的具体规定外,大量规定了该标准的条约,包括双边条约和多边条约,都毫不含糊地表明,***公平公正待遇与稳定性和可预测性是不可分离的***。许多仲裁裁决和学术论述亦持同一观点。"[87][着重部分系作者标示]

最近一些涉及公平公正待遇标准的仲裁裁决也认可了稳定且可预测的法律和商业框架与投资者的合法期望之间的相关性,这包括 PSEG v. Turkey 案、[88] Enron v. Argentine Republic 案[89]、MCI v. Ecuador 案[90]和 Parkerings - Compagniet v. Lithuania 案[91]。

在 MCI v. Ecuador 案中,仲裁庭驳回了申请人提出的东道国违反公平公正待遇标准的请求。仲裁庭评论道:"受 BIT 保护的外国投资者就获得适当对待的期望的合法性并不仅仅取决于当事方的意图,还取决于可执行的义务内容的确定性。[92]在 Parkerings - Compagniet v. Lithuania 案中,仲裁庭又往前迈了一步,试图确定一套衡量投资者对法律环境稳定性的合理期望的标准,包括:(1)东道国做出的明示的保证或陈述;(2)投资者在投资时考虑的东道国做出的默示保证或陈述;(3)如东道国没有做出保证或陈述,与缔结协议有关的环境;(4)在投资者投资之时的东道国行为。[93] 仲裁庭断定,立陶宛并未向投资者明示或默示承诺投资的法律环境将保持不变,最终驳回了申请人提出的有关公平公正待遇的请求。[94]

---

[87] CMS v. Argentina, Final Award, paras 273 - 7. See also Occidental Exploration and Production Company v. The Republic of Ecuador (Occidental v. Ecuador), LCIA Case No. UN3467, Final Award, 1 July 2004, para 183. 该案仲裁庭断定,"法律和商业框架的稳定性是公平公正待遇的……一个基本要素"。

[88] PSEG Global et al. v. Republic of Turkey, ICSID Case No. ARB/02/5, Award, 19 January 2007.

[89] Enron Corporation and Ponderosa Assets, L. P. v. Argentine Republic, ICSID Case No. ARB/01/3, Award, 22 May 2007 (Decision on Rectification, 25 October 2007).

[90] M. C. I. Power Group L. C. and New Turbine, Inc. v. Ecuador, ICSID Case No. ARB/03/6, Award, 31 July 2007.

[91] Parkerings - Compagniet AS v. Lithuania, ICSID Case No. ARB/05/8, Award, 11 September 2007.

[92] MCI v. Ecuador, para 278.

[93] Id., para 331.

[94] Id., paras 334 - 8.

简言之,迄今为止,BIT 仲裁庭就公平公正待遇的含义的解释并未完全一致,它们所采用的基本方法主要有两种。如果可适用的 BIT 的公平公正待遇条款并未明确提及"国际法",则仲裁庭倾向于使用"简单字面意思"方法/语义分析方法,或依据或不依据习惯国际法。如果可适用的 BIT 的公平公正待遇条款明确提及"国际法",一些仲裁庭采取了坚持 Neer 案裁决中所反映的国际法的"传统方法",另一些仲裁庭则采用了承认自从 Neer 案后国际法一直处于发展状态的"进化方法"。虽然公平公正待遇标准的范围和内容尚未完全清楚,但诸多仲裁庭已经提取出有关该标准的若干要素。这类要素包括透明度、善意、投资者的合法期望、法律和商业环境的稳定性和可预测性。[95] 关于公平公正待遇标准和国际最低待遇标准是否应该挂钩的问题,争论还在持续。

3. 全面的保护与安全

在 BIT 以及其他投资文件中,全面的保护与安全标准常常与公平公正待遇标准结合在一起。[96] 有时该标准被认定为属于公平公正待遇标准的重要组成部分,或者被强调是与公平公正待遇标准一样的义务。[97] 因此,此处将该标准与公平公正待遇标准放在一起讨论。

传统上,该标准被界定为,东道国在行动上保护(physical protection)外国投资者的资产免因其外国属性而受到威胁或攻击。[98] 换言之,该标准通

---

〔95〕 关于公平公正待遇标准所包含的要素的更全面阐述,see R Dolzer and C Schreuer, Principles of International Investment Law (2008), 119 – 48; S W Schill, 'Fair and Equitable Treatment under Investment Treaties as an Embodiment of the Rule of Law', IILJ Working Paper 2006/6; C McLachlan, L Shore, and M Weiniger, International Investment Arbitration: Substantive Principles (2007); B Choudbury, 'Evolution or Devolution? Defining Fair and Equitable Treatment in International Investment Law' 6 Journal of World Investment and Trade 297, (2005)。

〔96〕 Dolzer and Stevens, at 61.

〔97〕 例如,Asante 法官在 AAPL v. Sri Lanka 案的异议意见书中写道"关于公平公正待遇、全面的保护与安全、非歧视待遇的要求都强调,东道国在保护境内外资过程中负有谨慎处理的一般义务,这个义务的渊源则是习惯国际法。" See Asian Agricultural Products Ltd. (AAPL) v. Republic of Sri Lanka (1991) ICSID Case No. ARB/87/3; 30 ILM 577, at 580 – 655.

〔98〕 G Sacerdoti, 'Bilateral Treaties and Multilateral Instruments on Investment Protection' (1997) Recueil des Cours Tome 269, 347.

常适用于暴力情形，诸如暴动、国内动乱，以及其他公众性的骚乱（public disturbance）。[99] 同时，该标准不是一个结果义务，也即不是承保由于上述国内冲突情势而产生的任何损失的保单。这是一个“适当注意”义务，东道国仅需要善意地保护外国人拥有的财产即可，而不用考虑可用于如此行事的资源是否充足。[100] 因此，其已被确立为具有精确内涵的清晰而独特的标准——“适当注意”义务。[101]

但是，投资仲裁庭似乎越来越倾向于扩大这个义务的范畴，使之不仅局限于在暴力情势下提供实质保护，因此，该义务与公平公正待遇义务融合在一起。[102] 例如，在 Occidental v. Ecuador 案[103] 中，尽管并未发生真正的暴乱和损害，仲裁庭还是断定东道国违反了该标准。仲裁庭断定，厄瓜多尔因废除有关该合同的先前决定而违反了公平公正待遇标准，它接着断定“不公平不合理的待遇自动构成没有给予投资以完全的保护与安全”。[104] 在 Azurix v. Argentina 案[105] 中，仲裁庭也认可下述观点：全面的保护与安全不仅仅限于实际保护（physical protection），并进一步指出，“在投资者看来，安全的投资环境所提供的稳定性同样重要”。它说道：“当仅用‘完全’而非其他形容词或解释修饰‘保护与安全’这一术语时，就通常含义而言，这一标准的内容已经超出实际安全（physical security）之外”。它的结论是，就像 Occidental 案

---

〔99〕 UNCTAD, Investor – State Dispute Settlement and Impact on Investment Rulemaking, UNCTAD/ITE/IIA/2007/3, at 46.

〔100〕 在这个方面经常被援引的成案包括：American Manufacturing & Trading（AMT）v. Zaire, ICSID Case No. ARB/93/1, Award, 21 February 1997; Asian Agricultural Products Ltd.（AAPL）v. Republic of Sri Lanka, ICSID Case No. ARB/87/3, Award, 27 June 1990; and Wena Hotels Ltd. v. Arab Republic of Egypt, ICSID Case No. ARB/98/4, Award on Merits, 8 December 2000。

〔101〕 UNCTAD, Investor – State Dispute Settlement and Impact on Investment Rulemaking, UNCTAD/ITE/IIA/2007/3, at 46.

〔102〕 我们不仅可以从下文援引的近期案例看出这一点，还可以从下述案例看出端倪：例如，CME Czech Republic B. V. v. Czech Republic, UNCITRAL, Partial Award, 13 September 2001, para 613; Ronald S. Lauder v. The Czech Republic, UNCITRAL, Final Award, 3 September 2001, para 314. See also Jack Rankin v. The Islamic Republic of Iran, Iran – United States Claims Tribunal, Award, 3 November 1987（17 Iran – United States Claims Tribunal Reports）, paras 135 and 147。

〔103〕 Occidental Exploration and Production Company v. Ecuador, London Court of International Arbitration, Case No. UN 346, Award, 1 July 2004.

〔104〕 Id., para 187.

〔105〕 Azurix v. Argentina, ICSID Case No. ARB/01/12, Final Award, 14 July 2006.

决定那样,违反公平公正待遇义务也相当于违反保护与完全安全标准。[106]在2007年做出的Vivendi v. Argentina案[107]中,仲裁庭同样认为,《阿根廷—法国BIT》项下的"保护与完全的安全"义务不仅适用于被申请人辩称的"实际干预"(physical interferences),而且还"适用于剥夺了对投资者的投资的保护与全面安全……的任何行为或措施"。[108]

简言之,晚近的仲裁实践似乎在将保护与安全标准延伸至涵盖实际以及非实际的干预(physical and non - physical interferences),最终将其与公平公正待遇标准相融合。但是,考虑到迄今为止的案例非常有限,且这些案例的时间跨越度都比较短,因此,认定某种特定的模式或规则已经确立可能(might)为时过早。

（三）小结

如上所述,尽管公平公正待遇标准在投资条约中被广泛使用,也受到许多投资仲裁案件的详细审查,但目前尚未确立有关该标准的统一解释。就此而言,常用的方法有两种:简单字面意思方法和国际最低待遇标准方法。第一种方法是正常的选择,因为它符合国际法中的一般解释规则。但是,第二种方法具有相对清晰的优点,因为它明确地以国际最低待遇标准为依据。

由于《北美自由贸易协定》将公平公正待遇标准与国际最低待遇标准相挂钩,故与之相关案例通常都采用国际最低待遇标准方法。但是,早期的《北美自由贸易协定》仲裁庭倾向于扩张解释公平公正待遇,为东道国设置了高于传统的国际最低待遇标准的义务。自从《北美自由贸易协定》自由贸易委员会2001年通过了相应解释后,仲裁庭大体上都沿用了该解释,将公平公正待遇义务局限于国际最低待遇标准范围之内。但是,仲裁庭自此断定,公平公正待遇条款项下的国际最低待遇标准不应是20世纪20年代

---

〔106〕 Id. ,para 408.

〔107〕 Compañiá de Aguas del Aconquija S. A. and Vivendi Universal v. Argentine Republic, ICSID Case No. ARB/97/3, Award, 20 August 2007.

〔108〕 Id. , Vivendi, paras 7. 4. 15.

Neer 案决定所确定的那样,而应是一个自那时开始一直处于演变过程中的标准,例如,恶意已经不是《北美自由贸易协定》之类的现代投资条约所要求的基本要素。

非《北美自由贸易协定》协议项下的投资案例具有不同的特征。当可适用的 BIT 并未提及"国际法"时,仲裁庭倾向于采用"简单字面意思方法"确定公平公正待遇标准的意义,有些依据国际法,有些则没有。在可适用的 BIT 提及"国际法"的情况下,一些仲裁庭依据 Neer 案所反映的传统国际法,另一些断定国际法在 Neer 案后一直处于发展之中。

在《北美自由贸易协定》以及其他投资条约项下的实践中,人们从许多方面提取了公平公正待遇标准的要素,尤其包括透明度、善意、尊重合法期望、法律和商业环境的稳定性和可预测性。

在投资条约中,保护与安全要素常常和公平公正待遇标准结合在一起。虽然传统上人们将该标准解释为要求履行"适当注意"义务的单独标准,要求东道国在发生诸如动乱、国内冲突或公众性的骚乱等暴力情势下进行实质性干预(physical interference),晚近的投资仲裁案件开始倾向于扩大该标准的适用范围,让其触及非暴力情势下的非实质性干预(non - physical interferences),并使之与公平公正待遇标准相融合。但是,如果说这种做法衍生出一个新规则,那还为时尚早。

从整体上来看,无论是在理论上还是在实践上,公平公正待遇标准的解释存在很多的差异和争议,至今就该标准的解释尚未达成公认的、统一的方法。虽然有些要素已经被普遍认定为该标准的组成部分,但仍存在较大分歧。[109] 在这种背景下,相关规定的具体措辞,以及个案的具体情况仍将对该标准的解释起到关键性的作用。这些发展也必将对未来中外 BITs 中的公平公正待遇的解释产生影响,对此我们将在下文中加以探讨。

---

〔109〕 例如,虽然大多数仲裁庭都断定,国际最低标准自 1920 年以来一直处于演进过程中,根据现代国际法,恶意已不再是必备要件,但 Genin 案仲裁庭却持不同观点。关于此案仲裁庭的具体观点,请参见本书第 3. 37 段。

三、中外投资条约中的公平公正待遇

与国际范围的BIT缔结实践相一致，公平公正待遇是中外BITs最经常使用的实体保护标准。所有的三个《中国BIT范本》都包括该标准，而该范本的第一版将公平公正待遇标准和“保护”结合在一起，第二版和第三版则将公平公正待遇标准和“持续的保护和安全”结合在一起。第一版规定：

“1. 缔约国一方投资者在缔约国另一方领土内的投资和与投资有关的活动应受到公正与公平的待遇和保护。”

在第二版中，该条被移至第2条，即有关一般性的投资促进和保护，这意味着其所规定的内容构成对准入和运营阶段的外资的持续性要约。在最新的第三版中，该内容移回至关于投资待遇的第3条，同时增加了一个修饰语“在任何时候”。[110] 有人猜测这或许意味着其同时适用于准入阶段和运营阶段。但是，该条款所指的与投资者的投资有关的保护仅仅在投资已经实际做出时适用。第三版的另一个不同之处在于，它将公平公正待遇与“持续的保护与安全”义务分离开来，后者规定在第2条（有关促进和保护投资的一般条款）当中。

沿用这些BIT范本，多数中外BITs都包括了公平公正待遇条款，其中一些伴之以保护与安全条款。[111] 但是，也有一些BITs并未提及这个标准。在那些提及公平公正待遇标准的BIT中，该标准出现在条约的不同位置。其中多数并未进一步界定该标准，也有一些通过提及诸如国内法、国际条约、一般国际法或同一个条约中的其他待遇标准的方式对之进行限制。而且，一些BITs明确规定了对此标准的例外，本文以下将探讨中外BITs项下的公平公正待遇标准的这些方面和变化。

---

〔110〕 该条内容是：“缔约任何一方的投资者在缔约另一方领域内的投资应始终得到公平公正待遇。”请参见《中国BIT范本》（第三版），第3条。

〔111〕 2002年《中国—波斯尼亚和黑塞哥维那BIT》第2条第2款、2003年《中国—圭亚那BIT》第2条第2款均是同时规定公平公正待遇条款、保护与安全条款的典型例子。

(一)无公平公正待遇条款

虽然多数中外BITs都包含公平公正待遇条款,但也有一些BITs只字未提。这包括中国与日本、韩国、土耳其、前南、罗马尼亚(包括其1983年和1994年版本)、白俄罗斯分别签订的BIT。目前尚不清楚这些BITs忽略公平公正待遇条款的原因。[112] 考虑到如上所述,公平公正待遇尚未被普遍接受为习惯国际法的组成部分,因而不能做出这样的假定:虽然缺乏明确的规定,但公平公正待遇义务仍然存在于这些BITs之中。[113] 就像前面讨论的那样,这将意味着,在确定待遇标准问题上,必须求助于BITs规定的其他标准、一般国际法,以及/或者东道国的国内法。[114]

(二)位置

有人已经注意到,公平公正待遇条款在条约中的位置可能影响到它的法律效果。尤其是,如果该术语仅包括在条约的序言之中,它将仅具有鼓励的效应,而不创造具体的法律义务。[115] 在这方面,有人已经观察到,多数中外BITs是在诸如"投资的保护和促进"[116]"待遇"[117]或"征收"[118]等实体条

---

[112] 一位中国评论者注意到,这主要是因为缔约对方不愿意包括这种标准。虽然其没有提供任何资料证实这种观感的正确性,但鉴于上文所列举的一些国家,比如日本、罗马尼亚等,的确在传统上拒绝在BIT中增加公平公正待遇条款,故这种观感似乎言之成理。请参见陈辉萍:《公正与公平待遇的新发展》,载《国际经济法学刊》2006年第13卷第3期,脚注41。See also UNCTAD, Key Issues I, at 217(其注意到《日本—埃及BIT》和《意大利—罗马尼亚BIT》中就没有这种待遇标准。

[113] UNCTAD, Key Issues I, at 217.

[114] 很明显,在此,又会像上文所提到的局面那样,人们将对习惯国际法的内容,或者国际习惯法到底存不存在等问题各执一词、争论不休。

[115] 联合国贸易与发展会议所作的一份研究观察到:"首先,在鼓励性方案中,缔约方并未打算就此设定有约束力的义务;缔约方有时在投资法律文件的序言中采用这种方案,他们承认公正在投资流程中的重要性,但却避免明确规定这样一个要求缔约方根据公平公正待遇标准行事的法律义务。" UNCTAD, Key Issues I, at 216.

[116] 例如,可参见1983年《中国—德国BIT》第2条;《中国—挪威BIT》第3条;《中国—意大利BIT》第2条。

[117] 中国缔结的大多数BITs都是在"待遇"条文下规定公平公正待遇标准的。例如参见2001年《中国—荷兰BIT》第3条第1款。

[118] 正常情况下,这就涉及"保护与安全"。例如,可参见1983年《中国—德国BIT》第4条;《中国—法国BIT》第4条;《中国—意大利BIT》第4条。

款部分提及这一标准,仅有几个 BITs 将这个标准包含在序言之中。例如,中国与瑞典、丹麦 BIT 就是在序言中提及公平公正待遇标准。但是,这两个 BITs 都在“待遇”条款中重复规定了公平公正待遇标准。如果公平公正待遇在条约的“待遇”条款中出现,则存在具体的公平公正待遇法律义务;如果仅在序言中出现,则反之。有趣的是,一些中外 BITs 在“投资的保护和促进”以及“待遇”条款中重复规定了公平公正待遇义务。[119] 考虑到这两个条款都是实质性义务条款,重复性的规定也许能够增强该义务,但并不因此而新增任何义务。因而,这些不必要的重复性规定看来并非明智之举。

(三)评判标准

多数中外 BITs 并未明确提及具体的法律体系或其他标准。但是,还有些中外 BITs 提及诸如国内法、当前 BIT、缔约双方都是其成员的条约、被双方都接受的普遍承认的国际法原则、普遍/共同承认的国际法原则等标准。一些 BITs 还提及最惠国待遇标准和国民待遇标准。

在 BIT 中规定了明确标准的情况下,就需要根据这些标准来衡量公平公正待遇标准。但是,正如上面论证的那样,如果 BIT 没有规定这些参考标准,就需要先依据条约当中的其他条款来衡量公平公正待遇规定,然后再依据一般国际法和/或东道国国内法。在适用一般/习惯国际法时,可能(might)必须特别予以注意的是,大多数一般/习惯国际法原则是在欧洲、发达国家之中发展开来的,中国并未参与过这个过程。因此,中国对这些原则并不熟悉,因而有些抵触。的确,一些中国学者的早期著作断然否定国际法/最低标准的存在和可适用性。比如,姚梅镇就写道,国际(法/最低)标准“实质上是帝国主义和殖民主义理论,并不符合当代国际法的规定”,因此“无论是在理论上还是在实践上都不能接受”。[120] 相应地,较早期的中外 BITs 曾试图尽量避免提及“国际法”,不管是关于解释公平公正待遇的法

[119] 例如,可参见《中国—埃及 BIT》第 2 条第 2 款、第 3 条第 1 款,《中国—摩洛哥 BIT》第 2 条第 2 款、第 3 条第 1 款。

[120] 姚梅镇:《国际投资法》,武汉大学出版社 1987 年版,第 334 ~ 1118 页。

律,还是关于解决投资争端的准据法。在中外 BITs 中鲜有提及国际法的情况下,此类国际法设置了实质性限制,即规定这类国际法必须是缔约双方都“接受的”“一般承认的”。[121] 直到晚近一些年,中外 BITs 才开始没有任何限制性修饰地接受这类原则,这一点容后详述。因此,可以预见的是,即便中国接受了该概念,在一般/习惯国际法的确切范围和内容上与缔约伙伴国家也会发生分歧。在这个过程中,上述仲裁庭所发展出来的有关公平公正待遇标准的解释方法和构成要素将提供一些指引。

1. 东道国的国内法

较早期的 1984 年《中国—芬兰 BIT》似乎是中外 BITs 唯一一个规定公平公正待遇标准受东道国国内法制约的 BIT。该协议第 3 条规定:

“缔约一方应***依照其法律法规***始终确保缔约另一方投资者的投资享有公平的***待遇***。”[122][着重部分系作者标示]

由于这个公平公正待遇义务明确提到国内法律法规,故会产生实质性限制的效果。换言之,根据这个公平公正待遇条款,外国投资者不能请求得到超出东道国国内法的待遇。但是,这个 BIT 已经被 2004 年《中国—芬兰 BIT》所取代,后者删除了该限制。[123] 虽然该 BIT 未明确地提到国际法,但该变化为仲裁庭依据国际法衡量公平公正待遇标准打开了方便之门。

2. 国际条约

许多中外 BITs 根据当前协议仅给予依照东道国法律法规获得批准的投资以公平公正待遇。[124] 《中国—新加坡 BIT》就是如此,它的内容是:

“依照第 2 条批准的投资,应根据本协定给予公正公平的待遇和保护。”[125]

在未对公平公正待遇以其他方式作进一步界定的情况下,基于何种意

---

[121] 例如,可参见 1984 年《中国—比利时和卢森堡 BIT》之《议定书》第 7 条。容后详述。

[122] 1984 年《中国—芬兰 BIT》第 3 条。

[123] 2004 年《中国—芬兰 BIT》第 3 条第 1 款。

[124] 例如,可参见下述 BITs 的第 3 条第 2 款:《中国—斯里兰卡 BIT》《中国—毛里求斯 BIT》《中国—新加坡 BIT》。

[125] 1985 年《中国—新加坡 BIT》第 3 条第 2 款。第 2 条要求,该 BIT 所保护的任何投资都必须经过东道国指定的机关专门批准。

图引入“依据本协议”这一修饰语,目前还不是非常清楚。也许这意味着仲裁庭可以依据包括其他待遇标准,如最惠国待遇和国民待遇等在内的其他条约规定,这值得商榷。但是,由此会产生一个问题:该约中已经包括了其他标准,另加一个公平公正待遇标准有何意义?[126] 条约的有效解释原则可能(might)意味着,公平公正待遇标准应该具有不同于该 BIT 中已有的其他标准的含义。也许有人会争辩说,增强已规定在其他条款中的义务也是一种附加的价值,而且,考虑到该条款已经将“本协议”作为唯一的法律依据(law of reference),尚不清楚可否引入习惯国际法来解释此种情况下的公平公正待遇。

《中国—阿拉伯联合酋长国 BIT》规定了另一种也可能是仅有的模式,它在界定“全面的保护与安全”义务时,不仅提到当前协议,还提到了缔约双方都是成员的其他协议。其规定:

“投资一旦设立,投资应始终享受与缔约各国均为成员国的有关国际条约一致的充分保护和保障。”

这一规定的效果应该是,将依据范围由当前协议扩大到缔约双方均是其成员所有相关协议,比如任何区域性或多边性投资协议。

3. 国际法的原则

如上所述,在接受“国际法基本原则”这一问题上,中国的态度一向非常谨慎,尤其是在早期更为如此。出现这种现象的主要原因是,担心这将导致习惯国际法或国际最低待遇标准,而对这些概念,中国既不熟悉,也从未参与过它们形成的过程。是以,早期的中外 BITs 罕有提及“国际法原则”。直到现在,中国也只是在例外的情况下才会在中外 BITs 中提及国际法,而且将其限定为缔约方都明确接受的原则。比如,1984 年《中国—比利时和卢森堡 BIT》就一个典例。该协议第 3 条第 1 款和第 2 款规定了公平公正待遇(具体措辞为公平待遇),并在其《议定书》第 7 条解释道:

“ 协定第 3 条第 1 款和第 2 款所涉及的投资的待遇和保护,应不低于普

---

[126] 应予注意的是,一些中国缔结的 BITs 实际上既将最惠国待遇标准和国民待遇标准用作公平公正待遇标准的参考标准,又同时将前两种标准用作单独的待遇标准。容后详述。

遍公认并为缔约双方所接受的国际法原则和规则所含的待遇和保护。”[127]

照此推测，未被东道国政府“接受”（accept）的法律和规则将不能用作该BIT项下的公平公正待遇标准的解释依据。可以预期的是，在BIT项下倘若发生争端，“接受”这一术语的解释必将是争议的另一个中心。

但是，晚近的一些BITs已经抛弃了这种“接受”的要求。比如，《中国—塞舌尔BIT》规定，缔约国“根据国际法原则”给予公平公正待遇。[128] 同理，《中国—哥斯达黎加BIT》将“普遍接受的国际法原则”接受为公平公正待遇的法律依据（law of reference）。[129]

就此而言，《中国—新西兰自由贸易协定》是最新且最独特的。它大体上接受了《美国BIT范本》的风格，采用一整个条款的篇幅规定公平公正待遇标准，其内容为：

“……第143条　公平公正待遇

（1）按照普遍接受的国际法规则，始终给予各方投资者在另一方境内投资公平公正待遇，提供全面保护与安全。

（2）公平公正待遇包括基于一般法律原则，确保投资者不会在任何与投资者投资相关的法律或行政程序中被拒绝公正对待，或受到不公平或不公正对待的义务。

---

[127] 值得注意的是，中外BITs在提到公平公正待遇标准时的具体措辞各异，比如“公平公正待遇”“公平”“公正”。在仲裁实践中，这种措辞的不同可能不会产生很大差异。在Parkerings-Compagniet AS v. Lithuania案中，仲裁庭根据《维也纳条约法公约》第31条解释相关BIT，在这个解释过程中仲裁庭断定，《立陶宛—挪威BIT》中所使用的术语的不同并不重要。“‘公平公正待遇’标准已经被诸多仲裁庭进行了宽泛的解释，故‘公平’和‘合理’这两个术语的解释差异并不重要。”没有证据表明，立陶宛和挪威通过使用公正和合理的字眼想表达与公平公正待遇不同的东西。Parkerings-Compagniet AS v. Lithuania, ICSID Case No. ARB/05/8, Award, 11 September 2007, para 277.

[128] 该BIT将法律上和事实上的非歧视要求规定为公平公正待遇标准的组成部分，可谓独树一帜。该条内容是：

“第4条　公平公正待遇

任一缔约方都应当根据国际法原则给予另一缔约方投资者在其领土内进行的投资公平公正待遇，并且保证因此获得承认的权利的行使在法律上和事实上均不应有障碍。包括但不限于：任何被认为是法律上和事实上对公平公正待遇有所妨碍的对于购买和运输原材料、辅料、能源、燃料和生产方式和运行方式上的歧视性限制，和妨碍产品在其境内和海外销售和运输，以及其他类似措施。”请参见2007年《中国—塞舌尔BIT》第4条第1款。

[129] 请参见《中国—哥斯达黎加BIT》（2007年）第3条。

(3)全面保护与安全要求各方在履行确保投资保护与安全职责时,采取合理的必要措施。

(4)任何一方不得对另一方投资者对投资的管理、维护、使用、收益或处置采取不合理或歧视性措施。

(5)违反本章任何其他条款,并不构成对本条的违反。”[130]

因此,该公平公正待遇不仅提及“普遍接受的国际法规则”作为确定公平公正待遇标准和保护与安全标准的准据法,而且还试图通过提及诸如拒绝公正对待、非歧视等因素来界定这两个标准、将其具体化。它还规定,违反同一条约的其他标准并不自动构成对公平公正待遇标准的违反,从而将公平公正待遇标准与其他标准区分开来。

不加限制条件地接受国际法原则的这一做法清晰地表明,中国对于国际法的概念开始发生转变,这无疑为一般国际法在解释公平公正待遇标准上发挥作用提供了机会。但是,基于上述提及的原因,中外对此类国际法的范围和内容仍然将存在争议。在晚近的《中国—墨西哥 BIT》中,中国包括一个提及“国际法最低标准”的规定,内容是公平公正待遇和保护与安全并不要求国际法最低标准之外的东西。[131] 第5条第2款会对第一段所给予的保护产生实质性的限制,其作用方式与《北美自由贸易协定》的解释说明(Note of Interpretation)相同。因此,对该 BIT 项下的任何未来案例而言,

---

[130] 《中国—新西兰自由贸易协定》第143条。

[131] 《中国—墨西哥 BIT》相关规定的内容是:

“第5条 最低待遇标准

(1)任一缔约方应根据国际法给予缔约另一方投资者的投资包括公正公平待遇及完全的保护与安全的待遇。

(2)本条规定将给予外国人的国际法最低待遇标准作为给予缔约另一方投资者投资的最低待遇标准。

‘公正公平待遇’和‘完全的保护与安全’这两个概念并不要求给予由国家实践和法律确信所确立之国际法要求给予外国人的最低待遇标准之外或额外的待遇。违反本协定的其他条款或其他国际协定的条款,不构成对本条的违反。”

因此,《中国—墨西哥 BIT》将“给予外国人的国际最低待遇标准”规定为公平公正待遇标准的衡量标准。出于上文所提到的原因,这是一个非常重要的发展。很明显,其后所增加的“由国家实践和法律确认所确立”一语意在限制这种最低标准。此规定实践中是否行得通,尚需拭目以待。2004年《美国 BIT 范本》对“习惯国际法”做了类似解释。该范本要求习惯国际法源自于“普遍、一致的国家实践,且国家是出于遵守法律义务的主观认识这样行事的。”请参见2004年《美国 BIT 范本》附件一。

《北美自由贸易协定》案例将特别有意义。

一个相关的问题是,这种开放式地依据国际法的做法可能(might)因最惠国待遇条款的适用而被放大化,以至于较早的那些没有提及国际法,甚至明确提及国内法的BITs都可能(might)因此而被更新或升级。考虑到公平公正待遇条款是实体性条款,人们往往认为最惠国待遇条款会产生这种效果。下一个问题可能(might)就是与其他BITs所确定的其他标准(如当前条约或东道国的法律)相比,依据一般国际法更为有益呢?此外,迄今为止,上面提到的提及国际法的中外BITs均未生效。在这些BITs生效之前,人们不能有效地提出适用最惠国待遇的主张。

4. 其他待遇标准

多数中外BITs将公平公正待遇标准与其他待遇标准相提并论,其中,不少BITs实际上明确提及后者,尤其是最惠国待遇和国民待遇标准,将其作为参考标准。比如,《中国—波兰BIT》规定的内容如下:

"第3条

1. 缔约一方的投资者在缔约另一方领土内的投资和与投资有关的活动应受到公平的待遇和保护。

2. 本条第1款所述的待遇和保护,应不低于给予第三国投资者的投资和与投资有关的活动的待遇和保护。"[132]

显然,第二段提到的最惠国待遇标准是用作界定第一段规定的公平公正待遇标准。一些中外BITs(如中国与摩洛哥、也门分别签订的BIT)更进一步,同时把最惠国待遇和国民待遇作为公平公正待遇标准所要求的最低标准。[133] 但是,与之相反,《中国—叙利亚BIT》在界定公平公正待遇的最低门槛时,对中国方面使用了最惠国待遇标准,对叙利亚方面使用了国民待遇

---

[132] 《中国—波兰BIT》第3条。

[133] 《中国—摩洛哥BIT》第3条第1款、《中国—也门BIT》第2条第2款。将最惠国待遇、国民待遇用作公平公正待遇标准的参考标准的意图,在这两个BITs中体现得最为明显;其事实上在同一个条文中,用单独的一款规定正常的最惠国待遇标准和国民待遇标准,然后再用一款规定公平公正待遇标准,且规定后者的最低要求就是前两者。

标准。[134] 这当然是中国长期以来抵制国民待遇标准的一个体现，这将在下一章予以分析。

(四)例外

值得注意的是，BITs往往在公平公正待遇标准上采取“要么全有、要么全无”的方法，换言之，国家要么不加限制地接受这个标准，要么干脆拒绝。[135] 这与最惠国待遇标准和国民待遇标准的实践截然不同，对于后两者，国家往往在接受时会附加特定的例外。但是，这并不意味着在公平公正待遇标准上并无任何例外。根据习惯国际法，为了公共秩序，国家可以采取必要措施，即便这与BIT中的公平公正待遇义务相悖。不过，一些中外BITs还是明确规定了这一点。比如，旧的1984年《中国—比利时和卢森堡BIT》规定，在投资的管理、运营、使用或清算方面的公正待遇并不阻止国家“为了维持公共秩序和捍卫法律”而采取的必要措施。[136] 在新的《中国—芬兰BIT》中也存在类似的公共秩序例外。[137] 一些其他的BITs也是如此。[138] 虽然可以根据习惯国际法来主张公共秩序例外，但在国家越来越多地被投资者依据投资条约尤其是公平公正待遇条款诉诸仲裁的情况下，这种明确规定有助于强化东道国的立场。

(五)保护与安全(PNS)

许多中外BITs的公平公正待遇义务都伴之以保护与安全义务。[139] 《中

---

[134] 《中国—叙利亚BIT》是唯一一个仅将公平公正待遇作为待遇标准的BIT。不过，其《议定书》在解释该标准时却将最惠国待遇和国民待遇作为参考标准。请参见《中国—叙利亚BIT》第3条，该BIT的《议定书》第1条。类似的非互惠规定可见于中国与秘鲁、南非分别签订的BITs。这两个BITs中，缔约双方同意承担最惠国待遇义务。在此基础上，秘鲁(或《中国—南非BIT》中的南非)另行单方面承担国民待遇义务，中国则不承担该义务。请参见《中国—叙利亚BIT》之《议定书》第1条；《中国—秘鲁BIT》第3条、《议定书》；《中国—南非BIT》第3条。

[135] UNCTAD, Key Issues I, at 217.

[136] 1984年《中国—比利时和卢森堡BIT》第3条第2款。

[137] 《中国—芬兰BIT》(2004年)第3条第6款。

[138] 《中国—摩洛哥BIT》第3条第1款、《中国—也门BIT》第2条第2款。

[139] 这类联合式的规定可见于中国与下述国家之间的BITs：比如，保加利亚(1989年)、丹麦(1985年)、法国(1984年)、德国(2003年)、希腊(1992年)、匈牙利(1991年)、荷兰(2001年)、罗马尼亚(1994年)、波兰(1988年)、立陶宛(1993年)、斯洛文尼亚(1993年)。

国—希腊BIT》的规定就是典例：

“缔约一方的投资者在缔约另一方领土内的投资应始终受到公正公平的待遇和充分的保护和保障。”[140]

一些中外BITs将两个标准分别各用一个条款来表述。[141] 从法律效果上来看，这与将两个标准规定在一个条文中没有什么不同。

不同的中外BITs对保护与安全义务的表述也不尽一致：有的只用“保护”一词，且未使用任何修饰语进行限制，[142]或者“完全的”(full)、[143]“充分的”(adequate)[144]、“持续的”(constant)[145]保护与安全(其中，“完全的保护与安全”最为常见)。诸如“完全的”“充分的”或“持续的”等修饰语的使用意味着更强的义务或更大的适用范围。比如，在Azurix v. Argentina案中，[146]仲裁庭认为，“当用‘完全的’来修饰‘保护与安全’，此外再无其他形容词或解释的时候，从一般意义上来看，这种修饰将该标准的内容扩大到实质性安全(physical security)之外的领域”。换言之，增加形容词“完全的”的做法具有将保护范围由实质性保护扩大到非实质性干预的效果。结果，仲裁庭常常将该标准与公平公正待遇标准合并在一起。如上所述，晚近仲裁实践中出现了扩大保护与安全的保护范围、合并公平公正待遇和保护与安全标准的趋势，当然这种趋势是否会持续下去还有待观察。[147]

(六)专横、歧视性的措施(ADM)

一些中外BITs，尤其是晚近签订的那些，在一般性的公平公正待遇条款和保护与安全条款之外，还增加了一个单独的禁止专横的/不合理的和

[140] 《中国—希腊BIT》(1992年)第2条第2款。

[141] 例如，中国与下述国家之间的BITs：荷兰(2001年)；拉脱维亚(2004年)、葡萄牙(2005年)、西班牙(2005年)。

[142] 例如，《中国—爱沙尼亚BIT》(1993年)。

[143] 例如，《中国—保加利亚BIT》(1989年)、《中国—捷克共和国BIT》(2005年)。

[144] 例如，《中国—意大利BIT》(1985年)。

[145] 例如，《中国—立陶宛BIT》(2004年)。

[146] Azurix v. Argentina, ICISD Case No. ARB/01/12, Final Award, 14 July 2006.

[147] 第3.41部分将予以进一步详细评述。

歧视性的措施(arbitrary/unreasonable and discriminatory measures,ADM)的规定。[148] 比如,2005年《中国—葡萄牙BIT》规定(其已经在前两段规定了公平公正待遇、保护与安全标准):

"一方不得对另一方投资者在其境内投资的管理、维持、使用、享有和处分采取任何随意的或歧视性的措施。"[149]

专横、歧视性的措施条款很可能不但不减损公平公正待遇、保护与安全条款的一般保护,而且还会增强这种保护的力度。然而,当前的投资仲裁实践表明,与证明东道国的行为违反了公平公正待遇条款相比,申请人证明所争议的措施具有专横性的难度更大。例如,在晚近的一些案件中,仲裁庭断定东道国的行为违反了公平公正待遇标准,但驳回了申请人提出的上述行为同时具有专横性或歧视性的主张。[150]

一些中外BITs将不专横和不歧视的保证受制于东道国的法律和法规。[151] 比如,2005年《中国—比利时和卢森堡BIT》规定:

"4.***在不损害其法律法规的前提下***,缔约一方不得对缔约另一方投资者的投资的管理、维护、使用、收益和支配采取任何不合理或歧视性的措施。"[着重部分系作者标示]

从字面意思上解释,对东道国法律法规的这种保留[152]允许东道国在立法上保持或引入那些若非如此则会被视作"不合理"或"歧视性"的措施。但是,东道国不能通过法律法规以外的方式,比如国家官员的个人行为或国家机构,施加不合理的、歧视性的措施。

但是,这类保留一般被认为缩小了条约保护的范围,因此有必要将专

---

〔148〕 例如,《中国—芬兰BIT》(2004年)、《中国—德国BIT》(2003年)、《中国—荷兰BIT》(2001年)、《中国—西班牙BIT》(2005年)、《中国—葡萄牙BIT》(2005年)。

〔149〕 《中国—葡萄牙BIT》(2005年)第2条第3款。

〔150〕 特别是参见Enron Corporation and Ponderosa Assets L. P. v. The Republic of Argentina, ICSID Case No. ARB/01/3, Award of 22 May 2007, para 286; Sempra Energy International v. The Argentine Republic, ICSID Case No. ARB/02/16, Award of 28 September 2007, para 318。

〔151〕 《中国—拉脱维亚BIT》(2004年)和《中国—比利时和卢森堡BIT》(2005年)包含这样的规定。

〔152〕 国民待遇条款有时也有类似的保留。下章将予以进一步详述。

横、歧视性的措施条款与一般性的公平公正待遇条款相协调。如果应用特别法优于一般法的原理解决这两个条款,其结论必然是,国家的“不合理的”或“歧视性的”立法措施没有违反一般性的公平公正待遇标准。

(七)小结

公平公正待遇标准是中外BITs最常使用的标准之一,但也偶有BITs未作规定。在后一种情况下,不能轻易地主张国家也需承担给予公平公正待遇标准义务。多数公平公正待遇条款位于BIT的实体性条文中,同时也有一些包括在序言条款中,在后者情况下,难以创设可强制执行的法律义务。

多数中外BITs并未对公平公正待遇标准进行界定,但也有少数中外BITs在界定时规定了特定的标准。一些中外BITs规定该标准受制于东道国的法律和法规,由此切断了依据习惯国际法判断的可能性。一些中外BITs则限制在本条约或其他相关条约的范围之内,由此产生的疑惑是:一般国际法到底能否起到作用?迄今为止,只有少数中外BITs在公平公正待遇标准的解释上提及一般承认的国际法原则,其中一些还特别规定,这种原则必须是缔约双方都“接受”的。虽然在中国的投资条约缔结历史上,接受一般国际法原则已是一个巨大的进步,但这种国际法的确切范围和内容仍存在争议。另一些中外BITs在衡量是否符合公平公正待遇标准的问题上提及了同约中的其他标准,如最惠国待遇和国民待遇标准。

最后,一些中外BITs明确规定了公平公正待遇标准的例外,但即便缺乏这种规定,东道国仍可能援用公共秩序例外。此外,一些中外BITs还将公平公正待遇标准与诸如“保护与安全”和“专横、歧视性的措施”此类的绝对待遇标准结合起来,后者的含义与公平公正待遇标准截然不同。

四、结论

公平公正待遇是BITs中最重要、最广泛使用的标准之一,它也是晚近投资仲裁实践中最经常得到援用的条款之一。根据该标准,国家有义务为投资者在其投资待遇方面提供标准宽泛的公平和公正。大多数中外BITs

包含了公平公正待遇标准。一些中外 BITs 在表述时提及特定的衡量标准，诸如当前条约和/或其他相关协议，国际法的原则，以及最惠国待遇和国民待遇标准，另一些 BITs 则没有这样做。

尽管公平公正待遇标准在 BITs 缔结实践和投资仲裁实践中广泛使用，但现在尚未确立有关该标准的统一解释规则。在理论和实践方面，公平公正待遇标准的解释方法主要有两种：简单字面意思解释方法和国际最低待遇标准方法。第一种方法试图依据国际法中的一般性解释规则解释该标准，第二种方法则试图在解释中依赖国际最低待遇标准。《北美自由贸易协定》与部分投资条约在公平公正待遇条款中明确提及国际法，在这些条约项下的案件中，仲裁庭通常使用国际最低待遇标准解释的方法，在其他一些案件中则使用了简单字面意思解释的方法。国际最低待遇标准方法的优点是相对清晰，但国际最低待遇标准自身的范围和内容存在争议，尤其是，该标准在 20 世纪 20 年代 Neer 案之后是否经历变化，人们观点不同。

从《北美自由贸易协定》及其他投资条约项下的仲裁实践来看，仲裁庭所考虑的公平公正待遇标准要素非常芜杂：包括透明度、善意、公平、尊重合法期望、法律和商业框架的稳定性和可预测性。此外，晚近的投资仲裁案例还呈现以下趋势：将保护与安全标准的调整范围扩大到包括非暴力情形下的非实质性干预，尽管该标准传统上是一个要求东道国在发生诸如骚乱、国内冲突和公众性暴乱等暴力情形下予以实质性干预的“适当注意”义务。那些投资仲裁庭所采用的方法和界定的要素很可能对中外投资条约项下的公平公正待遇以及保护与安全标准的未来解释产生影响。

CHAPTER 04 >>

第四章

非歧视待遇

一、导言

非歧视原则是支撑国际投资条约的最基本原则之一，

其最常见的表现形式便是最惠国待遇和国民待遇。[1] 公平公正待遇标准是一个绝对性或非附随性标准,与之不同,非歧视标准则是相对性或附随性标准,其水平和内容取决于特定外部依据,如给予本国或第三国投资者的待遇。如下所述,在晚近的仲裁实践中,此类标准和公平公正待遇标准一样,因常发生争议而在仲裁中受到密切关注。

所有的中外 BITs 和自由贸易协定中都包括某种形式的非歧视要求,更准确地说,它们都包含最惠国待遇条款,其中不到一半还同时规定了国民待遇条款。[2] 在同时提到最惠国待遇和国民待遇的中外 BIT 中,多数都将这两种标准统一适用于双方,少数则是非互惠地适用。[3] 所有的最惠国待遇条款都存在一些例外或限制,国民待遇标准的适用也存在实质性的限制。对此,下文将详细阐述。

本章将对这两个非歧视待遇标准展开探讨。本章首先分析每个标准的一般含义和仲裁庭的适用,然后再研究和评估中外投资条约项下的同类标准。

二、最惠国待遇

(一)最惠国待遇及其适用

最惠国待遇标准是国际投资条约中最经常采用的标准之一,中外 BITs

---

〔1〕 在许多投资条约中,都包含一个禁止东道国政府对外国投资者采取"专横、歧视性措施"的条款。这种条款可能被当成非歧视条款的另一种形式。但是,人们经常将其看作公平公正待遇的重要组成部分,故本书将其放在第三章第 3.73 节讨论。See generally C McLachlan, L Shore, and M Weiniger, International Investment Arbitration: Substantive Principles (OUP, 2007) Chapter 6 and R Dolzer and C Schreuer, Principles of International Investment Law (2008) Chapter 7.

〔2〕 在笔者所收集到的 120 多个中外投资条约中,仅有 50 个包含国民待遇条款。换言之,大多数中外 BITs,尤其是早期签订的那些,并未包括国民待遇。

〔3〕 与中国签订采取这种非互惠适用最惠国待遇和国民待遇 BITs 的国家包括叙利亚(中国承担最惠国待遇义务、叙利亚承担国民待遇义务)、秘鲁(虽然条约正文规定双方统一承担最惠国待遇的义务,但其《议定书》却对秘鲁方额外附加了一个国民待遇义务)等。《中国—南非 BIT》的条款与《中国—秘鲁 BIT》的用语相似,但国民待遇条款对南非的黑人授权机制设置了例外。请参见《中国—叙利亚 BIT》之《议定书》第 1 条,《中国—秘鲁 BIT》第 3 条、《议定书》,《中国—南非 BIT》第 3 条。

亦如是。[4] 在此类标准下,相关缔约方承担互相给予对方的待遇不低于其给予第三方的待遇的义务。这一标准旨在禁止因投资者的国籍不同而实施的区别对待,确保不同国家之间的公平竞争。然而,该标准的实际作用却在于它的"放大效应"。换言之,如果缔约国一方给予其他国家任何新的优待、利益或者豁免,此类优待、利益或者豁免将扩散到所有其他国家。例如,1947 年《关税与贸易总协定》就有一个最惠国待遇。其第 1 条规定,双边关税削减的谈判成果将给予所有其他 GATT(现在已经成为世界贸易组织)的成员方。[5]

尽管该标准非常有用和有效,但不能"逐字地"或"机械地"依照贸易协定项下公认和实行的那样来解释和适用最惠国待遇。[6] 原因有二:其一,在与贸易条约项下完全不同,投资条约项下的最惠国待遇触及的是"投资"和"投资者"的投资活动,这比"货物"更关系到东道国的经济、社会、政治生活。[7]

其二,贸易协定项下的最惠国待遇条款发展成熟,设置了广泛的、设计得当的例外,以防止出现违反缔约方本意的效果。例如,1947 年《关税与贸易总协定》就为最惠国待遇规定了一系列例外,包括安全例外,[8] 边境贸易、关税同盟和自由贸易区例外,[9] 共同行动例外[10] 以及涵盖诸如公共道德、

---

〔4〕 如上所述,所有的中外 BITs 均包含最惠国待遇条款。此外,正如 Dolzer and Schreuer 所注意到的那样,"事实上所有的投资条约"中都包含了最惠国待遇标准。See R Dolzer and C Schreuer, Principles of International Investment Law (OUP,2008) 186.

〔5〕 例如,如果英国和法国谈判达成了如下协议:英国政府将把进口葡萄酒的关税从 10% 削减到 3%,这一关税削减优惠应立即、无条件地适用所有其他《关税与贸易总协定》(现在的 WTO)成员,即便它们没有参加这个谈判过程。

〔6〕 Dolzer and Schreuer, n 4 above, p. 186. McLachlan、Shore、Weiniger 也认为,适用该标准,应谨慎从事,确保不至于产生"彻底推翻相关 BITs 经过精心谈判达成的平衡"的效果。See C McLachlan, L Shore, and M Weiniger, International Investment Arbitration: Substantive Principles (OUP, 2007) 254, paras 7 – 162.

〔7〕 在 WTO 协议中,"服务贸易"也是多边"贸易"体制的主要议题。但与《关税与贸易总协定》(涉及货物贸易)中的最惠国待遇不同,服务贸易(在《服务贸易总协定》,也即 GATS 项下)中的最惠国待遇受 WTO 成员提交的"豁免"清单限制。另外,它还受诸如政府采购、安全、一般例外等诸多例外的限制。

〔8〕 1947 年《关税与贸易总协定》第 21 条。

〔9〕 1947 年《关税与贸易总协定》第 24 条。

〔10〕 1947 年《关税与贸易总协定》第 25 条。

人类、动植物生命或健康、金银贸易、监狱劳工、国家措施、保护可用竭的自然资源、商品协定多方面事宜的一般例外。[11] 与之相反,典型的 BIT 最惠国待遇条款仅涵盖关税同盟、自由贸易区、边境贸易和税收条约例外。考虑到投资条约对东道国的深远影响,可以说,这种过于简短的例外无疑表明,投资条约项下的最惠国待遇条款尚待发展。[12]

在这个背景下,有观点认为,必须非常谨慎地解释这个条款。已有专家发出警告,认为机械地或自由地解释和适用这个条款可能具有"取代缔约双方达成的实质内容而非增加合作因素"的效果,[13] 或者"根本性破坏相关 BIT 精心达成的平衡"。[14]

1. 对实体权利的适用

最惠国待遇条款的适用范围可大致分为两类:实体权利和程序权利(或争端解决)。前者争议较少,但对于后者,实务界与学界却莫衷一是。[15]

一些投资仲裁案件涉及将最惠国待遇适用于实体性权利的事宜。在 Pope & Talbot v. Canada 案中,仲裁庭根据《北美自由贸易协定》项下的最惠国待遇条款认为,该协定项下的公平公正待遇条款的保护水平不应被解释为低于一个自足的公平公正待遇条款。[16] 在 MTD v. Chile 案中,[17] 可适用的或者"基础"BIT,也即《智利—马来西亚 BIT》中的最惠国待遇条款与公平公正待遇义务结合在一起。仲裁庭坚持,基础条约中的最惠国待遇可将第三方条约(智利与其他国家签订的 BITs)中更优惠的其他实体性权利移植过来,也即《智利—丹麦 BIT》和《智利—克罗地亚 BIT》规定的下述义务:在批

---

〔11〕 1947 年《关税与贸易总协定》第 20 条。

〔12〕 已经有人注意到,近年来一些 BITs,比如 2004 年新《加拿大 BIT 范本》已经开始包括类似于 1947 年《关税与贸易总协定》第 20 条的一般例外,所涵盖的措施包括保护人类、动植物生命和健康的措施,确保遵守法律的措施,环保措施。目前此类缔约实践较少,远未达到普遍采纳的程度。请参见《加拿大外国投资促进协议》(FIPA,加拿大最新的 BIT 范本),2004 年版,第 10 条。

〔13〕 Dolzer and Schreuer, n 4 above, at 186 – 7.

〔14〕 C McLachlan, L Shore and M Weiniger, n6 above.

〔15〕 Dolzer and Schreuer, n 4 above, at 191.

〔16〕 Pope Talbot v. Canada, Award on Merit, 10 April 2001, para 117.

〔17〕 MTD Equity Sdn. Bhd. & MTD Chile S. A. v. Chile, ICSID Case No. ARB/01/7 (MTD v. Chile), Award, 25 May 2004.

准投资以及投资者履行合同义务后，东道国应给予许可。仲裁庭补充道：

“下述事实进一步证实仲裁庭的这一结论：基础条约中的最惠国待遇条款的例外事项规定涉及税收待遇和区域合作，这些事项都与 BIT 无关，但因为最惠国待遇条款的一般性，缔约方认为有必要排除。照此推理，其他事项可以被解释为投资者所享受的公平公正待遇组成部分而理应涵盖在该条款当中。”[18]

由此可见，该案仲裁庭不但断定，最惠国待遇条款可以用来移植第三方条约中的实体权利，而且还一般性地推断，最惠国待遇条款适用于 BIT 明示排除的事项以外的所有事项。鉴于前述的分析，对于最惠国待遇条款适用范围的确认，这一结论恐怕是太过激进。

在 Bayindir v. Pakistan 案[19] 中，最惠国待遇条款被用来移植第三方条约中的公平公正待遇，而在 CME v. Czech Republic 案中，则被用来移植赔偿标准。[20] 在 CME v. Czech Republic 案中，仲裁庭指出，基础条约中的最惠国待遇可以移植第三方条约中的“公平市场价值”赔偿标准，前者规定的是“公平赔偿”，代表“受影响的投资的真实价值”。[21]

在 Parkerings v. Lithuania 案[22] 中，仲裁庭考虑另一个新并入的、与最惠国待遇有关的重要标准——“类似情况下”。在该案中，挪威投资者依据最惠国待遇条款提出请求，主张丹麦投资者在另一个类似的停车场建筑项目中获得了更为有利的待遇。仲裁庭认为，有必要评估“具体的情况和背景”，并且“如果东道国给予差别待遇有客观合理的理由，则不算违反最惠国待遇”。在对这两个外资项目进行比较后，仲裁庭断定，“东道国基于保护历史

---

〔18〕 MTD v. Chile, Award, paras 103 – 4.

〔19〕 Bayindir v. Pakistan, Decision on Jurisdiction, 14 November 2005, paras 231 – 2. 该案仲裁庭的结论是：“231. Bayindir 主张，巴基斯坦与法国、荷兰、中国、英国、澳大利亚、瑞士缔结的 BITs 都明文包括了公平公正待遇条款……对此，巴基斯坦在在答辩书和听审过程中均未予以驳斥。在这种情况下，为确定管辖权目的起见，本庭认为，从表面来看，巴基斯坦有义务‘公平和公正地’对待土耳其国民的投资。”

〔20〕 CME Czech Republic B. V. v. Czech Republic, UNCITRAL, Final Award, 14 March 2003.

〔21〕 CME v. Czech, Final Award, para 500.

〔22〕 Parkerings – Compagniet AS v. Lithuania, ICSID Case No. ARB/05/8, Award, 11 September 2007.

文物和环境等理由拒绝申请人的‘停车场’项目是合理的。”[23]换言之，这两个外国投资项目不处于“类似情况下”，故东道国不算违反最惠国待遇。类似分析也常在涉及国民待遇标准适用的案例中出现，下文再作详述。

简言之，迄今投资仲裁庭倾向于确认，最惠国待遇条款一般适用于BITs中的实体权利。投资者通常利用该条款移植第三方条约中的实体权利或保护标准。若与其他外国投资者相比，投资者认为自己受到歧视性待遇，也可能利用最惠国待遇条款来启动仲裁程序。不过，在后一种情况下，仲裁庭不得不结合具体的情况或背景来比较不同外国投资者之间的待遇，其最终结果可能导致区别待遇被认定是合理的。

2. 对程序权利(争端解决)的适用

最惠国待遇条款能否适用于程序权利的问题更易引起争议。如果BIT已经将程序问题排除在最惠国待遇的适用范围之外，当然无需多议，[24]仲裁庭已经确认会尊重基础条约中当事方有关争端解决的明示协议。利用最惠国待遇条款规避成功的案例迄今仅限于纯程序性事项，如Maffezini v. Spain案中的18个月等待期。[25]但就在本书即将付梓之前，Wintershall v. Argentina案仲裁庭在审查不同仲裁庭作出的互相矛盾、令人混淆的权威裁决之后，[26]支持了向国内法院寻求救济的18个月等待期要求。在Plama v.

---

[23] Parkerings – Compagniet AS v. Lithuania, ICSID Case No. ARB/05/8, Award, 11 September 2007, para 392.

[24] 请参见《中国—新西兰自由贸易协定》第139条第2款。2008年《挪威BIT范本》第4条第3款也有一个明文规定，内容是：“为进一步明确起见，第1款所指的待遇不包括本协议以及其他国际协议中规定的争端解决机制。”

[25] *Emilio Agustín Maffezini v. Kingdom of Spain*, ICSID Case No. ARB/97/7, Decision on Objections to Jurisdiction of 25 January 2000 (Maffezini v. Spain), paras 38 – 64. 关于依靠利用最惠国待遇条款规避基础条约中的18个月等待期转而利用东道国缔结的其他没有此类等待期要求的条约的更多例子，see *Siemens v. Argentina*, ICSID Case No. ARB/02/8, Decision on Jurisdiction, 3 August 2004; *Gas Natural SDG, S. A. v. The Argentine Republic*, ICSID Case No. ARB/03/10, Decision of the Tribunal on Preliminary Questions on Jurisidiction, 17 June 2005, and *Suez, Sociedad General de Aguas de Barcelona S. A. and InterAguas ServiciosIntegrales del Agua S. A. v. The Argentine Republic*, ICSID Case No. ARB/03/17, Decision on Jurisdiction, 16 May 2006。

[26] Wintershall v. Argentina, ICSID Case No. ARB/04/14, Award, 8 December 2008, para 189. 两周后，TSA Spectrum v. Argentina案仲裁庭却得出截然不同的结论，认为“现在基于申请人未遵守形式上的要求的原因而拒绝受理案件的做法是极其形式主义的”。TSA Spectrum v. Argentina, ICSID Case No. ARB/05/05, Award, 19 December 2008.

Bulgaria 案[27]中，为避开基础条约（《保加利亚—塞浦路斯 BIT》）项下的UNCITRAL 仲裁，投资者试图利用最惠国待遇条款启动第三方条约（《芬兰—塞浦路斯 BIT》）中的 ICSID 仲裁，但未获仲裁庭支持。

虽然最惠国待遇条款看来并未允许投资者移植第三方条约中的更有利的机构仲裁（从临时仲裁到 ICSID 仲裁），但投资者仍可能借此来扩大仲裁庭的管辖权。在 In RosInvest 案中，《英国—苏联 BIT》规定的争端解决范畴只限于征收补偿款额或支付问题，但仲裁庭认为，借由条约的第 3 条最惠国待遇条款可以移植《丹麦—俄罗斯 BIT》项下的管辖权范围规定，后者的管辖权范围包含所有争端，并据此主张自己有权管辖确认是否存在一项征收的争议。[28] 这一管辖权决定引发巨大争议，投资仲裁界意见纷纭。一些人认为，这样适用最惠国待遇条款是滥用程序。

本书第八章将详细分析最惠国待遇条款适用于程序权利和管辖权（或争端解决）的事宜。但就总体而言，仲裁庭似乎已经一致拒绝利用最惠国待遇条款来对基础条约进行“机制转换”。[29] 换言之，仲裁庭一般都承认，仅当第三方条约的规定与基础条约的规定“原则上相兼容”时，才可以启用最惠国待遇条款，并且仅在“更宽泛意义上的完全一致”的情况下，才能偏离基础条约。[30] 然而，将来的仲裁庭也可能对最惠国待遇条款采取自由放任的文义解释而不考虑任何可比性、兼容性，故今后的仲裁实践是否仍遵循这一模式，还需拭目以待。但无论如何，同类原则是必须遵守的，即两个条约处理的必须是同样的事项。[31]

---

〔27〕 Plama Consortium Limited v. Republic of Bulgaria, ICSID Case No. ARB/03/24), Decision on Jurisdiction of 8 February 2005, paras 183 – 227.

〔28〕 RosInvest Co. UK Ltd. v. Russian Federation, SCC Case No. Arb. V079/2005（2008 年 1 月公之于众）。

〔29〕 Dolzer and Schreuer, at 191.

〔30〕 Id.

〔31〕 在实践中，很难判断出两个条约所处理的事项是否相同。例如，两个 BITs 很可能是同类条约，自由贸易协定则不然，它既可能是一项 BIT 的同类条约，也可能不是，具体取决于其内容，故而只能根据具体情况逐案判断。

（二）中外 BITs 中的最惠国待遇条款

如前所述，所有的中外 BITs 中都有最惠国待遇条款。事实上，最惠国待遇还是一些条约有关投资者待遇的唯一规定。[32] 另一些 BITs 则把该标准与公平公正待遇、国民待遇等标准规定在一起。其中，一些条约将最惠国待遇与公平公正待遇标准（有时是国民待遇）联系在一起，将前者用作后者的参考点，这一问题已在本书第 3 章第 3.75～3.76 节中详细讨论。

1. 适用阶段

大多数中外 BITs 中的最惠国待遇仅适用于准入后阶段，也有一些适用于准入前阶段。1988 年《中国—日本 BIT》似乎是第一个将最惠国待遇条款适用于准入前阶段的 BIT。[33] 1992 年《中国—韩国 BIT》也有类似的规定。《中国—日本 BIT》相关规定为：

“缔约任何一方国民和公司，在缔约另一方境内，关于投资许可和与投资许可有关的事项，享受不低于第三国国民和公司的待遇。”[34]

晚近一些 BITs 也就准入阶段规定了最惠国待遇，但形式不同。如 2004 年《中国—芬兰 BIT》确认，另一缔约方的投资者应在“设立、收购、运营、管理、维持、使用、享有、扩张、出售或投资的其他处置方面”享有不低于任何第三国投资者的投资的待遇。“设立”“收购”等措辞的提及意味着东道国给予的待遇包含准入阶段。需要注意的是，在前一款中，即第 3 条第 2 款的国民待遇，虽然包含同样的清单，但没有提及“设立”“收购”。很显然，缔约方有意将“设立”“收购”包含其中，以便扩大最惠国待遇的适用范围。2004 年《中国—芬兰 BIT》也确认，投资者可在第 3 条“第 2 款（国民待遇）和第 3 款（最惠国待遇）规定”中选择更有利的待遇。[35] 2008 年《中国—新西兰自由

〔32〕 例如，《中国—土耳其 BIT》（第 2 条）、《中国—白俄罗斯 BIT》（第 3 条）、1994 年《中国—罗马尼亚 BIT》（第 3 条）都采取这种方法。但有意思的是，《中国—土耳其 BIT》在第 10 条规定了税收方面的公平公正待遇。

〔33〕 1992 年《中国—韩国 BIT》第 2 条第 2 款。

〔34〕 1988 年《中国—日本 BIT》第 2 条第 2 款。

〔35〕 2004 年《中国—拉脱维亚 BIT》有类似的规定。

贸易协定》第 139 条亦有类似规定，即最惠国待遇不仅适用于“管理、经营、运营、维护、使用、收益或处置”，还适用于“准入”和“投资的扩大”。[36]

2. 适用事项

最惠国待遇条款通常适用于“投资”或者“与投资有关的活动”。此外，还有一些 BITs 明确指出，最惠国待遇适用于一些具体事项，诸如：

(1) 征收与补偿；[37]

(2) 为解决因战争或国内骚乱产生的损失而采取的措施；[38]

(3) 投资与利润的汇回；[39]

(4) 代位求偿取得的收益之处理；[40] 以及

(5) 司法与行政救济。[41][42]

下文将集中分析“投资”“与投资有关的活动”和“收益”等关键性的适用事项。

---

〔36〕《中国—新西兰自由贸易协定》第 139 条第 1 款。

〔37〕例如，2003 年《中国—德国 BIT》在征收和补偿条款中设定了最惠国待遇义务。另外，1984 年《中国—比利时和卢森堡 BIT》规定，实施征收的条件之一是与第三国投资和投资者相比，不得具有歧视性。换言之，这个 BIT 在征收措施上设定了最惠国待遇义务。请参见 2003 年《中国—德国 BIT》第 4 条第 3 款、1984 年《中国—比利时和卢森堡 BIT》第 3 条第 1 款。新《中国—比利时和卢森堡 BIT》保留了将非歧视作为征收条件的规定，但删除了将第三国投资者作参照标准的内容，似乎意味着该条款或许还为东道国设定了国民待遇义务。请参见 2005 年《中国—比利时和卢森堡 BIT》第 4 条第 2 款。

〔38〕在中国缔结的 BITs 中，这种规定可谓司空见惯。例如，可参见 2005 年《中国—比利时和卢森堡 BIT》第 4 条第 4 款、《中国—法国 BIT》第 4 条、1983 年《中国—德国 BIT》第 4 条第 3 款、2003 年《中国—德国 BIT》第 5 条。

〔39〕《中国—挪威 BIT》第 6 条第 2 款、1992 年《中国—西班牙 BIT》第 6 条第 6 款（新 BIT 已删除这个规定）都是这方面的例子。

〔40〕比如，可参见《中国—新加坡 BIT》第 7 条、《中国—科威特 BIT》第 7 条第 2 款。

〔41〕《中国—韩国 BIT》第 4 条规定：“任何一国的投资者在另一国领土内，为行使和维护自身的权利，在请求或接受法院审理和向行政仲裁机构及行政机关提出申诉的权利方面的待遇，不应低于该另一国给予其本国投资者或第三国投资者的待遇。”这是再次强调该 BIT 第 9 条第 2 款的规定。《中国—日本 BIT》第 4 条有类似的规定。

〔42〕1984 年《中国—比利时和卢森堡 BIT》的规定非常特殊，因为它不但在待遇条款和其他特定实体性条款中规定了最惠国待遇义务，而且还在第 11 条规定，“对本协定所管辖的所有事项”，东道国都应给予最惠国待遇。

（三）“投资”和“与投资有关的活动”

多数中外BITs中的最惠国待遇条款都涵盖了“投资”和“与投资有关的活动”，且往往分开进行规定：一个是给予“投资”的待遇；另一个则是给予“与投资有关的活动”的待遇。比如，1985年《中国—奥地利BIT》就采用这一方法：

“1. 缔约一方投资者在缔约另一方领土内的投资所享受的待遇，不应低于第三国投资者的投资所享受的待遇。

2. 缔约一方投资者在缔约另一方领土内与投资有关的活动，特别是投资的管理、运用、使用和利用方面所享受的待遇，不应低于第三国投资者与投资有关的活动所享受的待遇。”〔43〕

2005年新的《中国—比利时和卢森堡BIT》采用类似规定，将上述两个段落合二为一，确认东道国“给予缔约另一方投资者的投资及与投资有关活动的待遇，均不应低于其给予任何第三国投资者的投资及与投资有关活动的待遇。”〔44〕2003年《中国—德国BIT》之《议定书》就国民待遇而言的“活动”进行了非穷尽性界定，包括但不限于：一项投资的“管理、维持、使用、享有和处分”。〔45〕虽然此处提及的仅是第3条第2款的国民待遇条款，但至少对仲裁庭理解第3条第3款的最惠国待遇条款中的“活动”一词有所启发。该协定《议定书》同样对第3条中的“待遇低于”进行了非穷性的举例，包括“限制购买原材料或辅料、能源或燃料、生产设备或操作工具的不平等待遇及其他具有类似效果的措施。”〔46〕1985年《中国—意大利BIT》之《议定书》对投资活动也有类似的界定，但除此之外，还包括与投资有关的人员的入境

〔43〕 1985年《中国—奥地利BIT》第3条。

〔44〕 中国缔结的提到“与投资有关的活动的”的其他BITs还包括：塞浦路斯（2001年）、捷克共和国（2005年）、德国（2003年）、希腊（1992年）、匈牙利（1991年）、意大利（1985年）、拉脱维亚（2004年）、荷兰（2001年）、波兰（1988年）、葡萄牙（2005年）、罗马尼亚（1994年）、斯洛伐克（2005年《议定书》）、斯洛文尼亚（1993年）、西班牙（2005年）。

〔45〕 2003年《中国—德国BIT》之《议定书》第4点（关于第3条）。

〔46〕 但是，因公共安全和秩序、公众健康或道德而采取的措施，不应视为第三条中的“待遇低于”。同上。

或移动,[47]以确保在投资所需要的人员的自由移动方面也将适用最惠国待遇标准。该《议定书》对“待遇低于”也做了解释。[48]

有的BITs对最惠国待遇条款所涵盖的活动进行了广泛的列举,《中国—澳大利亚BIT》就是典例。它规定:“与投资有关的活动”依照接受投资缔约一方的法律,包括:

“1. 组织、控制、经营、维护和处置公司、分支机构、代理、办事处、工厂、或进行业务的其他设施;

2. 制定、履行和执行合同;

3. 取得、使用、保护和处置所有各类财产,包括工业产权和知识产权;

4. 借入资金,购买和发行股票,购买和出售外汇。”[49]

1988年《中国—日本BIT》的规定类似但稍短。[50] 无疑,这样的列举有助于澄清术语的含义,但缔约国需要注意表明其列举是非穷尽的。

(四)仅限于“投资”

一些中外BITs中的最惠国待遇条款在性质上有所限制,仅适用于“投资”而不包括与该投资有关的任何活动。比如1982年《中国—瑞典BIT》第2条第2款规定:

“缔约任何一方的投资者在缔约另一方境内的投资所享受的待遇,不应低于第三国投资者的投资所享受的待遇。”

显然,与那些涵盖与投资有关的活动的BITs相比,这一条款在适用范围上是有限制的。当然,此种措辞差异的实际影响,还有待探讨。[51] 但是与

〔47〕 1985年《中国—意大利BIT》第3条。

〔48〕 同上注,《议定书》第2点。

〔49〕 1988年《中国—澳大利亚BIT》第1条第1款第6项。

〔50〕 这个关于待遇的条文的相关界定为:“3. 本条所述的‘与投资有关的业务活动’包括:(1)维持分公司、代理店、办事处、工厂和其他用于业务活动的适当的设施;(2)控制和经营自己设立或取得的公司;(3)雇用和解雇专家,包括技术人员、高级职员和律师,及其他职工;(4)缔结和履行合同。”

〔51〕 旧的《中国—比利时和卢森堡BIT》(1984年)【原文误作2004年。——译者注】与《中国—法国BIT》(1984年)也没有提及与投资有关的活动。

那些提及“投资和与此类投资有关的活动”的条款相比，如2005年《中国—比利时和卢森堡BIT》第3条第2款，[52]这种类型的条款的范围显然更窄。

（五）“收益”（Returns）

一些中外BITs明确地将最惠国待遇条款的适用范围扩大到“收益”，[53]如2005年《中国—捷克BIT》。这个条款在投资的“管理、维持、适用、享有或处置方面”给予投资者最惠国待遇。从上述措辞来看，这一条款似乎只保护实体权利而非包括争端解决条款在内的程序权利。仲裁实践已经显示，用语越宽泛，仲裁庭就越可能将最惠国待遇条款适用于程序权利，尤其是第三方条约中包含更为有利的争端解决条款。

（六）最惠国待遇条款的例外

所有的中外BITs都明确规定了最惠国待遇例外，这些例外性规定非常相似，多数与东道国缔结的其他中外国际经济条约下投资者可能享有的利益有关。最常见的例外涉及诸如关税同盟、自由贸易区之类的经济一体化组织，税收协定以及边境贸易安排。比如，1985年《中国—奥地利BIT》第3条第3款规定：

“3.上述待遇不涉及：

（1）缔约一方根据关税同盟、自由贸易区或由于属于某一经济共同体而给予第三国投资者的优惠；

（2）缔约一方根据免征双重税协定和其他有关税收问题的协议而给予

---

〔52〕 采纳这种狭义的适用范围（只适用于“投资”，不适用于“与投资有关的活动”或者“收益”）的BITs一般是中国早期缔结的BITs，比如1982年《中国—瑞典BIT》（第2条第2款）、1983年《中国—罗马尼亚BIT》（第3条第1款）、1988年《中国—马来西亚BIT》（第2条第2款）、1991年《中国—巴布亚新几内亚BIT》（第3条第1款）。

〔53〕 《中国—葡萄牙BIT》（2005年）的《议定书》在关于第1条确认，“投资的收益和再投资的收益，享有与投资一样的保护。”《中国—西班牙BIT》（2005年）的《议定书》也有相同的规定。此外，《中国—毛里求斯BIT》（第3条）、1984年《中国—芬兰BIT》（第3条）、《中国—阿拉伯联合酋长国BIT》（第2条）亦是典例。其中，《中国—毛里求斯BIT》只适用于“投资”和“收益”，不适用于“与投资有关的活动”。

第三国投资者的优惠；

(3)缔约一方为方便边境贸易而给予第三国投资者的优惠。”[54]

其他中外BITs有关这类经济和税收条约的例外的措辞略有不同，但效果一样。然而，并非所有的BIT都包含这三类例外。比如，1984《中国—法国BIT》和1982《中国—瑞典BIT》中仅规定了经济一体化安排例外，没有提到税收例外和边境贸易例外。中国分别与巴布亚新几内亚、希腊、韩国(1992年)、阿拉伯联合酋长国、乌拉圭、冰岛、摩洛哥、以色列、墨西哥缔结的BITs没有包括边境贸易安排例外。《中国—土耳其BIT》和1984年《中国—比利时和卢森堡BIT》没有包含税收例外，而《中国—丹麦BIT》仅规定了国际税收协定例外。不过，也有一些中外BITs规定了上述三种常见的例外之外的其他例外，[55]下文将加以分析。

1. 经济一体化

诸如关税同盟、自由贸易区等区域经济一体化是BITs项下最惠国待遇条款最常见的例外。[56] 中国以前不愿意参与此类安排，而这实际会导致其处于不利的境地，因为其投资者不能像其缔约伙伴国家的投资者那样从这类安排中受益。但是，近年来，情况已有所改变，中国开始积极地参与区域性以及跨区域的经济一体化活动。[57]

中外BITs对这一例外的规定不尽相同。首先，多数中外BITs仅仅提及关税同盟和自由贸易区，也有一些BITs提及诸如“共同市场”(2005年《中国—比利时和卢森堡BIT》)，[58]“经济和货币联盟、区域经济合作或其他类似安排”(2004年《中国—芬兰BIT》)，“经济联盟、经济互助组织”(1988年

---

〔54〕 中国与下述国家之间的BITs也包含同样的例外：保加利亚(1989年)、希腊(1992年)(包括共同市场例外)、匈牙利(1991年)、立陶宛(1993年)、罗马尼亚(1994年)、斯洛文尼亚(1993年)。

〔55〕 容后详述。

〔56〕 WTO并不禁止这种经济一体化协议，条件是其相容于多边贸易体系。相关规则可参见1994年《关税与贸易总协定》第24条和《服务贸易总协定》第5条以及《WTO关于1994年〈关税与贸易总协定〉第24条的谅解》。

〔57〕 近年来，中国积极推动与聚集在东盟羽翼之下的东南亚国家的一体化，以及与诸如日本、韩国之类的东亚国家的一体化。同时，中国也一直积极与其他国家展开自由贸易谈判，目前已经签署了一些自由贸易协定(例如，与巴基斯坦、智利、新西兰的自由贸易协定)。

〔58〕 2004年《中国—拉脱维亚BIT》也包括这种用语。

《中国—波兰 BIT》）等更广泛的经济一体化安排。从涵盖范围来看，《中国—新加坡 BIT》的范围看来最为广泛。它规定最惠国待遇义务不适用于："（1）任何地区性的海关、金融、关税或贸易方面的安排（包括自由贸易区）或可能导致实施这类地区性安排的协议；（2）与同一地理区域的第三国或其他国家意在专门项目范围内进行经济、社会、劳务、工业或金融领域的地区性合作的安排"。〔59〕 显然，这种表述比《中国—奥地利 BIT》所列出的标准更为宽泛，因为它包含了关税同盟和自由贸易区之外的许多其他安排。

其次，一些 BITs 规定，这一例外仅限于在当前 BIT 生效之前达成的协议，另一些 BITs 则将这一例外适用于所有现行以及未来的安排。采取前一种做法是 1982 年《中国—瑞典 BIT》。该 BIT 规定，如果是按照"在本协定签字前同其他国家缔结的双边协议"或"关于形成关税同盟或自由贸易区"的协议的规定，东道国可以给予其他国家投资者投资以更优惠待遇。〔60〕 这似乎意味着任何给予此类更优惠待遇的未来协议将不被允许。与之相反，一些中外 BITs 明确规定，最惠国待遇义务不适用于任何现行的、未来的区域一体化安排。上述《中国—新加坡 BIT》就是一例。2004 年《中国—芬兰 BIT》也排除了"任何现存或将来的关税同盟、自由贸易区、经济和货币联盟、区域经济合作或其他类似协定。"〔61〕这显然对具体例外进行了更宽泛的表述，打消人们对东道国在该 BIT 签订后所达成的任何此类安排的疑惑。

最后，一些 BITs 的例外似乎已经超越"区域性"安排这一限制。比如，《中国—印度尼西亚 BIT》在规定最惠国待遇不适用于"关税同盟、共同市场和自由贸易区"之外，还将任何"经济性的多边或国际协议"排除在最惠国待

---

〔59〕《中国—毛里求斯 BIT》第 5 条。《中国—菲律宾 BIT》也有类似的规定，其将这种例外规定进一步扩展至包括"次区域安排"。请参见《中国—菲律宾 BIT》第 3 条第 3 款。

〔60〕 中国与一些诸如吉尔吉斯斯坦、亚美尼亚、乌克兰、土库曼斯坦、塔吉克斯坦之类的中亚国家之间的 BITs 中也有类似的规定（仅规定了现行国际协议例外）。

〔61〕《中国—德国 BIT》（2003 年）有类似的规定（任何现存或将来的关税同盟、自由贸易区、经济联盟以及共同市场）。《中国—荷兰 BIT》（2001 年）使用同样的措辞，且包括"导致成立上述联盟或组织的临时协定"。另请参见《中国—葡萄牙 BIT》（2005 年）、《中国—塞浦路斯 BIT》（2001 年）、《中国—斯洛伐克 BIT》（2005 年《议定书》）（包括"实施旨在促使此等联盟或区域在合理期间内成立或扩大的协定"）、《中国—西班牙 BIT》（2005 年）、《中国—墨西哥 BIT》（2008 年）、《中国—英国 BIT》（1986 年）。

遇适用范围之外。[62]《中国—阿曼 BIT》也有类似的规定。[63] 这类措辞当然具有将最惠国待遇例外范围由区域性协议扩大到跨区域性协议的可能性。

2. 税收条约与法律

第二个常见的最惠国待遇例外涉及有关税收的国际和国内规则。在多数中外 BITs 中,这一例外仅包括国际税收协议。其中,一些中外 BITs 明确提及避免双重征税的国际条约,[64] 还有一些中外 BITs 一般性地提及任何“与税收有关的国际协议或安排”。[65] 1985 年《中国—丹麦 BIT》的规定较为独特,它仅将与税收有关的国际协议作为最惠国待遇例外。在这类 BITs 中,根据国内法采取的歧视性措施想必是不能免责的。

相反,一些中外 BITs 同时排除了与税收有关的国内法和国际协议。1988 年《中国—波兰 BIT》列出的最惠国待遇例外为“关于税收的任何国际协议、安排或国内立法”。[66] 2005 年《中国—西班牙 BIT》也提及国际税收协议和国内税收立法。[67] 2003 年《中国—德国 BIT》仅在条约正文中提及国际税收协议或安排,但在《议定书》中进一步确认,缔约方不必“将其依照税法只给予住所在本国境内的投资者的税收优惠、免税或减税待遇,扩大到住所在缔约另一方境内的投资者”。[68] 还有一些中外 BITs 更为直接明了,规定最惠国待遇不适用于税收事项,后者应该受有关税收的国际协议和国内法管辖。[69] 这些规定看似将税收事宜排除在最惠国待遇义务之外,国家因此在这类事项上享有完全的自由。

---

〔62〕《中国—印度尼西亚 BIT》第 4 条第 3 款。

〔63〕《中国—阿曼 BIT》第 3 条第 3 款(还提到了多边国际经济协议)。

〔64〕 例如,可参见《中国—印度尼西亚 BIT》第 2 条第 3 款,《中国—牙买加 BIT》第 3 条第 3 款。

〔65〕 例如,参见《中国—韩国 BIT》(1992 年)第 3 条第 4 款;《中国—希腊 BIT》第 3 条第 3 款。

〔66〕《中国—波兰 BIT》第 3 条第 3 款。

〔67〕《中国—西班牙 BIT》(2005 年)第 3 条第 4 款。另请参见《中国—墨西哥 BIT》第 10 条。

〔68〕 中国与葡萄牙、西班牙之间的 BITs 的《议定书》(均为 2005 年缔结)也包括这个居民投资者例外。

〔69〕《中国—毛里求斯 BIT》(1996 年)第 5 条第 2 款。《中国—印度 BIT》也规定,在税收事宜上不适用最惠国待遇标准,并将此等事宜交由缔约双方间的避免双重征税协定管辖。《中国—印度 BIT》(2006 年)第 4 条第 3 款。

3. 边境贸易

最后一个常见的最惠国待遇义务例外就是便利边境贸易的措施。但是，中外 BITs 中罕有对“边境贸易”做出界定。1991 年《中国—捷克和斯洛伐克 BIT》（现在的《中国—斯洛伐克 BIT》[70]）似乎是唯一包含“边境贸易”定义的 BIT，具体规定在《议定书》中：

“协定第 3 条第 3 款所述‘边境贸易’系指缔约一方与其接壤的国家为方便两国边境居民的需要，在指定的边境地区以优惠待遇进行的贸易。”[71]

这个定义的关键是“指定的边境地区”这一用语。由此产生的问题便是：谁有权“指定”此类地区：每个国家单边指定？还是两个国家共同指定？一些中外 BITs 明确提及边境贸易“协议”或“安排”，[72]在这种情况下，优先选择的依据当然是国际条约或类似安排。还有一些中外 BITs 提到了“缔约任何一方为便利边境贸易的目的而给予第三国投资者的任何优待”，但没有谈到“协议”或“安排”[73]，故东道国的单边措施也应包括在内。在这方面，需要注意的是，中国从 1992 年起已经指定了 14 个全国性“边境经济合作区”，以便利边境贸易和出口加工活动，[74]这类地区是中国政府单边批准的，可能被第二类 BITs 所涵盖。

在此有必要回顾国际法委员会《关于最惠国条款的规定（草案）》，该草

〔70〕 2005 年 12 月通过的《议定书》已经对该协议进行了修改。但是，由于原《议定书》并未被废止，可以说这个定义仍然有效。捷克共和国已经与中国另行缔结了一个新 BIT（也是在 2001 年），其中并无这种定义。

〔71〕 《中国—捷克斯洛伐克 BIT》（1991 年）之《议定书》。

〔72〕 中国与苏联和东欧国家（包括乌兹别克斯坦、吉尔吉斯、亚美尼亚、哈萨克斯坦、乌克兰、莫尔瓦多、土库曼斯坦、白俄罗斯和塔吉克斯坦）之间的 BITs 通常都有这种限制，这可能是因为大家都沿用同样的范本。其他的例子包括中国与阿根廷、牙买加、津巴布韦、黎巴嫩和叙利亚等国之间的 BITs。

〔73〕 例如，可参见《中国—奥地利 BIT》第 3 条。

〔74〕 这 14 个边境经济合作区建立在如下边境地区：黑河、珲春、满洲里、丹东、伊宁、塔城、博乐、凭祥、东兴、瑞丽、畹町、河口、二连浩特、绥芬河。参见《国家边境经济合作区名录》，载 http://kfq.ce.cn/right/yqtj/200710/19/t20071019_13304706.shtml，2008 年 7 月 18 日访问。

案事实上要求，受益国必须是施与此类利益的国家的毗邻国家。[75] 非毗邻的国家无权享受这类利益。[76] 如果该草案反映了习惯国际法，则缔约方事实上没有必要在与非毗邻国家之间缔结 BITs 时加入该类例外。

4. 其他例外

除了这三个常见的例外之外，一些 BITs 还包括了更多的例外，这包括：

(1) 祖父条款

近些年来中国对外签订的一些第三代 BITs 包括了“祖父条款”，即最惠国待遇不适用于现存不符措施或这种措施的延续、不增加不符程度的修订。如中国与比利时和卢森堡(2005 年)、捷克(2005 年)、芬兰(2004 年)、[77] 荷兰(2001 年)、葡萄牙(2005 年)、斯洛伐克(2005 年《议定书》)和西班牙(2005 年)BITs 中均包含了有关最惠国待遇条款的祖父条款。2005 年《中国—捷克 BIT》第 3 条第 3 款规定：

“ 3. 在中华人民共和国方面，本条第 1 款和第 2 款不适用于：

(1) 在其领土内任何现存的不符措施；

(2) 对第(1)项所述的任何不符措施的延续；

(3) 对第(1)项所述的任何不符措施的修正，只要这种修正不增加该措施在修正前存在的不符程度。

中华人民共和国将采取所有适宜措施逐渐消除这些不符措施。”

2005 年《中国—比利时和卢森堡 BIT》(《议定书》)、2001 年《中国—荷兰 BIT》、2004 年《中国—芬兰 BIT》(《议定书》)、2005 年《中国—葡萄牙

---

[75] 该条的内容是：“第 25 条　最惠国条款对于方便边境贸易待遇的关系：

1. 一个非接壤的受惠国无权根据最惠国条款，享受授予国为了方便边境贸易所给予一个接壤的第三国的待遇。

2. 一个接壤的受惠国只有在最惠国条款的主题是方便边境贸易的情况下，有权根据该条款享受不低于一个授予国为了方便边境贸易所给予一个接壤的第三国的待遇。”

[76] 同上。

[77] 在《中国—芬兰 BIT》(2004 年)的《议定书》中，缔约方保证“给予被承认的投资的待遇不得比作出原始投资时给予的待遇更为严格”。这就完全冻结了准入时的待遇，给投资者提供了一定程度的确定性。

BIT》(《议定书》)和2005年《中国—西班牙BIT》[78]的具体措辞与上述2005年《中国—捷克BIT》的措辞几乎相同。但是,《中国—斯洛伐克BIT》(2005年《议定书》)并未在规定中提及中国,而只是确认最惠国待遇不适用于现存的不符措施(推测起来应该是指缔约双方)。另外,该BIT中并未对中国设定消除任何此类措施的义务,而中国在其他两个BITs中承担这种消除的义务,无疑投资者将从这种逐步消除中受益。

(2)公共秩序和安全例外

2004年《中国—芬兰BIT》规定了安全例外[79]和公共秩序例外[80]。2003年《中国—德国BIT》也包括了公共安全和秩序、公共健康和道德例外。[81]《中国—新加坡BIT》也在单独的条款中确认东道国始终有权采用任何为保护其"根本安全利益"或"公共健康"或"防止动植物病虫害"的措施。[82] 目前尚无案例关于东道国基于这些例外对不同的外国投资者进行歧视,但这种可能并未并排除,比如,将来东道国因为投资者违反人权而正当地对其实施歧视待遇。

(3)特定的国家或部门例外

《中国—黎巴嫩BIT》在《议定书》之中规定,黎巴嫩"为了发展目的对来自于阿拉伯国家的个人投资项目"及"阿拉伯投资者在不动产方面的投资"所采取的促进措施,不应被认为违反最惠国待遇义务,只要这些行动未实质性地损害中国投资者的投资和活动。[83]《中国—阿根廷BIT》包含了一个特殊的例外,规定最惠国待遇条款不适用于1987年12月10日《阿根廷—意大

〔78〕 中国与葡萄牙、西班牙两国之间的BITs(均为2005年签订)遗漏了第3项的最后一句话,内容是"只要这种修正不增加该措施在修正前存在的不符程度"。不过,此处遗漏不太可能在适用上造成任何严重差异。

〔79〕 2004年《中国—芬兰BIT》第3条第5款。

〔80〕 2004年《中国—芬兰BIT》第3条第6款。

〔81〕 2003年《中国—德国BIT》附件,关于第3条。

〔82〕 该条的内容是:"第11条禁止和限制。

本协定的规定不应以任何方式约束缔约任何一方为保护其根本的安全利益,或为保障公共健康,或为预防动、植物的病虫害,而使用任何种类的禁止或限制的权利或采取其他任何行动的权利。"

类似的规定还可参见1988年《中国—新西兰BIT》(第11条)、《中国—毛里求斯BIT》(第11条)。但是,最近签订的《中国—新西兰自由贸易协定》和《中国—墨西哥BIT》并无这一规定。

〔83〕《中国—黎巴嫩BIT》之《议定书》关于第3条。

利BIT》、1988年6月3日《阿根廷—西班牙BIT》以及分别与上述BITs有关的提供优惠贷款的安排。

(4)特殊的投资者例外

根据《中国—泰国BIT》,最惠国待遇不适用于“依照泰国投资促进法给予某些特别的个人或公司以‘受促人(promoted person)’的地位”,以及“依照中华人民共和国有关促进投资的法律给予某些特别的个人或公司以‘受惠人’(favoured person)的地位”。换言之,这种地位(以及可能的与之相联系的优惠待遇)将不会自动延伸至缔约另一方的投资者。但是,看起来尚无指定或授予外国投资者以这种“受惠人”地位的中国法律。

(5)以互惠为基础的例外

1985年《中国—荷兰BIT》规定,最惠国待遇不适用于“缔约一方基于互惠而给予第三国投资者在税收、费用、收费和财政减免方面的任何优惠”。[84]

最惠国待遇条款是个非常重要的条款,它确保了缔约另一方投资者能够享受到缔约一方给予任何第三国投资者的同等水平保护。所有的中外BITs都规定了这种投资保护标准。一些中外BITs中的保护较为有限,故投资者可以享受其他条约中的更有利的保护。在MTD v. Chile案[85]中,马来西亚投资者能够依据《智利—马来西亚BIT》中的最惠国待遇条款享受《克罗地亚—智利BIT》以及《丹麦—智利BIT》规定的为已被批准的投资发放许可的实体保护。同样地,中外投资者也可以享受到与第三国之间的条约中的更优惠待遇,只要后者不属于任何限制或例外之内即可。

在没有明确的排除性规定时,[86]中外BITs中的最惠国待遇标准能否适用于争端解决规定,这是一个颇具争议的问题。依据最惠国待遇条款可能可以绕过纯程序性的事宜,比如,Maffezini案中那种的试图通过在当地法院

[84] 《中国—荷兰BIT》(1985年)第3条第5款。两国2001年缔结的新BIT不再包含这一规定。

[85] MTD v. Chile, Award, 25 May 2004.

[86] 请参见《中国—新西兰自由贸易协定》第139条第2款。2008年《挪威BIT范本》第4条第3款也明确规定:“为进一步明确,第1款规定的义务不包含本协议或其他国际协议中所规定的争端解决机制。”

解决争端的 18 个月的要求。[87] 但是,现在还不能绝对地主张,投资者可以根据最惠国待遇获得第三代中外 BITs,如 2003 年《中国—德国 BIT》和 2004 年《中国—芬兰 BIT》中的更为优惠的争端解决规定,在这些规定中,东道国都同意投资者可以就所有争端提起 ICSID 仲裁。比如,在 Plama 案[88] 中,投资者试图通过最惠国待遇条款规避基础条约中的 UNCITRAL 仲裁,从而提起第三方 BIT 中的 ICSID 仲裁,但最终并未成功。然而,RosInvest 案[89] 仲裁庭已经确认,最惠国待遇可以扩大仲裁庭的管辖权,将管辖权范围由基础条约项下的与赔偿款额有关的争端扩展至包括第三方 BIT 项下的有关征收存在与否的所有争议。虽然这一决定至今仍存在很大争议,但不管对中国投资者还是外国投资者,这个可能性非常高,因为许多中外 BITs 都有类似条款,将仲裁庭管辖范围限制在赔偿数额的确定。鉴于法理依据上的分歧,投资者不能认为借由中外 BITs 中的最惠国待遇条款可以规避 BIT 所规定的强制性当地救济要求,或者扩张中外 BITs 中受限的管辖权。

三、国民待遇(NT)

(一)国民待遇及其适用

1. 国民待遇标准

在国际投资条约中,国民待遇标准是支撑非歧视性原则的另一个主要标准。其目的在于对本国投资者与外国投资者一视同仁。国民待遇和最惠国待遇标准共同为所有投资者提供了一个公平的游戏场所,而不管其国籍如何。

不过,国际投资条约中的国民待遇是禁止歧视外国投资者,这与卡尔沃主义和国际经济新秩序中提出的国民待遇标准有所不同,后两者强调不歧

〔87〕 关于其他例子,请参见上注 25。与之相反,Wintershall v. Argentina 案(ICSID Case No. WRB/04/14)仲裁庭囿于最惠国待遇规定的适用范围不清,得出了相反的结论。

〔88〕 Plama v. Bulgaria, Decision on Jurisdiction, 8 February 2005.

〔89〕 RosInvestCo UK Ltd. v. Russian Federation, SCC Case No. Arb. V079/2005(2008 年 1 月公布)。

视本国投资者。[90] 故根据国际投资条约,国民待遇条款通常要求东道国给予外国投资者"不低于"给予其本国投资者的待遇。[91]

虽然国际投资条约中的国民待遇标准大同小异,但是,在欧洲式和北美式条约之间,仍存在两点主要区别:第一,北美式条约倾向于在投资的准入以及准入后阶段都适用国民待遇,而欧洲式条约则只在准入后阶段适用国民待遇。第二,北美式条约通常都明确地设定一个"在相同或类似情况下"(in like situation/circumstance)的限制,而欧洲式条约中则没有这种规定。这种区别在一定程度上反映在中国的投资条约缔约实践当中。

通常认为,尽管这一条款的用语相对一致,但在投资条约实践中仍须根据具体情况进行解释。[92] 其原因不仅在于国民待遇例外数量众多,还在于该条款本身的核心保证尚未得到澄清。[93]

2. 国民待遇标准的适用

在贸易背景下,尤其是在 GATT/WTO 争端解决机制背景下,国民待遇已经发展出丰富的案例。在投资条约项下,相关案例则相对较新且稀少,其中多数案例都产生于《北美自由贸易协定》第 11 章,故有必要在这里引用《北美自由贸易协定》中的国民待遇条款:

"第 1102 条　国民待遇

1. 在相同或类似情况下,缔约任何一方在投资的设立、取得、扩大、管理、经营、运行、销售或其他处置方面应给予缔约另一方投资者不低于其给

---

〔90〕 See W Shan, 'Is Calvo Dead?', 55 American Journal of Comparative Law (2007) 123, 124 – 6. See also F Orrego Vicuna, 'Carlos Calvo, Honorary NAFTA Citizen', 11 New York University Environmental Law Journal (2003, No. 1), 19 – 34; C Schreuer, 'Calvo's Grandchildren: the Return of Local Remedies in Investment Arbitration', The Law and Practice of International Courts and Tribunals, 4 (2005), No. 1, 1 – 17. 关于卡尔沃学说的历史沿革, see D R Shea, The Calvo Clause: a problem of inter – American and international law and diplomacy (Minneapolis: University of Minnesota Press, 1955)。

〔91〕 一些条约使用了"相同待遇"的措辞。由于 BITs 中通常都有"保持权利"条款,这种待遇并不阻止外国投资者享受更好的待遇,"保持权利"条款旨在保证外国投资者能享受到国内法或其他国际条约所赋予的更好待遇。关于国民待遇和保持权利条款的 BIT 实践, see Dolzer and Stevens, Bilateral Investment Treaties (1995), 63 – 65, 82 – 83; UNCTAD, International Investment Agreements: Key Issues (Vol. I), UNCTAD/ITE/IIT/2004/10 (hereinafter UNCTAD, Key Issues I), at 161 – 80。

〔92〕 Dolzer and Schreuer, 179.

〔93〕 Id.

予本国投资者的待遇。

2. 在相同或类似情况下，缔约任何一方在投资的设立、取得、扩大、管理、经营、运行、销售或其他处置方面应给予缔约另一方投资者的投资不低于其给予本国投资者的待遇。”[94]

虽然这些案件的结果并不一致，但仲裁庭在判断东道国是否违反国民待遇义务时一般采用三步法：(1)查明参照者（“比较对象”或“相似投资者”）。(2)比较外国投资者和内国的相似投资者之间所获得的待遇，确认是否存在歧视，仲裁庭可能还会考虑此类歧视的意图。(3)仲裁庭将确认这种歧视有无正当理由。[95] 相关的 GATT/WTO 判例也常常被用来引证。

（二）“参照者”或“相似投资者”

确认是否违反国民待遇标准，仲裁庭首先需要找到合适的“国内”投资者，即其获得的待遇可与相关外国投资者所获得的待遇相比较的相似投资者。换言之，需要确认“参照者”或者更确切的术语为“相似投资者”。在《北美自由贸易协定》项下，仲裁庭常常援用“在类似情形下”(in like circumstances)一语来判断相似投资者的范围，但迄今不同的仲裁庭对这一用语的解释并不一致。

在很多案件中，仲裁庭认为，应该比较应在“相同的经济部门或商业部门”内的内外资投资者之间进行。比如，在 S. D. Myers v. Canada 案中，仲裁庭裁断道：

“‘相同或类似情况’的概念意味着仲裁庭要审查投诉自己受到差别的待遇的非本国投资者是否与本国投资者处于同一个‘部门’之内。仲裁庭的观点是，‘部门’这个词语具有更广泛的内涵，包括‘经济部门’和‘商业部

[94] 《北美自由贸易协定》第 1102 条。

[95] UNCTAD, Investor - State Dispute Settlement and Impact on Investment Rulemaking, UNCTAD/ITE/IIA/2007/3, 2007, 48. See also, Dolzer and Schreuer, 179 - 83 and GAMI Investments Inc. v. Mexico, UNCITRAL (NAFTA), Final Award, 15 November 2004，该案中，仲裁庭实质上适用了这个标准，只是断定东道国没有违反《北美自由贸易协定》第 1102 条。

门'的概念。"[96]

但是,其他仲裁庭给予的解释则宽严不一。在 Occidental v. Ecuador 案中,仲裁庭断定,可作比较的相似投资者指的应该是"本地全体生产商",而不应只看具体经济活动所在的部门。[97] 与之相反,在 Feldman v. Mexico 案[98]中,仲裁庭认定的可比较的投资者和投资系由从事同一种业务的企业组成,本案中即是购买和转售香烟的企业。[99] 在 Methanex v. United States 案中,美国的许多甲醇生产商都受到了和申请人一样的不利影响,但仲裁庭只选取"在最'类似情况下'的实体作为比较的参照者,那些相似程度相对较低的实体则不予考虑"。[100] Methanex 案裁决也因此被看作是对"参照者"或"相似投资者"采用更狭义解释的另一个例子。在最近的 UPS v. Canada case 案[101]中,仲裁庭也采取了类似的狭义解释法。仲裁庭断定,申请人与参照者加拿大邮政(Canada Post)并不处于"类似情况下",因为加拿大邮政可以在全国范围内对个人投递,而申请人 UPS 不行,故后者无权享受前者的待遇。[102]

显然,投资仲裁实践对比较的基准缺乏统一的解释。在《北美自由贸易

[96] See S. D. Myers v. Canada, First Partial Award, 13 November 2000. Pope & Talbot v. Canada 案仲裁庭也采用了同样的立场,重申:"本庭认为,评估法律背景的影响的第一步,必须将给予第 1102 条第 2 款所保护的外国投资的待遇与给予同一个行业或经济部门的内国投资者的待遇相比较。" See Pope & Talbot v. Canada, UNCITRAL, Award on the Merits, 10 April 2001, para 78.

[97] Occidental v. Ecuador, ICSID Award of 1 July 2004, para 173. 在该案中,适用的 BIT 同样包含"在类似情形下"这一限定性措辞。

[98] Marvin Roy Feldman v. the United Mexican States, ICSID Case No. ARB(AF)/99/1, Award on the Merits, 16 December 2002, para 181.

[99] 有趣的是,在异议意见书中,仲裁员 Covarrubias Bravo 认为,基于某单个内国投资者的事实来认定构成事实上的歧视,这种做法没有足够的根据。See Marvin Roy Feldman v. the United Mexican States, ICSID Case No. ARB(AF)/99/1, Dissenting Opinion of Jorge Covarrubias Bravo, p. 15.

[100] Methanex v. United States, UNCITRAL, Final Award, 3 August 2005, Part IV, Chapter B, para 19. 该案仲裁庭指出"但是,本庭不采信申请人所提出的在其他省份有 500 多个加拿大生产商同样要缴纳该费用的主张。也就是说,本庭要选择的是最'类似情况'下的实体,不是不太'类似情况'下的实体。如果仲裁庭无视相同的参照物,转而竭力抬升一个充其量只能算是适当的(而且可以说就是不合适的)参照者,则就会出现强迫适用第 1102 条的后果。事实摆在那里——与生产甲醇的国内参照者比,Methanex 所得到的待遇没有更差。"

[101] United Parcel Service (UPS) of America Inc. v. Canada, UNCITRAL (NAFTA), Award on the Merits, 24 May 2007.

[102] Id.

协定》框架外，Champion Trading 案[103]仲裁庭在解释《埃及—美国 BIT》[104]中的国民待遇条款时非常草率。仲裁庭确认，国民待遇标准并不阻止一国“采取不同的待遇”，[105]而是禁止对在“相同或类似情况”下的当事人采取不同的待遇。仲裁庭断定，因为获得埃及政府付款的其他埃及棉花生产公司并未参加托收中心机制（Collection Centre Schem），故申请方与这些棉花生产公司不处于“类似的情况下”，不适用国民待遇。埃及政府对其他棉花生产公司的支付不构成违反国民待遇标准。该裁决并未提及《北美自由贸易协定》框架下所形成的诸多案例，虽然在一个脚注中提及 Goetz 案和 Pope & Talbot 案，但也只是一带而过。实际上，由于该案的 BIT 没有规定“在类似情形下”之类的限定语，解释的余地更大、更灵活，也因此，不可能具有更多的确定性或可预见性。

（三）歧视和意图

评估是否违反国民待遇的第二步是确认是否存在待遇上的差异。如此一来，引发的第一个问题便是，此类差别待遇是否还有法律上和事实上之

[103] Champion Trading v. Egypt, ICSID Case No. ARB/02/9 Award 27 October 2006.

[104] 相关规定的内容是“……2.（1）缔约任何一方应给予缔约另一方国民或公司在其领域内的投资和与投资有关的活动不低于其在类似情况下给予其本国国民和公司的投资的待遇，或者任何第三国国民和公司的投资的待遇，如果后者更优惠的话。与投资有关的活动包括但不限于：

① 设立、控制和维持分支机构、代理处、办事处、工厂，或者开展业务的其他设施；

② 根据可适用的法律和法规成立公司；取得公司或公司中的利益或财产中的利益；管理、控制、维持、使用、享有、扩大，以及销售、清算、解散以及以其他方式处理所成立或者取得的公司；

③ 制定、履行和执行与投资有关的合同；

④ 取得（不管是通过购买、租赁，还是通过其他法律途径）、拥有和处置（不管是通过出售、遗嘱还是任何其他法律途径）各类有形、无形的动产；

⑤ 租赁适合于开展业务的不动产；

⑥ 取得、保持和保护版权、专利权、商标权、商业秘密、商名、许可和其他批准或产品、制造流程，以及其他工业产权；以及

⑦ 以市场条件从当地金融机构借出资金，以及在当地金融市场发行股票，以及根据国内规章和实践，为运营企业的目的购买外汇。”

请参见《埃及—美国 BIT》第 2 条第 2 款第 1 项。

[105] Ibid. , para 130.

分。众仲裁庭给出的答案看来是肯定的。[106] 在 S. D. Myers 案中，仲裁庭断定：

“252. 在判断一项措施是否违反国民待遇规则方面，仲裁庭的观点是，需要考虑以下因素：

• 该措施的实际效果是否在于为本国国民创造超过非国民的、不相称的利益；

• 该措施从表面来看是否偏好本国的国民更甚于受相关条约保护的非国民。

253. 为了确定东道国是否存在拒绝给予外国投资者国民待遇，必须在全部事实的背景下探讨这些因素。”[107]

在 ADF v. US 案中，申请人提供了充分的证据，仲裁庭看起来也接受了事实上的歧视的主张。[108]

与确定歧视或者不同待遇相关的另一个重要问题就是东道国的意图或动机是否以及在何种程度上相关。就此仲裁庭的观点并不一致。作为最早期的《北美自由贸易协定》案例之一，S. D. Myers 案的回答是否定的，该案仲裁庭断定“意图是重要，但保护主义的意图自身并非必然是决定性的”。[109] 这一做法已为诸如 Siemens v. Argentina 案[110] 等仲裁庭所肯定，该

---

[106] UNCTAD, Investor – State Dispute Settlement and Impact on Investment Rulemaking, UNCTAD/ITE/IIA/2007/3, 50.

[107] S. D. Myers v. Canada, UNCITRAL, First Partial Award, 13 November 2000, para 252.

[108] ADF Group Inc. v. USA, ICSID Award, 9 January 2003, para 157.

[109] 该案仲裁庭接着说：“东道国虽然存在重国民轻非国民的意图，但如其所采取的措施并未对非该国国民的申请人造成不利影响，则该措施就不至于违反《北美自由贸易协定》第 1102 章【原文如此。——译者注】。‘待遇’这一词语意味着，如若东道国的措施违反了第 1102 条，则必须要存在实际影响，而不是仅仅具有违反第 11 章的动机或意图即可万事大吉。” See S. D. Myers v. Canada, UNCITRAL, First Partial Award, 13 November 2000, para 254. See generally B Sabahi, National Treatment—Is Discriminatory Intent Relevant?, in TJ Grierson Weiler (ed.), Investment Treaty Arbitration and International Law, Juris Net Llc., 2008, 269.

[110] Thunderbird 案仲裁庭也确认，申请人在主张东道国违反《北美自由贸易协定》中的国民待遇规定的时候，并不需要另行证明东道国是出于国籍原因进行的歧视。Feldman 案决定也表明，事实上存在歧视就足够了，不必再行证明这种歧视乃是出于国籍原因。See International Thunderbird Gaming Corporation v. Mexico (Thunderbird v. Mexico), UNCITRAL Award, 26 January 2006, para 177; Marvin Roy Feldman v. the United Mexican States, ICSID Case No. ARB (AF)/99/1, Award on the Merits, 16 December 2002, para 181.

仲裁庭指出：

“本庭赞同意图不是断定存在歧视的决定性或实质性因素，该措施对该投资的影响才是查明是否导致非歧视性待遇的决定性因素。”[111]

与之相反，Genin 案仲裁庭似乎将歧视性意图作为确定存在歧视的前提条件。[112] Methanex 案仲裁庭似乎也接受了类似的方法，它断定：

“12. 为了让自己依据第 1102 条第 3 项提出的请求成立，Methanex 必须提供各种证据证明，加利福尼亚有意歧视外国投资者从而使本国投资者从中获益，且 Mehanex 与被主张从中获益的国内投资者处于相同或类似情况下。”[113]

因此，意图是否属于构成歧视的条件这一问题一直悬而未决。

(四) 正当理由

虽然多数投资条约并未明确提及正当理由，但普遍认为，如果存在合理根据，则东道国给予不同的待遇的做法是正当的。[114] 这一做法已在一些《北美自由贸易协定》案例中采用，仲裁庭给予东道国追求合理政策目标的巨大空间，即便其对本国和外国投资者给予的待遇有所差别。[115] 在 S. D. Myers 案中，仲裁庭裁断道：

“在衡量‘相同或类似情况’时，必须考虑下述情况：为了保护公共利益而对本国和外国投资者区别对待的政府规章是有正当理由的。”[116]

在 Pope & Talbot 案中，仲裁庭认为，如果“下述政府的合理政策存在合理的联系(rational nexus)，则就没有违反《北美自由贸易协定》中的国民待

---

[111] Siemes v. Argentina, ICSID Case No. ARB/02/8, Award, 6 February 2007, para 322.

[112] Alex Genin, Eastern Credit Limited v. Estonia, ICSID Case No. ARB/99/2, Award, 25 June 2001, para 369.

[113] Methanex v. United States, UNCITRAL, Final Award, 3 August 2005, Part IV, Chapter B, para 12. 但是，该案仲裁庭也在同一章节的第 1 段阐述道：“在断定东道国违反《北美自由贸易协定》第 1102 条的时候，并不需要证实东道国真的存在 Methanex 所主张的那种恶意。”

[114] Dolzer and Schreuer, 181.

[115] UNCTAD, Investor – State Dispute Settlement and Impact on Investment Rulemaking, UNCTAD/ITE/IIA/2007/3, at 51.

[116] S. D Myers v. Canada, First Partial Award, 13 November 2000, para 250.

遇义务:(1)在表面上或事实上不对外国公司和本国公司进行区分;以及(2)没有以其他方式不合理地损害《北美自由贸易协定》的投资自由化目标。"[117]这个"合理联系标准"看来已经成为《北美自由贸易协定》仲裁庭在审查可能违反国民待遇条款的行为时的评估标准的内在组成部分。

在GAMI v. Mexico案中,仲裁庭断定,一个重要的产业(糖业)的破产是为了追求合理的政策目标所导致的,墨西哥所采取的措施不具有歧视性质。[118] S. D. Myers案裁决看来暗示着,政府可以为了促进国家政策而进行补贴。[119] 根据Thunderbird v. Mexico案仲裁庭的观点,既然根据国内法投资者的行为(赌博)是非法的,也就不能援用国民待遇条款来保护该行为。[120] 在UPS案中,仲裁庭在确定"相同或类似情况"的适用之时,再次考虑了政府提供分销援助方案背后的根本原因。它断定,UPS与加拿大邮政不处于"相同或类似情况"下,因为出于海关检查的目的,速递服务(courier services)和邮政服务(postal traffic)之间存在差别。但是,Cass先生在其异议意见书中批评了这个结论,并对当事方以及仲裁庭有关如何适用国民待遇标准的观点表示不赞同。[121]

就目前来说,确定一份列举东道国给予低于国民待遇的待遇之正当理由的确切清单,为时尚早,应该结合具体情况的基础上逐案逐步发展。

(五)WTO案例的相关性

国民待遇条款的适用产生了一个非常重要而有意思的问题:在投资仲裁中,是否以及应在何种程度应用WTO案例?较早期《北美自由贸易协定》仲裁案表明,如S. D. Myers案、Pope & Talbot案和Feldman案,WTO判例可

---

[117] Pope & Talbot, Inc. v. the Government of Canada, UNCITRAL, Award on the Merits, 10 April 2001, para 78.

[118] GAMI v. Mexico, UNCITRAL, Final Award, 15 November 2004, paras 114 – 115.

[119] S. D. Myers v. Canada, First Partial Award, para 255.

[120] Thunderbird v. Mexico, Award, 26 January 2006, para 183.

[121] See United Parcel Service (UPS) of America Inc. v. Canada, UNCITRAL (NAFTA), Award on the Merits, 24 May 2007.

为投资仲裁庭提供恰当且有用的指引。[122] 但是,这一潮流看来已有所变化,一些仲裁庭拒绝适用 WTO 案例来解释"类似情况"。Occidental 案仲裁庭就是如此,其理由是 WTO 案例涉及"相似产品",与 BIT 的"类似情况"不同,两者不能同等对待。[123] 在 Methanex 案中,仲裁庭逐条分析《北美自由贸易协定》各章条文,并与 WTO 的用语相比较,得出的结论是,各个篇章的用语与 WTO 非常类似,唯独第 11 章不同。[124] 仲裁庭认为这是《北美自由贸易协定》缔约方有意为之,故应对第 11 章的"类似情况"做有别于 WTO 案例的、自主的解释。[125]

在 GATT/WTO 案例中,给予差别待遇的政府应承担证明这种措施具有正当性的举证责任,这点非常重要。[126] 然而,在 Thunderbird 案中,仲裁庭直接拒绝这种做法,而是坚持至少在表面上看,证明差别待遇不正当的举证责任在申请人。[127]

看来基于种种正当理由,一个贸易与投资体制并行的双轨体系已经浮现。如果能够形成一个统一适用于贸易与投资的体系,可能(might)会更好,但这看起来在较近的未来很难达成。就目前而言,国际经济学者必须应付的是这个双轨系统。

---

[122] 请分别参见 S. D. Myers Inc. v. Canada, UNCITRAL, First Partial Award, 13 November 2000, paras 244 - 7; Pope & Talbot Inc. v. the Government of Canada, UNCITRAL, Award on the Merits, 10 April 2001, paras 45 - 63, 68 - 9; Marvin Roy Feldman v. the United Mexican States, ICSID Case No. ARB (AF)/99/1, Award on the Merits, 16 December 2002, para 165.

[123] Occidental Exploration and Production Company v. Ecuador, London Court of International Arbitration, Case No. UN 346, Award, 1 July 2004, para 176.

[124] Methanex v. United States, UNCITRAL, Final Award, 3 August 2005, Part IV, Chapter B, paras 30 - 5.

[125] 该案仲裁庭指出:"……37. 已故的 Robert Jennings 爵士站在 Methanex 的立场提出,一般国际法具有相关性,但眼下的问题并不在此,也不是参考《北美自由贸易协定》成员方之间的其他条约,如《关税与贸易总协定》来确认某个《北美自由贸易协定》规定解释的理论可能性问题。根据国际法的指引,本庭的首要任务便是研究《北美自由贸易协定》相关规定的文本;此处的文本和其所表明的起草者意图都显示,不能拿贸易规定来解释投资规定。因此,本庭断定,本庭需要根据第 1102 条自身的措辞来解读该条的含义,不能将其解读为该条中还有'任何相似的、直接竞争的或者可替代的产品'这样的含义。"Id. , para 37.

[126] Dolzer and Schreuer, 184.

[127] Thunderbird v. Mexico Award, 26 January 2006, paras 176 - 8. See also Separate Opinion by Arbitrator Wälde.

（六）中外 BITs 中的国民待遇条款

中外 BITs 中通常不包含国民待遇标准。在 120 多项中外 BITs 中，包含国民待遇条款的不到半数。[128] 但是，考虑到所有 BITs 中均包含最惠国待遇，没有包含国民待遇的 BITs 所涵盖的投资者和投资或许（might）可以据此享受到国民待遇。

1986 年《中国—英国 BIT》中首次包含国民待遇标准，但如前所述，该标准仅是一个最大努力条款，第二个包含国民待遇的是 1988 年《中国—日本 BIT》，仍然存在实质性限制。中外 BITs 中之所以不愿意接受国民待遇，原因有二：[129] 其一保护本国弱小的行业不受国际竞争的冲击，这也是所有发展中国家都存在的问题，因此它们一般不愿意接受国民待遇。在国内层面上，国民待遇意味着，国内产业与国际竞争者在同一个平台上竞技。在改革开放和缔结 BITs 之初，中国的国内产业不可能发展成熟从而可以应对任何国际竞争。

其二则是中国特有的原因，中国自 20 世纪 50 年代开始实行中央计划经济，[130] 没有市场和竞争的概念，在这种背景下，国民待遇不可能得到有效的

[128] 根据笔者手头的资料，大约 50 个中外 BITs 中包含国民待遇：英国（1986 年）、日本（1988 年）、前捷克斯洛伐克（1991 年）、西班牙（1992 年）、韩国（1992 年）、斯洛文尼亚（1993 年）、冰岛（1994 年）、摩洛哥（1995 年）、前南斯拉夫（1995 年）、沙特（1996 年）、叙利亚（1996 年）、加蓬（1997 年）、喀麦隆（1997 年）、尼日利亚（1997 年）、马其顿（1997 年）、南非（1997 年）、也门（1998 年）、佛得角（1998 年）、刚果共和国（2000 年）、博茨瓦纳（2000 年）、伊朗（2000 年）、塞浦路斯（2001 年）、塞拉利昂（2001 年）、莫桑比克（2001 年）、肯尼亚（2001 年）、尼日利亚（2001 年）、约旦（2001 年）、荷兰（2001 年）、缅甸（2001 年）、波黑（2002 年）、特立尼达和多巴哥（2002 年）、科特迪瓦（2002 年）、圭亚那（2003 年）、吉布提（2003 年）、德国（2003 年）、贝宁（2004 年）、拉脱维亚（2004 年）、乌干达（2004 年）、突尼斯（2004 年）、芬兰（2004 年）、朝鲜（2005 年）、比利时和卢森堡（2005 年）、西班牙（2005 年）、捷克（2005 年）、葡萄牙（2005 年）、瓦努阿图（2006 年）、俄罗斯（2006 年）、印度（2006 年）、巴基斯坦自由贸易协定第 9 章（2006 年）、塞舌尔（2007 年）、韩国（2007 年）、哥斯达黎加（2007 年）、新西兰自由贸易协定（2008 年）【除原文所列 BITs 之外，还包括瑞士（2009 年）、马其他（2009 年）、马里（2009 年）、东盟自贸区《投资协议》（2009 年）、加拿大（2012 年）、日本与韩国（2012 年）、智利自贸区投资补充协定（2012 年）。——译者注】。

[129] 关于实施国民待遇的这两个条件的更多探讨，see W Shan, 'National Treatment and the Transformation of FDI Laws and Policies in China', in International Trade Law and Regulation (Vol. 6 No. 1, 2000), at 21 – 7。

[130] Id.

实施。以20世纪80年代早期中国签订的首个BIT为例,中国当时经济实体只有少数的几种类型,即国有企业(SOEs)、集体所有企业(COEs)和私营企业。这三类企业之间尚且因其运营、物资供应和产品营销范围的不同而区别对待,试想在根本没有统一的"国民待遇"的情况下,如何对外国投资者实施国民待遇?即便选择其中一种企业作为参照者,其所提供的待遇亦非投资者所愿。以国有企业为例,在诸如公用事业和物资供应方面得到优待的同时,国有企业还承担着各种社会功能,包括儿童保健、教育和医疗保健,外企当然不愿意承担这样的社会功能,而这些责任已经构成了国企获得普遍待遇的一部分。事实上,国有企业得到优待的理由正是在于它同时承担着特殊的义务。外国投资者也不能主张自己只享有权利而不承担相应的义务,这是不合情理的。此外,私营企业那时才刚刚起步,无论在商业领域还是在运营环境方面,都非常受限。换言之,它们也不是外国投资者的合适参照者。

基于上述原因,中国在大约10年的时间里拒绝接受国民待遇。但从20世纪90年代起,中国决定放弃计划经济,开展具有中国特色的"社会主义市场经济",[131]其政策也因此转为"创造条件给外国投资者以国民待遇"。[132]但是,迄今市场经济尚未完全建立,国有产业的竞争力尚待提高,故仍不能完全实施国民待遇,这就是中国为何在投资条约中继续对国民待遇条款进行限制的原因。

下文将对中外BITs中的国民待遇条款做详细分析,涉及其六种不同的方式及适用范围。

在对待国民待遇的态度上,中外BITs有6种模式。以下将对这些模式进行探讨(其中,第1~5项是依据对投资的友好程度由低到高排序,而第6项是特有的):

(1)尽最大努力模式:《中国—英国BIT》模式

〔131〕 下述文件指出了这一点:《中共中央关于建立社会主义市场经济体制若干问题的决定》,载《人民日报》1993年11月7日,第1版。

〔132〕 同上。

(2)实质限制模式:《中国—日本 BIT》模式

(3)受国内法约束模式:《中国—西班牙 BIT》模式

(4)受祖父条款约束模式:《中国—塞浦路斯 BIT》模式

(5)完全的准入后阶段模式:《中国—塞舌尔 BIT》模式

(6)非互惠模式

1. 尽最大努力模式:《中国—英国 BIT》模式

《中国—英国 BIT》(1986 年)是第一个包含国民待遇的 BIT,其内容是:

“[……]缔约任何一方***应尽量根据其法律和法规***的规定给予缔约另一方的国民或公司的投资与其给予本国国民或公司以相同的待遇。”[133][着重部分系作者标示]

显然,通过“尽量”一词,这个国民待遇条款并未设定有约束效力的义务,而仅是一个“最大努力”要求。并且,这个最大努力义务还受制于当地法律,这又是一个实质性限制。正如 Shihata 所说的那样,这种受限制的国民待遇条款既不要求缔约国消除现有的歧视性措施,也不禁止缔约国采取新的歧视性措施,只要这些新的歧视性措施采取东道国的“法律和法规”的形式。[134] 换言之,这类国民待遇条款在东道国对待外资的方式方面并未设定任何实质性限制。[135]《中国—冰岛 BIT》[136]《中国—南斯拉夫 BIT》[137]都采用了这种模式。

2. 实质限制模式:《中国—日本 BIT》模式

1988 年《中国—日本 BIT》是第二个包括国民待遇条款的中外 BIT。但该 BIT 文本看起来更简洁明了,因为其没有包含《中国—英国 BIT》中的上述两个限制。[138] 但这并不意味着中国放弃了自己自 1988 年开始坚持的限制。更确切地说,这些限制的位置被移到了《议定书》之中,该协定《议定书》

[133] 《中国—英国 BIT》第 3 条第 3 款。

[134] F I Shihata,‘Recent Trends Relating to Entry of Foreign Direct Investment’,9 ICSID Review – FILJ (1994),at 55.

[135] 不过,这可能可以防止东道国通过法律和法规之外的其他形式设定限制国民待遇的措施。

[136] 《中国—冰岛 BIT》第 2 条第 3 款。

[137] 《中国—前南斯拉夫 BIT》第 2 条第 3 款第 2 项。

[138] 《中国—日本 BIT》第 3 条第 2 款。

规定：

“关于协定第 3 条第 2 款的规定，缔约任何一方，***根据有关法律和法规，为了公共秩序、国家安全或国民经济的正常发展，在实际需要时***，给予缔约另一方国民和公司的***差别待遇***，不应视为低于该缔约一方国民和公司所享受的待遇。”[139]［着重部分系作者标示］

这里再一次出现了“根据法律和法规”的限制。虽然允许实施歧视性政策的空间受到较大限制，但是，“国民经济的正常发展”这一用语的纳入意味着，国民待遇条款受制于东道国的经济政策。这两个条件放在一起将产生与《中国—英国 BIT》类似的效果。《中国—捷克和斯洛伐克 BIT》（1991 年）[140]、《中国—韩国 BIT》（1992 年）[141] 均采取了这种缔约模式。

3. 受国内法约束模式：《中国—西班牙 BIT》模式

许多中外 BITs 规定，根据东道国的国内法给予国民待遇标准，这种规定第一次出现在 1992 年《中国—西班牙 BIT》，[142] 目前已经成为中国最新 BIT 范本条文中的标准表达。[143] 例如，2004 年《中国—拉脱维亚 BIT》规定：

“***在不损害其法律法规的前提下***，缔约一方应给予缔约另一方投资者在其境内的投资及与投资有关活动不低于其给予本国投资者的投资及与投资有关活动的待遇。”[144]［着重部分系作者标示］

如上所述，这种条款允许中国通过改变旧法、制定新法的方法区别对待外国投资者，给予本国投资者优惠。但是，这种条款似乎可以防止政府采取非正式的法律和法规形式表现出来的歧视性措施，如中央和地方当局采取的其他作为和不作为。

4. 受祖父条款约束模式：《中国—塞浦路斯 BIT》模式

最近缔结的一些中外 BITs 包括了受祖父条款约束的准入后国民待遇

---

[139] 《中国—日本 BIT》之《议定书》第 3 点。

[140] 《中国—捷克斯洛伐克 BIT》第 3 条第 2 款、《议定书》第 1 点。

[141] 《中国—韩国 BIT》（1992 年）第 3 条第 2 款、《议定书》第 2 点。

[142] 《中国—西班牙 BIT》（1992 年）第 3 条第 4 款。

[143] 《中国 BIT 范本》（第三版）第 3 条第 2 款。

[144] 《中国—拉脱维亚 BIT》第 3 条第 2 款。

条款,允许缔约方保留(缔约时的)现存不符措施,如与国民待遇义务不符的立法。这一做法始自2001年《中国—塞浦路斯BIT》,[145]一些之后签订的中外BITs,尤其是一些重新签订的欧洲式BITs采取了这一做法。[146] 2003年《中国—德国BIT》中的祖父条款非常典型。

"*在中华人民共和国方面*,第2条第3款和第3条第2款不适用于:

(1)任何现存的在其境内维持的不符措施。

(2)这种不符措施的持续。

(3)任何对这种不符措施的修改,但修改不能增加措施的不符程度。

中华人民共和国*将采取所有适当的措施逐渐地撤除这些不符措施*。"[147][着重部分系作者标示]

需要注意的是,这个但书仅确定了缔约一方(中国而非德国)维持不符措施的权利。与上述"受国内法约束"模式的国民待遇条款相比,这类条款所界定的例外范围要狭窄一些,其例外仅允许保持现有措施和在不增加措施不符程度情况下的修改,而不允许采取新的不符措施,或者进行增加歧视程度的修改。[148]

这种类型典型的一个特征是,它还包含一个承诺,即中国有义务逐渐消除这些不符措施。当然,从措辞和条款所在的上下文来看,这仍是一个最大努力的义务,在法律上无法强制执行。

---

〔145〕《中国—塞浦路斯BIT》第3条第3款、《议定书》关于第3条。

〔146〕《中国—比利时和卢森堡BIT》(2005年)、《中国—捷克共和国BIT》(2005年)、《中国—芬兰BIT》(2004年)、《中国—德国BIT》(2003年)、《中国—荷兰BIT》(2001年)、《中国—斯洛伐克共和国BIT》(2005年《议定书》)。

〔147〕2003年《中国—德国BIT》之《议定书》关于第2条、第3条。

〔148〕2008年《中国—墨西哥BIT》第3条亦采用了同样的祖父条款模式,只是用语表位"在不损害投资时缔约一方法律和法规的前提下",它也采用了"在相同或类似情况下"的用语:第3条国民待遇:

"1. 在不损害投资时缔约一方法律和法规的前提下,缔约一方应给予缔约另一方投资者在投资经营、管理、维持、使用、享有以及处分方面不低于其在相同情况下给予其本国投资者的待遇。

2. 在不损害投资时缔约一方法律和法规的前提下,缔约一方应给予缔约另一方投资者的投资在投资经营、管理、维持、使用、享有以及处分方面不低于其在相同情况下给予其本国投资者投资的待遇。"

请参见《中国—墨西哥BIT》第3条。《中国—新西兰自由贸易协定》第138条也采用了类似的规定。下文第4.88段对该条进行了引用。

5. 完全的准入后阶段模式:《中国—塞舌尔 BIT》模式

在所有的中外 BITs 中,这是最为少见的一种方法,目前仅 2007 年《中国—塞舌尔 BIT》采取这种做法。其第 5 条(国民待遇和最惠国待遇)规定:

"缔约一方应当给予缔约另一方投资者在其领土内的投资和与投资有关的活动不低于其给予本国投资者或者最惠国投资者的待遇,如果后者更优惠。[……]"[149]

这是迄今为止中外 BITs 中唯一一个无限制的国民待遇条款。中国一直以来不愿意给予外国投资者无限制的准入后国民待遇,而是愿意保留一些对外国投资者进行差别对待的权利。但是,《中国—塞舌尔 BIT》并无这方面的限制性规定。[150] 考虑到 BITs 包含一个标准的"准入条款",要求投资"应当根据其立法"准入。这是重申"适用条款"中的规定,即 BIT 仅适用"依照缔约国相关的法律和规则"进行的投资。[151] 故该 BIT 中的国民待遇仍然仅适用于准入后阶段的投资。

重要的是,考虑到所有的中外 BITs 中都有最惠国待遇条款,故其他外国投资者可能据此要求享受《中国—塞舌尔 BIT》中的无限制的准入后阶段模式的国民待遇。[152] 在国际投资条约缔结实践中,缔约国通常不承担无限制的国民待遇义务,即便是准入后阶段的国民待遇亦然,故《中国—塞舌尔 BIT》的做法是很罕见的。中国接受这种无限制的国民待遇看来并不明智。中国有必要和塞舌尔协商,增加一个包含《中国—塞浦路斯 BIT》模式的"祖父条款"的议定书。

---

〔149〕《中国—塞舌尔 BIT》第 5 条。

〔150〕我们依据的是中国商务部提供的一份该 BIT 副本。虽然中国缔结的许多其他 BITs 都有一个议定书(不符措施方面的'祖父条款'通常就包含在该议定书里),但这个条约副本并无议定书。我们接下来的分析都建立在这样一个假设基础上:商务部所提供的与塞舌尔之间的 BIT 副本是全面而正确的。

〔151〕《中国—塞舌尔 BIT》第 3 条、第 12 条。

〔152〕例如,在 MTD v. Chile 案中,投资者能够利用第三方 BIT 中有关投资得到批准后授予许可证方面的更有利规定。至于依靠最惠国待遇条款利用更有利的国民待遇标准,目前似乎尚无公开的案例。

6. 非互惠模式

一些BITs仅仅给予中国投资者以国民待遇,不给予缔约对方投资者以国民待遇。这种非互惠模式的BIT包括:《中国—秘鲁BIT》《中国—南非BIT》《中国—叙利亚BIT》。[153] 比如,在《中国—秘鲁BIT》中,双方都有义务给对方的投资者最惠国待遇,但只有秘鲁有义务给中国的投资者国民待遇。[154] 《中国—南非BIT》与《中国—秘鲁BIT》类似,只是存在一个黑人授权例外条款。[155] 在《中国—叙利亚BIT》中,中国只承担最惠国待遇义务,而叙利亚只承担国民待遇义务。[156] 这是一种非常罕见而有创新性的平衡。

(七)适用范围

1. 适用对象

一些BITs将国民待遇给予"投资者的投资",[157]另一些BITs则是"投资和与投资有关的活动"[158][159]。尽管难以精确区分两个表述之间的差异,仍可看出后者的范围要大于前者。正如我们在最惠国待遇条款适用范围所探讨的那样,一些BITs对"与投资有关的活动"进行了界定。如2003年《中国—德国BIT》规定,"与投资有关的活动"包括但不限于:"一项投资的管理、维持、使用、享有和处分。"[160]《中国—芬兰BIT》穷尽性地规定:国民待遇义务适用于"投资的运营、管理、维持、使用、享有、扩张、出售或其他处

[153] 晚近一些BITs含有单独适用于中国的"祖父条款",因其对缔约另一方境内的中国投资并不施以同样的限制,故也可看作一种非互惠的国民待遇规定。

[154] 《中国—秘鲁BIT》第3条和《议定书》。

[155] 《中国—南非BIT》第3条。

[156] 《中国—叙利亚BIT》之《议定书》第1条。

[157] 比如,可参见中国与下述国家之间的BITs:英国(第3条第3款)、冰岛(第2条第3款)、前南斯拉夫(第2条第3款第2项)

[158] 例如,《中国—比利时和卢森堡BIT》(2005年)、《中国—塞浦路斯BIT》(2001年)、《中国—德国BIT》(2003年)、《中国—拉脱维亚BIT》(2004年)

[159] 还有一些BITs,如1988年《中国—日本BIT》,1992年、2005年《中国—韩国BIT》将国民待遇义务适用于诸如战争损失的法律救济与补偿等方面。请参见1988年《中国—日本BIT》第4条,1992年《中国—韩国BIT》第4条,2005年《中国—韩国BIT》第3条第4款、第5条第1款。

[160] 《中国—德国BIT》之《议定书》关于第3条。

置方面”。[161]

上述列举的作用有两点：一是表明国民待遇不适用于准入前阶段（没有提及投资的“取得”或“设立”）；二是廓清国民待遇的适用范围。但事实上，第一点作用可以通过准入条款本身实现，而后一种作用可以通过泛指“投资和与之相关的活动”来实现。

2. 列举式清单

一些中外 BITs 进行了说明性的列举，以说明哪些措施被缔约国认为不符合国民待遇义务。如 2003 年《中国—德国 BIT》规定：

“第 3 条规定的‘待遇低于’尤其指：限制购买原材料或辅料、能源或燃料、生产设备或操作工具的不平等待遇及其他具有类似效果的措施。”[162]

《中国—日本 BIT》的会议纪要中也有一个类似的规定。[163] “列举式清单”方法是一个有用的缔约技巧，尤其在缔约方打算借此排除特定具体的措施时。这种缔约技巧使国民待遇义务更为“有形”，使其意义更为确定。当然，很重要的一点是，说明该列举是非穷尽性的。

3.“类似情况下”

沿用欧洲式 BIT 范本的惯例，中外 BITs 倾向于不包括“在类似情况下”这一限定语。晚近的《中国—墨西哥 BIT》[164] 和《中国—新西兰自由贸易协定》是仅有的例外。《中国—新西兰自由贸易协定》第 11 章（投资篇章）的国民待遇条款内容为：

“第 138 条　国民待遇

各方在管理、经营、运营、维护、使用、收益或处置方面，应当给予另一方

---

〔161〕 2004 年《中国—芬兰 BIT》第 3 条第 2 款。

〔162〕 2003 年《中国—德国 BIT》之《议定书》，关于第 3 条。但是，该条澄清，因公共安全和秩序、公众健康或道德而采取的措施，不应视为第 3 条中的“待遇低于”。第 3 条并不要求缔约一方有将其依照税法只给予住所在本国境内的投资者的税收优惠、免税或减税待遇，扩大到住所在缔约另一方境内的投资者的义务。

〔163〕 《中国—日本 BIT》之《会议纪要》第 2 点规定：“缔约双方确认，协定第 3 条第 2 款所述的‘低于给予该缔约一方国民和公司的待遇’包括对下述活动差别性地采取限制或妨碍措施：采购原材料或辅料、电力或燃料、各类生产或操作工具；在国内外销售产品；在国内外借款；引进技术；在国外设立分支机构。”

〔164〕 《中国—墨西哥 BIT》第 3 条。

投资者的投资及与该投资相关的活动，不低于其在同等条件下给予其本国投资者的投资及相关活动的待遇。”[165]

正如我们在以前的案例分析中所发现的那样，“在类似情况下”一词已被仲裁庭用来限定可作参照者的内国投资者的范围，以及判断是否存在正当理由。倘若没有这一限定词，则相关国民待遇条款的文义解释可能意味着，要对更广泛范围的内国投资者进行比较。但是，发生投资争端的时候，投资仲裁庭可能将国民待遇条款解释为，它包含两类投资者之间应具有“可比性”的要求。

国民待遇条款之所以重要，在于它澄清了外国投资者所获得的待遇标准。通过获得与内国投资者的同等待遇，外国投资者不仅可以享有内国投资者优厚待遇，而且即便是在海外投资，也有“宾至如归”的感觉。在全球化席卷世界的情况下，给予外国投资者国民待遇的做法也日益普遍。中国正在寻求融入全球的经济活动当中，其给予外国投资者以国民待遇的意愿也在不断加强。是以，中国新近缔结的 BITs 在国民待遇条款方面承担越来越多的义务，可以说，通过中外 BITs 普遍包含的最惠国待遇条款，那些与中国缔结不含国民待遇的 BITs 国家的外国投资者亦可享受到这种投资自由化的成果。

四、结论

非歧视待遇是国际投资条约项下的最重要的待遇标准，主要包括最惠国待遇和国民待遇这两个相对的或附随性的待遇标准。最惠国待遇条款确保来自不同国家的投资者享有相同的保护标准。国民待遇则保证在外国投资者与本国投资者之间不存在不正当的歧视性待遇。这两个标准合并在一起将产生一种为所有投资者提供同台竞技机会的效果，而无论这些投资者的原有国籍。

所有的中外 BITs 中都含有最惠国待遇，这意味着投资者可以从另一条

〔165〕《中国—新西兰自由贸易协定》第 138 条。

约获得更优惠的保护。沿用 MTD 案的裁决,中外投资者可能也可以享受第三方条约中的更优惠规定,只要这些规定不属于相关条约所设定的限制或例外。但是,中外 BIT 中的最惠国待遇是否可以适用于争端解决规定,尚不清楚。仲裁实践已经确认,投资者或许(might)可以通过最惠国待遇条款跳过纯程序性的事项,如 Maffezini 案中的等待期。但是,Wintershall 案仲裁庭并没有遵循这一裁决。该案仲裁庭拒绝援引最惠国待遇条款规避 18 个月的等待期,投资者在此期间必须寻求当地法院救济。沿用 RosInvest 案裁决,投资者还有可能(might)引入全盘接受投资仲裁庭管辖权的第三代中外 BITs 以扩大仲裁庭的管辖权,规避一些有限制地接受投资仲裁庭管辖权的中外 BITs 的规定。但是,正如 Plama 案仲裁裁决所示,投资者可能没办法利用第三方条约中更有利的制度仲裁(从临时仲裁到 ICSID 仲裁)。

与之不同,国民待遇条款在中外 BITs 中比较少见,不到半数的中外 BITs 中含有国民待遇条款,其中大部分受到实质性限制。但是,《中国—塞舌尔 BIT》已经包含了无限制的国民待遇条款,所有的外国投资者都可以借用中外 BITs 中的最惠国待遇条款享受这一待遇。虽然迄今尚无案例启用中外 BITs 中的最惠国待遇和国民待遇条款,但在未来有关中国的投资仲裁中,这两个相对待遇条款,尤其是最惠国待遇条款,将极有可能成为非常重要的因素。

CHAPTER 05 >>

第五章

货币转移

一、导言

BITs 中的货币转移或汇回(transfer or repatriation of funds)条款是投资条约的目的和宗旨的核心所在。BITs 的主要目的在于促进一国投资者向另一国投资。初始投资时,投资者极有可能需要将资金转入东道国,投资开始产生利润时，投资者可能希望可以将这些收益自由地转移到母国或第三国。在外国投资的唯一原因在于获利，如果利润不能自由转移到别处，那么外国投资体制的吸引力会下降。正因如此，投资者当然会对无限制的转移条款青睐有加。

但是，东道国对本国货币和外汇享有"货币主权"，[1]对外国投资资本大量流入或流出本国的现象必须进行监控。因此，与投资者的利益截然不同的是，国家并不想给予外国投资者无限制的资金汇回权利。事实上，"在许多情况下，保留赖以支付基本货物和服务的外汇的需要促使发展中国家颁布外汇控制法"。[2] BITs 和多边条约[3]中的转移条款试图在这两种相互冲突的利益之间保持平衡。[4]

确保资金自由转入，更重要的是转出东道国，这一义务是所有 BIT 都包含的内容。这点毫不奇怪，因为只有这样，想赚取利润和收益的跨国投资者才会进行投资。然而，尽管投资条约中的转移条款非常重要且普遍，但迄今鲜有这方面的案例。在某种程度上，出现这种情况的原因在于"大多数条约规制的特殊性，仲裁庭罕有探讨资金处理问题也就不足为奇"。[5] 但是，欧洲委员会（European Commission）对三个欧共体成员奥地利、芬兰和瑞典向欧洲法院提起的未决诉讼凸显这类条款的重要性。这个案件的背景是：欧洲理事会（European Council）依据欧共体条约可以启动紧急情况措施，但前提是，这些国家先于欧共体条约存在的 BIT 并未排除紧急情况措施。

1991 年阿根廷—加拿大 BIT 第 3 条的转移条款非常典型：

"（1）缔约任何一方应当保证缔约另一方投资者能够不受限制地转移投

〔1〕 H Zeng, International Investment Law (1999) 460，更多国际金融法的概述可参见 F A Mann, The Legal Aspects of Money (5th edn, 1992)。

〔2〕 R Dolzer and M Stevens, Bilateral Investment Treaties (1995) 85. 有关外汇规则的国际法发展的简要历史回顾可参见 A Kolo and T Wälde, 'Capital Transfer Restrictions under Modern Investment Treaties' in A Reinisch (ed.), Standards of Investment Protection (OUP, 2008), 205, 206 – 213。

〔3〕 例如参见《北美自由贸易协定》第 1109 条和《能源宪章条约》第 14 条。

〔4〕 K J Vandevelde, United States Investment Treaties: Policy and Practice (1992) 143. See also generally UNCTAD, Transfer of Funds (2000) and UNCTAD, International Investment Agreements: Key Issues (2004) 257.

〔5〕 R Dolzer and C Schreuer, Principles of International Investment Law, 192.

资和收益。在不限制前述规定的一般性的情况下,缔约任何一方也应当保证投资者能够不受限制地转移:

① 以偿还款或贷款形式存在的与具体投资直接有关的资金;

② 对任何投资进行全部或部分清算的收益;

③ 受允许在缔约另一方领土内从事与投资有关的工作缔约另一方公民的工资和其他相关报酬;

④ 由于本协议第 6 条或第 7 条的原因而应付给投资者的任何赔偿。

(2)应以该资本最初投入时采用的可自由兑换的货币,或投资者与相关缔约方协商确定的其他可自由兑换的货币,依据该缔约方所确定的程序,毫不迟延地进行转移。除非投资者另行同意,否则,应以转移之日可适用的汇率进行转移。”

该 BIT 对该条款所涵盖的款项类型进行了非穷尽性列举,然后在第 8 条第 2 款以非常标准的格式条款确认,转移必须毫不迟延地以最初投资时所采用的可自由兑换的货币,并按转移之日的固定汇率进行。这个特定条款并未对特定情况下的货币转移加以限制。《加拿大—委内瑞拉 BIT》则与之截然相反——列举出允许自由转移的例外,其第 8 条第 4 款规定:

“尽管存在第 1 ~ 3 款的规定,缔约一方仍可以通过公正、非歧视、善意地适用其法律的方式阻止与下述事项有关的转移:

(1)破产、无力还债或保护债权人权利;

(2)证券的发行、买卖或交易;

(3)罪犯或刑事违法;

(4)转移货币或其他金融工具的申报;或

(5)确保清偿司法程序做出的裁决的履行。”

国家对转移自由施加特定限制的做法并不罕见,以收支平衡问题为例,当出现贸易严重逆差时,或者可用的外汇数量非常有限时,就是如此。《北美自由贸易协定》是一个典例。其“转移”条款篇幅很长,内容非常详细,在其第 1109 条第 4 款的第 1 ~ 5 项中同样列出有关自由转移的例外。遗憾的是,目前尚无有关这些条款如何适用或者这些除外条款如何适用的案例。[6] 在 Biwater v. Tanzania 案中,仲裁庭并未支持申请人提出的坦桑尼亚违反《坦桑尼亚—英国 BIT》中的转移条款的主张,而更倾向于支持东道国的意见,也即转移条款“并不担保投资者必然有可转移的资金……自由转移原则针对的是那些会限制转移可能性的措施,比如货币控制方面的限制,或东道国采取的有效禁锢投资者的资金的其他措施,尤其是在东道国的投资。”[7] 如果投资者有可以依照第 6 条的规定进行转移的资金,则转移条款可以为此担保,除此之外,再无其他。

当前的《中国 BIT 范本》将“它的法律法规”设定为投资自由转移的限制条件,这是因为中国仍旧实行外汇管制政策,尤其是在资本项目方面,其货币——人民币仍不能自由兑换。但是,在近期的一些中外 BITs 实践中,这个规则被进一步自由化。再以《中国—德国 BIT》为例,其剔除了转移方面的“依照其法律法规”的限制。当然,中国有关转移、外汇和可兑换性方面的法律法规在缓慢但系统地自由化。它适用《国际货币基金协定》(以下简称《IMF 协定》)的规定。

《国际货币基金协定》限制成员国对经常性国际交易项下的自由转移施加限制。它不涵盖清算资金,但《OECD 资本移动自由化法典》涵盖清算资金。该法典对成员国具有约束力,目标在于消除对跨境资本转移的限制,由此在一定范围内促进与投资有关的转移的自由化。[8] 《国际货币基金协定》和《OECD 法典》均允许成员国在加入时保留一些限制。此外,这两个文

---

〔6〕 在 2002 年 1 月 11 日提起的《北美自由贸易协定》项下的 Calmark Commercial Development Inc. v. Mexico 案仲裁意图说明中,申请人提到了墨西哥干涉投资者出售投资的资金的汇回,违反了第 1109 条转移条款。这个案例看起来像是一个拒绝公正审理的请求,诉因为墨西哥司法机关对投资者在 Baja California 的旅游开发投资问题采取的行为。自从这个意图说明提交后,似乎再没有任何进一步的行动。这个仲裁意图说明在: http://www. naftaclaims. com/disputes_mexico_calmark. htm > (accessed on 20 August 2008)。

〔7〕 Biwater Gauff (Tanzania) Ltd. v. Tanzania, ICSID Case No. ARB/05/22, para 735.

〔8〕 “随着时间的推移,可将《法典》当做评估和比较成员国自由化努力的标准。”OECD (ed.), OECD Codes of Liberalisation of Capital Movements and Current Invisible Operations: User's Guide (2008), 16. See generally P Muchlinski, Multinational Enterprises and the Law (2nd edn, 2007) on measures to encourage inward direct investment, 247 – 51.

件还允许成员国在发生影响一国收支平衡的金融危机之时采取一些临时性的措施。

本章将研究中外 BITs 汇回条款所调整的款项类型,包括该条款的适用范围,以及其是否同时包括对外和外来货币转移。本章也将研究转移条款涵盖的款项类型,以及其清单到底是列举性的还是穷尽性的,然后考查有关可兑换性和汇率方面的重要规定,探寻其含义及其指定的时间。最后,本章将研究中外 BITs 货币转移条款中的典型规定,尤其是要求金钱转移必须符合“国内法律法规”的规定。本章也将简要考察欧洲法院正在审理案件的影响,这些案件是针对一些成员国提起的有关其加入欧洲共同体条约之前签署的 BITs(包括与中国之间的 BITs)中的转移条款的范围。该决定可能会影响到中国的一些 BITs,以至于需要根据判决的具体规定重新协商或澄清一些事宜。

二、款项的类型

几乎所有的 BITs 都允许投资者以自由和毫不迟延的方式转移与其投资有关的资本或资金,转移以可自由兑换的货币、以指定的汇率(如以转移之日的汇率)进行。[9] 所有三个《中国 BIT 范本》在金钱转移方面都有类似的规定,即在遵守当地法律法规的情况下,担保投资和收益的自由转移。[10] 这三个范本都对条约所调整的款项类型规定了非穷尽性清单,但并非所有的 BITs 都是如此。英国 BIT 范本第 6 条就简单地规定:“在投资方面,缔约任何一方应保证缔约另一方的国民或公司能够不受限制地转移其投资和回报。”[11]《中国—日本 BIT》第 8 条仅提及“款项、汇款以及包括投资财产的清算价款在内的金钱证券或资金”,并不包括其他中外 BITs 所含的那种较长的清单。

---

〔9〕 例如,可参见《塞拉利昂—英国 BIT》第 6 条、《美国 BIT 范本》第 7 条第 2 款、《挪威 BIT 范本》第 9 条第 2 款、目前的《中国 BIT 范本》第 6 条第 3 款。

〔10〕 通常来说,BIT 将详细界定“收益”这个词语。比如,在《中国—德国 BIT》中,“收益”一词系指由“投资所产生的款项,如利润、股息、利息、资本利得、许可费、提成费和其他合法收入。”

〔11〕 另请参见《斯里兰卡 BIT 范本》第 7 条。

目前的《中国 BIT 范本》包含了一个典型的转移条款，其第 6 条规定：

"1. 缔约任何一方应按照其法律和法规，保证缔约另一方投资者转移在其领土内的投资和收益，包括：

(1) 利润、股息、利息和其他合法收入；

(2) 全部或部分出售或清算投资获得的款项；

(3) 与投资有关的贷款协议的偿付款项；

(4) 本协定第 1 条第 1 款第 4 项中事项有关的许可费；

(5) 技术援助或技术服务费、管理费；

(6) 有关承包工程的款项；

(7) 在缔约一方的领土内从事与投资有关活动的缔约另一方国民的收入；

2. 本条第 1 款的规定不得损害投资者依据本协定第 4 条和第 5 条获得的赔偿的自由转移。

3. 上述转移应以可自由兑换的货币按照转移当日接受投资缔约一方通行的市场汇率进行。"

中国前两个 BIT 范本有类似的规定，但只有两段，其中一段用一个列举性清单陈述可以自由转移的款项类型，[12]另一段确认款项应该以转移当日的汇率进行。[13]这些 BIT 范本都包括投资者的"投资和收益"。[14] 这种措辞所覆盖的范畴很宽泛，包括与投资有关的所有资金。与更广泛的条约实践相一致，[15]所有这三个 BIT 范本都喜好在该条款中设定一个列举性清单，以说明其所涵盖的款项类型。这些条款列举性清单的运行方式与"投资"定义中的说明性清单一致。第 1 款第 1 项至第 7 项列举的款项范围很广。显然，投资以及出售投资的收益属于与"投资"和收益有关的款项。此外，贷款协议、许可费、技术援助项下的款项都与投资有关。事实上，中外 BITs 所包含

[12] 《中国 BIT 范本》(1989 年)第 6 条第 1 款、《中国 BIT 范本》(1994 年)第 6 条第 1 款。

[13] 《中国 BIT 范本》(1989 年)第 6 条第 2 款、《中国 BIT 范本》(1994 年)第 6 条第 2 款。

[14] 大多数 BITs 都包含收益定义，例如，"收益"的指的是由投资所产生的款项，如利润、股息、利息、资本利得、许可费、提成费和其他合法收入。

[15] UNCTAD, Bilateral Investment Treaty 1995 – 2006: Trends in Investment Rulemaking, 58.

的列举性款项清单与之都相同或非常类似。

但是,第 7 项的国民的收入与投资并不直接相关,却仍被"认为是投资保护的重要部分"。[16] 1976 年《IMF 协定》也涵盖外国员工的收入。《美国 BIT 范本》中并无这种类型的款项,但《挪威 BIT 范本》却明确地包括"从事与投资有关的活动的外国员工所获得的收入和其他报酬"。[17] 世界银行《外国直接投资待遇指南》提及"外国员工的工资和薪金的合理部分的定期转移……"[18]这种收入间接产生于东道国的投资,似乎被看作是由该项投资产生出来的收入的组成部分,照此亦可以全部或部分转移出东道国。这种方法确认了下述观点:"虽然转移工资的权利可能受到限制,但是,缔约国保证能够自由转移收益、贷款款项与清算投资所得,或来自于许可和许可费的款项。"[19]比如,《中国—捷克 BIT》就包括这种限制工资转移的条款,该 BIT 覆盖"***被雇佣并被允许在海外工作*** 的外国员工的收入……"[着重部分系作者标示]。只有在外国员工获得在东道国工作的适当授权时其收入才可能转移。[20] 在《中国—丹麦 BIT》中,"允许在其领土内为某项投资工作的公民的适当收入"应是可自由转移的。[21] 缔约方是否旨在将这一条款仅适用于缔约另一方的公民,尚不清楚。至于什么是所赚取的工资的"适当"部分,同样引起争论。《中国—芬兰 BIT》的表述更为宽泛,不仅提及收入,而且还提起"其他报酬"(other remuneration)。无疑,这将包括此类雇员所赚取的奖

[16] UNCTAD, Transfer of Funds (2000) 31.

[17] 《挪威 BIT 范本》第 9 条第 1 款第 5 项。另请参见《能源宪章条约》第 14 条第 1 款第 4 项、《东盟促进和保护投资协议》第 7 条第 1 款第 4 项、《荷兰 BIT 范本》第 5 条第 6 款。

[18] 《世界银行外国直接投资待遇指南》(1992 年)第 6 条第 1 款第 1 项接着还包括"投资的清算、雇佣合同的提前终止,并允许这类薪金和报酬的所有储蓄的直接转移。"

[19] R Dolzer and C Schreuer, Principles of International Investment Law (2008) 193.

[20] 另请参见《中国—阿根廷 BIT》第 5 条第 1 款第 7 项、《中国—喀麦隆 BIT》第 6 条第 5 款、《中国—加蓬 BIT》第 6 条第 1 款第 6 项、《中国—圭亚那 BIT》第 6 条第 1 款第 5 项第 7 条、《中国—印度尼西亚 BIT》第 1 款第 8 项、《中国—韩国 BIT》第 8 条第 1 款第 5 项、《中国—科威特 BIT》第 6 条第 1 款第 4 项、《中国—马来西亚 BIT》第 6 条第 1 款第 5 项、《中国—摩洛哥 BIT》第 6 条第 1 款第 6 项、《中国—巴布亚新几内亚 BIT》第 6 条第 1 款第 4 项、《中国—特立尼达和多巴哥 BIT》第 7 条第 1 款第 5 项、《中国—阿拉伯联合酋长国 BIT》第 7 条第 1 款第 4 项、《中国—也门 BIT》第 6 条第 1 款第 6 项。

[21] 《中国—丹麦 BIT》第 6 条第 1 款第 4 项。《中国—法国 BIT》第 5 条确认,缔约任何一方的国民都可以将适当比例的所得转移至来源国。

金以及其他收益。

《中国—塞浦路斯 BIT》所提及的是“在缔约一方的领土内、从事与投资有关工作的缔约另一方国民的未花完的收入”。[22] 在这里，条约明确提及缔约另一方的国民，看起来就把自由转移限定于在东道国领土内从事与投资有关工作的第三国国民的收入。这一条款的规定与更近缔结的《中国—新西兰自由贸易协定》的规定截然不同，后者覆盖的是收入和“与该投资有关的外国员工的收入和其他报酬”，没有限制可以进行转移的外国雇员的国籍。

多数中外 BITs 的转移和汇回条款的措辞与《中国 BIT 范本》基本相同。这些受中外 BITs 均包括可以自由转移的款项的类型清单，且清单内容类似。考察表明，中外 BITs 在这方面与世界范围的条约缔结实践并无二致。许多中外 BITs 都明确提及根据征收条款做出的赔偿款额的自由转移。比如，《中国—突尼斯 BIT》保证了“据本协定第 4 条、第 5 条支付的补偿”，也即根据征收、损害和损失赔偿条款进行的补偿。[23]

一些较新的中外 BITs 中还提及了与“投资的设立、维持和扩大”有关的款项的自由转移。[24] 事实上，《中国—葡萄牙 BIT》明确提及“用于维持或扩大投资的原始资本或追加款项”，这明显意味着启动成本(start - up costs)也是可以转移的。

《中国—约旦 BIT》在款项类型清单中还增加了一种款项，也即该 BIT 第 7 条第 1 款第 7 项提及的“根据第 10 条进行投资争端解决获得的款项。”该 BIT 第 10 条包括了投资者与东道国之间的争端解决规定。[25] 事实上，新的《中国—新西兰 BIT》同时提及征收补偿款项和争端解决款项。与之不

[22] 《中国—塞浦路斯 BIT》第 6 条第 1 款第 8 项。《中国—挪威 BIT》第 6 条第 1 款第 4 项提到了“在缔约一方领土内的缔约另一方国民的合法收入。”《中国—尼日利亚 BIT》第 6 条第 1 款第 7 项也提到了缔约一方国民在缔约另一方领土内的收入。

[23] 《中国—突尼斯 BIT》第 6 条第 1 款第 7 项。另请参见《中国—法国 BIT》第 5 条第 1 款第 5 项。

[24] 2005 年《中国—比利时和卢森堡 BIT》第 5 条第 1 款。另请参见 2008 年《中国—墨西哥 BIT》第 8 条第 1 款第 1 项。

[25] 《中国—俄罗斯 BIT》第 6 条第 1 款第 5 项也有类似的规定。另请参见《中国—新西兰自由贸易协定》第 142 条、2008 年《中国—墨西哥 BIT》第 8 条第 1 款第 6 项、第 7 项，其涵盖了补偿和通过仲裁获得的款项。

同,《中国—瓦努阿图 BIT》则特别确认,转移条款不影响根据协定第 4 条(该条系争端解决条款,同时确认了赔偿金额的自由转移)获得的赔偿的转移。从本质上来看,这两种表述方法具有异曲同工的效果,也即投资者无疑有权转移其从东道国征收其投资中获得的任何款额。

一些中外 BITs 的确在转移条款中包括一个穷尽性清单。与投资定义中的有限清单类似,只有列在款项类型清单中的款项才受到保护,其他任何款项都不受转移条款的保护。中国缔结的第一个 BIT,也即《中国—瑞典 BIT》中的转移条款相对简短,其对受保护的款项类型的列举是穷尽性的。该 BIT 第 4 条确认,缔约任何一方均有义务:

"[……]允许将下列所得用任何可兑换货币进行转移,并不得不适当地迟延:

(1)缔约另一方投资者的投资所产生的净利、股息、提成费、技术援助费和技术服务费、利息和其他日常收入;

(2)缔约另一方投资者投资的全部或部分清算所得款项;

(3)缔约双方都承认作为投资的借款的偿付款;

(4)在缔约一方境内因某项投资而被允许工作的缔约另一方公民的收入。"[26]

《中国—土耳其 BIT》中的转移条款则指出,缔约方"应在其法律和法规的范围内允许转移下列与投资有关的款项出入其领土:(1)收益;(2)全部或部分投资的销售或清算所得款项;(3)第 1 条第 3 款中规定的投资方面的所有其他款项。"这也是一个穷尽性的清单,因为其所涵盖的款项类型与该约第一条的投资定义相挂钩。

(一)转移条款的适用范围:外来和对外投资

一些中外 BITs 的转移条款同时涵盖进入和流出东道国的投资。[27] 新

---

〔26〕 1982 年《中国—瑞典 BIT》第 4 条。在欧洲委员会对瑞典和奥地利提起的诉讼中,这个条约被欧洲委员会认定为非法,因而亦属于讼争焦点之一。另请参见《中国—奥地利 BIT》第 5 条。

〔27〕 例如,可参见《美国 BIT 范本》第 7 条第 1 款、《挪威 BIT 范本》第 9 条第 1 款,以及《能源宪章条约》第 14 条,其明确提到了转移"出入"东道国。

一代《中国—芬兰 BIT》明确提及缔约任何一方应确保缔约另一方投资者自由转移与投资有关的款项“***进出其领土***”[着重部分系作者标示]。[28] 晚近的《中国—墨西哥 BIT》也特别提及缔约任何一方应确保缔约另一方投资者转移与投资有关的所有款项“进出其领土”。与此相反,其他一些中外 BITs 则明确地只提到对外的转移。比如,1992 年《中国—韩国 BIT》的措辞是转移“出其领土”。考虑到这种用语非常明确,故难以据此主张投资有权自由地转移其款项进入东道国领土内。

许多中外 BITs 对其转移条款是否同时覆盖外来和对外投资的问题未置一词。比如,《中国—缅甸 BIT》的转移条款涵盖范畴非常广泛,包括了投资和收益的转移。但是,其转移条款的标题是“投资和收益的汇回”,这似乎意味着当事方似乎意在仅解决将款项转移出东道国的问题。

《中国—智利 BIT》中的转移条款的范围有点不同,它保证的是“缔约另一方的投资者在缔约双方领土之间以及该缔约一方领土内和第三国领土之间”的自由转移。”[29] 该条款显然设想到了资本从东道国到其他国家的移动。

（二）转移条款的除外事项

转移条款中设定除外事项,比如遵守破产措施等的做法并不罕见。目前的趋势是,在 BIT 的转移条款中包括特定的除外事项清单。比如,《中国—保加利亚 BIT》就为寻求转移款项的投资者设定了财政义务(fiscal obligation)。根据《中国—阿曼 BIT》,投资者只有在完成财政义务后方可以转移。《中国—以色列 BIT》也要求投资者履行财政义务,[30] 必须在进行转移之前完税。《中国—斯洛维亚 BIT》对自由转移设定的条件是“法律规定

---

〔28〕《中国—芬兰 BIT》第 6 条第 1 款。《中国—土耳其 BIT》第 4 条也允许将款项转移“出入”缔约国。

〔29〕《中国—智利 BIT》第 6 条第 1 款。

〔30〕 另请参见中国与圭亚那、印度尼西亚、吉尔吉斯斯坦、土库曼斯坦、白俄罗斯、乌克兰、也门之间的 BITs,这些 BITs 也提到了转移“净”款项,这意味着其设定了类似的义务。

的财务义务(financial obligation)履行完毕”。[31] 这将包括投资实体的任何未完成财务义务,不仅仅是税务责任。《中国—澳大利亚 BIT》也包括了债权除外事项,故只有在履行完毕任何未完成财务义务后方可转移。

《挪威 BIT 范本》在第 9 条第 3 款中规定了特定的除外事项:

“缔约国的理解是,第 1 段和第 2 段并不损害公正、非歧视以及善意地适用下述措施:

(1)保护债权;

(2)关于或确保下列法律和法规的遵守;

① 关于证券、期货和衍生产品的发行、买卖和交易;

② 关于转移的报告或记录;

③ 关于捐款或罚款/罚金(penalty)的支付;

④ 关于防止或救济环境损害方面的财务安全或其他价值上相当的目标;

(3)关于刑事违法或行政、司法程序中的命令或裁断。”

《挪威 BIT 范本评述》确认,一般性的规则是“与投资有关的投入资本的所有转移都应该自由进行”。但是,可以对因投资而产生的资本的自由流动设定一些限制,“本条并不阻止税法义务或与福利政策和养老金机制相关的义务的履行”。

(三)最惠国待遇和转移条款

值得简要指出的是,一些中外 BITs 明文确认,适用转移条款应该遵照最惠国待遇的要求。比如,《中国—阿曼 BIT》第 6 条第 2 款确认,“在不限制本协定第 3 条【按:最惠国待遇条款。——译者注】的一般性的情况下”,缔约方同意“对本条第 1 款所述的转移给予与第三国投资者来源于投资的

[31] 《中国—斯洛文尼亚 BIT》第 5 条。关于类似的规定,亦请参见《中国—马其顿 BIT》《中国—阿曼 BIT》。《中国—南斯拉夫 BIT》仅在投资者“履行了所有应尽义务后”方可转移相关款项。

转移以相同的待遇”。[32] 虽然条约中的实体条款属于最惠国待遇条款的适用范围这一点已被广泛接受,但转移条款中再次重申则使其确凿无疑。投资者可以据此确定,其在此情况下可以享受到最好的转移待遇。

三、可兑换性和汇率

多数BITs要求,相关获得允许的转移必须以可自由兑换的货币按照转移当日的官方汇率无迟延地进行。有关可兑换性的第一个标准涉及转移货币的类型。一般来说,BITs中提及最多的是以“可自由使用的货币”[33]或“可自由兑换的货币”[34]进行转移。但是,多数BITs却未对这些术语进行界定。提及自由使用货币就是意味着在国际交易中经常使用的“硬”货币。《国际货币基金协定》第30条第6款将可自由使用的货币界定为,“被基金组织指定的一成员国的货币,该货币:(1)事实上在国际交易支付中被广泛使用;并且(2)在主要外汇市场上被广泛交易。”[35]国际货币基金组织将欧元、日元、英镑、美元列为可自由使用的货币。[36]

《能源宪章条约》在第1条第14款的定义部分指出,“可自由兑换的货币”指的是在国际外汇市场被广泛买卖、在国际交易中被广泛使用的货币。[37] 这里没有提及任何具体货币,但可以肯定地说,这个定义包含国际货币基金组织确定的那些货币。在投资者查明可依据BIT转移的货币时,该定义至少可提供一些确定性。中国目前的BIT范本也提及“可自由兑换的货币”,其实许多中外BITs都提及了可自由兑换的货币。比如,《中国—比

---

[32] 《中国—阿曼BIT》第6条第2款。中国缔结的BITs中,还有一些也在转移规定里明确提到最惠国待遇,这些BITs的缔约对方包括阿塞拜疆、玻利维亚、科威特、黎巴嫩、马来西亚、摩洛哥、挪威、巴布亚新几内亚、阿拉伯联合酋长国、也门、赞比亚。

[33] 请参见《美国BIT范本》第7条第2款、《北美自由贸易协定》第1109条第2款、《东盟促进和保护投资协议》第7条第1款、《中国—阿拉伯联合酋长国BIT》第7条第1款。

[34] 请参见《荷兰BIT范本》第5条、《能源宪章条约》第14条第2款。

[35] 《国际货币基金协定》第30条第9f款。《美国BIT范本》将可自由使用货币界定为国际货币基金协定依据该规定所确定的货币。

[36] 与之相反,《埃及—马来西亚BIT》第11条第5款将“可自由使用的货币”界定为“美国美元、英镑、德国马克、法国法郎、日元,以及在国际交易中广泛用于支付的其他任何货币”。这就允许投资者用未被列举,但在国际外汇市场中经常使用的货币进行转移,比如欧元。

[37] 这 措辞与《挪威BIT范本》第9条第2款中的可自由兑换货币的措辞几乎完全一致。

利时和卢森堡 BIT》第 5 条第 2 款确认，“上述转移应以可自由兑换的货币进行”。[38] 到目前为止，中外 BITs 中有关可兑换性和汇率的最常见表述模式是，用可自由兑换的货币以转移之日东道国的通行市场汇率进行支付。

但是，《中国—以色列 BIT》规定，应使用最初资本投资时的可兑换货币或经该投资者与有关缔约方商定的可兑换货币。当事方之间倘若没有达成协议，则默认的货币就是最初投资时的货币。这种条款给予东道国对其外汇储备更多的控制力，尤其在最初投资的货币是当地货币时，情况更加如此。[39] 《中国—印度 BIT》也给了当事方货币选择权，但并未要求当事方达成协议；可以以原投资使用的货币或其他任何可自由兑换的货币进行转移。[40]

(一) 汇率

在汇率问题上，转移条款的通常规定为，以转移之日的官方汇率进行。外汇与当地货币之间的比率很重要，因为使用不同的汇率可以达到不同的目的。比如，“东道国控制下的官方汇率，或适用某种国际标准计算出来的外汇，可能并不相同。”[41]，一些中外 BITs 就这样依靠某种国际机构来确定汇率。《中国—葡萄牙 BIT》第 6 条第 2 款规定：

“上述转移应以可自由兑换的货币按照转移当日接受投资的一方通行

---

〔38〕 中国缔结其他一些条约也提及了可自由兑换的货币，这些条约包括：《中国—阿尔及利亚 BIT》第 6 条第 2 款，《中国—缅甸 BIT》第 6 条第 3 款，《中国—刚果 BIT》第 6 条第 1 款、第 3 款，《中国—捷克共和国 BIT》，《中国—爱沙尼亚 BIT》第 5 条第 2 款，《中国—芬兰 BIT》第 6 条第 3 款，《中国—德国 BIT》第 6 条第 3 款，《中国—希腊 BIT》第 6 条第 1 款，《中国—肯尼亚 BIT》第 6 条第 2 款，《中国—拉脱维亚 BIT》第 6 条第 3 款，《中国—马来西亚 BIT》第 7 条第 3 款、第 6 条第 1 款，《中国—莫桑比克 BIT》第 6 条第 3 款，《中国—荷兰 BIT》，《中国—尼日利亚 BIT》第 6 条第 1 款、第 2 款，《中国—巴布亚新几内亚 BIT》，仅仅提到“可兑换的货币”的《中国—波兰 BIT》第 5 条第 2 款，《中国—葡萄牙 BIT》第 6 条第 2 款，《中国—塞拉利昂 BIT》第 6 条第 2 款、第 3 款，《中国—斯洛伐克 BIT》，《中国—西班牙 BIT》第 6 条第 3 款，《中国—西班牙 BIT》第 6 条第 3 款，提到了“任何可兑换的货币”的《中国—瑞典 BIT》第 4 条，《中国—津巴布韦 BIT》第 6 条第 2 款，《中国—阿拉伯联合酋长国 BIT》第 7 条第 1 款。

〔39〕 另请参见《中国—文莱 BIT》第 6 条第 2 款、《中国—英国 BIT》第 6 条第 3 款。

〔40〕 《中国—印度尼西亚 BIT》第 7 条第 2 款规定了确定支付所用货币的类似选择权。

〔41〕 UNCTAD, Bilateral Investment Treaty 1995 - 2006: Trends in Investment Rulemaking, 60.

的市场汇率不迟延地进行。若市场汇率不存在,则应符合支付时国际货币基金组织特别提款权同有关货币汇率折算得出的交叉汇率。"[42]

因此,转移时所用汇率默认的是国际货币基金组织所确定的汇率。大多数中外 BITs 提及"转移当日接受投资的一方通行的市场汇率"。[43] 还有一些中外 BITs 提及市场汇率,但没有提及东道国。比如,《中国—捷克 BIT》指出,"除非另有约定,本协定中汇率应当是转移当日一般交易的通行市场汇率"。[44] 这看来是一个再普通不过的规定,因为其汇率要根据国际标准来确定,不考虑东道国的因素。也有一些中外 BITs 提及东道国的"官方汇率",[45] 这使东道国的国内汇率规定获得适用的机会。《中国—马来西亚 BIT》则为每个国家确定了不同的汇率:在马来西亚方面,按转移之时通用的汇率;在中华人民共和国方面,按转移之日中华人民共和国的官方汇率。《中国—以色列 BIT》的相关规定又是另一番情况:"该转移应按照有效的外汇法律和法规规定,依转移当日的外汇汇率转移。"[46]

一些中外 BITs 也规定了默认汇率。例如,在《中国—贝宁 BIT》第 6 条第 4 款确认,"在没有外汇市场的情况下,使用的汇率应为最近的相关货币与特别提款权之间的汇率"。[47] 《中国—葡萄牙 BIT》第 6 条第 2 款的规定与之类似:"市场汇率若不存在,则应符合支付时国际货币基金组织特别提

---

〔42〕 2005 年《中国—葡萄牙 BIT》第 6 条第 2 款。类似的规定可参见 2003 年《中国—德国 BIT》第 6 条第 3 款、《中国—奥地利 BIT》第 7 条。

〔43〕 请参见中国与下列国家之间的 BITs:阿塞拜疆、巴林、孟加拉、巴巴多斯、比利时和卢森堡、保加利亚、缅甸、佛得角、刚果、塞浦路斯、厄瓜多尔、爱沙尼亚、德国、希腊、匈牙利、肯尼亚、韩国、拉脱维亚、立陶宛、摩尔多瓦、莫桑比克、荷兰、匈牙利、罗马尼亚、沙特阿拉伯、斯洛伐克、斯洛文尼亚、塞拉利昂、西班牙、叙利亚、苏丹、突尼斯、乌干达、乌克兰、英国、南斯拉夫、赞比亚。

〔44〕 《中国—捷克共和国 BIT》第 6 条。另请参见《中国—阿尔及利亚 BIT》(通行的汇率)、《中国—喀麦隆 BIT》(通行的汇率)、《中国—芬兰 BIT》、《中国—加蓬 BIT》(通行的汇率)、《中国—印度 BIT》《中国—摩洛哥 BIT》(参考有效的汇率)《中国—阿曼 BIT》《中国—南非 BIT》《中国—斯威士兰 BIT》《中国—瓦努阿图 BIT》《中国—也门 BIT》《中国—津巴布韦 BIT》。

〔45〕 《中国—保加利亚 BIT》第 5 条第 2 款。另请参见中国与下述国家之间的 BITs:丹麦(没有提到东道国)、法国、吉尔吉斯斯坦、巴基斯坦、菲律宾、波兰、白俄罗斯、马其顿、马来西亚、巴布亚新几内亚(没有提到东道国)、塔吉克斯坦、乌兹别克斯坦。

〔46〕 《中国—以色列 BIT》第 6 条。另请参见《中国—希腊 BIT》第 6 条第 1 款。

〔47〕 《中国—贝宁 BIT》第 6 条第 4 款。另请参见《中国—芬兰 BIT》第 6 条第 4 款。

款权同有关货币汇率折算得出的交叉汇率。”[48]《中国—沙特阿拉伯 BIT》在默认汇率方面的规定又有所不同。转移应依照转移之日接受投资缔约一方通行的汇率进行。汇率“应根据国际货币基金商定的官方汇率而定，若无此汇率，则根据特别提款权或美元或任何其他缔约双方同意的可兑换货币的官方汇率而定。”[49]

《中国—匈牙利 BIT》规定，应适用转移之日的东道国“官方税率”。倘无此官方税率，则应适用“市场税率”。《中国—澳大利亚 BIT》的转移条款规定，应当依据转移之日东道国的法律来确定汇率。《中国—加纳 BIT》则采用另一种方法，它规定：“转移应依照转移之日接受投资缔约国一方中央银行确定的官方汇率进行。如没有官方汇率，则适用市场汇率。”[50]

《中国—黎巴嫩 BIT》为缔约国设定了如下义务：“办理为获得外汇和在合理（在议定书中界定）期间内将其有效汇出国外所需的手续。”缔约方因此需要预留可以确保该 BIT 项下进行的任何转移的适当金额的外汇。

（二）“毫不迟延”

BITs 转移条款中的标准规定是，应“毫不迟延”（without delay）或没有无故迟延或尽速转移款项。[51] 对于转移必须具体在多长时间内完成，一些 BITs 也做了规定，比如两个月。还有一些 BITs 对“无故迟延”（undue delay）进行界定，比如《中国—文莱 BIT》的《议定书》第 6 条（不能超过 4 个月），以及 1992 年《中国—韩国 BIT》之《议定书》第 6 条（不能超过 6 个月）。《中国—黎巴嫩 BIT》之《议定书》**“关于第 6 条”**确定所谓的完成转移的“合理期限”系指按照国际金融惯例，完成转移手续一般所需的期限。1984 年《中

---

〔48〕 关于包含提到国际货币基金组织汇率规定的类似 BIT，另请参见《中国—德国 BIT》。

〔49〕 《中国—沙特阿拉伯 BIT》第 5 条第 3 款。关于汇率方面的类似默认规定，另请参见《中国—新西兰自由贸易协定》第 142 条第 2 款、《中国—文莱 BIT》第 6 条第 2 款。

〔50〕 《中国—加纳 BIT》第 6 条第 1 款。

〔51〕 中国与下列国家之间的 BITs 包括了这种标准表述：阿根廷、澳大利亚、玻利维亚、博茨瓦纳、文莱、塞浦路斯、捷克共和国、丹麦、芬兰、德国、希腊、冰岛、印度、印度尼西亚、以色列、约旦、韩国、科威特、拉脱维亚、黎巴嫩、马来西亚、尼日利亚、挪威、阿曼、巴布亚新几内亚、葡萄牙、俄罗斯、斯洛文尼亚、南非、西班牙、斯威士兰、瑞典、突尼斯、英国、津巴布韦。

国—法国 BIT》所言的合理期间被其《议定书》界定为:“根据国际金融惯例通常完成转移手续所需要的时间。”[52]《中国—意大利 BIT》规定了转移必须发生的具体背景日期,其《议定书》将“无故迟延”界定为:“转移在国际财政金融惯例正常所需的时间内进行,一般不超过 6 个月。”[53] 2005 年《中国—葡萄牙 BIT》之《议定书》确认,不得“无故迟延”转移的最长期限是 2 个月。[54]

《中国—丹麦 BIT》中还有一个与征收补偿款项有关的特别规定,“根据第 4 条规定已支付的补偿款项,其迟延从递交有关申请之日起,不得超过 6 个月。”

一些中外 BITs 对转移进行的速度未置一词。比如,《中国—比利时和卢森堡 BIT》、《中国—保加利亚 BIT》并未提及不得迟延支付款项之事。[55]《中国—智利 BIT》就从智利转出的货币转移进行了单独的规定:进入其领土内的资金一年后方可汇出,除非其立法另有更优惠的规定。《中国—泰国 BIT》对依据征收条款进行巨额赔偿的问题进行了特别规定,此类赔偿可以“合理的分期付款方式”进行转移。是以,投资者不能立即将所有的款项转移。

四、转移方面的“中国条款”

如上所述,在款项的类型、可兑换性、汇率等问题上,大多数中外 BITs 的转移条款的规定类似。但是,一些 BITs 的转移条款独具中国特色。这类条款多数出现在 BIT《议定书》当中,涉及条约签订之时的外汇体制。1986

---

〔52〕《中国—法国 BIT》之《议定书》第 3 点。

〔53〕《中国—意大利 BIT》之《议定书》。另请参见《中国—瑞士 BIT》之《议定书》第 5 点的规定,其列举了何种情况不应视为无故迟延:转移从主管当局收到转移申请之日起 90 天内完成;征收和代位求偿款项的转移从主管当局收到转移申请之日起 180 天内完成。

〔54〕另请参见《中国—德国 BIT》第 6 条所规定的不超过两个月期限。

〔55〕另请参见中国与下列国家之间的 BITs:阿尔巴尼亚、阿塞拜疆、巴林、喀麦隆、佛得角、刚果、古巴、吉布提、厄瓜多尔、埃及、爱沙尼亚、埃塞俄比亚、加蓬、格鲁吉亚、加纳、圭亚那、匈牙利、吉尔吉斯斯坦、立陶宛、摩尔多瓦、摩洛哥、莫桑比克、荷兰、秘鲁、菲律宾、波兰、卡塔尔、罗马尼亚、沙特阿拉伯、斯洛伐克、塞拉利昂、斯里兰卡、乌兹别克斯坦、乌克兰、乌拉圭、瓦努阿图、白俄罗斯、也门、南斯拉夫、赞比亚。

年《中国—英国 BIT》却将这方面内容直接表述在 BIT 正文的转移条款之中，具体为其第 6 条第 4 款：

“在中华人民共和国方面，联合王国国民或公司就上述第 1 款至第 3 款转移可兑换货币，应从转移货币的国民或公司的外汇存款账户中进行。若该外汇存款账户中没有足够的外汇供转移，在下述情况下，中华人民共和国应允许把当地货币兑换成可兑换货币进行转移：

(1)全部或部分投资清算所提款项；

(2)从第 1 条第 1 款第 1 项第 4 目的财产中所得的使用费；

(3)依照由中国银行担保的投资有关的贷款协议所进行的偿付款项；

(4)由中华人民共和国主管机构专门准许该国民或公司主要在中华人民共和国领土内进行经济活动所得的利润、利息、资本利得、股息、酬金和其他形式的收益。”

这种“中国条款”要求所有的款项都必须从外国投资者的外汇账户中支出。如果其外汇账户中的资金不足，则中国政府主管机关将允许将当地货币换成可兑换的货币以支付特定指定范畴的款项。[56]《中国—叙利亚 BIT》之《议定书》确认，在中华人民共和国方面，投资清算款、许可费等特定款项类型的转移应经中华人民共和国外汇管理部门的批准。在叙利亚阿拉伯共和国方面，所有的转移应按照叙利亚阿拉伯共和国有关外汇法规的规定从中华人民共和国投资者所投资的企业的外汇账户中汇出。

(一)根据当地法律和法规

《中国—吉布提 BIT》提及缔约国的当地法律。其第 6 条规定：

“缔约任何一方应按照其法律和法规，保证缔约另一方投资者转移在其

[56] 类似的规定可参见《中国—奥地利 BIT》之议定书、《中国—法国 BIT》、《中国—科威特 BIT》、《中国—瑞士 BIT》、《中国—泰国 BIT》以及《中国—阿拉伯联合酋长国 BIT》。中国与德国、比利时和卢森堡之间的 BITs 删除了这些规定。

领土内的投资和收益，包括[……]"[57]

从这个规定可以看出，中外 BITs 倾向于用"当地法律和法规"来约束货币转移自由。这意味着在中国，投资者在转移时将不得不遵守东道国的有关投资收益汇回的国内法。在过去的十年中，中国的外汇体制发生了巨大的变化，中国已经正式接受了《国际货币基金组织协定》第 8 条的义务，取消了经常项目下的外汇管制。[58] 关于转移的中国法律，容后详述。

虽然多数中外 BITs 包括当地法律要求，但晚近也有一些中外 BITs 对此未作规定。比如，2003 年《中国—德国 BIT》就删除了"依据当地法律法规"的规定，而是代之以仅要求转移"遵循中国现行法律和法规规定的相关手续"和贷款协议在相关的外汇管理部门登记。该 BIT《议定书》进一步确认，"如果上述手续根据中国法律的相关规定不再被要求，第 6 条可以不受限制地适用。"这样一来，随着中国进一步放宽外汇管制，该 BIT 的转移规定将也进一步放宽。《中国—毛里求斯 BIT》的确含有一个当地法律要求，但规定必须在"非歧视的基础上[……]"适用当地法律。[59]

《中国—新西兰自由贸易协定》第 142 条第 3 款涉及中国关于外汇管理相关手续的法律法规。转移可以适用这些规则，只要这些手续没有被用作规避中方在当前协定中的承诺或义务。这些手续应该尽快进行，不得超过 60 日。与 2003 年《中国—德国 BIT》的规定一样，当中国法律不再要求这些手续时，转移就不应受到任何限制。

---

〔57〕 中国与下列国家之间的 BITs 也包括了这个当地法律和法规限制：阿尔巴尼亚、阿尔及利亚、阿根廷、澳大利亚、阿塞拜疆、巴林、孟加拉、贝宁、玻利维亚、博茨瓦纳、文莱、保加利亚、柬埔寨、科特迪瓦、克罗地亚、古巴、丹麦、爱沙尼亚、希腊、意大利、牙买加、朝鲜、韩国、老挝、黎巴嫩、立陶宛、马来西亚、毛里求斯、蒙古、缅甸、新西兰（1988 年）、挪威、巴基斯坦、秘鲁、菲律宾、波兰、卡塔尔、罗马尼亚、俄罗斯、新加坡、斯洛伐克、斯洛文尼亚、斯里兰卡、斯威士兰、瑞典、叙利亚、泰国（在其《议定书》内）、特立尼达和多巴哥、土耳其、阿拉伯联合酋长国、乌拉圭、越南、赞比亚、津巴布韦。

〔58〕 关于中国外汇体制变更的更多信息，see W Shan, The Legal Framework of EU – China Investment Relations (2005), Section 5.4.2. See also A Kolo and T Wälde, 'Capital Transfer Restrictions under Modern Investment Treaties' in A Reinisch (ed.), Standards of Investment Protection (OUP, 2008), 205, 215。

〔59〕《中国—毛里求斯 BIT》第 8 条第 1 款。

(二)根据中国法律转移

从1979年开始,中国外汇体制急剧变化,[60] 1996年《外汇管理条例》(Regulations for Foreign Exchange Administration)颁布后,更为自由的外汇管理体制开始形成。如下所述,有关投资和收益的汇回权利的一般性保证都包括在所有的外商投资企业基本法律法规当中,如中外合资经营企业、中外合作经营企业和外资企业,但是,相关的实施规则在《外汇管理条例》以及《结汇、售汇及付汇管理规定》(Regulations on Sale, Purchase of and Payment in Foreign Exchange)中。根据中国的法律,投资和收益转移可以分为以下两个相互联系的方面:外国投资和收益的汇回、将当地货币兑换成可自由使用的货币的问题。

1. 外商投资和收益的汇回

中国基本的外商投资企业法律法规保证,外商投资企业可以根据《外汇管理条例》汇回投资的净收益、清算收入。[61] 同理,外商投资企业的外国雇员可以将工资和其他合法收入汇出中国。[62] 1996年12月以来,中国正式接受《国际货币基金协定》的第8条义务,取消了经常项目项下的外汇管制。[63] 相应地,1996年《外汇管理条例》取消了对经常项目下的所有支付和转移的限制,这包括外商投资企业的进出口交易,外国投资者的利润、股息和利息,外国雇员的工资和其他合法收入。[64] 外商投资企业可以持有效凭证到外汇指定银行或国家外汇管理局,经真实性核查后,购买外汇或直接从其外汇账户中对外支付经常项目项下的交易。[65]

外商投资企业依法终止时,外国投资者可以在清算程序结束以及清偿

[60] 关于中国外汇体制改革的历史简况,可参见WTO中国入世工作组:《关于中国入世的工作组报告》(以下简称《工作组报告》)WT/ACC/CHN/49 (1 October 2001), at 5 - 6.

[61] 《中外合资经营企业法》第11条、《外资企业法》第19条。

[62] 《中外合资经营企业法》第12条、《外资企业法》第19条。

[63] 《工作组报告》,同上注59,第6~7页。

[64] 《结汇、售汇及付汇管理规定》第2条第1~5款。

[65] 《工作组报告》,同上注59,第7页。

税款后，将其手中的人民币换成外汇，汇出或者携带出中国。[66] 外商投资企业可以开立外汇账户持有外国投资的资本，经外汇管理局批准从该账户中出售自己的资本。[67] 外商投资企业也可以直接向境内外银行借款，但事后须向外汇管理局登记，获准支付债务或服务费用。[68]

与上述一些中外 BITs 中所包含的"中国条款"相比，中国的相关法律更为优惠，彰显其进步巨大。可以说，这种更优惠的待遇可以为所有其他中外 BIT 的缔约对方投资者所享受，因为所有的中外 BITs 都包含最惠国待遇条款，一些中外 BITs 还包含了"权利保留"条款。

2. 可兑换性和汇率

现在人民币在经常项目下已是完全可兑换的，但在资本项下则不然。《外汇管理条例》明确规定，外国投资者可以将投资清算的人民币收入换成外汇，然后将其汇出或携带出中国。中国在 1994 年实行汇率并轨，采用以市场供求为基础的、单一的、有管理的浮动汇率体制。由于中国拥有巨额的外汇储备，[69] 目前外汇的获得相对自由。

与投资转移相关的一个重要问题是外汇平衡要求，也是过去设立外商投资企业的一个共同条件，[70] 这对许多外商投资企业的经营造成很多困难。2000 年以后，主要的外商投资企业法律和法规已经修改，删除了外汇平衡要求。[71] 对于那些不创汇或者创汇很少的外商投资企业来说，显然如释重负。

（三）暂时性的转移限制——收支平衡

一些中外 BITs 对发生金融危机时的事宜做出了特别规定，这种规定通

---

〔66〕《外汇管理条例》第 26 条。

〔67〕《工作组报告》，同上注 59，第 7 页

〔68〕同上。

〔69〕截至 2008 年 6 月，中国已经累积了 1.80883 万亿美元的外汇储备。中国外汇储备的官方数据可参见国家外汇管理局网站：http://www.safegv.cn/model_safe/tjsj/tjsj_detail.jsp?ID=110400000000000000,19&id=5，2008 年 8 月 28 日访问。

〔70〕根据本书作者的调查，27% 的欧盟投资者已经遭遇了这一要求。See W Shan, Legal Framework of EU - China Investment Relations: A Critical Appraisal (Hart, 2005), Chart 10.

〔71〕关于这种变化的具体事宜，see W Shan, 'Toward a Level Playing Field of Foreign Investment in China', 3 The Journal of World Investment (JWI) 2, 2002。

常是暂时的。《中国—斯洛伐克 BIT》之《议定书》规定：

"……3. 尽管有上述第 1、2 款，在以下情形下，缔约一方可以采取或维持与资本转移相关的措施：

(1)存在严重收支平衡困难和外部金融困境或其威胁；

(2)在极端情况下，资本转移导致或可能导致宏观管理特别是货币或汇率政策的严重困难。

4. 本条第 3 款所指的措施：

(1)不应超过应对本条第 3 款所列情形所必需的程度；

(2)应为暂时性的，只要条件允许应尽快取消；

(3)应及时通知缔约另一方。"

《中国—乌干达 BIT》有一个允许东道国暂时限制转移出境外的规定，但仅当"发生严重的收支平衡困难或外部融资困难或存在这样的威胁"时方可如此行事。这给予东道国在其认为存在此类融资困难的威胁时酌情决断的权利。但是，东道国必须遵守若干前提条件，包括立即通知缔约另一方，应与国际货币基金协定的条款相一致，应限制在商定的期限内，最为重要的是，应公平、非歧视和善意地而实施。依照该 BIT 第 7 条第 5 款，缔约一方有权要求投资者在款项转移前履行相关法律法规规定的手续，但这些手续不被用来阻碍自由转移的保证。[72] 《中国—斯里兰卡 BIT》第 8 条第 3 款也包含了暂停转移义务的类似规定，但该规定仅适用于"遇有特殊国际收支困难时"，"在有限的时间内，有效并善意地履行其法律赋予的权力"。

这种收支平衡例外在条约实践中并非常见。据分析，原因之一在于，国家并不认为对转移进行控制是应对"国际储备短缺"的最好方法。[73] 2008 年 7 月 12 日缔结的《中国—墨西哥 BIT》倒是包含了收支平衡例外，但是，暂

〔72〕 类似的规定可参见《中国—突尼斯 BIT》之《议定书》，关于第 6 条。

〔73〕 UNCTAD, Bilateral Investment Treaty 1995 – 2006: Trends in Investment Rulemaking, 63. 但是，这并不能阻止国家根据习惯国际法上的危急情势原则采取行动，《国际法委员会关于国家责任的条款草案》第 25 条已经反映了这一原则。关于危急情势和外汇限制的详细探讨，see A Kolo and T Wälde, 205, 217 – 27。

时限制转移必须在“公正、非歧视、善意”的基础上实施。[74] 这些收支平衡规定给予国家在金融困难时期设定限制的权利，但是，“这种限制必须与其追求的目标相称，政府在如何应对公共利益事宜上拥有很大的评判余地，但是，在查明其所采取的措施是否在公共利益和私人的权利之间达到合理的平衡问题上，必须经由司法审查。”[75]

《中国—巴布亚新几内亚 BIT》为国家设定的法律义务稍轻，政府应保证转移，但缔约一方在“特殊的财政或经济情况下，可公正、诚信地行使其法律所赋予的权力”。[76]《中国—智利 BIT》明确地确认，缔约方仍可以根据可适用的法律和法规实行外汇限制。第 6 条第 4 款确认，东道国的这一权利并不影响“缔约任何一方作为国际货币基金协定的缔约国关于外汇限制具有或可能具有的权利和义务”。[77]

《中国—科威特 BIT》第 6 条第 4 款规定，东道国政府为了达到“基本经济平衡……”，可在其现行外汇管理法规之外施加不超过 6 个月的合理限制的权利，[78]但在该期限内应允许汇回上述转移款的 50%。《中国—印度尼西亚 BIT》允许国家根据其法律要求投资者提交货币转移报告，这是确保东道国掌握进出其领土的所有转移信息的机制。

五、欧洲法院有关转移条款的诉讼

显然，投资条约的转移条款非常重要，否则欧盟委员会何以针对一些欧盟成员国提起诉讼呢？2004 年 5 月 10 日，欧盟委员会决定对丹麦、奥地利、芬兰、瑞典发出正式请求，要求后者提供其在加入欧盟前所缔结的 BITs 中潜在的抵触信息。欧洲委员会尤其关注的是，这些条约可能（might）对欧盟

---

〔74〕《中国—墨西哥 BIT》第 8 条第 5 款。

〔75〕 A Kolo and T Wälde，‘Capital Transfer Restrictions under Modern Investment Treaties’ in A Reinisch（ed.），Standards of Investment Protection（OUP，2008），205，228.

〔76〕《中国—巴布亚新几内亚 BIT》第 6 条第 4 款。

〔77〕《中国—智利 BIT》第 6 条第 4 款。《中国—日本 BIT》第 8 条第 2 款也允许缔约方施加外汇限制。但是，《议定书》第 7 条也确认，该协议不影响缔约方根据国际货币基金协定所享有和承担的关于外汇限制的权利和义务。

〔78〕 另请参见《中国　阿拉伯联合酋长国 BIT》第 7 条第 3 款。

理事会(EU Council)所享有的下述权力产生不利影响:限制流向或来自非欧盟国家的资本自由移动。[79] 涉嫌侵犯欧盟理事会上述权力的BITs中的转移条款规定,非欧盟国家的投资者可无条件进行自由的国际转移。如果欧洲委员会认为这些BITs与欧盟理事会就资本自由移动采取限制性措施的权力不相容,其首先会根据《欧共体条约》第226条启动侵权诉讼。依照第307条的规定,成员国有义务采取一切适当的措施消除之前缔结的条约之中的这种潜在的抵触之处。

奥地利和瑞典在答复中否认在其现行BITs中存在此类抵触之处。欧洲委员会出具了两份理由充分的意见,给相关国家两个月的最后期限,以使其遵守自己在《欧共体条约》第307条项下的义务。奥地利和瑞典一直否认存在任何与《欧共体条约》抵触的地方。奥地利确认,在修订《奥地利BIT范本》的时候,其将增加一个"区域经济一体化组织"条款,这将防止出现与其《欧共体条约》义务有任何潜在抵触的情况。欧洲委员会显然对这些国家的下述回答不满意,毕竟这是投资条约中的常见规定。第二年,欧洲委员会对奥地利和瑞典(两者一起审理)以及芬兰提起了诉讼。芬兰、德国、匈牙利和立陶宛经允许参与其中,以支持奥地利和瑞典的立场。

欧共体委员会在欧洲法院对奥地利[80]、芬兰[81]、瑞典[82]提起诉讼,理由是这些国家在加入欧共体之前所签订的一些BITs与《欧共体条约》的义务抵触。由于这些条约在时间上早于这些成员国加入欧共体的时间,故应受《欧共体条约》第307条(以前的第234条)规范,该条为成员国设定了义务。

"1958年1月1日之前,或者就加入成员国而言,在其加入之日前,以一个或一个以上的成员国为一方与一个或一个以上第三国签订的协议,它们

---

〔79〕 就像《欧洲共同体条约》第57条第2款、第59条、第60条第1款所设想的那样。T Tridemas, The General Principles of EC Law (2nd edn, 2006)。

〔80〕 2006年5月5日提起的诉讼, Commission of the European Union v. Republic of Austria Case C-205/06。

〔81〕 2007年2月27日提起的诉讼, Commission of the European Union v. Republic of Finland Case C-118/07。与针对奥地利和瑞典提起的诉讼相比,该案开始的时间晚了6个多月。

〔82〕 2006年6月2日提起的诉讼, Commission of the European Union v. Kingdom of Sweden Case C-249/06。

所产生的权利和义务,不受本条约规定的影响。

倘若此类协议与本条约相抵触,则相关欧共体成员国应采取一切适当的措施消除既有的抵触之处。欧共体成员国在必要的时候应互相协助以达到本目的,并应在适当的时候采取共同的态度。

在适用第1段所提及的协议时,欧共体成员国应考虑下述事实:欧共体成员国根据本条约给予的利益构成了建立本共同体的不可分离的组成部分,因此与共同机构的创设、对共同机构的授权,以及所有其他欧共体成员国给予同样的利益具有不可分离的联系。”

这一规定为国家设定了确保消除抵触之处的“最大努力”义务,它也仅与欧盟成员国与第三国之间的协议相关。第307条判例法的主要目标在于尽可能减少由在先的国际义务造成侵犯共同体法律秩序的情况。欧洲法院已经肯定了《欧共体条约》第307条适用范围的一般性,肯定该条适用于任何国际协议,不管其主题是否能够影响《欧共体条约》的适用。[83] 欧共体要求欧盟成员国采取具体措施、穷尽一切可能的途径来消除因具体的国际投资协议而产生的所有抵触之处。违反该规定的欧盟成员国必须根据欧共体的条件采取措施调整其相关协议以使其与《欧共体条约》相一致,如果这一点不可能的话,则必须对整个条约进行重新谈判。似乎可以得出这样的结论,如果这种重新谈判失败,而相关协议又提供了废除/终结协议(denunciation)的可能性,则成员国必须废除(denounce)该协议。在Commission v. Portugal案[84]中,欧洲法院必须“考虑在何种情况下,成员国可以保持其依据自己在加入共同体之前与第三国缔结的公约采取的与共同体法律相悖的措施。”该案涉及的是葡萄牙与非欧盟国家——安哥拉之间的一个在先的商船运输协议。葡萄牙政府辩称,在此种情形下,废除该协议将涉及不成比例的义务。但是,欧洲法院断定,“只要根据国际法有可能废除

[83] Case 812/79 Attorney General v. Burgoa [1980] ECR 2787.

[84] Case 62/98 Commission v. Portugal, Judgment of 4 July 2000.

此类协议,则相关成员国就有废除的义务。”[85]欧洲法院注意到,欧盟成员国根据第307条有权选择可采取的措施,但是,“它们仍然有义务消除先于共同体存在的公约与《欧共体条约》之间存在的任何抵触之处。如果成员国在调整相关协议时遇到困难,以至于不可能予以必要的调整,则就不能排除其废除该协议的义务。”[86]

一些人在猜测,欧共体是否也将要求奥地利、芬兰、瑞士彻底废除相关BITs或者通过签署《议定书》或原条约的附件的方式就相关BITs的转移规定重新谈判。在后一种情况下,为避免重新协商新条约的情况发生,这通常是旷日持久的,相关国家可以签署修订性的《议定书》而不仅仅是赞同欧共体限制条款,以确保成员国遵守《欧共体条约》第57条第2款、第59条、第60条第1款的义务。中国以及其他与欧盟成员国之间存在与《欧共体条约》相抵触的条约是否同意对相关条约进行任何修改,这还是非常不确定的事情。《中国—捷克BIT》第6条第5款就是符合欧共体委员会要求的BIT规定之一例。该条规定,就捷克而言,“本协定第6条所指的转移应当符合欧共体所采取的措施”。如果欧洲理事会的确对流向以及来源于第三国的资本自由移动采取限制措施,则捷克将能够在不违反该BIT的转移条款的情况下遵守这些限制措施。

在对欧洲委员会请求其采取措施消除其BITs与《欧共体条约》之间的抵触之处进行回应时,奥地利和瑞典否认自己所缔结的BITs违反了欧盟义务。《中国—奥地利BIT》的转移条款与先前提及的《中国—瑞典BIT》类似,该BIT第5条规定:

“缔约任何一方保证缔约另一方投资者自由转移与投资有关的收益,尤其是:

(1)资本和维持或扩大投资所用的追加款项;

(2)收益;

---

〔85〕 Id. ,para 34 (endorsing the earlier decision in Case C – 170/98 Commission v. Belgium [1999] ECR I – 5493, para 42).

〔86〕 Id. ,para 49.

(3)有关投资的贷款协议项下的偿付；

(4)第1条第1款所列事项的许可证费和其他费用；

(5)全部或部分清算投资所得的款项；

(6)第4条第1款所述补偿。”[87]

欧共体2007年2月27日对芬兰所采取的类似诉讼也涉及欧共体认为芬兰在先订立的一些BITs违反了《欧共体条约》。欧洲委员会声称，包括《中国—芬兰BIT》在内的这些条约中的转移条款与欧洲共同体法存在抵触，因为芬兰不能或将不能遵守欧共体机构根据《欧共体条约》第57条第2款、第59条以及第60条第1款所采取的任何措施。委员会还主张，因为这些条约是芬兰在加入欧盟之前缔结的，故芬兰有义务根据第307条采取一切合理措施消除其中的抵触之处。当然，如果欧盟的《里斯本条约》生效的话，那么，届时这些案件中所得出的任何结论都无关紧要了。虽然在本书撰写之时，《里斯本条约》的地位悬而未决，因为爱尔兰2008年6月12日的全民公决产生了反对票，但可以提出论据证明的是，该公约将在外国直接投资条约缔结领域赋予欧盟越来越大的能力【《里斯本条约》已于2009年12月1日生效。——译者注】。如果《里斯本条约》或者该约的进一步修改版最终真的生效，则其很可能包括一个与第188C条的类似条款，该条款将外国直接投资方面的能力排他地授予欧盟。这样的话，欧盟就可以代表成员国与第三国缔结BITs。如果将来哪个中国投资者对欧盟成员国所采取的措施质疑，进而提起仲裁的话，那么其当然要考虑这一点。在这种情况下将产生以下有趣的问题：谁将是这种仲裁的被申请人——欧盟自身还是欧盟加成员国？谁有权指定仲裁员？如果欧洲委员会指定仲裁员，那么，其是否需要与作为东道国的被申请人成员国协商？欧洲委员会是否有权力（以及财务能力）与申请人达成和解协议？如果仲裁程序进行下去，且最终欧盟败诉，则谁需要支付赔偿款额？

欧洲法院总法律顾问Poiares Maduro 2008年7月10日发表了意见。他

---

〔87〕 1985年《中国—奥地利BIT》（自1986年10月11日起施行）第5条。

断定，奥地利和瑞典都违反了第307条义务。这两个国家都在加入欧盟前与第三国订立了BITs，其与中国缔结的BITs均在欧共体委员会所列举的与《欧共体条约》相抵触的条约清单中，而这一事实构成了欧共体提起诉讼的根据。[88] 这些协定并未具体规定允许任何区域经济一体化情况下的例外。虽然当时这些抵触之处仅仅是假设的，但欧洲委员会认为，这种情况足以触发第307条项下的修订条约的义务。欧洲法院总法律顾问在其发表的意见中详细地审视了第307条所言的抵触（incompatibility）这一概念，其结论是，这些成员所承担的忠诚合作义务使之不得采取或保持任何可能导致严重危及行使共同体能力的措施。特别是，成员国有义务采取一切合理的措施防止其在先的国际义务危害共同体能力的行使。[89] 奥地利在其答辩意见中提出，由于这些BITs的转移条款使用了“不得无故迟延”（without undue delay）的表述，容许奥地利为使《欧共体条约》第59条有效而迟延转移，但这种辩解并未被欧洲法院总法律顾问所接受。他在发表的意见中指出，这不适用于第57条第2款和第60条第1款的其他规定。实际上，《中国—奥地利BIT》的《议定书》第5段将这一术语界定为：“协定第7条第1款所述的转移‘不应不适当地迟延’，是指应在考虑转移手续一般所需时间内完成。”[90]

欧洲法院总法律顾问的结论是，倘若对《议定书》进行的文义解释是正确的，那么这一术语不大可能像奥地利所说的那样发挥作用。将《议定书》中的“不得无故迟延”的定义理解为欧盟为奥地利设定的任何义务，这种扩张解释的做法，过分牵强。瑞典根据当地法律要求这一点主张，其缔结的BITs根本不可能违反共同体法的要求。欧洲法院总法律顾问指出，这种当地要求条款并未包括在瑞典缔结的所有BITs中，并且，“这一条款所指的是

---

〔88〕 欧盟委员会主张，奥地利与下述国家所缔结的BITs违反了《欧洲共同体条约》：佛得角、韩国、马来西亚、俄罗斯、土耳其；瑞典与下述国家（除中国外）缔结的BITs违反了该约：阿根廷、玻利维亚、埃及、香港、印度尼西亚、象牙海岸、马达加斯加、马来西亚、巴基斯坦、秘鲁、塞内加尔、斯里兰卡、塞尔维亚和黑山、突尼斯、越南、也门。

〔89〕 Opinion of Advocate General P Maduro, Cases C – 249/06 and C – 205/06 Commission v. Austria and Commission v. Sweden, para 42.

〔90〕 《中国—奥地利BIT》之《议定书》第5点（关于第7条第1款）。

否是共同体法尚有争议”[91]，故不接受瑞典的辩词。情况也许的确是这样，但瑞典的辩解中仍有一些可取之处，也即《中国—瑞典BIT》的第4条要求，缔约国“应该根据其法律和法规允许……”，这包括了共同体法律的要求，因为共同体法律构成了瑞典法律的组成部分。欧洲法院总法律顾问也否定了他称为“诸如情势变迁原则之类的国际法上有争议的观点”的适用。[92]

一旦断定存在第307条所言的相抵触之处，成员国就有义务采取一切合理措施加以消除。瑞典并未采取任何此类行动，奥地利则开始为其新的BIT范本增加一个区域经济一体化例外，当然这只适用于将来。就现行的与《欧共体条约》相抵触的条约而言，奥地利“仅提及它拟于‘较近的未来’与中国展开谈判，其与俄罗斯就协议的重新谈判已经开始”。[93] 由于谈判早已暂停，奥地利也被断定违反了第307条义务。在总法律顾问来看，这两个国家必须为消除抵触之处采取的一切适当措施，包括作为最后手段（ultima ratio）的废止。这是因为《欧共体条约》倾向于在可能的情况下避免干涉成员国的现行国际义务。最后在其发表意见中，欧洲法院总法律顾问建议欧洲法院断定奥地利和瑞典未能遵守其第307条义务。倘若欧洲法院采纳了这一意见，断定那些BITs与《欧共体条约》相抵触，则奥地利和瑞典将不得与就相关条约重开谈判，其谈判对象将不仅限于中国，而且还包括所有违反《欧共体条约》的BITs的缔约伙伴国家。如果谈判不能达成一致，则奥地利和瑞典可能除了废止相关BIT以遵守判决外，别无其他选择。这一案例再次确认了转移条款与投资保护之间的密切相关。

第307条仅仅调整欧盟成员与第三国之间的关系。那么，欧盟成员彼此之间的条约是否会自动终止呢？对此，晚近的一个仲裁庭的回答是否定

[91] Opinion of Advocate General P Maduro, Cases C－249/06 and C－205/06 Commission v. Austria and Commission v. Sweden, para 60.

[92] Ibid., para 62.《维也纳条约法公约》第62条编撰了这个法律原则。欧洲法院总法律顾问的意见书注意到，只在有限的几种情况下才能适用这个原则。就情势变迁原则的适用而言，无法确定欧洲共同体根据第59条、第60条第1款行使权限属于该原则所谓的例外情况。

[93] Ibid., para 65.

的。在 Eastern Sugar v. Czech Republic 案[94]中，捷克断定，一旦它 2004 年 5 月 1 日加入欧盟，这一事实就将终止或者至少在一定程度上限制《捷克—荷兰 BIT》的适用。仲裁庭确认，欧盟成员国之间的 BITs 并未因欧盟成员国身份这一原因而自动减损。目前悬而未决的是，欧盟内部的 BITs 的地位如何。目前，在欧盟成员国之间存在大约 191 个[95]这样的条约，各国不愿意废止这些条约，担心取消这些条约所给予的保护将给投资者一种境遇恶化的印象。但欧洲委员会一直请求成员国终止此类 BITs。毫无疑问，从各国加入欧盟开始，共同体法律和欧洲法院就占了上风。在 Mox plant 案的国家间仲裁中，这一点得到了清晰的展示。在欧洲法院就一个有关欧洲共同体法律问题的相关案件审理期间，由五名仲裁员组成的仲裁庭暂停了根据 1982 年《联合国海洋法公约》附件 7 提起的仲裁程序。在 2006 年 5 月 30 日发布的判决中，欧洲法院确认，爱尔兰违反了《欧共体条约》规定的将管辖权排他性地授予给欧洲法院的义务。[96]

六、结论

任何 BITs 中的转移条款都对促进和保护外资至关重要。一般来说，条约并不授予绝对的转移投资有关款项的权利，而是在投资者汇出其投资收益的权利与东道国的货币管制主权之间寻求一个平衡。在当今的经济中，实际上国家之间就吸引资本相互竞争，缔约国并不愿意将转移投资款项规定得过于宽泛。政府想要保留货币主权，常常鼓励外国投资者将收益再投入到当地经济中，而不愿意看到这些利润被汇回投资者的母国。中国缔结

---

〔94〕 Eastern Sugar BV v. Czech Republic, SCC Case No. 088/2004. 捷克共和国在与 R J Binder 先生根据《捷克—德国 BIT》提起的诉讼中提出过类似的主张，其简要内容可参见 http://www.iareporter.com。

〔95〕 A van Aaken, 'Fragmentation of International Law: The Case of International Investment Protection' (2008) 1 University of St. Gallen Law School Law and Economics Research Paper Series, 28 available at http://ssrn.com/abstract = 1097529. See also International Law Commission, 'Fragmentation of International Law: Difficulties arising from Diversification and Expansion of International Law', Report of the ILC Study Group UN Doc A/CN.4/L682 13 April 2006 and UN Doc A/CN.4L.702 18 July 2006.

〔96〕 Commission v. Ireland [2006] ECR I-4635, C-459/03.

的 BITs 条款大体上反映了其 BIT 范本的规定,只是有一些变化。中国此方面的缔约实践与各国的一般做法大体一致。转移条款允许资金自由转移,并包括了一个非穷尽性的款项类型清单。对可兑换性和汇率也有规定。最后,转移款项方面也存在一些限制。目前,适用该条款的规定和措辞进行断案的国际投资仲裁庭尚不多见,故关于该条款的适用范围目前还没有展开更多论述。目前欧洲委员会对一些欧盟成员国提起的违反《欧共体条约》的诉讼正在进行中,它是唯一晚近涉及转移条款的案件,也是研究该条款的典例。当然,在该案中,相关 BITs 中的转移条款并未包含有关欧共体的例外,而这就是案件的争议焦点,该案不涉及这些转移条款规定如何适用的问题。

CHAPTER 06 >>

第六章

保护伞条款和投资合同

一、导言

在近几年中,保护伞条款的适用问题争议很大。[1] 正如其名所示,“保护伞条款”的主要目标是令东道国遵守与外国投资者就投资所达成的所有承诺。该条款将国家的这类义务置于可适用的国际投资条约、BIT 或多边条约的保护之下。[2] 保护伞条款的意义深远,其确切的界限尚未划定。正如 F. A. Mann 指出的那样,保护伞条款“意义重大,因为它保护投资者的合同权利不受任何干涉,而不管这种干涉产生于单纯的违约,还是产生于立法或行政行为”[3]。晚近不同仲裁庭就该事项所做的裁决表明,该条款在何种程度上可能(might)将东道国与外国投资者之间的合同义务“升格”为条约义务的问题远未解决。[4]

保护伞条款可以说既涵盖合同义务又涵盖非合同义务,[5]但不争的是,这个条款与投资合同,也即政府合同或“特许协议”紧密相连。该条款的主

〔1〕 See McLachlan, Shore and Weiniger, International Investment Arbitration, Substantive Principles para 4. 97 (OUP, 2007).

〔2〕《能源宪章条约》第 10 条第 1 款的最后一句即是保护伞条款。另外,《东盟促进和保护投资协议》第 7 条第 3 款也是保护伞条款。

〔3〕 F A Mann, ‘British Treaties for the Promotion and Protection of Investments’ (2008) BYIL 241, 246. 保护伞条款并不是无条件的担保,有其特定限制,其中一些取决于特定条款的具体措辞。F A Mann 所查明的“严重限制”指的是该条款只调整国家自身所承担的义务。

〔4〕 关于相关案例的讨论,请参见本章第二部分。

〔5〕 保护伞条款的保护范围可能延伸至包括东道国对外国投资者承担的非合同义务,比如,以法律、法规、许可证等方式承担的非合同义务。例如,联合国贸易与发展会议的一份研究注意到,“保护伞规定的用语非常宽泛,以至于可以将其解释为涵盖所有种类的义务,不管是明示义务还是默示义务,也不管是合同义务还是非合同义务,只要是东道国通常就投资所承担的义务均囊括其中。这种类型的规定可能改变法律机制,使得协议受国际法规则约束。”UNCTAD, ‘Bilateral Investment Treaties in the mid - 1990s (United Nations, 1998), 56.

要目的在于保证政府合同项下的权利之实现。[6] 因此,最好的方法是将这两个问题一起解决。

本章首先审查保护伞条款的发展历程,以及投资仲裁庭如何运用该条款,然后审查中外 BITs 中的保护伞条款的主要变化,并结合晚近的判例讨论其法律影响。若可能,本章还将分析这些保护伞条款对中国的投资合同,包括中外合资经营合同、合作开发陆上和海上石油资源合同、BOT 合同产生的影响,并在分析保护伞条款和投资合同为外国投资者所作的争端解决安排的含义之后,得出相关结论。

二、保护伞条款和国际投资仲裁

(一)历史背景

中外 BITs 中的保护伞条款的法律效果尚未得到实践检验,故根据国际投资仲裁庭晚近做出的案例来判断这些规定的影响是非常适当且重要的。对于保护伞条款的影响和法律效果,已有很多著述。[7] 该条款同时出现在

---

〔6〕 需要注意的是,保护伞条款概念是由 Elihu Lauterpacht 爵士在 20 世纪 50 年代初的英伊石油公司案的法律建议中首次提出的。这种机制的目的在于,确保东道国遵守其在具体投资合同中对外国投资者所做的承诺。A C Sinclair, 'The Origins of the Umbrella Clause in the International Law of Investment Protection' 20 Arbitration International (2004, No. 4), 414 – 18. See also T Wälde, 'The 'Umbrella Clause' in Investment Arbitration: A Comment on Original Intentions and Recent Cases' The Journal of World Investment and Trade (Vol. 6, April 2005 No. 2), 200 – 9.

〔7〕 例如,可参见 A C Sinclair, 'The origins of the Umbrella Clause in the International Law of Investment Protection', Arbitration International, Vol. 20, No. 4, (2004), p. 411; J Gill, M Gearing and G Birt, Contractual Claims and Bilateral Investment Treaties: A comparative Review of the SGS Cases, Vol. 21(5) Journal of International Arbitration p. 397 (2004); T. Wälde, The Umbrella Clause in Investment Arbitration – A Comment on Original Intentions and Recent Cases, Journal of World Investment and Trade, Vol. 6 No 2 (April 2005) p. 183; V. Zolia, Effect and Purpose of 'Umbrella Clauses' in Bilateral Investment Treaties: Unresolved Issues, TDM Vol. 2 Issue 5 (2005); E Gaillard, 'Investment Treaty Arbitration and Jurisdiction Over Contract Claims – the SGS Cases Considered' in Todd Weiler (Ed.) International Investment Law and Arbitration: Leading cases from the ICSID, NAFTA, Bilateral Treaties and Customary International Law, p. 325 (Cameron May, 2005); L Martinez, The Interplay of Contract Claims and Treaty Claims: Bayindir v. Pakistan (ICSID Case No. ARB/03/29), TDM Vol. 3 Issue 2 (2006); D Foster, Umbrella Clauses: A Retreat from the Philippines? 9 (4) International Arbitration Law Review, (2006) pp. 100 – 108; E Teynier, Les 'umbrella clauses', in Mourre Alexis (ed.) Gazette du Palais Les cahiers de l'arbitrage: volume III (2006); B Kunoy, Singing in the Rain – Developments in the Interpretation of Umbrella Clauses, The Journal of World Investment and Trade (2006) 275。

双边条约和多边条约中,[8]其首次出现是在20世纪50年代的1954年英伊合伙协议当中,时间并不久远。根据伊朗全国石油公司法律顾问 Sir Elihu Lauterpacht QC,一个国际公法方面的顶级律师的建议,该公司增加了一个保护伞条款以冻结该协议。这一条款的主要目的在于,提供"由最直接相关的国家之间的条约所保证的"稳定性。[9] 几年后的《阿部斯—肖克罗斯海外投资公约(草案)》(the Abs - Shawcross Draft Convention on Investments Abroad)也包括了一个保护伞条款。[10] 这个草案充当了1962年和1967年的《OECD保护外国人财产公约(草案)》(the OECD Draft Conventions on the Protection of Foreign Property of 1962 and 1967)的基础,但这两个公约最终并未被通过。[11] 有关保护伞条款的说明指出,这是适用约定必须信守(pacta sunt servanda)的一般原则以保护另一缔约方国民的财产。

MAI草案对其所谓的"遵守条款"有两种表述。第一种规定"缔约任何一方应该遵守就缔约另一方投资者的具体投资所达成(enter into)的任何义务"。[12] 第二种选项则提及了遵守条款的实体性方法,规定"缔约任何一方应遵守其所承担(assume)的关于缔约另一方投资者在其领土内的投资的任

[8] 《能源宪章条约》(ECT)第10条第1款最后一句话即是保护伞条款。目前尚无裁决论及该规定的适用问题。

Alstom v. Mongolia 案(Alstom Power Italia SpA and Alstom SpA v. Republic of Mongolia, ICSID Case No. ARB/04/10)。仲裁系根据《能源宪章条约》和《意大利—蒙古 BIT》提起,但最终和解结案。据了解,该案投资者是根据《能源宪章条约》第10条第1款的保护伞条款提出的仲裁请求。see Investment Treaty Arbitration and Asia: Survey and Comment, John Savage Asian International Arbitration Journal, Vol. 1 No. 1 (2005), pp. 3 - 48.《东盟促进和保护投资协议》(《东盟协议》)第3条第3款也包括了保护伞条款,内容是:"缔约任何一方应遵守其就缔约其他方的国民和公司的特定投资所达成的承诺。"《北美自由贸易协定》中没有这种条款。See Waste Management, Inc. v. Mexico (Number 2), ICSID Case No. ARB(AF)/00/3 Award 30 April 2004 para 73.

[9] A C Sinclair, 'The origins of the Umbrella Clause in the International Law of Investment Protection', Arbitration International, Vol. 20, No. 4, (2004), p. 411 at 415. 他注意到,"保护伞条约"更早期的例子出现在20世纪20年代。

[10] 第2条规定:"缔约任何一方应始终确保遵守其就任何其他缔约方的国民的投资所做出的任何承诺。"全文可参见联合国贸易与发展会议网站: www. unctad. org/sections/dite/iia/docs/Compendium//en/ 137%20volume%206. pdf。

[11] Katia Yannaca - Small, 'Interpretation of the Umbrella Clause in the Investment Treaties', OECD Working Papers on International Investment (No 2006/3, Oct 2006), at 4.

[12] 转引自 Yannaca - Small, ibid., at 5。

何其他书面义务,由此产生的争端只能根据支撑该义务的合同之条款解决。"[13]第二个选项明确规定,该法院选择条款是解决争端的唯一选择。

世界上第一个现代形式的BIT,1959年《德国—巴基斯坦BIT》第7条即为保护伞条款,其内容是:"缔约一方应遵守其所可能已经达成的(enter into)关于另一方的国民或公司的投资的任何其他义务。"如下所述,这与中外BITs的保护伞条款的标准表述几乎相同。自1959年以来,世界各国已缔结超过2500项BITs,其中不到一半包括保护伞条款。[14] 最初,这些条约规定一直未得到实践检验,而投资者总是依据其他的条约权利寻求救济。这主要归因于当时所提起的投资条约请求数量有限。随着20世纪90年代初期的全球经济的变化,新兴的市场、外国直接投资的增量,以及案件数量均在成倍增长。[15] 案件数量的急剧增长不可避免地会对外国直接投资发生的国际法律机制产生影响。在诸如间接或蚕食性征收、公平公正待遇等概念方面,尤其是如何衡量"合法预期"以及保护伞条款的解释和适用方面,都有长足的发展。保护伞条款遂不可避免地要接受国际投资仲裁庭的仔细审视。在长约50年的时间里,这个条款无人问津。随着两个案件先后相继审结,从2003年开始,人们第一次思考保护伞条款的影响。[16]

(二)SGS系列案

不管保护伞条款的最初起草者的真正意图何在,该条款的效果就是将

---

〔13〕 Ibid. ,at 6.

〔14〕 J Gill et al. ,'Contractual Claims and Bilateral Investment Treaties: A Comparative Review of the SGS Cases' 21 J. Int'l. ARB. 397,403 fn 31 (2004)(该文从2003年ICSID汇编的"INVESTMENT TREATIES"一书中选取了一些BIT样本,发现大约40%的样本中包含保护伞条款)。

〔15〕 从ICSID的年受案量中,我们可以清晰地看出这一点。比如,从1966年《ICSID公约》生效至1975年之间,ICSID的年受案量只有4起,而2007年ICSID的受案量则为36起。see www.worldbank.org/icsid/cases/pending.htm.

〔16〕 Fedax N. V. v. Venezuela案仲裁庭所适用的BIT第3条第4款虽有保护伞条款,但仲裁庭却并未研究该条款如何适用的事宜,而是直接断定"委内瑞拉有义务切实履行调整此类投资的《协议》第3条的规定,并且对所发行的本票项下的款项予以兑现。"Fedax N. V. v. Venezuela,ICSID Case No. ARB/96/3 Award 9 March 1998,para 29. 另外,CMS指出,东道国违反了保护伞条款,但该案仲裁庭2003年7月17日发布的管辖权裁决并未对此进行回应。在2005年5月12日发布的实体裁决中,该案仲裁庭确认东道国违反了保护伞条款的规定。CMS Gas Transmission Company v. Argentina,ICSID Case No. ARB/01/8,Award of 12 May 2005,paras 296 – 303.

国家在投资方面的合同义务纳入 BIT 的保护规定之中。这种“升格”或“镜像效应”[17]并不自动发生。第一次对保护伞条款的确切范围做出审查的是 SGS v. Pakistan 案仲裁庭。在该案中,《巴基斯坦—瑞士 BIT》的保护伞条款规定,缔约任何一方“应持续保证遵守其就另一方投资者的投资所达成(enter into)的约定”,该案仲裁庭对此进行了狭义解释。仲裁庭承认自己是第一个“审查该条款的法律效果”的国际仲裁庭。[18] 申请人主张,该条款的作用就是将国内法项下的违反合同升格为违反国际义务。这一主张被仲裁庭驳回。通过研究条约的“目的和宗旨”,仲裁庭断定,申请人的这种解释方法没有证据支持。事实上,如此适用 BIT 第 11 条保护伞条款的法律后果是,该条款的适用范围“非常宽泛,其运行如此自动和毫无限制和影响广泛,以至于对缔约方产生非常难以承受的潜在影响,故仲裁庭相信,申请人必须提交清晰的、令人信服的证据”。[19] 申请人自己都承认如此适用该条款会产生“深远”影响,若采用这种方法将意味着,无限数量的合同都将受到条约的保护。仲裁庭也注意到,这种解释将使得条约的一些实体性规定变得冗余,并允许投资者“任意废除在国家合同中自由协商达成的争端解决条款。”[20]允许这样适用保护伞条款是与国际法上的“遇有疑义、从轻解释”(in dubio mitius)原则相悖的,该原则赞成做出尊重国家主权的解释。[21]

与此相反,此后不到 6 个月的 SGS v. Philippines 案[22]裁决却是不同的结论。该仲裁庭对保护伞条款采取一种宽泛的,可能更准确地说是“有效”

---

〔17〕 SGS Société Générale de Surveillance S. A. v. Pakistan, ICSID Case No. ARB/01/13 Award on Jurisdiction, 6 August 2003, para 99. See also A C Sinclair, ‘The Origins of the Umbrella Clause in the International Law of Investment Protection’ stet Arbitration International, Vol. 20, No. 4, (2004), p. 411 at 412. 在该文中,作者确认该条款的效果飘忽不定,具体反映在,用于“描述该条款效果的比拟物五花八门,包括‘升降机’‘镜子效应’‘平行线效应’‘保护伞’或者‘契约神圣原则/有约必守’”。

〔18〕 Ibid., para 164.

〔19〕 Ibid., para 167.

〔20〕 Ibid., para 168.

〔21〕 Eureko v. Poland 案(Award 19 August 2005)仲裁庭觉得,运用这个格言实质上会导致已为当代习惯国际法所废止的原则死灰复燃,尤其是 2000 多个基本一致的双边投资条约的缔结已经重新塑造了该原则。para 258.

〔22〕 SGS Société Générale de Surveillance S. A. v. Philippines, ICSID Case No. ARB/02/6. Award on Jurisdiction, 29 January 2004.

的解释。[23]《菲律宾—瑞士 BIT》的第 10 条第 2 款规定:“缔约任何一方应遵守其所承担(assume)的有关缔约其他一方投资者的投资的任何义务。”仲裁庭注意到该条款措辞的强制性,断定该 BIT 的目的和宗旨“支持有效解释”该规定。仲裁庭驳回了菲律宾的下述在主张,如果该条约具有实体性效果,则其所涉及的义务应仅限于其他国际法文件项下的义务。仲裁庭指出,该 BIT 本可以明确规定这一限制。

仲裁庭注意到,在 SGS v. Pakistan 案中,保护伞条款的措辞没有那么绝对,“其表述与《菲律宾—瑞士 BIT》第 10 条第 2 款截然不同,且用语更为模糊。”该仲裁庭接着驳斥了 SGS v. Pakistan 案仲裁庭赖以对保护伞条款进行“高度限制性”解释的四个原因。[24] SGS v. Philippines 案仲裁庭并不认为,宽泛解释该条款将导致“国内合同的大规模国际化”,这不是 BIT 中的保护伞条款的作用,“它并非将不具有约束力的、劝诱式的国内承诺转变为有约束力的国际义务。尤其是,它并不将 CISS 协议的准据法由菲律宾法转变为国际法。第 10 条第 2 款不涉及关于具体投资所做出的承诺的范围,而是涉及这些义务查明之后的履行。”[25]在本质上,它将遵守合同变成条约义务。保护伞条款“将东道国未能遵守其所承担的关于具体投资的有约束力的承诺,包括合同上的承诺,变成违反 BIT。”[26] SGS v. Philippines 案中的义务是支付合同项下的到期款项。但是,仲裁庭并未断定这些义务的范围,因为该问题仍旧受合同规制。该仲裁庭区分了合同义务的范围和其实际履行这两个问题。此外,保护伞条款并未废止合同中的排他性争端解决机构选择条款。保护伞条款提供“或者至少可能提供一个提起条约之诉的根据,即便该 BIT 并未包含普通的请求条款。”[27]仲裁庭因此暂停该仲裁程序,等待菲律宾法

〔23〕 J Crawford, 'Treaty and Contract in Investment Arbitration', 24(3), Arbitration International (2008), 351, 368.

〔24〕 Ibid., paras 120 – 24.

〔25〕 Ibid., para 126.

〔26〕 Ibid., para 127.

〔27〕 J Crawford, 'Treaty and Contract in Investment Arbitration', Vol. 24 (3), Arbitration International (2008), p. 251, 368.

院，也即合同中同意的争端解决机构审结应付金额。[28] 此后的一个仲裁庭对 SGS v. Philippines 案仲裁庭的处理结果提出批评，认为"SGS v. Philippines 案仲裁庭得出了完全自相矛盾的结论"。[29]

有人已经注意到，两案仲裁庭的推理虽然完全不同，却得出相同的结论；在两案中，仲裁庭都拒绝审查违反合同方面的请求，将该争端移交给合同中规定的争端解决机构处理。两案仲裁庭得出结论的方式不同，会造成保护伞条款的适用范围的不确定。SGS v. Pakistan 案仲裁庭承认，国家可以在 BIT 中同意"所有违反一国同另一国投资者之间的合同都立即转化为违反 BIT，并将之作为违反 BIT 来对待。本庭强调的是，在本案中，没有清晰的、有说服力的证据证明，瑞士和巴基斯坦在通过该 BIT 第 11 条时的实际意图就是这样。"[30] 因此，即便该案对保护伞条款进行了限制性解释，它也留下了这样的可能性：假如申请人能够提出足够的证据，那么，可能会得出一个相反的结论。[31]

(三) SGS 系列案之后

这两个 SGS 案的推理在随后的案件中都得到了适用，并产生了不同的

---

〔28〕 作为该案仲裁员之一，Antonio Crivellaro 教授，在其异议意见书中尤其抨击这个方法。他认为，仲裁庭在认定申请人有权提出这些仲裁请求后，却"不肯在适当审查当事方的进一步意见和答辩后，处理和断定偿付请求在包括偿付数额在内的实体问题上的是非曲直"，这是毫无道理的。Separate Declaration para 11. See also V Zolia, Effect and Purpose of 'Umbrella Clauses' in Bilateral Investment Treaties: Unresolved Issues, TDM Vol. 2 Issue 5 (2005), p. 31 and E Gaillard, 'Investment Treaty Arbitration and Jurisdiction Over Contract Claims – the SGS Cases Considered' in Todd Weiler (ed.) International Investment Law and Arbitration: Leading cases from the ICSID, NAFTA, Bilateral Treaties and Customary International Law, at p. 344.

〔29〕 BP America Production Co. and Others v. Argentina, ICSID Case No. ARB/04/8 Award on Jurisdiction, 27 July 2006, para 105.

〔30〕 SGS v. Pakistan, Jurisdiction, para 173 (着重部分系作者标示)。See also BP America Production Co. and Others v. Argentina, id, para 103 (此处，仲裁庭提及这一细微差别)。

〔31〕 瑞士政府曾写过一封公开信，表达其对仲裁庭狭义解释该条款的警告。信中说：仲裁庭此举"不但与瑞士缔结该约时的本意背道而驰，而且也很明显不为其他国家缔结的 BITs 中的类似条款的意义乃至学界对此类规定的评论所支持。"19 Mealey's International Arbitration Reports (February, 2004) E-1. 如果 SGS 当初在仲裁过程中确已提交了来自瑞士政府的证据证明这一效果，仲裁庭能否得出不同的结论，这一点还不清楚。

结果：一些仲裁庭沿用了 SGS v. Pakistan 案的限制性方法，[32] 另一些仲裁庭则赞同 SGS v. Philippines 案仲裁庭更为宽泛的推理方法。[33] Joy Mining 案的决定进一步加剧对保护伞条款的精确含义的争论。该仲裁庭似乎暗示，该条款在 BIT 中的显著状况将影响到其含义。它拒绝了 SGS v. Philippines 案仲裁庭的断定，认为这种条款并不能将所有的违反合同升格为违反条约。根据 Joy Mining 案仲裁庭的附带陈述，不能认定"该约嵌入的保护伞条款，并不能产生将所有合同争端转化为该约项下的投资争端的显著效果，当然，如果存在明显的违反条约权利和义务的行为，或者对合同权利的违反严重到触发条约保护的程度，那就要另当别论，但本案不是这种情况。"[34] 因为合同和条约之间没有联系，故无法产生此种效果。该仲裁庭的确承认，别的案件中也许存在这种联系。在 Salini v. Jordan 案中，仲裁庭强调了具体条款措辞的重要性。该仲裁庭注意到，《意大利—约旦 BIT》中的保护伞条款的措辞与 SGS 两案有所不同。[35] 《意大利—约旦 BIT》中的保护伞条款仅规定，当事方将创造并保持"一个倾向于向投资者保证其法律待遇的连续性的法律框架……所有承诺是就每一个特定的投资者作出的"。[36] 因此，该案所涉 BIT 并未像 SGS v. Philippines 案那样要求东道国遵守其所承担的任何义务，它甚至不像 SGS v. Pakistan 案所涉 BIT 那样要求保证遵守此类承诺。该仲

---

〔32〕 Joy Mining Machinery Limited v. Egypt, ICSID Case No. ARB/03/11 Award on Jurisdiction 6 August 2004; Salini Construttori S. p. A. and Italstrade S. p. A. v. Jordan, ICSID Case No. ARB/02/13, Award on Jurisdiction 9 November 2004; El Paso Energy International Company v. Argentina, ICSID Case No. ARB/03/15, Award on Jurisdiction 26 April 2006 and BP America Production Co. and Others v. Argentina, ICSID Case No. ARB/04/8 Award on Jurisdiction, 27 July 2006.

〔33〕 LG& E v. Argentina, ICSID Case No. ARB/02/1 Award on Jurisdiction, 30 April 2004; Consortium Groupement L. E. S. I. – DIPENTA v. Algeria, ICSID Case No. ARB/03/08 Award 10 January 2005; Eureko B. V. v. Poland, Partial Award 19 August 2005, and Noble Ventures, Inc. v. Romania, ICSID Case No. ARB/01/11 Award 12 October 2005.

〔34〕 Joy Mining v. Egypt, Jurisdiction, para 81. 此类有些荒唐的"程度"的测试应如何实际适用，尚不清楚。

〔35〕 Salini v. Jordan, Jurisdiction, para 126.

〔36〕《意大利—约旦 BIT》第 2 条第 4 款。该案仲裁庭的确确认，国家当事方仍旧受其合同义务约束，"BIT 中并未重申这个承诺，故这些义务仍具有合同义务性质，有关上述义务的任何争端必须根据合同中预设的争端解决程序解决。" Ibid. , para 127. 实际上，Crawford 教授在讨论每个保护伞条款用语的意义时，曾经说过该案中的这个规定"根本不是保护伞条款"。J Crawford, 'Treaty and Contract in Investment Arbitration' (2008) 24(3) Arbitration International, 351, 367.

裁庭拒绝对申请人提出的纯合同性质的请求行使管辖权。

与之相反,Eureko 案仲裁庭运用了 SGS v. Philippines 案裁决的方法,继续确定附录一项下的义务的确切内容和范围。Eureko 案仲裁庭确认,要给保护伞条款有效的意义,则该条款"自身必须要有含义",它赞同 SGS v. Philippines 案仲裁庭的分析,认为这种分析令人信服。Eureko 案仲裁庭断定,波兰的行动违反公平公正待遇标准和征收条款,在效果上"也违反了该约第 3.5 条的遵守其可能已经达成的关于荷兰投资者的投资的义务"。[37] 该仲裁庭未就合同义务的范围和履行问题进行区分。在 Noble Ventures v. Romania 案中,仲裁庭审查了以往的案例,断定保护伞条款"通常被视为将国内法义务转变为在国际法上可以被审理的义务"。[38] 它并不认为有必要限制该条款的确切范围,也没有就该条款是否"完全将东道国违反合同义务吸收为违反 BIT 义务"得出最终的结论。[39] 该仲裁庭的确考虑到该条款仅调整投资合同,因为"'达成'(entered into)这一概念的运用说明缔约方指的是具体的承诺而不是通过诸如立法行为做出的那些一般性的承诺"。[40]

CMS v. Argentina 案仲裁庭确认,并非所有的违反合同都等同于违反条约,这一点已经在晚近的案例中得到确认。它评论道,"在一些情况下,合同中的纯商事方面可能(might)得不到条约的保护,但当政府或公共机构***严重***干涉投资者权利的时候,投资者就很可能得到条约的保护"[着重部分系作者标示]。[41] 这个定性标准受到了批评,理由是该标准"很可能导致专断"。[42] CMS 案仲裁庭断定,阿根廷因未遵守发放给 TGN(Transportadora

---

〔37〕 Eureko v. Poland, Particla Award, para 260. Rajski 教授在其异议意见书中强烈反对这个断定。他觉得,Eureko"为了将其与作为 PZU 股东的国家财政部之间的商事争端装扮成其与波兰政府之间的 BIT 争端,采取了在国际层面政治化该争端的策略。"Dissenting Opinion, para 6. 申请人可以规避合同中预先达成一致的法院管辖。

〔38〕 Noble Ventures, Inc. v. Romania, ICSID Case No. ARB/01/11, Award 12 October 2005 para 53.

〔39〕 Ibid., para 61.

〔40〕 Ibid., para 51. 在 LG&E v. Argentina 案,仲裁庭必须考虑的实际上是立法行为。

〔41〕 CMS v. Argentina, ICSID Case No. ARB/01/8, Award 12 May 2005, para 299.

〔42〕 J Crawford, 'Treaty and Contract in Investment Arbitration' (2008) 24 (3) Arbitration International, 351, 368.

de Gas del Norte)许可证的条款而在实际上违反了保护伞条款。[43] 这是投资者第一次援用保护伞条款提出仲裁请求并获胜。但该案专门委员会不同意上述观点,并撤销了仲裁庭的裁决。其中原因,将在以后进行探讨。

在涉及阿根廷的另一个裁决中,仲裁庭考虑了同一个保护伞条款,即《阿根廷—美国 BIT》第 2 条第 2 款第 3 项,该条款规定:任何一个"缔约方应该遵守其就投资所可能已经达成(enter into)的任何义务。"LG&E 案仲裁庭确认,这就要求东道国"履行对外国投资者的义务,包括合同义务"。[44] 为确定该保护伞条款的可适用性,该仲裁庭不得不确定阿根廷是否已经通过《燃气法》对 LG&E 承担其国际义务。它的结论是,这些法律法规已经变成了第 2 条第 2 款第 3 项意义上的义务,原因是"其以外国投资者为目标,专门适用于他们的投资,故产生了保护伞条款项下的责任。"[45] 这是第一个仲裁庭明确接受下述观点的案件:包括保证用比索支付在内的国内法义务受保护伞条款调整。[46] 这种保护伞条款可以某种方式影响东道国主权的观点受到了质疑,理由是"将国内法律法规等同于国家承担的义务,或者将保护伞条款看作默示地冻结准入之日的东道国的法律,显然是混淆是非。"[47]

在《阿根廷—美国 BIT》的同一个保护伞条款的解释上,LG&E 案仲裁庭采取的方法与其他仲裁庭大相径庭。El Paso 案和 Pan American 案仲裁庭采

---

〔43〕 TGN 是在 1992 年阿根廷重组产业结构后设立的用于运输燃气的一个公司,其随后被私有化。CMS 拥有该公司 29.42% 的股份。

〔44〕 LG&E Energy Corp., LG&E Capital Corp. and LG& E International Inc. v. Argentina ICSID Case No. ARB/02/1, Award 3 October 2006, para 170.

〔45〕 Ibid., para 176. 该案仲裁庭的结论是:阿根廷违反了公平公正待遇标准,但是,阿根廷并非专横地采取此类行为,此类行为也没有相当于达到间接征收。仲裁庭也采信了阿根廷有关危急情势的主张,认为阿根廷不必为 2001 年 12 月 1 日至 2003 年 4 月 26 日之间的行为承担责任。至于在这段危急情势时期之外所实施的违反条约行为,阿根廷需要赔偿申请人的损失,仲裁庭将在仲裁的第二阶段确定损害赔偿额和利息。

〔46〕 在其开创性著作中,Dolzer and Stevens 曾在评论保护伞条款时提到这种可能性。他们说,保护伞条款"试图确保条约的任何一方遵守其对缔约另一方国民所作出的承诺。它能保护投资者的合同权利不受非法干预,这种干预或者可能系单纯的违约造成,或者可能系***行政或立法行为***[着重部分系作者标示]……所造成,故这个规定尤其具有重要意义"。R Dolzer and M Stevens, Bilateral Investment Treaties (1995), p. 82.

〔47〕 J Crawford, 'Treaty and Contract in Investment Arbitration' (2008) 24 (3) Arbitration International, 351, 370.

取了限制性方法,它们不承认保护伞条款能够将所有的国内法承诺升格或"国际化"。[48] 其他仲裁庭则持较少限制的观点。比如,Sempra v. Argentina 案仲裁庭承认,因该 BIT 包括"一般性的'保护伞条款'的具体保证,比如第 2 条第 2 款第 3 项中涉及遵守有关投资的合同承诺,故合同请求也相当于条约请求。"[49] 这使合同、进行投资的背景以及 BIT 三者之间的联系更加紧密。

在 Siemens v. Argentina 案中,阿根廷像在 Azurix 案[50] 中那样辩称,《阿根廷—美国 BIT》中的保护伞条款仅适用于投资协议而非特许协议的违反,特许协议受争端解决机构选择条款所规定的国内行政法调整。"Siemens 有意将投资协议和投资混为一谈,而这两个术语是不相同的,不能融合在一起。"仲裁庭拒绝进行这样的区分。该 BIT 的保护伞条款并未做此类区分而提及的是"任何义务"。该仲裁庭确认,任何"属于该约所界定的投资的协议都将是保护伞条款所调整的义务的组成部分。"[51] 照此,阿根廷就投资所做出的任何约束性的承诺都受该条款调整。

确认保护伞条款应如何适用所面临的困难已经引起 PSEG v. Turkey 案仲裁庭相当的重视。PSEG v. Turkey 案[52] 仲裁庭评论道,"若干晚近的裁决已经广泛地探讨了'保护伞条款'的含义,本庭再行仔细地讨论就没有意义了。在当前争端的背景下,有必要注意到对于违反合同是否能够被转化为违反条约,或者违反合同是否应该作为一种普通的商事违约进行不同的处

---

〔48〕 但是,两个仲裁庭都承认,保护伞条款可能涵盖作为主权者的国家所缔结的投资合同。See El Paso Energy International Company v. Argentina ICSID Case No. ARB/03/15, Award on Jurisdiction, 27 April 2006, para 81and Pan American Energy LLC. and BP Argentina Exploration Company v. Argentina, ICSID Case No. ARB/03/13, Decision on Preliminary Objections, 27 July 2006, para 109.

〔49〕 Sempra Energy International v. Argentina ICSID Case No. ARB/02/16, Award on Jurisdiction 11 May 2005, para 101.

〔50〕 Azurix v. Argentina ICSID Case No. ARB/01/12 Award 14 July 2006. 在该案中,阿根廷提出,"Azurix 故意将《投资协议》和投资混为一谈,这两个术语不是可以通用的同义词。"Para 290.

〔51〕 Siemens A. G. v. Argentina, ICSID Case No. ARB/02/08, Award 6 February 2007 paras 200 and 206.

〔52〕 PSEG Global et al. v. Turkey, ICSID Case No. ARB/02/5, Award of 19 January 2007.

理，存在不同的观点”。[53] 因仲裁庭并未断定，该案存在违反合同义务的情况，故该案并未涉及该问题。

（四）条约之诉 v. 合同之诉

保护伞条款的适用与下述基本原则有本质上的关联：国家不对违反合同行为承担国际法上的责任，除非“该违反合同行为不是简单的违反”，且“涉及明显的专横或以此为特点的因素”。[54] 普遍认为，在法律上违反合同之诉与违反条约之诉有所区别。[55] 这种区别的重要性以及合同中争端解决机构选择条款的蕴意已得到详尽论述。[56] 这一立场更多地在 Lanco 案、Vivendi 案以及 Bayindir v. Pakistan 案[57] 等晚近案件裁决中得到再次确认。在 Azurix 案中，申请人提出，由于东道国要遵守保护伞条款的义务，其可以在特许合同争端解决规定以及 BIT 的争端解决规定之中进行选择。在“回顾国际常设法院在 Serbian Loan 案中的判决，国际法院在 ELSI 案中的判决，以及 Woodruff 案仲裁庭、Vivendi 案专门委员会、两个 SGS 案仲裁庭所做的

[53] Ibid.，para 271. 仲裁庭提及 Joy Mining Machinery Limited v. Egypt 案（ICSID Case No. ARB/03/11）的裁决。Award on Jurisdiction of 6 August 2004，paras 78，81.

[54] S Schwebel，International Arbitration：Three Salient Problems（CUP，1987）p. 111.

[55] 请参见下述被广泛引用的案例：American – Mexican Claims Commission of North American Dredging Company Case（1926）4 UN Rep. 26 and the American – Venezuelan Claims Commission in Woodruff（1903）Reports of International Arbitral Awards，Vol. IX，p. 213.

[56] 关于区分条约权利和合同请求的更多信息，see B Cremades and D Cairns，Contract and Treaty Claims and Choice of Forum in Foreign Investment Disputes，in N Horn（Ed.）Arbitrating Foreign Investment Disputes，p. 325. 该文作者找出了区分条约请求和合同请求的五个标准。See also S Alexandrov，Breaches of Contract and Breaches of Treaty. The Jurisdiction of Treaty – based Arbitration Tribunals to Decide Breach of Contract Claims in SGS v. Pakistan and SGS v. Philippines，5 Journal of World Investment and Trade（August 2004）；C Schreuer，Investment Treaty Arbitration and Jurisdiction over Contract Claims – the Vivendi 1 case Considered in T Weiler（ed.）International Investment Law and Arbitration：Leading Cases from the ICSID，NAFTA，Bilateral Treaties and Customary International Law（Cameron May，2005）p. 281；Y Shany，Contract Claims v. Treaty Claims：Mapping Conflicts Between ICSID Decisions on Multi – Sourced Investment Claims，Vol. 99，American Journal of International Law p. 835（2005）and A El – Kosheri，Contractual Claims and Treaty Claims Within the ICSID Arbitration System in B Cremades and J Lew（Ed.）Parallel State and Arbitral Procedures in International Arbitration：Dossiers，ICC Institute of World Business Law（ICC，2005）.

[57] 关于这些案件裁决的全面评论以及投资者与国家之间订立的合同中的合同争端解决场所选择条款的可能影响，请参见 Z Douglas，The Hybrid Foundation of Investment Treaty Arbitration，74 British Yearbook of International Law（2004）141 at 241 et seq。

裁决之后，阿根廷断定，一般国际法直接将合同之诉和国际法之诉分开，即便在 BIT 相关问题上，也依然禁止将合同之诉变质为 BIT 之诉。并且，当仲裁庭已经确定了保护伞条款的适用条件之时，其也已经要求申请人遵守合同中的争端解决机构条款。"[58] 该案仲裁庭并未审查该问题，因为它断定仲裁的实际当事人之间并不存在任何合同，即便根据第 2 条第 2 款第 3 项[59] 有可能认定阿根廷应对其下属省份被指称违反特许协议的行为负责，该协议的当事方也是 ABA 而非 Azurix。[60]

因此，保护伞条款是"将国家的国内法义务和国际法义务一般分离的例外"。[61] 这个出发点影响了保护伞条款的适用。即便具体的保护伞条款的确将违反国内法义务升格为违反条约义务，但关于可归因性的国际法规则仍不适用于合同诉求。Vivendi 案撤销程序的专门委员会对此做出了清楚的说明。它确认，违反 BIT 和违反合同是不同的问题，这是国际法的一般原则。

"这些诉求中的每一个都将依据其自己的准据法来解决：在涉及 BIT 的情况下，国际法为在准据法；在涉及特许合同的情况下，便是合同的准据法，换言之，土库曼省的法律。例如，在依据条约提起诉求的情况下，将适用国际法的可归因规则，其结果是阿根廷需为其下属省份的行为承担国际责任。与之相反，阿根廷不对土库曼省签订的合同的履行负责，土库曼省根据其自身的法律拥有独立的法律人格，对自己的合同的履行负责。"[62]

晚近对 Vivendi 裁决进行的评析注意到，专门委员会"在可归因的问题上同意仲裁庭的观点。其效果是，在针对联邦国家的组成各州或省份提出条约之诉时，并不需要《ICSID 公约》第 25 条第 1 款和第 3 款所言的指定，但倘若申请人提出合同之诉，则需要上述指定。这是因为，根据国际法，国家

[58] Azurix v. Argentina, ICSID Case No. ARB/01/12 Award, 14 July 2006 para 383.

[59] 第 2 条第 2 款第 3 项包括了保护伞条款："缔约任何一方应遵守其就投资所达成的义务"。

[60] Azurix v. Argentina, ICSID Case No. ARB/01/12 Award, 14 July 2006, para 384.

[61] Noble Ventures v. Romania, Award, para 55.

[62] Compañiá de Aguas del Aconquija S. A. and Vivendi Universal v. Argentina, ICSID Case No. ARB/97/3, Decision on Annulment, 3 July 2002, para 96.

对下属机构的国际不法行为负责，但根据国内的合同法上，情况则有所不同。”[63] Impregilo v. Pakistan 案和 Salini v. Morocco 案仲裁庭的结论相同。在 Salini v. Morocco 案中，仲裁庭确认，BIT 中的争端解决条款“迫使国家有义务尊重关于违反该双边条约以及任何直接约束该国家的合同的行为的管辖权要约”。这种管辖权要约并不“涵盖违反以国家之外的实体为当事方的合同之行为”。[64] 在 Impregilo 案中，与投资者达成合同的 WAPDA 是一个独立的国家实体。仲裁庭确认，仍需区分条约之诉和合同之诉，“因为违反 BIT 义务和违反国内法上的合同适用不同的归因规则。”[65] 在被申请人请求适用保护伞条款的情况下，仲裁庭不仅要判断具体的保护伞条款是否调整违反合同行为，而且还要在任何此类违反合同行为归因于国家之前判断国家责任原则是否得到了满足。

CMS v. Argentina 撤销案

CMS v. Argentina 案专门委员会做出的关键性决定涉及这两个因素：条约与合同的区别、保护伞条款的适用范围。阿根廷以多个理由提请撤销裁决，理由之一便是仲裁庭在断定阿根廷违反条约中的保护伞条款时明显越权。[66] 阿根廷辩称，自己对 CMS 没有承担任何义务。与之相反，CMS 通过宽泛解释第 2 条第 2 款第 3 项，声称许可证项下的义务与该条所言的投资有关。虽然作为小股东，CMS 不能根据阿根廷法行使这些权利，但 BIT 项下的保护伞条款给了它如此行事的资格。对专门委员会来说，这个宽泛的解释被证明存在诸多问题。撤销决定的内相关容为：

“（1）在谈到‘其可能已经达成的关于投资的任何义务’时，第 2 条第 2

---

〔63〕 D Bishop, J Crawford and M Reisman, Foreign Investment Disputes, Cases, Materials and Commentary, (Kluwer, 2005) p. 811.

〔64〕 Salini Construtorri S. p. A. and Italstrade S. p. A. v. Morocco, ICSID Case No. ARB/00/4, Jurisdiction, 23 July 2001, para 61.

〔65〕 Impregilo S. p. A. v. Pakistan, ICSID Case No. ARB/03/3 Award on Jurisdiction 22 April 2005, para 262. See also A Harb, The Wrongful Acts of Independent State Entities and Attribution to States in International Investment Disputes TDM, Volume 3 (5) (December 2006) pp. 13 – 16.

〔66〕 关于阿根廷提出的所有理由，see CMS Gas Transmission Company v. Argentina, ICSID Case No. ARB/01/8, Argentine Republic's Application for Annulment, 8 September 2005。

款第3项涉及的显然是独立于该BIT自身的合意义务(例如,在东道国的国内法项下或可能是在国际法项下)。详言之,这种义务必须是关于投资的具体义务,而不包括东道国法律所设定的一般要求。

(2)合意义务不是对所有人而是与特定的人达成的。类似地,这类义务的履行或产生的相应要求发生于权利人和义务人之间。

(3)保护伞条款的效果并非将其所依赖的义务转化成其他东西;该义务的内容不受影响,该义务的准据法也同样不受影响。如果真是如此,则同理看来,该义务的当事方不因保护伞条款而有所改变。

(4)第2条第2款第3项所调整的国家义务通常是双边义务,或者说,在本质上与投资公司的义务相联系。然而,股东虽然表面上有权为了自己的利益而强制执行公司的权利,却不受公司的义务,比如争端解决方面的义务所约束。

(5)如果该庭未言明的解释是正确的,那么,只要存在保护伞条款,《ICSID公约》第25条第2款第2项的机制就是不必要的。

(6)该裁决对BIT准备资料有关这一点的内容,或者之前对保护伞条款组成部分的功能之理解,并未进行讨论。"〔67〕

实际上,该专门委员会无法解释为何该案仲裁庭得出这个结论:CMS实际上能够主张阿根廷对TGN的义务。该仲裁庭提及了被申请人的答辩主张,也即CMS在该许可证问题上并无资格提出请求,因为阿根廷所作承诺仅是针对TGN作出。但是,该裁决的实体部分并未解释这一点是怎样解决的、原因何在。实际上,该案仲裁庭早已言明,它不准备处理管辖权问题,因为这已在管辖权决定中解决了。〔68〕 可是,在之前做出的管辖权决定中,仲裁庭并未进行任何具体的探讨。因此,专门委员会断定,该裁决存在"严重

〔67〕 CMS Gas Transmission Company v. Argentina, ICSID Case No. ARB/01/8 Annulment Decision 25 September 2007, para 95. 这个决定被投资仲裁界的实务人士公认为2007年最重要的裁决(不仅仅因为该裁决对保护伞条款之争产生的影响,还在于其就危急情势状态等事项对其他裁决的相关裁断进行了甄别、评判)。See OGEMID Archives at www. transnational – dispute – management. com.

〔68〕 CMS Gas Transmission Company v. Argentina, ICSID Case No. ARB/01/8 Award 12 May 2005, para 299.

缺漏"[69]。该案仲裁庭注意到,正如其所发现的那样,仲裁庭在就保护伞条款问题上进行裁断的时候并无足够的理由,故而没有必要考虑明显越权的论据。该决定浓墨重彩地探讨保护伞条款的适用问题。它确认了诸如上述Azurix案和Siemens案等早前的一些案例裁决书中的观点。根据作为准据法的阿根廷法,申请人不是包含该义务的协议的当事方,CMS无权代表TGN寻求任何救济。这一情况并不因保护伞条款而有所改变,保护伞条款充其量只是"一个强制实施诉求的外在机制,但交易的基础仍旧保持不变"[70]。虽然一些学者质疑该案专门委员会未提及得出同样结论的LG&E案裁决,该案的情况相同,即控股母公司而非当地实体提出诉求。[71] 事实上,专门委员会难以越俎代庖,毕竟专门委员会只是为了审查提交给它的裁决的某些内容而成立,不能对其他裁决进行评论,即便其他裁决所涉及的背景类似。

(五)小结

在认定保护伞条款确切适用范围上,国际仲裁庭采取的方法存在分歧,表明这些条款所引发的困难和不确定性。不同的投资仲裁庭对《阿根廷—美国BIT》的同一个保护伞条款做出截然不同的解释就是典型例案。不能认为,保护伞条款将违反合同行为升格为国际层面的违反BIT行为。2007年11月Crawford教授在Freshfields所做的讲座中旁征博引,识别和阐述了这些细微差异,他断定条约和合同不能混为一谈,但它们均是"国际仲裁员长期生活于其中的包含许多法律体系的同一个世界"的组成部分。[72] BIT为投资提供了"另外一个层面的保护[……]",但是"BIT不应被用作改写投

[69] CMS Gas Transmission Company v. Argentina, ICSID Case No. ARB/01/8 Annulment Decision 25 September 2007, para 97.

[70] J Crawford, 'Treaty and Contract in Investment Arbitration' (2008) 24 (3) Arbitration International, 351, 370. See also generally N Gallus, 'An umbrella just for two? BIT obligations observance clauses and the parties to a contract' (2008) 24(1) Arbitration International, 157.

[71] 请参见关于OGEMID档案文件的在线讨论:S Schill, 'CMS Annulment and umbrella clause' (2007) 12 October。

[72] Ibid., 374 www.transnational - dispute - management.com.

资协议的工具"。[73]

显然,保护伞条款的具体措辞关系到案件结果。在6个月内先后发布的SGS案裁决证明了该条款的确切用语的重要性。[74] OECD关于《投资协议中的保护伞条款的解释》的报告断定,"对该条款的正确解释取决于具体条约的具体措辞、其通常的含义、上下文、条约的目的和宗旨,以及缔约历史或其他能够表明当事方意图的资料。"[75]正如本书以下所要探讨的那样,这将对那些未采用标准保护伞条款的中外BITs的解释具有影响。

保护伞条款并未排除合同之诉;合同之诉在条约之诉之外继续存在。因此,合同中对争端解决机构做出明确选择仍是适当的。实际上,许多仲裁庭在考虑保护伞条款的适用范围时都表达了下述顾虑:投资者可以对合同中的争端解决机构的选择反悔,并依据保护伞条款选择BIT争端解决机构。[76] 外国投资者必须清楚,不能绕开合同中的管辖权条款。正如在SGS v. Philippines案中那样,在其他争端解决机构判断当事方之间已经就争端解决机构进行何种选择时,投资仲裁庭可能终止对该义务的范围和内容的审理。

而且,一般主张,该条款不能调整纯商事合同,但调整国家作为统治者承担的义务。知名学者和投资仲裁庭的判例都支持这一观点。比如,Brower评论道,保护伞条款应仅专门适用于"大规模的投资合同和特许合同——在订立这些合同的时候,国家在有意地'行使自己的主权'——故可能(might)可以辩解的是,普通的商事合同是这个一般规则的默示例外。"[77]

---

〔73〕 Ibid.

〔74〕 其他一些裁决赞同这个观点。比如,Salini案裁决的第126段和Noble Ventures裁决的第56段,第58~59段均为如此。

〔75〕 OECD Working papers on International Investment, No 2006/3, Interpretation of the Umbrella Clause in Investment Agreements (October 2006) p. 22. Online at www. oecd. org/dataoecd/3/20/37579220. pdf.

〔76〕 See Rajski, Dissenting Opinion in Eureko v. Poland, Particl Award, para 11 and in Pan American Energy LLC. and BP Argentina Exploration Company v. Argentina, Preliminary Objections, para 106.

〔77〕 Charles N Brower, 'The Future of Foreign Investment—Recent Developments in the International Law of Expropriation and Compensation' in V S Cameron (eds.), Private Investors Abroad – Problems and Solutions in International Business in 1975 (Southwestern Legal Foundation Symposium Series, Private Investors Abroad, Matthew Bender, New York, 1976), pp. 93, 105 n. 27 as cited by Antony Sinclair, 'The Origins of the Umbrella Clause in the International Law of Investment Protection', Arbitration International 2004, Vol. 20, No 4, pp. 411 –434.

Schwebel 法官也注意到主权合同和正常的商事合同之间的区分,并认为这一区分已为广泛接受,他确认"就涉及违反合同行为而言,只有在该合同不是简单的违约时……国家才在国际层面上直接负责。"[78] Wälde 也持这样的观点,认为在正常的合同争端,即"如果争端的核心问题涉及的不是政府权力的运用……而是'正常的'商业争端,那么 BIT 和保护伞条款就'没有作用'"。[79] 两个 SGS 仲裁庭拒绝行使管辖权的主要理由在于,争端实际上是基于商事合同产生的,而这些商事合同已经给了当地法院排他性的管辖权。[80] 在 El Paso v. Argentina 案中,仲裁庭断定:

"考虑到有必要区分作为统治者时与作为商人时的国家,尤其是当其通过其分支机构等媒介行事时。本庭认为,《阿根廷—美国 BIT》的保护伞条款……可以根据第 7 条第 1 款进行解释,该条清清楚楚地在该条约项下的投资争端中包括了国家作为主权国家违反自己做出的承诺引发的所有争端,这种承诺可能通过协议、授权或该 BIT 做出……这样解释的话,***将保护伞条款和第 7 条一起解读,则该条款并未将条约保护延伸至违反国家或国有实体达成的普通商事合同,但将涵盖国家作为统治者在投资协议中通过合意给予的额外的投资保护,*** 比如包含在一项投资协议中的稳定性条款。"[着重部分系作者标示][81]

保护伞条款的作用不在于将合同项下的琐碎争议转化为违反国际法。

〔78〕 S M Schwebel, 'On Whether Breach by a State of a Contract With an Alien is a Breach of International Law', in Justice in International Law: Selected Writings of Judge Stephen M Schwebel (1994), pp. 425, 428.

〔79〕 Thomas Wälde, 'The Umbrella Clause in Investment Arbitration – A Comment on Original Intentions and Recent Cases', The Journal of World Investment and Trade, Vol. 6 No 2, April 2005, at 236.

〔80〕 前一案的仲裁庭断定,自己对合同争议没有管辖权,而后一案仲裁庭则断定,自己有管辖权,但不能受理该案,故决定暂停仲裁程序,令当事方首先去基础合同中所指定的当地法院寻求救济。See SGS v. Pakistan and SGS v. Philippines.

〔81〕 El Paso Energy International Company v. Argentina ICSID Case No. ARB/03/15, Award on Jurisdiction, 27 April 2006, para 81. 下述案件仲裁庭(其仲裁员中有两名亦为 El Paso 案仲裁员)赞同这一观点:Pan American Energy LLC. and BP Argentina Exploration Company v. Argentina ICSID Case No. ARB/03/13 and BP America Production Co. and Others v. Argentina ICSID Case No. ARB/04/8 Award on Jurisdiction 27 July 2006 at para 108. 其确认说,"有必要区分作为商人的国家和作为主权者的国家。"一些人对该案仲裁庭根据第 7 条(投资者——国家争端解决规定)解释和实质上界定该约实体性规定的调整范围的做法表示担忧。

很清楚,只有在“具体的权利受到侵害和受条约保护的合同权利受到侵犯”的情况下才有可能援用条约规定。[82] 在保护伞条款可能(might)被援用之前,必须符合一些要件:必须存在投资;政府必须对具体的投资做出承诺或承担法律义务;投资者的投资或继续投资是基于对这些承诺的信赖。此外,申请人必须有资格根据准据法主张该义务。如果缺少这个要件的话,则不能利用 BIT 来规避合同规定,包括准据法和任何争端解决机构选择条款。故标准的保护伞条款应仅适用于具体的承诺,而不适用于普遍适用的法律。[83] LG&E 案仲裁庭并未详细分析下述事实:东道国所承担的义务“必须是针对具体的投资承担的,而不是具有普遍性的法律义务的适用”。[84] 这是适用保护伞条款过程中的关键性问题,因为如果《燃气法》不针对“具体投资”的话,则保护伞条款不调整该法。这一区分将正确地把多数国内立法排除在保护伞条款的调整范围之外。[85]

三、中外 BITs 中的保护伞条款

在 120 多个中外 BITs 中,不到半数(50 个)包含保护伞条款。[86] 这个

---

〔82〕 CMS v. Argentina, Jurisdiction, para 299.

〔83〕 但是,正如本书后文所讨论的那样,如果可适用的保护伞条款明确规定,其同时调整“一般和具体的”义务/承诺,就像《中国—新西兰 BIT》第 3 条第 3 款的规定那样,则保护伞条款就可能调整以立法行为的形式体现的一般义务。至于东道国所承担的具体义务/约定的具体形式,Fatouros 则认为包括三种类型,即批准文件、特许协议、保证合同。其中,特许协议和保证合同都是合同约定,仅仅批准文件(或者许可证/授权)为非合同文件。关于更详细的信息, see AA Fatouros, government Guarantees to Foreign Investors (Columbia University Press 1962), at 120 – 28。

〔84〕 SGS v. Philippines para 121.

〔85〕 弄清某一个具体立法对特定投资或者投资者是否创设了具体约定,这着实是个错综复杂的问题。决定性的标准应该是目标“投资或投资者”是否特定,而不是立法所包含的约定是否特定。换言之,如果一个法案只适用于一个或者明确识别出来的特定外国投资者和/或外资项目,就像本书下文所探讨的长春汇津案中的当地法规那样,可以这么说,该法案针对的是那些已经识别出来的投资者和投资,可能创设了国家对后者的特定义务。相反,如果一项法案并未明确针对任何特定投资或投资者,那么,除非能够证明该法案实际上针对特定的具体投资项目或投资者,而这一点可以在该法案通过之时明确地识别出来,否则,就可以推断,其没有创设国家对那些投资或投资者的特定约定,LG & E 案仲裁庭主要分析了《燃气法》的内容,并得出结论说该法创设了特定约定,而没有充分研究该法事实上是否针对特定的投资项目这一问题,故看似不得要领。

〔86〕 其他一些 BITs 包含了“权利保持”条款,该条款与保护伞条款效果类似。请参见下文 6.50 部分。

比例与国际上 BITs 的普遍调查结果类似，据披露仅有大约 40% 的 BITs 包含保护伞条款。[87] 以下本书将检查中外 BITs 中的保护伞条款的主要不同，包括标准表述和非标准（更宽泛或更狭窄）表述，其与诸如“权利和保留”条款和最惠国待遇条款等其他 BIT 规定之间的相互作用。

（一）标准表述

中外 BITs 保护伞条款的标准表述[88]沿用的是欧洲式模板。[89] 比如，《中国—英国 BIT》第 2 条第 2 款就是典型的标准表述：

“缔约各方应遵守其对缔约另一方国民或公司的投资可能已同意的义务。”[90]

这与 SGS v. Philippines 案仲裁庭所审视的保护伞条款几乎相同。因此，仲裁庭非常可能会断定，根据该条款自己拥有管辖权，当然这还要同时取决于合同中在先存在的争端解决选择以及合同的准据法。

1. “应遵守”v. “应保证遵守”

在包括保护伞条款的中外 BITs 中，多数使用了“应遵守”“应尊重”等字眼，暗示设定了强制性的法律义务。但是，一些中外 BITs 使用了不太绝对的表述，比如，《中国—瑞士 BIT》的保护伞条款规定：

“缔约一方在任何时候应保证遵守对缔约另一方投资者的投资作出

---

〔87〕 J Gill et al.，‘Contractual Claims and Bilateral Investment Treaties：A Comparative Review of the SGS Cases’ 21 J. Int'l. ARB. 397，403 fn 31（2004）.（该文从 2003 年 ICSID 汇编的“INVESTMENT TREATIES”一书中选取了一些 BIT 样品，发现大约 40% 的样品中包含保护伞条款）。

〔88〕 1980 年和 1990 年的《中国 BIT 范本》均保留了同一个保护伞条款，其内容是：“缔约各方应遵守其与缔约另一方投资者就其投资达成的任何义务”。请参见 1980 年《中国 BIT 范本》第 2 条第 2 款【原文如此。——译者注】、1990 年《中国 BIT 范本》第 10 条第 2 款。有意思的是，其后的 1994 年《中国 BIT 范本》看起来根本就没包含保护伞条款，该范本的文本可见于下述网页：www. unctad. org/sections/dite/iia/docs/Compendium //en/64% 20volume% 203. pdf。

〔89〕 例如，1991 年《英国 BIT 范本》（第 2 条第 2 款）、2000 年《丹麦 BIT 范本》（第 2 条第 3 款）、2002 年《瑞典 BIT 范本》（第 2 条第 4 款），都效仿这一模板。UNCTAD IIA Issue Papers：‘State Contract’（2004）20.

〔90〕 《中国—英国 BIT》第 2 条第 2 款。该 BIT 全文可见于：www. unctad. org/sections/dite/iia/docs/bits/uk_china. pdf。

的承诺。(Chaque Partie Contractante assure à tout moment le respect des engagements.)"[91]

这一表述与《瑞士—巴基斯坦 BIT》第 11 条[92]的规定相同,后者被 SGS v. Philippines 案仲裁庭评价为与《瑞士—菲律宾 BIT》第 10 条第 2 款[93]的规定"不同且更加模糊",而《瑞士—菲律宾 BIT》第 10 条第 2 款的规定则与中外 BITs 中的标准表述类似。一些学者也认为,这种措辞"更加不清楚和绝对化"[94],或者"更模棱两可且可能留下不同解释的空间"。[95] 但是,尚未看到有关这两种表述确切不同的进一步探索。理解这种不同的一个方法也许(might)是,根据标准表述,相关国家不得不履行该义务;根据"保证遵守"的表述,相关国家虽然仍需履行该义务,但拥有选择具体的履行措施的自由裁量权。当相关义务是普遍性或抽象性的时候,这种区别可能会非常明显。

同样的分析也适用于《中国—伊朗 BIT》第 10 条:

"缔约任何一方应保证遵守其就缔约另一方的投资者的投资所作的承诺。"

这一保护伞条款的规定与《中国—瑞士 BIT》相似,但在"保证遵守"之前省略了"持续"(constantly)一词,故效力更弱。在这方面,回顾 Lowe 的问题,耐人寻味:"持续的保证相当于什么?"[96]一个回答可能(might)是在发生全国紧急情况或巨大的经济、政治和社会骚乱的情况时,可能(might)会放弃对这类约定的遵守。

---

[91] 英译文是:Either contracting party shall constantly guarantee the observance of the commitments it has entered into with respect to investments of investors of the other contracting party。

[92] 《瑞士—巴基斯坦 BIT》第 11 条。

[93] 《瑞士—菲律宾 BIT》规定:"缔约任何一方应遵守其就缔约另一方投资者在其领域内的投资所承担的义务。"请参见《瑞士—菲律宾 BIT》第 10 条第 2 款。

[94] Vaughan Lowe, 'Changing Dimensions in International Investment Law', Lectures at the Chinese Academy of International Law at Xiamen, China, University of Oxford Faculty of Law Legal Studies Working Paper Series No 4/2007 (March 2007), at 104.

[95] Katia Yannaca - Small, 'Interpretation of the Umbrella Clause in the Investment Treaties', (2006), OECD Working Papers on International Investment No 2006/3, 3.

[96] Lowe, 'Changing Dimension in International Investment law', at 106.

2. “任何义务/约定” v. “约定”

就适用范围而言,多数中外 BITs 使用了非常宽泛的词组,诸如“任何义务”“任何承诺”或“任何其他义务”。这类词组暗示国家承诺的范围非常广泛。在 Eureko v. Poland 案的部分裁决中,仲裁庭断定“‘任何’义务所指的范围非常宽泛,不限于特定类型的义务,而是‘任何’义务,即所有义务”[97]。同理,SGS v. Philippines 案仲裁庭认为,《瑞士—菲律宾 BIT》第 10 条第 2 款的“其就其领土内的具体投资所承担的任何义务”一语比《瑞士—巴基斯坦 BIT》中的保护伞条款的表述更加清楚和绝对。[98]《瑞士—巴基斯坦 BIT》第 11 条强制缔约国遵守“其就投资所达成的承诺”。回顾上述晚近案例可以发现,上述用语的细微差别会影响保护伞条款的适用,事实的确如此,尽管一些仲裁庭表示了疑虑,认为迄今分析保护伞条款“应采取不同的解释。”[99]鉴于中国在对外签订 BITs 时使用了上述义务更重的措辞,将来若有投资者依据这种标准表述的保护伞条款提起诉求,则很可能会产生类似 SGS v. Philippines 案的结果。如果将保护伞条款作为实体权利适用,该结果要取决于所涉及的投资合同的类型、国家参与的程度,以及沿用 CMS 撤销决定谁可以主张该义务。

3. “达成” v. “承担”

多数中外 BITs 提及由国家“达成”的义务,同时也有一些采用“承担”[100]义务这一措辞。《中国—澳大利亚 BIT》提及了“有管辖权的机构所作的承诺”(undertakings given by a competent authority)[101]。虽然有人辩称,

---

〔97〕 Eureko B. V. v. Poland, Partial Award 19 August 2005 at para 246.

〔98〕 SGS v. Philippines, para 119. See also, Lowe, ‘Changing Dimensions in International Investment Law’, above, at 106.

〔99〕 El Paso Energy International Company v. The Argentine Republic, ICSID Case No. ARB/03/15 Award on Jurisdiction 27 April 2006 para 70. See also Pan American Energy LLC and BP Argentina Exploration Company v. Argentine Republic, ICSID Case No. ARB/03/13, Award on Jurisdiction 27 July 2006 para 99. 关于对这种方法的批判性分析, see JP Gaffney and JL Loftis, ‘The ‘Effective Ordinary meaning’ of BITs and the Jurisdiction of Treaty – Based Tribunals to Hear Contract Claims’ (2007):8(1) Journal of World Investment and Trade 5。

〔100〕 比如,可参见《中国—黎巴嫩 BIT》第 10 条第 2 款、《中国—文莱 BIT》第 10 条第 2 款。

〔101〕 《中国—澳大利亚 BIT》第 11 条。

“达成的义务”可以被解释为把相关义务限定于针对缔约另一方所承担的那些义务，[102]但是，考虑到包括中外 BITs 在内的多数保护伞条款，都直接提及东道国“就缔约另一方的国民或公司的投资”所达成的义务，[103]故这一观点很难站得住脚。的确，SGS v. Pakistan 案仲裁庭断定，“达成的承诺”这一用语非常宽泛，既包括合同义务，又包括诸如国内法令或行政措施等单边义务。[104] 但是，正如 Noble Ventures，Inc v. Romania 案仲裁庭所评论的那样，“达成”一词的使用暗示着，其所涵盖的可能仅是“具体承诺”，而不是一般承诺。[105] 另外，诸如国家或有管辖权的机关“承担”或“做出”（given）之类术语意味着，其调整范围更为宽泛，包括比如立法法案之类的一般义务。

（二）非标准表述

较狭义的表述

多数中外 BITs 采用了标准表述，同时，也有相当一部分采用更为狭义的表述，在保护伞条款的适用范围上设定了实质性限制。主要存在五类限制性表述，其所设定的限制包括诸如：“遵守当地法律”，涉及“经批准的投资”“经批准的投资合同”和“批准文件”的“书面义务”“具体承诺”“合同义务”等。本书以下将详述这些较侠义的表述。

（三）“遵守当地法律”

一些中外 BITs 中所设定的第一类限制使得相关义务或承诺需要受制于东道国的法律。1984 年《中国—比利时和卢森堡 BIT》第 9 条在标准表述

---

〔102〕 W. Ben Hamida, La clause relative au respect des engagements dans les traités d'investissement, Institut des Hautes Études internationales, May 2005 at 21, as cited in Yannaca - Small, 2006, pp. 10 - 11.

〔103〕 如果保护伞条款提到“就投资所达成的义务”，而非“就缔约另一方投资者的投资所达成的义务”，则这个解释或许就相关了。欧洲式 BIT 倾向于使用后一种表述，同时，更早期的美式 BIT 则采用前一种表述，《美国—阿根廷 BIT》第 2 条第 2 款第 3 项即为此例。该项的内容是：“缔约任何一方应遵守其就投资所达成的任何义务”。

〔104〕 SGS v. Pakistan, Jurisdiction, paras 163 - 6.

〔105〕 Noble Ventures, Inc. v. Romania, ICSID Case No. ARB/01/11, Award 12 October 2005, para 51.

的保护伞条款之后紧接着增加一个规定：

“上述专项合同和承诺应符合接受投资缔约一方的法律和本协定的规定。”

《中国—泰国 BIT》[106]以及《中国—澳大利亚 BIT》[107]中均包含类似的“国内法”限制。虽然在一些案件中，仲裁庭以投资未遵守东道国法律为由拒绝行使管辖权，但保护伞条款中的这种限制尚未得到过仲裁庭的审查。不少案件中，仲裁庭考虑了投资必须遵守当地法律的要求。[108] 在最早的一个案件——Fraport v. Philippines 案中，仲裁庭拒绝行使管辖权的原因在于，投资者进行的投资违反了当地法律，未沿用善意原则。被申请人成功地辩称，投资者未遵守当地法律即意味着依据菲律宾法律，投资未被“接受”。《德国—菲律宾 BIT》第 1 条第 1 款的投资定义采用的措辞非常具有限制性。仲裁庭确认道，“许多论据可能都支持以一种优待对投资者的、较自由的方式来解释对事管辖权”。[109] 但是，Fraport 被断定故意违反当地法律，故不能从这种假定中受益。BIT 迫使政府“以透明的方式处理其与外国投资者的关系”，但外国投资也承担某种互惠的义务，即便不是同等的义务。其中一个义务就是依据东道国的法律进行投资。[110] 该仲裁庭断定，该 BIT 在这一点上的用语是“决定性的”“明确的”。倘若该仲裁庭对中外 BITs 中的保护伞条款的用语进行推理，则看起来此类用语也给投资者设定了类似的遵守东道国法律的义务。在中国进行的投资，如果未能确保遵守当地法律并被中国所接受，投资者可能面对的仲裁结果也是与 Fraport 案相同的。

---

〔106〕《中国—泰国 BIT》第 42 条。

〔107〕《中国—澳大利亚 BIT》第 11 条。

〔108〕 See eg Salini Costruttori SpA and Italstrade SpA v. Morocco, ICSID Case No. ARB/00/4, Decision on Jurisdiction of July 23, 2001; Saipem S. p. A. v. People's Republic of Bangladesh, ICSID Case No. ARB/05/7, Decision on Jurisdiction of March 21, 2007; and Tokios Tokelés v. Ukraine, ICSID Case No. ARB/02/18, Decision on Jurisdiction of April 29, 2004.

〔109〕 Fraport AG Frankfurt Airport Services Worldwide v. Philippines, ICSID Case No. ARB/03/25, Award 16 August 2007, para 396. See also Inceysa Vallisoletana S. L. v. El Salvador, ICSID Case No. ARB/03/26, Award 2 August 2006. 在该案中，仲裁庭也拒绝行使管辖权，因为申请人以欺诈方法进行投资，且没有遵守法律。

〔110〕 Ibid., para 402.

旧的《中国—德国 BIT》的措辞较特殊，虽然它并未一般性地规定保护伞条款受制于国内法，但是，它保证“缔约各方修改其一般【中文文本中没有一般这个词语，但非官方的英译本有“general law”。——译者注】法律的权利不受妨碍”。[111]《中国—泰国 BIT》不但使此类义务受制于东道国法律，而且还要求，如果缔约一方的法律有改变，缔约另一方国民和公司“应遵守新法律”，但前一缔约方应对投资者的“适当利益给予合理安排”。[112] 所以，这些中外 BITs 的规定非常清楚，其不妨碍东道国制定新的有关外资的法律和法规。但是，根据《中国—泰国 BIT》，必须采取合理的调整措施。不管下述说法多么具有吸引力，但都不现实：倘若没有这种明确的表述，则东道国就不能制定新的法律，尤其是那些普遍适用的法律而非那些专门针对特定的投资者或投资的法律。[113] 对任何政府来说，制定法律都是一项基本职能，照此，倘若一个 BIT 条款就能够完全剥夺主权政府的这个权利，那将是不可想象的。但可以想象的是，一些普遍适用的法律可能（might）对特定的外国投资者产生影响，照此可能（might）引发保护伞条款项下的保护。例如，LG&E 案仲裁庭断定，对于 LG&E 的投资而言，《燃气法》和其规章不是具有普遍性的法律，而是“与 LG&E 在阿根廷的投资特别相关的法律，故违反该法和其规章将违反保护伞条款。”[114]

（四）“书面义务”

对保护伞条款“义务”进行的第二个实体性限制要求，受保护的承诺必

[111] 《中国—德国 BIT》（1983 年）第 8 条第 2 款。因为两国 2003 年签订的新 BIT 尚未获得批准、尚未生效，故 1983 年 BIT 目前仍是生效的 BIT。2003 年新 BIT 取消了“法律变化”的限制【依照商务部条法司的网站公布的信息，该约已于 2005 年 11 月 11 日生效。——译者注】。请参见 2003 年《中国—德国 BIT》第 10 条第 2 款。

[112] 《中国—泰国 BIT》第 4 条第 2 款。

[113] 部分出于避免出现这种后果起见，SGS v. Pakistan 案否认了《瑞士—巴基斯坦 BIT》中的保护伞条款具有“升降机效应”。SGS v. Philippines 案仲裁庭不同意 SGS v. Pakistan 案仲裁庭关于该条款具体适应范围的意见。但它亦怀有同样的忧虑，断定保护伞条款仅适用于东道国“对特定投资”所承担的法律义务——“不是作为某种一般性法律义务来适用”。SGS v. Pakistan, para 166; SGS v. Philippines, para 121.

[114] LG&E v. Argentina, para 174.

须采取“书面”形式。这方面的唯一例子是《中国—澳大利亚BIT》，其规定：

“缔约一方***在其法律管辖下***，应遵守其有管辖权的机构向缔约另一方国民就***依照法律和本协议条款***进行的投资所作的***书面承诺***。”［着重部分系作者标示］[115]

这样限制的意图明显是为了排除通过非书面形式设定的任何义务，比如口头承诺。据观察，澳大利亚缔结的其他一些BITs[116]以及墨西哥缔结的许多BITs[117]都包括这个要求。虽然关于这种限制尚无案例，但是，该限制的缔约意旨显然在于将保护伞条款的适用范围限制在书面的合同义务之内而非涵盖以非正式的书信形式做出的承诺。

（五）“具体约定”

一些中外BITs仅要求缔约国遵守“具体承诺”。如上所述，倘正确地解释这种保护伞条款，则其适用范围很可能局限于具体的义务或承诺范围之内，而非扩展至一般性的义务或承诺。[118] 然而，在BIT中进行这种比较限制性的表述的好处是，澄清该条款的适用范围，防止仲裁庭采用较宽泛的解释方法。SGS v. Philippines案中涉及的《菲律宾—瑞士BIT》就包括了这种限制。虽然该裁决并未考虑“具体承诺”这一术语的具体缔约意图，但显然它必须与受BIT保护的具体投资有关。

---

[115] 正如这个规定所看到以及上文所述的那样，这个BIT也附加了双重的“国内法”限制。《中国—澳大利亚BIT》第11条。

[116] 澳大利亚与智利、巴布亚新几内亚、波兰也订立了此类BITs。See Yannaca - Small, 2006, p. 11.

[117] 包括墨西哥与奥地利、比利时和卢森堡、德国、希腊、法国等国订立的BITs。Ibid.

[118] 例如，1967年经济合作与发展组织《关于保护外国人财产的公约（草案）》（第2条）在保护伞条款措辞拟定上采用了非常宽泛的一般性表述，内容是：“缔约任何一方应始终确保遵守其就任何缔约其他方的国民财产所做出的约定”。但是，该文本随附的评论却坚称，这个条款所涵盖的约定“必须与相关财产有关；如果两者之间仅存在偶然联系，则属于缺乏足够的相关性”。‘Draft Convention on the protection of foreign property and Resolution of the Council of the OECD on the Draft Convention’, OECD Publication No 23081, November 1967, Notes and Comments to Art 2, para 3 (a). Dolzer and Stevens也认为，这些条款“试图确保缔约任何一方尊重其对缔约其他方国民所作的***特定***承诺”。［着重部分系作者标示］See R Dolzer and M Stevens ‘Bilateral Investment Treaties’, Kluwer Law, 1995, pp. 81 - 2.

（六）“经批准的合同义务”

《中国—奥地利 BIT》[119]和《中国—约旦 BIT》[120]都对“义务”一词进行了特殊限制，将其限定为经东道国“批准”的关于投资的“任何合同义务”。这一限制排除了任何非合同义务以及任何未经东道国适当“批准”的关于投资的合同义务。与 Enron v. Argentina 案仲裁庭所审查的《阿根廷—美国 BIT》的“任何义务”提法相比，这一限制性提法很显然会被仲裁庭以更保守的方法解释。在 Enron v. Argentina 案中，仲裁庭确认，考虑到“任何义务”这一提法的通常含义“涉及的是所有义务而不管其性质如何，多个仲裁庭在解释这一表述时断定，它既涵盖诸如付款之类的合同义务，又涵盖东道国通过法律或法规所承担的义务”。[121] 仲裁庭在解释更为限制性的提法“经批准的合同义务”以及采用通常含义解释时，将不可避免地限制这种保护伞条款的适用范围。东道国采取的任何单边行为也可能（might）产生对外国投资者的义务，例如，通过立法给予特定激励、给予投资保证或以政府名义出具保证函等，但这些义务不属于该条款的调整范围。仅有合同义务，比如经东道国批准的特许协议才受这个保护伞条款的保护。通常情况下，在中国的外国投资者必须确保得到有关机关的批准，否则，按照包含这种限制的 BIT 规定，外国投资者将不能援用保护伞条款获得保护。

（七）“投资批准文件”

对国家承担的“义务”的第五个也即最后一个限制存在于《中国—科威特 BIT》[122]以及《中国—阿拉伯联合酋长国 BIT》[123]中。与《中国—奥地利 BIT》和《中国—约旦 BIT》相似，这两个 BITs 将保护伞与投资项目的批准联

---

〔119〕《中国—奥地利 BIT》第 8 条第 2 款。

〔120〕《中国—约旦 BIT》第 9 条第 2 款。

〔121〕Enron Corporation and Ponderosa Assets, LP v. Argentina, ICSID Case No. ARB/01/3, Award 22 May 2007 para 274.

〔122〕《中国—科威特 BIT》第 2 条第 2 款。

〔123〕《中国—阿拉伯联合酋长国 BIT》第 2 条第 3 款。

系在一起。但是,它们并未将保护伞条款所调整的义务仅限制在"经批准的投资合同"范围内,而是将其延伸至可能包括在"投资批准文件"中的任何义务。这类"经批准的投资合同"和"批准文件"到底所指为何,现在仍不清楚,有待实践检验。但是,必要的时候《美国 BIT 范本》中对"投资授权"和"投资合同"的定义可能(might)会提供有用的启示。[124] 本书将在第 6.63 节及后文将对投资批准的法律效果进行进一步探讨。

(八)"不管是一般的还是具体的"

较宽泛的表述

一些中外 BITs 的保护伞条款采用宽泛的表述。比如,《中国—新西兰 BIT》就尝试这种做法,它采用"任何义务,不管是一般的还是具体的"提法。看起来这种条款将涵盖具有普遍适用性的立法。但是,鉴于这一提法尚有待实践中的案件检验,故尚不清楚"不管是一般的还是具体的"('whether general or specific')这一提法是否以及在何种程度上影响到保护伞条款的适用范围。虽然两个 SGS 案仲裁庭都详细考察了保护伞条款的措辞,但两案中的 BIT 保护伞条款都未包括这一用语。但很清楚的是,在两个 SGS 案件之后,仲裁庭一直准备对"任何义务"的提法做宽泛解释,更何况上述中外 BITs 中额外提及"不管是一般的还是具体的",其效果不会太

[124] 2004 年《美国 BIT 范本》是这样界定这两个术语的:"'投资协议'指的是缔约一方的国家机关与缔约另一方受保护的投资或投资者之间的书面协议,该受保护的投资或投资者依赖该书面协议而设立或者取得出了书面协议本身之外的其他受保护的投资,该书面协议授予该受保护的投资或投资者在下列事项上的权利:

(a)有关国家机关控制的自然资源,比如自然资源的勘探、开采、精炼、运输、配送或销售等;

(b)代表该缔约方向公众提供服务,比如发电或配电、水处理或供水、电信等;或者

(c)承担基础建设项目,比如建造并非专供或者主要供政府使用的公路、桥梁、水渠、堤坝或者管道等。"

"投资授权"指的是缔约一方的外资主管机关给予缔约另一方受保护的投资或投资者的授权。

请参见 2004 年《美国 BIT 范本》第 1 条。

引人注目。[125]

（九）“私人之间的承诺”

另一类扩张性的保护伞条款不仅涵盖投资者与国家之间的合同，而且还涵盖外国投资者与国内私人当事方之间的合同。[126] 例如，《中国—新加坡BIT》规定：

“除本协定的规定外，缔约任何一方应依***其法律遵守其或其国民或公司同缔约另一方国民或公司就投资方面的承诺***。”［着重部分系作者标示］[127]

乍一看来，这一规定若非荒谬也是非常怪异：要东道国遵守其与缔约另一方私人之间达成的任何承诺倒是容易理解，但要求东道国同样“遵守”两个私人当事方之间达成的“任何承诺”，且这一承诺与东道国无任何特定关联，这似乎有些过分。也许（might）该条款的缔约意旨在于，要求东道国尊重合同自由，不干涉缔约双方的私人当事方之间的合同关系。这点似乎已为10年后订立的《新加坡—捷克BIT》中的类似条款所确认，但该条款的规定更为清楚，该条款规定：

“（2）除本协定的规定外，缔约任何一方应遵守其就缔约另一方投资者的投资所达成的任何承诺。除本协定的规定外，缔约任何一方不得干涉***本国国民或公司与缔约另一方的国民或公司就后者的投资所达成的任何承诺***。”［着重部分系作者标示］

该BIT因此将东道国根据典型的保护伞条款所承担的义务与其私人当事方之间的合同关系区分开来，并要求其不干涉后者产生的义务。在某种

[125] 参见，例如Eureko v. Poland案、LG&E v. Argentina案、Enron v. Argentina案、Siemens v. Argentina案，以及本章第二部分的上述探讨。El Paso Energy International Company v. Argentina案、Pan American Energy LLC and BP Argentina Exploration Company v. Argentina案的裁决都对这种广义解释的做法表示忧虑。

[126] 《中国—新加坡BIT》第15条、《中国—斯里兰卡BIT》第15条、《中国—南斯拉夫BIT》第10条。

[127] 《中国—新加坡BIT》第15条。

程度上，这可被认为是与 Wälde 的观点[128] 以及 CMS v. Argentina 案裁决[129] 的观点遥相呼应，后两者要求东道国不仅遵守其对投资所承担的特定义务，而且还要尊重合同自由，不得实质性干涉外国投资者在投资合同中的权利。这种规定的确切法律效果如何，尤其是，违反与私人当事方相关的第二个义务是否构成违反条约，还有待继续观察。

（十）与 BIT 其他有关条款的相互作用

1.“权利的保留”条款

除了那 50 个包含有保护伞条款的中外 BITs 之外，还有 6 个中外 BITs 包括了“权利的保留”条款。这些条款的效果与保护伞条款类似。[130] 在这 6 个 BITs 中，《中国—法国 BIT》独树一帜，因为它仅调整东道国做出的特殊承诺。更确切地说，它规定，根据缔约一方对缔约另一方投资者所做的特殊承诺而进行的投资，如特殊承诺包含比当前协定更为优惠的规定，则按特殊承诺的条件办理。[131] 另外 5 个 BITs 则同时涉及“特殊承诺”和国内法律。比如，《中国—卡塔尔 BIT》第 10 条就是其中一个典型案例，该条规定：

“如果缔约一方根据其法律和法规或基于某项承诺或特别协议给予缔约另一方投资者的投资或与投资有关的活动的待遇较本协定的规定更为优惠，应从优适用。”

保护伞条款解决的是保证特别的投资项目的问题，它从东道国视角出发，令其遵守自己就投资所承担或达成的义务或承诺。“权利的保留”条款虽然解决的是同样的问题，但与保护伞条款不同，它们是从外国投资者的视角出发，确保外国投资者根据这些特别承诺或约定获得更为优惠的待遇。换句话说，两个条款的作用殊途同归，很难判断那条路径更有效。但是，通

---

〔128〕 Thomas Wälde, ‘The Umbrella Clause in Investment Arbitration – A Comment on Original Intentions and Recent Cases’, (2005) Vol. 6 (2) The Journal of World Investment and Trade, 236.

〔129〕 CMS v. Argentina, ICSID Case No. ARB/01/8, Award 12 May 2005, para 299.

〔130〕 这类 BITs 包括中国与法国（第 9 条）、捷克（2005 年，第 10 条第 2 款）、韩国（第 12 条第 2 款）、柬埔寨（第 10 条）、卡塔尔（第 10 条）、津巴布韦（第 10 条）之间的 BITs。

〔131〕 《中国—法国 BIT》第 9 条。

过直接比较特别“约定或特别承诺”项下的待遇与国际条约项下的待遇，让前一个待遇处于占优势的地位，在违反这种待遇标准时，权利的保留这条路径看似提供更强的国际保护。可是，援用“权利的保留”条款的前提条件是，确定下述事实：这种特别的约定或承诺项下的待遇事实上比 BIT 或相关国内法提供的待遇要“更为优惠”，而这并非易事。

另有 5 个中外 BITs 在一般的保护伞条款之外还规定了“权利的保留”条款，〔132〕这种并行规定的效果应是进一步增强东道国对外国投资者做出的特别承诺在国际法上的有效性。

2. 最惠国待遇条款

如上所述，不到一半的中外 BITs 包含保护伞条款。这就提出了下述问题：最惠国待遇条款能否将“保护伞条款”扩大化。这两个条款的互相作用问题非常有趣，但迄今这两者的关系尚未经案例实践检验。在 Impregilo v. Pakistan 案中，投资者辩称，根据最惠国待遇利用另一个 BIT 中的保护伞条款，巴基斯坦有义务“将这同一个对合同约定的条约保护延伸给予意大利投资者”。〔133〕 但是，仲裁庭拒绝适用保护伞条款，因为合同是在投资者与巴基斯坦水力电力局签订的，后者拥有独立的法律人格。该庭指出，即便“假定巴基斯坦通过该最惠国待遇条款……保证遵守其与意大利投资者之间达成的合同约定，这种保证也不包括本案中的合同，因为本案中的合同是巴基斯坦从未签订过的。恰恰相反，这些合同是由其他另外的实体签订的。”〔134〕虽然仲裁庭做出了对投资者的主张不利的裁决，但它并为排除将最惠国待遇条款适用于保护伞条款的可能性。

在国际投资条约框架下，这两个条款与众不同之处在于，它们均充当杠杆的角色。最惠国待遇条款像一个扩量器（multiplier），可以将同一个国家

---

〔132〕 此即中国与科威特（第 2 条第 2 款、第 11 条）、阿拉伯联合酋长国（第 2 条第 3 款、第 13 条）、埃及（第 2 条第 2 款、第 13 条）、突尼斯（第 10 条第 1—3 款）、阿根廷（第 3 条第 1 款、第 9 条）之间的 BITs。

〔133〕 Impregilo S. p. A. v. Pakistan, ICSID Case No. ARB/03/3, Decision on Jurisdiction, 22 April 2005, para 221.

〔134〕 Ibid., para 223.

在一个 BIT 中赋予的权利延伸至该国所缔结的另一个 BIT 中。[135] 而保护伞条款则有点像个"电梯",这是 SGS 在针对巴基斯坦的案件中辩称的,[136] 因为它将正常来说国内法项下、受国内管辖的义务升格到国际法层面、受国际管辖。可以理解,这两种机制,也即扩量器和电梯都会受到一定的限制,[137] 但两者的确切边界并不清楚。

当前有关最惠国待遇条款的关键性争论之一在于,其是否调整程序规定中的利益,就此不同的仲裁庭得出了不同的甚至相互矛盾的解释。没有异议的是,BIT 中的实体规定有权从最惠国待遇条款中受益。因此,有必要查明保护伞条款可否(might)被识别为实体性规定。SGS v. Pakistan 案仲裁庭得出了相反的结论,其理由部分基于该案中保护伞条款在 BIT 文本中的位置:该条款是在一大堆实体性规定之后,接近约文的末尾的地方。[138] 与之相反,SGS v. Philippines 案仲裁庭对这个问题做出了肯定的回答。它断定,虽然该条款在整个 BIT 约文中的位置具有相关性,但却不具有决定性。它进而指出:

"尤其是,难以接受这样的观点:在菲律宾对外签订的其他 BITs 中,同样的用语可产生法律效力,却仅仅因为其所处约文的位置的不同,该条款在

---

〔135〕 See for example Maffezini v. Spain, ICSID Case No. ARB/97/7. 该案仲裁庭赞同这一观点:投资者可以利用另一个 BIT 中的更好的争端解决规定。

〔136〕 135 SGS v. Pakistan, para 163.

〔137〕 例如,人们达成共识的是,最惠国待遇条款应适用于与一项 BIT 具有相同性质的法律文件(同类原则)所产生的利益,而非任何种类的条约所产生的利益。通常来说,该条款还受 BIT 中明文规定的例外的限制,比如关税同盟、自由贸易区、避免双重征税条约等。同样,有人提出,保护伞条款只应涵盖针对"特定投资"所承担的义务/约定,而不涵盖普遍适用的义务或约定。Shan, legal framework(指出了有关最惠国待遇条款的适用限制), 151; SGS v. Philippines, para 121(指出:"要想适用第 10 条第 2 款,则东道国必须已经承担了法律义务,这种法律义务必须是针对特定投资——不是作为某种一般性法律义务来适用。这与将 '缔约一方的' 所有 '国内立法、行政或其他单边措辞' 提升至国际层面的理念相去甚远。")

〔138〕 该案仲裁庭推理说:"考虑到该约其他部分的结构和次序,我们认为,倘若瑞士和巴基斯坦当初有意让第 11 条体现一个 '第一顺位' 的实体性义务,从逻辑上说,他们应该将第 11 条放在第 3 ~ 7 条所述的 '第一顺位' 实体性义务中间。他们用一个代位求偿条款和两个争端解决规定(第 9 条和第 10 条)将第 11 条与那些实体性义务分割开来,这种做法启示我们,缔约方的意思不是用第 11 条规定一个类似第 3 ~ 7 条那样的实体性义务。更何况,如果我们真的像 SGS 请求我们那样去解读该条款,则该解读将会使第 11 条取代第 3 ~ 7 条所规定的实体性义务,并使后者的规定在很大程度上成为多余。" See SGS v. Pakistan, para 170.

《瑞士—菲律宾 BIT》中就在法律上不起作用。”

在包括保护伞条款的 50 个中外 BITs 中，有 34 个 BITs 将该条款放置在接近约文的末尾的部分，只有少数（16 个）BITs 将该条款放在较前的位置。[139] 本书作者同意 SGS v. Philippines 案仲裁庭的观点，也即一个保护伞条款是否是实体性的，因此能否在法律上起作用，这个问题不应仅仅由该条款在 BIT 文本中的位置决定。如果那样的话，就可以很简单地说，前 34 个 BITs 中的保护伞条款能够起作用，最惠国待遇条款适用，另外 16 个则不能。对于这个解释问题，更好的方法是留待仲裁庭在考虑具体案情，尤其是争议中的具体义务或承诺的情况下逐案决定。在理论上，保护伞条款能够同时涵盖实体性以及程序性的义务和承诺。该条款是否是实体性的，应根据具体所涉及的义务或承诺来判断。如果该义务是实体性质，如税收激励，那么就最惠国待遇就可以适用；如果该义务与程序义务或管辖义务相关，比如对国际仲裁的更广泛的选择范围，则最惠国待遇可能适用，也可能不适用。

（十一）小结

不到半数的中外 BITs 中含有保护伞条款，其措辞则不一而足。多数中外 BITs 沿用了标准表述，要求缔约方遵守其对外国投资者所承担的所有义务/承诺，而另一些中外 BITs 则采用了更狭窄或更宽泛的表述。

中外 BITs 中的标准的保护伞条款的适用非常可能导致仲裁庭确认，后一种类型的合同义务可以被升格到国际层面，变成违反条约行为。这种违反条约行为受国际法规则调整，故如果该行为相当于国际不法行为，且可以归因于国家，则可根据保护伞条款追究国家的责任。如果情况不是这样的话，就不能对东道国进行追诉。更难预测的是，仲裁庭是否会采用 SGS v.

[139] 此即中国与下述国家之间的 BITs：丹麦（第 3 条第 1 款）、荷兰（2001 年，第 3 条第 4 款）、英国（第 2 条第 2 款）、瑞士（第 5 条）、匈牙利（第 3 条第 1 款）、西班牙（1992 年，第 3 条第 1 款）、希腊（第 2 条第 6 款）、冰岛（第 2 条第 2 款）、马其顿（第 2 条第 3 款）、波斯尼亚和黑塞哥维那（第 3 条第 2 款）、泰国（第 4 条第 2 款）、科威特（第 2 条第 2 款）、阿拉伯联合酋长国（第 2 条第 3 款）、新西兰（第 3 条第 3 款）、埃及（第 2 条第 2 款）、阿根廷（第 3 条第 1 款）。

Philippines 案仲裁庭的类似做法,也即在合同义务的范围和程度待决期间暂停审理,还是像 Eureko v. Poland 案仲裁庭以及 SGS v. Philippines 案异议仲裁员所赞同的那样采取更加主动的做法。对合同的范围和履行进行区分对中国尤其重要,因为中国的特许合同中的争端解决机构选择条款通常都规定了国内法院管辖,对此,本书下文将做探讨。

非标准表述的保护伞条款可能导致不同的结果,这取决于具体的措辞。比如,适用一些限制程度最高的保护伞条款,如"遵守当地法律"等很可能导致与 Salini 案类似的结论,使得东道国在这方面无需承担硬性的义务。与之相反,更宽泛的表述则很可能要求东道国承担更广泛的义务。因此,当一个保护伞条款要求东道国遵守"任何义务,不管是一般的,还是具体的"时,东道国将不得不既兑现自己与外国投资者达成的合同承诺,又兑现以普遍适用的法律和法规形式承担的一般承诺。如果东道国不但被要求遵守自己直接承担的承诺,而且还被要求遵守当地的私人当事方与外国的私人当事方之间的承诺,则东道国很可能被禁止干涉这类私人与私人之间的合同关系。

保护伞条款与其他 BIT 相关规定,尤其是"权利的保留"条款和最惠国待遇条款的相互作用是非常有趣并具有智力挑战性的问题。虽然迄今国际投资仲裁实践中尚未出现将最惠国待遇适用于保护伞条款的案例,但 BITs 也并未排除这种可能。在 Impregilo v. Pakistan 案中,仲裁庭并未排除投资者通过最惠国待遇条款获得保护伞条款项下的利益的这种可能。[140] 可以说,"权利的保留"条款具有比保护伞条款更强的法律效力,虽然援用它可能(might)并非易事。中外 BITs 中某个 BIT 的保护伞条款是否可以被中外与其他国家之间的 BITs 中的最惠国待遇条款的适用所扩大化,对这一问

---

〔140〕 该案仲裁庭得出的结论是,由于该案中的合同是由 Impregilo 和 WAPDA(巴基斯坦水电开发局)签订的,巴基斯坦国不是一方当事人,故投资者不能依靠该 BIT 第 3 条中的最惠国待遇引入巴基斯坦与他国之间的 BIT 中的保护伞条款。

事实上,该案仲裁庭断定,即便"为辩论而假定巴基斯坦通过最惠国待遇条款和《瑞士—巴基斯坦BIT》已经保证遵守其对意大利投资者所达成的合同承诺,这种保证也不会涵盖本案所涉合同——因为这些协议不是巴基斯坦所签订的。恰恰相反,这些合同是另一个截然不同的实体签订的。" Impregilo v. Pakistan, ICSID Case No. ARB/03/3, para 223.

题的回答将与下述事项有关：保护伞条款是否可以被认定为“实体性”规定。在这方面，有人提出，保护伞条款在整个 BIT 约文中的位置不是决定性的因素。

四、中国的投资合同：国家合同还是商事合同？

如上所述，保护伞条款主要针对的是投资合同，故检视中国的主要投资合同是有意义的，尤其是，这些投资合同是否可以被看作是国家合同，从而受到保护伞条款的保护。中国的投资合同取决于所涉及的政府机构的级别，可以被归为三类：合营企业合同、合作开发（石油资源）合同、BOT 合同。本书以下将探讨这些投资合同的性质。

（一）合营企业合同

在中国合营企业投资[141]需要两个合营伙伴之间签订合同。[142] 合营企业合同的内容，连同其合同当事双方都是正常的独立商事主体而非政府或政府机构，这表明合营企业合同一般来说都是商事合同，[143]而不是国家合同。在这方面，有必要回顾两个法国法院对 Egypt v. SPP 案所做的决定，这两个法国法院分别是巴黎上诉法院和撤销法院，其撤销了 ICC 仲裁庭所作出的一份裁决，理由是该案所涉合同的当事方是申请人（SPP et al.）和埃及的公共公司（Egyptian public company，EGOTH），该合同规定将争端提交

---

〔141〕 关于对各种形式的来华外资，包括本部分所提及的中外合资经营企业、中外合作经营企业和 BOT 的介绍，请参见本书第一章。

〔142〕 合营安排可以在当事方之间的合同之外，另有一个协议。例如，《中外合作经营企业法》、《中外合资经营企业法》及其实施条例都要求合营各方同时提交协议和合同以供审批。请参见《中外合资经营企业法》第 3 条及其实施条例第 7 条、《中外合作经营企业法》第 5 条及其实施条例第 7 条。

〔143〕 尽管中国具有对经济进行限制的传统，但长达 20 多年的经济改革已经使中国公司发生了极大的变化，转变为能以自己的名义承担义务的独立的法律实体。许多中国公司已经不再是行政部门的附属物，也不行使任何政府职权。因此，他们与外国投资者之间签订的合同通常应视为纯商事合同而非国家合同。请参见姚梅镇：《外商投资企业法教程》，法律出版社 1990 年版，第 3 ~ 72 页。但是，也有特定的国有企业可能正在行使政府职权的某些因素，对此本书将在后面予以讨论。

ICC 仲裁庭,但埃及政府不是该合同当事方。[144] 在得出这个结论的过程中,上诉法院推理道:首先,“埃及政府并未出现在有资格从事该交易的当事人之中,而且,其后也未受该交易约束。”[145]

但是,可能产生三个主要的附带影响:第一,一些当地的合营企业伙伴可能是国有企业。多数的国有企业都是独立的商业实体,不行使任何政府职权,但也有一些国企可能已经国内法“授权”以“行使政府权力要素”。[146] 在后一种情况下,根据国际法协会(ILA)国家责任条款,如果它们“在特定情况下以国家的资格行事”,这种国企合营伙伴的行为“应被看作是国际法上的国家行为”。[147] 因此,如果满足上述条件的话,外国投资者与这种国企

---

[144] 这个国际商会仲裁院仲裁庭得出了有利于外国投资者 SPP 和 SPP ME 的决定,断定应视埃及为合同一方当事人。仲裁庭推理道:“在我们看来,并且当事人也如是理解,要求部长签名就意味着:通过部长签字的方式,政府不仅确认其根据埃及法批准了 EGOTH 所承担的所有合同义务,***而且也向投资者保证其将继续同意和支持这个项目***。部长同时就‘批准’和‘同意’(这就明明白白地意味着政府承担自己的义务)两件事宜进行签署,这就使得***政府也成为《12月份协议》的合同一方当事人***。”[着重部分系作者标示]。关于该裁决的更详细信息,see International Chamber of Commerce Court of Arbitration: Award in the Arbitration between S. P. P. (Middle East) Limited, Southern Pacific Properties Limited and the Arab Republic Of Egypt, The Egyptian General Company for Tourism and Hotels (March 11, 1983), 22 International Legal Materials (ILM) 752, pp. 766 – 7, para 46。

[145] France: Court of Appeals of Paris Decision in Arab Republic of Egypt v. Southern Pacific Properties, Ltd. et al. (Appellate Review of Arbitral Awards between States and Private Parties), 23 International Legal Materials (ILM) 1004, 1056; France: Court of Cassation Decision in Southern Pacific Properties Ltd. et al v. Arab Republic Of Egypt (Appellate Review of Arbitral Awards Between States and Private Parties, January 6, 1987), 26 International Legal Materials (ILM) 1004, 1007. 请参见英国高等法院在下述案件中的决定:Kazakhstan v. Istil Group Inc: [2006] EWHC 448。在该案中,英国高等法院撤销了伦敦国际仲裁院所作的一份裁决。该院确认,“因 Karmet 是【国家】‘机关’便漠视其独立法律人格的做法是”毫无“根据”的。para 66. 政府有权任命 Karmet 的董事,以及要求 Karmet 在订立合同前须经政府批准的事实并不能证明刺破公司的面纱的正当性。但是,美国第五巡回上诉法院在 Bridas SAPIC v. Turkmenistan (21 April 2006)案中做了完全相反的判决。在该案中,仲裁庭本来裁决土库曼斯坦应赔偿投资者 4.95 亿美元损失,但该裁定却为美国地方法院撤销,美国第五巡回上诉法院推翻了下级法院的撤销决定。其确认,土库曼斯坦实际上实施着对 Turkmenneft 的控制,在法律上和经济上均操纵着 Turkmenneft 废止与 Bridas 的合同。

[146] 国际法委员会《国家责任条款草案》第 5 条。关于第 5 条的评论确认,该条调整“各种各样的团体,这些团体虽然不是国家机关,但是国家法律却可能授权其行使政府职权的要素。”第 5 条提到了被“在有限程度内或者特定背景下授权行使政府职权的特定要素”的实体。J Crawford, The International Law Commission's Articles on State Responsibility: Introduction, Text and Commentaries (CUP, 2002) p. 100 paras (1) and (3).

[147] Ibid.

合营伙伴之间的合营合同将被看作是“国家合同”。[148] 这些国家合同涵盖的领域十分宽泛，包括诸如“贷款协议，物品或服务的购买合同，雇佣合同，以及高速公路、港口、水坝建设之类的大型基础建设合同”。[149] 属于这一范畴的典型的国家合同是中外合作开采合同，对此本书下文将做论述。

第二，正如第一章所指出的那样，中国法律要求所有的合营合同及其修改必须在生效前经有权政府机构批准。[150] 这种批准行为是否导致中国政府成为合同的一方当事人，以至于该合同变成国家合同呢？

对这个问题的回答虽然难以有所保留，但应该是否定的。这是因为，首先，批准行为是正常的行使政府职权的行为，其并不旨在改变合营合同的具体条款，而是监督这些合同，确保其符合公共利益。只要相关政府机关并未超越纯粹的批准行为，就很难断定其是这种纯商事合同的当事人。无疑，这将取决于具体的案件事实，政府在批准程序进行中采取了哪些行为。比如，在上述 SPP v. Egypt 案中，巴黎上诉法院就考虑了埃及旅游部“审查、同意和批准”合同的问题，认为该部在此方面的签署并不构成国家签订合同的庄严承诺，而是监管部门的批准行为的具体表现。[151] 倘若政府部门的签署超越简单的批准行为，而表明国家当事方受合同约束的意图，则可以得出不同的结论。这将影响投资者依据可适用的 BIT 中的保护伞条款的机会。

仔细审查相关中国法律中的批准标准后，可以确认的是，其所要求的批

---

〔148〕 在这方面，重温联合国贸易与发展会议最近对国家合同所做的界定非常有用。该定义不仅包括国家缔结的合同，而且还包括“国家的一个实体”所缔结的合同，“可以将这个实体界定为立法在国内所创设的任何组织，该组织且获得了控制经济活动的授权。” See UNCTAD Series on issues in international investment agreements：State Contracts（UNCTAD/ITE/IIT/2004/ 11）3.

〔149〕 Ibid.

〔150〕 《中外合资经营企业法》第 3 条、《中外合作经营企业法》第 5 条。关于审批程序的更多具体问题，see Shan，ibid. ，pp. 123 – 36。

〔151〕 France：Court of Appeals of Paris Decision in Arab Republic of Egypt v. Southern Pacific Properties，Ltd. et. al.（Appellate Review of Arbitral Awards between States and Private Parties），23 International Legal Materials（ILM）1004，1057. 英国上诉法院在下述案件中得出了完全不同的结论：Svenska Petroleum Exploration AB v. government of the Republic of Lithuania and another（No 2）[2006] EWCA Civ 1529。该案中，立陶宛政府虽然不是合营合同的一方当事人，但却在合同末尾用红字确认：“兹批准上述协议，并就像本政府是合同签字人那样承认本政府自身受法律上和合同上的约束。”国际商事仲裁院仲裁庭断定，立陶宛实质上受该合营合同约束。英国上诉法院维持了这个裁决，因为事实很清楚，立陶宛政府的本意便不仅仅是单纯的批准这个合营合同。

准并非旨在干涉当事方的合同自由,而是行使政府的监管权力。这些法律并未明确规定合营项目得以批准的条件,而是规定了合营合同不能够获得批准的条件。《中外合资经营企业法实施条例》规定,申请设立合营企业有下列情况之一的不予批准:(一)有损中国主权的;(二)违反中国法律的;(三)不符合中国国民经济发展要求的;(四)造成环境污染的;(五)签订的协议、合同、章程显属不公平,损害合营一方权益的。[152]《中外合作经营企业法实施细则》也有一个类似的规定,但其删除了第五个条件,与此相应的是增加了一点"损害国家主权或者社会公共利益的"。[153] 除了第五个条件外,其余所有条件都明显与公共利益而非缔约双方的私人利益相关。即便是第五个条件,也可以被看作是与公共利益相关的条件,因为其目的在于确保缔约双方之间的利益平衡,故其目的在于实现合营合同关系中的"公平"这一公共政策目标,而不在于使政府能够任意干涉具体的合同安排。的确,中国的《合同法》中也包含类似的公共政策条款,其规定合同"显失公正"的可以变更或撤销。[154] 倘若主张因为该条款的缘故,中国政府应就所有违反此类合同的行为负责,那无疑是荒唐的。

第三,批准证书的内容表明,中国政府的批准行为并未使之与相关外国投资者之间发生合同关系。埃及旅游部在 SPP v. Egypt 案中的合同批准是直接附在合同末尾的,[155] 与之不同,在中国,标准的批准证书采用的是单独文件的形式,包括企业名称(中英文)、地址、企业类型、投资者名称及成立

[152] 《中外合资经营企业法实施条例》第 4 条。

[153] 《中外合作经营企业法实施条例》第 9 条。

[154] 《中华人民共和国合同法》第 54 条第 2 款。

[155] 国际商事仲裁院仲裁庭将这个因素解释为,政府愿意受合同约束,成为合同一方当事人。但是,随后,巴黎上诉法院推翻了这一裁决,认为:"即便监管机构将自己的认可意见直接附在提交其监管的文件之上的做法并不常见,但本案合同谈判的异常性质仍足以解释清楚这种情况"。并且,"恰恰相反,应该强调的是,当事人非常小心地将他们的签名隔离开来。该部长附上的签名也是隔离开的,而且很明显是置于合同末尾"。See International Chamber of Commerce Court of Arbitration: Award in the Arbitration between S. P. P. (Middle East) Limited, Southern Pacific Properties Limited and the Arab Republic Of Egypt, The Egyptian General Company for Tourism and Hotels (March 11, 1983), 22 International Legal Materials (ILM) 752, p. 766, para 44; and France: Court of Appeals of Paris Decision in Arab Republic of Egypt v. Southern Pacific Properties, Ltd. et al. (Appellate Review of Arbitral Awards between States and Private Parties), 23 International Legal Materials (ILM) 1004, 1058.

地、投资总额、注册资本、当事方的出资额和经营范围。[156] 它并未包括政府的任何保证或承诺。[157] 故无论是从合营合同自身来看，还是从政府发放批准证书来看，我们都不能认定在外国投资者与中国政府之间存在合同关系。的确，难以主张，单纯的批准行为将导致中国政府成为无数的合营合同当事方，[158] 并对违反此类合同的行为负责。因此，投资者也难以说服仲裁庭，应该根据 BIT 中的保护伞条款将自己的合营合同升格。

对《中国—科威特 BIT》[159] 和《中国—阿拉伯联合酋长国 BIT》[160] 中的保护伞条款做出解释时也应适用同样的方法。这两个 BITs 要求东道国遵守"其在批准缔约另一国投资者投资的文件中或已批准的缔约另一国投资者的投资合同中可能承担的义务。"这种条款不应被解释为使得东道国成为正常的合营合同的当事方、对任何违反此类合同的行为负责。更合适的理解是，这类规定只调整此类获批准的投资合同，即在此类合同中东道国以某种方式承诺自己将承担某些义务，而不管其是否采用合营合同的形式。更确切地说，其可能指的是上述"被授权行使政府权力要素"的当地公司（多数情况下是国有企业）所达成的投资合同。例如，在江苏省政府与一家美国公司曾因后者与三个当地电力公司之间的购电合同发生争议，在该案中，

---

〔156〕 对外经济贸易合作部（现在的商务部）《关于使用新版"中华人民共和国外商投资企业批准证书"有关问题的通知》，1993 年 10 月 5 日通过，该通知附了一份标准的批准证书。

〔157〕 在这方面非常有意思的是，审理 SPP v. Egypt 案的国际商事仲裁院仲裁庭试图缕述，通过旅游部部长签署批准意见一举，埃及已经承担了哪些具体义务："通过该部长的签字，埃及政府承担了下述义务：

1. 在重新界定 SPP 和 EGOTH 之间的《协议》的背景下，再次确认给予《9 月份协议》中所许诺的政府支持。

2. 使埃及政府有义务支持这两个《协议》所规定的项目。

3. 使埃及政府有义务不采取阻止该项目贯彻实施的任何措施。"

该案仲裁庭澄清这些义务的努力值得表扬，但同时，它用这么多的义务来约束东道国政府，特别是那些第 2 号、第 3 号项目中的义务，可能还是太过头了。See International Chamber of Commerce Court of Arbitration：Award in the Arbitration between S. P. P.（Middle East）Limited，Southern Pacific Properties Limited and the Arab Republic of Egypt，The Egyptian General Company for Tourism and Hotels（March 11，1983），22 International Legal Materials（ILM）752，para 46，p. 766.

〔158〕 正如表 1 中所示，截止到 2005 年年底，来华外资企业项目已达 317，438 个，因此，外国合营方和中国合营方至少已经签订了同样数目的合营合同。

〔159〕 《中国—科威特 BIT》第 2 条第 2 款。

〔160〕 《中国—阿拉伯联合酋长国 BIT》第 2 条第 3 款。

MIGA 的总法律顾问 LS Weissenfeld 认为，这些当地公司的行为可以归因于中国政府。照此，单方面改变电费相当于政府违约。[161]

同理，虽然标准的批准证书不能使国家对违反合营合同的任何行为负责，但如果国家在批准证书中包括了对外国投资者或者被批准的外国投资企业做出的实质性的承诺或保证，那么，国家也可能（might）被认定负有责任。正如 Fatouros 所评论的那样，在发放批准证书之前，可能已“进行了官方或半官方的协商，故该批准证书不管形式如何，都在事实上构成了国家和投资者之间的一种协议，其中规定了前者对后者的保证以及前者的相应义务”。[162] 为了说明这一点，他提到了希腊政府在 1956 年 5 月发布的一项批准文件，[163] 该文件采用皇家法令的形式，根据该法令，除非投资者根据文件批准时的当地法律作出同意，否则该批准文件不能撤销或修改。[164] 该法令一开始便是对投资批准的陈述，但包括了许多保证。[165] 比如，允许该进行投资的公司不受限制地向国外转移其带进来的资本及其利润。在最开始的 10 年间，该公司有权在下述方面享受免税费待遇：进口关税，就其所进口设备所征收的进口关税及其他费用，所有的城市以及其他地方税收和费用。而且，在所有的雇员中，它还可以雇佣四分之一的外籍员工。[166] 如果有关某个合营项目的批准证书中包含同样的保证或承诺，那么，中国政府将不得不予以兑现。否则，其就会被断定违反了《中国—科威特 BIT》或《中国—阿拉伯

---

[161] 陈安：《国际经济法专论》，高等教育出版社 2002 年版，第 642 ~ 643 页。

[162] AA Fatouros, government Guarantees to Foreign Investors (Columbia University Press, 1962), pp. 123 – 4. 必须注意的是，在审批外资项目上，不同的国家采用的方法也各不一样。虽然诸如中国之类的一些国家刻意地保持一定的距离，避免直接介入合营合同关系，但还有一些国家倾向于实质性介入其中。例如，在某些南部非洲国家，审批重要的外国投资项目的程序与审批国际条约的程序完全一样。在诸如加纳之类的另一些非洲国家，审批程序不仅涉及消极评估项目的可行性，而且涉及积极提出建议和修改意见，就像 Fatouros 所描述的那样，这就相当于“国家与投资者之间的一种协议”。的确，《加纳资本投资法案》要求，加纳外国投资委员会的批准须转化为外国投资者与财政部之间的正式协议。加纳：1963 年《资本投资法》，第 Z(3) 部分，转引自姚梅镇：《比较外资法》，武汉大学出版社 1993 年版，第 557 页。

[163] 1956 年 5 月 30 日/6 月 28 日《皇家法令》，涉及美国公司 Kennecott Copper Corporation 在希腊开采石棉的投资批准事宜。转引自 Fatouros, ibid., 124 fn 219。

[164] Ibid., 124.

[165] Ibid., 124 – 6.

[166] Ibid.

联合酋长国BIT》项下的保护伞条款中的义务而承担责任。但是,在多数情况下,这种结果将不会出现,因为如上所述,标准的批准证书并不包含任何此类的承诺。

本书在概述那一章已经阐述了中国领域内的外资的主要特征,也即合营合同的准据法必须是中国法,这一特征本身将自动排除适用任何国际法律原则。实际上,如果可以断定争议中特定的合营合同实质上是一个国家合同,那么,就将适用相关的BIT。当然,正如CMS撤销程序的专门委员会所确认的那样,BIT并不改变基础合同的条款和规定。投资者可否依据保护伞条款将违反合营合同的行为升格为违反BIT的行为,这将取决于该条款的具体措辞以及该案件的具体情况。此外,仲裁庭将不得不考虑合营合同中规定的合同争端解决选项。根据中国法律,除非当事方另行同意提交仲裁,否则一般来说,中国法院将对这类争端有排他性的管辖权。正如在SGS v. Philippines案中那样,仲裁庭的确可以断定自己根据保护伞条款拥有管辖权,但应尊重国内法院对义务范围的裁断。无论如何,纯粹的合营合同都不大可能产生这种结果,因为政府的职权只限于批准该合同。合同将是两个公司实体之间缔结的,政府没有参与。作为结果,中外BITs中的保护伞条款就不能适用于这些合同。

(二)合作开发合同

正如简介部分所解释的那样,合作开发合同系以勘探和开发中国陆上、海上自然资源为目的而与中国海洋石油总公司签署的。比如,在合作开发石油资源的时候,这类合同是通过中国当事方,也即中国海洋石油总公司和外方之间的石油合同安排的。[167] 就合作开采合同的性质而言,尤其是该合同是否应被看作特许协议或国家合同而言,尚存在争议。此类争议与中国海洋石油总公司在此类合同中所起的作用紧密相关。

---

〔167〕《矿产资源法实施条例》将探矿权界定为在勘查许可证(合同)规定的范围内勘查矿产资源的权利,而后者指的是在取得的采矿许可证(合同)规定的范围内开采矿产资源和获得所开采的矿产品的权利。这样的定义有助于界定这两个术语。请参见《矿产资源法实施条例》第6条。

该公司成立于1982年2月，也即是《对外合作开采海洋石油资源条例》通过之后不久，中国海洋石油总公司（以下简称中海油）是一个中国国有企业，全面负责对外合作开采事宜。[168] 它有独立的法律人格，但获得国家授予的勘探、开采、生产和出售合作区域中提取的石油的专营权。[169] 在开采合同中，中海油有权拥有51%的合营企业或合营项目的股份，但可以选择享有更小比例的开采权益。[170] 根据合作开采合同，中海油"对外国公司几乎没有承担任何实质性的义务"[171]，但在下述事项上帮助订约人：在中国银行开立账户，加速外汇手续，获得办公空间和供给、膳宿、通信，与海关打交道，获得供分析或处理使用的出口数据和样本的许可，安排从相关中国政府部门处购买数据事宜。[172] 上述背景信息有助于我们更好地理解中海油的作用和合作开采合同的性质。

中国学者辩称，合作开采合同不是国家合同或特许协议或"国际化"合同，而是受制于中国国内法的合同。[173] 持这一观点的主要有三点论据：[174] 第一，中海油是独立的法人，不是政府部门，其行事过程中并未行使政府权力，故其所订立的合同不应被看作是国家合同。第二，这类合同是在中国领土内缔结的，并得到了中国有关部门的批准。这种批准并未导致中国成为合同一方当事人。第三，正如相关法律和法规所要求的那样，这种合同受中国法律中的相关法律和法规调整。将这类合同与国家合同区分开来明显是为了避免中国在这类合同争端中承担国家责任。一位中国学者已经很清楚地确认：

"外国公司与中海油之间签订的合同是商事合同，不是政府协议。如果

---

〔168〕《对外合作开采海洋石油资源条例》第6条。

〔169〕同上。

〔170〕例如，中国海洋石油总公司拥有蓬莱19-3号油田51%的利益，而飞利浦中国有限公司则是作业者。请参见《中国最大的海上油田投产》，载《中国海洋报》2003年1月7日；Zhiguo Gao, above, 167。

〔171〕Zhiguo Gao, Ibid., 169.

〔172〕Ibid.

〔173〕余劲松：《国际投资法》，法律出版社2003年版，第98～89页；姚梅镇：《国际投资法》，武汉大学出版社1987年版，第212～213页。

〔174〕余劲松，同上。

就这类合同的履行发生争议，*上述观点有助于使中国政府避免承担国家责任*。"[着重部分系作者标示][175]

但是，辩称中国政府在发生违反此类合同的时候免于承担国际责任可能(might)太乐观了。可能会有人辩称，合同的中方合作者，中海油是经合法授权"行使政府权力要素"，而这一点包含在《国家对国际不法行为的责任条款》第5条之内。该条的内容是：

"第5条　行使政府权力要素的个人或实体的行为

虽非第4条所指的国家机关但经该国法律授权而行使政府权力要素的个人或实体，其行为应视为国际法所指的国家行为，但以该个人或实体在特定情况下以此种资格行事者为限。"

如上所述，根据《对外合作开采海洋石油资源条例》，中海油经国家授权，可独家享有与外国投资者缔结协议，以及勘探、开采、生产、分销海上石油的专营权。正常情况下，这种有关石油资源的专营权是由政府部门行使的，因而很可能被认为一种"政府权力的要素"。Wintershall AG et al. v. government of Qatar案就是一个相关的例子。在这个案件中，仲裁庭认为，卡塔尔的全资国有企业——卡塔尔石油总公司是作为卡塔尔政府的代理人行事的，故其所有行为都可归因于政府。仲裁庭觉察到了该公司依据卡塔尔法律具有独立的法律人格，但仍然断定，"作为卡塔尔法律上的问题，就其所持有的给予特许而言，很清楚，卡塔尔是由总公司是该国政府的代理人。"[176]的确，晚近的一份UNCTAD关于国际投资协议的报告看起来似乎暗示了一种宽泛的"国家合同"定义：

"'国家合同'可以被界定为国家或*国家的一个实体，与外国国民或具有外国国籍的法人之间达成的协议。为本定义的目的，国家实体可能被界定为一国通过立法在其领土内创造的任何组织，该组织被授权对经济活动进行控制*。国家合同可包括涉及很多事项的合同，包括贷款协议；供应

[175] K Zou, above, 348.

[176] Wintershall A G et al. v. government of Qatar (1989), Partial Award on Liability of 5 February 1988, 28 ILM 795 (1989).

品和服务的购买合同;雇佣合同;大型基础设施项目,诸如建设高速公路、港口、水坝的合同。最常见的一种国家合同是自然资源开采合同,有时被叫做'特许协议',虽然这样的表述并不严格(Brownlie,2003,p. 522)。"[着重部分系作者标示][177]

该定义看来非常广泛,以至于使中海油签订的合作开采合同也被纳入其中。但是,将这类合同归类为国家合同并不必然导致中国在违反此类合同义务时承担国家责任。作为一般接受的规则,国家是某一合同的当事方本身并不必然使该合同受制于国际法。该合同是否受国际法约束要取决于所有的具体情况,包括合同的条款内容,以及是否存在适当的可适用的国际条约。很清楚,在确定此类合同是否受国际法约束时,保护伞条款能起到非常重要的作用。如上所述,可适用的中外 BITs 中的有效的保护伞条款能够将此类合同从国内法领域提升到国际法层面。

正如我们已经看到的那样,有关合作开采合同的准据法和争端解决的规则与合营企业的情况一样。准据法是中国法。当事方可以协议决定是否将该合同项下的任何争端提交仲裁,当然,他们也可以在中国法院诉讼。开采合同的识别是确定国际条约义务在何种情况下适用的决定性因素。因此,明智的建议是,投资者应一开始就在该类合同中包括仲裁选择权,假如将来发生争端的话,这就有了某种救济途径。此外,其在中国的投资结构应妥善安排,以便利用 BITs 的保护。一旦起纠纷,投资者将不得不考虑合作开采合同是否以及在何种程度上被视为合作开采合同是国家合同,以及如果真是的话,保护伞条款的规定能否将其升格为违反条约行为。

(三)BOT 合同

BOT 合同是很少的一类外国投资合同,在这类合同中,中国政府机关直

〔177〕 UNCTAD Series on issues in international investment agreements: State Contracts (UNCTAD/ITE/IIT/2004/ 11) 3.

接作为缔约一方当事人参与进来。[178] 考虑到中国对国家合同和特许协议的谨慎态度,中国政府接纳 BOT 投资的举动非同寻常。[179] 本部分探讨 BOT 合同特有的法律争议,诸如政府保证和这类合同的法律性质。

就政府保证而言,有关 BOT 的两项通知有点不一致。商务部的 BOT 通知规定,政府机关正常情况下不应该对项目提供任何形式的保证或许诺(如外汇兑换担保和贷款担保等)。[180] 与此相反,一项有关 BOT 的联合通知规定,国家应保证项目公司偿还贷款本金、利息或红利汇出所需的外汇的兑换和汇出境外。[181] 它还规定,如果项目公司由于中国政策变化而遭受重大经济损失,则允许项目公司可以提高收费标准或延长特许期限。[182] 但是,该联合声明不允许保证回报率[183],并规定国内金融机构不得为项目融资提供担保。[184]

很关键的问题在于,这种政府保证是否构成 BITs 中保护伞条款所调整的义务/承诺。有两种因素使对此的回答复杂化:(1)参与到 BOT 合同中的政府机关通常是地方政府部门;(2)合同另一方当事人是项目公司,其通常

---

[178] 另一种形式的特许协议可以说是外国投资者和地方土地管理机关之间的成片土地开发协议。其准据法是《外商投资开发经营成片土地暂行管理办法》(1990 年 5 月 19 日中华人民共和国国务院令第 56 号通过)。另请参见余劲松:《国际投资法》,法律出版社 2003 年版,第 105 页(其论证说,这种合同可以视为一种形式的特许合同,但却是国内法合同,不是国际协议或者受国际法调整的"国际化"合同)。

[179] 中国政府尽可能不直接介入与外国投资者之间的合同关系,以避开围绕国家合同或特许协议的错综复杂的法律问题。本书上文考察的中国处理合作开采合同的方法已经展示了这一点。在这种合同中,尽管政府对此类活动拥有最终控制权,但仍没有作为一方当事人直接介入。这可能多少解释了下述现象的产生原因:中国吸收了巨量外国直接投资,但却没有发生过一起针对中国政府提出的国际仲裁【在 2011 年的 Ekran Berhad v. China 案中,中国首次成为 ICSID 仲裁的被申请国。该案经双方和解而于 2013 年 5 月 16 日向 ICSID 提出中止仲裁。——译者注】。同样,对于与国家合同和特许协议相关的法律问题,比如法律性质、准据法和管辖权等,中国学者也与西方学者观点迥异。本书以下部分将对这些观点予以探讨。

[180] 《商务部 BOT 通知》,第 3 点。

[181] 《BOT 联合通知》。

[182] 《BOT 联合通知》,第 2 点。

[183] 实践中,情况并不一直都是这样。成都市政府根据与一法国公司和一日本公司签订的合作协议,向一个 BOT 自来水厂许诺了 12% 的利润率。请参见《第一个 BOT 自来水项目开始供水》,posted at http://www.cctv.com.

[184] 《BOT 联合通知》,第 2 点。

注册为中国法人，形式则为合营企业或外商独资企业。[185] 尽管存在这两种复杂因素，但对这个问题的回答很可能仍是肯定的。第一，已经普遍确定的规则是，国家机关的行为，无论中央还是地方政府的行为都应归因于国家。这已经被《国际法委员会国家责任条款》[186]和投资仲裁案例所确认。[187] 第二，中外BITs项下的保护伞条款倾向于调整“关于缔约另一方投资者的投资所达成的任何义务/承诺”，换言之，从该条款中受益并不以直接对外国投资者作出承诺为前提，只要该承诺是对相关项目工程做出的，外国投资者就有权得到保护伞条款项下的保护。在当前的情况下，对BOT合同项下的项目公司所做的任何保证都将成为东道国达成的与相关外国投资有关的义务或承诺。只要投资者母国与中国之间存在一个有效的BIT，该BIT中包括此类保护伞条款，则投资者就有权享受保护伞条款项下的保护。[188]

在中国，人们曾对BOT合同的性质展开了激烈的讨论。[189] 这一讨论的

---

〔185〕 中国学者的主张是，中国的BOT合同既然都是在中国实体与地方政府部门之间签订的，那它就纯粹是国内特许合同，受国内法调整，不是国际特许协议或国家合同。余劲松：《国际投资法》（2003年），第110页。ICSID仲裁庭已经确认，外国投资者直接或间接控制的在当地成立的公司仍符合《ICSID公约》第25条所规定的管辖权要件。例如，可参见Amco v. Indonesia（ICSID Case No. ARB/81/1）and Klockner v. Cameroon（ICSID Case No. ARB/81/2）。该案仲裁庭确认了一个将当地公司当成外国公司对待的默示协议。关于最近的案例，请参见Azurix v. Argentina案，该案裁决指出，“假如外国投资者对该企业由直接或者间接的所有权或控制权，则当地公司在合同中的权利构成受该BIT保护的投资。”para 63. 关于就外国控制的更详细讨论，see C. Schreuer, The ICSID Convention: A Commentary（CUP, 2001）pp. 308－34。

〔186〕 请参见国际法委员会《关于国家责任的条款草案》第4条：

“第4条国家机关的行为

1. 任何国家机关的行为在国际法下都应当被看作是该国的行为，不管该机关行使的是立法、行政、司法还是其他职能，不管它在国内政治结构中的地位如何，也不管它是作为中央政府的一个机关还是作为该国地方政府的一个机关。

2. 一个机关包括根据该国国内法具有此种地位的任何个人或实体。”

中国BOT合同中的这种地方政府机关应属于“一国领域单位内的机关”。

〔187〕 此方面的例子如下：Metalclad Corporation v. Mexico（2002），ICSID Case No. ARB（AF）/97/1（NAFTA），Award of 30 August 2000, 40 ILM 36（仲裁庭断定，墨西哥应就圣路易斯波托西州和瓜达尔卡萨尔市的行为负国际责任，墨西哥为国家，而后者则为墨西哥的行政单位）；Compañiá de Aguas del Aconquija S. A. and Vivendi Universal v. Argentine Republic, ICSID Case No. ARB/97/3, Award, 21 November 2000（仲裁庭断定，图库曼省官员的行为可归因于联邦政府）。

〔188〕 如上所述，倘若一个可适用的外国BIT中存在最惠国待遇条款，则通过应用该条款的方式导入这种保护伞条款的可能性也仍是存在的。当然，这种理论能否站得住脚还有待观察。

〔189〕 孟国碧：《BOT特许协议的法律性质新论》，载《武汉大学学报》（哲学社会科学版）2006年第5期。

实质性核心是,查明这种合同应受何种法律调整,是国内法,还是国际法,还是两者兼而有之。到目前为止,中国法律对该问题未置一词,任其自由解释和讨论。目前看来在中国有三种学术观点:[190] 第一种观点认为,BOT 合同是国内法合同;第二种观点认为,BOT 合同事实上是受国际法调整的国家合同;第三种观点认为,BOT 合同是一种新型的合同,具有独特的特征,受其自己的规则体系调整,一些属于国际法,一些属于国内法(自成一类的协议,sui generis agreements)。[191]

有人主张,BOT 合同以及其他特许协议都应该被看作是国家合同的形式,但这些国家合同可能受国际法调整,也可能不受。在不存在任何国际条约义务的情况下,这类合同正常情况下受东道国国内法调整。但是,倘若存在条约义务,如 BIT 的义务,这类国内法义务就可能变成国际法义务。在这方面,两个规定尤其重要。其一便是上述保护伞条款,其将诸如特许协议之类的义务“升格”为国际法义务。其二便是定义条款,其倾向于在 BIT 调整的投资定义中将“特许协议”列为一种形式的“投资”。在这方面,有人注意到,几乎所有的中外 BITs 都采用了这一定义。[192]

在中国,BOT 的确切名称仍存在争议(见第一章),但它的确看起来已经满足《国际法委员会国家责任条款》和投资仲裁裁决中设定的许多要件。这类合同很可能将受国际法原则调整,照此投资者可以援用可适用的 BIT 中的保护伞条款。

(四)小结

在研究外国来华投资者可能签订的各种类型的投资合同之后,如果真的有的话,我们可以探讨仲裁庭运用保护伞条款将违反合同升格为违反 BIT 的可能性。根据我们之前研究的那些有趣但未决的案例,目前尚不清楚保

---

〔190〕　孟国碧:《BOT 特许协议法律性质廓清及立法内容架构》,载《国际经济法学刊》2006 年第 3 期。

〔191〕　同上。

〔192〕　除《中国—波兰 BIT》外,上述 120 多个中外 BITs 都明确提到,“特许协议”是其所涵盖的“投资”的形式之一。关于中外 BIT 中“投资”定义的更详细信息,请参见本书第二章。

护伞条款是否调整中国境内的所有投资合同。很可能的是,如上所述,只有那些与国家签署的合同或者体现主权行使的合同(国家合同)将受到该条款的保护。因此,保护伞条款很可能适用于BOT和合作开采合同。与之相反,正常的合营协议是商事性质的合同,就可能不受保护伞条款的调整。

但是,如果政府机关严重干涉外国投资者的权利,BITs仍可能会发挥作用。因此,CMS v. Argentina案仲裁庭断定,虽然保护伞条款的适用应该限于国家作为统治者行事情况下的投资者与国家之间的合同,但倘若“政府或公共机构严重干涉投资者的权利”,商事合同也可能得到保护伞条款的保护。[193] 该仲裁庭在保护伞条款方面的裁断被专门委员会撤销,故这个标准的地位现在尚存疑问。在CMS撤销决定做出之后,国家对投资者所承担的义务是针对具体的缔约实体的。倘若将这种义务的针对者延伸至股东,则需要良好的、清晰的理由。不过,在多数情况下,BITs通过保护伞条款以外的其他条款提供这种保护,比如公平公正待遇、持续的保护和安全。保护伞条款可能只能被援用做一种法律根据。比如,在《中国—新加坡BIT》项下,保护伞条款明确要求缔约任何一方遵守其自身乃至其“国民或公司”与缔约另一方的国民或公司所达成的义务。[194]

五、对争端解决规划的影响

在合同谈判过程中,无论是商事合同还是特许合同,人们常常会忽略争端解决条款,或后来才考虑它。[195] 人们将会对合营协议、产品分成协议或特许协议的确切用语进行长达数月的审查,却未对未来争端的争端解决机构选择予以太多注意。合同各方对商业条款进行非常详尽的协商,以便确保合同任何一方都能获得各方认为公平的受益份额,而各方鲜有把争端解决

---

[193] CMS v. Argentina, ICSID Case No. ARB/01/8, Award 12 May 2005, para 299.

[194] 关于此类规定(私人之间的约定)的更详细信息,请参见上文第6.47部分。

[195] Lew Mistelis and Kroll, Comparative International Commercial Arbitration (2003) para 8.1 – 8.7. 其论述了拟定清晰而有效的仲裁协议的重要性。See also C Partasides, ‘International Commercial Arbitration’, in Bernstein’s Handbook on Arbitration and Dispute Resolution Practice, (Sweet & Maxwell, 2003) part 9.

作为优先考虑的对象。当然,合同当事方很难从一开始就想到项目将来会发生争端,但在投入大笔资金之前的协商阶段就对这个问题予以适当的考虑才是最明智之举。

一旦纠纷实际发生,当事方很难对替代性争端解决选择达成一致意见。虽然不可能获得满足所有当事方要求的争端解决规定,但至少在协商阶段每一个合同当事方都能清楚各方在何种选择上达成一致、其影响如何。在国际仲裁中当事人自治是极为重要的。这个灵活性允许当事人设计一个能满足其需要和具体情况的适当的仲裁程序。如果当事人并不想诉诸中国的国内法院,那它就应该在合同中包括一个仲裁条款。为了避免该仲裁条款存在缺陷或"病态"[196],其措辞应当非常清晰,以便毫无疑义地表达出来当事人的意图。

在中国合营企业的纯商事安排中,正如上述的那样,当事人在争端解决机构的选择略显拘谨。中国法律规定,合营合同必须受中国法调整,受当地法院管辖(见第一章)。这些类型的安排是纯商事性质的,即便仍然要求每个合营项目都须经中国的有权机关批准,但这一事实自身并不能将这些合同转变为国际合同。照此,投资者必须准备好依靠合营合同中的争端解决规定。不想在中国诉讼的投资者应该坚持在合营合同中包括一个商事仲裁条款作为一种可行的替代性纠纷解决方式。除非发放批准证书的政府部门不适当地干涉或该证书本身施加了额外的义务,否则,投资者不大可能成功地辩称,存在可归因于中国的违反 BIT 的行为。几乎没有理由通过与中国签订有新一代 BIT,如中国或芬兰的渠道安排投资。下述主张难以站得住脚:违反合营合同等同于违反条约项下的保护伞条款。但是,谨慎的投资者可能想这样做。

特许合同和 BOT 合同并不属于纯商事合同范畴。正如上所示,其出发点便是,国家和投资者之间的合同不受国际法调整,照此,违反合同并不能自动有权获得国际投资仲裁庭的审理。但是,国家参与这一额外的因素很

[196] Davis, "Pathological Clauses: Frédéric Eisemann's Still Vital Criteria" (1991) 7 Arbitration International 365.

可能使中海油违反开采合同义务的行为,或相关政府机关违反 BOT 合同的行为也相当于违反国际法。晚近有关保护伞条款的适用和范围的案例已经证实了这一点。根据保护伞条款,违反这种合同条款可能会升格为违反 BIT 义务。

在实践中,对于保护伞条款的适用仍存在不确定性。目前尚无确定的先例(jurisprudence constante),"查明和澄清保护伞条款创造的法律规则尚存在一些困难"。[197] 就投资者而言,做出可以无视合同中的争端解决规定而利用可适用的 BIT 中的规定的假设,是不适当的。[198] 这样做的话,倘若仲裁庭支持合同中的争端机构选择规定,在该机构作出决定期间暂停程序,这会是一个令人失望的结局。SGS v. Philippines 案仲裁庭确认,它对合同履行方面的诉求有管辖权,但拒绝考虑合同义务的范围,在该案中也就是争议中的款额的确定问题,仲裁庭将该问题留待菲律宾当地法院解决。投资者应该试图在合同中达成一个自己愿意求助的争端解决选择。而且,对于特许合同或 BOT 来说,投资者如果可能,应该妥善安排自己的投资,使之至少可以得到一个 BIT 的调整。对于何种 BIT 保护对投资者最优已经有了较多讨论,一般的结论是《中国—荷兰 BIT》,该 BIT 规定了所有的实体性保护,还有保护伞条款,以及投资者对投资—国家争端的选择权。

对在中国的投资者来说,能够援用 BIT 规定的主要好处在于,避免在国内法院解决合同项下的争端。长期以来,人们一直认为,独立的、中立的争端解决机构对所有当事方来说都是更好的选择,事实上也是《ICSID 公约》准备以及通过背后的主要原因。[199] 开采合同或 BOT 合同项下可能产生的

---

〔197〕 A Sinclair, 'The Umbrella Clause Debate', Paper from 9th Investment Treaty Forum Public Conference 14 September 2007 in forthcoming BIICL Investment Treaty Law, Current Issues Vol III.

〔198〕 正如 Crawford 教授所确认的那样:"可能有——就措辞适当的保护伞条款而言——遵守投资合同的国际义务,但这并不会将合同转化为条约,也不能改变合同的准据法。" J Crawford, 'Treaty and Contract in Investment Arbitration' (2008) 24(3) Arbitration International, 351, 374.

〔199〕 请参见 A Broches 的观察所得:A Broches, Settlement of Disputes between governments and Private Parties 28 August 1961, in History of the ICSID Convention, (ICSID, 1968) Volume II (1), p. 1。在该文中,他从当时的许多研究结论中找出了私人投资者与国家之间的争端解决的问题所在,尤其是投资者不能直接去一个中立的国际机构对国家提起诉求的情况下。

争端恰恰是人们当初设计ICSID时所想要解决的争端类型：大型、长期合同通常会与自然资源的开采相关。有人辩称，关于自然资源开采的特许合同项下的争端是不可仲裁的争端。国家对自然资源永久主权这一点一再得到确认，[200]照此有人提出，仲裁员对关于自然资源的国家行为的有效性之确定没有管辖权。[201] 但是，即便更早期的联合国大会1958年《关于自然资源永久主权的决议》也在最后一段确认："应该善意地遵守与主权国家或主权国家之间自由达成的外国投资协议"。[202] 现在，人们已经公认，产生于开采自然资源的外国投资协议的争端是可以仲裁的，虽然仲裁庭不一定能够对某个特定的政府行为进行裁断，但这一行为对投资者的经济后果是可以重新考虑的。[203]

有关中国的自然资源开采和合营合同的法律都强调了双方协商达成的争端解决规定的重要性。外国投资者应该考虑在特许协议中包括一个多层次(Multi – tiered clauses)[204]或升级条款(Escalating clause)。从世界范围来看，这些条款都几乎是大型长期项目的标准条款。[205] 在短期调解程序之后规定一个强制性的协商期限可以节约时间和成本。此外，它可能通过一个盈利预期从而最终确保当事方保持更为融洽、更持久的关系。多数BITs中都有这样一个冷却期的规定，期限通常为3个月到6个月，在此期间当事方必须尽量协商。虽然友好协商并不总能解决争议，就像福州鑫远案(详见第8章第8.172段)那样，该案最终协商失败。但达成谈判解决总是更可取的，因为和旷日持久的诉讼或仲裁相比，它节约了时间、劳动和成本。

---

[200] 请参见联合国大会关于这个事项的决议：1952年联大523(6)号决议、1952年联大523(7)号决议、1958年联大1314(8)号决议、1962年联大1803(17)号决议，以及1974年《经济权利宪章》。

[201] See Sornararjah, The Settlement of Foreign Investment Disputes (Kluwer, 2000), 186.

[202] GA Resolution 523(VI) of 1952, para 8.

[203] Lew, Mistelis and Kroll, Comparative International Commercial Arbitration, (Kluwer, 2003), paras 9.90 – 9.92.

[204] K. P. Berger, 'Law and Practice of Escalation Clauses', (2006) Vol. 22 (1) Arbitration International 1; M Pryles, 'Multi – Tiered Dispute Resolution Clauses', (2001) Vol. 18 (2) Journal of International Arbitration 159.

[205] 关于起草这类条款的指南，请参见P Friedland, Arbitration Clauses for International Contracts, (Juris Publishing, 2001) Chapter 9。

如果协商未能解决争议，则投资者将不得不诉诸仲裁或诉讼，而这要取决于特许协议中的具体规定。投资者应尽量同意国际仲裁——比较可取的是ICSID，因为中国从1990年开始就是《ICSID公约》的签署国。这将消除政府在BOT合同或者中海油签订的开采合同中试图拒绝国际争端解决的风险。缺乏这样明确的规定，投资者可能更难获得BIT的保护。当然，还要考虑保护伞条款的适用范围和归因原则。即便国际仲裁庭适用保护伞条款来解决违反特许协议或BOT问题，投资者也仍可能必须求诸合同中规定的争端解决机构以便确定合同义务的范围。

总之，投资者必须考虑到中国现行关于合营合同、开采合同和BOT的法律框架。值得注意的是，关于这些领域的立法相当新，如1993年《对外合作开采陆上石油资源条例》和1996年商务部有关BOT的通知即是如此。这些文件颁布已有近20年的时间，但仍然处于萌芽阶段，因为处理此类合同项下的争端耗时较久，以及随后还需友好方式或以其他方式解决。现在人们对于国际仲裁有效性的认知在逐步增强，事实上，2007年2月12日，已经有中国公司第一次向ICSID提起了投资仲裁。[206] 据预期，中国海外投资者和外国来华投资者提起的投资仲裁将越来越多。在未来的几十年中，外国直接投资将继续对中国的经济发展起到重要作用。外国投资者需要确保争端解决的确定性和终局性。最好的建议是期望对中外相关BITs中的保护伞条款做狭义的解释。作为投资之前的风险分析的组成部分，投资者总该将包括争端解决包含其中。在任何风险/成本计算时应至少考虑下列因素：

- 弄清中国法律当前就正在进行的特定类型投资所持的当前立场。
- 对商业性的合营合同的争端解决而言存在有限的灵活性不足。
- 投资合同或BOT中的争端解决选择类型取决于当事方的意愿。
- 如果投资者不能与对方就争端解决作出协商一致的选择，其应考虑有无可能在国际层面，比如BIT或多边协议项下的争端解决机制下获得替

---

〔206〕 Tza Yap Shum v. Peru ICSID Case No. ARB/07/6. 中国（香港）投资者是一个名为TSG Peru的鱼粉公司的所有人，其主张秘鲁政府违反《中国—秘鲁BIT》中的征收义务，要求后者支付2000万美元的赔偿金。

代性解决。

- 应该妥善安排投资，使之能利用至少一个 BIT 项下的保护。

- 这并不自动导致其投资受这些条约保护。为了能利用国际投资条约的此类规定，投资者必须表明，所主张的行为不仅仅是违反合同的行为，而且通过适用保护伞条款，也相当于违反相关条约。

- 如果仲裁庭准备这样适用保护伞条款，在肯定自己有权管辖这种违反合同行为的同时，它仍然需要考虑这一受指责的行为是否可以归因于国家。

- 如果该行为不能归因于国家，投资者就不能根据国际法获得救济；它只能求助于基础合同中的争端解决机构选择。

- 在执行裁决的可能性问题上可能对投资者有利。

CHAPTER 07 >>

第七章

征收与补偿

一、导言

征收是关于外资的国际法制的核心因素之一,它不是现代投资条约实践的产物，而是源自关于外国人保护的国际法标准。[1] 国家就其关于外国投资的行为承担国际责任这一点并无争议，因为"承认既得权利是国际经济交往关系中的首要基础，这一点已为文明国家所承认。"[2] 现代形式的 BIT 的前身——友好通商航海条约也包括了关于征收的规定。随着时间的推移，这些规定已经约定俗成，如今在多数投资条约中，仅仅当具备如下条件才允许征收：为了公共目的、在非歧视的基础上实施、根据正当程序、支付赔偿。已经有人指出，无论是在 BIT 还是在《北美自由贸易协定》项下，在征收和合法管制之间划一条界线都是非常困难的。[3] 界定征收的范围并不容易。人们可以衡量其构成条件、赔偿数额，但一项征收是否存在始终要取决于个案的事实。

众所周知，投资者就征收问题，特别是管制性征收问题对东道国提出仲裁请求是很难胜诉的。[4] 这并未阻吓合法权益受损害的投资者试图就直接或间接征收请求赔偿的努力，但在很多晚近的案例中，仲裁庭尚未断定政府的行为相当于事实上的征收。很明显，要说服仲裁庭相信，东道国的某个行为或各种行为的累加效果已经达到了相当于征收的基本要求，这非常困难。

---

〔1〕 L. B. Sohn and R. R. Baxter, 'Responsibility of States for Injuries to the Economic Interests of Aliens' (1961) 55 AJIL 54. 该文作者认为，"外国资金流入左右着很多国家的富裕繁荣……为了满足这种对外国资金的需求，在过去的两百年间，旨在保护……"外国投资的"国际法已经得到了很大发展"。See also I Brownlie, Principles of Public International Law, (6th edn, 2003), 508.

〔2〕 M. Domke, "Foreign Nationalizations: Some Aspects of Contemporary Law" (1961) 55 AJIL 585.

〔3〕 L. Y. Fortier, 'Caveat Investor: The Meaning of 'Expropriation' and the Protection Afforded Investors under NAFTA,' (2003) 20(1) News from ICSID, 1. 该文作者观察到，在辨别征收的时候，"眼见为实。然而，正如我已提出的那样，现实却难以精确而抽象地界定征收"。See also R Dolzer 'Indirect Expropriation: New Developments?' (2002) 11 NYU Environmental Law Journal 64 and A K Hoffman, 'Indirect Expropriation' in A Reinisch (ed.), Standards of Investment Protection (OUP, 2008), 151, 165.

〔4〕 A Reinisch, 'Expropriation' in P Muchlinski, F Ortino, and C Schreuer (eds.) The Oxford Handbook of International Investment Law (2008), 408, 456. 联合国贸易和发展会议报告注意到，"在 2007 年所作出的 7 个审查征收事宜的裁决中，仅有 2 个（Siemens v. Argentina 案和 Vivendi v. Argentina 案）支持了投资者的主张，而其余 5 个（Enron v. Argentina 案、Parkerings v. Lithuania 案、Sempra v. Argentina 案、Eastern Sugar v. Czech Republic 案、PSEG v. Turkey 案）则驳回了这方面请求。" UNCTAD, Latest Developments in Investor – State Dispute Settlement (2008) IIA Monitory No 1 (2008) UNCTAD/WEB/ITE/IIA/2008/3, 8.

实际上，在晚近的 Biwater Gauff（Tanzania）Ltd. 裁决中，仲裁庭断定，尽管坦桑尼亚非法征收了申请人的投资，但不需要支付任何赔偿。因为，在仲裁庭看来，缺少发生因果关系的关键因素。"不管是在非法征收的情况下，还是在违反其他条约标准的情况下，都只有在实际违反 BIT 行为和所遭受的损失之间存在充分的因果联系的情况下，才需要对任何违反 BIT 的行为进行赔偿……"，〔5〕一个昂贵但没有获得损害赔偿的胜诉无疑会让投资者不满。

在现代外国投资框架下，有关征收的国际法发展迅速，其中包括多边条约、BITs、内国外资法。〔6〕 投资条约中的征收条款在实质上是将已有的与外国人财产保护有关的国际标准固化，并在此基础上添加一些条件和要求。在过去的一些年里，人们已经就征收的所有形式、间接性征收、蚕食性征收、管制性征收等问题展开研究，著述不少。〔7〕 在某些领域，法律自身尚未定型，比如说在合法规制和征收之间的决定性因素，或者是否要区分合法与非

〔5〕 Biwater Gauff (Tanzania) Ltd. v. Tanzania, ICSID Case No. ARB/05/22 para 779.

〔6〕 事实证明，伊—美求偿法庭所做出的裁判已为国际法在征收方面提供丰富的资源。See A J, Menaker, 'The Enduring Relevance of the Expropriation Jurisprudence in the Iran – US Claims Tribunal for Investor – State Arbitrations' in C R Drahozal and C S Gibson (eds.) The Iran – US Claims Tribunal as 25: The Cases Everyone Needs to Know for Investor – State & International Arbitration (2007) 335.

〔7〕 C F Dugan, D Wallace, N D Rubins, and B Sabahi, Investor State Arbitration (2008), 429; A Reinisch, 'Expropriation' in P Muchlinski, F Ortino, and C Schreuer (eds.) The Oxford Handbook of International Investment Law (2008) 408; A Reinisch, 'Legality of Expropriation' in A Reinisch (ed.), Standards of Investment Protection (OUP, 2008), 171. R Dolzer and C Schreuer, Principles of International Investment Law (2008) 89; C McLachlan, L Shore, and M Weiniger, International Investment Arbitration: Substantive Principles (2007) 265; K Hober, Investment Arbitration in Eastern Europe: in search of a definition of Expropriation (2007); U Kriebaum, 'Privatizing Human Rights: the Interface between International Investment Protection and Human Rights' in A Reinisch and U Kriebaum, The Law of International Relations: liber amicorum Hanspeter Neuhold (2007); M A Abdala and P T Spiller, 'Chorzów's Standard Rejuvenated: Assessing Damages in Investment Treaty Arbitrations' (2008) 25(1) Journal of International Arbitration 103; J R Marlles, 'Public Purpose, Private Losses: Regulatory Expropriation and Environmental Regulation in International Investment Law' (2007) 16(2) Journal of Transnational Law and Policy, 275; M Pryles, 'Lost Profit and Capital Investment' (2007) 1(1) World Arbitration and Mediation Review 1; U Kriebaum, 'Partial Expropriation' (2007), 8(1) Journal of World Investment and Trade 69; V Heiskanen, 'The Doctrine of Indirect Expropriation in Light of the Practice of the Iran – United States Claims Tribunal' (2007), 8(2) Journal of World Investment and Trade 215; W M Reisman and R D Sloane, 'Indirect Expropriation and its Valuation in the BIT Generation' (2003), 74 BYIL 115.

法征收的赔偿,都尚未达成一致。虽然本章的用意不在于分析和预测在这一领域的发展可能,但本章将在当今国际法律框架下审查中外 BITs 中的相关规定。

本章将研究条约以及案例法中征收的范围和定义。它将审查中外 BITs 中的征收条款如何演进,考察中外 BITs 征收条款的范围,以及它们是否涵盖间接或管制性征收,这类征收在晚近的仲裁中日益常见。如今,多数征收请求是有关间接或管制征收的,这促使东道国在其 BIT 范本中包括了一个规定,以排除东道国政府为了实现公共健康、卫生和环境利益而在非歧视基础上实施的管制行为。[8] 本章将接着考察合法征收的条件,因为普遍接受的原则是,征收不是非法的。所有的 BITs 都包括调整征收事宜的条款,大多数都允许东道国在满足下列条件时进行征收:为了公共利益、在非歧视基础上、支付赔偿。

最后,本章将研究征收赔偿的标准,这也是该保护标准中一个非常重要的方面。其原则反映了这样一个商业现实,即应将已经丧失投资的投资者放回到征收发生之前的财务状况中。量化投资者损失的方法出现不少困难。"对国有化外资进行赔偿是一个充满争议的话题。"[9] 虽然中外 BITs 中并未采纳"赫尔公式"(及时、充分、有效的赔偿)这一已为许多其他国家所接受的赔偿标准,但随着时间的推移,已经出现了不同的赔偿标准。利息的裁定是赔偿中的一个不可分割的部分,当前的中国 BIT 范本已经对此专门提及。

二、征收的构成

禁止不加补偿地征收财产已经在国际法上获得了公认。[10] 这是外国投

---

〔8〕 例如,可参见《美国 BIT 范本》(2004 年)附件二。

〔9〕 M Sornarajah, The International Law on Foreign Investment (2nd edn, 2004) 435.

〔10〕 See I Brownlie, Principles of Public International Law (6th edn, 2003), 508; R Jennings and A Watts (eds.) Oppenheim's, International Law (9th edn, Longman, 2003) 737; C McLachlan, L Shore and M Weiniger, International Investment Arbitration: Substantive Principles (2007) Chapter 8 and C F Dugan, D Wallace, N D Rubins, and B Sabahi, Investor State Arbitration (2008) Chapter XVI.

资者所享有的最古老的实体性权利之一,但在界定该权利的确切范围时,却始终众口不一,仲裁庭在适用条约中的征收条款时所作论述即可见一斑。例如,Feldman案仲裁庭注意到了《北美自由贸易协定》文本缺乏精确性,它指出:"第1110条的用语非常宽泛,以至于难以在具体个案中适用。在本庭看来,实质性的决定因素在于,墨西哥政府的行为是否构成征收或国有化,或者是否为有效的政府行为。"〔11〕

(一)具体用语

从实质上讲,征收涉及一国夺取财产或财产中的利益的行为。有关征收请求的具体用语各异。例如,除了提及"征收"外,人们通常使用的替代性用语还包括"丧失"(dispossession)、"夺取"(taking)、"剥夺或掠夺"(deprivation or privation)、"间接征收"(indirect expropriation)、"未直接表达的征收"(constructive expropriation)、"事实上的征收"(de facto expropriation)、"变相的征收"(disguised expropriation)、"蚕食性征收"(creeping expropriation)、"相当于征收或与征收具有相同效果的措施"(measures having equivalent effect to, or tantamount to expropriation)。〔12〕 这些术语有时交替使用,指代国家干涉外国投资的行为。一般来说,直接征收或传统的直接对一项资产国有化的界定更为容易,因为存在国家直接夺取相关财产的行为。此类"夺取一个或者更多的国家主要资源的行为作为社会经济改革全盘计划中的组成部分,现在一般被称作国有化或社会主义化"。〔13〕 这种直接夺取恶名昭著,20世纪六七十年代发生的石油特许合同争端便是其典型例子。〔14〕 伊美求偿法庭主要处理的也是直接征收,但是此

〔11〕 Feldman v. Mexico, ICSID Case No. ARB(AF)/99/1 para 98.

〔12〕 R Dolzer and M Stevens, Bilateral Investment Treaties (1995) 98. See also K Yannaca - Small, "'Indirect Expropriation' and the 'Right to Regulate' in International Investment Law" in OECD, International Investment Law: A changing landscape (2005) 43, 45. These terms are reviewed in Dolzer.

〔13〕 Ibid., Brownlie 509.

〔14〕 有关"一战"后的共产主义国家以及墨西哥国有化运动,还有更早期的例子。See A Reinisch, "Expropriation" in P Muchlinski, F Ortino, and C Schreuer (eds.) The Oxford Handbook of International Investment Law (2008), 408.

后，这种国家干预的传统形式开始让位于间接征收或者“相当于”或者“等同于”夺取的行为。事实上，直到晚近拉美国家对能源工业采取行动前，直接征收曾被认为已经变成过去式。实际上，国家的行为所体现的不仅是不断变化的国际经济，而且还包括强烈的民族主义和自然资源主权意识。[15]

国有化一直被视为征收的一种形式，因为该术语“与其他形式的征收相比，在范围、程度上的差异性要大于其法律性。”[16]与之相反，事实上的[17]征收这种提法似乎涵盖下述情况：不存在对投资的直接的夺取或所有权的转移。在 Mellacher and Others 案中，欧洲人权法院不得不考虑事实上的征收与法律上的征收的区别。它断定，正式的征收是旨在“转移财产”的措施，而当国家剥夺一个人对自己财产的“使用、租赁或出售其财产”的权利的时候，就构成事实上的征收。[18]

征收案件和法律著述在使用一些术语时，存在某种程度的混乱和重合。

---

〔15〕 自从1974年12月12日联大1803号决议以及《各国经济权利和义务宪章》宣布了国家对自然资源的完全主权原则之后，这一原则已经得到了一致的确认。UN General Assembly Res 1803，UN Doc. A/RES/1803(XVII)（1962）；The Charter of Economic Rights and Duties of States，UNGA Res 3281（XXIX）.《各国经济权利和义务宪章》第2条第2款第3项用肯定性的语言将国家的征收权规定为：“各国有权……国有化、征收外国资产，或转移其所有权。在上述情况下，采取这些措施的国家应给予适当补偿，补偿时应考虑该国相关法律法规，以及该国认为所有相关的情况。倘若投资者与国家间就补偿问题产生争议，则由采取征收措施的国家的裁判机构……根据该国国内法解决。”上述用语的语气远逊于投资条约禁止征收的强制性用语。但是，中国缔结的一些BITs包含这种许可性的用语，规定缔约一方“可以征收”，例如，中国与巴林、加纳、意大利、波兰等国之间的BITs就是如此。

〔16〕 B A Wortley，Expropriation in Public International Law（1977）36，cited in Metalclad v. Mexico，ICSID Case No. ARB(AF)/97/1，USA 第1128条 Post – hearing Brief，9 November 1999，para 12。

〔17〕 See eg Técnicas Medioambientales Tecmed，S. A. v. Mexico，ICSID Case No. ARB（AF）/00/2，para 113. 该案仲裁庭确认，墨西哥—西班牙之间的条约并未对“征收”和可能构成等同于征收的行为进行界定。它注意到：“虽然从形式上看，征收意味着政府通过行政和立法手段强制性夺取私人拥有的有形或无形财产，但这个术语也涵盖被认定为事实上征收的若干情形。在事实上征收的情况下，实施征收的国家通过此类行为或者法律将财产转移给有别于该国家的第三方，或者虽然剥夺私人对此类资产的所有权，但并不将此类资产分配给第三方或者该国政府。”另请参见 Petrobart Limited v. Kyrgyz Republic（2005）SCC Case. No. 126/2003，77. 该案仲裁庭断定，吉尔吉斯斯坦干预国内诉讼程序并将目标公司的资产转移走的行为虽然“已经对 Petrobart 产生负面影响，并系特别针对 Petrobart 的投资，或者旨在将 Petrobart 的经济价值转移给吉尔吉斯斯坦共和国”，但并未达到第13条事实上征收的最低要求。“Petrobart 保有并一直行使对 KGM 的请求权，并衍生出对 KGM 的破产债权主张。本仲裁庭认为，吉尔吉斯斯坦共和国所采取的措施虽然漠视 Petrobart 作为投资者的合法利益，但并未达到事实上征收的程度。”

〔18〕 Mellacher and Others v. Austria（1989）ECHR Series. A，No. 169.

一些人认为,间接征收不同于或者并不必然是蚕食性征收。[19] 2004 年加拿大 BIT 范本的附录 B 第 13 条第 1 款试图澄清征收条款的适用范围,它提及间接征收源自“缔约一方所采取的一种或一系列措施,此类措施虽然没有正式转移所有权或直接没收,但具有相当于直接征收的效果”。[20] 一些有关间接征收的例子包括“拒绝使用基础设施、环境规制和吊销许可证”。[21] 投资条约往往对“间接征收”的概念不做界定。1967 年《OECD 保护外国人财产公约(草案)》在约文评述中对第三条解释道:“通过使用直接或间接‘剥夺’(to deprive)这一术语……旨在将故意不当地剥夺相关国民的权利的实质部分并导致其遭受损失的任何措施纳入该条的调整范围”。[22] 在 Fireman's Fund 案中,《北美自由贸易协定》仲裁庭在通盘考虑案例法和习惯国际法之后,整理出征收的要素清单。仲裁庭列出的标准提供了一个有用的核对清单:

(1)征收要求存在政府型的当局夺取(或者包含损害)《北美自由贸易协定》所保护的投资者的投资的行为。

(2)受保护的投资可能包括无形以及有形财产。

(3)夺取必须是实质上剥夺对该财产的经济用途及其享用权,或该财产中明显不同的组成部分(也即这接近全盘损害)。

(4)该夺取必须是永久的,而不是短暂的。

(5)该夺取通常涉及将所有权转移给另一个人(经常是相关政府机关),

---

〔19〕 W M Reisman and R D Sloane, 'Indirect Expropriation and its Valuation in the BIT Generation' (2003) 74 BYIL 115,122.

〔20〕 2004 年《加拿大 BIT 范本》附件二第 13 条第 1 款第 1 项。另请参见 2004 年《美国 BIT 范本》附件二,2008 年《挪威 BIT 范本评述》第 21 页。

〔21〕 L Reed and L Martinez, 'The ECT: An Overview' (2008) 14 (2) ILSA Journal of International and Comparative Law,405,408. Nykomb 案仲裁庭断定,东道国没有违反《能源宪章条约》第 13 条的征收规定。不支付合同中所规定的双倍费用的行为并不构成征收或者等同于征收的行为。该案仲裁庭认定,确定征收是否存在的决定性因素在于,“双方争议的措施对所有权的剥夺程度或对该企业的控制程度”。东道国没有剥夺“Windau 或其资产,没有干预股东权或该企业管理层的控制和经营——除了生产许可证、包销协议等所规定的日常监管规定之外。” Nykomb Synergetics Technology Holding AB v. Latvia (2003) SCC Case No. 118/2001,33.

〔22〕 OECD Draft Convention on Foreign Property 12 October 1967, available with commentary at < www. oecd. org >.

但在一些案件(比如,尽管政府机关所采取的措施并未导致财产权利的转移,但该投资却被彻底毁坏)中并不必然如此。

(6)确定是否存在征收的关键在于,东道国所采取的措施的效果而非其潜在意图。

(7)这种夺取可以是法律上的或事实上的。

(8)这种夺取可以是"直接的"或"间接的"。

(9)这种夺取的形式可以是单个措施,也可以是在一段时间内的一系列相关或不相关的措施(所谓的"蚕食性"征收)。

(10)在区分东道国所实施措施是应补偿的征收还是无需补偿的规制之时,可以考虑(通常是累加考虑)下列因素:该措施是否属于公认的东道国警察权利的范畴;该措施的(公共)目的和效果;该措施是否具有歧视性;所采取的手段与所追求的、需要实现的目标之间的比例性;该措施的善意性质。

(11)在判断是否发生(间接)征收时,投资者的合理"投资预期"可能是个相关的因素。[23]

征收,无论其采取何种外观和术语,都需要符合"正当程序和国际法框架下的赔偿"。[24] 由于缺乏精确的定义,已有人经正确地主张,"该主体的具体措辞问题不可能解决,但无论如何,形式不应优先于实质。"[25]因此,问题的关键在于,行使主权权力而错误地干涉一项投资,导致所有者对该财产的使用权或实质性的经济利益被剥夺。征收的关键问题是,政府是否遵守征收的条件,包括正当程序和支付赔偿金。

三个《中国 BIT 范本》都有征收条款。这与条约实践一致,继公平公正待遇标准之后,征收条款也是利益受损害的投资者最常援引的条款。[26]《中

〔23〕 Fireman's Fund Insurance Company v. Mexico, ICSID Case No. ARB (AF)/02/1 para 176. 毫无疑问,在面临判断是否已发生过征收的任务时,将来的仲裁庭会考虑这些因素。

〔24〕 LG&E v. Argentina, ICSID Case No. ARB/02/1 para 186.

〔25〕 I Brownlie, Principles of Public International Law (6th edn, 2003) 508.

〔26〕 P J Turner and M Mangan, 'China's investment treaties: Substantive and procedural rights' (2007) Asian Counsel, 22, 24. 几年前,征收规定被鉴定为"外国投资者在条约仲裁中最经常求助的条款之一",故这个变化的产生时间应是相对晚近。L Reed, J Paulsson, and N Blackaby, Guide to ICSID Arbitration (2004) 52.

国 BIT 范本》中的征收条款非常典型,在很大程度上是以这个领域内的习惯国际法为基础。三个 BIT 范本的征收条款用语相同,包括“国有化”“征收”和其他任何“类似措施”,但均未对这类术语进行任何进一步解释。例如,第一个《中国 BIT 范本》第 4 条规定:

“第 4 条

(1)缔约任何一方都不应对在其领土内的缔约另一方投资者的投资进行征收、国有化或者采取类似措施(以下简称“征收”),除非符合下列条件:[……]”

这个范本确定了中外 BITs 征收条款的基本结构,并为以后的《中国 BIT 范本》以及中外 BIT 缔约实践所沿用。事实上,中国条约的全面结构和规定在很大程度上反映了条约缔结当时相关《中国 BIT 范本》的规定。多数中外 BITs 的第 4 条就是征收条款,而这也是所有中外 BIT 范本的做法。这些范本之间的主要区别与补偿条款有关,但与条款的适用范围或合法征收的条件无关。

(二)适用范围

中外 BITs 中的征收规定涵盖了“投资者的投资”,正如其投资定义宽泛的界定所体现的那样,这使该规定的适用范围非常宽泛,既包括有形资产,又包括无形资产。Vivendi v. Argentina 案仲裁庭确认了这一点。在该案中,仲裁庭认定,特许协议中的合同权利属于《阿根廷—法国 BIT》第 1 条项下的投资定义的涵盖范围。仲裁庭同意,“合同权利是可以被征收的,许多条约案件就是因为合同争议而引发的。同样的行为可能同时违反合同,或曰,同时违反条约和合同。”[27]

---

[27] Compañiá de Aguas del Aconquija S. A. and Vivendi Universal v. Argentina, ICSID Case No. ARB/97/3, para 7.5.4. 违反合同权利相当于征收的例子还包括:Jalapa Railroad and Power Co USA v. Mexico (1948) 8 Whitesman's Digest of International Law, 908; Phillips Petroleum Co Iran v. Iran (1989) 21 Iran - USCTR 79, para 105; Waste Management, Inc. v. Mexico ICSID Case No. ARB(AF)/00/3 Final Award 30 April 2004, paras 163 - 76 and Parkerings - Compagniet AS v. Lithuania, ICSID Case No. ARB/05/8. Parkerings - Compagniet AS v. Lithuania 案仲裁庭考虑了判断是否存在征收合同权利事实的三个条件,也即,国家是否虽不仅是协议一方当事人,还“以主权者的身份”行事,“也就是说行使了主权权力”;必须由适当的争端解决机构判断是否违反合同,“如果一方被剥夺了就非法终止协议行为向协议选择的争端解决场所提出诉讼或仲裁的机会”;最后,该违约行为必须“导致实质性降低投资的价值”。paras 443 - 56.

《中国 BIT 范本》均未明确提及间接征收,或相当于征收的行为,而其他国家的 BIT 范本则常常包含此类表述。例如,《美国 BIT 范本》第 6 条禁止"直接或间接通过相当于征收和国有化的措施对受保护的投资"进行征收或国有化的行为。[28] 这个措辞比中国的 BIT 版本的更为宽泛。例如,《中国—德国 BIT》在第 4 条第 2 款规定,"不得被直接或间接地征收、国有化或者对其采取具有征收、国有化效果的其他任何措施。"[29] 这种明确提及直接和间接征收的表述方法并未体现在中国其后缔结的投资条约中,比如,《中国—新西兰自由贸易协定》第 145 条并未采用这种表述。[30] 《中国—墨西哥 BIT》中的征收规定,篇幅更长、内容更详细。它明确提及通过相当于征收或国有化的措施直接或间接进行的征收。[31] 这一措辞与《北美自由贸易协定》的规定并不完全一样,[32] 后者"相当于征收"这一表述是否旨在创设一种新型的夺取,已经引起签署国的担忧。

但是,有人主张,虽然中外 BITs 中的征收条款措辞不一而足,但多数条款事实上已涵盖间接征收。中国所有的 BIT 范本都提及类似于征收的措施,这一措辞也出现在许多中外 BITs 中。例如,《中国—塞浦路斯 BIT》和《中国—格鲁吉亚 BIT》。[33] 中外 BITs 也采用其他变通的表达——一些提

〔28〕《美国 BIT 范本》第 6 条第 1 款。另请参见《加拿大 BIT 范本》第 13 条第 1 款。

〔29〕中国缔结的明文提到"直接和间接"征收的其他 BITs 包括:《中国—比利时和卢森堡 BIT》第 4 条第 1 款、《中国—文莱 BIT》第 4 条第 1 款、《中国—约旦 BIT》第 5 条第 1 款、《中国—毛里求斯 BIT》第 1 条、《中国—乌干达 BIT》第 4 条第 1 款。

〔30〕《中国—新西兰自由贸易协定》【原文误作"《中国—新西兰 BIT》"。——译者注】第 145 条第 1 款规定:"任何一方不得对另一方投资者在其境内的投资实施征收、国有化或采取其他等同措施('征收')……"

〔31〕《中国—墨西哥 BIT》第 7 条第 1 款。

〔32〕《北美自由贸易协定》第 1110 条第 1 款规定:"缔约一方不得直接或间接地对在其领域内的缔约另一方的投资者的投资实施征收或国有化,或对这种投资采取相当于征收或国有化的措施"。

〔33〕中国与下列国家之间缔结的 BITs 也包括了这一来自三个《中国 BIT 范本》的用语:奥地利、阿尔巴尼亚、阿尔及利亚、阿根廷、澳大利亚(具有"类似效果"的措施)、阿塞拜疆、巴林、孟加拉、贝宁、玻利维亚、博茨瓦纳、文莱(具有"类似效果"的措施)、柬埔寨、智利、科特迪瓦、克罗地亚、古巴、埃及、埃塞俄比亚、加纳、圭亚那、朝鲜、韩国、厄瓜多尔、爱沙尼亚、芬兰、匈牙利、意大利、牙买加、日本(任何其他"具有类似效果"的措施)、老挝、拉脱维亚、黎巴嫩、立陶宛、缅甸、荷兰、挪威、巴基斯坦、巴布亚新几内亚、秘鲁、菲律宾、波兰、卡塔尔、罗马尼亚、俄罗斯、沙特阿拉伯、斯洛文尼亚、西班牙、瑞典、叙利亚、泰国、突尼斯、特立尼达和多巴哥、土耳其(具有"类似效果"的措施)、乌拉圭、越南。

及“具有相当于征收和国有化的效果”的措施、[34]与征收和国有化具有“同样效果”的措施、[35]“相当于”征收或国有化的措施。[36]《中国—阿拉伯联合酋长国 BIT》的措辞则与众不同，它确认，投资“不得被国有化、查封或没收、征收或采取与国有化或征收效果相同的措施[……]”。[37] 有人提出，任何一种这类表述都具有将间接征收纳入条约适用范围的效果。现行的仲裁实践表明，所采取的精确表达方式对实践意义的影响并不明显。

1989 年《中国—保加利亚 BIT》并未明确提及间接征收，其第 4 条第 1 款规定：“缔约国任何一方为了公共利益，可对缔约国另一方投资者在其领土内的投资采取征收或国有化[……]”。[38] 但是，即便这种表述也不见得在实践中会产生问题，因为“征收”自身被解释为包括直接和间接征收。[39] 此方面主要的难题在于确定某个或一系列措施是否构成间接征收，而非条约是否涵盖了间接征收。

《中国—毛里求斯 BIT》除了在第 6 条标题以外，并未在其他地方提及征收或国有化。其第 6 条规定，缔约任何一方不应“采取直接或间接地剥夺缔约另一方国民和/或公司的投资[……]”的任何措施。在这种情况下，仲裁庭将断定，该条款的确覆盖直接或间接征收，并以大量的征收案例为依据就此类案件的具体事实得出结论。ADC v. Hungary 案仲裁庭就是如此。在该案中，匈牙利试图辩称，《塞浦路斯—匈牙利 BIT》的类似规定实际上是有限制的，不涵盖征收，且应该根据匈牙利法律进行确定。在仲裁庭看来，第 4 条的“通常用语”（“直接或间接剥夺……投资者的投资的任何措施”）已经

---

〔34〕 中国与下列国家之间的 BITs 均包含这一用语：捷克共和国、丹麦、冰岛、以色列、印度尼西亚、约旦、科威特、毛里求斯（虽然用语稍长：“其效果相当于……的任何剥夺措施”，第 5 条）【原文如此。——译者注】、蒙古、新西兰、阿曼、匈牙利、新加坡、斯洛伐克、斯里兰卡、英国（2005 年）、南斯拉夫、赞比亚、津巴布韦。

〔35〕 《中国—法国 BIT》。

〔36〕 《中国—德国 BIT》、《中国—希腊 BIT》。

〔37〕 《中国—阿拉伯联合酋长国 BIT》第 6 条第 1 款。《中国—瑞士 BIT》第 7 条提到“剥夺措施或其他类似措施……”、《中国—乌干达 BIT》第 4 条第 1 款提到“其他产生剥夺效果的措施……”

〔38〕 2008 年《挪威 BIT 范本》也只是提到征收和国有化。

〔39〕 相关例子可见于伊—美求偿法庭的裁判。

表明其意图，并没有给予被申请人主张对该条做宽泛或缩小解释的余地。[40]

（三）晚近仲裁实践

认定标准的查明有助于仲裁庭判断征收是否发生，但要做到这一点却是困难的，这个难题也并非近来才出现。在1962年的一篇引用率相当高的论文中，Christie查明了两个此类标准，也即国家可以实施征收，“其一，国家的干涉，这种干涉的本意在所不问”；其二，“就算国家可能并未旨在干预财产权，但其行为可能使这些权利失效而被认定为已经被征收”。[41] 时至今日，间接征收界限的划定仍在持续，也许这真的是一个不断发展的概念。在判断一项征收是否已经发生时，仲裁庭使用了若干标准。这些标准包括：合法预期、干涉所需的程度或强度、国家所获得的利益（当国家的行为可能对投资产生的影响已相当于间接征收时，不管其是否针对该投资，国家的意图本身的重要性已经被降低）、对投资者的效果或单独效果主义、比例性和非歧视性。[42]

这些原则已被晚近的案例所适用，更常用于区分合法管制活动与征收，不管这种征收是间接的，还是蚕食的、相当于的，或者未直接表达的。[43] 条约对这些问题通常没有作出规定。不过，美国法研究所试图在《外国关系重述》中澄清，如何在间接征收与蚕食性征收或其他方式的征收与合法的政府管制之间划一个界限。它首先确认，国家对征收性行为负有责任，然后排除了善意的管制：

---

〔40〕 ADC Affiliate Limited and ADC & ADMC Management Limited v. Hungary, ICSID Case No. ARB/03/16, para 426.

〔41〕 G C Christie, “What Constitutes a Taking under International Law” (1962) 38 BYIL 307, 311.

〔42〕 关于仲裁庭在判断是否已经发生征收事宜方面的详细考量, see A Reinisch, “Expropriation”, in P Muchtinski, F Ortino and C Schreuer (eds.), The Oxford Handbook of International Investment Law (OUP, 2008) 407, 50 – 438 and C McLachlan, L Shore, and M Weiniger, International Investment Arbitration: Substantive Principles (2007), paras 8.91 – 105.

〔43〕 关于征收类型, see W M Reisman and R D Sloane, “Indirect Expropriation and its Valuation in the BIT Generation” (2003) 74 BYIL 115, 119 – 33; C McLachlan, L Shore, and M Weiniger, International Investment Arbitration: Substantive Principles (2007), paras 8.75 – 89; and A Reinisch, “Legality of Expropriation” in A Reinisch (ed.), Standards of Protection in International Investment Law (2008) 407, 421 – 8.

“当对外国人财产征税、管制或采取其他具有充公性质的行为时,或者阻止、不合理地干涉、不合理地迟延或者剥夺对外国人财产的有效享用……就出于善意的一般性的征税、管制或犯罪没收或者其他普遍被视为国家的警察权力范围之内的其他行为所造成的财产损失或其他经济损失,国家不对其负责,只要上述行为是非歧视的……”〔44〕

因此,仲裁庭要在每个案件中考虑,国家的行为是否已经违反了征收规定。在 Waste Management 案中,仲裁庭驳回申请人提出的存在《北美自由贸易协定》第 1110 条征收条款的主张。它并未详细分析“相当于征收”这句话的真实意思,因为不存在“管制性夺取”。仲裁庭确认道:

“间接征收仍是一种财产的夺取。与之相反,当一项措施被主张相当于征收时,它可能还没有导致任何人或实体的财产在事实上的转移、夺取或损失,但却对财产施加了这种影响,以至于所有权在形式上的区别已变得无关紧要。”〔45〕

因此,间接征收和相当于征收的措施的概念似乎是不同的。此外,该仲裁庭区分了该措施对投资者的影响和对特许协议项下的合同权利的影响。〔46〕

---

〔44〕 American Law Institute, Restatement (Third) Foreign Relations of the United States (1987), Vol 1, 1987, Section 712 Comment g. 在《多边投资协议》谈判过程中,人们曾将需要澄清征收和国家管制的区别这个问题单独选取出来进行谈判。See also, K Yannaca – Small, “‘Indirect Expropriation’ and the ‘Right to Regulate’ in International Investment Law” in OECD, International Investment Law: A Changing Landscape (2005), 43, 52 – 3 and K Yannaca – Small, ‘Indirect Expropriation and the Right of Governments to Regulate Criteria to Articulate the Difference’ in C Ribeiro (ed.), Investment Arbitration and the Energy Charter Treaty (2006), 159.

〔45〕 Waste Management, Inc. v. Mexico (Number II) ICSID Case No. ARB (AF)/00/3 Final Award 20 April 2004, para 143.

〔46〕 多年来,人们就受保护的财产权的精确范围一直争论不休。See R Higgins, “The Taking of Property by the State: Recent Developments in International Law” (1982), 176 Recueil des Cours 259, 271; G Sacerdoti, “Bilateral Treaties and Multilateral Instruments on Investment Protection”, 269 Recueil des Cours, 251, 381; and R Dolzer and C Schreuer, Principles of International Investment Law (2008), 116. 人们已经确认,征收不仅包括对有形财产权的征收,还涵盖对包括财产权在内的无形权利的征收。See Wena Hotels Ltd. v. Arab Republic of Egypt, ICSID Case No. ARB/98/4 para 98; Mondev International Limited v. USA, ICSID Case No. ARB (AF)/99/2 para 98 and Siemens v. Argentina, ICSID Case No. ARB/02/8 para 267.

正如 LG&E 案仲裁庭所正确地指出的那样,BITs 并未界定什么行为在事实上构成征收,或者"具有同样效果的任何其他行为"。因此,仲裁庭有责任"在确定衡量这种诉求的相关标准时求诸国际法。"[47] 仲裁庭确认,"等同于征收"和"相当于征收"这类表述在许多 BITs 中都存在,其可能同时指代"蚕食性征收"和"事实上征收"。在这两种情况下,国家的行为不是直接夺取,而是就像 CME 案所描述的那样,实际上"使外国拥有者的财产利益无效"。[48]

与之相反,Occidenta 案仲裁庭接受了申请人的下述主张:征收事实上"不需要涉及某一个特定财产的所有权转移,而转移所有权不过是国际法上传统征收的特征。这当然可能会对协议的经济价值产生不利影响。和其他类型的管制措施一样,税收也可能导致征收。"[49] 该案申请人提及 Lauder 案裁决,在 Lauder 案中,仲裁庭也不得不考虑申请人提出的非法征收的请求。Lauder 案仲裁庭注意到,BITs 并未对其所使用的术语进行任何界定,仲裁实践似乎显示,"还没有人试图区分财产剥夺的一般概念与其具体形式。"[50] 该仲裁庭自己试图在裁决中这么做,许多国际律师也已经就直接或间接征

[47] LG&E v. Argentina ICSID Case No. ARB/02/1 para 185. 该案仲裁庭接着确认,当事方所争议的措施的经济影响必须"非常严重,导致必须对征收给予赔偿",para 191。这一观点为 Metalpar S. A. and Buen Aire SA v. Argentina 案仲裁庭所采用。该案申请人未能证实,政府的行为对其投资的影响严重到需要赔偿的地步。See Metalpar S. A. and Buen Aire SA v. Argentina, ICSID Case No. ARB/03/5, para 173.

[48] CME Czech Republic B. V. v. Czech Republic, UNCITRAL Partial Award 13 September 2001, paras 6 – 4.

[49] Occidental Exploration and Production Company v. Ecuador LCIA Case No. UN3467, para 85. 该案仲裁庭接着驳回了申请人就增值税退税问题提出的征收主张。其确认,该案并未满足 Pope & Talbot 案所查明的国际法中的"实质性剥夺"标准,para 89。

[50] Lauder v. Czech Republic, UNCITRAL Award, para 200.

收的确切范围进行论述。[51]

晚近一些其他案件也已经使用了实质性剥夺的标准。比如,在 Telenor 案中,仲裁庭驳回了申请人的下述主张,挪威让所有电信供应商缴纳一小笔费用,用来补贴或补偿在特定地区以低于成本的价格提供入网服务的固定线路供应商,申请人的财产因这种行为遭受征收,因而,挪威违反《挪威—匈牙利 BIT》中的规定。仲裁庭确认,征收可能是直接的,也可能是间接的,后者出现在下述情况:“没有夺取财产,但是相关措施实质上剥夺了投资的经济价值”。[52] 仲裁庭指出,签订特许合同本身就存在风险,“政府单纯地行使管制权力给投资者的生意造成伤害,或者导致后者承担税费,这种行为自身并未构成征收。”[53] 仲裁庭断定,即便根据申请人自己的财务陈述,申请人所主张的行为对投资的经济价值也未造成重大不利影响,鉴于该管制行为产生的损失并未导致投资价值的实质性侵蚀,故驳回其有关间接征收的诉求。

在 Continental Casualty Company 案中,阿根廷成功地辩称,自己并未征

---

〔51〕 关于对目前的法律立场广泛而深入的回顾,see C McLachlan, L Shore, and M Weiniger, International Investment Arbitration: Substantive Principles (2007), Chapter 8。See also K Hobér, Investment Arbitration in Eastern Europe: in search of a Definition of Expropriation (2007); A Reinisch, “Legality of Expropriation” in A Reinisch (ed.), Standards of Protection in International Investment Law (2008). See on indirect expropriation A K Hoffmann, “Indirect Expropriation” in A Reinisch (ed.), Standards of Protection in International Investment Law (2008); V Heiskanen, “The Doctrine of Indirect Expropriation in Light of the Practice of the Iran – United States Claims Tribunal” (2007): 8(2) Journal of World Investment and Trade 215; J R Marlles, “Public Purpose, Private Losses: Regulatory Expropriation and Environmental Regulation in International Investment Law” (2007): 16(2) Journal of Transnational law and Policy 275; A Newcombe, “The Boundaries of Regulatory Expropriation” (2005) 20ICSID Rev – FILJ 1; J Paulsson and Z Douglas, “Indirect Expropriation in Investment Treaty Arbitrations” in N Horn and S Kröll (eds.), Arbitrating Foreign Investment Disputes (2004), 145; L Y Fortier and SL Drymer, “Indirect Expropriation in the Law of International Investment: I know it When I See It, or Caveat Investor” (2004) 19 ICSID Rev – FILJ 293; and T Waelde and A Kolo, “Environmental Regulation, Investment Protection and ‘Regulatory Taking’ in International Law” (2001) 50 ICLQ.

〔52〕 Telenor Mobile Communications AS v. Hungary, ICSID Case No. ARB/04/15, para 63. 其他有关仲裁庭并未接受由国家行为导致实质性征收的案例包括: Sempra Energy International v. Argentina ICSID Case No. ARB/02/16 paras 283 – 6, PSEG Global, Inc. and Others v. Turkey, ICSID Case No. ARB/02/5 paras 278 – 80 and Eastern Sugar BV v. Czech Republic, SCC Case No. 088/2004 Partial Award 27 March 2007, para 210.

〔53〕 Ibid., para 64.

收申请人的财产。仲裁庭将措施分为构成征收行为和构成正当管制两种：前者通过直接征收或相当于征收的行为对财产产生实质性的影响；后者涉及为了公共利益而对财产的使用进行限制的措施，这属于典型的政府规制财产的行为。为了确保他人或公众的权利，这种限制通常是不可避免的……因此，后者不能被看作是征收，〔54〕只要造成的影响所采取的方式不是不成比例的，或歧视性的。〔55〕Continental 案仲裁庭承认，对上述两类措施（需要予以赔偿的征收和合法的但在一定程度上可能影响投资者财产的政府管制）进行区分总是不容易的，在不同的历史以及社会背景下，这个界限也是不同的，不同的国际仲裁庭……采用了不同的标准。〔56〕确定汇率事宜属于阿根廷金融主权的合法内容，只要该国以公平和非歧视的方式行使其金融主权，其就没有义务对因此遭受损失的外国投资者进行赔偿。“裁定征收，甚至是间接征收的存在，都需要存在一定程度的私人财产牺牲。为了公共利益而采取的宏观经济调控措施所附带造成的微小损失不构成征收……”〔57〕

在 Saluka 案中，仲裁庭赞同 Methanex 案仲裁庭在终局裁决中的陈述，即国家在其警察权力范围内善意行使管制权力导致外国投资者遭受经济损失时，国家不需要赔偿。〔58〕但是，“在国际法上，划出一个鲜明的、容易识别的界限，用以区分不需要进行赔偿的管制措施和具有剥夺外国投资者投资

〔54〕 Continental Casualty Company v. Argentina, ICSID Case No. ARB/03/9 para 276.

〔55〕 类似的规定可见于：《欧洲人权公约》（ECHR）《第一议定书》第 1 条、2008 年《挪威 BIT 范本》第 6 条（以《欧洲人权公约议定书》的用语为蓝本）、2004 年《美国 BIT 范本》附件二。

〔56〕 Continental Casualty Company v. Argentina ICSID Case No. ARB/03/9 para 277. 在判断东道国措施是否“跨越红线”转变为应支付赔偿的剥夺措施时，该案仲裁庭参考了 Saluka Methanex 案、Olguin 案、LG&E 案所使用的定性检验法，而诸如 Vivendi 案之类其他的案件仲裁庭则依据的是效果原则，考察对财产干预的严重程度。

〔57〕 Ibid., para 284. 因此，就阿根廷有权依据《阿根廷—美国 BIT》第 11 条提出危急情势抗辩而言，该案仲裁庭驳回了申请人提出的征收请求。

〔58〕 Methanex v. United States, UNCITRAL Final Award, 3 August 2005. 该裁决引用的其他一些案例证实了这一观点：Too v. Greater Modesto Insurance Associates (1989) 23 Iran US Cl. Trib. Rep. 378, para 26; SD Myers, Inc. v. Canada, UNCITRAL First Partial Award 13 November 2000, para 281; Lauder v. Czech Republic, UNCITRAL Final Award, 3 September 2002, para 198; Technicas Medioambientales Tecmed SA v. Mexico ICSID Case No. ARB(AF)/00/2, para 119.

的效果因而属于非法的应予赔偿的措施,仍有待继续研究。”[59]仲裁庭必须在个案中具体判断,东道国的行为是已经超过了合法管制行为,跨入应予补偿的征收之列。[60]

《能源宪章条约》中的征收规定也禁止国有化、征收或采取“具有相同效果的措施”。[61] 在考虑《能源宪章条约》第13条第1款的适用问题时,Petrobart案仲裁庭确认道:“这一条款所提供的保护不限于征收方面,还包括具有与征收相同效果的措施方面。此类措施有时被称作‘间接’‘蚕食性’或者‘事实上’的征收,在法律后果的考量上,此类措施常常被归入正式的征收(参见Dolzer Stevens,Bilateral Investment Treaties,1995,p. 99等)。”[62]该案中的措施对申请人的投资产生了负面影响,但尚不足以构成事实上的征收。

(四)中外BITs中的征收类型

大多数的中外BITs在征收类型上采用标准形式的术语,但有时仍有细微差异。比如,在《中国—新西兰自由贸易协定》中,“类似措施”被代之以

〔59〕 Saluka Investments BV v. Czech Republic, UNCITRAL Partial Award, 17 March 2006, para 263. Sornarajah对下述现象已做评论:自投资者针对加拿大和美国提出此类仲裁请求后,人们对仲裁庭扩大适用管制性夺取理论的态度发生转变(加拿大和美国的BIT范本附件对仲裁解决涉管制性措施争议问题进行了限制)。他提到Santa Elena案裁决,并将之作为扩大适用管制性夺取理论的一个标志。该案仲裁庭不得不考虑东道国基于环境理由实施的措施的影响:“征收性的环境措施——不管对于整个社会来说多么值得赞美、多么大有裨益——就此方面而言,都与任何其他征收措施大致相同……”para 72. 这一观点为下述仲裁庭所引用和支持:Tecmed v. Mexico ICSID Case No. ARB (AF)/00/2 para 121. M Sornarajah, “A Coming Crisis: Expansionary Trends in Investment Treaty Arbitration” in K P Sauvant, Appeals Mechanism in International Investment Disputes (2008) 39, 70.

〔60〕 完成这个任务绝非易事,Generation Ukraine, Inc. v. Ukraine案仲裁庭所作的评论已经证明了这一点。Generation Ukraine, Inc. v. Ukraine, ICSID Case No. ARB/00/9. 该案仲裁庭注意到:“在Feldman v. Mexico案中,仲裁庭断定,虽然‘由于被申请人’取消出口转售香烟的税收优惠‘的行为所致,申请人不能再经营他的企业’,而且‘不可否认在与【该部委】官员相交往时困难重重,申请人在某些方面所遭受的待遇不尽合理’,但权衡之下,墨西哥政府的管制性行为尚不能等同于征收。”para 20. 34. Generation Ukraine案仲裁庭也驳回了申请人就等同于征收行为提出的所有仲裁请求。

〔61〕 《能源宪章条约》第13条第1款。See C Schreuer, “The Concept of Expropriation under the ECT and the other Investment Protection Treaties” in C Ribeiro (ed.), Investment Arbitration and the ECT (2006) 108.

〔62〕 Petrobart Limited v. Kyrgyz Republic, SCC Arb. No. 126/2003, p. 77.

"相同措施"。[63]《中国—印度尼西亚BIT》提及了"国有化""征收"和"具有与国有化和征收相同效果的措施"。[64] 2003年《中国—德国BIT》和2008年《中国—墨西哥BIT》使用的是"相当于征收和国有化的措施"。[65] 一些晚近缔结的BITs则使用"直接和间接"来限定征收行为。[66] 从仲裁判例来看,这种措辞的不同可能(might)不会对这些规定的解释产生影响,因为其所指代的调整范围实质上是相同的,也就是说,既包括直接征收,又包括间接征收。与公然、直接的夺取截然不同,间接夺取所涉及的不是赤裸裸的财产夺取或将财产所有权转移给政府的行为,而是另一种或一系列导致投资的管理损失、使用或控制的损失,或者资产价值的严重贬值的措施。在这方面,此类措施的效果是主要的指示器——只要此类措施的实际效果是财产的剥夺或投资价值的损失,则这类措施就可能被看作构成(间接)征收。中外BITs中的征收条款有关征收范围和类型的规定与其他国家缔结的BITs类似。鉴于当前有关这类条款的适用问题的判例法正在迅速发展,必然能对未来中外BITs项下相关请求的处理有所启发。

有人已经对过分宽泛地解释间接征收的可能表示忧虑。无疑,中国也将会一直饶有兴趣地关注其发展。国家常常通过颁布立法的方式来实现广泛的公共政策目标。[67] 过分宽泛地解释间接征收的效果将使国家的(导致投资实质上缩小或完全受损)的日常管制行为转变成潜在的间接夺取,因此需要对受不利影响的外国投资者进行赔偿。"'相当于或等同于夺取'这一

〔63〕《中国—新西兰自由贸易协定》第145条第1款。

〔64〕《中国—印度尼西亚BIT》第6条第1款。

〔65〕《中国—德国BIT》2003第4条第2款;《中国—墨西哥BIT》第7条第1款。

〔66〕 例如,可参见2005年《中国—比利时和卢森堡BIT》第4条第1款,其内容是:

"第4条对所有权的剥夺和限制

1. 缔约各方承诺不采取任何征收或国有化措施,或任何具有直接或间接剥夺缔约另一方投资者在其领土内的投资的效果的措施。

2.【……】"

2003年《中国—德国BIT》也用了"直接或间接"这一短语强调,其规制具有征收效果的"间接"措施。请参见2003年《中国—德国BIT》第4条第2款。

〔67〕 比如,Metalclad v. Mexico案、Santa Elena v. Costa Rica案、Methanex Corporation v. United States of America案都具有非常显著的关心环境的特色。

措辞招致人们对可以被看作夺取的行为类型做扩大解释。”[68]因此,在防止隐蔽的夺取和维持国家在为了公共利益进行管制的权利之间存在张力,后者不需要对外国投资者承担严格的赔偿责任。Methanex v. USA 案仲裁庭查明了这一点,该案涉及政府出于环境考虑而禁止一种汽油添加剂。[69]

在《北美自由贸易协定》背景下,“相当于征收”这一范畴已经引发了一些猜测:其是否处于国际习惯法中现有的征收范畴之外。在 Metalclad 案中,美国政府在听证审理后就《北美自由贸易协定》第 1128 条提交一个意见书,对“相当于征收”的含义发表了自己的观点。美国确认,第 1110 条旨在反映习惯国际法中征收范畴的立场。该术语“既未主张、也未暗示存在超越于习惯国际法中‘直接’和‘间接’国有化或征收所包括的行为类型之外的其他类型的行为。”[70]该术语的缔约原意仅在于解释“间接”这一术语,而不是创造一个全新的范畴。

2008 年《挪威 BIT 范本》的评述对此问题做如下解释:

“征收规定的目的是为了保护已经设立的投资不受公开或隐蔽的征收。该规定必须同时保障国家在不招致损害赔偿责任的条件下贯彻实施一般性的规章和行政决定的权利。这个难题涉及正确判断被视作征收(因此造成赔偿诉求)的国家管制、干涉行为与不属于这一范畴的措施之间的交叉问题。”

较早期的条约并未对这一问题作出具体规定,因此只能留待仲裁庭在个案中酌定。但是,随着仲裁实践的发展,一些新订立的条约已经对该规定作出澄清,其目的在于增加当事方的可预见性,同时为仲裁庭提供指引。采

---

〔68〕 M Sornarajah,“A Coming Crisis: Expansionary Trends in Investment Treaty Arbitration” in K P Sauvant, Appeals Mechanism in International Investment Disputes (2008) 39,68.

〔69〕 Methanex Corporation v. United States of America, NAFTA Arbitration under UNCITRAL Rules.

〔70〕 Metalclad v. Mexico, ICSID Case No. ARB(AF)/97/1, USA Art 1128 Post – hearing Brief, 9 November 1999, para 9.

用这一做法的最典型的例子就是美国[71]和加拿大的新 BIT 范本以及这些国家晚近缔结的条约。特别是,2004 年《美国 BIT 范本》的附录 B 规定:

"附录 B 征收

[……]

1. 在具体的事实情况中,对缔约一方的一个或者一系列行为是否构成间接征收的问题,应根据个案事实逐案分析才能确定,其所应考虑的因素包括但不限于:

(1)政府行为的经济影响,不能仅凭政府的一个或者一系列行为对投资的经济价值造成不利影响这一事实断定存在间接征收;

(2)政府行为对明显的、合理的投资预期的影响程度;以及

(3)政府行为的性质。

2. ***除非在罕见情况下,否则,缔约一方所采取的非歧视性管制措施,倘若被设计和运用来保护合法的公共福利目标,比如公共健康、安全和环境,那么,就不构成间接征收***。"[着重部分系作者标示]

但是,并非所有晚近缔结的条约都采用这一做法。比如,2008 年《中国—新西兰自由贸易协定》和 2008 年《中国—墨西哥 BIT》所采用的就是传统的征收表述,这种表述事实上禁止所有具有相同于征收效果的措施,且并未对国家管制权设定特别的例外。中国将来可以在《议定书》中做此类澄清【2012 年《中国—加拿大 BIT》在其附录中就采用此类做法。——译者注】。这样,当事方在征收条款调整范围上的本意就不容置疑了。中国可能希望这种做法使其承担相同的国际标准,即便是无意中干预投资,也不应产生征收的效果。

三、征收的条件

如上所述,在国际法上,只要征收符合特定的条件,就不是非法的。标

[71] 2004 年《美国 BIT 范本》的所有变化皆肇端于《北美自由贸易协定》框架下的投资仲裁实践。在这个协定中,美国发现自己竟成了被申请人东道国,故美国在修订《美国 BIT 范本》时试图澄清投资者的若干具体权利以及东道国的义务。

准的条约缔结实践是，将这一习惯国际法原则纳入条约中，并设置一些条件。所有的《中国 BIT 范本》中的征收条款都包括了四个实体性条件，也即征收必须：

(1)为了公共利益；

(2)根据国内法律程序；[72]

(3)非歧视；以及

(4)进行补偿。

这四个条件与世界上的一般缔约实践相一致，并几乎为所有中外 BITs 所采用。这些确定征收合法性的条件被称作"习惯国际法的组成部分"。[73] 虽然许多中国律师和学者都主张，征收和国有化是国家主权的固有组成部分，不应受到任何限制，[74] 但中国在其条约中几乎毫无例外地为合法征收设定了上述四个条件，也即公共利益、国内法律程序、非歧视、补偿。这些要求是累加适用的，因此，违反任何一个条件都导致违反 BIT。值得注意的是，中国的 BIT 征收条款中没有做出征收必须"符合正当程序"的保证。《中国 BIT 范本》的要求是征收必须依据当地法律程序进行。

一些中外 BITs 的征收条款并未将上述所有四个条件均涵盖在内。例如，《中国—英国 BIT》仅明确规定了两个条件：公共利益和合理赔偿。[75] 还有一些中外 BITs 仅规定了合法征收的三个条件。比如，《中国—奥地利

---

〔72〕 第二版的《中国 BIT 范本》有关这个条件的用语稍有不同：没有提到国内法，只是提到了"适当法律程序"。

〔73〕 R Dolzer and C Schreuer, Principles of International Investment Law (2008), 91; G C Christie, "What Constitutes a Taking under International Law" (1962), 38 BYIL 307; M Sornarajah, The International Law of Foreign Investment (2dn edn, 2004) 395; J Coe and N Rubins, "Regulatory Expropriation and the Tecmed Case: Context and Contributions" in T Weiler (ed.), International Investment Law and Arbitration: Leading cases from the ICSID, NAFTA, Bilateral Treaties and Customary International Law, 597, 630.

〔74〕 例如，可参见姚梅镇：《国际投资法》，武汉大学出版社 1987 年版，第 379 页；姚梅镇：《比较外资法》，武汉大学出版社 1993 年版，第 771 页；陈安：《国际投资法》，鹭江出版社 1987 年版，第 88 页；王贵国：《国际投资法》，法律出版社 2002 年版，第 214 页。

〔75〕 《中国—英国 BIT》第 5 条第 1 款确认，"除非为了与该缔约方国内需要相关的公共目的，并给予合理的补偿"，否则，投资者的投资不得被征收。中国缔结的其他 BITs 也没有明文提及征收应以非歧视方式进行或依照国内法律体系进行。《中国—意大利 BIT》第 4 条第 2 款、《中国—泰国 BIT》第 5 条第 1 款、《中国—南斯拉夫 BIT》第 4 条。

BIT》没有提及非歧视要求。该约第 4 条第 1 款确认，除非“为了公共目的，根据法律程序和给予补偿”，否则不能进行征收。[76]《中国—以色列 BIT》没有提及征收必须根据“国内法律程序”或正当程序进行，而中国的 BIT 范本却的确强调了依据国内法律程序。[77]

也有一些中外 BITs 规定了其他范畴类型的征收条件。比如，《中国—毛里求斯 BIT》提到，不得“违反采取措施的缔约方所可能已经作出的承诺”进行征收。[78] 这个“保护伞”式的条款实质上提供了一种优先于东道国一般性征收外资的权利的可能性，也即通过得到东道国对具体征收不予征收的明确承诺的方式，使东道国不能再行征收。因此，违反这种约定的任何征收都是非法的。这可能使违反特许协议毫无疑义地相当于征收。[79]

（一）公共利益

所有的《中国 BIT 范本》都允许为了“公共利益”而进行征收。因此，“公共利益”成为中外 BITs（通常在征收的第一个条件方面）中最常使用的词语，这一点丝毫不奇怪。[80] 还有一些中外 BITs 提及“为了公共

---

〔76〕《中国—奥地利 BIT》第 4 条第 1 款。《中国—阿曼 BIT》第 4 条第 1 款也未提到非歧视。

〔77〕《中国—以色列 BIT》第 5 条第 1 款。另请参见《中国—乌干达 BIT》第 4 条第 1 款。

〔78〕《中国—毛里求斯 BIT》第 6 条第 1 款第 2 项。另请参见《中国—荷兰 BIT》第 5 条第 1 款。

〔79〕 See Waste Management, Inc v. Mexico ICSID Case No. ARB（AF）/00/3, Final Award, 30 April 2004. 另请参见下述案件仲裁庭就违反合同等于征收事宜的评论：Biwater Gauff（Tanzania）Ltd. v. Tanzania, ICSID Case No. ARB/05/22。“问题的关键便是区分这两种情况：国家仅仅作为合同伙伴行事；国家行使‘统治权’，行使其政府职权的要素。后一种情形通常被称为‘政府的行为’，国家运用其公共特权或统治权介入投资者所质疑的行动之中。”para 458.

〔80〕 中国与下列国家之间的 BITs：阿尔及利亚（1996 年）、阿尔巴尼亚（1993 年）、澳大利亚（1988 年）、阿塞拜疆（1994 年）、巴林（1999 年）、孟加拉（1996 年）、贝宁（2004 年）、玻利维亚（1992 年）、波斯尼亚和黑塞哥维那（2002 年）、博茨瓦纳（2000 年）、保加利亚（1989 年）、柬埔寨（1996 年）、塞浦路斯（2001 年）、科特迪瓦（2002 年）、厄瓜多尔（1994 年）、克罗地亚（1993 年）、古巴（1995 年）、吉布提（2003 年）、埃及（1994 年）、爱沙尼亚（1993 年）、埃塞俄比亚（1998 年）、芬兰（2004 年）、格鲁吉亚（1993 年）、加纳（1989 年）、希腊（1992 年）、匈牙利（1991 年）、印度（2006 年）、意大利（1985 年）、牙买加（1994 年）、约旦（2005 年）、朝鲜（2005 年）、老挝（1993 年）、拉脱维亚（2004 年）、黎巴嫩（1996 年）、立陶宛（2003 年）、毛里求斯（1996 年）、缅甸（2001 年）、荷兰（2001 年）、秘鲁（1994 年）、匈牙利（2005 年）、卡塔尔（1999 年）、罗马尼亚（1994 年）、俄罗斯（2006 年）、沙特阿拉伯（1995 年）、斯洛文尼亚（1993 年）、西班牙（2005 年）、瑞典（2004 年）、瑞士（1986 年）、叙利亚（1996 年）、突尼斯（2004 年）、泰国（1985 年）、乌干达（2004 年）、乌拉圭（1993 年）、越南（1992 年）、赞比亚（1996 年）、津巴布韦（1996 年）。

目的"[81]和"为了公共利益"。[82] 这些术语的法律影响并没有重大的不同，但给了东道国很大的回旋余地。2005年《中国—比利时和卢森堡BIT》提及"公共目的、安全或国家利益"，这使得东道国更容易满足这些条件。其他的变相提法包括为了"社会和公共"利益需要进行征收。[83]《中国—新西兰BIT》的表述略有不同，它提及"法律所授权的目的"[84]。《中国—菲律宾BIT》提及"国家安全和公共利益"，[85]这是个更大的范畴。

实践中，人们赋予"公共目的"要件以宽泛的含义，仲裁庭遵从国家为了社会的最佳利益制定政策决定的权力。[86] 有人认为，目前这个公共利益限制几乎无用武之地，尤其是当国家"50年后规制私人财产的行为稀松平常，以至于仲裁庭难以置身之外质疑国家实施夺取背后的动机是否正当。然而，公共目的的强度可能有助于查明一项财产的夺取是否为管制性的"。[87] BP案裁决的仲裁员在处理利比亚对资产进行国有化的时候，裁定当国家的行为"纯粹是出于毫无关系的政治原因，且专横或者歧视性的时候"，该行为就是非法的。[88] 在Santa Elena案裁决中，仲裁庭在得出结论的过程中评论

[81] 中国与下列国家之间的BITs：奥地利(1985年)、文莱(2000年)、捷克共和国(2005年)、丹麦(1985年)、法国(1984年)、圭亚那(2003年)、冰岛(1994年)、印度尼西亚(1994年)、以色列(1995年)、日本(1988年)、韩国(1992年)、科威特(1985年)、马来西亚(1988年)、墨西哥(2008年)、《中国—新西兰自由贸易协定》(2008年)、挪威(1984年)、阿曼(1995年)、巴布亚新几内亚(1991年)、波兰(1988年)、斯洛伐克(1991年)、特立尼达和多巴哥(2002年)、土耳其(1990年)、阿拉伯联合酋长国(1993年)、南斯拉夫(1995年)。

[82] 2003年《中国—德国BIT》。

[83] 《中国—阿尔巴尼亚BIT》第44条第1款。另请参见《中国—阿根廷BIT》第4条第1款、《中国—蒙古BIT》第4条第1款。《中国—智利BIT》第10条第1款包括了"公共利益或国家利益"的提法。《中国—巴基斯坦BIT》第4条第1款提到了"安全和公共利益"。

[84] 《中国—新西兰BIT》第6条第1款。另请参见《中国—新加坡BIT》第6条第1款、《中国—斯里兰卡BIT》第6条第1款。

[85] 《中国—菲律宾BIT》第4条第1款。另请参见《中国—巴基斯坦BIT》第4条第1款，该款提到"安全和公共利益"。

[86] See generally M N Shaw, International Law (5th edn, 2003) 742. A Reinisch, 'Legality of Expropriation' in A Reinisch (ed.), Standards of Investment Protection (OUP, 2008), pp. 171, 178 – 86.

[87] M Sornarajah, The International law on Foreign Investment (2nd edn, 2004), 396 – 7. Sornarajah也提到了美国法学会在其《外国关系法重述》中所作的评论，也即该要求在国际求偿实践中尚未"发挥重要作用，可能因为该概念非常宽泛，其他国家无从对其有效地重新审查"，p. 397。

[88] British Petroleum Exploration Company Ltd. v. Libya (1979) 53 ILR 297, 317. 这与该仲裁员在LIAMCO案中的声明有所不同。在LIAMCO案中，其指出："公共利益不是合法国有化的必要条件"。The Libyan American Oil Company (LIAMCO) v. Libya (1981) 62 ILR 140.

道,虽然一项"出于环境原因的'征收或者'财产的取得可能被归类为出于公共目的,因而是合法的……",[89]但这绝未改变需要给予赔偿的要求。当一项措施相当于征收行为的时候,即使其目的是值得称赞的,但效果都是相同的。

更为晚近一些的 TECMED v. Mexico 案中,《墨西哥—西班牙 BIT》第 5 条第 1 款第 1 项中包括了公共利益要件。仲裁庭评论道:一旦管制性措施被认定符合征收的定义,它就不得不审查受指责的措施"与其拟保护的公共利益是否相称……虽然在界定其公共政策或者整体社会利益受到影响的问题时,这种分析从一开始就对国家的权力给予适当的尊重……仲裁庭尽管并不质疑这种适当的尊重,但这种情况并不阻止仲裁庭审查国家的行为",以根据该 BIT 判断国家的行为是否合理。[90] 如果中国为了公共利益实施一项措施,则其本身并不构成不需要赔偿的征收。

在 ADC v. Hungary 案中,被申请人匈牙利声称,实施被指责的措施是为了使其在 2004 年 5 月加入欧盟之前的那些运输法律与欧盟法相一致,因此也是"出于国家的战略利益"实施的。[91] 被申请人的主张并未说服仲裁庭,仲裁庭断定匈牙利实施措施的初衷并不是为了公共利益。仲裁庭在附带的陈述中指出,"条约中的'公共利益'要件要求公众某种真正的利益。如果单纯的涉及'公共利益'就能神奇地将此类利益变成公共利益而因此满足条约的要求,那么,条约的这一要求也就没有意义了。"[92]这个条件对现在的案例仍然有重大意义,无疑在任何根据中外 BITs 提起的仲裁中,仲裁庭都会考虑它。至少在确定国家采取的行为是否为不需要赔偿的、真正的管制性措

---

〔89〕 Compañia del Desarrollo de Santa Elena SA v. Costa Rica ICSID Case No. ARB/96/1),para 71.

〔90〕 Técnicas Medioambientales Tecmed, SA v. Mexico ICSID Case No. ARB (AF)/00/2, para 122. 仲裁庭也提到了欧洲人权法院的判决,该院也曾根据《欧洲人权法院公约第一议定书》考虑"为了公共利益"实施的措施的合理目标。比如,在 James v. UK (1986) 8 EHRR 123 案中,该院确认,除非国家所颁布的措施"明显没有合理根据,否则国家对该措施是否系'为了公共利益'仍保有一定程度的自行判断权"。

〔91〕 ADC Affiliate Limited and ADC & ADMC Management Limited v. Hungary, ICSID Case No. ARB/03/16 para 392.

〔92〕 Ibid. ,para 432.

施或者相当于征收时，它都是一个考察重点。

（二）正当程序

所有的三个《中国 BIT 范本》都提到，征收必须根据“国内法律程序”进行，这是中外 BITs 最经常使用的用语。[93] 第二个范本的用语略有不同，它的措辞是“根据适当的法律程序”，并没有提及国内法，可以说，这意味着仲裁庭可以根据国际法律原则裁断征收问题。但是，多数中外 BITs 提及了国内法，这给予东道国对程序的更多控制，毕竟它能改变国内法。其他条约要求符合更宽泛的、当然也有点更抽象的正当程序原则。比如，《北美自由贸易协定》第 1110 条[94] 和 2004 年《美国 BIT 范本》第 6 条。[95] 整体看来，当对征收行为的国内审查程序是有效的，也即在公正而不偏袒的裁判庭面前得到公正审理的权利，这个条件就满足了。[96]

中外 BITs 在要求征收依据“国内法的正当程序”[97]“根据它的法律”[98]

---

〔93〕 中国与下列国家之间的 BITs 包含了与当前 BIT 范本相同的用语：阿尔巴尼亚、阿尔及利亚、阿根廷、阿塞拜疆、巴林、孟加拉、巴巴多斯、比利时和卢森堡、贝宁、玻利维亚、波斯尼亚和黑塞哥维那、博茨瓦纳、保加利亚、缅甸、柬埔寨、智利、刚果、科特迪瓦、克罗地亚、古巴、塞浦路斯、吉布提、厄瓜多尔、埃及、爱沙尼亚、埃塞俄比亚、芬兰、格鲁吉亚、加纳、匈牙利、牙买加、约旦、朝鲜、老挝、拉脱维亚、黎巴嫩、立陶宛、马来西亚、摩尔多瓦、莫桑比克、荷兰、尼日利亚、巴基斯坦、秘鲁、菲律宾、卡塔尔、葡萄牙、罗马尼亚、俄罗斯、沙特阿拉伯（当地法律程序）、塞拉利昂、斯洛文尼亚、南非、西班牙、苏丹、叙利亚、突尼斯、乌拉圭、瓦努阿图、越南、津巴布韦。

〔94〕 《北美自由贸易协定》第 1110 条第 1 款第 3 项提到了“根据正当的法律程序……”和第 1105 条的最低标准规定。See M N Kinnear, A K Bjorklund, and J F Hannaford, Investment Disputes under NAFTA: An Annotated Guide to NAFTA Chapter 11(2006), 1110 – 33.

〔95〕 2004 年《美国 BIT 范本》第 6 条第 1 款第 4 项提到“根据正当的法律程序……”和第 5 条的最低标准待遇。另请参见《可持续发展国际研究所国际协议范本》第 8 条第 1 款第 3 项和 2004 年《加拿大 BIT 范本》第 13 条第 1 款。

〔96〕 虽然正当程序已被说成是“习惯国际法中的最低标准”的一个要素，“以及公平公正待遇的要求，目前尚不清楚在征收规则的适用方面，这种条款是否就征收的合法性增添了新要求。”R Dolzer and C Schreuer, Principles of International Investment Law (2008), 91.

〔97〕 中国与捷克共和国、斯洛伐克、波兰、希腊之间的 BITs。

〔98〕 《中国—新西兰 BIT》第 6 条第 1 款、《中国—挪威 BIT》第 5 条第 1 款第 1 项（国内的法律程序）、《中国—新加坡 BIT》第 6 条第 1 款、《中国—斯里兰卡 BIT》第 6 条第 1 款。

“相关国内法”[99]进行的时候，用词有一些变化，各种表述都使征收程序受征收国的国内法约束。征收应当依据“法律的正当程序”[100]“法律规定”[101]“可适用的法律法规”[102]“法律程序”[103]进行。由于没有提及国内法，这些条款对投资者更为有利，因为允许投资者启动国际法中奉为神圣的正当程序标准。从投资者的角度看，最佳做法是不提及国内法，因为东道国可以变更国内法。

相比之下，其他一些中外 BITs 根本就没有提及这一条件。比如，《中国—意大利 BIT》仅仅为征收设置了两个要件：为了公共目的、给予赔偿。[104]实际上，在所有案例中普遍存在这样一种评论，如果征收是为了公共目的且给予赔偿，则这种征收在国际法上就是合法的。因此，在条约中增加正当程序或者根据当地法的要求是必要的。

除了符合正当程序要求这个一般条件外，一些中外 BITs 专门规定了投资者有权要求对已完成的征收和应付的补偿款额进行司法审查。比如，1984 年《中国—英国 BIT》规定：

“第 5 条第 1 款

受影响的国民或公司应有权依照采取征收的缔约一方的法律，要求该一方的司法或其他独立机构根据本款规定的原则迅速审理其案件和其投资

---

[99] 例如，可参见《中国—澳大利亚 BIT》第 8 条第 1 款（接受投资缔约一方的法律）、《中国—圭亚那 BIT》第 4 条第 1 款第 2 项（依照国内法律）、《中国—冰岛 BIT》第 4 条、《中国—印度尼西亚 BIT》第 6 条第 1 款、《中国—科威特 BIT》第 5 条第 2 款（普遍适用的国内法律）、《中国—马其顿 BIT》第 4 条、《中国—新西兰自由贸易协定》第 145 条第 1 款第 2 项（可适用的国内法）、《中国—特立尼达和多巴哥 BIT》第 6 条第 1 款第 2 项、《中国—阿拉伯联合酋长国 BIT》第 6 条第 1 款第 2 项、《中国—赞比亚 BIT》第 4 条第 1 款第 1 项（依照国内法）。

[100] 中国与奥地利、毛里求斯、墨西哥、瑞典之间的 BITs。

[101] 《中国—巴布亚新几内亚 BIT》第 5 条第 1 款、《中国—瑞士 BIT》第 7 条。

[102] 《中国—印度 BIT》第 4 条、《中国—日本 BIT》第 5 条第 2 款、《中国—韩国 BIT》第 5 条第 2 款、《中国—土耳其 BIT》第 3 条第 1 款第 1 项、《中国—乌兹别克斯坦 BIT》第 4 条。

[103] 请参见中国与亚美尼亚、喀麦隆、法国、哈萨克斯坦、蒙古、吉尔吉斯斯坦、也门之间的 BITs。

[104] 中国缔结的没有明文提到依照正当程序进行征收的其他 BITs 包括：《中国—文莱 BIT》第 4 条第 1 款、《中国—丹麦 BIT》第 4 条第 1 款、《中国—以色列 BIT》第 5 条第 1 款、《中国—阿曼 BIT》第 4 条第 1 款、《中国—泰国 BIT》第 5 条第 1 款、《中国—乌干达 BIT》第 4 条第 1 款、《中国—英国 BIT》第 5 条第 1 款、《中国—南斯拉夫 BIT》第 4 条。

的价值。”[105]

《中国—加纳 BIT》在这项权利上的表述有些变化。该 BIT 第 4 条第 3 款规定,如果投资者相信征收与东道国法律不符合,则其可以请求进行审查。其他的中外 BITs 包括类似的条款,但没有明确提及缔约方的国内法。《中国—德国 BIT》规定,“尽管有第 9 条[争端解决]的规定,然而征收措施的合法性和补偿款额的估价,应投资者的要求,仍可由国内法院进行审查。”[106] 从实质上看,其效果似乎是相同的(在任何情况下,都只能选择有权的国家机关并依据国内法进行审查程序)。这些后来订立的条约只不过清楚地表明,投资者的这一机会不能侵害投资者与国家间的争端解决规定。当然,投资者行使这个权利的时候必须谨慎,因为很多条约仅在投资者对补偿款额不满的情况下方允许其提起国际仲裁。如果投资者已经向法院就相关机关给予的补偿款额进行起诉,则投资者可能就无权再就此提起仲裁。投资者可能并不愿意这样失去提起仲裁的权利。

(三)非歧视

多数中外 BITs 要求,征收必须以非歧视的方式进行,[107] 但也一些中外 BITs 并未提及非歧视要件。[108] 这一条件对投资者提供了额外的保护,尤其是,如果相关 BIT 没有包括全面的国民待遇条款,和/或者禁止采取非歧视性措施的规定,而许多早期的中外 BITs 正是这样。实践中,有关歧视性的

---

[105] 类似的规定可见于中国与下述国家之间的 BITs:奥地利、波斯尼亚和黑塞哥维那、捷克共和国、丹麦、日本、韩国、黎巴嫩、新西兰、巴基斯坦、菲律宾、葡萄牙、罗马尼亚、斯洛文尼亚、新加坡、西班牙、斯里兰卡、泰国、特立尼达和多巴哥、土耳其、阿拉伯联合酋长国。

[106] 其他的例子包括中国与罗马尼亚、斯洛伐克、捷克共和国之间的 BITs。

[107] 中国与下列国家之间的 BITs:阿尔巴尼亚、阿尔及利亚、阿根廷、澳大利亚、阿塞拜疆、巴林、孟加拉、比利时和卢森堡、贝宁、玻利维亚、波斯尼亚和黑塞哥维那、博茨瓦纳、文莱、保加利亚、柬埔寨、智利、科特迪瓦、克罗地亚、古巴、塞浦路斯、捷克共和国、丹麦、吉布提、厄瓜多尔、埃及、埃塞俄比亚、芬兰、法国、匈牙利、格鲁吉亚、加纳、希腊、圭亚那、冰岛、以色列、牙买加、日本、约旦、韩国、朝鲜、科威特、老挝、拉脱维亚、黎巴嫩、立陶宛、马来西亚、毛里求斯、美国、缅甸、荷兰、新西兰、挪威、巴基斯坦、巴布亚新几内亚、秘鲁、菲律宾、波兰、匈牙利、卡塔尔、罗马尼亚、俄罗斯、沙特阿拉伯、新加坡、斯洛伐克、斯洛文尼亚、西班牙、斯里兰卡、瑞典、瑞士、叙利亚、突尼斯、特立尼达和多巴哥、土耳其、阿拉伯联合酋长国、乌拉圭、越南、南斯拉夫、赞比亚、津巴布韦。

[108] 中国与奥地利、德国、印度尼西亚、意大利、阿曼、英国、南斯拉夫之间的 BITs。

请求难以得到证实,故虽然这个因素被确认为“需要考虑的相关因素”,但是要“在具体的案件中证实歧视的存在往往极端困难”。[109]

实践中,已有案件涉及非歧视性条件的审查。例如,在 Liamco 案件中,仲裁庭确认,歧视性的夺取是不合法的。但在该案中,仲裁庭并未断定存在歧视性的行为,因为利比亚采取该行动是为了保留其自然资源所有权。[110]更晚近一些的案件中,ADC 辩称,匈牙利采取的措施是歧视性的,因为这些措施仅针对申请人。匈牙利否定了这一主张。匈牙利指出,事实上,在飞机场运营业务上,并无其他的外方。在任何情况下,《修订法案和法令》中的禁止性规定适用于除了制定法指定的运营者以外的每一个人,故不能说是针对申请人的歧视性行为。仲裁庭在其裁决中对于歧视这个问题没有谈及太多,但完全驳回匈牙利关于因 ADC 是唯一的外国运营商而不存在歧视的主张。“被申请人观点是正确的,即如果一项歧视存在,特别是在征收场景中,必须存在针对不同当事方的不同待遇。但不幸的是,被申请人的理解是错的,因为此处不同待遇之间的比较是发生在被申请人指定的运营商与作为一个整体的外国投资者所受到的待遇之间。”[111]仲裁庭驳回了被申请人的主张,断定其行为构成歧视。

四、征收补偿

如上所述,在投资条约中,只要征收的实施是为了公共目的且支付赔偿,则征收本身并不受禁止。在国际法上,正确地确定合法征收的赔偿标准已经被证明是非常有争议的。实际上,据观察,除了“使用武力以外,没有哪个国际法问题像外国人财产被征收时的赔偿支付标准那样极具争议性以及

---

〔109〕 M N Shaw, International Law (5th edn, 2003) 751.

〔110〕 Libyan American Oil Co (Liamco) v. Libya (1982 62 ILR 140), 194. 另请参见 Eureko BV v. Poland 案的裁决。该案仲裁庭断定,国家不批准申请人举行首次公开募股的行为“明显具有歧视性”, para 242。A Reinisch, ‘Legality of Expropriation’ in A Reinisch (ed.), Standards of Investment Protection (OUP, 2008), 171, 186 – 91.

〔111〕 ADC Affiliate Limited and ADC & ADMC Management Limited v. Republic of Hungary, ICSID Case No. ARB/03/16, para 442.

容易激起不满。”[112]在20世纪60和70年代，以美国为领导的资本输出国与发展中国家以及社会主义国家之间存在鲜明的对立，前者用“及时、充分、有效赔偿”这样的术语表述坚持完全赔偿，这也即所谓的“赫尔公式”，资本输入国则认为应该在考虑相关环境的情况下依据《1974年联合国经济宪章》中所提到的“适当”标准进行赔偿，且应该根据征收国的国内法支付该赔偿。其他国家，也即社会主义国家和一些拉美国家则认为，根本不用赔偿。[113]

在不予赔偿征收外国人财产方面，中国有自己的经验。在共产主义革命之后不久，中国就开始实施这些财产夺取，最终形成“缓慢的国有化”政策，[114]该政策几乎实际上导致1957年之前所有的直接投资的消灭。其时最大的投资者来自日本、英国，而美国和法国的投资则少得多。这些国家在中国的战略领域拥有重大的利益。共产主义政府想要建立一个社会主义国家，故其系统地通过各种手段——“报复性没收”[115]和“人质资本主义”[116]——根除外国投资（与俄罗斯的合营企业除外）。争议的关键在于政府对此并未支付赔偿。虽然后来进行一定数额的赔偿，但赔偿得很晚，而从美国投资者的角度来看，这笔赔偿不是完全令人满意。美国外国人求偿解决委员会估计，大约一亿九千七百万美元的资产被征收，但1979年达成的协议却是中国“一揽子”支付八千五百万美元。[117] 几年以后，中国与英国达成协议，据此中国向英国支付两千三百五十万美元，以换取英国放弃就1980

[112] O Schachter, ‘Compensation for Expropriation, Editorial Comment’ (1984) 78 AJIL 121.

[113] See F Francioni, ‘Compensation for Nationalization of Foreign Property: The Borderland between Law and Equity’ (1975) 24 ICLQ 255 – 6.

[114] T N Thompson, ‘China’s Nationalization of Foreign Firms: The Politics of Hostage Taking 1949 – 1957’ (1979) 6 University of Maryland Law School Occasional Papers/Reprints Series in Contemporary Asian Studies, 3 – 6.

[115] 其中一例便是1951年5月，因港英政府将一艘与中国存在所有权争议的油轮占为己有，作为回应，中国政府扣押了壳牌公司在华所有资产。See W. Shan, The Legal Framework of EU – China Investment Relations (2005) 8 and A Jerome and H Chiu, People’s China and International, Law (1974), p. 686.

[116] 关于这些政府行为的具体情况，see P K Chew, ‘Political Risk and U. S. Investment in China: Chimera of Protection and Predictability?’ (1994) 34 Virginia Journal of International Law 615, 626.

[117] 条件是美国解除对中国在美资产的禁运。See Agreement Concerning the Settlement of Claims, 11 May 1979 (1979) 18 ILM 551.

年以前的事情提出赔偿。[118] 因此,最终中国还是进行了赔偿,虽然目前尚未牵涉到有关征收请求的任何国际争端中【需要注意,2011 年 5 月 24 日的 Ekran Berhad v. People's Republic of China 案中,马来西亚投资者以中国政府对其财产进行征收而诉诸 ICSID 仲裁。——译者注】,中国对外签订的条约却实实在在地包括征收规定。

这一领域的投资条约实践显示,在赔偿标准问题上,人们的认知越来越趋于统一。很多协议规定,赔偿必须等同于被征收财产的“市场价值”(market value)[119]或“公平市场价值”(fair market value)[120]或者更少使用的“真实价值”(genuine value)[121]或简单的“价值”(value)[122]。另一个例子是 1989 年《英国—苏联 BIT》,其规定,赔偿必须是被征收投资的“实际价值”(real value)。[123] 在仲裁案例法中,仲裁庭将这些表述解释为,指的是在正常交易中、在公开的市场上一个心甘情愿的买主愿意付给一个心甘情愿的卖主的价格,这些表述实际上意味着完全的或者“充分的”赔偿。[124] 相应地,大多数条约最终采纳了资本输出国所主张的模式。

(一)补偿标准

所有的 BITs 都将赔偿规定为征收的强制性条件,但在规定征收赔偿条款的措辞方面有所不同。中外 BITs 并未采纳广为使用的赫尔公式,即“充分、及时、有效”地赔偿。三个中国范本的表述有所不同,且中外 BITs 在沿用时都会进行一些修改。第一个和当前范本提及投资的“价值”。例如,《奥

---

〔118〕 1987 年《英国政府和中华人民共和国政府关于解决历史遗留的相互资产要求的协定》。

〔119〕 例如,可参见《东盟促进和保护投资协议》第 6 条第 1 款、《瑞士 BIT 范本》第 6 条第 1 款。

〔120〕 例如,可参见《北美自由贸易协定》第 1110 条第 2 款、2004 年《美国 BIT 范本》第 6 条第 2 款第 2 项、《能源宪章条约》第 13 条第 1 款。

〔121〕 例如,可参见《捷克共和国—荷兰 BIT》第 5 条、《荷兰 BIT 范本》第 2 条第 3 款。

〔122〕 例如,可参见 2005 年《德国 BIT 范本》第 4 条第 2 款、《斯里兰卡 BIT 范本》第 6 条第 2 款。

〔123〕 1989 年《英国—苏联 BIT》的规定。这个规定成为下述案件仲裁庭的审查对象:RosInvestCo UK Ltd. v. The Russian Federation, SCC Case No. Arb. V079/2005。该案仲裁庭在其 2007 年 10 月发布的管辖权裁决中指出,自己对征收事项有管辖权。另请参见 2006 年《法国 BIT 范本》第 6 条第 2 款。

〔124〕 See for example INA Corporation v. Iran 8 Iran - USCTR, 373, 380.

地利—中国 BIT》就照搬了该范本的规定。其第 4 条第 1 款规定：

"补偿应与***被征收的投资***在公布征收前一刻的***价值***相符。"[着重部分系作者标示]

在这个条款以及在多数其他沿用范本表述方式的条约条款中，征收价值被固定为"被征收投资的价值"。[125]《中国—英国 BIT》提及"合理的赔偿"，[126]然后再将该补偿与投资的"实际"(real)[127]价值相挂钩。一些 BITs 通过提及"实际的"[128]"真实的"[129]或者"市场"[130]价值的方式将赔偿与价值相挂钩。《中国—荷兰 BIT》提及，赔偿"应等于投资在采取征收措施前一刻的公平市场价值。公平市场价值不应因为征收事先已为公众所知而反映了任何价值上的改变。"[131]这个补偿标准类似于加拿大和美国 BIT 范本的用语。在 BIT 以及仲裁实践中，公平市场价值被广泛使用。实际上，《世界银行指南》确认，如果"赔偿是以被征收资产的公平市场价值为基础"，则其

〔125〕 中国与下列国家之间的 BITs：阿尔巴尼亚、阿尔及利亚、奥地利、阿塞拜疆、孟加拉、贝宁、玻利维亚、波斯尼亚和黑塞哥维那、博茨瓦纳、保加利亚、缅甸、柬埔寨、佛得角、刚果、科特迪瓦、塞浦路斯、古巴、丹麦、吉布提、埃及、爱沙尼亚、格鲁吉亚、德国、希腊、匈牙利、印度尼西亚、意大利、牙买加、朝鲜、拉脱维亚、立陶宛、蒙古、缅甸、新西兰、尼日利亚、挪威、秘鲁、菲律宾、波兰、俄罗斯、沙特阿拉伯、塞拉利昂、新加坡、斯里兰卡、苏丹、南非、叙利亚、泰国、特立尼达和多巴哥、瓦努阿图。

〔126〕 《中国—英国 BIT》第 5 条第 1 款。中国与以色列和南斯拉夫之间的 BIT 也提到了"合理补偿"。

〔127〕 另请参见中国与智利、捷克共和国、法国、冰岛、印度、卡塔尔、斯洛伐克、乌干达之间的 BITs。

〔128〕 中国与下述国家之间的 BITs：亚美尼亚、比利时和卢森堡、哈萨克斯坦、吉尔吉斯斯坦、摩尔多瓦、塔吉克斯坦、土库曼斯坦、乌克兰、乌兹别克斯坦、白俄罗斯。

〔129〕 另请参见《中国—文莱 BIT》第 4 条第 2 款、《中国—毛里求斯 BIT》第 6 条第 1 款第 3 项、《中国—津巴布韦 BIT》第 4 条第 2 款。

〔130〕 中国与下列国家缔结的 BITs 也提到了"市场价值"：澳大利亚、巴林、巴巴多斯、喀麦隆、克罗地亚、加蓬、圭亚那、以色列、约旦、肯尼亚、韩国、黎巴嫩、马其顿、摩洛哥、葡萄牙、罗马尼亚、斯洛文尼亚、西班牙、突尼斯、土耳其(提到合理的市场价值)、乌拉圭、越南、也门、南斯拉夫、赞比亚。

〔131〕 《中国—荷兰 BIT》第 5 条第 1 款第 3 项。使用了公平市场价值标准的中外 BITs 还有：《中国—芬兰 BIT》第 4 条第 2 款、《中国—新西兰自由贸易协定》第 145 条第 2 款、《中国—墨西哥 BIT》第 7 条第 2 款第 1 项。

就是充分的。[132] 正如 Schwartz 教授在 SD Myers 案的异议书中所评论的那样,这个赔偿标准可能并非在所有的案例中都是适当的。公平市场价值标准"可能不能在所有的案件中都引导出一个公正的或者可行的结果。在一些案例中,可能难以或者不可能估计'公平市场价值'。在其他一些案件中,仲裁庭可能会认为使用与公平市场价值不同的标准是合法和公正的。"[133]

中外 BITs 偶尔会提及诸如"公平公正的赔偿"[134]"公正、有效和非歧视的赔偿"[135]以及"公平合理的赔偿"[136]等概念。另一种不同的表述方式出现在《中国—老挝 BIT》,它提及"适当和有效的赔偿"。《中国—巴基斯坦 BIT》允许根据东道国的"法律法规"来计算损害赔偿。投资者必须查阅中国有关征收的法律规定,正如下文所述,此类法律的规定非常含混。《中国—毛里求斯 BIT》提及应支付"公正的赔偿"。然后又与资产的"真实价值"相挂钩,这至少在如何得出一个公正的赔偿额上会给予仲裁庭一些指南。CME 案中的《捷克—荷兰 BIT》的赔偿规定与之完全相同。在该案有关赔偿的裁决中,仲裁庭多数成员断定,征收赔偿标准是"公平市场价值"。仲裁庭的观点是,"公平市场价值"等于"公正赔偿",而这代表受不利影响的财产的"真实价值",[137]也就是该 BIT 所使用的术语。根据该 BIT 中的"公正赔偿"标准,仲裁庭计算出一个非常不同的结果。

---

[132] World Bank, Report to the Development Committee and Guidelines on the Treatment of Foreign Direct Investment (hereinafter 'World Bank report') (1992) 31 ILM 1366, Art IV. 3. SD Myers Inv v. Canada 案仲裁庭在考虑应适用何种标准计算损害赔偿时注意到,《北美自由贸易协定》第 11 章仅在投资规定中规定了公平市场价值。由于缔约者未作其他指示,仲裁庭得出如下结论:"起草者……的本意是将这个问题留给仲裁庭自己确定……"它并不认为该案适合运用公平市场价值方法,而是选择根据申请人所证明的经济损害来估算赔偿额。SD Myers, Inc. v. Canada, UNCITRAL First Partial Award, 13 November 2000, para 309.

[133] Ibid., SD Myers Separate Concurring Opinion Professor Schwartz, para 276.

[134] 2006 年《中国—印度 BIT》第 5 条第 1 款。

[135] 《中国—阿拉伯联合酋长国 BIT》第 6 条第 1 款。

[136] 《中国—科威特 BIT》第 5 条第 1 款、《中国—马来西亚 BIT》第 6 条第 1 款第 3 项、《中国—菲律宾 BIT》第 4 条第 1 款第 3 项。

[137] CME Czech Republic BV v. Czech Republic, UNCITRAL Final Award, 14 March 2003 para 493. 该案中的异议仲裁员 I Brownlie 否定了这一方法,而是适用该约中规定的赔偿标准,算出一个不同的赔偿数额(1.6087 亿美元,截然不同于多数仲裁员裁断的 2.698 亿美元), see Separate Opinion on the Issues at the Quantum Phase available online at http://ita. law. uvic. ca/documents/CME2003 - SeparateOpinion_001. pdf.

《中国—瑞典BIT》并未采用上述任何标准，而是规定，“缔约任何一方对缔约另一方投资者在其境内的投资，只有为了公共利益，按照适当的法律程序，并给予补偿，方可实行征收或国有化，或采取任何类似的其他措施。补偿的目的，应使该投资者处于未被征收或国有化相同的财政地位。”[138]类似地，《中国—巴布亚新几内亚BIT》不仅提到“给予补偿”，而且还就如何估价提供了一些指南，其确认“补偿应是适当的或相当于采取征收措施前一刻的投资价值”。

第二个BIT范本也将市场价值作为赔偿标准，但同时增加一个非穷尽的清单，列举出在市场价值不易确定时可以考虑的因素。《中国—斯洛文尼亚BIT》的赔偿规定就是如此：

“第4条第2款

若市场价值不易确定，补偿应根据公认的估价原则和公平的原则确定，尤其应把投入的资本、折旧、已汇回的资本、更新价值和其他有关因素考虑在内。”[139]

这个条款令人关注之处在于，它明确提及诸如“公平原则”“已汇回的资本”此类在传统的估价分析中不予考虑的因素。这些指南将传统的估价方法与公平的考虑相结合，使估价结果根据个案的具体情况变得更为均衡和合理。通过这种方式，中国设法给未来处理征收问题的仲裁庭提供一个评估损失的指南。《中国—津巴布韦BIT》的规定有些变化，因为它规定补偿款额的计算应考虑“在适当的时候，由独立的会计师事务所确定的净资产价值以及市场价值”。[140]

条约传统上并不进一步明确赔偿要件的内容。《世界银行指南》规定，仲裁庭使用当事方同意的方法确定公平市场价值。在当事方就此达不成协议的时候，“如果该国根据与投资的市场价值有关的合理标准确定了公平市

---

〔138〕《中国—瑞典BIT》第3条第1款。另请参见《中国—阿根廷BIT》第4条第2款、《中国—日本BIT》第5条第3款。

〔139〕另请参见《中国—澳大利亚BIT》第8条第2款、《中国—韩国BIT》第5条第3款、《中国—科威特BIT》第5条第1款第3项。

〔140〕《中国—津巴布韦BIT》第4条第2款。

场价值,则其亦是可接受的,上述标准也即一个心甘情愿的买主在考虑了投资的性质、未来投资运行的环境及其具体特征,包括投资已经存续的期间、有形资产在全部投资中的比例,以及个案中与具体情况相关的其他因素等之后,在正常情况下愿意付给一个心甘情愿的卖主的数额。”[141] 在这方面,《世界银行指南》对估价方法的重述和解释是令人满意的。这包括“持续经营企业”“现金流量折现法”“清算价值”“重置价值”和“账面价值”。

中国当前的 BIT 范本第 4 条第 2 款提及,价值“应根据普遍承认的估价原则来确定”。这个关于仲裁庭应如何计算赔偿的附加说明出现在更多的晚近条约里。[142] 比如,《世界银行外国直接投资待遇指南》中就阐述了这种估价原则。但是,即便条约中没有明确提及这种原则,仲裁庭在原则上也会常常适用它们。《中国—圭亚那 BIT》在纳入这一规定的同时还规定,“该价值应……按照不考虑征收问题时,将该投资作为运营中的企业在公开市场上出售时的价值确定。”

即便 BIT 中已经规定了赔偿标准,但是,关于如何最好地量化应给予的损害赔偿问题,在国际法上仍少有共识。普遍接受的是,赔偿标准的确定“是一个非常重要的法律问题,实际的估价应是客观、独立的程序。”[143] 一些条约列举了仲裁庭必须考虑的一套标准,如“持续经营企业价值,包括有形财产的申报课税价格在内的资产价值,以及适于确定公平市场价值的其他标准。”[144] 这些标准不是强制性的,故仲裁庭在适用它们时享有自由裁量权。在裁决给予损害赔偿问题上,不同的估价方法会导致截然不同的结果。现

[141] World Bank Guidelines on the Treatment of Foreign Direct Investment (1992) 31 ILM 1366, Art IV. 5.

[142] 中国与刚果、圭亚那、葡萄牙、芬兰、拉脱维亚、塞拉利昂、西班牙之间的 BITs。

[143] E Lauterpacht, ‘International Law and Private Foreign Investment’ (1996) 4 Global Legal Studies Journal 257, 267. See also on the principles of valuation W M Reisman and R D Sloane, ‘Indirect Expropriation and its Valuation in the BIT Generation’ (2003) 74 BYIL 115, 136.

[144] 《北美自由贸易协定》第 1110 条第 2 款列举了这些估价标准。

金流量折现法是广为使用的估价方法。[145] 实际上,CME v. Czech Republic案仲裁庭评论道,"在对持续经营企业估价方面,现金流量折现法是最常使用的方法。"[146] 但是,该方法是否仅适用于投资系持续经营企业而非未运营实体的情况,目前尚不明确。例如,在 Metalclad 案中,申请人的专家提交了两种可能的替代性估价方法:其一,现金流量折现法,据此可能的损失为9000 万美元;其二,实际投入额,在垃圾掩埋项目上实际投入的数额估计为2000 万 ~2500 万美元。仲裁庭拒绝采纳第一种方法,因为"企业在相当长的时间内没有运营,以至于没有建立业绩记录,或者未能盈利,因此,不能用未来利润来计算持续经营企业或者公平市场价值。"[147] 在 Biwater 裁决中,申请人主张,正确的估价方法是成本/净投资方法成本/净投资方法,仲裁庭拒绝了这一主张。仲裁庭断定,"在本案中,适当的方法是现金流量折现法(这也是多数 BIT 案件中使用的方法)。"[148] 实际上,在该案中,适用现金流量折现方法的结果是,仲裁庭裁决无需支付任何损害赔偿,因为在征收之时,该投资者的价值是"零"。

关于是否应该赔偿损失的利润这一问题,亦是鲜有共识。在关键的Factory at Chorzów 案中,人们就此展开辩论。常设法院确认,赔偿应"消除

---

〔145〕 例如,可参见仲裁庭运用现金流量折现法的一些晚近案例:ADC v. Hungary,Sempra Energy v. Argentina,Enron v. Argentina,CMS v. Argentina; Biwater v. Tanzania 案仲裁庭也断定,现金流量折现法是适当的估价方法,并运用这个方法查明,申请人的投资没有经济价值。关于现金流量折现法的定义,see the World Bank Guidelines Art IV (6). See also T Weiler and L M Diaz,'Causation and Damages in NAFTA Investor State Arbitration' in T Weiler (ed.) NAFTA Investment Law and Arbitration: Past Issues,Current Practice,Future Prospects,179,201.

〔146〕 CME Czech Republic BV v. Czech Republic,UNCITRAL Final Award 14 March 2003,para 103. 但是,该案仲裁庭承认,其他估价方法不同,现金流量折现法的准确性取决于对公司未来业绩的预测。

〔147〕 Metalclad Corporation v. Mexico,ICSID Case No. ARB(AF)/97/1 para 120. 该案仲裁庭提到了下列较早期的案例:AAPL v. Sri Lanka ICSID Case No. ARB/87/3。后一案件仲裁庭确认,一个能被评定为持续经营企业的实体必须此前在市场上存在两三年。See also Phelps Dodge Corp v. Iran (1986) 10 Iran – USCTR 121,132 – 3. See J Crawford,The International Law Commission's Article on State Responsibility: Introduction,Text and Commentaries (2002) Art 36 para 22. 该文确认,"但是,用以估算'公平市场价值'的方法决定于相关资产的性质。"

〔148〕 Biwater Gauff (Tanzania) Ltd. v. Tanzania,ICSID Case No. ARB/05/22 Para 793. 该案仲裁庭确认,不管采用何种赔偿标准,"只有在实际违反 BIT 的行为和"投资者"所遭受的损失之间存在足够的因果联系时才应该给予"赔偿。

非法行为的所有后果”。[149] 因此，投资者应该收回实际损失（damnum emergens）和未赚取的利润（lucrum cessans）。[150] 这一裁定为其后的一些案件，尤其是伊美求偿法庭处理的案件所沿用。比如，Amoco 案仲裁庭在计算损害赔偿上，赞成区分合法征收和非法征收。这是一个悬而未决的法律领域，其在包括中外 BITs 在内的 BITs 框架下的重要性，尚不完全清楚。而在这些 BITs 中，只要符合一定的条件，征收就是合法的。有人认为，“该断定仍然有助于实现一个有用的政策目的，因为它允许国际仲裁庭惩罚那些过分的征收，并有望在未来阻止这种征收。”[151] 在这个问题上，晚近已有一些案例。

在 Siemens v. Argentina 案裁决中，仲裁庭断定，存在蚕食性征收，且该征收不符合《阿根廷—德国 BIT》中的条件，故该征收是非法的。[152] 损害赔偿数额根据这一断定计算，虽然由于某些原因，此类损失的利润“完全不可能实现”，该案仲裁庭最后没有裁决被申请人赔偿投资者的利润损失。[153] 在 ADC 裁决中，该 BIT 的条款规定了根据投资的“市场价值”给予“公平的赔偿”，仲裁庭不得不考虑是适用 BIT 的条款，还是适用习惯国际法的规定。BIT 的规定只适用于合法的征收，不能用来计算非法征收的损害赔偿。该案仲裁庭所以断定，其应该适用 Chorzów Factory 案的赔偿标准，并根据裁决作出之日（而非财产夺取之日）的市场价值估算赔偿额。投资仲裁庭还可能裁决东道国因基于错误产生的责任而赔偿投资者。例如，在 Desert Line

---

〔149〕 Factory at Chorzów（Germany v. Poland）Merits（1928）PCIJ Series A, No. 17, 47.

〔150〕 关于各类估价原则的综述，see W M Reisman and R D Sloane, ‘Indirect Expropriation and its Valuation in the BIT Generation’（2003）74 BYIL 115, 136－49；关于可予赔偿的索赔请求的分类，see J Crawford, ILC Article on State Responsibility: Introduction, Text and Commentaries（2005）, pp. 218－30。

〔151〕 W M Reisman and R D Sloane, ‘Indirect Expropriation and its Valuation in the BIT Generation’（2003）74 BYIL 115, 137. 该文作者相信，这种区分在“蚕食性”征收的场合更为重要。See also A Sheppard, ‘The Distinction between Lawful and Unlawful Expropriation’ in C Ribeiro（ed.）, Investment Arbitration and the ECT（2006）169.

〔152〕 Siemens v. Argentina, ICSID Case No. ARB/02/8 Award 6 February 2007 para 273. 与此类似，ADC v. Hungary 案仲裁庭也支持了申请人的下述主张：匈牙利的征收没有满足《塞浦路斯—匈牙利 BIT》所列的 4 个条件，因而是非法的。

〔153〕 Ibid., para 379.

Projects 案中，仲裁庭判予赔偿一百万美元的精神损害和名誉损失。[154]

就适当的估价日期而言，更常见的做法是，将被征收投资的价值固定在"征收或即将进行征收已为公众所知前一刻"。[155] 中国当前的 BIT 范本第 4 条第 2 款所用的就是这个日期，最终体现在许多中外 BITs 中。一些 BITs 在句末使用了"以时间在先的为准"这样的措辞，使得适当的日期的选择更为清晰。这种条款旨在确认赔偿裁决中不考虑即将来临的征收（如果该征收在实施之前即已为公众所知）对投资价值的消极影响。[156] 其他条约沿用第一个 BIT 范本的模式，只提及宣布征收之时投资的价值。[157] 如果这种宣布没有实际做出，则仲裁庭将不得不以不同的方式确定估价日期。此外，一些 BITs，如 2001 年《中国—荷兰 BIT》明确提到，"公平市场价值不应反映因为征收此前已为公众所知悉导致的任何价值变化"。[158] 这个规定非常有效地防止投资受到那段时间的价值变化的影响，例如，如果投资者是一个上市公司，其股价明显下降。那么，投资的价值仍应保持在其价值因征收信息为公众所知悉而下跌之前。因此，确定适当的估价日期是非常重要的，因为就是从这一天开始产生利息。此外，正如 ADC 案中那样，仲裁庭若使用实际作出裁决的日期，则可能导致一个更高的投资价值额。

（二）征收和最惠国待遇

值得指出的是，一些中外 BITs 在征收部分包括一个规定，确认缔约方给予有关征收规定的最惠国待遇。例如，《中国—德国 BIT》规定：

---

〔154〕 Desert Line Projects LLC v. Yemen, ICSID Case No. ARB/05/17 paras 286 – 91.

〔155〕 《中国—捷克共和国 BIT》（2005 年）第 4 条第 2 款。在中国缔结的 BIT 中，这是迄今最常见的估价起算日期。本书所选取的样本包括中国与下列国家之间的 BITs：贝宁、波斯尼亚和黑塞哥维那、丹麦、希腊、以色列、立陶宛、缅甸、巴布亚新几内亚、俄罗斯、斯洛伐克、英国、津巴布韦。

〔156〕 请参见中国与芬兰、德国、拉脱维亚、葡萄牙、西班牙之间的 BITs。

〔157〕 下列便是一些例子：《中国—阿尔及利亚 BIT》第 4 条第 2 款、《中国—保加利亚 BIT》第 4 条第 2 款、《中国—塞浦路斯 BIT》第 4 条第 2 款、《中国—爱沙尼亚 BIT》第 4 条第 2 款、《中国—匈牙利 BIT》第 4 条第 2 款、《中国—波兰 BIT》第 4 条第 2 款、《中国—罗马尼亚 BIT》第 4 条第 2 款、《中国—叙利亚 BIT》第 4 条第 2 款。

〔158〕 《荷兰—中国 BIT》第 5 条第 1 款。另请参见《中国—墨西哥 BIT》第 7 条第 2 款第 1 项、《中国—新西兰自由贸易协定》第 145 条第 2 款。

"缔约一方的投资者在缔约另一方的境内可就本条规定的事项享有最惠国待遇。"[159]

另一种更常见的类似表达是有关"因战争、国家危急状态、暴乱、骚乱或者其他类似事件"给投资者造成损失方面,缔约方同意"给予该投资者的待遇不应低于给予第三国投资者的待遇"。[160] 实际上,《中国—意大利 BIT》在这两方面都做了规定:条款确认投资由于战争等事件而遭受损失,"它们所享受的待遇不应低于任何第三国国民或公司所享受的待遇",再用单独一个条款确认"就本条所述事项应享受最惠国待遇"。[161] 晚近的仲裁庭审查了类似的规定并确认,这种条款设定的义务是就金融或其他危急状态发生之时给予外国投资者非歧视待遇。[162]

《中国—韩国 BIT》并未包括这种规定,但在第 5 条第 4 款确认,投资者"在另一国领土内有关本条第 1 款至第 3 款所述事项方面,保证得到非歧视待遇"。在这种情况下,东道国不仅不能根据第 5 条第 2 款歧视性地征收资产,而且也必须确保与征收条款有关的所有事宜都是非歧视性的。

(三)利息

对于仲裁庭裁决的征收赔偿而言,利息是一个重要的部分。[163] 《国际法委员会条款评论》指出,利息并非是个案裁决损害赔偿的独立形式或者必要

---

[159] 毫无疑问,最惠国待遇规定适用于征收规定。另请参见《中国—日本 BIT》,该 BIT 仅在有关征收条款和战争、国家紧急状态的规定中提到最惠国待遇。

[160] 《中国—匈牙利 BIT》第 4 条第 3 款。中国与下列国家之间的 BITs 也包含这种规定:阿根廷、巴林、玻利维亚、克罗地亚、爱沙尼亚、法国、加纳、匈牙利、牙买加、老挝、立陶宛、蒙古、巴基斯坦、菲律宾、沙特阿拉伯、土耳其、越南。

[161] 《中国—意大利 BIT》第 4 条第 3 款、第 4 款。另请参见《中国—奥地利 BIT》第 4 条第 3 款、第 6 款,《中国—泰国 BIT》第 5 条第 3 款、第 4 款。

[162] See, for example, CMS v. Argentina, Award of 12 May 2005, para 375; Enron Corporation and Ponderosa Assets, LP v. Argentina, Award of 22 May 2007, para 320 – 1; and Sempra Energy International v. The Argentine Republic, Award of 28 September 2007, para 362 – 3.

[163] See generally C F Dugan, D Wallace, N D Rubins, and B Sabahi, Investor State Arbitration (2008) 605 – 11. C McLachlan, L Shore, and M Weiniger, International Investment Arbitration: Substantive Principles (2007) paras 9. 122 – 33. J Y Gotanda, Awarding Interest in International Arbitration (1996) AJIL 40.

部分。[164] 其考虑了投资者由于实际夺取之日与赔偿支付之日的时间差别给投资者带来损失的市场现实。BITs 的常见做法是，规定需要支付征收之日至赔偿支付之日的利息。通过这种方式，投资者由于国家行为遭受的损失得到了适当的赔偿。利息是"赔偿自身的不可分割的组成部分，应从国家卷入国际责任之日起计算"。[165] 在确定适当的利率方面，有许多选项。[166] 比如，"适当的市场利率"[167]"建立在市场基础上的商业利率"[168]"公平公正的利率"。[169] 当前的 BIT 范本提及的是"正常的商业利率"。[170] 其他选项包括伦敦同业拆借利率(LIBOR)或者通常的银行利率。

一般说来，投资条约并不专门规定利息应是简单利息还是复利。[171]《国际法委员会国家责任草案评论》确认，"如果没有情况证明，应将复利作为全额赔偿的一个方面"，[172] 则国家无权根据国际法主张复利。但是，仲裁庭无

---

[164] J Crawford, The International Law Commission's Article on State Responsibility: Introduction, Text and Commentaries (2002) Art 38, para 1.

[165] Asian Agricultural Products Limited v. Democratic Socialist Republic of Sri Lanka (ICSID Case No. ARB/87/3) para 128.

[166] 《马来西亚 BIT 范本》(第 5 条第 3 款)和《中国—德国 BIT》(第 4 条第 2 款)规定了"通行商业利率"。

[167] 《智利 BIT 范本》(第 6 条第 2 款)，《智利—澳大利亚 BIT》(第 6 条第 2 款)。

[168] 《芬兰 BIT 范本》(第 5 条第 3 款)、《瑞典 BIT 范本》(第 4 条第 2 款)、《丹麦 BIT 范本》(第 5 条第 3 款)、《克罗地亚 BIT 范本》(第 5 条第 4 款)。《阿尔巴尼亚—西班牙 BIT》(第 5 条第 3 款)、《芬兰—尼加拉瓜 BIT》(第 5 条第 3 款)、《奥地利—阿曼 BIT》(第 4 条第 2 款第 4 项)。

[169] 《印度 BIT 范本》(第 5 条第 1 款)、《印度—英国 BIT》(第 5 条第 1 款)、《埃及—印度 BIT》(第 4 条第 1 款)。

[170] 另请参见《希腊 BIT 范本》(第 5 条第 1 款)、《荷兰 BIT 范本》(第 6 条第 3 款)、《南非 BIT 范本》(第 5 条第 1 款)、《英国 BIT 范本》(第 5 条第 1 款)、《阿根廷—新西兰 BIT》(第 6 条第 2 款)、《巴西—荷兰 BIT》(第 6 条第 3 款)。

[171] 国际法委员会《国家责任条款草案》有关利息的第 38 条并未提到赔付复利的问题。关于该条款的评论认为，当时的实践是不赔付复利。请参见关于第 38 条的评论，第(8)段，available at http://untreaty.un.org/ilc/texts/instruments/english/commentaries/9_6_2001.pdf.

[172] J Crawford, The International Law Commission's Article on State Responsibility: Introduction, Text and Commentaries (2002) Art 38 para 9. 下述案件仲裁庭认为这种谨慎的做法令人吃惊：Continental Casualty Company v. Argentina, ICSID Case No. ARB/03/9。该案仲裁庭确认，"复利反映了现代经济现实，令人举棋不定的事情更可能是极高的利息，而不是原则上支付复利。"para 309.

疑愿意考虑并裁定给予复利。[173] 裁定给予复利对国家应支付的赔偿总额影响重大。比如,在 Wena Hotels 案中,仲裁庭裁定的利率为 9% 的复利,以季度为单位计算。[174] 这“反映了金融交易的现实,在最大程度上接近投资者所损失的价值”。[175]

据称,早期的 BIT 并不包含有关利息支付的具体规定。[176] 事实上,与此相对应,中国的第一个 BIT 范本并未包括任何有关利息的规定。因此,大约半数的中外 BITs 均未规定应支付的赔偿的利息,比如,1989 年《中国—保加利亚 BIT》即是如此。[177] 但是,考虑到国际法承认,确保全额赔偿可能需要计算利息,故根据这些条约成立的仲裁庭仍然可能裁定支付利息。

中国的另外两个 BIT 范本倒是提及利息,多数中外 BITs 也明确规定,在赔偿额中应该包括利息。当前范本提到了“以合理的商业利率”计算利息,这种规定出现在 20 世纪 90 年代后期以后订立的许多中外 BITs 中,比如 2005 年《中国—比利时和卢森堡 BIT》和 2004 年《中国—拉脱维亚 BIT》。[178]

---

[173] See for example Santa Elena v. Costa Rica, Award of 17 February 2000; Metalclad Corporation v. United Mexican States ICSID Case No. ARB(AF)/97/1; Middle East Cement Shipping and Handling Co. S. A. v. Egypt, ICSID Case No. ARB/99/6; CMS Gas Transmission Company v. Argentina, ICSID Case No. ARB/01/8; Maffezini v. Spain, ICSID Case No. ARB/97/7. Wena Hotels Ltd. v. Egypt, ICSID Case No. ARB/98/4; MTD Equity Sdn. Bhd. & MTD Chile S. A. v. Chile, ICSID Case No. ARB/01/7; Azurix v. Argentine Republic, ICSID Case No. ARB/01/12; Azurix v. Argentine Republic, ICSID Case No. ARB/01/12; ADC Affiliate Limited and ADC & ADMC Management Limited v. Hungary, ICSID Case No. ARB/03/16; BG Group Plc v. Argentina, UNCITRAL Award, 24 December 2007; Siemens A. G. v. Argentina, ICSID Case No. ARB/02/08; Compañiá de Aguas del Aconquija S. A. and Vivendi Universal v. Argentina, ICSID Case No. ARB/97/3; Rumeli Telekom A. S. and Telsim Mobil Telekomunikasyon Hizmetleri A. S. v. Kazakhstan, ICSID Case No. ARB/05/16; Continental Casualty Company v. Argentina, ICSID Case No. ARB/03/9.

[174] 埃及曾申请部分撤销该裁决,但未获成功。See Wena Hotel Ltd. v. Arab Republic of Egypt, ICSID Case No ARB/98/4, Final Award of 8 December 2000, para 128.

[175] Azurix v. Argentine Republic, ICSID Case No. ARB/01/12 para 440.

[176] R Dolzer and M Stevens, Bilateral Investment Treaties (Martinus, 1995) 112 – 14.

[177] 中国与下列国家之间的 BITs 也没有明确提到支付利息的问题:阿尔巴尼亚、阿尔及利亚、阿根廷、奥地利、阿塞拜疆、巴林、孟加拉、玻利维亚、柬埔寨、克罗地亚、古巴、厄瓜多尔、埃及、爱沙尼亚、埃塞俄比亚、法兰西、格鲁吉亚、加纳、匈牙利、印度尼西亚、意大利、牙买加、日本、老挝、马来西亚、摩尔多瓦、蒙古、新西兰、巴基斯坦、巴布亚新几内亚、秘鲁、波兰、卡塔尔、罗马尼亚、突尼斯、沙特阿拉伯、新加坡、斯里兰卡、瑞典、瑞士、叙利亚、泰国、土耳其、乌拉圭、越南。

[178] 另请参见中国与下列国家之间的 BITs:贝宁、科特迪瓦、朝鲜、毛里求斯、缅甸、西班牙、特立尼达和多巴哥、乌干达、赞比亚。

其他 BITs 采用了第二个 BIT 范本的提法，以“正常”利率计算利息。[179] 当然，一些中外 BITs 在采用这些表述时，进行了些许变更，比如，一些提到“商业”利率[180] 或者“适当”[181] 利率。《中国—印度 BIT》的措辞又有所不同，它用的是“公平公正”的利率。在确定使用何种具体的利率的时候，这些规定仍然为征收国或者仲裁庭留有一定弹性。

一些中外 BITs 采用了“通常的银行利率”的措辞，比如，《中国—黎巴嫩 BIT》即是如此。这也是 Siemens 案裁决所审查的措辞。在该案中，被申请人东道国辩称选择复利计算是不合适的。仲裁庭最终裁决支付复利，因为如果东道国当初征收之时即支付赔偿的话，这笔赔偿金会自然滋生出复利的金额数。仲裁庭认为，“适用于美国 6 个月期存托凭证的平均利率是合适的利率。从 2001 年 5 月 18 日至 2006 年 9 月 30 日，此类利率的平均值为 2. 66%”。在仲裁庭看来，这就是可以适用于损害赔偿裁决的通常银行利率。

《中国—斯洛文尼亚 BIT》试图做出更为具体的规定。它规定：

“补偿应包括从征收之日至支付之日按初始投资所用货币适用的通用利率计算的利息。”[182]

但是，何种利率才是可适用（比如，主要利率，用相关货币标示的政府债券的利率，短期存款利率等），这种表述并未解决这个问题。一种选择是提及可以考虑具体利率，比如《中国—阿曼 BIT》和《中国—俄罗斯 BIT》所采用的伦敦同业拆借利率[183] 或者与伦敦同业拆借利率相等的利率。在任何情况下，“商业”利率似乎总比“适当”或者“正常”利率要更好些，因为后两者

---

〔179〕 中国与智利、捷克共和国、冰岛、匈牙利、斯洛伐克（1991 年）、英国、南斯拉夫之间的 BITs。

〔180〕 中国与下列国家之间的 BITs：波斯尼亚和黑塞哥维那（现时的商业利率）、文莱（当时通行的商业贷款利率）、德国（通行商业利率）、圭亚那（正常商业利率），约旦、墨西哥（合理的商业利率）、荷兰（通行商业利率）、《中国—新西兰自由贸易协定》（通常商业利率）、津巴布韦（通常商业利率）。

〔181〕 例如，中国与丹麦、希腊、韩国之间的 BITs 即是如此。

〔182〕 《中国—斯洛文尼亚 BIT》第 4 条第 3 款（1993 年）。另请参见中国与下述国家之间的 BITs：塞浦路斯、科威特、阿拉伯联合酋长国。

〔183〕 《中国—博茨瓦纳 BIT》和《中国—马其顿 BIT》也提到了伦敦同业拆借利率。其他可能限制仲裁庭利率选择余地的用语包括《中国—黎巴嫩 BIT》第 4 条第 3 款所言的“通常银行利息”等。

带有太多的主观性。还有一些中外 BITs 试图使利率条款的规定更为确定，比如，《中国—芬兰的 BIT》提及“按建立在市场机制下形成的商业利率计算的利息”，《中国—加纳 BIT》则提及“平均商业利率”，这些规定再次限制仲裁庭在利率上的选择。

《中国—以色列 BIT》的做法略有不同，其第 5 条第 1 款提及的是“法律所规定的”利率。[184] 目前尚不清楚条约规定的“法律”为何种法律，但推测起来应该指的是东道国的法律。如果东道国的法律禁止复利，就像厄瓜多尔的宪法和民法那样，仲裁庭就不能裁决复利。Duke Energy Electroquil Partners 案仲裁庭拒绝判付复利，它确认“当地法中所包含的禁止复利的规定必须得到执行”。[185] 中国允许复利存在，故仲裁庭在认为条件适当的时候将可能会判付复利。

与包括复利规定的第二个和第三个范本相同，许多中外 BITs 规定，应该支付“从征收之日至支付赔偿之日”的利息。[186] 还有一些中外 BITs 仅提及应支付“直到支付之日”的利息。[187] 《中国—土耳其 BIT》允许在迟延支付赔偿的情况下支付“不合理迟延期间”的利息。[188] 不管具体的条约如何表述，仲裁实践一向是裁定支付从征收之日至赔偿支付之日的利息。[189]

---

〔184〕 另请参见《中国—巴基斯坦 BIT》第 4 条第 2 款，内容是应该根据东道国的“法律和法规”给予赔偿。

〔185〕 Duke Energy Electroquil Partners & Electroquil S. A. v. Ecuador，ICSID Case No ARB/04/19，para 473. 该案仲裁庭注意到：“虽然 ICSID 仲裁实践中赔付利息的现象日益常见，但赔付利息并不是国际法原则”。这种说法与 Vivendi 案仲裁庭在该案裁决中的评论完全相反。Vivendi 案仲裁庭观察到：“虽然国际仲裁庭已有一种只判赔单利的倾向，但是，这种局面正在发生变化，判赔复利也不再是这个规则的例外”。Compañiá de Aguas del Aconquija S. A. and Vivendi Universal v. Argentina ICSID Case No. ARB/97/3 para 9. 2. 4.

〔186〕 例如，可参见中国与下列国家之间的 BITs：澳大利亚、巴巴多斯、贝宁、波斯尼亚和黑塞哥维那、博茨瓦纳、缅甸、科特迪瓦、塞浦路斯、吉布提、芬兰、圭亚那、印度、约旦、韩国、朝鲜、科威特、荷兰、马其顿、莫桑比克、缅甸、阿曼、匈牙利、俄罗斯、斯洛文尼亚、塞拉利昂、西班牙、南非、特立尼达和多巴哥、乌干达、阿拉伯联合酋长国、瓦努阿图。

〔187〕 例如，可参见中国与下列国家之间的 BITs：文莱、智利、捷克共和国、丹麦、德国、希腊、冰岛、以色列、肯尼亚、黎巴嫩、毛里求斯、挪威、斯洛伐克、英国、南斯拉夫、赞比亚、津巴布韦。

〔188〕 《中国—土耳其 BIT》第 3 条。

〔189〕 在发生渐进式征收的情况下，征收被视为“发生在干预已经差不多达到不可逆转地剥夺了投资者财产的地步之日，而不是事件开始之日”（Malek v. Iran，Award of 23 June 1988，19 Iran – US CTR 48，para 11）。

2005 年《中国—比利时和卢森堡 BIT》中所包含的规定（从赔偿数额确定之日至支付之日[190]）可能会修改这一统一的实践。如果赔偿数额是仲裁裁决做出之日（而非征收之日）起计算的，则受不利影响的投资者对于征收之日至裁决做出之日（这段期间常常被拖长）的金钱损失将得不到任何赔偿。赔偿的目的是使投资者处于未发生征收情况下其本应处于的位置，而 2005 年《中国—比利时和卢森堡 BIT》的规定则与这一目标背道而驰。当然，这一规定也限制了中国根据该约支付利息的责任。

（四）用以偿付的货币

投资条约经常要求赔偿是"有效的"，典型的例子便是"及时、充分、有效"这一赔偿公式。赔偿的"有效"被理解为指的是支付所用的货币："*有效的*[赔偿]意味着投资者可以用的形式。支付所用的货币必须是可自由使用的或者可以兑换为可自由使用的货币……"[191] 多数条约还设定一个单独的要求"支付必须可完全变现，可自由转移，且使用可兑换的货币。"[192] 与这个更广泛的条约实践相一致，所有三个《中国 BIT 范本》都确认，赔偿是可以兑换和转移的。实际上，当前的 BIT 范本指出，支付必须有效变现和自由转移，不得迟延。[193] 因此，在中外 BITs 文本上有关货币支付的条约规定几乎没有什么变动。

一些中外 BITs 指定了具体的赔偿货币，比如，投资者国籍国的货币，或者就阿曼而言，进行投资所使用的货币。[194] 《中国—荷兰 BIT》的规定更为

---

[190] 《中国—比利时和卢森堡 BIT》第 4 条第 3 款。

[191] A Lowenfeld，International Economic Law（OUP，2002）482（原文即有强调标示）。另请参见《世界银行指南》，该指南指出，如果"赔偿所用货币是投资者当初投资时所用的货币，且该货币仍可兑换"，或者是国际货币基金组织指定的"可自由使用的另一种货币，或者投资者所接受的任何其他货币"，则这种赔偿就是"有效的"。第 4 条第 7 款。

[192] R Dolzer and M Stevens，Bilateral Investment Treaties（1995）112.

[193] 例如，可参见《中国—以色列 BIT》第 4 条第 1 款、《中国—老挝 BIT》第 4 条第 2 款、《中国—蒙古 BIT》第 4 条第 2 款、《中国—南斯拉夫 BIT》第 7 条。中国与下述国家之间的 BITs 也有类似的规定：英国（1986 年）、瑞典（1983 年）、西班牙（2005 年）、罗马尼亚（1994 年）、匈牙利（2005 年）、捷克共和国（2005 年）、波兰（1988 年）、拉脱维亚（2004 年）、意大利（1995 年）、法国（1984 年）、丹麦（1985 年）、比利时和卢森堡（2005 年）、奥地利（1985 年）、保加利亚（1989 年）。

[194] 《中国—阿曼 BIT》第 4 条第 2 款。

详细,允许投资者选择其希望获得赔偿的所在国,在一定程度上,甚至赔偿所使用的货币。该 BIT 规定:

"第 5 条第 3 款

[补偿应当]以受影响投资者的国家的货币或受影响投资者接受的可自由兑换货币予以支付并不迟延地转移至相关投资者指定的国家。"[195]

《中国—新西兰自由贸易协定》也有类似的补偿规定,即"应以受不利影响的投资者所在的国家的货币,或者该投资者所接受的任何可自由兑换的货币支付"赔偿。[196] 支付赔偿必须不得迟延。《中国—冰岛 BIT》实际上规定了与赔偿支付有关的迟延支付的含义。它规定,"其迟延从递交有关申请之日起,不得超过 6 个月"。[197]

投资条约可能进一步将投资者可得到的货币限制为可自由使用的货币。虽然几乎所有国家的货币都是可自由兑换的,但只有少数几种硬通货被国际货币基金组织认为可自由使用。[198] 其中包括美国美元、欧元、英镑和日元。这些货币比其他可自由兑换的货币更为稳定,将补偿的货币限定于这些可自由使用的货币,有助于保护投资者免受征收之日至支付之日期间的货币贬值风险影响。

一些条约可能没有包括有关赔偿所使用的货币的规则。中国与沙特、卡塔尔和肯尼亚签订的 BITs 未规定可兑换性义务——国家仅负转移赔偿支付、不得不合理迟延的义务,而《中国—赞比亚 BIT》规定,支付必须"不得迟延且可以有效变现"。该 BIT 未在征收条款提及可兑换性或可转移性事宜。但是,国际法院和仲裁庭在使用可兑换货币进行赔偿方面的实践完全一致。不这样做的话,将不符合商业意识或常识,因为申请人对所得到的赔偿款的利用将非常有限。在任何情况下,BIT 中的转移规定要求国家允

[195] 另请参见《中国—毛里求斯 BIT》第 6 条第 1 款第 3 项。

[196] 《中国—新西兰自由贸易协定》第 145 条第 2 款。另请参见《中国—毛里求斯 BIT》第 6 条第 1 款第 3 项。

[197] 《中国—冰岛 BIT》第 4 条。请参见《中国—马其顿 BIT》。

[198] 国际货币基金组织已经确定了《国际货币基金协定条款》第 30 条第 6 款所言的在国际交易中广泛使用的货币。

许自由转移与投资有关的款项，其中一些甚至具体提及根据征收规定支付的数额。

中外BITs的典型做法是，必须进行货币兑换时（比如，投资者以当地货币进行投资，但根据投资者母国的货币计算赔偿款时），未对应适用的汇率进行规定。但是，1992年《中国—希腊BIT》规定，适用于赔偿支付的汇率需是投资价值确定之日的汇率，即征收发生之前的汇率（第4条第2款）。《中国—澳大利亚BIT》则使用日常汇率的“平均值”的提法，而《中国—韩国BIT》提及的是转移之日的“官方汇率”。通过澄清汇率浮动风险的承担问题，在账户货币[199]与支付货币不同的情况下，这种规定对投资者是有益的。如果自征收之日起账户货币已经贬值，这种规定将减轻货币贬值对该投资者的负面影响。

（五）外国股东的保护

许多中外BITs就有关对外国投资者持股的本地公司实施的征收做出特别规定。[200] 比如，2005年《中国—捷克BIT》规定：

“缔约一方依照有效法律对在其领土内任何地方设立或组成的并由缔约另一方投资者持有股份的公司的财产进行征收时，应保证适用本条第一款的规定，从而保证拥有该股份的缔约另一方投资者就其投资得到合理的补偿。”

这个条款实质上规定，如果外国投资者在当地公司拥有股份，则当该公司被征收时，有关征收的条约规定适用于该情况。《中国—文莱BIT》就间接持股应予赔偿的规定更为明确：“（1）适用本条第1、2款的规定，对该公司进行补偿；或（2）适用本条第1、2款的规定，直接对缔约另一方的投资者进行补偿。”同时规定，东道国无需对同时依第1、2项给予补偿。无论何种情

---

〔199〕 这指的是用以计算补偿款额的货币。

〔200〕 例如，可参见中国与下列国家之间的BITs：奥地利、文莱、捷克共和国、丹麦、芬兰、印度尼西亚、以色列、韩国、科威特、黎巴嫩、毛里求斯、新西兰、阿曼、波兰、卡塔尔、斯洛伐克、斯里兰卡、泰国、阿拉伯联合酋长国、英国。

况下，国际法都不允许双重补偿，这一条款使之更为明确。中外 BITs 中的这种规定大同小异，但一些 BITs 的规定稍长，比如《中国—阿拉伯联合酋长国 BIT》第 6 条第 4 款。[201] 该条款再次重复了征收条款的内容，而不是像上述《中国—捷克 BIT》那样仅仅再次提及征收条款。在许多情况下，这个条款都是多余的：当地企业的所有资产都被征收时，其股份也将全部贬值。考虑到根据大多数 BITs，股份都是合格的"投资"，[202] 即便根据一般性的征收条款，股份的全面贬值都相当于征收。

《能源宪章条约》的征收条款的规定有类似之处。该约第 13 条第 3 款规定：

"为了避免疑义起见，征收应包括下述情形：缔约一方征收了其领域内的公司或企业的资产，而任何缔约其他方投资者在其中拥有投资，包括以拥有股份形式进行的投资。"

上述规定清楚地指出，《能源宪章条约》项下的"征收"概念包含间接诉求。有人指出，该规定"取消了被申请方通过主张该公司与提出请求的股东法律身份不同而进行间接抗辩的选择权"。[203] 在 Siemens 案中，仲裁庭审查了一个类似的规定。阿根廷辩称，虽然国际法承认以股份形式投资的投资者能够根据一项 BIT 提起仲裁，但"股东因其所拥有股份的公司遭受损失而提出损害赔偿请求（间接请求）的情况是不同的，股东和公司的法律身份截然不同"。[204] 该案适用的规定为其《议定书》第 4 条，该条确认，第 4 条征收条款中获得赔偿的权利也存在于下述情况："就已经在其中进行投资的公司

[201] 《中国—阿拉伯联合酋长国 BIT》第 6 条第 4 款规定：当缔约一国对在其领土内按其有效法律建立或特许的公司、商号或其他商业社团或商业团体的资产实行国有化或征收时，如缔约另一国投资者在其中拥有股份、股票、债券或其他权利或利益，则应保证其得到以可自由兑换货币支付的公平合理的补偿，并允许汇回。补偿应按国有化或征收决定公布或为公众所知前一刻公认的估价原则如市场价值为基础确定。补偿应包括自征收之日至支付之日以初始投资所有货币适用的通行利率计算的利息。

[202] 请参见上文第 2 章。

[203] M Perkams, 'Piercing the Corporate Veil in International Investment Agreements' in A Reinisch and C Knahr (eds.), International Investment Law in Context (2008) 93, 110.

[204] Siemens v. Argentina, ICSID Case No. ARB/02/8 Award on Jurisdiction, para 125.

而言，由于这类措施的原因，该投资严重受损”。[205] 仲裁庭断定，该规定意味着，公司所遭受的损失必须已经“对投资产生了有害的影响”。[206]

但是，这种类型的规定可能在下述情形中提供一种额外的保护：当地公司的资产中仅有一部分受到了征收。这种情况出现在 GAMI Investments v. Mexico 案中。[207] 在该案中，仲裁庭要处理的情形是，提出请求的外国投资者在当地糖业公司拥有 14.8% 的股份，墨西哥征收了该当地企业所拥有的 5 个糖厂中的 2 个，而外国投资者请求墨西哥给予征收赔偿。仲裁庭驳回了投资者的该请求，认定征收 2 个糖厂的行为不等于征收申请人的投资（14.8% 的持股）。[208] 倘若该案中所适用的投资协议（《北美自由贸易协定》）采用与上述规定类似的条款的话，则仲裁庭的裁决可能会有所不同。

五、征收与中国法

中国传统上认为，征收属于一国主权的国内管辖事项。中国过去也有征收外国人的投资的实践，[209] 因此，有关征收，尤其是征收赔偿的国内立法较晚。《立法法》规定，对非国有资产的征收必须由法律来规定，[210] 这意味着此类征收问题必须由全国人民代表大会或其常务委员会来规定。[211] 1979 年通过《中外合资企业法》时对征收问题未置一词。在有关海上开采特许协议的《中外合作开采海上石油资源条例》中，中国对战争或者其他紧急状态

---

[205] 《阿根廷—德国 BIT》之《议定书》关于第 4 条。

[206] Siemens v. Argentina, ICSID Case No. ARB/02/8 para 138.

[207] Gami Investments, Inc. v. Mexico, UNCITRAL Final Award, 15 November 2004.

[208] Ibid., paras 123 – 9.

[209] 关于 20 世纪 50 年代的征收的详细情况，可参见 Pat K. Chew, ‘Political Risk and U. S. Investment in China: Chimera of Protection and Predictability?’ (1994) 34 Virginia Journal of International Law 615, 623.

[210] 《立法法》，2000 年 3 月 15 日全国人民代表大会通过，第 8 条【原文为第 8 条第 6 款，“对非国有财产的征收”；该法已于 2015 年 3 月 15 日修订并公布生效，该款修改为，第 8 条第 7 款，“对非国有财产的征收、征用”。——译者注】。

[211] 《立法法》第 7 条。

时的征收规定了有限的权利。[212] 只有在20多年前的《外资企业法》中，中国第一次对征收做出明确规定。其第5条规定：

"国家对外资企业不实行国有化和征收；在特殊情况下，根据社会公共利益的需要，对外资企业可以依照法律程序实行征收，并给予适当的补偿。"

除了《中外合作经营企业法》外，其后制定的有关外商投资企业法都包括了这一规定。[213] 该规定说明性并不强，更在于确认不征收的一般立场。它没有界定"特殊情况"的含义，而只是包含了中外BITs中四个征收条件中的三个：为了公共利益，根据法律程序，支付赔偿。

对于此处的关键性概念——"适当的补偿"，中国法律仍然没有进行界定。该标准的合理解释可能包括两方面：在征收的准据法是BIT时，征收赔偿标准应该与该BIT中所规定的征收条款相一致；在其他情况下，"适当赔偿"要求在确定赔偿金额时考虑"所有相关的情况"。[214] 所以，实际的赔偿可能与一些西方国家传统上所坚持的"赫尔公式"赔偿标准相等，也可能不等。[215] 中国的外资法并未进一步界定征收、征收的条件，以及赔偿的标准。

2007年《物权法》同时适用于共有财产和私有财产，该法列举了对集体所有的土地、企业或者个人的地产以及其他不动产进行征收的一般原则。[216] 该法要求，可以在为了公共利益、遵守法律规定的权限和程序的情况下征收

---

[212] 《对外合作开采海洋石油资源条例》第26条。内容是："在战争、战争危险或其他紧急状态下，中国政府有权征购、征用外国合同者所得的和所购买的石油的一部或全部。"【2011年9月30日该条例第3次修订时已将该条删除。——译者注】

[213] 请参见1990年修订的《中外合资经营企业法》第2条第3款。

[214] 正如Aréchaga法官曾经提出的那样，这种情况可能包括："初始投资是否已经获得补偿，殖民情境是否已导致不当得利，所得利益是否已超过正当界限、企业对这个国家经济、社会发展的贡献，企业对劳动法和投资政策的尊重"。

See Eduardo Jiménez de Aréchaga, 'State Responsibility for the Nationalization of Foreign Owned Property', 11 NYU Journal of International Law and Politics 179 (Fall, 1978) 185.

[215] 例如，美国投票支持联合国第1803号决议并宣称，在它看来，该决议中所言的"适当补偿"等同于它自1938年以来一直倡导的"赫尔公式"（也就是'及时、充分、有效'的赔偿）。See The American Law Institute, Restatement of the Foreign Relations Law of the United States (3rd revision, Vol. 2, 1986) 206.

[216] 根据第4条，该法保护国家、集体、私人和其他权利人的物权。请参见《中华人民共和国物权法》(2007年3月16日第十届全国人民代表大会第五次会议通过)。征收条款处于该法的第42条。

此类不动产。[217] 该法指出了征收此类财产时的一般赔偿范围,但在赔偿标准上未进一步作详细规定。[218] 据称,这种标准将由其他更为具体的法律法规来规定。[219] 因此,在找到更清晰的征收赔偿标准的问题上,必须参考可适用的 BIT。

六、结论

BIT 中的征收条款的目标完全在于为投资者提供确定性。它有助于创建一个有秩序的外资运行框架。有人已经正确地指出,BITs 几乎“一成不变地包括将有关处理征收请求的特别法法典化的规定,因为国家常常认为自己为了公共利益,比如说为了环境保护而不得不夺取私人财产,服务于国家根本的主权利益的征收权就不会终结”。[220] 在任何有关征收的请求中,都必须实现下述利益平衡:国家为了公共利益而进行规制的主权权力和投资者不受打扰地利用其投资或者实现其投资“可合理期待的经济利益”的诉求。[221]

目前尚无能够将各种形式的变相征收行为都涵盖进来的精确的征收定义。国家可以通过正式的夺取行为,比如对特定产业国有化[222]来直接征收投资,但即便在《北美自由贸易协定》背景下,这种事情都是非常罕见的,[223]

---

〔217〕《物权法》,同上注,第 42 条第 1 款。

〔218〕《物权法》,同上注,第 42 条第 2~4 款。

〔219〕《保护被征地人权益物权法草案细化征收补偿规定》,载 http://news.xinhuanet.com/misc/2007-03/08/content_5819987.htm,2008 年 8 月 28 日访问。

〔220〕 W M Reisman and R D Sloane, 'Indirect Expropriation and its Valuation in the BIT Generation' (2003) 74 BYIL 115,118 (footnotes omitted).

〔221〕 Metalclad Corporation v. Mexico, ICSID Case No. ARB(AF)/97/1 para 103.

〔222〕 20 世纪早期,俄罗斯和墨西哥实施的国有化使得人们忧心忡忡,这些国有化措施引发了很多仲裁案件,也导致有关适用于这种征用的国际法原则逐渐演变。不过,已经有人指出,相对来说,20 世纪 70 年代席卷全球的石油产业国有化浪潮(see D Bishop, International Arbitration of Petroleum Disputes: The Development of a Lex Petrolea, online at http://www.kslaw.com/library/pdf/00000001.pdf)发生后,东道国已不轻易采取直接征收措施了。考虑到全球市场不断风云变幻,油价随之跌宕起伏,故直接形式的征收措施再一次卷土重来亦未可知。例如,可参见 2007 年委内瑞拉采取的行动。

〔223〕 M N Kinnear, A K Bjorklund, and J F Hannaford, Investment Disputes under NAFTA: An Annotated Guide to NAFTA Chapter 11 (2006), pp. 1110-13. 根据该书所言,目前仅 Azinian v. Mexico 案的投资者主张东道国进行了直接征收(但仲裁庭对这种主张未予支持)。

或者通过导致该投资的利用损失或者经济损害的一个或者一系列行为间接征收投资。国家也必须能够在不惧怕因导致对外国投资者承担责任的情况下继续进行规制。正如有人正确地注意到的那样，困难或者说挑战在于达到“在当局被认定为征收的管制或者干涉……与不属于这一范畴的措施之间的正确的交汇点”。[224] 从案例来看，相当于征收的门槛非常高。在过去的一些年中，断定存在征收的案例凤毛麟角。人们对投资者胜诉的案例进行了很多争论和思考，尤其是认定存在非法征收的案例。征收案例的结果很大程度地取决于个案具体情况。对于那些希望能比较确定地判断某个请求是否值得提出仲裁的投资者和他们的律师而言，这可能不会让他们安心。

征收的赔偿规则“已经从国家实践和国际裁判机构的判例中得到相当大的支持”。[225] 中外 BITs 与一般的 BIT 做法并无二致。首先，在赔偿数额上，虽然中外 BITs 并未提及“充分”或者“完全”的赔偿，但却要求赔偿应“等于被征收投资的价值”（第一代和第三代范本），或者根据“市场价值”计算（第二代范本）。这种价值应该根据“普遍承认的估价原则”来确定（第二和第三代 BIT 范本），比如投入的资本、贬值、汇回的资本、重置价值以及其他相关因素（第二个 BIT 范本）。这一赔偿标准与“赫尔公式”项下的“充分”赔偿要求并无实质性不同。其次，就支付的时间和方式而言，中外 BIT 要求赔偿数额应该毫不迟延地支付，可有效实现，可自由兑换或者转移。可以说，这与“赫尔公式”项下的“及时”和“有效”赔偿要求基本相同。虽然大多数中外 BITs 要求应根据东道国法律来进行征收，但中国法律即便对此设定了额外限制，这些限制性条件也是很少的。从整体上看，中国在征收上的立场以及国际仲裁庭可能适用的法律与大多数其他国家无太大差别。

---

〔224〕《2008 年挪威 BIT 范本评述》，第 4.2.4 段。

〔225〕 I Brownlie, Principles of Public International Law, (6th edn, 2003) 510 and FN 72. 该书就 1914 年以前的案例和最新国家实践列了一个很长的清单。

CHAPTER 08 >>

第八章

投资者与国家间的争端解决

一、导言

与 BIT 中国家赋予投资者的实体性保护相比而言,同一个 BIT 中的争端解决规定即便不能说更为重要,至少也同样重要。[1] 人们将现代投资条约中的争端解决规定描述为投资者的“终极”保护。BIT 较晚才对投资者与国家间的争端解决机制加以规定。早期的现代 BIT 开始于 1959 年《德国—巴基斯坦 BIT》,但该 BIT 并未包括投资者与国家间的争端解决条款。[2] 这与原来的 19 世纪的友好通商航海条约的做法类似,因为其仅规定了缔约方在该约的解释或者适用上的争端解决问题,此类争端提交通常由三人组成的专设仲裁庭解决。中国所签订的第一个 BIT,1982 年《中国—瑞典 BIT》的做法与此相同。[3] 其第 6 条规定,缔约方之间有关该约的解释和适用的争端应提交至三人专设仲裁庭解决。

---

[1] See generally, R Dolzer and M Stevens, Bilateral Investment Treaties (1995) 129; 陈安:《陈安论国际经济法学》(第 1 卷),复旦大学出版社 2005 年版,第 459 页。

[2] 例如,《孟加拉—德国 BIT》(1981 年)仅规定了国家之间的争端解决。第 10 条规定:“1. 缔约双方如对本协定的解释或适用发生争端,应尽可能通过友好协商解决。2. 如某项争端未获解决,则应缔约任何一方的要求提交仲裁。” See O Shin, ‘On Overseas Investment and Bilateral Treaties’ in A Chan (ed.), The History and Current Situations of International Economic Legislation (1982) 119.

[3] 1982 年原《中国—瑞典 BIT》随后为 2004 年 9 月 27 日《议定书》所修订。《中国—泰国 BIT》(1985 年)也没有投资者与国家间的争端解决规定。

20世纪80年代中期情况有所改变,国家开始在BIT中包括投资者与国家间的争端解决选项。从那以后,投资者第一次可以依据BIT中具体的争端解决机制对东道国提起仲裁。BITs中的选项从机构仲裁到临时仲裁不等。随着时间的流逝,许多BITs为受到损害的投资者提供一系列救济选项。流行的选项包括ICSID、ICC和UNCITRAL等。斯德哥尔摩商事仲裁院也是其中之一,尤其是在与苏联之间的BITs中更是如此。在当时,授权投资者直接指控国家的救济是已有体制的一个瞩目的转向。在这个过程中,1965年《ICSID公约》是为投资者与国家间的仲裁提供机构框架的第一步。那时,“ICSID的一些最重要的特征代表了重要的新发展,虽然在国际法其后的发展中这些特征现在已经屡见不鲜。”〔4〕不需要投资者与东道国之间订有特许协议;“无默契”仲裁〔5〕成为新的规范。这是1965年《ICSID公约》的主要创新之一,该约便利了投资者与东道国间的争端解决。这些变化意味着投资者不再不得不通过外交保护途径提出衍生诉讼,而外交保护在很大程度上取决于投资者的母国是否愿意以自己的名义进行干涉。〔6〕这种干涉是完全任意的,通常取决于投资者对其母国所施加的压力的大小和强度。此外,投资者的直接诉权使得争端“非政治化”。〔7〕

如今投资者与国家间的仲裁已经成为BIT普遍的特征,〔8〕一些国家在其BITs范本中对投资者与东道国间的争端用较大篇幅进行了细致的规定,

---

〔4〕 Foreword by E Lauterpacht, in C Schreuer, The ICSID Convention: A Commentary, p. xi. See also M Sornarajah, The International Law on Foreign Investment (2nd edn, 2004) 250. 他在该文中观察到,对投资者来说,直接对国家提起仲裁的能力“迄今为保护外国投资者所采取的重要步骤”。

〔5〕 L Paulsson, ‘Arbitration without privity’ (1995) 10 ICSID Rev – FILJ 232.

〔6〕 众所周知的一些案件包括:ELSI case (USA v. Italy) ICJ 和 the Barcelona Traction Case (Belgium v. Spain) ICJ。在Aron Broches为世界银行执行董事所准备的一份便签中,他将投资者依靠外交保护的障碍视为“由他的所属国政府赖支持自己的案件……这就引入政治因素”。ICSID, History of the ICSID Convention: Documents Concerning the Origin and the Formulation of the Convention on the Settlement of Investment Disputes between states and Nationals of Other States, para 2b.

〔7〕 Ibid., and see also I Shihata, ‘Towards a Depoliticisation of Foreign Investment Disputes: The Role of ICSID and MIGA’ (1986) 1 ICSID Rev FILJ 1.

〔8〕 虽然每个BIT都因缔约方之间的具体谈判形势不同而不同,且一般都很冗长,但从这些BITs中至少还可以观察到某种一般性的趋势。A Parra and I Shihata, ‘Provisions on the Settlement of Investment Disputes in Modern Investment Laws, Bilateral Investment Treaties and Multilateral treaties on Investment’ (1997) 12 ICSID Rev FILJ 287.

比如美国和加拿大的 BIT 范本。投资者对国家直接提出仲裁请求的能力被认为是投资保护的更为重要的规定之一。Gas Natural v. Argentina 案仲裁庭评论道:“确保存在独立的国际仲裁是投资保护的重要因素,也许还是最重要的因素”。[9] 国家现在当然会同意将属于该约管辖权范围内的任何未来争端提交仲裁解决。在这方面,中外 BITs 也在不断地演化,从有限地提起仲裁权(仅同意征收补偿款额争议)到无限地提起仲裁权。投资者就所有争端提交仲裁的权利仅受到用尽国内行政复议程序义务的限制。中外 BITs 中的这些规定将允许认为自己利益受到损害的投资者在将来发生的争议的时候,接受东道国发出的这种提交仲裁的持续要约。投资者现在有权对东道国负有责任的国际不法行为直接提起救济。[10] 诉诸国内法院将不再是唯一的选择。

本章将审查中外 BITs 中不同类型的争端解决条款。本章首先研究中外 BITs 中的仲裁选择问题,如 ICSID、专设仲裁或者其他仲裁规则。本章接着继续审查中外 BITs 中的两种主要类型的投资者与国家间的争端解决条款:限制性的条款,在这类条款中 BIT 仅允许就征收补偿款额提交仲裁;以及更自由一些的或曰扩张性的,在这类条款中 BIT 允许将投资者与东道国之间的所有争端提交国际仲裁。本章然后考虑现在对于来华投资者或者潜在的来华投资者具有特殊意义的问题:最惠国待遇条款对争端解决事宜的可适用性。RosInvest 案中的 BIT 包含的规定与中外 BITs 类似,故该案裁决与中外 BITs 直接相关,也基于此,该问题已经在国际投资仲裁领域引起人们很大的兴趣,产生了很多猜测。最后,本章研究争端解决方面的准据法,以及用尽当地救济要求。

值得注意的是,为了避免歧义起见,所有的中外 BITs 中都包括国家间争端解决规定。这些规定在实质上并无太大差别,都规定有关该 BIT 的解释和适用的争端可以提交由三名成员组成的专设仲裁庭。这些规定与其他

---

〔9〕 Gas Natural SDG, SA v. Argentina, ICSID Case No. ARB/03/10, para 49.

〔10〕 See ILC Art on State Responsibility 2001 Art 2 and 33 available online with commentary at http://untreaty.un.org/ilc/texts/instruments/english/commentaries/9_6_2001.pdf.

国家所签订的大部分 BITs 类似,鉴于其与一般的条约缔结实践一致,所以,本文以下不予分析。

二、仲裁选项

多数中外 BITs 规定了专设仲裁,有时则提及依照 UNCITRAL 仲裁规则进行的专设仲裁。多数早期的中外 BITs 与中国早期的两个 BIT 范本一致,规定了由三名成员组成的仲裁庭进行的专设仲裁。其中两名仲裁员由双方分别指定,该两名仲裁员再共同指定第三名仲裁员。倘若任何一方未能指定,则“争端任何一方可以请求 ICSID 秘书长指定该人选。”[11] 在少数中外 BITs 中也有其他争端解决机制,但最常见的选择是专设仲裁,ICSID 仲裁次之。

(一)ICSID 仲裁

ICSID 仲裁是一种机构仲裁形式。ICSID 是世界银行集团的成员之一,管理依据《ICSID 公约》以及《ICSID 仲裁规则》提起的投资者与国家间的仲裁。ICSID 程序本身可以秘密进行,但 ICSID 秘书长登记的每个案件都会显示在其网站上。[12] 正如图 8.1 所示,ICSID 逐年受理的案件数量一直在急剧增长。在开始运行的前 6 年中,ICSID 受理的案件仅一起,晚近年来,每年受理的案件则达二十多起。ICSID 受案量增加的主要原因是多样的:苏联社会主义阵营崩溃、许多新国家涌现的政治格局变化都曾对其造成影响。同时,规定 ICSID 仲裁的 BITs 数量在攀升、中小公司逐渐意识到国际仲裁是解决投资争端的可选择途径亦是其原因。阿根廷金融危机爆发后,外国投资者针对阿根廷提起的仲裁案件之多令人瞠目结舌,这进一步增加了 ICSID

---

〔11〕 例如,可参见《中国—柬埔寨 BIT》(1996 年)、《中国—智利 BIT》(1994 年)以及《中国 BIT 范本》(1994 年)。

〔12〕 关于当前的待决案件清单,参见 ICSID 网页:http://icsid.worldbank.org/ICSID/FrontServlet?requestType=GenCaseDtlsRH&actionVal=ListPending.

的工作量。[13] 此外,市场力量以及油价变化亦导致外国投资者向 ICSID 提起更多的仲裁案件。

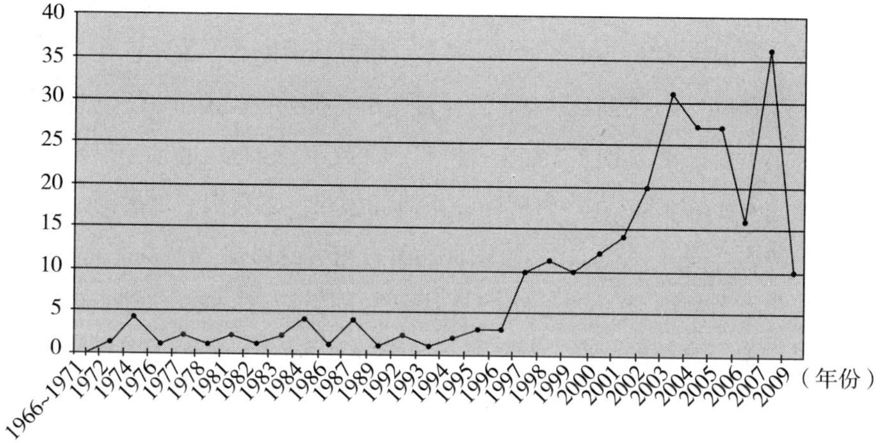

图 8.1　1966 ~ 2008 年间 ICSID 的受案量

ICSID 被视为专门处理投资者与国家间争端的专业性机构,[14] 许多 BITs 都将 ICSID 仲裁列为仲裁选项之一,这种做法非常流行。《ICSID 公约》规定了 ICSID 的建立问题,也架构了解决这类争端的整个规则体系。它当然还阐明了管辖权要件以及限制条件。该约第 25 条不仅对可以提交 ICSID 解决的争端类型做出规定,还对 ICSID 的对人管辖权和对物管辖权做了界定。缔约一方投资者与缔约另一方之间必须得有直接产生于投资事宜的法律争端。法律争端的性质需客观断定,但不能是政治争端或者单纯的利益冲突。争端必须得"涉及法律权利或义务的存在与否、范围如何,或因

〔13〕 在外国投资者针对阿根廷提起第一起仲裁案件之时,国际仲裁界就个人投资者而言仲裁是不是解决该事项的最佳方法仍然半信半疑。See generally, R E Vinuesa, 'Bilateral Investment Treaties and the Settlement of Investment Disputes under ICSID: The Latin American Experience,' (2002) 8 L. & BUS. REV. AM. 501, and W W Burke - White, 'The Argentine Financial Crisis: State Liability under BITs and the Legitimacy of the ICSID System' (2008) U of Penn, Inst for Law & Econ Research Paper No. 08 - 01 Available at SSRN <http://ssrn.com/abstract=1088837>.

〔14〕 关于《ICSID 公约》的适用和范围事宜,参见 I Reed, J Paulsson, and N Blackaby, Guide to ICSID Arbitration (2004).

违反法律义务的行为而应予赔偿的性质、程度。”〔15〕同意构成了“ICSID 的基石”,争端双方必须对 ICSID 管辖表示同意。〔16〕一旦当事方做出了同意的意思表示,其就不能单方面撤销。安全机制是《ICSID 公约》的组成部分,该机制确保缔约国批准该约的行为本身并不意味着该国同意由 ICSID 仲裁某项争端。尽管《ICSID 公约》并未规定仲裁当事方同意的具体形式,但当事方必须采用书面形式做出同意的意思表示。ICSID 案例证实,争端当事双方表示同意并不要求在同一个文件、同一个时间做出。东道国表示的同意可以出现在特许合同,外资法,BITs,诸如《北美自由贸易协定》《能源宪章条约》之类的多边条约中。〔17〕就通过 BITs 表示的同意而言,AES Corporation v. Argentina 案仲裁庭评论说:“阿根廷的主张是正确的:BIT 确立了在何等条件和情况下被申请人同意 ICSID 仲裁。《ICSID 公约》第 25 条则接着规定了管辖权的要件。”〔18〕

因此,中国已经在缔结的许多 BITs 中对 ICSID 仲裁表示同意。中国并非仅在近来对外签订的 BIT 中纳入 ICSID 仲裁事宜,此前对外签订的一些限制性的 BITs 中也规定了将争端提交 ICSID 解决的内容,比如《中国—智利 BIT》第 9 条第 3 款、《中国—冰岛 BIT》第 8 条第 3 款都规定,将征收补偿款额的争端提交 ICSID 仲裁或者专设仲裁,这两个 BITs 的签订时间均为 1994 年(中国批准《ICSID 公约》的第二年)。这些条款也允许“经争端双方同意”,将“有关其他事项的任何争端”提交至“专设仲裁庭”。实际上,在批

〔15〕 Report of the Executive Directors of the World Bank on the Convention (1993) 1 ICSID Rep 28. See also Azurix Corp v. Argentine Republic, Decision on Jurisdiction, ICSID Case No. ARB/01/12, para 58; El Paso Energy International Company v. Argentina Decision on Jurisdiction, ICSID Case No. ARB/03/15, paras 61 – 2, and Saipem SpA v. People's Republic of Bangladesh, ICSID Case No. ARB/05/7, para 95.

〔16〕 Ibid. , para 26.

〔17〕 关于同意要件的详细讨论, see C Schreuer, The ICSID Convention: A Commentary (2001) paras 241 – 427。Consent must be clear – Cable Television of Nevis, Ltd. and Cable Television of Nevis Holdings, Ltd. v. Federation of St. Kitts and Nevis, ICSID Case No. ARB/95/2; 可以通过引用的方式纳入同意的意思表示——Cˇeskoslovenska obchodní banka, a. s. v. Slovak Republic (ICSID Case No. ARB/97/4); 可以对同意的意思表示附条件——Autopista Concesionada de Venezuela, CA v. Bolivarian Republic of Venezuela, ICSID Case No. ARB/00/5。

〔18〕 ICSID Case No. ARB/02/17, para 38.

准《ICSID 公约》之前,中国已经在对外签订的 BIT 的解释性《议定书》或者换文中确认,一旦缔约双方都成为 ICSID 的成员,则双方将进行进一步协商。这种协商的目的在于,确定何种争端可提交 ICSID 解决。[19] 1992 年《中国—土库曼斯坦 BIT》就是一个明例,其规定,当缔约双方都是“《ICSID 公约》缔约国时,缔约双方可以签订解决相应争端的补充协定”(非正式译文),而今中国和土库曼斯坦均已批准了《ICSID 公约》,故这两个国家可以就何种争端提请 ICSID 解决达成协议。目前尚不清楚中土之间是否已经进行过这种讨论。但是,如果将来两国与对方国家的海外投资者之间发生争端的话,则上述讨论的可能性则会更大。

《中国—匈牙利 BIT》之《议定书》确认,一旦中国成为《ICSID 公约》(匈牙利已于 1987 年批准该约)缔约国,则两国将就能够提交 ICSID 解决的“争端范围达成一项补充协议”。[20] 因此,中国数年后批准《ICSID 公约》的行为并未使该条款自动产生实效,双方还需要达成进一步协议。1988 年《中国—日本 BIT》实际上规定,将有关补偿款额的争端提交“参照《ICSID 公约》组成的调解委员会或仲裁委员会”。中国在签署该 BIT 的时候并非 ICSID 成员,该规定的具体措辞表明,《ICSID》仅适用于指定仲裁员的程序。但该措辞是强制性的:争端“应……提交”。该 BIT 的《议定书》并未阐明该 BIT 第 11 条第 2 款的意图。[21]

其他限制性的 BITs 在规定细节性问题的时候提及 ICSID。比如,《中国—柬埔寨 BIT》规定,有关征收补偿款额的争端可提交至由三名仲裁员组成的专设仲裁庭解决。在任何一方不指定仲裁员的情况下,“争端任何一方可提请[ICSID]秘书长作出必要的指定”。[22] 该条款接下来规定仲裁程序

〔19〕 A Chen, 'Should the Four Great Safeguards in Foreign BITs be Hastily Dismantled? Comments on Provisions Concerning Disputes Settlement in Model US and Canadian BITs' (2006) 7(6) Journal of World Investment & Trade 899, 903.

〔20〕 1991 年《中国—匈牙利 BIT》之《议定书》。

〔21〕 另请参见《中国—韩国 BIT》第 9 条第 3 款。

〔22〕 《中国—柬埔寨 BIT》第 9 条第 4 款。另请参见《中国—卡塔尔 BIT》第 9 条第 4 款、《中国—伊朗 BIT》第 12 条第 4 款。

由仲裁庭自行制定，但在制定程序时，仲裁庭可以参考《ICSID 仲裁规则》。[23] 上述规定所采用的正是中国最早的两代 BIT 范本中的措辞。旧的《中国—新西兰 BIT》的相应措辞略有差异，其规定有权补充指定仲裁员的是世界银行行长。仲裁程序仍由仲裁庭自行制定，但可供参考的为《ICSID 公约》。《中国—新加坡 BIT》第 13 条第 6 款的规定又不同，其规定仲裁庭可参考《ICSID 公约》制定仲裁程序，但有权补充指定仲裁员的则为斯德哥尔摩商事仲裁院院长。[24]

中国较晚签订的条约给予当事方选择国际仲裁的机会更多，有人将之戏称为"自助餐厅风格"的方法。[25] 并非只有那些允许仲裁所有争端的新一代 BITs 采用这种缔约方法。比如，1998 年《中国—埃塞俄比亚 BIT》限制了可提交国际仲裁的争端范围，但其第 9 条第 3 款同时又规定：

"涉及征收补偿额的争端，在六个月内不能协商解决争议时，***争端任何一方均可以要求将争议提交专设仲裁庭仲裁，或者…… ICSID 仲裁*** 。"[26] [着重部分系作者标示]

《中国—新西兰自由贸易协定》为争端当事方提供了在 ICSID 仲裁和 UNCITRAL 仲裁之间进行选择的机会。事实上，并非所有包含扩张性仲裁条款的 BITs 均给争端当事方提供了选择机会。晚近的一些中外 BITs 仅允许争端当事方或者提交 ICSID 仲裁，或者提交有管辖权的国内法院诉讼，且二者不可得兼。比如，《中国—乌干达 BIT》第 8 条第 2 款规定：

"如争议自争议一方提出协商解决之日起 6 个月内，未能通过协商解

---

〔23〕 另请参见《中国—阿尔及利亚 BIT》第 9 条第 4 款第 5 款，《中国—阿塞拜疆 BIT》第 9 条第 4 款、第 5 款，《中国—克罗地亚 BIT》第 8 条第 4 款、第 5 款，《中国—厄瓜多尔 BIT》第 9 条第 4 款、第 5 款，《中国—格鲁吉亚 BIT》第 9 条第 4 款、第 5 款，《中国—印度尼西亚 BIT》第 9 条第 3 款第 1 项、第 2 项，《中国—牙买加 BIT》第 8 条第 4 款、第 5 款，《中国老挝 BIT》第 8 条第 4 款、第 5 款，《中国—阿曼 BIT》第 8 条第 4 款，《中国—蒙古 BIT》第 8 条第 5 款，《中国—乌拉圭 BIT》第 9 条第 5 款、第 6 款，《中国—越南 BIT》第 8 条第 4 款、第 5 款。

〔24〕 另请参见《中国—斯里兰卡 BIT》第 13 条第 5 款、第 6 款；《中国—奥地利 BIT》之《议定书》关于第 4 条第 2 款。

〔25〕 C McLachlan, L Shore, and M Weiniger, International Investment Arbitration: Substantive Principles (2007), para 3.33. 另请参见《中国—俄罗斯 BIT》第 9 条第 2 款。

〔26〕 中国与下列国家之间的 BITs 也规定了 ICSID 仲裁或特设仲裁：巴巴多斯、贝宁、博茨瓦纳、刚果、科特迪瓦、吉布提、圭亚那、约旦、肯尼亚、莫桑比克、缅甸、塞拉利昂、特立尼达和多巴哥。

决,争议应按投资者的选择提交至:

(1)作为争议一方的缔约方有管辖权的法院;

(2)解决投资争端国际中心(ICSID)。"[27]

《中国—秘鲁 BIT》仅允许当事方将有关补偿款额的争端提交 ICSID 仲裁,倘一方欲将其他争端也提交 ICSID 仲裁,则必须就此获得争端另一方的同意。显而易见,自 20 世纪 90 年代初期以来,在中外 BITs 中允许争端当事方选择 ICSID 仲裁已属司空见惯。ICSID 仲裁裁决书现已汗牛充栋。这些裁决书分析了《ICSID 公约》项下林林总总的问题,既包括哪些资产属于投资,从而使 ICSID 仲裁庭有权管辖的问题,又包括该约第 42 条所规定的准据法的问题,还包括该约第 26 条要求排除所有其他救济方法的规定如何适用的问题。实践证明,这种专业性的混合仲裁形式受到了投资者与国家的一致欢迎。ICSID 亦是中外 BITs,尤其是晚近签订的中外 BITs 所青睐的选项,这可能并不意外。

(二)ICSID 附加程序仲裁

ICSID 附加程序仲裁是 ICSID 在初创时期设立的,那时候罕有提交给 ICSID 解决的案件。1978 年 9 月 27 日,ICSID 起草并通过了《附加程序规则》。其时人们的构想是,让《ICSID 附加程序规则》解决《ICSID 公约》管辖范围以外的争端,这样便可以使 ICSID 秘书处在更广泛的领域工作。《ICSID 附加程序规则》所规范的全部对象是:

- 在一个当事方不是缔约国或者缔约国国民的情况下,解决投资争端所适用的调解或仲裁程序;
- 在至少一个当事方是缔约国或者缔约国国民的情况下,解决非直接产生于投资的争端所适用的调解或仲裁程序;
- 事实查明程序。

《ICSID 附加程序规则》起初的实施周期仅为 5 年,后来得以延长,并在

〔27〕 另请参加包含同样规定的 BITs:《中国—波斯尼亚和黑塞哥维那 BIT》第 8 条第 2 款、《中国—乌干达 BIT》第 8 条第 2 款、《中国—突尼斯 BIT》第 9 条第 2 款。

解决《北美自由贸易协定》框架下争端的过程中发挥重要作用。因加拿大[28]和墨西哥并非《ICSID 公约》缔约国,若想利用《ICSID 附加程序规则》解决《北美自由贸易协定》框架下争端,必须得有来自美国的投资者,或者投资者所主张的违反《北美自由贸易协定》行为系美国做出。[29]《能源宪章条约》第 26 条第 4 款也将 ICSID 附加程序仲裁规定为仲裁选项之一。[30]

《ICSID 附加程序规则》一般都与《ICSID 仲裁规则》同时修订,无疑 ICSID 秘书处一直致力于促使这两个体系在程序上相辅相成。虽然 ICSID 秘书处以类似的方式管理《ICSID 附加程序规则》框架下的程序,但《ICSID 公约》对此并不适用。由于其游离于《ICSID 公约》之外,故依据该规则所作出的裁决是受仲裁地法院监督的,它因此也不像 ICSID 那样属于封闭或曰"非本地化"的仲裁程序。依据《ICSID 附加程序规则》做出的裁决可根据《纽约公约》予以执行。ICSID 附加程序仲裁与 ICSID 仲裁一样,都由 ICSID 秘书处管理,它仍旧保有很多 ICSID 仲裁的优点,故在不能启用 ICSID 仲裁的时候,ICSID 附加程序仲裁是颇受欢迎的替代性选择。

中国已经签订若干规定了 ICSID 附加程序仲裁的 BITs,比如,因印度尚未签署《ICSID 公约》,《中国—印度 BIT》即属这种情况。如果真的发生投资争议,那么,印度投资者就能够利用《ICSID 附加程序规则》对中国提起仲裁。埃塞俄比亚虽签署了《ICSID 公约》,但尚未批准,尽管如此,《中国—埃塞俄比亚 BIT》却没有提及 ICSID 附加程序仲裁,而在投资者与国家间争端解决部分仅提及 ICSID。在这种 BIT 提及 ICSID 仲裁但缔约一方尚未批准

---

〔28〕 2006 年 12 月 15 日加拿大签署了《ICSID 公约》,目前正处于各省进行批准的过程中【加拿大于 2013 年 11 月 1 日签署批准该公约并向 ICSID 交存批准加入书,2013 年 12 月 1 日对其正式生效。——译者注】。

〔29〕 根据《北美自由贸易协定》提起的第一起仲裁案件是:Metalclad Corporation v. Mexico, ICSID Case No. ARB(AF)/97/1),依据的是《ICSID 附加程序仲裁规则》。自此还有下列《北美自由贸易协定》案件是依据该仲裁规则提起:Azinian v. Mexico, Feldman v. Mexico, ADF Group Inc. v. USA, The Loewen Group Inc. v. USA, Mondev v. USA, Fireman's Fund Insurance Co. v. Mexico, Corn Products International v. Mexico, and ADM Co. v. Mexico. See generally H C Alvarez, 'Arbitration under the North American Free Trade Agreement' (2000) 16 Arbitration International, 393.

〔30〕 在本书撰写之时,在 ICSID 附加程序框架下审理的待决案件有两个:Cementownia 'Nowa Huta' S. A. (Poland) v. Turkey, ICSID Case No. ARB(AF)/06/2 and Europe Cement Investment and Trade S. A. (Poland) v. Turkey, ICSID Case No. ARB(AF)/07/2.

《ICSID公约》的情况下，投资者能否根据《ICSID附加程序规则》提起仲裁？这个问题目前仍悬而未决。或者说，是否像《能源宪章条约》《北美自由贸易协定》那样，当事方需要对ICSID附加程序另行明确表示同意呢？《中国—埃塞俄比亚BIT》的用语非常明确。它允许当事方将涉及征收补偿款额的争端提交给专设仲裁庭，或者"一俟缔约双方都已成为其成员国"，当事方也可将这种争端提交给依据《ICSID公约》设立的ICSID来仲裁。[31] 上述限制性修饰语似乎排除了下述推论：该条款中也包括了缔约方对ICSID附加程序仲裁所表示的同意。根据《ICSID附加程序规则》，要提起仲裁，当事双方必须做出同意仲裁的意思表示。《中国—墨西哥BIT》倒是在第14条特别规定了对ICSID附加程序仲裁的同意，推究起来，这一规定大概是应墨西哥的要求而添加进去，因为其尚未签署《ICSID公约》。但是，墨西哥已在《北美自由贸易协定》框架下的ICSID附加程序仲裁中积累了非常丰富的经验。对投资者来说，ICSID附加程序机制的优势和劣势几乎都与ICSID体系相同，因为ICSID附加程序仲裁的争端的具体情况通过ICSID官网公之于众，两者均由同一个富有经验的秘书处管理案件流程，案件的具体程序也是相同的。但是，《ICSID公约》不适用于附加程序仲裁，附加程序裁决受仲裁地法院的监督。正因如此，在Metalclad案中，仲裁庭的裁决被英属哥伦比亚省最高法院部分撤销。[32] 投资者在考虑根据BIT中的哪一个仲裁选项提起仲裁时，必须对该程序的利弊进行权衡。

（三）UNCITRAL仲裁规则

在解决标的额较大的国际投资争端时，专设仲裁是颇受欢迎的选择。

---

〔31〕《中国—埃塞俄比亚BIT》第9条第3款。

〔32〕 The United Mexican States v. Metalclad Corporation (2001) BCSC 664; 119 ILR 647. Tysoe法官先生断定，该案仲裁庭借助"透明度"这个概念得出墨西哥间接征收了有毒废水厂的断定，属于越权裁决。当事方对裁决申请撤销的附加程序案件还包括：Marvin Roy Feldman Karpa v. United Mexican States, ICSID Case No. ARB(AF)/99/1 and The Loewen Group, Inc. and Raymond L. Loewen v. USA, ICSID Case No. ARB(AF)/98/3。目前仍处于待决状态的仲裁撤销案件包括：Texas Water Claims, Bayview Irrigation District and others v. United Mexican States, ICSID Case No. ARB(AF)/05/1。Texas Water案中，2007年9月17日该案申请人申请撤销仲裁庭2007年6月21日作出的无管辖权裁决。

人们认为,这是因为根据《UNCITRAL 仲裁规则》进行的专设仲裁更加秘密和灵活的缘故,不过,目前这种说法尚未得到证实。纵观历史可知,以前所有的石油争端均系通过专设仲裁解决。〔33〕 1976 年《UNCITAL 仲裁规则》在解决国际争端,包括投资者与国家间的争端中得到广泛运用,功勋卓著。该规则“是一套被普遍承认的现代国际仲裁规则之映像”。〔34〕 目前,联合国国际贸易法委员会第二工作组正在审议该规则,在相关会议上,人们讨论了许多如何修订该规则文本的建议。〔35〕 有人提议,在修订该规则的时候,应该为依据该规则审理投资者与国家间的争端解决问题设定额外的义务。〔36〕《UNCITRAL 仲裁规则》所确定的仲裁程序富有灵活性:它将多数事宜交由当事方自行决定;在当事方不能协商一致的时候,交由仲裁庭决定。这对国家当事方非常有吸引力。〔37〕 当然,其也不像《ICSID 公约》第 25 条那样对管辖权规定了严格的条件。《UNCITRAL 仲裁规则》所确定的仲裁亦具有秘密性(将来人们会否修订《UNCITRAL 仲裁规则》,以确保程序更加透明?这尚需拭目以待),不要求当事方委任的仲裁员属于任何机构,也不需要当事方额外再向任何机构支付管理费用。

《中国—黎巴嫩 BIT》在第 8 条第 4 款规定了专设仲裁庭的问题,“除非争端当事双方另有协议,该仲裁庭应依照联合国国际贸易法委员会

〔33〕 See eg Petroleum Development Ltd. v. Sheikh of Abu Dhabi (1951) 18 ILR 144; Ruler of Qatar v. International Marine Oil Co Ltd. (1953) 20 ILR 534; Saudi Arabia v. Arabian American Oil Co (ARAMCO) (1963) 27 ILR 117; BP Exploration Co Ltd. v. Libyan Arab Republic 53 ILR 297 (1979); Texaco v. Libyan Arab Republic (1978) 17 ILM 1; Libyan American Oil Co (LIAMCO) v. Libyan Arab Republic (1981) 62 ILR 140; and Kuwait v. American Independent Oil Co (AMINOIL) (1982) 21 ILM 976.

〔34〕 R Dolzer and C Schreuer, Principles of International Investment Law (2008) 228.

〔35〕 工作组的会议记录可见于:< www. uncitral. org >。另请参见 J Paulsson and G Petrochilos 所做的报告:Revision of the UNCITRAL Arbitration Rules, available at < http://www. uncitral. org/pdf/english/news/arbrules_report. pdf >【《贸易法委员会仲裁规则》已于 2010 年修订,并于 2010 年 8 月 15 日起生效。——译者注】。

〔36〕 请参见可持续发展国际研究所呼吁改革《联合国国际贸易法委员会仲裁规则》以适合投资者—国家仲裁的需要的报告, < http://www. iisd. org/pdf/2007/investment_revising_uncitral_arbitration. pdf >。

〔37〕 促使厄瓜多尔坚持要求石油公司与其协定合同,将争端解决机制由 ICSID 改成在厄瓜多尔境内的联合国国际贸易法委员会仲裁的原因,正是这种撤销裁决的灵活性,也许还包括质疑裁决的可能性。另请参见提议中的该国《宪法》草案第 422 条,该条要求仲裁所在地必须在拉丁美洲。

(UNCITRAL)的仲裁规则设立”。《中国—土耳其 BIT》明确规定了“依据《UNCITRAL 仲裁规则》”进行的专设仲裁。当事方仍然保有对其他仲裁机制表示同意的自由裁量权,但一旦产生争端,这一点可能难以做到,故默认的选项便是 UNCITRAL 仲裁。《中国—古巴 BIT》在第 9 条第 4 款规定,仲裁庭在制定专设仲裁程序时,可以参考《UNCITRAL 仲裁规则》。

在中外 BITs 中,《UNCITRAL 仲裁规则》扮演着重要的角色。如果是完全的临时仲裁,那么 BIT 通常都规定,倘若当事方不能就程序达成一致意见,则适用《UNCITRAL 仲裁规则》。此外,许多新一代 BITs 在投资者与国家间争端解决条款中都规定,当事方可以选择进行 UNCITRAL 仲裁。

(四)其他仲裁机构

如上所述,在多数规定了投资仲裁的中外 BITs 中,专设仲裁要优于 ICSID 仲裁,这是因为,过半数的中外 BITs 仅仅纳入了专设仲裁,这些 BITs 基本上都是早期缔结的。例如,1986 年《斯里兰卡—中国 BIT》、1993 年《乌拉圭—中国 BIT》均只允许投资者将与征收补偿款额有关的争端提交给专设仲裁庭解决。许多中外 BITs 均未规定 ICC 仲裁事宜。在 ICC 年均受理案件总量中,涉及国家当事方的案件量所占比例始终为 10% 多一点。虽然并非所有这类案件都是根据 BIT 提起的,但在投资条约中,ICC 却是常见的可供争端方选择的仲裁机构之一。虽然许多中外 BITs 的确给予当事方就所需的任何其他种类仲裁达成一致意见的自由,但在将 ICC 仲裁列为约文中的仲裁选项之一方面,中国却一向不太乐意,个中原因迄今不明。

《中国—古巴 BIT》就仲裁员指定机构的规定别有不同。倘若一个当事方怠于指定仲裁员,则另一方可以邀请国际法院院长代为指定。[38] 《中国—加纳 BIT》则规定由斯德哥尔摩商事仲裁院代为指定。[39] 其程序可由仲裁

〔38〕 另请参见《中国—菲律宾 BIT》第 10 条第 3 款。

〔39〕 另请参见《中国—科威特 BIT》第 8 条第 3 款、《中国—挪威 BIT》之《议定书》第 2 条第 4 款、《中国—奥地利 BIT》之《议定书》第 4 条。

庭参照《斯德哥尔摩商事仲裁院规则》或者《ICC 规则》确定。[40]

在投资者与国家间的争端解决方面,《中国—巴基斯坦 BIT》第 10 条的规定最为笼统:如果投资者对“被征收的投资财产的补偿款额”有异议,可向采取征收措施的缔约一方的主管当局提出申诉。在申诉提出后一年内仍未解决时,应投资者的请求,“由采取征收措施的缔约一方有管辖权的法院或国际仲裁庭可……对补偿款额予以审查”。对于此类仲裁庭如何组建,看来并无任何解释性的《议定书》加以明确。这个条款是有关仲裁的确定性承诺;它的意思仅为:如果当事方之间产生争端,则其应该就所有的细节问题达成一致。[41] 同意将投资争端提交仲裁,这是 BIT 缔约方所作出的让步;照此,这种同意仲裁的意图必须清楚、明确。BIT 条款将根据《维也纳条约法公约》中的原则进行解释。《泰国—香港 BIT》中的安排与之类似,只是后者明确规定了当事方可以就解决程序达成一致——倘若双方在 6 个月内未达成任何协议,则双方同意依据《UNCITRAL 仲裁规则》将争端提交仲裁。

三、管辖权

BITs 中的仲裁管辖权规定林林总总,因国而异。就中国而言,其初始立场一直是通过国内法院解决争端,只有一类争端可以提交至国际仲裁。考虑到国际上普遍采纳的做法是,“相关国家向来自另一个缔约方的所有投资者”发出“通过仲裁方式解决争端”的单方面要约,[42] 中国这种立场显然与之形成了鲜明对比。在设定仲裁庭管辖权范围的术语方面,BIT 的争端解决条款与商事活动当事人在商事合同中就相关仲裁要素达成协议时所使用的术语大同小异。若仲裁庭就管辖权范围之外的任何争端进行了裁断,则相应的裁决就因此面临被质疑的风险。当事方必须使仲裁庭相信后者具有对

---

〔40〕《中国—加纳 BIT》第 10 条第 2 款、第 3 款。

〔41〕一般来说,在国际商事仲裁中,法院和仲裁庭在断定当事人之间是否存在仲裁协议时,通常倾向于做出肯定的裁断。See eg Lucky – Goldstar International (HK) v. Ng Moo Kee Engineering [1993] 2 HKLR 73. See also David Wilson Homes Ltd. v. Survey Services Ltd and Others [2001] 1AllER 449.

〔42〕J D M Lew, L A Mistelis, and S M Kröll, Comparative International Commercial Arbitration (2003) para 28 – 22.

人管辖权和对物管辖权。就此而言，显而易见的问题便是，对投资者以及投资的界定[43]必不可少。

就多数中外BITs而言，其争端解决条款存在若干共同特征。在几乎在所有情况下，争端解决条款都要求当事方尽量友好解决争端。如果双方在冷却期，比如6个月内未能达成争端解决协议，则可根据该约将争端提交仲裁。BITs中常常包含可供投资者选择的若干仲裁机制，如ICSID、ICC等一些较受欢迎的仲裁机制，以及依据1976年《UNCITRAL仲裁规则》进行的专设仲裁。[44] 中国现行的BIT范本（1997年）给予投资者在当地法院和ICSID之间进行选择的权利。而此前（1984年和1989年）的两个范本则只提到专设仲裁。其原因很可能是，中国直到1993年才批准《ICSID公约》。

《芬兰BIT范本》堪称包含典型的争端解决条款的楷模。其第9条规定：

"1. 缔约一方以及缔约另一方投资者之间的任何直接产生于投资的争端应由双方友好解决。

2. 如果该争端在书面提出之日起3个月内仍然没有得以解决，则可应投资者的选择将其提交至：

（1）在其领域内进行投资的缔约一方的有管辖权的法院；或者

（2）根据1965年3月18日在华盛顿开放签署的《解决国家与他国国民间投资争端公约》设立的'解决投资争端国际中心'（ICSID，以下简称'中心'）仲裁，如果可以利用该'中心'仲裁的话；或者

（3）'中心'附加程序仲裁，条件是仅缔约一方是上述（2）项所指的公约缔约国；或者

（4）任何专设仲裁庭，除非争端当事方另有约定，否则，将依据《联合国国际贸易法委员会（UNCITRAL）仲裁规则》组建该庭。"

这个例子包括了投资者与国家间争端方面的最常见的术语，也即友好

[43] 关于BIT中的定义的更详细探讨，请参见上述第2章。

[44] 当然，有许多不同的选择。例如，可参见《斯里兰卡BIT范本》，其选项范围包括了有管辖权的当地法院、ICSID、国际商事仲裁开罗区域中心、吉隆坡仲裁区域中心或斯德哥尔摩商事仲裁院。

解决、3个月的冷却期、投资者选择争端解决场所、一系列争端解决选项。《美国BIT范本》(2004年)规定,可以将争端提交给ICSID、ICSID附加程序、UNCITRAL仲裁,或者当事方同意的任何其他仲裁机构。《能源宪章条约》中的争端解决条款也包括了这些仲裁机构选项,此外还增加了斯德哥尔摩商事仲裁院。〔45〕 挪威在其新BIT范本(2008年)中有所转变。以前其给予投资者在ICSID、ICC、和专设仲裁之间进行选择的权利,但是现在的新规定是,投资者必须在国内法院寻求解决争端,3年后才可以提交仲裁。〔46〕

(一)限制性的争端解决条款

多数中外BITs争端解决条款在适用范围上均有限制。有的将仲裁庭的管辖权局限于单纯的赔偿款额问题。许多BITs明明白白地确认,任何争端均可以提交至"接受投资的缔约一方有管辖权的法院"。〔47〕 一些BITs赋予拟提出诉求的投资者在东道国"行政主管部门或机构"〔48〕与有管辖权的国内法院之间选择的权利,另一些BITs则没有提到国内法院,而是允许投资者将有关款额的争端提交仲裁。当然,后一种规定的默认立场可能就是,任何其他争端都属于东道国国内法院的管辖范围。事实上,这恰是《ICSID公约》得以通过的原因之一:确保自认为利益受损的投资者有权选择将争端诉诸另一个独立、中立的争端解决机构。

〔45〕《东盟促进和保护投资协议》所规定的仲裁选项包括:ICSID、联合国国际贸易法委员会、吉隆坡仲裁区域中心;《日本—新加坡经济伙伴关系协定》所规定的仲裁选项包括:ICSID、ICSID附加程序、联合国国际贸易法委员会仲裁,或者根据附件V C所进行的仲裁。

〔46〕 2008年《挪威BIT范本》第15条第3款。其内容是:3.如果产生任何此类争端,并且符合下列条件之一:(1)在用尽当地行政救济之后,自将争端提交至当地法院以寻求当地救济之日起36个月内,当事方之间未达成协议的;或者(2)没有可资合理利用的当地救济途径为该争端提供救济,或者当地救济途径不具有提供这种救济的合理的可能性,并且,(3)投资者已经明确、毫无含糊地放弃了在当地法院诉讼的任何权利,那么,缔约任何一方兹同意根据本条规定将这种争端提交至根据1965年3月18日开放供签字的《解决国家与他国过民间投资争端公约》(《ICSID公约》)进行的仲裁。投资者根据该条的同意及将争端提交仲裁应视为满足《ICSID公约》(在ICSID秘书长批准本协议的情况下,《ICSID附加程序规则》)第25条的要求。

〔47〕《中国—柬埔寨BIT》第9条第2款。

〔48〕 例如,可参见《中国—马来西亚BIT》第7条第3款。其在规定关于补偿的争端的解决问题时提到了国际仲裁。另请参见《中国—阿拉伯联合酋长国BIT》第9条第2款第1项、第2项。

中国最初的两个 BIT 范本（1984 年和 1989 年）仅允许将“有关征收补偿款额”的争端提交国际仲裁。所有其他的争端只能通过东道国有管辖权的国内法院解决。中国在那段时间缔结的大多数 BITs〔49〕中都有这种限制性的用语。许多苏联时期的 BITs 中也包含这种类型的规定，诸如《比利时和卢森堡—捷克斯洛伐克 BIT》（1989 年）、《英国—苏联 BIT》（1989 年）即是如此。

中外 BITs 在表述此类限制性的争端解决规定时，措辞不一。若将来某一仲裁庭需要解释和适用这些条款，则上述差异细微的措辞可能不会造成实质性的影响，而另一些却可能意味着国家愿意提交仲裁的争端不仅仅是实际补偿款额的问题。按照 European Media Ventures 案〔50〕仲裁庭的裁断，这将对中外 BITs 项下的未来争端具有一定影响。

1. 涉及（Involving）征收补偿款额

在包含这种限制性条款的中外 BITs 中，最常见的措辞便是专门提到“涉及征收补偿款额”的争端。〔51〕《中国—蒙古 BIT》（1991 年）就是包含此类条款的典型例子。其第 8 条规定：

“（3）如涉及征收补偿款额的争议，在诉诸本条第 1 款的程序后 6 个月内仍未能解决，可应任何一方的要求，将争议提交专设仲裁庭。”

---

〔49〕 例如，可参见中国与下列国家之间的 BITs：阿尔巴尼亚（1993 年）、玻利维亚（1992 年）、保加利亚（1989 年）、柬埔寨（1996 年）、智利（1994 年）、克罗地亚（1993 年）、古巴（1995 年）、埃及（1994 年）、爱沙尼亚（1993 年）、埃塞俄比亚（1998 年）、法国（1984 年）、格鲁吉亚（1993 年）、希腊（1992 年）、匈牙利（1991 年）、冰岛（1994 年）、意大利（1985 年）、牙买加（1994 年）、老挝人民民主共和国（1993 年）、黎巴嫩（1996 年）、立陶宛（1993 年）、蒙古（1991 年）、波兰（1988 年）、斯洛文尼亚（1993 年）、土耳其（1990 年）、英国（1986 年）、乌拉圭（1993 年）、越南（1992 年）。

〔50〕 European Media Ventures SA v. Czech Republic, UNCITRAL Award on Jurisdiction, 15 May 2007. 该裁决迄今尚未公之于众，但是，下列文献报告了英国高等法院维持该裁决的决定：The Czech Republic v. European Media Ventures SA [2007] EWHC 2851.

〔51〕 例如，可参见下列 BITs：《中国—越南 BIT》第 8 条第 3 款、《中国—乌拉圭 BIT》第 9 条第 3 款、《中国—土耳其 BIT》第 7 条第 2 款、《中国—秘鲁 BIT》第 8 条第 3 款、《中国—蒙古 BIT》第 8 条第 3 款、《中国—黎巴嫩 BIT》第 8 条第 3 款、《中国—老挝人民共和国 BIT》第 8 条第 3 款、《中国—牙买加 BIT》第 8 条第 3 款、《中国—冰岛 BIT》第 8 条第 3 款、《中国—格鲁吉亚 BIT》第 9 条第 3 款、《中国—埃塞俄比亚 BIT》第 9 条第 3 款、《中国—埃及 BIT》第 9 条第 3 款、《中国—古巴 BIT》第 9 条第 3 款、《中国—克罗地亚 BIT》第 8 条第 3 款、《中国—智利 BIT》第 9 条第 3 款、《中国—柬埔寨 BIT》第 9 条第 3 款、《中国—玻利维亚 BIT》第 8 条第 3 款、《中国—阿尔巴尼亚 BIT》第 8 条第 3 款。

《中国—阿根廷 BIT》在争端解决问题上有两个并行的规定，其一涉及中国，其只调整有关征收补偿款额争端，此类争端可提交专设仲裁庭，其他争端仅在双方同意的情况下方可提交仲裁；另一涉及阿根廷，其则调整投资者和东道国之间根据条约所产生的“任何争端”，此类争端皆可以提交仲裁。因此，在同一个 BIT 中并存限制性与扩张性的规定，这两类规定分别指向不同的投资者，也就是，中国投资者可以将所有争端提交仲裁，而阿根廷投资者则仅能就款额争端提交仲裁。

《中国—印度尼西亚 BIT》（1994 年）在此类限制性措辞的表述上又有不同，其允许将“*因* 征收 *发生* 的补偿款额”[52]［着重部分系作者标示］争端提交仲裁。“因……发生的”一语的使用可能会令仲裁庭更加清楚地断定，国家的本意仅是将款额争端而非任何有关征收是否已经实际发生的争端提交仲裁。这将防止出现下文将要讨论的 European Media Venture 案仲裁庭所得出的那种结论。

2. 涉及（Involving）补偿款额

《中国—黎巴嫩 BIT》第 9 条第 3 款的规定更为广泛，其内容是，如果“涉及补偿款额”的争端不能得到解决，则可将其提交至国际仲裁。这个规定并未将争端限定为征收方面的争端，故可以提出论据加以证明的是，其调整任何因违反该约所产生的赔偿争端。从晚近仲裁庭有关管辖权的裁决所表现出来的坚定立场看来，这个规定不可避免地被解读为调整所有有关款额的争端，并不仅仅局限于征收诉求中的款额争端。

3. 关于（Concerning）征收补偿款额

一些限制性的 BITs 并未提到国内法院。比如，《中国—保加利亚 BIT》（1989 年）一开始就确认，投资者与东道国之间的“涉及（concerning）征收补偿款额”的任何争端“可以提交专设仲裁庭”。[53] 据此认为，所有的其他争

---

〔52〕 第 9 条第 3 款。其他的例子包括《中国—丹麦 BIT》（1985 年）、《中国—新西兰 BIT》（1988 年）、《中国—新加坡 BIT》（1985 年）、《中国—斯里兰卡 BIT》（1986 年）、《中国—土耳其 BIT》（1990 年）。

〔53〕 中国与匈牙利（1991 年）和英国（1986 年）之间的 BITs 也采取这种形式。

端将属于投资所在地主管法院的管辖范围。中文中的“关于”一词与“concerning”或者“involving”的含义更近，与之相反，中文中的“产生于”一词则意味着“resulting from”或者“arising out of”。“Concerning”是一种更宽泛的表述模式，其已被用于不仅包含款额方面的问题，而且还包含征收是否发生的问题，下文将要讨论的European Media Ventures案裁决就是这一解读的例证。

4. 其他限制性表述

一些BITs中还有若干其他不同的限制性表述。例如，《中国—奥地利BIT》（1985年）把争端解决规定作为征收条款之下的其中一项。《中国—奥地利BIT》第4条第5款确认：

“投资者有权要求采取征收措施的缔约一方的主管机构或国际仲裁庭审查征收补偿额。”

该BIT《议定书》在关于第4条这一部分规定了这个专设仲裁庭应如何组建、仲裁程序如何进行。考虑到这个规定位于征收条文之内，故仲裁庭可以审查的唯一问题便是有关征收投资的补偿款额问题，这一点应该毫无疑义。《中国—吉尔吉斯斯坦BIT》的争端解决规定看似有所遗漏，因为其规定，“有关征收款项的任何争议可提交仲裁庭”。而在中文里意指“赔偿”的“补偿”一词却不见踪影。这无疑是个疏漏，不过，如果仲裁庭非得要考虑该规定的适用范围，则该疏漏不大可能产生什么重要影响。从本质上看，该规定很明显具有限制性，仅调整补偿款项，不调整征收是否实际发生的问题。

《中国—卡塔尔BIT》在争端解决规定上表述另有不同。该约第9条第3款规定，如果有“***涉及*** 征收补偿 ***款额*** 的法律争议”[着重部分系作者标示]，则可将其提交至专设仲裁庭。这条款措辞很罕见，但其只调整款额方面的争议，不调整征收是否已经实际发生的问题，这一点毫无疑义。《中国—瑞士BIT》允许“将有关本协定第7条所述的补偿额的争议”提交国际仲裁，而第7条包括征收规定。这种措辞同样允许当事方在将是否存在征收交由国内层面断定的情况下，将应支付的补偿数额问题提交国际仲裁解决。

若干中外BITs还采用了另一种限制性表述。比如，《中国—波兰BIT》

第10条第1款允许投资者在对被征收的投资财产的补偿款额有异议的情况下,“向采取征收措施的缔约一方的主管当局提出申诉。在申诉提出后一年内仍未解决时,应投资者的请求,由采取征收措施的缔约一方有管辖权的法院或专设国际仲裁庭对补偿额予以审查。”这就使投资者首先去国内法院寻求救济成为强制性要求,即便争议中的问题是征收补偿款额问题亦是如此。一旦一年期满,投资者即可在当地法院和专设仲裁庭之间做出选择。投资者可能可以依据最惠国待遇条款绕开上述一年等待期的程序要求,就像Maffezini案中那样。但是,《中国—波兰BIT》中的最惠国待遇条款仅适用于投资和相关活动,而Maffezini案中当事人所依据的《阿根廷—西班牙BIT》的最惠国待遇却适用于“本协议项下的所有事宜”,与后者的宽泛用语相比,前者用语的适用范围似更狭窄。

5. 限制性的争端条款的适用

有人认为,这些限制性的BITs用语意味着只能在国内层面断定是否实质性违反条约;如果在国内层面断定存在征收,投资者才可将征收补偿款额问题提交国际层面去仲裁。在European Media Ventures案[54]裁决中,仲裁庭必须要对一个前苏联时期的BIT,也就是1989年《比利时和卢森堡—捷克斯洛伐克BIT》进行解释,而该BIT包含类似的限制性争端解决规定。这个BIT第8条第1款规定,国际仲裁这种争端解决方式适用于:

“缔约一方与缔约另一方投资者之间关于根据第3条第1款、第3款[征收规定]*产生的应付赔偿*的争端。”[着重部分系作者标示]

投资者主张,“关于”(concerning)这一术语对仲裁庭的管辖权设定了限制,但其适用范围非常宽泛,仍足以容许仲裁庭断定征收是否已经发生。仲裁庭予以赞同。捷克共和国向英国法院对该裁决(迄今尚未公开)提出异议,理由是仲裁庭超越权限。捷克辩称,第8条第1款的规定将仲裁庭的管辖权局限于应付赔偿款额方面的争端,但并未延伸至断定对此类BIT项下

〔54〕 European Media Ventures v. Czech Republic [2007] EWHC 2851 (Comm). UNCITRAL Award 15 May 2007, unpublished. 捷克共和国以仲裁庭对实体性问题缺乏管辖权为由,对该裁决提出异议。法院驳回上诉,确认仲裁庭对应否给予赔偿问题具有管辖权。

征收的责任问题。如果国家当事方当初有意让仲裁庭断定 BIT 项下的征收责任事宜,其本应采用不同的用语。申请人驳斥道,在将可仲裁事项局限于补偿款额问题方面,捷克共和国并未【原文有讹误,此处的"并未"一词是译者添加的。——译者注】坚守任何"永恒不变的政策"。在征收方面,"关于应付赔偿"这一短语的适用范围比其他共产主义时期 BITs 更宽泛。该词组的通常含义将包括"直接和间接征收,不管是就赔偿的性质来说,还是就赔偿的数额来说,情况都是如此"。[55] 当事双方都同意,应该根据《维也纳条约法公约》来解释该 BIT。

英国高等法院的法官 Simon 先生重申,若当事人根据第 67 节提出管辖权异议,就需要对案件进行重新审理。结果,法院对《维也纳条约法公约》第 31 条和第 32 条中有关条约解释的国际法规则进行了详细回顾。英国法院适用了这些规则,"根据是其代表了习惯国际法,故而是英国法的组成部分"。[56]法官 Simon 先生断定,解释该约的正确途径是,"查明这些词语在上下文中的意义(文本方法)",而不是沿用目的论途径,必须"在其特定的上下文中客观地"解释这些词语。但是,在审查了当事双方就上下文解释所提交的大量书面意见后,他发现上下文解释模棱两可,对解释争议中的术语并无助益。事实上,就第 8 条措辞的具体结构的众多书面意见不仅毫无用处,而且"自相矛盾"。

最可能的一种说法是,在该 BIT 缔结之时,许多共产主义国家不愿意将争端提交给国际仲裁。但是,他们并未绝对地将国际仲裁拒之门外。就该特定 BIT 而言,两个缔约国之间的谈判角力似已决定了对国际投资仲裁的拒与纳。该院查明,在解释该 BIT 时,需要考虑如下四个前提事项:(1)"独立"解释的重要性;(2)不管涉及哪个缔约国(捷克共和国抑或比利时—卢森堡),第 8 条所设定的管辖权都是一样的;(3)通常含义便是该 BIT 缔结之时

---

〔55〕 Ibid. ,para 12 (iv).

〔56〕 Ibid. ,para 15,该判决的脚注 6 中引用了支持法院观点的案例。

那些术语所被赋予的含义(时际法原则);[57]以及(4)法院或者仲裁庭应竭力给其所解释的每一个词语都赋予一个含义。就该约的目的和宗旨而言,该院的确郑重承认,该 BIT 的国家当事方有意“赋予投资者以宝贵的提起仲裁权”,这一点非常清楚。该院从上述 BIT 第 8 条第 1 款的用语中提炼出提起仲裁权的四个前提条件,分别为:(1)争端;(2)关于赔偿的争端;(3)关于应支付赔偿的争端;(4)关于因第 3 条第 1 款和第 3 款项下的财产夺取而产生的应支付赔偿的争端。法院的判决断定,“本院的任务不是寻找一个想象中的共同意图,而是对上下文中所使用的词语赋予含义,缔约方当时正是在这样的上下文的语境中同意使用这些词语的。”运用这些因素,法院断定,“关于”(concerning)这个术语的含义非常宽泛,其通常含义囊括了应支付的赔偿的每一个方面,而应支付的赔偿则涵盖了“应得权利的问题以及量化的问题”。第 8 条的调整范围并不限于第 3 条所指的那个具体问题,也即应付款额。

该院断定,仲裁庭享有裁断是否应支付赔偿的实体管辖权,而不仅是对现实中的征收实际赔偿款额争端享有管辖权。捷克共和国的申请因而遭到驳回。仲裁庭继而审理案件的实体问题。如上所示,许多中外 BITs 中都包含类似的措辞,由此看来,投资者同样的主张将有可能会成功。于是,据此,仲裁庭得以根据类似措辞的中外 BITs 扩大自己的管辖权,去审查东道国到底有没有采取征收措施这一基础性诉求,从而赋予投资者将是否真正发生征收的问题提交仲裁而非当地法院决断的权利。例如,《中国—日本 BIT》第 11 条第 2 款有个规定与 European Ventures 案的情况几乎一模一样,同样在行文中提到了前文的征收规定。其指出,“……关于第 5 条第 3 款所述的补偿价款”的争端可以提交 ICSID 调解或者仲裁。[58]

---

〔57〕 Ibid. ,para 36,Gerald Fitzmaurice 在此处所用的定义为:“必须按照条约最初缔结之时通行的语言习惯,或者根据条约用语所具有的含义对其进行解释,或者根据缔约国所已经赋予的含义对其进行解释。” G Fitzmaurice,‘The Law and Practice of the International Court of Justice 1951 – 4: Treaty Interpretations and other Treaty Points’ (1957) BYIL 203,212.

〔58〕 另请参见《中国—巴布亚新几内亚 BIT》第 8 条第 2 款,该款交叉引用了第 5 条第 3 款。《中国—毛里求斯 BIT》第 13 条第 3 款,该款交叉引用了第 6 条第 1 款。

6.“其他争端”选项

一些中外 BITs 虽然采取限制性的表述，但却给予当事方就“其他争端”同意提交仲裁的选择权。《中国—希腊 BIT》就包含了这种额外的规定，其也允许当事方就征收补偿款额以外的争端提交仲裁。该 BIT 第 10 条第 2 款最后一部分规定：

“投资者和缔约一方的任何其他争议只有经双方同意，才可提交国际仲裁庭。缔约任何一方在此声明接受该仲裁程序[……]”〔59〕

第一句的意图应解读为，缔约方仅作出了就是否将任何其他争端提交仲裁的事宜予以考虑的承诺，而不是在事实上允许将任何其他争端提交国际仲裁。下一行中接受仲裁程序的宣告应解读为仅就有关补偿款额事宜有约束力。对于其他争端，这种接受仲裁的意思表示则是附条件的，具体取决于未来争端当事方所实际达成的协议。这句话不应被解读为已经满足了前句中所设定的“只有经双方同意”的要件，因为这会使得“只有经双方同意”的限制性修饰语失去意义。无论如何，这是中国在接受国际仲裁问题转变态度的早期（1992 年）例证。《中国—立陶宛 BIT》（1993 年）的情况类似。其第 8 条第 2 款第 2 项同意，“有关补偿额的争议或其他双方同意的争议可提交”至 ICSID。〔60〕很明显，这是一个有关同意的协议，其本身并未对当事方将其他类型的争端提交 ICSID 仲裁施加义务。其允许当事方为方便起见将所有的相关争端，而非单单补偿款额争端提交给唯一的机构解决。《中国—菲律宾 BIT》（1992 年）特别规定，投资者可以提交“当事双方同意提交国际仲裁的有关本协定其他问题的争议”。这个条款调整该约项下当事方愿意通过仲裁解决的任何其他争议。因当事方可以同意将所有的争端，而不是单单的款额问题提交一个仲裁庭解决，故这一规定有助于提高争端的审理效率。与之相反，《中国—智利 BIT》允许当事方将“涉及征收补偿款额

〔59〕另请参见《中国—科威特 BIT》第 8 条第 3 款、《中国—菲律宾 BIT》第 10 条第 2 款第 2 项、《中国—土耳其 BIT》第 7 条第 2 款、《中国—乌拉圭 BIT》第 9 条第 3 款。

〔60〕中国与下列国家之间的 BITs 也有类似的规定：阿根廷、瑞士、马来西亚、阿拉伯联合酋长国、也门、巴布亚新几内亚、摩洛哥、加蓬、喀麦隆、日本、韩国、秘鲁。

的争议”提交ICSID仲裁，而“投资者与”东道国之间“有关任何其他事项”的争议，经争议双方同意，可以提交专设仲裁庭。[61] 该规定让两个争端解决机构轮流审理相同的当事方之间的一个争端，这无助于提高仲裁效率。《中国—冰岛BIT》的规定与之类似，只是有关款额的争端既可以提交给ICSID，也可以提交给专设仲裁庭，而其他争端则可以专设仲裁庭。那么，如果还有其他争端需要解决，则投资者就可以选择专设仲裁。不过，能否走到这一步还要取决于中国是否同意将补偿款额之外的争端提交仲裁。

《中国—也门BIT》的用语更为浓墨重彩，其确认，“对有关征收补偿款额的争议提交该仲裁程序均给予不可撤销的同意。其他争议提交ICSID应征得当事双方同意。”[62] 因此，中国对补偿款额之外的、可提交国际仲裁的其他类型争端仍有掌控空间。通过这种方式，中国确保自己仍然保留可以捍卫中国主权的四大安全阀之一。[63]

（二）扩张性的争端解决条款

虽然情况并非一概而论，但中国更为晚近的，或曰第三代BIT中，的确有许多BITs[64] 都包含宽泛的，或者说现在被认为是标准的投资者与国家间争端解决条款，其调整“所有争端”。这种局面的出现无疑是受到几方面因素的影响，包括中国于1993年批准了《ICSID公约》，中国自2001年加入WTO以后对国际法和国际承诺采取了更为自由主义的政策，中国对国际仲裁的政策明显转变。第一个允许将任何争端提交国际仲裁的BIT是《中国—巴巴多斯BIT》(1998年)。该第一个自由主义的BIT允许将“任何投资争端”提交给ICSID或者依据《UNCITRAL仲裁规则》进行的专设仲裁。中

---

〔61〕《中国—智利BIT》第9条第3款。

〔62〕《中国—也门BIT》1998第10条第2款的非官方译本。

〔63〕 A Chen ‘Should the Four Great Safeguards in Foreign BITs be Hastily Dismantled? Comments on Provisions concerning Disputes Settlement in Model US and Canadian BITs’ (2006) 7(6) Journal of World Investment & Trade 899,908.

〔64〕 尽管自1998年以来，中国已经转而允许投资者就条约项下所产生的所有争议提交国际仲裁，但其同时仍缔结了一些包含限制性的争端解决条款的BITs，1998年《中国—埃塞俄比亚BIT》第9条第3款、1999年《中国—巴林BIT》第9条第3款便是其中两例。

国现在已经缔结了三十多个包含这种自由主义的投资者—东道国争端解决规定的 BITs。[65]《中国—捷克共和国 BIT》(2005 年)就是这方面的典型例子,其第 9 条第 2 款规定:

“如缔约一方投资者与缔约另一方之间的争议自提交解决之日起 6 个月不能通过协商解决,为解决争议,***投资者有权选择***将争议***提交***给:

(1)作为争议一方的缔约方国内有管辖权的法院;或

(2)依据 1965 年 3 月 18 日在华盛顿开放签字的《关于解决国家和他国国民之间投资争端公约》中可适用条款设立的‘解决投资争端国际中心’仲裁;或

(3)根据《联合国国际贸易法委员会仲裁规则》设立的专设仲裁庭,除非争议双方另有约定。”[着重部分系作者标示]

这个条款在性质上是宽泛的,因为它调整投资者与东道国间的“任何争端”。对事管辖权不再受到任何限制。一些自由主义的 BITs 提及将“投资争端”[66]提交仲裁,而其他的则提及“法律争端”,[67]这反映了《ICSID 公约》第 25 条第 1 款的用语。这个用语确定了下文即将讨论的对仲裁的同意范围。

就像上文所引用的《中国—捷克 BIT》那样,多数新一代 BITs 提供了一系列争端解决选项,投资者可以在发生争端时做出选择。许多 BITs 给予“任何一方”提起仲裁程序的权利,就像中国最早的两个 BIT 范本所规定的那样。例如,《中国—缅甸 BIT》规定,如果争端不能得到解决,则“应任何一方的请求,可将争议提交……”ICSID【按:原文此处为 ISCID】或者专设仲

〔65〕 这包括中国与下列国家之间的 BITs:芬兰、刚果、博茨瓦纳、德国、比利时和卢森堡、荷兰、俄罗斯、捷克共和国、葡萄牙、西班牙、塞浦路斯、波斯尼亚和黑塞哥维那、拉脱维亚、印度、伊朗、文莱、约旦、缅甸、韩国、瓦努阿图、尼日利亚、塞拉利昂、莫桑比克、肯尼亚、科特迪瓦、吉布提、贝宁、乌干达、突尼斯、纳米比亚、塞舌尔、特立尼达和多巴哥、圭亚那。

〔66〕《中国—特立尼达和多巴哥 BIT》第 10 条第 2 款、《中国—圭亚那 BIT》第 10 条第 4 款。

〔67〕 例如,可参见《中国—约旦 BIT》第 10 条第 1 款。

裁。[68]《中国—突尼斯 BIT》并未明确指出谁可以选择争端解决场所。相反，其规定，如果争端未获解决，则“应将其提交……”至当地法院或者 ICSID。“一旦*投资者*将争议提交……管辖”[着重部分系作者标示]，[69]照此看来，该约已经间接地构想为，由投资者做出选择。

相形之下，中国当前的 BIT 范本仅给了投资者提起仲裁的选择权。许多更近期的 BIT 范本乃至 BITs，比如《美国范本》《中国—新西兰自由贸易协定》以及《能源宪章条约》中都采用了后一种方案。这是一种非常偏向投资者的方案。追溯历史可知，虽然大多数案件都是由投资者提起的，但是，情况并非一直如此。尤其是，在晚近 BITs 中，比如《挪威 BIT 范本》第 24 条（包括环境在内的一般例外）和第 27 条（文化例外），BITs 越来越多地纳入社会或者环境义务，未来国家为了确保这些义务得到遵守而提起仲裁并非不可能。

大多数包含有扩张性的投资者与国家间争端解决条款的 BITs 都包括了 ICSID 仲裁选项，其中多数还规定了专设仲裁，（除非当事方另有不同约定，否则，）后一种仲裁适用《UNCITRAL 规则》。[70] 几乎所有的中国新一代 BITs 都明确地规定，投资者在诉诸国际仲裁之前，必须用尽当地行政复议程序。此类但书通常或出现在仲裁条款自身之中，或者出现在《议定书》或者附件内。《中国—乌干达 BIT》的情况即属于前者，其给予投资者将争端提交有管辖权的法院或者 ICSID 的选择权，“条件是在将争议提交 ICSID 之前，作为争议一方当事人的缔约方可以要求有关投资者用尽该缔约方法律

---

〔68〕 第 9 条第 3 款《中国—缅甸 BIT》。中国与下列国家之间的 BITs 都给了争端任何一方选择争端解决机构的权利：阿尔巴尼亚、澳大利亚、巴林、玻利维亚、博茨瓦纳、柬埔寨、智利、科特迪瓦、克罗地亚、古巴、塞浦路斯、埃及、埃塞俄比亚、格鲁吉亚、冰岛、牙买加、老挝、黎巴嫩、蒙古、卡塔尔、斯洛文尼亚、斯里兰卡、乌拉圭、越南。

〔69〕 第 9 条第 2 款。另请参见《中国—玻利维亚 BIT》第 8 条第 2 款。中国与加纳、印度尼西亚、新加坡之间的 BITs 也对谁可以将争议提交仲裁未置一词。

〔70〕 中国与拉脱维亚和罗马尼亚之间的 BITs 未将专设仲裁设定为仲裁选项之一，而中国与文莱、朝鲜之间的 BITs 则之规定了专设仲裁。

和法规所规定的国内行政复议程序。”[71]这一措辞与中国当前的BIT范本第9条第3款第2项的措辞一字不差。在其他中外BITs中，这种关于缔约一方可以坚持将国内复议程序作为提起国际仲裁的前提条件的澄清出现在《议定书》或者附件内。《中国—突尼斯BIT》在其《议定书》关于第9条第1款中规定：

“突尼斯共和国注意到中华人民共和国要求相关投资者在将争议根据第9条第2款提交国际仲裁前，应根据中华人民共和国法律和法规用尽当地行政复议程序。中华人民共和国保证该程序最长不超过3个月。”[72]

在投资者必须诉诸国内复议程序问题上，并非所有的中外BITs都明确规定了最长3个月的期限。例如，《中国—拉脱维亚BIT议定书》在关于第9条部分对投资者必须用尽当地行政复议程序的时间期限未置一词。就像Maffezini案那样，[73]即便所需要走完的国内程序时间长于3个月，但投资者仍可能在3个月期满后依据最惠国待遇条款提起国际仲裁。

与之形成鲜明对照的是看，《中国—伊朗BIT》[74]并未在争端解决规定或《议定书》中内设这样一个但书。该BIT第12条第2款允许将争端或者提交给有管辖权的法院，或者“适当根据其相关的法律和规定”提交专设仲裁庭。总之，现在还不清楚当事方采用这种限制性的修饰语言的意图何在，

---

〔71〕《中国—乌干达BIT》第8条第2款第2项。争端解决规定条款中包含但书的中外BITs还有：《中国—贝宁BIT》第9条第3款，《中国—波斯尼亚和黑塞哥维那BIT》第9条第3款、第8条第2款，《中国—文莱BIT》第9条第2款、《中国—柬埔寨BIT》第9条第3款、《中国—吉布提BIT》第9条第3款、《中国—圭亚那BIT》第10条第4款、《中国—约旦BIT》第10条第3款第2项、《中国—朝鲜BIT》第9条第3款、《中国—缅甸BIT》第9条第3款第2项、《中国—特立尼达和多巴哥BIT》第10条第2款第2项、2008年《中国—新西兰自由贸易协定》第153条第2款。

〔72〕其他《议定书》附件中包含但书的中外BITs为：《中国—比利时和卢森堡BIT》关于第8条、《中国—芬兰BIT》关于第9条、《中国—德国BIT》第6条、《中国—拉脱维亚BIT》关于第9条、《中国—荷兰BIT》关于第10条、《中国—葡萄牙BIT》关于第9条、《中国—西班牙BIT》关于第9条。

〔73〕Maffezini v. Spain, ICSID Case No. ARB/97/7. 本书下文将考察最惠国待遇条款的适用问题。

〔74〕台湾所缔结的大多数BITs也没有为投资者设定寻求当地行政复议程序的义务。例如，斯威士兰与台湾当局之间的BIT第7条第2款规定了如下仲裁选项：国际商会、“由特别协议指定的或根据【联合国国际贸易法委员会】《仲裁规则》建立的独任国际仲裁员或专设仲裁庭。”从法律上看，台湾是中国的一部分，但享有事实上的自治权。如果一个投资者同时在台湾和大陆拥有投资，则其不大可能对中国政府提起仲裁。台湾当局所缔结的BITs清单可参见http://www.unctad.org/Templates/Page.asp?intItemID=2344&lang=1。

也不清楚其是否试图通过提到国内法的做法导入当地复议程序。[75] 但是，这种表达的疏漏可能对其他要求诉诸国内复议程序的 BITs 项下的投资者产生重大影响，后者可能会通过援引本书下文探讨的最惠国待遇条款绕过此类国内复议程序。

四、对仲裁的同意

(一)同意的形式

仲裁是一种合意的程序，需要当事双方明白无误的同意。《ICSID 公约》只要求同意采用书面形式，除此之外，对同意的形式几乎未作其他要求。当事双方的书面同意不必都出现在同一份文件中。同意的意思表示可以通过引用其他文件的方式包含进一份文件中，[76] 国家则可以在其有关外资的国内法、BIT 或者多边条约中表示这种同意。当事方必须对仲裁表示同意，仲裁才能开始，这是一种通行的做法，并未局限于 ICSID 仲裁。在当事方拒绝将争端提交国内法院的时候，所有的仲裁庭都需要确认，对仲裁表示的同意乃系当事人的本意。[77] 在投资仲裁中，国家的同意通常包含在条约之中，投资者则通过提起仲裁请求加以承诺。在 AES Corporation v. Argentina 案中，阿根廷主张，BIT 确立了国家在何种条件以及情况下同意 ICSID 仲裁。[78] 人们公认，对东道国表示的同意应给予"特殊注意"。因此，在提出管辖权异议的情况下，应"仔细审查对管辖权的同意存在与否"。[79] 照此说来，BIT 中表示同意的措辞非常关键。

---

〔75〕 考虑到没有任何中国法律将当地救济程序规定为提起国际仲裁的前提条件，故这种导入的目的不太可能达到。

〔76〕 Ceskoslovenska Obchodni Banka, AS v. The Slovak Republic, ICSID Case No. ARB/97/4.

〔77〕 See A Amkhan, 'Consent to submit investment disputes to arbitration under Art 26 of the ECT' [2007] IntALR 65.

〔78〕 AES Corporation v. Argentina, ICSID Case No. ARB/02/17, para 38. See also Lucchetti v. Peru, ICSID Case No. ARB/03/4; Camuzzi International v. Argentina, ICSID ARB/03/2, Gas Natural SDG v. Argentina ICSID Case No. ARB/03/10 and Jan de Nul NV and Dredging International NV v. Egypt, ICSID Case No. ARB/04/13.

〔79〕 Mihaly International Corporation v. Sri Lanka, ICSID Case No. ARB/00/2, para 56.

在许多较晚近 BIT 范本中,国家都明白地确认,“缔约任何一方特此同意将投资争端提交国际调解或者仲裁”。[80] 虽然中国所有 BIT 范本中都未出现这种类型的明示同意字样,但是,中国较晚近签订的一些 BITs 倒是的确出现类似的用语。例如,《中国—比利时和卢森堡 BIT》在第 8 条第 2 款确认,如果 6 个月后争端仍不能获得解决,则“缔约各方同意根据投资者的选择将争议提交……”[81]《中国—荷兰 BIT》的表述几乎相同,唯一区别在于,对提交仲裁施加一个“无条件的同意”修饰。《中国—以色列 BIT》的规定则非常罕见,其争端解决条款是限制性的,却也包含了对 ICSID 仲裁的明示同意:

“缔约任何一方特此同意将……产生的关于征收补偿款额的任何法律争议提交[ICSID]进行调解或者仲裁解决。”[82]

在中外 BITs 中,更常见的现象是,其中并无有关同意的明示性规定,但从争端解决条款中可以清晰无误地看出,缔约双方均期望因而构成接受仲裁的同意。例如,请留意《中国—俄罗斯 BIT》(2006 年)的强制性措辞——争端“应被提交”[83] 给有管辖权的法院、ICSID 或者 UNCITRAL。《中国—捷克 BIT》的措辞稍有变化,其规定投资者“有权将案件提交”给法院、ICSID 或者专设仲裁。这些条款足以满足《ICSID 公约》项下有关同意的门槛性要求。

大多数包含限制性的争端解决规定的 BITs 未使用强制性的用语。比如,《中国—冰岛 BIT》规定,涉及征收补偿款额的争议,“可应任何一方的要

[80] 《日本—新加坡经济伙伴关系协议》第 82 条第 4 款。另请参见《美国 BIT 范本》(2004 年)第 25 条第 1 款、《挪威 BIT 范本》(2008 年)第 15 条第 3 款。

[81] 另请参见经《议定书》修改后的《中国—瑞典 BIT》第 6 条。已经签署、尚未批准的《中国—墨西哥 BIT》第 14 条也就同意问题作了明确规定。

[82] 《中国—以色列 BIT》第 8 条第 1 款第 1 项。另请参见《中国—摩洛哥 BIT》第 10 条第 2 款,该款确认,缔约双方“对有关征收补偿款额的争议提交该仲裁程序均给予不可撤销的同意……”

[83] 《中国—俄罗斯 BIT》第 9 条第 2 款。中国与下列国家之间的 BITs 也有类似强制性规定:巴林、贝宁、波斯尼亚和黑塞哥维那、博茨瓦纳、塞浦路斯、吉布提、德国、日本、朝鲜、韩国、拉脱维亚、缅甸、葡萄牙、俄罗斯、斯洛文尼亚、西班牙、突尼斯、乌干达、英国。

求,将争议提交ICSID或专设仲裁庭。”[84]若干自由主义的BITs也采纳这种措辞。比如,《中国—芬兰BIT》第9条第2款规定,“经投资者选择,该争议可提交”[85]至当地法院、ICSID,或者专设仲裁。该BIT并未就确认同意仲裁而另设规定。但是,上述措辞看似并未要求当事方在提起仲裁程序之前还要达成进一步的协议。[86] 它赋予了投资者以选择权,投资者可以行使,也可以不行使。《中国—巴布亚新几内亚BIT》对这一点做了明确规定,其内容是,关于补偿的争端“应”(shall)提交ICSID调解或仲裁,但其他争端“可协议提交”。[87] 这就清楚明白地要求,当事方必须达成进一步的协议,然后方可将此类额外争端提交ICSID解决。

相较之下,1994年《中国—罗马尼亚BIT》采用的是混合型的争端解决条款。该条款调整“任何争端”,所以它采用的是自由主义BIT这种非常宽泛的表述。它确认,当事方既可以将争端提交给有管辖权的法院,也可以“***基于当事方同意***提交国际仲裁(ICSID)解决”[着重部分系作者标示]。这可能没有达到令ICSID仲裁庭相信当事方已经同意仲裁的门槛。它看起来更像是这样一个协议:当事方同意在争端发生时就接受ICSID管辖权的问题进行协商。鉴于这一规定措辞模棱两可,除非当事方之间能够达成进一步的协议,不然,ICSID秘书长应该不会对根据这个BIT提出的仲裁请求予以登记。

附条件的同意

同意可以附有条件。是以,即便在ICSID仲裁管辖权的门槛性要件尚未具备的情况下,当事方亦可在法律文件中提到ICSID仲裁。例如,《中

---

[84] 《中国—冰岛BIT》第8条第3款。中国与下列国家之间的限制性BITs也使用了“可提交”的提法:阿尔巴尼亚、阿根廷、玻利维亚、保加利亚、柬埔寨、智利、克罗地亚、古巴、丹麦、埃及、爱沙尼亚、埃塞俄比亚、法国、格鲁吉亚、加纳、希腊、匈牙利、印度尼西亚、意大利、牙买加、科威特、老挝、黎巴嫩、立陶宛、蒙古、新西兰(1988年)、秘鲁、菲律宾、新加坡、斯里兰卡、土耳其、乌拉圭、越南。

[85] 中国与科特迪瓦、圭亚那、约旦、特立尼达和多巴哥之间的BITs包含了自由主义的争端解决条款,这些条款中也使用了“可以”这一表达:科特迪瓦、圭亚那、约旦、特立尼达和多巴哥。

[86] 《日本—埃及BIT》。关于更多的例子,see R Dolzer and M Stevens, Bilateral Investment Treaties (1995) 133。

[87] 《中国—巴布亚新几内亚BIT》第8条第2款。

国—澳大利亚 BIT》第 7 条第 4 款规定，一旦中国与澳大利亚“都成为（《ICSID 公约》）的成员国，争议可依照接受投资缔约一方的条件提交 ICSID 解决”。这个 BIT 签署于 1988 年，澳大利亚于 1991 年 5 月批准了《ICSID 公约》，中国则在其后的 1993 年 1 月批准该约。因此，该约生效五年后，这个条款开始适用。当然，这种特别规定与诸如《玻利维亚—荷兰 BIT》中的相应规定并不相同。《中国—澳大利亚 BIT》要求当事方往前再走一步，因为只有依照接受投资缔约一方条件提出仲裁，ICSID 才有权管辖。[88]《中国—土库曼斯坦 BIT》也要求，一旦缔约双方均成为《ICSID 公约》缔约国，双方之间达成“补充协议”。《中国—罗马尼亚 BIT》亦做出同样要求，其以“基于双方同意”为前提包括了 ICSID 仲裁这一选项。[89] 相比之下，《玻利维亚—荷兰 BIT》第 7 条第 2 款规定：

“如果缔约双方均已加入 1965 年 3 月 18 日《解决国家与他国国民间投资争端公约》，缔约一方与缔约另一方投资者间产生于投资的任何争端均应根据该约的规定提交至‘解决投资争端国际中心’调解或者仲裁。”

Aguas del Tunari 案[90] 仲裁庭确认，根据这个规定，玻利维亚已经同意通过仲裁方式解决争端。该 BIT 于 1994 年 11 月 1 日获得批准，玻利维亚于 1995 年 7 月 23 日批准了《ICSID 公约》，而当申请人所提出的仲裁申请于 2002 年得到登记时，玻利维亚的同意就完美实现了。《中国—埃塞俄比亚 BIT》第 9 条第 3 款的规定与之类似，其赋予当事方在专设仲裁和 ICSID 仲裁之间的选择权，而后一选择权的实现系以“一俟缔约双方都已成为……成员国时”为条件。[91] 这个规定所附条件并未成就，因为埃塞俄比亚仍未批准《ICSID 公约》（虽然其 1965 年已签署该约）。目前，该 BIT 项下的投资者仅可提起专设仲裁。

---

〔88〕 同样的附条件规定可见于《中国—土耳其 BIT》第 7 条第 3 款，该协议签订于 1990 年，生效于 1994 年，届时缔约双方均已成为《ICSID 公约》缔约国（土耳其是 1989 年，中国是 1993 年）。

〔89〕 1994 年《中国—罗马尼亚 BIT》第 9 条第 2 款。

〔90〕 Aguas del Tunari SA v. Republic of Bolivia, ICSID Case No. ARB/02/3.

〔91〕《中国—埃塞俄比亚 BIT》第 9 条第 3 款，争端当事方仅就补偿款额问题有在不同仲裁机制之间的选择权。

与之类似，Aucoven v. Venezuela 案仲裁庭确认，"根据 ICSID 仲裁庭的裁断以及学界对《ICSID 公约》的评述，必须更加重视当事方同意 ICSID 管辖权这一事实，人们常常将同意描述为 ICSID 管辖权的基石"。[92] 这样说来，在提起仲裁请求之前，投资实体的所有权由墨西哥（非 ICSID 成员国）人转移至美国人的变更满足了 ICSID 管辖权要件。仲裁协议一直是附条件，一旦股份转移至一个 ICSID 缔约方，这个条款就因条件成就而生效。

（二）同意的范围

国家可以任意地对自己同意仲裁的意思表示予以限制，不管关涉 ICSID 仲裁[93] 还是其他仲裁，情况都是如此。国家可以限制仲裁庭得以解决的争端类型。例如，在 ICSID 背景下，一个示范性条款便是通过限制可提交仲裁的争端类型来限制仲裁庭的对事管辖权。[94] 这种条款的运用方式非常类似于通常在商事交易，尤其是能源交易过程中所使用的分岔条款。在商事交易中，人们需要将有关合同应付款额计算的特定争端提交专家解决，而其他争端则提交仲裁解决。这当然会导致当事方对仲裁庭管辖权产生争议，因而需要清楚而精确地起草合同文本。除 ICSID 之外的仲裁机制亦要求当事人对仲裁表示同意。在当事人对特定争端提起仲裁之时，不管是机构仲裁，比如 ICC 或 SCC，还是专设仲裁，均仍将清楚明白的仲裁意图列为前提条件。[95]

在缔结的多数 BITs 中，中国均将同意仲裁解决的争端范围限制为有关征收补偿款额的争端。《中国—澳大利亚 BIT》虽在性质上属于限制性的

---

〔92〕 Autopista Concesionada de Venezuela, CA. v. Venezuela, ICSID Case No. ARB/00/5, para 95.

〔93〕 See C Schreuer, The ICSID Convention: A commentary (2001) paras 347 – 73 on the scope of Consent.

〔94〕 《ICSID 范本条款》第 4 条："在引用上述基本条款时所记录的同意中心管辖权的意思表示只/不应适用于与下列事项有关的争议：……" available at: http://icsid. worldbank. org/ICSID/StaticFiles/model – clauses – en/8. htm#b。

〔95〕 许多机构仲裁规则都包含了标准条款，这类条款中清楚地包含了当事方对仲裁的同意。See generally J Lew, L Mistelis and S Kröll, Comparative International Commercial Arbitration (2003) paras 7 – 5, 7 – 6 and 7 – 27 et seq.

BIT,但同样提及"有关投资和投资有关活动" 的争议。[96] 这似乎暗示缔约国同意的范围更为广泛,然而,同条第 2 款第 2 项同意仲裁的争端范围限制为根据第 7 条征收条款所应支付的补偿款额问题。像许多其他限制性的条约那样,除非当事方另有协议,否则,所有其他的争端均应由东道国国内法院解决。另一些投资条约通过排除特定情况下的诉诸国际仲裁的权利,对缔约国的同意范围进行限制。例如,《能源宪章条约》在第 26 条第 3 款第 1 项对国际仲裁表示一般性的同意之后,又设置了一个除外条款。其确认,在投资者此前业已将争端提交至当地法院,或至此前协议的争端机制的情况下,附件 ID 上所列的缔约国并未对国际仲裁给予此类无条件的同意。这就防止出现针对同一个国家、同一个事项提起多重诉讼的局面,比如,业已发生的 Petrobart 案[97]。

在实践中,包罗一切类型的同意条款乃是主流。[98] 中国缔结的自由主义 BITs 规定,与投资者有关的"所有"或者"任何"争端均可以提交仲裁。这种表述在适用上是宽泛的,因为它没有将同意仲裁的争端限制为违反 BIT 实体性规定的请求。中国在其第三代 BITs 中更是经常使用这种宽泛的术语。在中国晚近的 BITs 中,有两种主要的表达模式:"有关……投资的任何争议"[99]或"有关投资的任何法律争议"。[100] 《中国—约旦 BIT》《中国—比利时和卢森堡 BIT》根本没有提到投资,相反,而是仅仅提到"任何法律争议"。这种宽泛用语是否包括了合同争议呢? 目前,已经有若干案件的仲裁庭对该问题进行评判,结果不尽相同。在 Salini v. Morocco 案中,《意大利—

---

〔96〕 第 7 条第 1 款。

〔97〕 Petrobart Ltd. v. Kyrgyz Republic, Arb. No. 126/2003,该案投资者先到国内法院起诉,然后根据《外国投资法》提起仲裁(国际仲裁庭因该案与"投资"无关而拒绝管辖),最后根据《能源宪章条约》提起仲裁,最终胜诉。关于以这种方式对自己同意仲裁的意思表示进行限制的国家清单,请参见《能源宪章条约》网站:at www. encharter. org。

〔98〕 C Schreuer, The ICSID Convention: A commentary (2001), para 349.

〔99〕 例如,可参见中国与下列国家之间的 BITs:贝宁、文莱、波斯尼亚和黑塞哥维那、捷克共和国、德国、荷兰、葡萄牙、罗马尼亚、俄罗斯、斯洛伐克、西班牙、瑞典、突尼斯。

〔100〕 例如,可参见中国与下列国家之间的 BITs:科特迪瓦、塞浦路斯、吉布提、朝鲜、拉脱维亚、缅甸、乌干达。

摩洛哥 BIT》提到了“关于投资的……所有争端或分歧”。[101] 该案仲裁庭正确地观察到,这个规定非常具有普遍性。它不仅调整单纯的违反条约之诉,还调整违反合同之诉。“第 8 条要求国家尊重管辖权选择,这种选择的产生乃是因为其违反了双边协议或者违反直接约束它的合同。”[102]该案仲裁庭查明了在适用这种宽泛的争端解决条款上的一个限制,那就是该义务必须已为国家自身所设定。一年后,一个专门委员会也必须审查《阿根廷—法国 BIT》第 8 条中的一个宽泛的争端规定,该规定调整的是“与投资有关的争端”。专门委员会确认,“从字面意思上看,就满足第 8 条所阐述的仲裁管辖权要件而言,申请人无须主张东道国违反该 BIT 自身:只要争端与投资者依据该 BIT 进行的投资有关,这就足够了。”[103]因此,有人已经总结道:“BIT 之中的任何争端解决条款,如果措辞具备足够的普遍性,则当事方就可以援用合同管辖权……但是,本结论受制于许多限制条件,而这极大地限制了本结论的适用范围。”[104]

对这些宽泛的争端解决规定,还有另类解释。在 SGS v. Pakistan 案中,仲裁庭觉得,《瑞士—巴基斯坦 BIT》第 9 条中调整“关于投资的争端”的宽泛表述不过是纯粹的描述,其描述的是“争端的事实内容,这与仲裁请求的法律依据无关,也与仲裁请求中所主张的诉因无涉。”[105]这样一来,除非还有更多的论据证实,该约缔约国同意将合同争议提交仲裁,否则,就不能从该约中解读出这种含义。该案仲裁庭拒绝支持申请人 SGS 的下述主张:巴基斯坦有义务将所有与其投资有关的争端提交 ICSID 仲裁,而不管争端系合

[101] Salini Construtorri SpA and Italstrade SpA v. Morocco, ICSID Case No. ARB/00/4, para 8.

[102] Ibid., para 61.

[103] Compañiá de Aguas del Aconquija S. A. and Vivendi Universal v. Argentina, ICSID Case No. ARB/97/3, para 55.

[104] J Crawford, ‘Treaty and Contract in Investment Arbitration’ [2008] 24 (3) Arbitration International, 351, 362. See also G Kaufmann - Kohler, ‘Interpretation of Treaties: How do Arbitral Tribunals Interpret Dispute Settlement Provisions Embodied in Investment Treaties?’ in J D M Lew and L Mistelis (eds.), Pervasive Problems in International Arbitration (2006) 13 - 24 to 13 - 27 and R Dolzer and C Schreuer, Principles of International Investment Law (2008) 244.

[105] SGS Société Générale de Surveillance S. A. v. Islamic Republic of Pakistan, ICSID Case No. ARB/01/13, para 161.

同争端还是以条约争端为根据的争端。在这一点上，SGS v. Philippines 案仲裁庭支持 SGS 的主张，不同意 SGS v. Pakistan 案的上述结论。在 SGS v. Philippines 案中，仲裁庭认为，SGS 有权"根据该 BIT 第 8 条第 2 款将本案争端作为合同争端提交 ICSID 仲裁。"[106]

显而易见，中国对外签订的大多数新一代 BITs 都有类似这种宽泛的争端解决规定。因此，投资者可能会辩称，国际仲裁庭有权审理自己提出的有关违反合同的仲裁请求。当然，这种仲裁请求所依托的具体交易还得满足特定资格要件，例如，合同必须与投资有关（但是，《中国—约旦 BIT》或者《中国—比利时和卢森堡 BIT》并未提到"与投资有关"字样，对这两个 BITs 项下的合同而言，这一点甚至都不是必须具备的）。供应货物的合同不能等同于投资合同；[107] 就像 Salini v. Morocco 案所启示的那样，国家自身必须是投资合同的当事一方；根据 SGS v. Philippines 案裁决，必须对该投资合同中任何有效的排他性管辖权进行评价。对于考虑根据中外 BITs 对中国提起仲裁的投资者来说，上述情况使之更像是一个挑战。正如上文所述，国内法规定了投资可以采取的形式。例如，对大多数合营企业投资而言，国家自身根本就没有与外商签订合同。而且，大多数投资协议都包含管辖权条款，规定由当地法院根据当地法律解决争议。在中国，BOT 合同可以说是唯一一种或许满足这些资格条件，可使投资者能够对中国提起违反合同的仲裁请求的外国投资。

当然，只有在没有可适用的保护伞条款，或者虽有保护伞条款，但其适用却不能将违反合同争议升格为违反国际法争议的情况下，这个问题才会变得至关重要。《美国 BIT 范本》（2004 年）明确地将违反合同包括在争端解决规定的适用范围之内，其明确了指引至第 24 条第 1 款第 1 项第 1 目的第 3 部分。像《挪威 BIT 范本》（2008 年）一样，《东盟关于促进和保护投资

〔106〕 SGS Société Générale de Surveillance S. A. v. Republic of the Philippines, ICSID Case No. ARB/02/6, para 135. 该案仲裁庭中止审理，让当事方请求双方在合同中一致同意的专属管辖机构确定该义务的范围或者程度。

〔107〕 See Joy Mining Machinery Limited v. Egypt, ICSID Case No. ARB/03/11, paras 78 – 9.

的协定》(1987年)的提法是“任何法律争议”。中国的三个BIT范本都采用了宽泛的表述,这种表述如今在条约实践中已经司空见惯,[108]而且,可以说,其范围涵盖违反合同争端。

晚近的《中国—新西兰自由贸易协定》(2008年)将争端规定的范围限制为产生于有关投资的第11章项下的争端。[109] 一些中外BITs对“投资争端”这一术语进行了界定。《中国—圭亚那BIT》中,缔约国就“投资争议”表示同意仲裁,并在第9条第1款【原文误为:“第10条第1款”。——译者注】为了该约的目的做了如下界定:

“‘投资争议’是指缔约一方与缔约另一方投资者之间关于前者根据本协定对后者的投资所承担的义务的争议。”[110]

已经有人建议,中国应对其晚近缔结的自由主义BITs进行重新审查,尤其是,迄今尚无投资者接受这些投资条约中的对仲裁的持续同意,目前正是重新审查的合适时机。中国因此“有权根据《华盛顿公约》第25条第1款的规定,撤销这种预先的同意。必要的时候,中国还可以吸取阿根廷经验教训,与德国和荷兰重开谈判。”[111]通过签署修改这些现行规定的新《议定书》可以实现这一目的。对中国来说,如果其打算消除将来投资者根据新一代BITs提出投资仲裁的可能性,这个解决方案可能非常可行。但是,现已经存在三十多个此类条约,中国似乎也不大可能推翻其自由主义的政策并撤销同意仲裁的意思表示。

投资者根据一些提及“法律争议”的BITs提起了仲裁。由于这个术语

---

[108] 例如,还可参见具有这种宽泛表达模式的其他条约:《埃塞俄比亚—俄罗斯BIT》(2000年)、《奥地利—智利BIT》(1997年)。

[109] 《中国—墨西哥BIT》亦是如此。其第13条将可提交仲裁的争端范围限制在有关东道国违反第2章义务的仲裁主张【原文误为:“第11章”。——译者注】。

[110] 另请参见《中国—特立尼达和多巴哥BIT》第10条第1款。为避免产生疑义,《日本—新加坡经济伙伴关系协议》也界定了“投资争端”,内容为:“缔约一方与缔约另一方投资者之间的争端,该投资者主张因缔约一方违反本章就缔约另一方投资者的投资所赋予的任何权利而导致自己业已遭受损失或损害。”(第82条第1款)。

[111] A Chen, ‘Should the Four Great Safeguards in Foreign BITs be Hastily Dismantled? Comments on Provisions Concerning Disputes Settlement in Model US and Canadian BITs’ (2006) 7(6) Journal of World Investment & Trade 899,931.

也出现在规定管辖权要件的《ICSID 公约》第 25 条当中，故受到 ICSID 仲裁庭的反复审查。法律争端应是客观确定的；它不是政治争端，也不是单纯的利益冲突。它必须“涉及法律权利或义务的存在或范围，或者违反法律义务所应支付赔偿的性质或程度”。[112] 显然，“所有争端”是比所有“法律争端”更为宽泛的表述，但前一种表述不大可能对仲裁庭的管辖权产生很大影响，因为，投资者和东道国之间的这种类型投资争端通常具有法律属性。

1. 第 25 条第 4 款项下的通知

《ICSID 公约》缔约国可以根据该约第 25 条第 4 款的规定向 ICSID 发出通知，阐明它愿意或者不愿意考虑提交仲裁的争端类型。但是，如有该条款自身确认，“此类通知不应构成第 1 款所要求的同意”，[113] 故对 ICSID 仲裁庭来说，这个通知既不能构成东道国同意仲裁的意思表示，也不能构成当事国不同意仲裁的意思表示。中国政府在批准《ICSID 公约》之时，曾根据该约第 25 条第 4 款发出了一个通知，内容是其仅拟将征收补偿方面的争议提交 ICSID 管辖。[114] 正如上文所示，中国直到 1998 年 7 月 20 日才在与巴巴多斯之间的 BIT 中采用了宽泛的投资者—国家争端规定。随后，中国对外达成了更多的此类自由主义 BITs，至少对于受那些条约保护的投资者和投资而言，此类条约规定必然取消了根据第 25 条第 4 款发出的限制性通知。显然，这些更晚近的协议将取代中国根据《ICSID 公约》第 25 条第 4 款发出的通知，后者将其所同意提交的 ICSID 管辖的事项范围局限于“因征收和国有化而产生的补偿争议”。即便一个争端属于第 25 条第 4 款通知所列的不接受 ICSID 管辖权的争端种类，该通知也不妨碍国家对 ICSID 仲裁表示同意。但

---

〔112〕 Report of the Executive Directors of the World Bank on the Convention, (1993) 1 ICSID Rep 28. See also Azurix Corp v. Argentine Republic, Decision on Jurisdiction, ICSID Case No. ARB/01/12, para 58; El Paso Energy International Company v. Argentina Decision on Jurisdiction, ICSID Case No. ARB/03/15, paras 61 – 2, and Saipem SpA v. People's Republic of Bangladesh, ICSID Case No. ARB/05/7, para 95.

〔113〕 《ICSID 公约》第 25 条第 4 款最后一句话。发出此类通知的国家清单可见于 ICSID 网站：at: http://icsid. worldbank. org/ICSID/FrontServlet。

〔114〕 Ibid.，请参见 1993 年 1 月 7 日的《通知》，内容是：“根据《公约》第 25 条第 4 款，中国政府将仅考虑将因征收和国有化产生的补偿争端提交‘解决投资争端国际中心’管辖。”

是,如果一个有关同意的规定不甚明确,“在解释这个规定之时,可能就要参考东道国之前发出的通知,因为东道国已在通知中就哪些类型的争端明确表达了其意图。”[115]

2. 时效期间

虽然这不是中国一直以来的实践做法,但许多国家在其最近缔结的BITs中均包含了这样一个规定,即对同意仲裁的范围设定了时效。如果从投资者知悉违约行为当时起超过特定期间,这些规定通常排除争议提交仲裁的权利。美国[116]和挪威[117]的BIT范本均包括了此类规定,并分别设定了3年和10年的期间。《北美自由贸易协定》也设定了得提出仲裁请求的3年时效期间,起算点为自“投资者最先知道或应当知道其所主张的违反条约行为”之日。[118] 在Grand River Enterprise v. USA案中,《北美自由贸易协定》仲裁庭确认,申请人本应知道《主和解协议》(Master Settlement Agreement)和第三方保证法(escrow statutes)中的措施,也本应明白这些措施所可能导致的任何损失或损害。2001年3月12日前的任何仲裁请求都予以“驳回申请,因为此类申请已经超出《北美自由贸易协定》第1116条第2款和第1117条第2款所设定的仲裁时效。”[119] 虽然《可持续发展国际研究所(IISD)投资协议范本评述》指出,这种时效期间现已在BIT实践中很普遍,但事实远非如此。《能源宪章条约》中就没有包括这种规定。当然,北美范本包含这种规定,但也刚刚被其他国家纳入缔约实践。例如,《中国—新西兰自由贸易协定》(2008年)就在其第154条第1款规定:

---

〔115〕 C Schreuer, The ICSID Convention: A commentary (2001)第25条, para 632.

〔116〕 第26条第1款确认,如果自“投资者最初得知或本应最初得知所主张的违反条约……行为发生”之日起已超过3年,则不得提起仲裁。

〔117〕 第15条第4款规定,“自投资者最初得知导致该仲裁请求的事件发生之日起”已超过10年,则不得提起仲裁。

〔118〕 《北美自由贸易协定》第1116条第2款、第1117条第2款。可持续发展国际研究所(IISD)《投资协议范本》附件一第5条第1款的规定措辞与之类似:available at: http://ces.iisc.ernet.in/hpg/envis/sdev/investment_model_int_handbook.pdf。

〔119〕 Grand River Enterprises, Six Nations Ltd. & Others v. United States of America UNCITRAL Arbitration, Decision on Jurisdiction 20 July 2006, para 103. 至于与《北美自由贸易协定》第1116条第2款相关的案件的详细考察, see M N Kinnear, A K Bjorklund, and J F G Hannaford, Investment Disputes under NAFTA: An Annotated Guide to NAFTA Chapter 11 (2006) 1116-33 et seq。

“如果自争端投资者知道或在合理情况下应当知道由于违反本章义务给其或其投资造成损失或损害时起……时间已超过3年,则不得根据本章将请求提交仲裁。”

缔约者设计这个规定的目的是保护国家不因很久以前的事件而被诉。它限制了国家的责任,降低了仲裁请求的可受理性。未来中国很可能会继续将这个限制纳入其缔结的BITs中。事实上,新的《墨西哥BIT范本》在第13条第7款就有3年时效期间的规定。

(三)等待期或冷却期

在几乎所有的中外BITs中,争端解决的第一个选项都是友好解决。[120] 这当然与一般的条约实践相一致。它也明确表达出国家青睐这样一种做法:在任何争端发生之前就快速而经济地将其消灭在萌芽中。这也能够确保任何高调的仲裁请求都能够得到秘密解决。所有三个《中国BIT范本》都规定,任何争端“应尽可能地友好协商解决”。中国缔结的所有BITs均包含类似的强制性规定,即争端方有义务尽量通过协商和谈判方式友好解决所产生的争端。

对于当事方必须尽量友好解决争端、在此之前不能提出诉求的时间期限,中外BITs的规定却长短不同。这个冷却期通常在3个月[121]到1年[122]左右。多数中外BITs规定的是6个月冷却期。《中国—科特迪瓦BIT》第9条第2款确认,任何法律争议,如不能“在6个月内通过协商”解决,则可提交仲裁。在这个指定的期间届满前,不得提出任何诉求。仲裁庭在适用这些规定方面,做法并无完全一致。[123] 人们通常认为,这是一个程序要件,而不

---

[120] 中国与保加利亚、加纳(1989年)、奥地利(1985年)之间的BITs只允许就征收补偿款额争议提起仲裁,根本没有冷却期方面的规定。当然,这些BITs要求投资者在提起国际仲裁之前,已经得到了国内法院对包括赔偿款额在内的实体问题的判决。

[121] 请参见中国与澳大利亚、芬兰、瑞典(2004年议定书)之间的BITs。《中国—巴林BIT》规定了5个月的等待期。

[122] 例如,可参见《中国—土耳其BIT》第7条第2款、《中国—叙利亚BIT》第9条第1款。

[123] C Schreuer, ‘Travelling the BIT Route – of Waiting Periods, Umbrella Clauses and Forks in the Road’ [2004] 5 Journal of World Investment & Trade 231, 232.

是仲裁庭的管辖权要件。[124] 有关这一事项的多数案例都确认,完全不遵守这一规定并不会给投资者的仲裁请求带来“致命的”后果。[125] 也有仲裁庭在其裁决中认为,这不是纯粹的程序要件,而是管辖权要件。[126] 或许可以这样理解,仲裁庭赋予协商期间意义,可能在于鼓励争端方遵守等待期要件。但是,认定等待期规定“不具有管辖权要件的性质”的做法“是可取的”。[127] 然而,情况不会自动变成这样:仲裁庭直接将“冷却期”认定为纯程序的性质;这方面的判断要随案件的具体情况而定。

更可能出现的情况是,部分案件认定冷却期属于程序要件,但在一些案件中,涉案 BITs 冷却期的用语虽与前述案件 BITs 相类似,仲裁庭却在事实上因申请人未遵守冷却期要件而拒绝行使管辖权。《中国—比利时和卢森堡 BIT》第 8 条的确在第 1 款第 2 句增加部分规定,其内容是:“争议当事方应尽可能通过磋商、在必要的情况下通过寻求第三方的专业建议或通过缔约方间经由外交途径进行磋商解决争议。”这个规定的说明性更强,因为它专门提到了第三方专家和外交渠道,这与 Goetz 案中的《比利时—布隆迪 BIT》所规定相类似。该案仲裁庭之所以将冷却期要求定性为管辖权要件,乃是因为该 BIT 中关于外交干预的要求阵势更大。[128] 更为晚近的《中国—新西兰自由贸易协定》(2008 年)在友好解决规定中也包含了非常具体的强制性要求。其第 152 条规定“磋商与谈判的要求应当以书面形式提出,且应当说明争端的性质。”争端方必须在提出请求之日起 6 个月后方可启动仲裁。《中国—墨西哥 BIT》中也包含同样的强制性要求——争端投资者需要提交书面仲裁意向通知书,该约还对此类通知书所需载明的所有细节进行

[124] See, for example, Ronald S. Lauder v. Czech Republic, Final Award, UNCITRAL, para 187 and SGS Société Générale de Surveillance S. A. v. Pakistan, ICSID Case No. ARB/01/13, para 184.

[125] Bayindir Insaat Turizm Ticaret Ve Sanayi AS v. Pakistan, ICSID Case No. ARB/03/29.

[126] Goetz v. Burundi, ICSID Case No. ARB/95/3 and Enron Corporation and Ponderosa Assets, LP v. Argentina, ICSID Case No. ARB/01/3.

[127] R Dolzer and C Schreuer, Principles of International Investment Law (2008) 248.

[128] C Schreuer, 'Travelling the BIT Route – of Waiting Periods, Umbrella Clauses and Forks in the Road' [2004] 5 Journal of World Investment & Trade 231, 237.

了规定。[129] 仲裁庭至少需要确信提出仲裁请求的争端方已经将载有关于争端的详细信息的书面通知书送达给另一方。其结果如何尚不得而知。考虑根据中外 BITs 提出仲裁请求的投资者,审慎而明智的做法应是,遵守在特定的时间期限内进行协商的前提条件,而避免使自己面临仲裁庭可能裁定等待期属于管辖权要件的风险。

《中国—巴基斯坦 BIT》规定了 1 年的等待期。试图对征收投资的补偿款额提出质疑的投资者"可向缔约方主管当局提出申诉"。[130] 如果争端在 1 年内未获解决,投资者可以请求采取征收措施的缔约一方有管辖权的法院或国际仲裁庭对补偿款额予以审查。这些类型的等待期要求投资者在期间内必须努力解决争端,但其却不属于用尽当地救济要件的范畴。[131] 这些条款在仲裁实践中的应用一直受到责难。事实上,一些仲裁庭已经承认,通过援用本书下文中将要讨论的措辞更为宽泛的最惠国待遇条款,当事方可以绕开有关提起国际仲裁前必须等待 1 年的程序要求。

(四)"岔路口"条款

BIT 中的"岔路口"条款是一种尝试,其目的在于,防止投资者在已经选择条约中的争端解决选项之一的情况下,再提起其他的争端解决程序。因此,一旦争端方选择某一特定的争端解决场所,这种选择就是终局的,其后不可以再利用任何其他选项。"BIT 的此类规定不胜枚举",[132] 其目的一望

---

〔129〕《中国—墨西哥 BIT》附件 3 确认,投资者必须走完国内行政程序,该程序最长不超过 4 个月。但是,该 BIT 甚至允许投资者在为期 6 个月的协商期间内开始走国内行政程序。

〔130〕第 10 条。另请参见《中国—马来西亚 BIT》第 7 条第 1 款、《中国—波兰 BIT》第 10 条第 1 款。

〔131〕Ibid. ,250. See also Plama Consortium Limited v. Bulgaria, ICSID Case No. ARB/03/24, para 224,该案仲裁庭提到一个类似的 18 个月期间时,认为这是个"奇怪的要求",进一步来说,这也是"一个从实践的角度看荒诞不经的规定。"

〔132〕C McLachlan, L Shore, and M Weiniger, International Investment Arbitration: Substantive Principles (OUP, 2007) para 4.75.

而知,即为了国家当事方的利益,确保稳定性和终局性。[133] 并非所有的中外BITs都包含此类规定:《中国—挪威BIT》(1984年)[134]以及《中国—菲律宾BIT》(1992年)便是其中典例。后者给予投资者将补偿款额争端、“其他有关该补偿的争端”,以及BIT项下双方同意提交仲裁的其他任何争端提交仲裁的选择权。因此,如欲将补偿款额争端、其他有关该补偿的争端之外的争端提交仲裁,当事方就必须达成一致。这样的话,投资者就不太可能做出单边决定。由此,“岔路口”条款用以防止国家疲于应付多重诉讼的主要目的就可真正地实现。较晚近缔结的《中国—特立尼达和多巴哥BIT》虽然给予投资者在ICSID仲裁,即依据《联合国国际贸易委员会仲裁规则》设立的专设仲裁【原文误为:依据特别协议指定或者《联合国国际贸易委员会仲裁规则》组建的专设仲裁。——译者注】;依据当事双方之间达成的特别协议指派的独任仲裁员之间进行选择的权利,但也没有包括“岔路口”条款。再者,可能起草者觉得,三个选项中的两个都需要当事方对仲裁庭的组建方式或仲裁员的指派方式达成协议采取进一步的行动,故没有必要设立不可撤销的选择权。

中国最早的两个BIT范本都纳入限制性的争端解决规定,投资者仅能将款额争端提交国际仲裁。但是,即便如此,这些早期的BIT范本也规定,如果“相关投资者已经诉诸本条[原文如此]第2款所规定的程序”,此处第2款所规定的争端解决场所是国内法院,那么,其就不能提起仲裁。从本质上看,如果投资者已经将征收补偿款额问题提交至国内法院,则其就不能求诸国际仲裁。中外BITs中也有关于这类规定的早期例子,比如,《中国—日本BIT》(1988年)第11条第2款规定,如果:

“该缔约另一方国民或公司在该缔约一方境内求助于行政或司法解决

〔133〕 事实上,Maffezini案仲裁庭在讨论最惠国待遇条款的适用范围之限制时曾经确认,“如果当事方已经就某个争端解决安排达成了一致,而该安排中包括所谓的“岔路口”规定,……则不能通过启用最惠国待遇条款的方式绕开这个规定。” Maffezini v. Spain, ICSID Case No. ARB/97/7 Jurisdiction Award, para 63.

〔134〕 投资者—国家争端条款也规定在《中国—挪威BIT议定书》中。投资者有权决定将赔偿款额的争端提交国内法院或国际仲裁庭审查。无疑,若无争端解决机构的选择问题,则“岔路口”条款也无存在之必要。例如,2005年《泰国—香港特别行政区BIT》。

时,该争端不得提交仲裁。"[135]

《中国—阿根廷BIT》包含类似的规定,即投资者无论是将争端提交有管辖权的法院,还是提交专设仲裁,这种二选一的决定一旦做出就是"终局的"。[136]

目前的《中国BIT范本》(1997年)在第9条第2款包括了"岔路口"规定,内容是:

"一旦投资者将争端提交给相关缔约一方有管辖权的法院或者ICSID,则对这两个程序之一的选择应是终局的。"

这类条款更为典型,因为投资者可为解决"所有"争端而选择一个争端解决场所。在标志性的Vivendi案[137]中,仲裁庭所需考虑正是这种类型条款。在该案中,《阿根廷—美国BIT》第8条第2款规定,"一旦投资者已经将争端提交至相关缔约一方管辖,或者国际仲裁管辖,其对这些程序中的一种或者另一种的选择应是终局的。"申请人提出如下管辖权抗辩:倘若它已经按照特许合同所协议的那样向土库曼省行政法庭提起了诉讼,则从该案BIT的目的上看,其已经做出了不可撤销的选择。该案仲裁庭断定,特许合同中的排他性管辖权条款不能阻止Vivendi提出国际诉求。"也就是说,与申请人所持的立场相反,就违反特许合同问题,按照该合同第16条第4款的

---

[135] 《中国—韩国BIT》(1992年)第9条第3款有类似的措辞。

[136] 请参见《中国—阿根廷BIT》(1992年)第8条第3款。另请参见《中国—玻利维亚BIT》(1992年)第8条第3款、《中国—柬埔寨BIT》(1996年)第9条第3款、《中国—智利BIT》(1994年)第9条第3款、《中国—克罗地亚BIT》(1993年)第8条第3款、《中国—古巴BIT》(1995年)第9条第3款、《中国—埃及BIT》(1994年)第9条第3款、《中国—格鲁吉亚BIT》(1993年)第9条第3款、《中国—冰岛BIT》(1994年)第8条第3款、《中国—印度尼西亚BIT》(1994年)第9条第3款、《中国—牙买加BIT》(1994年)第8条第3款、《中国—老挝BIT》(1993年)第8条第3款、《中国—黎巴嫩BIT》(1996年)第8条第3款、《中国—蒙古BIT》(1991年)第8条第3款、《中国—秘鲁BIT》(1994年)第8条第3款、《中国—新加坡BIT》(1985年)第13条第3款、《中国—斯里兰卡BIT》(1986年)第13条第3款、《中国—土耳其BIT》(1990年)第7条、《中国—乌拉圭BIT》(1993年)第9条第4款、《中国—越南BIT》(1992年)第8条第3款。所有这些BIT都是在当前使用的《中国BIT范本》出台之前缔结的,都只允许征收补偿款额问题提起仲裁。

[137] Compañiá de Aguas del Aconquija S. A. and Vivendi Universal v. Argentina, ICSID Case No. ARB/97/3 Award 21 November 2000. 关于合同请求和条约请求之间的区别,另请参见撤销决定书的第95-101段:Compañiá de Aguas del Aconquija S. A. and Vivendi Universal v. Argentina, ICSID Case No. ARB/97/3 ad hoc committee decision, 3 July 2002.

要求,向这个存有争议的图库曼省行政法庭对图库曼省提起诉讼,这其实并不属于该 BIT 第 8 条'岔路口'条款意义上的争端解决场所选择,也即,不属于申请人选择在国内管辖区域(如法院)就阿根廷提起诉讼。"[138] 该裁决被专门委员会以原仲裁庭明显越权为由部分撤销。专门委员会所认定的明显越权事由为:原仲裁庭在已经断定该案合同之诉与 BIT 之诉密不可分的情况,认定合同之诉属于国内法院管辖范围,没有审查申请人所主张的违反合同行为是否构成违反 BIT。该专门委员会向 Vivendi 那样选择根据 BIT 求助于国际争端解决机构的投资者发出了警告,因为"这种局面给申请人带来风险。在拒绝向图库曼省行政法院就其条约诉因的各种事实组成部分提出质疑之后,申请人转而选择提起 ICSID 仲裁——因此,在本委员会看来,申请人业已启动了第 8 条第 4 款的'岔路口'条款——CAA 承担了这样的风险,即仲裁庭断定,就 CAA 所投诉的行为而言,无论是单独看来,还是共同看来,均未达到违反该 BIT 的程度。倘若真发生这种情况,则申请人将既在条约之诉上又在合同之诉上失算。不过,另一方面,申请人有权承担这种风险,以及相关的举证责任。"[139]

"岔路口"条款的适用并不容易。案例法表明,要想这个条款得到有效适用,则争端必须涉及相同的当事方,相同的诉讼标的,相同的诉因。[140] 在区分合同之诉和条约之诉上,这个问题尤为错综复杂。[141] 有关"岔路口"条

---

〔138〕 Ibid. , para 55.

〔139〕 Compañiá de Aguas del Aconquija S. A. and Vivendi Universal v. Argentina, ICSID Case No. ARB/97/3 ad hoc committee decision, 3 July 2002, para 113.

〔140〕 类似于禁止重复起诉和一事不再理原则。See generally A Reinisch, 'The Use and Limits of and Lis Pendens as Procedural Tools to Avoid Conflicting Dispute Settlement Outcomes' [2004] 3 Law & Practice of Int'l Courts and Tribunals, 37; N Gallagher, 'Parallel Proceedings, Res Judicata and Lis Pendens: Problems and Possible Solutions' in L Mistelis and J D M Lew, Pervasive Problems in International Law (2006) 329 – 54; and A W Sheppard, 'Res Judicata and Estoppel', in B Cremades and J Lew (eds.), Parallel State and Arbitral Procedures in InternationalArbitration (2005) 219.

〔141〕 See Helnan International Hotels A/S v. Egypt, ICSID Case No. ARB/05/09 Award of 7 June 2008, para 102 and cases listed in fn 1.

款问题探讨不少，但仍有些不甚明了。[142] 合同之诉和条约之诉全然不同，因此，即便投资者已经提出了合同之诉，也不必然触发 BIT 中的“岔路口”条款。在根据“岔路口”条款阻止仲裁庭依投资者仲裁请求行使管辖权的方面，国家并不是非常成功。[143] 在这个问题上，中国的立场有点不同。鉴于中国的许多 BITs 都规定由国内法院审理争议，事实上中国的国内立法规定，大部分投资合同都要由国内法院根据国内法来审理，故投资者不可能在国际法项下享有什么剩余诉求。投资者选择某一特定争端解决场所的行为将产生什么样的逻辑后果？这个问题需要予以认真考虑。比如，如果相关的中外 BITs 包含限制性的争端解决规定，投资者若已经就补偿款额决定向国内法院起诉，则“岔路口”条款可能被激活，且不可撤销。但是，中国已经在稍晚缔结的 BITs 中增加了“岔路口”条款的但书或者说限制。

“岔路口”条款的限制

现代中外 BITs 通常确认，求助于当地行政复议程序不应“阻止投资者将争端递交 ICSID 或者专设仲裁”。[144] 这一规定避免投资者产生疑惑：自己此前已经按照该 BIT 的要求启动了行政复议程序，那么，该行为会否导致自己不能诉诸国际仲裁？但是并非所有的中外 BITs 都对此作出澄清。

《中国—葡萄牙 BIT》给予投资者三个争端解决场所的选项——有管辖权的国内法院、ICSID 仲裁、根据《UNCITRAL 仲裁规则》进行的专设仲裁。其第 9 条第 3 款规定的是“岔路口”条款，内容为：“投资者将争议递交给上

---

[142] See B M Cremades and D J A Cairns, 'Contract and Treaty Claims and Choice of Forum in Foreign Investment Disputes' in N Horn (ed.) Arbitrating Foreign Investment Disputes: Procedural and Substantive Legal Aspects (2004) 332; C Schreuer, 'Investment Treaty Arbitration and Jurisdiction over Contract Claims – the Vivendi I Case Considered' in T Weiler (ed.) International Investment Law and Arbitration: Leading Cases from the ICSID, NAFTA, Bilateral Treaties and Customary International Law (2005) 281, 301; C Schreuer, 'Travelling the BIT Route – of Waiting Periods, Umbrella Clauses and Forks in the Road' [2004] 5 Journal of World Investment & Trade 231, 239.

[143] See eg Olguín v. Paraguay, ICSID Case No. ARB/98/5, para 30; CMS Gas Transmission Company v. Argentina ICSID Case No. ARB/01/8, paras 77 – 82; and LG&E v. Argentina, ICSID Case No. ARB/02/1, paras 75 – 6.

[144] 《中国—俄罗斯 BIT》(2006 年)之《议定书》，关于第 9 条。《中国—波斯尼亚和黑塞哥维那 BIT》(2002 年)虽然规定，东道国仍“可以”坚持让投资者求助于当地审查，却没有包括这个澄清性规定。

述三种程序之一的决定是终局的。"[145]对于投资者不得不在提起国际仲裁的3个月前首先将争端提交国内复议的事宜，该BIT未作出除外规定。另一个例子是《中国—波斯尼亚和黑塞哥维那BIT》(2002年)，该协议既未澄清"岔路口"条款如何运行，也未澄清国家仍"可"赖以坚持让投资者求助于当地复议的条约义务。

我们只能推断，倘若投资者此前已按照东道国的要求将争端提交当地法院，则仲裁庭不会将"岔路口"条款解释为阻止该投资者提起仲裁。中国对外签订的大多数BITs对"岔路口"条款做了些许的淡化处理，以容许投资者在经过3个月的国内复议后能提起仲裁。《中国—捷克BIT》(2005年)第9条第4款确认：

"一旦投资者将争议提交国际仲裁，该提交将是终局的。如果投资者已将争议提交给接受投资的缔约方有管辖权的法院，则该投资者可以根据该缔约方的法律法规***撤回其请求***，并将争议提交给本条所述的国际仲裁。这种从国内法院撤回后再提交的仲裁将是终局的。"[着重部分系作者标示]

相比之下，中国与约旦、圭亚那签订的BITs则仍旧保留了完全版的"岔路口"条款，因此，如果这两个BITs项下的投资者已经***将争端提交给有管辖权的法院***，则有关国际仲裁的规定就"不适用"了。[146]

《中国—新西兰自由贸易协定》(2008年)有个类似的规定，其允许投资者在已经将争端提交有管辖权的国内法院的情况下，再将争端提交仲裁，"条件是在最终裁决做出前，投资者从国内法院撤诉"(第153条第3款)。这个新条约的规定与弃权义务相近似，所谓弃权义务指的是投资者必须明示同意放弃诉诸国内法院的权利的义务。不过，在《中国—新西兰自由贸易

[145] 另请参见《中国—罗马尼亚BIT》(1994年)第9条第3款的规定："若投资者基于本条第二款的当事方的同意，决定将争议提交投资所在缔约一方有管辖权的法院或国际仲裁，其决定为最终的。"

[146] 《中国—约旦BIT》第10条第2款、《中国—圭亚那BIT》第10条第4款。另请参见《中国—吉布提BIT》第9条第3款、《中国—科特迪瓦BIT》第9条第3款、《中国—文莱BIT》第9条第2款、《中国—博茨瓦纳BIT》第9条第3款。

协定》中，投资者必须在终局裁断作出前撤诉，因此，求助于仲裁的能力是有时间限制的。《北美自由贸易协定》(1992 年)和《美国 BIT 范本》(2004 年)要求，投资者在提起仲裁前，须签署放弃在当地法院提起或者继续诉讼的权利的书面文件。这是“在国际仲裁庭和国内法院关系上贯彻一事不再审原则的另一种途径”。[147] 这些规定的目标与“岔路口”条款一样，但也有其独特的特征。《北美自由贸易协定》第 1121 条要求投资者做出具体的弃权。事实上，在 Waste Management v. Mexico 案中，仲裁庭因为投资者提交的弃权书附有条件而拒绝行使管辖权。申请人主张，第 1122 条的调整范围并不包括根据其他法律渊源提起的诉讼，但仲裁庭多数成员没有采信。人们公认，在国内争端解决场所提起的诉讼可能与投资者“声称的《北美自由贸易协定》一成员国违反《北美自由贸易协定》”的措施无关，“在这种情况下，此类诉讼与根据《北美自由贸易协定》提出的仲裁程序同时共存是说得通的。但是，如果两个程序的法律基础相同，都是源自于同一项措施，他们就不能同时共存，因为存在这样一种风险：投资者可能在损害赔偿诉请中获得双重利益。这恰恰是《北美自由贸易协定》第 1121 条所要避免的。”[148]《中国—墨西哥 BIT》中没有“岔路口”条款，但包括了弃权的要求。该约第 13 条第 4 款确认，投资者只有在代表投资企业已经做出具体弃权的情况下，才可以提起仲裁。当然，在解释这个规定时，必须还要同时顾及该约的下述强制性义务：投资者再提起国际仲裁之前必须走完东道国的当地行政复议程序。

五、最惠国待遇条款在管辖权事项上的可适用性问题

关于中外 BITs 中的最惠国待遇条款的问题，学界一直有怀有浓厚的研

[147] C Schreuer, ‘Investment Treaty Arbitration and Jurisdiction over Contract Claims – the Vivendi I Case Considered’ in T Weiler (ed.) International Investment law and Arbitration: Leading Cases from the ICSID, NAFTA, Bilateral Treaty and Customary International Law 281, 308.

[148] Waste Management, Inc. v. Mexico, Jurisdiction Award 20 June 2000, ICSID Case No. ARB (AF)/98/2 §27.

究兴趣,并做出各种推断。[149] 之所以如此,乃是因为中国的新一代 BITs 中增加了宽泛的争端解决规定,这类规定调整条约项下的所有争端。中国在早期阶段所缔结的 BITs(这类 BITs 目前仍占多数)所纳入的皆是限制性规定,放弃这种规定的做法已经引发人们对最惠国待遇条款的适用范围到底如何的激烈争论。

中国的三个 BIT 范本(1984 年、1989 年和 1997 年)都包括了最惠国待遇规定。考虑到最惠国待遇标准是保护外国人及其财产,或曰外国投资者的最古老的方式之一,这种情况的出现并不令人特别惊讶。国际法委员会关于最惠国待遇条款的《条款草案》(1978 年)第 4 条对最惠国待遇条款作出如下规定:

"最惠国待遇条款就是一国据以承担对另一国在约定关系范围内给予最惠国待遇义务的一种条约规定。"[150]

正如本书第四章所述,最惠国待遇条款的目的便在于确保投资和/或投资者能够得到与来自第三国的投资和/或投资者一样的待遇。这排除了基于国籍进行歧视的可能性,为受 BIT 保护的投资和/或投资者创造一个公平的竞争环境。最惠国待遇标准的范围和适用事宜由该条款本身的措辞、限制条件,以及任何明示的例外所决定的。最惠国待遇义务通常根植于 BIT

[149] S Schill, 'Tearing Down the Great Wall: the New Generation Investment Treaties of the People's Republic of China' [2007] 15 Cardozo J. Int'l & Comp. L. 73 – 118; R H Kreindler, 'Investment Treaties and the Evolution in their Negotiation and Application: The New Germany – China BIT and Its Relevance to International Financial Law Trends', Institute for Law and Finance November 2007 available at < www. transnational – dispute – managment. com >; P J Turner and M Mangan, 'China's Investment Treaties: Substantive and procedural rights', Asian Counsel (May 2007) 22; Emmanuel Gaillard, 'Establishing Jurisdiction through a Most – Favoured – Nation Clause', New York Law Journal, 2 June 2005.

[150] 联合国国际法委员会《关于最惠国条款的条文草案》第 4 条,该草案及附带评论 at http://untreaty. un. org/ilc/texts/instruments/english/commentaries/1_3_1978. pdf。See also Y Radi, 'The Application of the Most Favoured – Nation Clause to the Dispute Settlement Provisions of Bilateral Investment treaties: Domesticating the 'Trojan Horse' [2007] 18 (4) EJIL 757 and J Wong, 'The Application of Most – Favoured Nation Clauses to Dispute Resolution Provisions in Bilateral Investment Treaties' [2008], 3 Asian Journal of WTO and International Health Law and Policy 171 for more details on the history and early application of the MFN clause; and P Acconci, 'Most – Favoured – Nation Treatment' in P Muchlinski, F Ortino, and C Schreuer, The Oxford Handbook of International Investment Law (2008) 363.

缔约双方之间的互惠。这种保护源自包含最惠国待遇条款的条约,这个条约被称为“基础条约”。国际法委员会《条款草案》第 9 条确认,最惠国待遇条款项下的权利仅适用于“仅获得该条款的主题范围之内的权利。”现在,人们已经公认,最惠国待遇标准仅适用于相同范畴的权利,这被称为“同类原则”。[151] 因此,除非基础条约中已经调整某一权利,否则,不能根据最惠国待遇条款从另一个条约中推理出关于该权利的更优待遇。[152]

综观这方面的诸多案例可以发现,仲裁庭迄今尚未能够就此类最惠国待遇条款的确切适用问题形成共识。晚近仲裁裁决中,有关该问题的主要争议焦点一直是,投资者可否依据最惠国待遇条款转而利用其他 BITs 中更优惠的争端解决规定?考虑到中国对外签订的第三代 BITs 在争端解决规定上立场有明显转变,这个问题对于那些对中国抱有兴趣的人士来说尤为相关。RosInvest 案裁决特别具有重大的意义,因为在该案中,投资者依据最惠国待遇条款成功地避开了基础条约中的限制性争端解决规定。

最惠国待遇条款的表述多种多样,每种表述都设定了有权享受该条款保护的实体或者活动的参数。在一些条约中,最惠国待遇条款仅适用于条约的特定方面,而其他的条款则适用的范围要更广泛一些,甚至包括所有的条约保护。[153] 为最惠国待遇条款设定具体的除外适用事项,比如税收条约,关税同盟,如今几乎已经成为一种标准的做法。也有一些条约规定了最惠国待遇标准的一般例外。例如,基于公共健康、秩序或者国家安全的例外。所有三个《中国 BIT 范本》都有最惠国待遇标准,只是版本不同。一些最惠国待遇规定既调整创立前阶段的投资,又调整创立后阶段的投资,当然,这

---

[151] See Anglo - Iranian Oil Co.(UK v. Iran)1952 ICJ 93, Case Concerning Rights of Nationals of the United States of America in Morocco(France v. USA)1952 ICJ 176 and Ambatielos Claim(Greece v. UK)12 RIAA 107(1956). See generally OECD, International Investment Law: A Changing Landscape(2005)142.

[152] 关于同类原则适用的批判性分析, see S Fietta, 'Most Favoured Nation Treatment and Dispute Resolution under Bilateral Investment Treaties: a Turning Point'(2005)8 IntARL 131。

[153] 例如,可参见《阿根廷—西班牙 BIT》第 4 条第 2 款,其规定“本协议调整的所有事项……。”

是最近才有的一个新发展。[154] 其他 BITs 则将“相同或相似要件”纳入最惠国待遇条款中。例如,《北美自由贸易协定》第 1103 条规定,缔约方有义务给予投资者以及投资者的投资“的待遇不低于它在相同或类似情况下,给予其他缔约方或者非缔约方的投资者以及投资者的投资的待遇”。[155] 晚近的《中国—墨西哥 BIT》中,也包括了对投资者“在相同或者类似情况下”的要求。如同其他条约规定一样,每个最惠国待遇条款的解释和适用都必须要依据其用语以及《维也纳条约法公约》中条约解释的一般原则进行。

运用这些规则来判断,具有限制性规定的 BIT 则意味着,投资者只能在基础条约所设定的限制框架内主张享受另一个条约中更为优惠的保护。中国的许多 BITs,通常也是最早缔结的 BITs 中的最惠国待遇条款更具限制性。《中国—埃塞俄比亚 BIT》规定:

“本条第 1 款所称待遇和保护,不得低于缔约另一方对任何第三国投资者的投资和与投资有关的活动给予的待遇和保护。”[156]

这个规定就将最惠国待遇规定与该条第 1 款中公平公正待遇【原文此处接着还有“全面的保护和安全方面等保护”字样,但属讹误,故予删除。——译者注】相挂钩。[157] 这个最惠国待遇条款的规定清楚、明确,因此,其并不调整该 BIT 中的任何其他规定,这一点毫无疑问。但是,可以说,公平公正待遇标准调整争端解决,这应该是最低层次的要求。倘若对第 3 条第 1 款所称的“投资相关的活动”进行宽泛的解释,则争端解决应

---

〔154〕《美国 BIT 范本》第 8 条。另外,《中国—新西兰自由贸易协定》第 139 条最惠国待遇条款也提到了“准入”。过去 BITs 多被视为投资保护协议,仅当进行了投资之时适用,不涉及投资前阶段的问题。在中国对外签订的 BITs 中,《中国—芬兰 BIT》是唯一调整投资“设立”事项的 BIT。

〔155〕《北美自由贸易协定》第 1103 条。关于第 1103 条的详细讨论,see M N Kinnear, A K Bjorklund, and J F G Hannaford, Investment Disputes under NAFTA: An Annotated Guide to NAFTA Chapter 11 (2006) 1103 - 1 to 1103 - 25。关于对最惠国待遇规定的类似限制,另请参见《美国 BIT 范本》《挪威 BIT 范本》的最惠国待遇规定,《中国—新西兰自由贸易协定》第 139 条第 1 款【原文误为:“中国—新西兰 BIT”。——译者注】。See also Parkerings - Compagniet AS v. Lithuania, ICSID Case No. ARB/05/8,该案仲裁庭不得不考虑最惠国待遇条款中的这个用语。

〔156〕《中国—埃塞俄比亚 BIT》第 3 条第 2 款。中国与下列国家缔结的 BITs 亦是限制性最惠国待遇条款的例子:阿尔巴尼亚、巴林、玻利维亚、爱沙尼亚、匈牙利、立陶宛、波兰、罗马尼亚。

〔157〕《中国—埃塞俄比亚 BIT》第 3 条第 1 款规定:“缔约一方的投资者在缔约另一方领土内的投资和与投资有关的活动应当受到公正与公平的待遇和保护。”

该包含在内。最惠国待遇条款的具体措辞影响它的效果。这个条款一定拥有与公平公正待遇标准同样的调整范围,而后者则包括程序上的妥当性和正当程序。[158]

还有建议认为,除了那些历史上用以支持将最惠国待遇条款扩展到管辖权事项和程序事项的论据外,还存在另一个基于《服务贸易总协议》的论据。[159] 将《服务贸易总协议》第2条中的最惠国待遇条款应用于该协议成员国缔结的投资条约,其意义迄今尚未经过检验。该协议第2条第1款要求:"在本协定项下的任何措施方面,各成员应立即和无条件地给予任何其他成员的服务和服务提供者以不低于其给予任何其他国家相同或类似的服务和服务提供者的待遇。"在乌拉圭回合谈判中,一些国家的确曾质疑,这一规定是否可能导致最惠国待遇规定延伸适用于BITs。支持这个观点者断言,《服务贸易总协议》将争端解决程序列入第2条豁免清单的做法表明,投资者与国家间的仲裁程序本来是属于最惠国待遇条款的适用范围的。[160] 那些没有将投资者与国家间仲裁事宜列入豁免清单的国家则以默许的方式接受了最惠国待遇条款适用于投资者与国家间仲裁这一观点。中国并未将这一事宜列入其第2条豁免清单。[161]

(一)最惠国待遇与争端解决程序条款

中国缔结的BITs能否适用于争端解决规定?人们对这个问题更是争论不休。仲裁庭已经确认,他们不会无视基础条约当事方有关争端解决的

[158] R Dolzer and C Schreuer, Principles of International Investment Law (2008) 142 – 4. See also B Choudbury, 'Evolution or Devolution? Defining Fair and Equitable Treatment in International Investment Law' (2005) 6 Journal of World Investment and Trade 297; UNCTAD Fair and Equitable Treatment (1999), UNCTAD series on issues in international investment agreements, Vol. 3.

[159] See discussion in W B Hamida, 'MFN and Procedural Rights: Solutions from WTO Experience?' in T J Grierson Weiler (ed.) Investment Treaty Arbitration and International Law (Juris Net, 2008), 231.

[160] See J Kurtz, 'The Delicate Extension of Most Favoured – Nation Treatment to Foreign Investors: Maffezini v. Kingdom of Spain' in T Weiler (ed.) International Investment Law and Arbitration: Leading Cases from the ICSID, NAFTA, Bilateral Treaties and Customary International Law (2005) 523, 536.

[161] 可见于WTO网站: <www. wto. org>。

明示协议。最惠国待遇条款仅被用来有效地绕过纯程序事项。例如,就像 Maffezini 案[162]中那样,要求 18 个月内努力在当地法院解决争端。该案中的投资者不想在规定的 18 个月内将争端提交给西班牙法院。他成功地辩称,因为智利—西班牙之间的另一个条约允许投资者直接提起仲裁,根据最惠国待遇条款的规定,他也有权这样做,从而绕开这个提起仲裁的前提条件。能够提起国际仲裁是外资保护的一大关键组成部分,这一点已为世人公认。然而,根据最惠国待遇条款作如下推论依然是不靠谱的:投资者能够利用最惠国待遇条款获得新一代 BITs,比如《中国—德国 BIT》(2003 年)、《中国—芬兰 BIT》(2004 年)、《中国—荷兰 BIT》(2001 年)、《中国—葡萄牙 BIT》(2005 年)中的更高待遇,这些 BITs 均包含对 ICSID 仲裁管辖权的同意,并将 ICSID 列为可选择的争端解决场所。曾有投资者主张,其可以依据最惠国待遇条款获得提起不同且更有利类型的仲裁的机会,但遭到了仲裁庭的驳回。例如,在 Plama 案中,投资者试图避开《保加利亚—塞浦路斯 BIT》中的 UNCITRAL 仲裁,转而提起《芬兰—塞浦路斯 BIT》中的 ICSID 仲裁,但未获成功。

自从 Maffezini v. Spain 案以后,对于最惠国待遇条款能否适用于争端解决规定,人们已经展开了激烈的辩论。当然,有的 BITs 已经明确地规定,缔约方有意让最惠国待遇条款适用于争端解决规定。比如,《英国 BIT 范本》(2006 年)确认:“为避免产生歧义起见,特此确认,上述第 1 款和第 2 款中所规定的待遇应适用于本协议第 1 ~ 11 条。”争端解决规定位于该协议第 8 条,因此,毫无疑义,缔约方的本意便是将其纳入最惠国待遇条款的调整范围。《中国—新西兰自由贸易协定》则有一个明示的除外事项规定,其确认,最惠国待遇条款“不包含要求给予另一方投资者除本章规定内容以外的争

---

〔162〕 仲裁庭运用最惠国待遇条款绕开条约有关在特定期间内求诸当地救济的要求的其他案例包括:Other cases Camuzzi International S. A. v. Argentina, ICSID Case No. ARB/03/2, Gas Natural SDG, S. A. v. Argentina, ICSID Case No. ARB/03/10, National Grid plc v. Argentina, UNCITRAL, Suez, Sociedad General de Aguas de Barcelona S. A., and InterAguas ServiciosIntegrales del Agua S. A. v. Argentina, ICSID Case No. ARB/03/17, Suez, Sociedad General de Aguas de Barcelona, S. A. and Vivendi Universal, S. A. v. Argentina ICSID Case No. ARB/03/19, and AWG Group Ltd. v. Argentina, UNCITRAL。

端解决程序方面的更高待遇。”相比之下，Maffezini 案的最惠国待遇条款的措辞非常宽泛，其内容是：“在本协议所调整的所有事项方面，该待遇皆应更高”。该案仲裁庭确认，这种用语已经宽泛到了足以将争端解决包含在其适用范围之内的地步。〔163〕该案仲裁庭也留心审视了西班牙的缔约实践，以确定其是否曾坚持要求用尽当地救济。仲裁庭注意到，事实上，阿根廷坚持用尽当地救济，但西班牙并未如此。倘若投资者试图利用中国对外签订的 BITs 中的最惠国待遇条款，则这种对连续性的国家缔约实践的回顾或许将成为关键性的决定因素。当然，Maffezini 案仲裁庭允许投资者直接提起国际仲裁，而不必非得遵守基础条约（《阿根廷—西班牙 BIT》）中 18 个月等待期的要求，理由是《智利—西班牙 BIT》没有对投资者提出此种要求，该案的适用空间非常有限。它不是能够确认自己对另一个不同的 BIT 中的不同形式的仲裁表示同意的权力机构。事实上，Maffezini 案仲裁庭在附带意见中确认，最惠国待遇条款的运作不能将诸如 ICSID 之类的具体类型的仲裁改变成其他类型的仲裁。它也评论到，如果当事方已经“对一个规定了精确的程序规则的高度制度化的仲裁体系达成了协议，比如，《北美自由贸易协定》和类似的安排就是这样的情况，那么，显而易见，争端方就不能通过最惠国待遇条款改变这些机制，因为正是这些具体规定反映了缔约当事方的原本之意。当事方或者仲裁庭无疑将查明其他限制该条款适用的公共政策因素。”〔164〕

对于最惠国待遇条款的适用能否允许投资者导入完全不同类型的国际仲裁，Plama 案仲裁庭也不能做出令人信服的肯定回答。最惠国待遇条款不能提供已存在于不同条约中的对 ICSID 仲裁管辖权的同意。在该案中，作为基础条约的《塞浦路斯—保加利亚 BIT》仅规定了 UNCITRAL 仲裁。该案仲裁庭说：

---

〔163〕 Siemens AG v. Argentina，ICSID Case No. ARB/02/8，该案仲裁庭处理的是更狭义的最惠国待遇条款，但也确认，该条款的适用范围足以包括争端解决。

〔164〕 Maffezini v. Spain，ICSID Case No. ARB/97/7，Award on jurisdiction 25 January 2000，para 63.

"基础条约中的最惠国待遇规定不能以引用方式纳入另一个条约所规定的全部或者部分争端解决规定,除非基础条约中的最惠国待遇规定毫无疑问地表明,缔约方的本意便是将争端解决规定纳入最惠国待遇条款的适用范围之列。"[165]

该案投资者主张,包含 ICSID 仲裁的《保加利亚—芬兰 BIT》中规定了待遇更高的争端解决规定,自己可以利用这个规定,但仲裁庭不予支持。如果任何投资者希望能够利用中国缔结的新一代 BITs 中更有利的争端解决规定,则需要对该案予以仔细审视。如果《中国—瑞士 BIT》项下的投资者不想根据第 12 条的规定将争端提交专设仲裁庭,则它能否依据该 BIT 中的最惠国待遇条款转而利用,比如说《中国—德国 BIT》中的 ICSID 仲裁?这个问题尚不确定性。就在最近,一个仲裁庭拒绝接受申请人的下列主张:申请人可以依靠《阿根廷—德国 BIT》第 5 条中的最惠国待遇避开第 10 条有关在 18 个月期间必须先去国内法院寻求救济的要求。这个结论不仅与受到很多仲裁庭认可和引用的 Maffezini 案裁决相左,而且与 Siemens v. Argentina 案[166]对同一个条约规定所做的解释也不同,故而使不同仲裁庭……的法律断言之间更为相互矛盾、混乱不清。[167]

(二)有关最惠国待遇条款与限制性争端解决条款的晚近案例

从解释中外 BITs 中的限制性规定的目的来看,紧随其后作出的 Berschader 案和 Telenor 案裁决格外重要。在 Berschader 案中,作为基础条约的是《比利时和卢森堡—苏俄 BIT》,但受理该案中的 SCC 仲裁庭拒绝通过应用前述 BIT 中的最惠国待遇条款引入一个更广泛的争端解决规定。像

---

〔165〕 Plama Consortium Ltd. v. Bulgaria, ICSID Case No. ARB/03/24, para 22. 同样参见 Telenor Mobile Communications v. Hungary 案,该案仲裁庭也拒绝导入更宽泛的争端解决条款。Telenor Mobile Communications v. Hungary, ICSID Case No. ARB/04/15. 另外,下列两案的仲裁庭分别驳回了将最惠国待遇条款适用于合同争端的主张。Salini Costruttori S. p. A. and Italstrade SpA. v. Jordan, ICSID Case No. ARB/02/13 and Impregilo SpA v. Pakistan, ICSID Case No. ARB/03/3.

〔166〕 Wintershall v. Argentina para 185. 该案仲裁庭注意到,Siemens 案裁决是建立在"第 3 条适用于该 BIT 所有条款的假设"之上的,其适用范围包括争端解决,而该 BIT 文本并不支持这种假设。

〔167〕 Ibid., para 189.

一些中外 BITs 一样,《比利时和卢森堡—苏俄 BIT》中的投资者—东道国争端解决条款用词非常具体,其仅允许就"根据第 5 条所支付的补偿的款额或模式"的争端提起国际仲裁,而第 5 条是征收规定的后续部分。仲裁庭多数成员注意到,详尽回顾所有更早期的案例可知,在最惠国待遇条款能否适用于争端解决事项上存在不确定性。"最惠国待遇条款的适用范围上完全不确定,因此,情况并不容许一般性地假设 BIT 缔约国有意将争端解决条款纳入最惠国待遇条款的适用范围。"〔168〕该案仲裁庭非常艰难地得出这样一个结论:"条约所调整的所有事项"并不真的意味着最惠国待遇条款的适用范围实际上的确涵盖所有条约权利;特别是,它未涵盖争端解决规定。该案中被申请国的国家实践证实,其一直坚持下述政策:在涉及征收行为实体事项的争议方面不同意仲裁。被申请国还将旧的中苏条约列入其呈交给仲裁庭的 BIT 名单之内,以彰显自己在这个问题上的国家实践。仲裁庭得出的结论是,合理解释缔约国的本意可知,"该苏维埃缔约国的本意不可能是将最惠国待遇条款的适用范围延伸至包括仲裁事宜。"〔169〕

在 Telenor 案中,作为基础条约的《匈牙利—挪威 BIT》将可以提交仲裁的争端限制为对被征收投资的"补偿款额或支付"或"因征收行为而产生的"任何其他事项。〔170〕 该案仲裁庭仔细地考察了有关最惠国待遇条款适用的案例,但更青睐 Plama 案仲裁庭的做法,理由是另一种替代性的更广义的解释"既产生不确定性,又产生不稳定性"。〔171〕 就中国缔结的条约而言,我

〔168〕 Berschader v. The Russian Federation, SCC Award of 21 April 2006 para 180. Todd Weiler 就这一点提出了很有意思的异议,特别参见其异议书第 16 – 24 段。他确认道:"最惠国待遇标准是国际经济法的非歧视原则的表达,这一表达经实践检验是靠得住的。该条款的适用广度和深度主要受制于条约文本中的限制性用语。在不考虑这些具体用语的情况下,轻率假设任何特定的最惠国待遇规定应予或多或少地狭义界定的做法是毫无根据的。换句话说,最惠国待遇条款适用于投资保护条约所调整的管制环境的所有方面,包括各类争端解决的可用性。" Para 20 Separate Opinion. 关于对晚近案例的回顾, see A R Ziegler, 'Most – Favoured – Nation (MFN) Treatment' inA Reinisch (ed.), Standards of Investment Protection (OUP, 2008), 59, and N Rubins, 'MFN Clauses, Procedural Rights, and a Return to the Treaty Text' in T J Grierson Weiler (ed.), Investment Treaty Arbitration and International Law (JurisNet, 2008), 213。

〔169〕 Ibid., para 208.

〔170〕《匈牙利—挪威 BIT》1991 年 3 月 8 日第 11 条。

〔171〕 Telenor Mobile Communications v. Hungary, ICSID Case No. ARB/04/15, para 94.

们尤其感兴趣的是,该案仲裁庭又一次重点强调国家当事方在争端解决规定方面的实践。如果双方均与其他国家达成了其他 BITs,其中一些 BITs 允许仲裁所有争端,则“可以假定这两个缔约方有一个共同的意图”,那就是限制仲裁庭的管辖权。该案仲裁庭断定,“就本案来说,不能利用最惠国待遇条款将本庭的管辖权范围延伸至包括征收请求之外的其他类型请求,因为这将颠覆”缔约双方的“共同意图。”[172]

在晚近的 RosInvest 案中,仲裁庭断定,该案涉及的最惠国待遇条款的文本用词非常宽泛,使该条款适用范围同时囊括不同条约中的程序以及实体要素。这是关于最惠国待遇条款适用于限制性争端解决规定事宜的重大发展,该案裁决也是第一个利用最惠国待遇条款扩大管辖权的裁决。该案中,作为基础条约的《英国—俄罗斯 BIT》在第 8 条规定了争端解决事宜,内容是:

“本条应适用于缔约一方投资者与缔约另一方之间与前者的投资有关的任何法律争端,该争端或者涉及本协议第 4 条或者第 5 条项下的补偿款额或支付,或者涉及因根据本协议第 5 条所采取的征收行为而产生的任何其他事项,或者涉及不执行或者不正确地执行本协议第 6 条。”

该案仲裁庭对上述基础条约中最惠国待遇条款的宽泛适用引起了极大争议。RosInvest 案[173]仲裁庭确认,根据《丹麦—俄罗斯 BIT》(1993 年)中更广泛的争端解决规定,自己也有权审理征收是否发生的问题。《丹麦—俄罗斯 BIT》包含更为标准的争端条款,其允许投资者将任何争端提交至 UNCITRAL 仲裁或者斯德哥尔摩商事仲裁院的机构仲裁。仲裁庭这样做的根据是,基础条约中最惠国待遇条款第 2 段规定,就投资者“对其投资的管理、保持、适用、享有或者处置方面”给予缔约另一方投资者最

[172] Ibid. ,para 100.

[173] RosInvest Co UK Ltd. v. Russia,SCC Case No. Arb. V079/2005.

惠国待遇。[174] 仲裁庭认为,如果投资被征收,投资者对投资的"使用"和"享有"就受到了侵害。"在它的'使用'和'享有'受到干涉的情况下,与到东道国国内法院质疑此类干涉这种唯一的选择权相比,通过给予它显见更重要的程序选择权这种方式,提交仲裁构成了对投资者提供相应保护的极其相关的组成部分。"[175]

如上所述,中国缔结的许多 BITs 包括类似的限制性争端条款。RosInvest 案裁决引起人们对下列事宜的诸多猜测:一旦投资者对中国提起仲裁,则未来的仲裁庭将否得出类似的结论?[176] 对这个问题的回答尚不确定,因为在一些案件中,申请人想通过宽泛地适用最惠国待遇条款来利用更笼统的争端解决规定,但均被仲裁庭驳回。[177] 此外,在 RosInvest 案中,基础条约和另一个条约都包含了同样的仲裁选项,也就是斯德哥尔摩商事仲裁院。仲裁庭没必要扩展自己的管辖权,并将其他条约中不同的仲裁机制下的仲裁引入进来。

在中国的大多数投资者想知道,他们可否成功地依靠最惠国待遇条款来利用中国更近期缔结的"第三代"BITs 中更为宽泛的调整"所有争端"的仲裁规定。[178] 由此,他们想避开限制性的争端解决条款中仅允许就补偿款

[174] 《英国—苏联 BIT》第 3 条第 2 款。中国对外签订的 BITs 也有相同的规定,比如:《中国—阿拉伯联合酋长国 BIT》第 3 条第 2 款、《中国—以色列 BIT》第 3 条第 2 款、《中国—沙特阿拉伯 BIT》第 3 条第 3 款、《中国—捷克共和国 BIT》第 3 条第 2 款、《中国—丹麦 BIT》第 3 条第 3 款、《中国—芬兰 BIT》第 3 条第 3 款、《中国—德国 BIT》之《议定书》关于第 3 条第 1 款、《中国—印度尼西亚 BIT》第 4 条第 2 款、《中国—科威特 BIT》第 3 条第 2 款、《中国—葡萄牙 BIT》之《议定书》关于第 3 条第 1 款、《中国—泰国 BIT》第 4 条第 1 款第 2 项、《中国—英国 BIT》第 3 条第 2 款、《中国—新西兰自由贸易协定》第 139 条第 1 款、《中国—墨西哥 BIT》第 4 条第 2 款。

[175] RosInvest Co UK Ltd. v. Russia, SCC Case No. Arb. V079/2005, para 130.

[176] See n 149 above.

[177] See eg Plama Consortium Limited v. Bulgaria, ICSID Case No. ARB/03/24 and Telenor Mobile Communications AS v. Hungary, ICSID Case No. ARB/04/15.

[178] 现在,中国已经缔结了 30 多个允许就所有争议提交国际仲裁的 BITs,其中,第一个便是 1998 年《中国—巴巴多斯 BIT》。此外,还包括与下列国家之间的 BITs:刚果、博茨瓦纳、塞浦路斯、塞拉利昂、莫桑比克、肯尼亚、缅甸、波斯尼亚和黑塞哥维那、特立尼达和多巴哥、约旦、贝宁、乌干达、吉布提、突尼斯。See C Congyan, 'Outward Foreign Direct Investment Protection and the Effectiveness of Chinese Practice' (2006) 7(5) Journal of World Investment and Trade 638.

额争议提起仲裁的有限仲裁权。由于在国际仲裁中不存在先例原则,[179]故不能推断说,后案仲裁庭将会作出类似 RosInvest 案那样的裁决。每个仲裁庭的成立都是为了并且仅仅是为了解决当事方所提交给它的特定争端。[180]事实上,RosInvest 案仲裁庭并未对当事人业已提交给它的大量案例法予以任何评论,[181]而是确认那些案例法都是由相关 BIT 规定的具体措辞决定的,这些措辞里没有一种与该案完全相同。该案仲裁庭在分析了相关因素后断定,"根据《英国—苏联 BIT》第 3 条第 2 款最惠国待遇条款以及《丹麦—俄罗斯 BIT》第 8 条,自己享有管辖权,而且自己的管辖权不局限于《英国—苏联 BIT》第 8 条所准许的范围,还包含被申请人的行为是否应予认定为征收以及是否合法的问题。"[182]

中外 BITs 项下的投资者能否也这样依靠最惠国待遇规定导入对其更有利的投资者与国家间争端解决规定,目前难以预料。最惠国待遇条款的每种适用方法都有其支持者:一些人对始自 2000 年 Maffezini 案裁决的一系列裁判深感信服;一些人则持相反的观点,比如 2005 年 Plama 案裁决的观点。RosInvest 案把最惠国待遇条款的适用范围半径更大程度地拉长,因为其已"实质上"延伸"仲裁庭的管辖权直至涵盖基础条约仲裁条款并未调整

---

〔179〕 See, generally, Y Banifatemi (ed.), Precedent in International Arbitration (Juris Publishing, 2008), IAI series on International Arbitration No 5, Part II, 93 - 157 and C Schreuer and M Weiniger, 'A Doctrine of Precedent?' in P Muchlinski, F Ortino, and C Schreuer (eds.), The Oxford Handbook of International Investment Law (OUP, 2008), 1188.

〔180〕 C H Schreuer and M Weiniger, 'Conversations Across Cases – Is there a Doctrine of Precedent in Investment Arbitration?' [2008] 5(3) TDM Special Issue on Precedent in Investment Arbitration.

〔181〕 RosInvest Co UK Ltd. v. Russia, SCC Case No. Arb. V079/2005, para 136. 当事方提供给仲裁庭参考的案例是: Telenor v. Hungary, ICSID Award of 13 September 2006; Suez and Vivendi v. Argentina, ICSID decision on Jurisdiction of 3 August 2006; National Grid v. Argentina, UNCITRAL/BIT arbitration, decision on Jurisdiction of 20 June 2006; Suez and InterAguas v. Argentina, ICSID decision on Jurisdiction of 16 May 2006; Berschader v. The Russian Federation, SCC Award of 21 April 2006。在这一背景下,另请参见 Weiler 就最惠国待遇条款所提出的异议意见书,(CB - 55 = C - 49) Gas Natural SDG v. Argentina, ICSID decision on Jurisdiction of 17 June 2005; Plama v. Bulgaria, ICSID decision on Jurisdiction of 8 February 2005; Siemens v. Argentina, ICSID decision on Jurisdiction of 3 August 2004; MTD Equity v. Chile, ICSID Award of 25 May 2004; Salini v. Jordan, ICSID decision on Jurisdiction of 23 July 2001; and Maffezini v. Spain, ICSID decision on Jurisdiction of 25 January 2000。

〔182〕 Ibid., para 139.

的事项”。[183] 但是，中国也缔结了包含类似草拟的最惠国待遇条款以及限制性的争端解决规定的条约。可以很确定地说，在 RosInvest 案裁决作出后，中国境内的投资者现在有成功进行这种论证的更多机会。

或许还可以像 European Media Ventures v. Czech Republic 案那样，不用依靠最惠国待遇条款，而是根据争端解决条款自身的措辞实现同样的效果。很明显，如果协议自身明确地将争端解决规定排除在最惠国待遇条款适用范围之外，那么，就不可能依靠该条款利用待遇更高的此类规定了。《中国—新西兰自由贸易协定》(2008 年)在第 139 条第 2 款确认，最惠国待遇义务“不包含要求给予另一方投资者除本章规定内容以外的争端解决程序方面的更高待遇”。挪威在其 BIT 范本中也有类似的澄清性说明。

但是，相比之下，人们已经认可，最惠国待遇条款可用以缩减争端解决规定中的任何程序上的等待期。比如说，如果 BIT 中强制性规定，投资者要在为期 1 年的时间内寻求国内救济，那么，这个期间就有可能被缩减为另一个 BIT 所设定的 3 个月。《中国—波斯尼亚和黑塞哥维那 BIT》(2002 年)包括了一个但书，内容是“作为争议一方当事人的缔约方可以要求有关投资者完成该缔约方法律法规所规定的国内行政复议程序”。该 BIT 允许投资者就所有争议提交国际仲裁，但未能明确规定求助于国内复议的时间界限。倘若实践中投资者据此所申请的国内复议旷日持久，则投资者可根据判例法成功地论证出，它必须求助于当地审查的最长时间期限就是，比如说，《中国—捷克 BIT》(2005 年)所明确规定的 90 天。当然，干脆绕过求助于当地行政复议程序的要求，更是锦上添花。2000 年《中国—伊朗 BIT》似乎根本就没有提出求助于当地法院的要求。它所包含的唯一规定便是，任何一方都可以“适当根据东道国相关的法律和规定”。[184] 这个与众不同的规定是否将导致中国(或)伊朗坚称，投资者必须求助于当地行政程序，此问题尚且待见分晓。投资者当然会试图依靠 Maffezini 案以来的案例来避开求助于当

---

[183] R Dolzer and C Schreuer, Principles of International Investment Law (2008) 256.

[184] 《中国—伊朗 BIT》第 12 条第 2 款。甚至在《中国—伊朗 BIT》签订后，中国对外签订的 BITs 还是包括走完当地行政复议程序的规定，比如最新签订的《中国—墨西哥 BIT》之附件 3。

地审查的要求。对投资者来说,此举若能获得成功,将更具吸引力,盖因既不必徒糜时日,又不必额外耗费资财。虽然中国的国家实践一直是坚持在BITs中加入投资者至少花3个月的时间走完当地程序的要求,但是,判例法已经表明,仲裁庭更加愿意消灭这个义务。故而,在中国的投资者或许能径行提起国际仲裁。

在BITs中愿意纳入更标准的争端解决规定,这其实代表了中国在近十年来更为青睐国际仲裁的转变。这个转变之所以发生,一个因素便是来自中国的对外直接投资数量发生了变化。正如人们所预期的那样,现在来自中国的外国投资者也需要通过仲裁寻求救济,以保护其在海外的投资。[185]在仲裁庭分析最惠国待遇条款的适用能否导入第三方条约中的争端解决规定的时候,国家实践是重要的考量因素。在Telenor案中,《匈牙利—挪威BIT》包括了限制性的投资者—国家争端规定。在分析投资者可否依靠最惠国待遇条款来利用其他条约中更宽泛的规定过程中,该案仲裁庭确认道:"尤为重要的是,BIT的国家当事方在与其他国家订立BIT争端解决条款时的实践做法"。在该案中,两个国家业已达成的其他BITs均既含有宽泛性的争端解决条款,又含有限制性的争端解决条款,因此,"利用最惠国待遇条款导入争端解决方法规定的做法违背了基础条约当事方的本意,后者已清清楚楚地表明,上述做法并不是他们所希望的"。[186] 自20世纪90年代末期以来,中国虽然已经在缔结的大多数BITs【原文遗漏了BITs一词。——译者注】中同意了国际仲裁,但其所签订的多数BITs仍包含限制性的表述模式。因此,不能根据中国的条约实践轻易推断说,中国的本意便是让所有的争端都通过国际仲裁解决。因此,实践可能会证实,下述目标很难达到:依靠最惠国待遇条款引入待遇更高的争端解决规定。

但是,根据中国接受国际仲裁的重要政策转变来看,投资者可能也没有必要利用最惠国待遇条款。中国或许在任何情况下都同意仲裁。2007年10

---

[185] Tza Yap Shum v. Peru (ICSID Case No. ARB/07/6),这是中国的海外投资者提起的第一起ICSID仲裁案件。

[186] Telenor Mobile Communications A. S. v. Hungary, ICSID Case No. ARB/04/15, para 95.

月1日,ICSID登记了第一个来自中国(香港)的外国投资者提起的仲裁案件。Tza Yap Shum主张秘鲁违反了《中国—秘鲁BIT》(1994年)。该BIT中的投资者—国家争端解决规定具有限制性(仅限于款额)。但是,其在第8条第3款确认:

"如果争端当事方同意,那么,缔约一方投资者与缔约另一方之间的关于其他事项的任何争端可以提交至'解决投资争端国际中心'。"[187]

虽然这个案件涉及的是中国投资者(其将欣然继续参与国际仲裁,以就东道国政府的任何不法行为获得赔偿,这是正常不过的),并非中国本身,但是,即便中国并不负有相应的义务,她也很可能愿意对仲裁表示同意。

六、准据法

一旦将争端提交仲裁,仲裁庭就必须要根据适当的准据法进行裁断。通常,当事方已经在投资协议中规定了准据法事宜。倘若这种情况不存在,则现在的BITs也往往包含有关准据法具体规定。本书以上已经阐述了来华外资的主要形式。中国国内法规定了合营、合作开发以及BOT这三种不同形式的投资适用何种法律。例如,它规定,所有的合营企业合同都必须接受中国法调整。[188] 所有的中外合作开采海洋石油投资也必须根据中国法进行。[189] 各BIT中的准据法规定至关重要,因为仲裁庭所依据的法律不同,所得出的结论也可能不同。[190] 准据法适用错误"可能构成明显越权以及撤销理由"。[191]

---

〔187〕《中国—秘鲁BIT》第8条第3款。《希腊—中国BIT》(1992年)第10条第2款的规定与之类似。

〔188〕请参见《中外合资经营企业法实施条例》第12条、《中外合作经营企业法实施条例》第55条、《合同法》第55条。

〔189〕《对外合作开采海洋石油资源条例》第3条、《合同法》第126条。

〔190〕See eg Goetz and others v. Burundi, ICSID Case No. ARB/95/3.

〔191〕Wena Hotels Ltd. v. Arab Republic of Egypt, ICSID Case No. ARB/98/4, decision on Annulment, 5 February 2002 para 22.

（一）合营企业合同的准据法

中国法要求，合营企业合同的订立、效力、解释、执行及其争议的解决，均应当适用中国的法律。[192] 这是个强制性要求，当事人不能通过合同的形式予以排除。中国学者业已辩称，中国之所以制定这样一个看似专横的规则，乃是出于如下两个主要原因：[193]（1）石油资源是自然资源，因此，受东道国也即中国的“自然资源永久主权”约束；[194]（2）此类合同与中国有最密切联系，其主要连接点均指向中国。表现在：①合同根据中国法律缔结，经过中国政府批准；②合同的签订地在中国；③合同标的物所在地为中国，且属于中国；合同的履行地在中国。[195] 的确，根据本书作者对欧盟投资者的调查结果，做出回答的半数合营企业实际上对这个规则表示“满意”。[196]

但是，中国法也尊重国际条约义务。例如，《民法通则》第 142 条规定，涉外民事关系的法律适用，依照该章的规定确定，与此同时，它又确认：

“中华人民共和国缔结或者参加的国际条约同中华人民共和国的民事法律有不同规定的，适用国际条约的规定，但中华人民共和国声明保留的条款除外。”

随后产生的问题便是，是否存在这种确定合营企业准据法规则的国际条约呢？就本研究的目的而言，更确切的问题则是，中国缔结的 BITs 以及《ICSID 公约》是否适用于此类合同。显而易见，对这个问题的回答取决于合营企业合同的性质。如果合营企业合同是纯商事合同，则其仅受中国法调整，与中国缔结的 BITs 以及《ICSID 公约》毫无关系。反之，如果能够证明

〔192〕《中外合资经营企业法实施条例》第 12 条、《中外合作经营企业法实施条例》第 55 条、《合同法》第 126 条。

〔193〕姚梅镇：《外商投资企业法教程》，法律出版社 1992 年版，第 74 页；余劲松：《国际投资法》，法律出版社 2003 年版，第 99 页。

〔194〕余劲松，同上注，第 99 页。

〔195〕姚梅镇：《外商投资企业法教程》，法律出版社 1992 年版，第 74 页；余劲松，同上注，第 99 页。

〔196〕同时，大约 40% 的被访者表示不满意。W Shan, ‘Law and Foreign Investment in China: General Role of Law and Substantive Issues’, Manchester Journal of International Economic Law, Vol. 2 No. 3, 2005, 36.

合营企业合同是受中国缔结的BITs特别是保护伞条款所调整的国家合同，那么，上述BITs以及《ICSID公约》就将开始发挥作用。

争端解决

另一个相关问题是合营企业合同中的争端解决。中国法还是规定，除非当事方同意提交仲裁，否则，产生于合营企业合同项下的所有争端一概受中国法院管辖。[197] 具体说来，根据相关中国法律，合营企业合同当事方应首先尽量通过协商和调解解决争端。[198] 倘若无法通过协商和调解解决争端，则如果当事方同意，可以将争端提交仲裁。[199] 如果当事方不能就仲裁达成协议，则任何一方均可以将案件提交中国法院。[200] 应予注意的是，此时中国法的假设是，合营企业合同是正常的国内法合同，不是可能受国际法调整的国家合同。另外，中国立法机关本来就不可能批准将所有此类合同提交仲裁，包括国际层面的仲裁，而这将包含国际公法仲裁机构，如常设仲裁院进行的仲裁以及ICSID仲裁之类的混合仲裁等。[201] 鉴于此，中国法中的仲裁选项必须仅是国内或者国际商事仲裁，而不包括国际公法仲裁或者混合仲裁。但是，再则，如果能够证实，合营企业合同中有国家承诺的要素，该要素能使违反合营企业合同的同时也构成违反有效的BIT，则该案可以提交至ICSID或者国际公法法庭解决争端。显然，这个逻辑推理系以相关BIT而非上述中国法的规定为根据。

---

〔197〕《中外合资经营企业法实施条例》第99条、《中外合作经营企业法》第26条、《中华人民共和国民事诉讼法》第246条。

〔198〕在是否需要谈判和协商方面，不同的投资法的规定也稍有不同。《中外合资经营企业法实施条例》和《对外合作开采海洋石油资源条例》看似将谈判和协商规定为提起仲裁或诉讼之前必须履行的程序。与之相反，《合同法》和《中外合作经营企业法》在这方面的规定似更灵活，规定合营各方如不想通过谈判或协商解决争议，或者通过这样的渠道未能解决争议，则可以另觅他途。请参见《中外合资经营企业法实施条例》第97条；《对外合作开采海洋石油资源条例》第27条；《中外合作经营企业法》第26条和《合同法》第128条。

〔199〕同上。

〔200〕同上。

〔201〕中国学者认为，合营合同和合作开采合同属于国家合同、国家合同应受国际法调整是“西方观点”，对此他们自始至终地予以一致反对、提出异议。请参见姚梅镇：《国际投资法》，武汉大学出版社1987年版，第360～376页；姚梅镇：《外商投资企业法教程》，法律出版社1992年版，第72～75页；余劲松：《国际投资法》，法律出版社2003年版，第84～101页。

（二）合作开采合同的准据法

合作开采合同的准据法规则和争端解决规定与上文探讨的合营企业合同类似。因此，原则上，中国法是准据法，[202]同时，如果可适用的国际条约义务与中国法不一致，则以前者为准。合作开采合同当事人之间发生的任何争议都应首先努力通过友好协商解决，[203]友好协商不能解决的，由中国仲裁机构进行调解、仲裁，也可以由合同双方协议在其他仲裁机构仲裁，[204]还可以将案件诉至拥有专属管辖权的中国法院。[205] 但是，如可适用的国际条约规定了可供选择的争端解决选项，则这种条约规则在适用上优先于中国法。因此，如果能够证实，合作开采合同是相关 BIT 所调整的国家合同，则该 BIT 的争端解决规定优先适用。

（三）BOT 合同的准据法

BOT 合同的目的以及整个特许合同是确定相关准据法的核心问题。主流观点是，BOT 合同是国内合同，故而受国内法调整。[206] 持此种观点的中国学者以姚梅镇先生最为著名、最有影响力。[207] 他在其著作中提出了支持这一观点的两个主要理由：[208]一方面，特许协议规定的是投资者和国家的关系，不是两个国际法主体之间的关系，因此应将其认定为国内法体系下的合同。国际常设法院在 1929 年做出的塞尔维亚贷款案判决中指出："不管什么合同，只要不是经由国家以其作为国际法主体的身份在彼此之间达成的，

---

[202] 《对外合作开采海洋石油资源条例》第 3 条；《合同法》第 126 条。

[203] 《对外合作开采海洋石油资源条例》第 24 条。

[204] 同上。

[205] 《民事诉讼法》第 246 条。

[206] 孟国碧观察到，这代表了大多数发展中国家学者所接受的观点，其中也包括中国学者、外交人员和法务官员。孟国碧：《BOT 特许协议法律性质廓清及立法内容架构》，载《国际经济法学刊》2006 年第 3 期。

[207] 姚梅镇曾是武汉大学法学教授，中国国际经济法学会首任会长。至今中国学者仍将他的国际投资法学著述作为权威书籍广泛引用。

[208] 姚梅镇：《国际投资法》，武汉大学出版社 1987 年版，第 360 ~ 633 页。

那么,它就是以某国的国内法为基础的"。[209] 以该案为依据,姚先生主张,一个实体必须满足特定的法定要件,才可具备法律关系主体的资格,这种主体身份不能来自任何其他当事方的授予或者默认。因此,不能以相关国家当事方的同意或默许为由,辩称私人当事方可以成为国际法主体。[210] 另一方面,所有的特许协议都以确立当事方的权利和义务为目的,依据东道国法缔结,经由东道国政府批准。[211] 结果便是,这些协议乃国内法而非国际法项下的合同。

其次,晚近一些年来,出现了一种相反的观点,认为特许协议应认定为受国际法调整的国家合同。[212] 这种观点考虑了晚近的一些发展,比如个人正在成为国际法的主体,中国在双边以及多边投资条约缔结实践中承认在国家—投资者关系上的国家责任,由此断定上述普遍接受的观点已经过时,应予抛弃。[213] 但中国学者看似少有支持这种观点。尽管如此,从晚近投资仲裁适用准据法的发展来看,中国很可能发现自己正在不得不接受这个观点。为此,本书将于下文就该发展进行讨论。

一些中国学者提出了第三种观点,认为应将特许协议认定为自成一体的独立的合同类型(agreement sui generis)。[214] 这种观点认为,特许协议整体上看不是国际法上的国家合同,但却具有国家合同的某些特征,比如所涉的国家当事人不可或缺、政府保证,以及争端解决的方法。[215] 这种观点进一步认为,如国内法将这种特许协议的性质界定为国内法合同而与更为优先适用的国际条约相冲突,则这种做法毫无意义。[216] 因此,将其划分为自成一

---

[209] Case Concerning the Payment of Various Serbian Loans Issued in France (France v. Kingdom of Serbs, Croats and Slovenes), 1929 PCIJ (ser A) No 20/21 (July 12), 46.

[210] 姚梅镇,同上注 208,第 362 页。

[211] 同上注,第 363 页。

[212] W Li, 'Legal Issues of BOT Concession Agreements' (in Chinese), available at http://www.colaw.cn/wenku/bot/questions.htm (last visited 26 February 2007).

[213] 同上。

[214] 这个观点看似与 Fatouros 所主张的"跨国协议"的观点基本一致,后者认为,这种协议同时展示了国内法合同和国际协议的要素。Fatouros, above, 34.

[215] 孟国碧,同上注 206【原文误作 204。——译者注】。

[216] 同上。

体的协议、通过特殊规则调整它，这样更为可取。[217]

据认为，应该将 BOT 合同以及其他特许合同都认定为国家合同的表现形式。但是，这种国家合同可能受国际法调整，也可能不受。如果不存在国际条约义务，则这类合同将受东道国的国内法调整。但是，如果存在条约义务，比如 BIT 设定的条约义务，则可能这种国内法义务会变成国际法义务。在这方面，两个规定非常重要。其一是本书前述第六章探讨的保护伞条款，该条款旨在将包括特许协议义务在内的国内法义务升格为国际法义务。其二是定义条款，该条款倾向于将“特许合同”包括在 BITs 所调整的“投资”定义的外延之内。在这方面，有人已经注意到，几乎所有的中外 BITs 都采纳了这种定义。[218] 而且，中国缔结的多数 BITs 都明确规定了用以裁断案件实体问题的准据法。

争端解决

中国法对 BOT 争端的解决方法同样未置一词。推测起来，因为这类合同乃发生于两个中国实体之间，除非其也受优先适用的条约义务调整，否则，就应该适用当地救济。除了诸如协商、咨询、调解此类争议的友好解决方法外，正常情况下，这种当地救济还包括仲裁、诉讼和行政复议。[219] 如果外国投资者的母国已与中国缔结 BIT，且中国在其中同意将所有争端提交国际层面解决，则求助于诸如 ICSID 或者专设仲裁这样的国际救济也是可能的。但是，鉴于大多数中外 BITs 仅允许将有关征收补偿款额的争端提交国际仲裁，[220] 而最惠国待遇条款对该类规定的作用尚不

---

[217] 同上（讨论了构建这种 BOT 特许协议特别法的必要性和内容设想）。

[218] 在中国缔结的 120 多个 BITs 中，除《中国—波兰 BIT》外，其余均明确将“特许协议”称作条约所保护的“投资”的一种形式。关于中外 BITs 中的“投资”定义的更多具体情况，请参见本书第 2 章第 2.12 部分。

[219] 关于中国法有关争端解决的具体规定，请参见本书下文第 8.154 部分。

[220] 迄今只有 6 个现行中外 BITs 建立了解决任何/所有投资争议的机制。其余则或者将可提交仲裁的争议范围限制为征收补偿款额争议，或者规定了更宽泛的范围，但尚未批准。关于更多详细情况，请参见本书第 9 章。

确定，[221]在大多数情况下，外国投资者可能不得不求助于当地救济，而不是将争端提交国际仲裁庭碰运气。

(四)中外 BITs 中的准据法

有学者正确指出，"越来越多的 BITs 不仅规定了争端解决机制，而且还走得更远，自己确定准据法。典型的做法是，这些 BITs 同时提到作为争端当事方的国家的国内法、其自身的条约规定，以及国际法原则和规则。"[222]中国业已明确地转变了态度，将各国普遍承认的国际法规则规定为准据法。

所有三个《中国 BIT 范本》都明文包含了法律选择规定。最初的两个 BIT 范本所规定的内容完全相同。这两个早期范本的第 9 条第 7 款规定，仲裁庭"应根据接受投资并作为争端方的缔约一方的法律，包括其冲突法【原文此处有校对错误。——译者注】规则、本协议的规定以及缔约双方均接受的普遍承认的国际法规则做出裁决。"毫不奇怪，中国的多数 BITs 都采纳了上述表述，提到了三种法律渊源，且为了避免产生歧义，还特别确认了东道国的冲突法规则。如此一来，在任何情况下，东道国法律无疑都包括冲突法规则。例如，1993 年《中国—爱沙尼亚 BIT》在第 8 条第 7 款一字不差地照

[221] Maffezini 案仲裁庭已经确认，最惠国待遇规定可以惠及程序性规定，诸如 Siemens 案、Camuzzi 案等案仲裁庭沿用了这一推断。诸如 Salini 案、Plama 案等更晚近案件的仲裁庭则持相反的观点，不承认最惠国待遇条款有这种效果。See Emilio Agustín Maffezini v. Kingdom of Spain (Case No. ARB/97/7), Decision on Objections to Jurisdiction of 25 January 2000 (Maffezini v. Spain), paras 38 – 64; Siemens A. G. v. Argentine Republic (Case No. ARB/02/8), Decision on Jurisdiction of 3 August 2004 (Siemens v. Argentina), para 103; Camuzzi International S. A. v. Argentine Republic (Case No. ARB/03/7), Decision on Jurisdiction of 11 May 2005, paras 120 – 1; Salini Construttori S. p. A. and Italstrade S. p. A. v. the Hashemite Kingdom of Jordan (Case No. ARB/02/13), Decision of the Tribunal onJurisdiction of 29 November 2004 Salini v. Jordan, paras 117 – 18; Plama Consortium Limited v. Republic of Bulgaria (Case No. ARB/03/24), Decision on Jurisdiction of 8 February 2005, paras 183 – 227.

[222] P Weil, 'The State, the Foreign Investor and International Law: The No Longer Stormy Relationship of a Ménage Á Trois' (2000) 15 ICSID Rev FILJ 401, 407

用了上述措辞。[223]

中国当前的BIT范本的措辞与之类似,其所规定的准据法包括东道国法(特别提及东道国的冲突法规则)、BIT自身以及“普遍承认的国际法原则”。由于中国不再用缔约双方均承认这个修饰性短语来限制可适用的国际法原则,所以,可把这看作是一个更自由主义的举措。在发生争议的情况下,即便中国(或者缔约另一方)并不承认国际法原则,但无论如何,根据这个规定,仲裁庭仍可予以适用。中国对待国际争端解决的政策发生了转变,愿意接受普遍的国际法原则,其修改准据法规定正是这一态度变迁的另一个标志。但是或许还可以主张,“普遍承认的”这一限制性修饰语的纳入意味着国际法原则必须得被所有国家,包括缔约双方国家接受。

中国缔结的BITs通常反映了那一时期的BIT范本的准据法规定。比如,《中国—乌干达BIT》就纳入了当前使用的BIT范本的规定。其第8条第3款规定,仲裁裁决应根据东道国法,包括“其冲突法规则【原文此处有校对错误。——译者注】、本协定的规定和普遍接受的国际法原则”作出。[224]很显然,就像众多BITs中的其他规定一样,中外BITs准据法条款的措辞虽然以BIT范本为模板,但仍有一些变化。《中国—塞浦路斯BIT》用语稍有不同,它提到的是“接受投资的争议缔约方的法律包括其冲突法规则、本协

〔223〕 包括这种类型的准据法规定的其他BITs还有:《中国—阿尔巴尼亚BIT》第8条第7款,《中国—阿尔及利亚BIT》第9条第7款,《中国—阿塞拜疆BIT》第9条第7款,《中国—孟加拉BIT》第9条第7款,《中国—文莱BIT》第9条第6款,《中国—柬埔寨BIT》第9条第5款、第7款,《中国—克罗地亚BIT》第8条第7款,《中国—古巴BIT》第9条第7款,《中国—埃及BIT》第9条第7款,《中国—埃塞俄比亚BIT》第9条第7款,《中国—芬兰BIT》第9条第5款(但是其最后一句的规定稍有不同,提到了“可适用于缔约双方的国际法规则”),《中国—格鲁吉亚BIT》第9条第7款,《中国—加纳BIT》第10条第5款,《中国—印度尼西亚BIT》第9条第3款第4项,《中国—意大利BIT》之《附件》关于第5条第1款,《中国—老挝BIT》第8条第7款,《中国—立陶宛BIT》第8条第6款,《中国—蒙古BIT》第8条第7款,《中国—荷兰BIT》第10条(仅规定了专设仲裁),《中国—阿曼BIT》第9条第7款,《中国—秘鲁BIT》第8条第4款(其规定稍有不同,提到了由“中心”根据这些法律裁断——推测起来其指的应该是ICSID仲裁庭),《中国—斯洛文尼亚BIT》第8条第7款,《中国—叙利亚BIT》第9条第7款,《中国—也门BIT》第8条第7款,《中国—南斯拉夫BIT》第9条第7款,《中国—赞比亚BIT》第9条,《中国—津巴布韦BIT》第9条第7款。

〔224〕 下列BITs所用措辞系以当前的《中国BIT范本》为蓝本:《中国—波斯尼亚和黑塞哥维那BIT》第8条第3款、《中国—拉脱维亚BIT》第8条第6款、《中国—俄罗斯BIT》第9条第4款、《中国—西班牙BIT》第9条第3款。

定的规定和可适用的国际法原则。”[225]这个措辞看来比当前范本中的措辞更具宽泛性，因为后者中的国际法原则必须得是“被普遍接受的”。从终极意义上说，这些措辞如何适用是由仲裁庭决定的，但是该措辞让人觉得，其适用范围要比中国三个BIT范本所使用的措辞更宽。另外，虽然中国传统上不愿意接受或者服从“普遍承认的国际法原则”，一些BITs还是使用了这一提法。这或许也消除了缔约方就其时到底什么是国际法原则的观点分歧。《中国—玻利维亚BIT》第8条第7款规定，仲裁庭应根据东道国法律、该BIT，以及“普遍承认的国际法原则”裁断案件。[226]

ICSID第42条第1款

《中国—荷兰BIT》将上述三种法律渊源设为默认准据法，如果当事方未就准据法达成协议，则该默认准据法将予适用。但是，它在准据法规定中明文提到了“特设”仲裁庭。[227] 因此，它对该约中所设置的两个仲裁选项，也即ICSID仲裁和专设仲裁，进行区别对待。第10条第4款确认，“专设仲裁庭应根据”当事各方约定的法律“解决争议”。这意味着投资者虽可将争端提交ICSID仲裁庭，但BIT对相应的准据法没做具体规定。这样一来，《ICSID公约》第42条就将适用于投资者提交给ICSID的任何仲裁案件。《中国—智利BIT》则采用类似条款，其明确规定，“专设仲裁庭应根据”东道国的“法律”、该BIT，以及普遍承认的国际法院则“进行裁断”。关于征收补偿款额的争议可提交ICSID仲裁，其他争端经共同同意可提交专设仲裁。因此，新一代以及早期的限制性类型的BITs均规定了ICSID仲裁，但没有规

[225] 《中国—塞浦路斯BIT》第8条第7款。其他提到“可适用的国际法原则”的BITs包括：《中国—巴林BIT》第9条第7款、《中国—博茨瓦纳BIT》第9条第7款、《中国—科特迪瓦BIT》第9条第4款、《中国—吉布提BIT》第9条第7款、《中国—特立尼达和多巴哥BIT》第10条第4款。

[226] 下列BITs即采用了这种宽泛的表述模式：《中国—智利BIT》第9条第7款、《中国—厄瓜多尔BIT》第9条第7款、《中国—冰岛BIT》第9条第8款、《中国—牙买加BIT》第8条第7款、《中国—约旦BIT》第19条第6款、《中国—科威特BIT》第8条第3款、《中国—黎巴嫩BIT》第8条第5款、《中国—马来西亚BIT》第7条第4款、《中国—斯洛文尼亚BIT》第9条第5款、《中国—阿拉伯联合酋长国BIT》第9条第3款、《中国—乌拉圭BIT》第9条第8款。

[227] 这就与其他BITs的规定截然不同，后者清楚地指出，准据法规定适用于所有的争端解决机构选项。例如，《中国—塞浦路斯BIT》第8条第7款【原文如此。——译者注】明显涵盖了两种仲裁：“本条第3款第(1)项和第(2)项所指的仲裁庭应依据……作出裁决。”

定法律选择事宜,故而,仲裁庭将适用《ICSID 公约》第 42 条规定。事实证明,第 42 条规定颇具争议,对其如何正确适用的著述更是汗牛充栋。[228] 实际上,ICSID 体制下的第一个撤销案件就是以明显越权为由而被全部撤销的,而明显越权的表现便是错误适用了第 42 条第 1 款。该款的内容是:

"仲裁庭应依据当事人双方协议的法律规范处断争端。如无此种协议,仲裁庭应适用作为争端当事国的缔约国的法律(包括它的法律冲突规范)以及可以适用的国际法规范。"

完全没根据第 42 条第 1 款的规定适用法律的行为相当于第 52 条意义上的适用法律明显错误,将导致裁决被部分甚或全部撤销,这在 ICSID 裁决实践中已获得公认。仲裁庭对漠视所选择的法律与错误适用法律这两者进行了区分。当事方就准据法所达成的协议构成了其仲裁协议的组成部分,同理,"仲裁庭漠视当事方协议的法律规则将构成超越当事方所授权给其行使的审理权限(terms of reference)的行为……必须将漠视准据法规则与错误适用这些规则的行为区分开来,在后一种情况下,即便仲裁庭的裁断明显

---

[228] See eg E Lauterpacht, 'The World Bank Convention on the Settlement of International Investment Disputes' (1968) Recueil d'Etudes de Droit International en Hommage a Paul Guggenheim 642,664; IFIShihata and A R Parra, 'Applicable Substantive Law in Disputes Between States and Private Foreign Parties: The Case of Arbitration under the ICSID Convention' (1994) 9 ICSID Rev FILJ 183, 194; A R Parra, 'Provisions on the Settlement of Investment Disputes in Modern Investment Law, Bilateral Investment Treaties and Multilateral Instruments on Investment' (1997) 12 ICSID Rev FILJ 287; V V Veeder, 'The Lena Goldfields Arbitration: The Historical Roots of Three Ideas' (1998) 47 ICLQ 747; C Schreuer, 'Failure to Apply the Governing Law in International Investment Arbitration' (2002) Vol. 7 Austrian Review of International and European Law 147; E Gaillard and Y Banifatemi, 'The meaning of 'and' in Art 42(1), Second Sentence, of the Washington Convention: The Role of International Law in the ICSID Choice of Law Process' (2003) 18 ICSID Rev FILJ 375, 377; G Sacerdoti, 'Investment Arbitration: Under ICSDI and UNCITRAL Rules: Prerequisites, Applicable Law, Review of Awards' (2004) 19 ICSID Rev FILJ 1; D di Pietro, 'Applicable Law under Art 42 条 of the ICSID Convention: The Case of Amco v. Indonesia' in T Weiler (ed.) International Investment Law and Arbitration: Leading Cases from the ICSID, NAFTA, Bilateral Treaties and Customary International Law (2005) 223; R Dolzer and C Schreuer, Principles of International Investment Law (2008) 265, 266; and O Spiermann, 'Applicable Law' in P Muchlinski, F Ortino, and C Schreuer, The Oxford Handbook of International Investment Law (2008) 90,108.

没有根据,该情况也不构成撤销理由。"[229]

虽然这些较早期的案件似乎让人觉得,国际法仅仅具有补充或者纠正的作用,[230]但晚近《ICSID 公约》裁决实践却看似已经接受了这样的观念:国际法是决定性的准据法。Wena v. Egypt 案撤销决定认可了国际法的这种更广泛适用。专门委员会断定,仲裁庭适用 BIT 规则做出裁断的行为没有越权。在评论第 42 条第 1 款的时候,专门委员会确认,该条款的起草历史容许国内以及国际法律秩序都发挥作用。"东道国法的确可以与国际法一并适用,只要有证据证明这样做是适当的。因此,如果在这一其他领域发现了适当规则,则国际法也可单独适用。"[231]在 LG&E 案中,仲裁庭确认,如果国际法与东道国国内法相冲突,则以国际法为准:

"如国际法与国内法相矛盾,则以国际法为准,因此,国家不能以国内法规定为由证明其不遵守国际义务的行为是正当的。如果两者之间不存在矛

[229] Maritime International Nominees Establishment v. Republic of Guinea, ICSID Case No. ARB/84/4 Annulment decision, 22 December 1989, 4 ICSID Rep. 79 (1997) paras 5.03 – 4. 同样参见 CMS v. Argentina 案,该案确认第 52 条属于"有限管辖",因此它不能强加自己的观点于其中。"尽管裁决中存在明显错误和缺陷,但在该案中仲裁庭最终适用了条约的第 11 条。虽然这一适用是隐晦的,有缺陷的,但它始终是该条约的适用。因此并没有明显的越权。" See also CMS v. Argentina, Decision on Annulment, 25 September 2007 paras 49 – 52,. para 136.

[230] See eg Amco Asia Corporation and others v. Republic of Indonesia, ICSID Case No. ARB/81/1, Annulment decision, 16 May 1986; SPP v. Egypt, ICSID Case No. ARB/84/3, Award 20 May 1992; and Autopista Concesionada de Venezuela, C. A. v. Venezuela, ICSID Case No. ARB/00/5, Award 23 September 2003,该案仲裁庭指出:"国际法在 ICSID 实践中的作用并不完全清楚。无疑,这个问题将得到较好的解决,因为,当国内法在特定事项上缺乏相应规则,国际法可以填补空白(这就是所谓的补足功能)。同样普遍认可的一点是,国际法可以在国内法的适用违反国际法的时候,纠正其后果……"。它认为似乎没有理由取消国际法的修正和补足功能。See also W M Reisman, 'The Regime for Lacunae in the ICSID Choice of Law Provision and the Question of Its Threshold' (2000) 15 ICSID Review FILJ 362.

[231] Wena Hotel Limited v. Egypt, ICSID Case No. ARB/98/4, Annulment decision, 5 February 2002, para 40. CMS v. Argentina 案仲裁庭赞同这种"……更实用、更不教条的方法",断定国内法和国际法都要发挥作用。See also Enron Corporation and Ponderosa Assets, LP v. Argentina, ICSID Case No. ARB/01/3, Award, 22 May 2007, para 207; para 235. Sempra Energy International v. Argentina, ICSID Case No. ARB/02/16, Award, 28 September 2007. 该案仲裁庭指出:"《公约》第 42 条规定了各种渊源,这些渊源同时起作用,故当事方就该条的讨论似在一定程度上务虚。" Tokios Tokelés v. Ukraine, ICSID Case No. ARB/02/18, Award, 26 July 2007 (made public August 2008), para 140.

盾,两者之间的关系建立则颇为棘手……"[232]

传统上,中国学者支持前一种解释方法,也即国际法仅发挥纯补充作用。[233] 遗憾的是,晚近裁决实践表明,这种解释方法可能难以为继。

《中国—捷克BIT》(2005年)规定了仲裁庭必须考虑的另一范畴法律:与具体投资相关的特定投资合同。其第9条第5款规定:

"仲裁庭应当考虑以下因素依法裁决:

——有关缔约方的生效法律;

——本协议的条款,以及缔约方之间的其他相关协议;

——缔约一方与缔约另一方投资者之间签订的关于投资的特定合同的条款;

——一般国际法原则。"[234]

该BIT的准据法规定在用词上与Goetz v. Burundi案的情况非常类似。《比利时—布隆迪BIT》第8条第5款列出了仲裁需要依据的相关法律清单:东道国法、该BIT自身、任何相关的投资合同,以及一般国际法原则。[235] 仲裁庭确认,它必须联合适用国内法和国际法(de droit interne et de droit international)。[236] 仲裁庭接着得出结论说,国内法和国际法的适用会导致不同的结论;申请人所质疑的特定行为在布隆迪法律体系下是合法的,但是,在国际法体系下,布隆迪撤销协议就需要给予投资者充分而有效的赔付(1' indemnité adéquate et effective)。[237] 将来若有投资者根据中国缔结的某一包

---

[232] LG&E v. Argentina, ICSID Case No. ARB/02/1, Decision on Liability, 3 October 2006, paras 94-5.

[233] 陈安:《国际投资争端仲裁——"解决投资争端国际中心"机制研究》,复旦大学出版社2001年版,第156、159~160页。

[234] 下列中外BITs包括了这种类型的准据法规定:《中国—阿根廷BIT》第8条第6款(虽然该BIT所列举的第四类准据法为"有关的国际法一般规则",但鉴于是由仲裁庭来断定有关的国际法规则到底是什么,而仲裁庭无疑将参考公认的国际法规则,故这个规定不太可能导致任何重大差异)、《中国—斯洛伐克BIT》第9条第5款。

[235] 《比利时和卢森堡—布隆迪BIT》第8条第5款规定:【原文如此。——译者注】规定:"仲裁庭裁决时,应依据作为争议当事方、接受投资的缔约一方的国内法,包括其冲突法规则,依据'协定'的规定和有关投资的专项合同的条款,以及普遍公认的并为缔约双方所采纳的国际法原则"。

[236] Goetz and others v. Burundi, ICSID Case No. ARB/95/3, para 95.

[237] Ibid., para 133.

含类似准据法条款的 BIT 提起仲裁,则仲裁庭很可能得出类似结论,在裁决中联合适用这两种法律。中国法因而与之相关,但并不必然在所有事项上都起决定性作用。

有时 BITs 中还列有另一种其他类型的法律——“两国间签订的协议”。《中国—科威特 BIT》中的准据法清单包括该 BIT、东道国法一般国际法原则,以及“缔约两国间签订的协议”。[238] 据此推测,两国间已签订的协议如与该 BIT 的解释相关,则仲裁庭可据以断案。《中国—澳大利亚 BIT》在附件 A 中有类似的表述,只是用语稍有不同。该附件第 7 段【原文误作“第 5 段”。——译者注】提到根据该 BIT、“争议双方间的任何协定和……”东道国的“有关国内法”做出的裁决。虽然可以说,缔约者在该规定中提到 BIT 后,会有足够的理由再接着提到国际法原则,但此处终未提及。

一些 BITs 没有包括准据法规定。例如,《中国—沙特阿拉伯 BIT》规定,有关国有化和征收补偿款额的争端可以提交 ICSID 仲裁,但规定这一内容的第 8 条并未对准据法问题做出明确。因此,就将要适用《ICSID 公约》第 42 条。一些此类 BITs 并没有准据法条款,但着实地确认,仲裁庭可以“参考”1965 年《ICSID 公约》“……自行确定仲裁程序”。[239] 这并不意味着在确定解决争端时所适用的实体法方面强制适用第 42 条,但如果仲裁庭认为合适,它可以这样做。一些 BITs 将《UNCITRAL 仲裁规则》用作仲裁庭确定仲裁程序的指导性原则。《UNCITRAL 仲裁规则》第 33 条规定了这些 BITs 项下的仲裁庭在确定实体性准据法时或许可以考虑适用的准据法规定。[240]

另有一些 BITs 对准据法未置一词。例如,中国与挪威、巴基斯坦、新西

---

[238] 《中国—科威特 BIT》第 8 条第 3 款。另请参见《中国—马来西亚 BIT》第 7 条第 4 款、《中国—斯洛伐克 BIT》第 9 条第 5 款(提到了缔约国之间任何其他相关协议)、《中国—阿拉伯联合酋长国 BIT》第 9 条第 3 款。

[239] 《中国—毛里求斯 BIT》第 13 条第 6 款。另请参见《中国—奥地利 BIT》之《议定书》关于第 4 条,《中国—丹麦 BIT》第 8 条第 4 款、《中国—巴布亚新几内亚 BIT》第 8 条、《中国—菲律宾 BIT》第 10 条、《中国—新加坡 BIT》第 13 条、《中国—斯里兰卡 BIT》第 6 款第 8 条第 6 款、《中国—瑞士 BIT》第 12 条第 4 款。

[240] 1976 年《联合国国际贸易法委员会仲裁规则》第 33 条第 1 款规定:“仲裁庭应适用当事方指定的法律解决案件实体问题。在当事方没有做出这种指定的情况下,仲裁庭应适用其认为适当的冲突法规则所确定的法律。”

兰之间的BITs就是如此,这些BITs甚至都没有提到仲裁庭要如何确定仲裁程序。显然,如果这些BITs中有ICSID仲裁可供选择,则ICSID仲裁庭将适用《ICSID公约》第42条。《中国—以色列BIT》规定,可将征收补偿款额方面的所有争端提交ICSID仲裁,但仍未明确规定准据法的条款,因此,仲裁庭将转而依据《ICSID公约》第42条。[241] 在BIT中没有ICSID仲裁可供选择的情况下,[242]如果当事方之间又没有达成协议,则仲裁庭在确定适当的准据法方面拥有自由裁量权。

即便BIT中有关准据法的规定付诸阙如,判例法中也有业已获得公认的处理方法,那就是:应根据国际法原则解决条约争端;必要时,国内法亦可适用。MTD案仲裁庭采纳了这一观点,该案专门委员会在其撤销决定中也对这种做法予以支持。专门委员会确认,应根据国际法来裁断违反BIT方面的争端。"但是,仲裁庭经常有必要适用东道国法,对于ICSID仲裁庭来说,《ICSID公约》第42条第1款的规定更增强了适用东道国法的必要性。"[243]它确认国内法和国际法都与仲裁请求的裁断相关,对智利所主张的仲裁庭没有考虑智利法就裁断了该争端的说法,专门委员会予以驳斥。

仅有极少数BIT排他性地提到了东道国法。《中国—卡塔尔BIT》第9条第5款规定,有关争议的实质内容,仲裁庭"应适用投资所在缔约一方的法律"。[244] BIT没有明确提及国内法的做法并不能排除国内法的适用,因为任何特许协议的调整规则都要受国内法约束,尤其在有关中国投资的场合,

[241] 《中国—以色列BIT》第8条。其他没有准据法条款但却规定了ICSID仲裁的中外BITs包括:《中国—比利时和卢森堡BIT》第8条、《中国—德国BIT》第9条(其规定了ICSID仲裁或联合国国际贸易法委员会仲裁,因此,其准据法将或是《ICSID公约》第42条,或是《联合国国际贸易法委员会仲裁规则》第33条)、《中国—日本BIT》第6条(仅提到与裁决执行有关的准据法)、《中国—韩国BIT》、《中国—葡萄牙BIT》第9条、《中国—罗马尼亚BIT》第9条、《中国—沙特阿拉伯BIT》第8条、《中国—瑞典BIT》之《议定书》第6条。

[242] 请参见《中国—希腊BIT》第10条(《联合国国际贸易法委员会仲裁规则》调整程序问题)、《中国—新西兰BIT》第13条、《中国—挪威BIT》之《议定书》第2条、《中国—巴基斯坦BIT》第10条、《中国—波兰BIT》第10条、《中国—英国BIT》第7条。

[243] MTD Equity Sdn. Bhd. & MTD Chile SA v. Chile, ICSID Case No. ARB/01/7, Annulment decision, 21 March 2007, para 72.

[244] 《中国—卡塔尔BIT》第9条第5款也确认,仲裁地为海牙,仲裁程序规则为《联合国国际贸易法委员会仲裁规则》。《中国—土耳其BIT》第7条第2款也只提到了东道国法。

情况更是如此。因此,即便仲裁庭根据这些 BITs 进行裁断,也或许不得不考虑国内法事宜。与之相反,《中国—缅甸 BIT》[245] 第 8 条第 5 款规定,仲裁庭"应按照本协定以及缔约双方都承认的国际法的规定作出决定",并没有提及国内法。

最近,《中国—墨西哥 BIT》纳入了一个与《北美自由贸易协定》第 1131 条用语几乎一样的准据法规定。该 BIT 第 19 条第 1 款确认,仲裁庭"应根据本协定和可适用的国际法原则和规则"对争端做出裁决。其中没有提及东道国国内法。第 19 条第 2 款确认,缔约双方就条约的任何条款共同作出的解释应对仲裁庭具有拘束力。这照搬了《北美自由贸易协定》框架内的下述规定:自由贸易委员会所作出的任何声明均对后来的仲裁庭有约束力。这个规定很有意思,它在条约解释上给了缔约方一定程度的控制权。但是,这完全以缔约双方就特定事宜达成协议为前提。《中国—新西兰自由贸易协定》第 155 条的规定有点类似,其规定,应争端国家一方要求,仲裁庭应当要求缔约双方就争端问题涉及的协定条款进行共同解释。缔约方就共同解释做出的联合决定应当对仲裁庭具有约束力。裁决应当与该联合决定相一致。该条第 2 款为缔约双方作出联合决定事宜设定了 60 天的期限。如果缔约双方在 60 日内未能做出这样的决定,仲裁庭应当独自对该问题做出决定。这些规定相对较新,《北美自由贸易协定》框架下的实践也表明,其争议不少:Pope & Talbot 案仲裁庭认为,未经缔约国重新谈判协商,自由贸易委员会就私自修改《北美自由贸易协定》协议。在这一点上,难以预测缔约国将来将否利用这些规定。

大多数案件将依据东道国国内法和国际法联合解决,这一点看似已形成普遍共识。"不管当事方是否已将国际法和东道国法联合选择为准据法,情况都是如此。在多数案件中,仲裁庭事实上已经同时应用了这两种法律体系。当两者之间存在冲突的时候,必须以国际法为准。"[246] 这一处理方法

---

[245] 其他没有提到东道国法的中外 BITs 包括:《中国—贝宁 BIT》第 8 条第 5 款、《中国—韩国 BIT》第 8 条第 5 款、《中国—突尼斯 BIT》第 8 条第 5 款。

[246] R Dolzer and C Schreuer, Principles of International Investment Law (2008) 271.

是通过仲裁庭的自由裁量权来应用的，当中国与其他国家达成接受管辖投资争端的国际仲裁之时，其最初可能没有预料到这一局面。但是，考虑到中国更晚近缔结的BITs根本没有提到国内法，中国对此可能没有感到意外。虽然中国国内法要求，根据中国的法律法规进行特许合同项下的投资，但在断定是否违反条约时，国际法似乎要不可避免地发挥重要作用。

七、用尽当地救济

在历史上，想提出国际诉求的投资者必须用尽所有的当地救济。[247] 在一些国际场合，比如向欧洲人权法院提出请求时，情况依然如此。用尽当地救济义务是"对国家就其管辖权范围内事项享有司法主权的承认"。[248]

在现代BITs中，用尽当地救济的要求已经在很大程度上被取消，或更准确地说，是被取代。仲裁庭如今被视为当地诉讼的替代品。仲裁庭已经确认，尽管晚近BITs没有做出明示的弃权，但是，其争端解决规定的用语给予投资者选择条约所提供的争端解决机制的权利。[249] 《ICSID公约》第26条明文规定，决定仲裁即视为同意排除所有其他救济方法。此外，该约将当地救济规则作为缔约国的备选项，故国家"可以要求用尽当地各种行政或司法补救办法，作为其同意根据本公约交付仲裁的一个条件。"[250] 这正是中国在其缔结的BITs中所做的事情。

---

〔247〕 See I Brownlie, Principles of Public International Law (6th edn, 2003) 472; SN Shaw, International Law (5th edn, 2003) 730.

〔248〕 M Sornarajah, the International Law on Foreign Investment (2nd edn, 2004) 254. See also C F Amerasinghe, The Local Remedies Rule in International Law (2nd edn, 2004). 事实上，国际法委员会《关于国家责任的条款草案》确认，如果需要适用用尽当地救济规则，而当事方尚未求助于当地救济，则不能提出请求。See J Crawford, The International Law Commission's Arts on State Responsibility: Introduction, Text and Commentaries (2002) 264.

〔249〕 已经有人质疑这种做法的正确性，这是因为，在"断定……以默示方式废除一个重要的国际法原则"之前，应该有清楚明白的明示弃权。Elettronica Sicula S. p. A. (ELSI) (United States of America v. Italy) [1989] ICJ Rep 14, 42. For further discussion on this point see Z Douglas, 'The Hybrid Foundations of Investment Treaty Arbitration' (2003) 74 BYIL 151, 192 and C McLachlan, L Shore, and M Weiniger, International Investment Arbitration: Substantial Principles, para 7. 63 and 7. 92 – 8.

〔250〕 《ICSID公约》第26条。关于第26条对未用尽当地救济规则的影响的讨论，请参见 C H Schreuer, The ICSID Convention: A Commentary (2001) paras 95 – 106。

与不再将当地救济要求纳入 BITs 中的趋势背道而驰,[251] 中国缔结的 BITs 着实要求试图提起仲裁的投资者(在国内法院)【在我国,行政复议案件由行政机关受理,行政诉讼则是人民法院受理。本书此处表述有讹误。——译者注】走完适当的国内行政复议程序。中国缔结的几乎所有的第三代 BITs 都允许投资者就"所有争议"提起仲裁,同时也都包括这个当地救济但书。[252] 放眼国际可知,这个做法现在已经不再流行,但很有意思的是,挪威在新 BIT 范本中业已恢复仲裁前用尽当地救济的要求。挪威此前的那个 BIT 范本没有这个要求,其在相应缔约实践中也未将此要求纳入 BIT 中。新的《挪威 BIT 范本》所附带的评述指出,国际法乃保留给国家进行互动的舞台,这是原则,而给予私人根据国际法直接采取行动的能力则属于例外。[253] 《挪威 BIT 范本》(2008 年)第 15 条规定:

"3. 如果产生此类争端,并且或者

(1)*在已经用尽所有行政救济之后,争端当事方自将争端提交当地法院以寻求当地救济之日起 36个月内*未能达成协议;或者

(2)没有合理并可资利用的当地救济对该争端提供有效补救,或者请求当地救济提供这种补救不具有合理的可能性;以及

(3)投资者已经清楚、毫不含糊地放弃在当地法院继续诉讼的权利。

则缔约任何一方特此同意将此类争端提交根据……进行的仲裁。"[着重部分系作者标示]

挪威缔结的大多数 BITs 都无条件允许投资者就投资争端提起仲裁,上述用尽当地救济义务的规定与这种缔结实践之间发生了根本性分野。《挪

---

[251] 例如,可参见《蒙古 BIT 范本》,其没有提到当地救济,仅仅规定,除非一方未执行裁决,否则,缔约方不能进行外交保护。亦可参见《荷兰 BIT 范本》。《美国 BIT 范本》第 26 条规定,仅仅当投资者已经明确放弃提起或者继续任何国内程序的权利的情况下,才可以提起仲裁。另请参见《加拿大 BIT 范本》。

[252] 例如,《中国—约旦 BIT》第 10 条第 3 款第 2 项、《中国—圭亚那 BIT》第 10 条第 4 款第 2 项、《中国—吉布提 BIT》第 9 条第 3 款第 2 项、《中国—科特迪瓦 BIT》第 9 条第 3 款、《中国—文莱 BIT》第 9 条第 2 款、《中国—博茨瓦纳 BIT》第 9 条第 3 款第 2 项。《中国—伊朗 BIT》看起来是个例外,容后详述。甚至最近的《中国—墨西哥 BIT》附件 3 也包括了走完为期 4 个月的当地行政复议程序的要求,超过 4 个月即视为已走完复议程序,可以提起仲裁。

[253] 《挪威 BIT 范本评述》(2008 年),第 32 页。

威BIT范本评述》并未详细解释这种立场转变的原因,而只是说业已对争端解决事项进行了"彻底评估","从法律政策角度看,投资者—国家仲裁是值得怀疑的"。挪威觉得,不首先用尽当地救济的做法经不起推敲,"那样的话"国际仲裁"或许看起来不是安全阀,而是可供选择的法律救济。"显然,挪威确信,挪威投资者将用3年的时间准备在东道国寻求当地救济。当然,国家有充分的权利坚持要求用尽当地救济,并将之作为同意仲裁的条件,但"这种类型的条款非常罕见,大多数出现在缔结年代非常久远的BITs中。"[254]《美国—澳大利亚自由贸易协定》走得更远,其投资篇章,也即第11章中没有包括投资者—国家争端解决规定。第11条第16款第1项倒是说,缔约方至少应考虑允许投资者提起仲裁。这似乎意味着缔约方乐于见到遭受不公待遇的投资者分别依靠它们的国内司法体系。

中国一直继续坚持,投资者有义务用尽当地救济,即便是在其新BIT范本中也是如此。这是同意仲裁的条件。《中国—波斯纳亚和黑塞哥维那BIT》(2002年)第8条第2款规定:

"如争议自任何一方提起之日6个月内,未能通过协商友好解决,应将争议提交:

——作为争议一方当事人的缔约一方有管辖权的法院;

——依据1965年3月18日在华盛顿签署的《解决国家和他国国民之间投资争端公约》设立的'解决投资争端国际中心'('中心'),条件是争议提交该中心之前,作为争议一方当事人的***缔约方可以要求有关投资者***完成该缔约方法律法规所规定的国内行政复议程序。"[着重部分系作者标示]

《中国—俄罗斯BIT》之《议定书》(2006年)中有类似的但书。该《议定书》关于第九条确认,在将争端提交仲裁前,"作为争端一方的缔约方可以要求相关投资者用尽该缔约方法律法规所规定的国内行政复议程序。"该条第2款确认,这个复议程序不得超过90天。这种要求投资者提起当地行政复

[254] R Dolzer and C Schreuer, Principles of International Investment Law (2008) 249 and samples of typical dispute provisions in BITs in C McLachlan, L Shore, and M Weiniger, International Investment Arbitration: Substantial Principles (2007) paras 3. 02 – 15.

议的规定与当前的国家实践趋势不再相符。但是，考虑到挪威最近态度有所转变，在其 BIT 范本中增加了国内救济的规定，也许上述趋势也在转变之中。[255]

所有属于更为自由主义范畴的 BITs 都对投资者设定了首先将争端提交国内行政复议的要求。《中国—捷克 BIT》(2005 年)确认：

“关于本条规定的将争议提交国际仲裁的可能性，中华人民共和国要求相关投资者将争议提交国际仲裁前用尽该缔约方的法律和法规所规定的国内行政复议程序。该程序不超过 3 个月的期限。”

在已发生争端的情况下，投资者如不满足上述条件，则不能立即提起国际仲裁。多数这种自由主义的 BITs 所设定的时间期限都是 3 个月。[256]《中国—芬兰 BIT》之《议定书》(2004 年)关于第 9 条也包括了这个规定，但却是任意性的。其内容为：中国“可以要求有关的投资者用尽当地行政复议程序”，该复议程序不“应”超过 3 个月。中国可以放弃这一要求。

但是，《中国—塞浦路斯 BIT》(2001 年)包括了一个但书，东道国“可以要求投资者在将争议提交”上述仲裁程序之前，“根据该缔约方国内的法律法规，用尽当地行政复议程序”。这里就没有对投资者必须在国内复议程序中花费多少时间作出限制。与之相反，《中国—芬兰 BIT》(2004 年)要求，中国当地行政复议程序不得超过 3 个月。[257] 另外，已将争议提交国内法院的投资者，“如果在法院对争议事项作出判决前”撤诉，[258] 仍然可以将争议提交国际仲裁。投资者仅在法院已作出判决的情况下才会丧失提起仲裁权。

在《中国—比利时和卢森堡 BIT》之《议定书》(2005 年)、《中国—拉脱维亚 BIT》(2004 年)、《中国—荷兰 BIT》(2001 年)、《中国—西班牙 BIT》

---

[255] 例如，可参见《可持续发展国际法研究所 BIT 范本》附件第 5 条第 2 款用尽当地救济，at <http://ces.iisc.ernet.in/hpg/envis/sdev/investment_model_int_handbook.pdf>. 许多发展中国家在条约谈判过程中用这个范本作指南。

[256] 相关的中外 BITs 包括：比利时和卢森堡(2005 年)、芬兰(2004 年)、德国(2003 年)、拉脱维亚(2004 年)、荷兰(2001 年)、葡萄牙(2005 年)、西班牙(2005 年)、瑞典(《议定书》2004 年)。

[257] 2004 年《中国—芬兰 BIT》之《议定书》，关于第 9 条。

[258] 《中国—拉脱维亚 BIT》(2004 年)有类似的规定，要求投资者在法院作出判决之前撤回国内诉讼，并将其作为提起仲裁的前提条件。

(2005 年)中,中国同样明确"声明完成该程序的最长期限为 3 个月"。显然,这意味着中国期望国内复议程序不应超过 3 个月。但是,这个规定不如中国在其他 BITs 中的用语那么明确。比如,《中国—葡萄牙 BIT》之《议定书》(2005 年)【按:原文此处遗漏了"《议定书》"字样。译者著】允许投资者 3 个月后就将争端提交仲裁,即便国内复议程序没有结束也没关系。该《议定书》的宣言性质使它在争端发生时可能会遭到质疑。

如果中国对外签订的所有 BITs 都要求投资者首先寻求当地救济程序,那么,依靠最惠国待遇条款绕开这个义务的手段就没有用武之地,也不会存在什么更高的待遇之说。但是,情况却并非如此。有人曾经奚落道:"投资者在提起国际仲裁前,必须将争端提交到东道国法院审理并等待一定的时间,遵守这一条约要求的主要方式竟是不予适用。"〔259〕对中国来说,这可能也会变成现实。2000 年《中国—伊朗 BIT》并未提到国内复议程序并将之规定为仲裁的前提条件。因此,投资者就有机会依靠 BIT 中的最惠国待遇条款要求享受《中国—伊朗 BIT》第 12 条第 2 款的上述规定,从而绕开当地救济要求。《中国—伊朗 BIT》的这一遗漏可能出自疏忽,但却会对未来的案件审理影响非常深远。但是,晚近 Wintershall 案裁决作出后,此方面的任何建议都必须多少留点余地。该案仲裁庭认为,ICSID 成案并不支持这样的"命题,也即可以这样的方式'免除'要求申请人寻求当地法院救济的强制性规定"。〔260〕

八、根据中国法解决投资者—国家争端

考虑到中国缔结的投资条约倾向于将最大范畴的投资争端留待国内法院或者法庭审理,而第三代 BIT 正常情况下都要求投资者在提起国际仲裁之前须用尽当地行政复议救济,因此,简单介绍中国有关投资者—东道国争端解决的法律的基本原则,无疑是有所裨益的。在中国,东道国—投资者争

〔259〕 C Schreuer, 'Calvo's Grandfather: The Return of Local Remedies in Investment Arbitration' (2005) 1 Law and Practice of International Courts and Tribunals 4.

〔260〕 Wintershall v. Argentina, para 146.

端正常情况下是通过行政渠道处理的，也即所谓的“行政复议”和/或“行政诉讼”。

(一)行政复议

考虑到几乎每一个新一代中外BITs都将“行政复议”程序设定为唯一针对投资者—东道国争端的当地控制手段，故该程序与中国的BIT缔结实践最为相关。行政复议是设立于行政系统内部的等级分明的监督机制，任何公民、法人和其他组织一旦提出申请，则上级行政机关就有权对下级行政机关的具体行政行为的合法性和合理性进行审查。在审查中所适用的法律是1999年《行政复议法》[261]（该法取代了1990年《行政复议条例》）。根据该法，这种可被审查的“具体行政行为”包括：

(1)对行政机关作出的警告、罚款、没收违法所得、没收非法财物、责令停产停业、暂扣或者吊销许可证、暂扣或者吊销执照、行政拘留等行政处罚决定不服的；

(2)对行政机关作出的限制人身自由或者查封、扣押、冻结财产等行政强制措施决定不服的；

(3)对行政机关作出的有关许可证、执照、资质证、资格证等证书变更、中止、撤销的决定不服的；

(4)对行政机关作出的关于确认土地、矿藏、水流、森林、山岭、草原、荒地、滩涂、海域等自然资源的所有权或者使用权的决定不服的；

(5)认为行政机关侵犯合法的经营自主权的；

(6)认为行政机关变更或者废止农业承包合同，侵犯其合法权益的；

(7)认为行政机关违法集资、征收财物、摊派费用或者违法要求履行其他义务的；

(8)认为符合法定条件，申请行政机关颁发许可证、执照、资质证、资格证等证书，或者申请行政机关审批、登记有关事项，行政机关没有依法办

---

〔261〕《中华人民共和国行政复议法》(1999年4月29日第九届全国人民代表大会常务委员会第9次会议通过，1999年4月29日中华人民共和国主席令第16号颁布，自1999年10月1日起施行)。

理的；

(9)申请行政机关履行保护人身权利、财产权利、受教育权利的法定职责，行政机关没有依法履行的；

(10)申请行政机关依法发放抚恤金、社会保险金或者最低生活保障费，行政机关没有依法发放的；

(11)认为行政机关的其他具体行政行为侵犯其合法权益的。[262]

如果公民、法人或者其他组织认为下级行政机关的具体行政行为所依据的规定不合法，也可以申请对该规定予以审查。这种规定包括：(1)国务院部门的规定；(2)县级以上地方各级人民政府及其工作部门的规定；(3)乡、镇人民政府的规定。[263] 但是，前述规定不含国务院部、委员会规章和地方人民政府规章。规章的审查依照法律、行政法规办理。[264]

可以看出，审查的范围相对广泛，其不局限于“具体行政行为”，还包括诸如下级规定之类的“抽象行政行为”。其不仅审查“不合法的”行为，而且还审查“不合理的”行为，故审查的门槛也相对较高。与行政诉讼形成鲜明对比的是，行政诉讼只审查“具体行政行为”的合法性，这一点本书将在以下部分予以论述。

行政复议的时间期限正常情况下是60天，最长可延长至90天。[265] 这很可能就是中国在BITs中坚持3个月或者90天的最长行政复议期限的原因所在。但是，除非法律另有规定，不然，当事人可以就行政复议决定向中国法院提起行政诉讼。有关该法贯彻实施的进一步细节包含在2007年通过的《行政复议法实施条例》之中。[266]

(二)行政诉讼

如上所述，根据中国缔结的BITs，中国法院是在中国发生的(征收补偿

[262] 《行政复议法》，同上注，第6条。

[263] 同上注，第7条。

[264] 同上。

[265] 《行政复议法》，同上注，第31条。

[266] 该部立法已于2007年5月23日国务院第177次常务会议通过，自2007年8月1日起施行。

款额以外的）大多数投资争端的默认解决机构。正常情况下，这意味着将进入行政诉讼程序。行政复议从本质上看是行政系统内部的监督机制，属于行政程序或者救济。与之不同，行政诉讼是在一般性的司法体系内展开，因此是正式的司法程序的组成部分。自1989年《行政诉讼法》颁布[267]以来，所有的公民、法人和其他组织都可以针对行政机关的“具体行政行为”向法院提起诉讼。此类行为的界定非常宽泛，包括了有关外资的政府部门所作出的所有“具体”管制性行为。具体是：

（1）拘留、罚款、吊销许可证和执照、责令停产停业、没收财物；

（2）限制人身自由或者对财产的查封、扣押、冻结等行政强制；

（3）侵犯法律规定的经营自主权；

（4）认为符合法定条件申请行政机关颁发许可证和执照，行政机关拒绝颁发或者不予答复的；

（5）申请行政机关履行保护人身权、财产权的法定职责，行政机关拒绝履行或者不予答复的；

（6）认为行政机关没有依法发给抚恤金的；

（7）认为行政机关违法要求履行义务的；

（8）认为行政机关侵犯其他人身权、财产权的。[268]

但是，诸如行政法规、规章或者行政机关制定颁布的具有普遍约束力的决定和命令之类的***抽象行政行为***，包括可提起行政复议的规定，有关此方面的争议法院不予受理。虽然中国在其入世《议定书》中承诺，允许个人和实体“可提请国家主管机关”注意贸易制度未统一适用的情况，以及维持对与GATT、《服务贸易总协定》、TRIPs相关规定所指的法律法规、普遍适用的司法决定和行政决定的实施有关的“所有行政行为”的司法审查，[269]但是，最

---

[267] 《中华人民共和国行政诉讼法》（1989年4月4日中华人民共和国第七届全国人民代表大会常务委员会第二次会议通过，1989年4月4日中华人民共和国主席令第16号颁布，自1990年10月1日起施行。【该法已于2014年11月1日修订，自2015年5月1日起施行。——译者注】）

[268] 《行政诉讼法》，同上注，第11条【修订后，该条变为第12条，并从原来的8款增加为12款，——译者注】。

[269] 《中华人民共和国入世议定书》（《中国入世议定书》）第2条第1款第4项和第4款第1项。

高人民法院已经确认，在国际贸易领域，仍仅允许个人就“具体行政行为”提出诉讼。[270] 而且，根据《行政诉讼法》，如果这些具体行政行为导致行政相对人受到损害，则后者可以请求国家赔偿。[271] 1994年，中国颁布了规定处理国家赔偿事宜的《国家赔偿法》[272]。

因大多数外资企业系作为“中国法人”成立，故均可求助于这些行政救济。甚至外国人、无国籍人和外国组织都享有与中国的公民和组织都享有相同的行政诉讼权利和义务。[273] 因此，外国商业实体的分支机构或代表也可以使用此类救济手段。

如上所述，中国缔结的许多BITs都包含“岔路口”条款，要求投资者在国内法院和国际仲裁庭之间进行选择。一些BITs的规定更有弹性，允许投资者在已将案件提交国内法院后再行提起国际仲裁，条件是提起仲裁前从国内法院撤诉。[274] 如果国内法院已经结束审理并作出了终局判决，则投资者就不能提起国际仲裁。[275]

（三）晚近的案例

但是，似乎罕有外商投资企业利用这些行政救济的情况，直到晚近，外国投资者与当地政府之间的一些争议才浮出水面。北京嘉利来案、长春汇津案、福州鑫远案即属其中三例，这些案件揭示了上述中国法律法规的真实运作情况。

1. 北京嘉利来案

北京嘉利来案是一个在中国引起很大轰动的投资者—国家争议。该案

---

〔270〕《最高人民法院关于审理国际贸易行政案件若干问题的规定》（贸易案件规定）第3条，2002年8月27日最高人民法院颁布。

〔271〕《行政诉讼法》第67条【原文误作第12条。需要注意的是，在该法的修订版中已删除该条。——译者注】。

〔272〕《中华人民共和国国家赔偿法》（1994年5月12日第八届全国人民代表大会常务委员会第7次会议通过，自颁布之日起施行。【该法已分别于2010年4月29日和2012年10月26日两次修订，最新修订于2013年1月1日起施行。——译者注】）

〔273〕《行政诉讼法》。第70条【该法修订版中，该条改为第95条。——译者注】

〔274〕例如，请参见2003年《中国—德国BIT》之《议定书》关于第9条。

〔275〕同上。

涉及三个投资者联合在北京投资的一个房地产开发项目，这三个投资者中，一个是香港嘉利来国际（集团），另两个则为当地投资者：北京二商集团（原名北京市食品工贸集团）、北京恒业房地产综合开发公司。[276] 项目的名字叫"嘉利来世贸中心"，为此项目，上述三个合作企业共同签订了一份合同，该合同得到了北京市商务局（当时名为"北京市对外经贸合作委员会"）批准。根据合同，香港嘉利来应就这个项目缴付绝大部分出资，并因此应持60%的股份。在项目运作的最初几年，香港嘉利来公司如约履行合同义务，缴付了大量出资，项目进展良好。1997年亚洲金融危机以来，北京嘉利来开始面临财务困难，导致该项目于1998年11月停工。合作三方曾就项目出资和复工问题展开多次协商，但未能达成协议。

2001年，北京二商集团以外方合作者未履行出资义务为由，向北京市商务局申请更换外方合作伙伴。经北京市商务局第627号批复核准，香港嘉利来遂从项目中被逐出局。

香港嘉利来随即向商务部（当时名为"对外经济贸易合作部"）申请行政复议，请求撤销北京市商务局做出的第627号批复。这一请求得到了商务部的支持，后者在其（2002）67号行政复议决定书中认定，第627号批复认定事实不清、适用法律不正确。同月，北京二商集团向北京市第二中级人民法院提起行政诉讼，要求法院撤销商务部第67号行政复议决定书。2003年11月，北京市第二中级人民法院做出第151号行政判决书，撤销商务部第67号行政复议决定书。商务部向北京市高级人民法院提起上诉，请求法院撤销上述第151号行政判决书。2005年2月，后者支持了商务部的诉讼请求。2005年6月，北京市商务局最终撤销了其627号批复。3个月后，中国国际经济贸易仲裁委员会，中国最负盛名的国际贸易仲裁机构对该案做出裁决，也确认香港嘉利来享有的60%的股东权益。至此，该案走完了行政复议、行政诉讼、仲裁等全部法律程序，并最终得到解决。[277]

---

[276] 湛中乐：《外商投资企业的法律纠纷》，载 http://www.chinado.cn/ReadNews.asp? NewsID=429，2008年8月12日访问。除非另有说明，否则，有关该案的所有信息皆来自该文。

[277] 同上。

中央部委因纠正下级政府机构的错误行政行为而变成被告，北京嘉利来案乃是中国第一例。[278] 该案因此在外国投资者、法学学者以及政府官员中间引起了极大关注。虽然地方政府显然发挥了作用，尤其是在第627号批复和第151号判决书中，但更令人印象深刻的是，看到中央政府努力确保在中国的外国投资者得到公平对待的决心和担当。

2. 长春汇津案

据报道，长春汇津案是中国第一起外国投资者与政府部门之间的诉讼案件。[279] 2000年3月8日，汇津中国有限公司(CWC，一家设立于香港的公司，英国泰晤士水务国际持有其将近一半的股份)与长春市排水公司(一家当地的上市公司)签订了一份中外合作经营企业合同，建立长春汇津污水处理有限公司(以下简称长春汇津)。[280] 这个合作企业的主要目的是，在长春，也即中国东北的吉林省省会，建造一座日市政污水处理能力达39万吨的污水处理厂。[281] 2000年7月，长春市政府(以下简称市政府)专门为该中外合作项目制定了一个地方政府规章。[282] 该规章授予长春汇津运营和管理这个污水处理项目的排他性权利[283]，同时也规定了长春汇津的出资和管理架构问题。根据该地方政府规章，如长春排水公司未如约向长春汇津支付污水处理费，则市政府同意垫付。[284] 2000年9月，长春排水公司达成了《污水处理合同》和《污水处理费支付合同》【原文如此。译者注】，两个合同都确认了市政府的支付义务。[285] 上述规章规定，其有效期为21年，而这正是合作企业的经营期限。[286]

---

〔278〕 同上。

〔279〕 杨眉：《港商状告长春政府》，as cited in W Shan, Legal Framework, 227。

〔280〕 《吉林省高级法院行政决定书》(2004吉行终字第11号，本书作者存档，以下简称《高级法院决定书》)，第2页。

〔281〕 同上注，第1页。

〔282〕 请参见《长春汇津污水处理专营管理办法》(以下简称《专营办法》)，2000年7月14日长春市人民政府通过。

〔283〕 同上注，第4条。

〔284〕 同上注，第22条。

〔285〕 《高级法院决定书》，同上注，第2页。

〔286〕 《专营办法》，同上注，第5条。

2000 年 12 月，长春汇津开始运营，处理长春排水公司供应的污水，后者则根据合作经营企业合同支付处理费（每月不到 700 万元人民币）。[287] 其后，长春汇津与长春排水公司发生了争议，前者指责后者拖欠污水处理费。2002 年 2 月，根据国务院 2002 年通过的一份通知，长春政府废除了前述地方政府规章。上述通知要求所有地方政府废除保证给予外方投资者固定回报率的所有外资项目（此即所谓的“固定回报项目”），理由是这些固定回报的保证违反了相关的国内法律法规。[288]

长春汇津认为，长春政府废除前述专门性的地方政府规章的行为违反了其在该规章中的承诺，而该规章恰恰是合作经营企业项目的根基所在。[289] 因此，长春汇津向长春市中级人民法院提起行政诉讼，请求认定市政府废除前述规章的行为违法。[290] 2003 年年底，长春市中级人民法院裁定，认定市政府的相关行政行为合法、驳回长春汇津的诉讼请求。[291] 2004 年 2 月，长春汇津向吉林省高级人民法院提起上诉。[292] 2005 年 1 月，吉林省高级人民法院做出判决，仍然认定市政府废除前述规章的决定合法。[293] 两级法院所依据的主要理由都是，上述国务院通知具有法律约束力，而市政府的行为是根据该通知做出的。[294] 根据中国法，吉林省高级法院的判决是终局的、有约束的判决。

长春汇津案判决肯定了市政府终止地方政府规章的行为合法，这或许是正确的。在行使执法主权之时，只要以相关的法律，也即宪法和法律为依据，中央和地方政府有权制定、修改、废除法规和规章。但令人遗憾的是，因

---

〔287〕《高级法院裁定书》，前注，第 2 页。

〔288〕《国务院办公厅关于妥善处理现有保证外方投资固定回报项目有关问题的通知》，国办发［2002］43 号，（以下简称《第 43 号通知》）。

〔289〕 Yang，above，276.

〔290〕《高级法院决定书》，第 3 页。

〔291〕 同上注，第 4 页。

〔292〕 杨眉，同上注，276。

〔293〕《高级法院决定书》，第 10 页。

〔294〕 同上注，第 3 ~ 4 页、第 8 ~ 9 页。

为原告没有正式提出索赔,[295] 两级法院判决均未触及这种终止规章的行为导致的金钱赔偿请求。从长春汇津的角度来看,更好的救济手段,可以说至今仍可以援用的救济手段就是,针对违反合同以及相关的政府保证事宜,对长春排水公司和长春市政府提起民事/商事诉讼。显而易见,最好的选择是根据 BIT 将案件提交给国际仲裁庭,本案中,推测起来,这一 BIT 应该是《中国—英国 BIT》。欲行此事,必须除掉两个主要障碍:第一是确定汇津中国在资格上属于《中国—英国 BIT》项下的英国投资者,有权获得该 BIT 所提供保护。第二是突破该 BIT 有关可以提交国家仲裁的争端范围的限制。就现在情况而言,《中国—英国 BIT》只允许将征收补偿款额方面的争议提交仲裁。中国对外签订的新一代 BITs 已废除这个限制。[296] 但是,汇津中国能否通过依靠最惠国待遇条款的应用绕开这个限制,提起国际仲裁呢?目前看来,前景远未明朗。为降低这种不确定性,需要在 BIT 中规定一个界定宽泛的争端解决条款。而且,如若外国投资者曾与市政府主动达成适当的特许协议而非被动依靠地方政府规章所提供的保证,则其境遇或许会更好些。

3. 福州鑫远案

福州鑫远城市桥梁有限公司(以下简称鑫远)是一家成立于 1997 年的中外合作经营企业,香港秀明国际公司拥有其中 70% 的股份。[297] 鑫远的成立目的是建设闽江四桥,闽江穿越福州,也即福建省省会的市区。为了打消香港投资者的疑虑,福州市人民政府(以下简称福州政府)与之订立了一份特许协议,并在其中作出如下许诺:自鑫远开始经营之日起 9 年内,所有进

---

[295] 请注意一个有趣的现象,原告最初的诉求包括拖欠的污水处理费和滞纳金赔偿(分别为人民币 0.77 亿元和 0.88 亿元)。一审法院支持了这一诉求,但原告却在二审中撤回了该诉讼请求。《高级法院决定书》,第 10 页。

[296] 例如,新近签订的《中国—德国 BIT》和《中国—荷兰 BIT》都规定,可以就所有投资争议向诸如 ICSID 等国际仲裁机构提起仲裁。请参见《中国—荷兰 BIT》第 9 条、《中国—德国 BIT》第 9 条。

[297] 除非另有说明,否则,有关该案的资料均来自该案专栏报道:《港中旅 BOT 项目案》,载《中国法制日报》(该报是中国政府司法部主办的中国报纸),http://www.legaldaily.com.cn/zb/2004-09/02/content_130048.htm,2007 年 2 月 27 日访问;中国有关该案的其他报导包括:《谁应为香港投资的损失埋单?》,载 http://www.legaldaily.com.cn/bm/2004-07/13/content_116067.htm,2007 年 2 月 27 日访问;《外商状告福州市政府违约》,载 http://www.sznews.com/n1/ca1044229.htm,2007 年 2 月 27 日访问;《盲目吸引外资承诺高回报福州政府遭遇 9 亿纠纷》,载 http://info.news.hc360.com/html/001/002/003/013/61066.htm,2007 年 2 月 27 日访问。

出福州市南门的机动车辆均应经过白湖亭收费站，如因某些例外原因导致鑫远通行费收入严重降低时，市政府将提前收回专营权，并保证秀明国际除全额收回本金外，还可获取年净回报率18%的补偿。

闽江四桥最终建成，该协议履行顺利。但好景不长，2004年5月16日，福州市二环路三期正式通车，大批车辆绕过白湖亭收费站，分流至这条新开通的道路，鑫远通行费收入急剧下降。鑫远已经不可能再履行特许合同项下的义务。经多次尝试与福州市政府协商解决，无果后，鑫远于2004年7月向中国国际经济贸易仲裁委员会申请仲裁，请求终止该特许协议、收回本金、赔偿9亿元人民币。2004年7月6日，中国国际经济贸易仲裁委员会受理了该案，福州政府遂向福州市中级人民法院提起诉讼，对前者的仲裁管辖权提出异议。

该案件到底将最终由地方法院，还是中国经济贸易仲裁委员会来审理？目前看来前途未卜。显而易见的问题是，如同北京嘉利来案和长春鑫远案所揭示的那样，外国投资者和地方当局之间现在需要为投资争端的法律解决预作打算。[298] 外国投资者与当地政府这种相安无事的蜜月期看似已经过去，中国开始全面接受国际仲裁的新转变很可能直接导致下一阶段投资者提交至ICSID和其他国际仲裁庭的投资案件数量增多。[299]

九、结论

投资者与国家间的争端解决条款是BIT所赋予的最重要的权利之一。在国际公法的层面上，投资者向民族国家直接追索的权利相对而言仍属于

---

〔298〕 据估计，现已有200多个与福州鑫远和长春汇津类似的“固定回报项目”，大多数尚未解决。因此，可以合理地预测，在不久的将来，会涌现更多此类案件。See ‘Fuzhou Government Facing Dispute of 900 Million for Blindly Introducing Foreign Investment’, posted at http://info.news.hc360.com/html/001/002/003/013/61066.htm(last visited on 27 February 2007).

〔299〕 事实上，很长一段时间以来，外国投资者就一直斟酌与盘算将中国诉诸如ICSID等国际争端解决场所。例如，2004年，美国投资者就已考虑过将中国政府告上ICSID，原因是中国未能保护其利益。该投资者投资了上海的一个主题公园项目，但是，由于当地政府规划变动，投资最终失败。因这笔投资是由英属开曼群岛注册的公司投资的，投资者当时考虑利用《中国—英国BIT》中的保护机制。但是，如上所述，《中国—英国BIT》并不适用于英属开曼群岛之类的领域，该BIT或许不能适用。请参见《史量才嫡孙投资问题与〈华盛顿公约〉》，载《南方周末》2004年11月25日，第17版。

新生事物。在20世纪50年代末期以及60年代初期的研究中，世界银行发现，单个投资者投诉无门是当时法律机制的主要弊端之一。受到不公平对待的投资者不得不去寻求外交保护的荫蔽，然而，这又取决于投资者的母国是否愿意以自己的名义进行干涉。[300] 对母国来说，是否以及如何进行干涉完全由其自由裁量，并经常取决于投资者对其所施加压力的范围和力度。能够直接对东道国提起仲裁是《ICSID公约》的重大创新。虽然整个体制都是建立在同意，包括投资者的同意和国家的同意基础之上的，但是，一旦对仲裁做出同意，就不能单方面撤销。不过，单单批准《ICSID公约》这一行为自身并不包含对ICSID管辖权的同意。国家在BITs中表示这种同意是比较有代表性的做法。

外国投资者能够直接向国家追索是现代BITs的重要特征。条约中的争端解决条款一直随着时间推移而不断演变，当前似乎正在朝着条款篇幅更长、更具规范性的方向发展，北美国家的BIT范本就是此方面的例证。2008年7月签订的《中国—墨西哥BIT》在某些方面颇具此类特征。[301] 中国最初对投资者与国家间争端的仲裁解决采取限制性的缔约方案，仅允许有关征收款额的争端提交仲裁，但现在已经有所改变，与国际范围的一般缔约实践保持一致。中国较晚近的BITs已经就所有争议都接受了国际仲裁管辖权，而且这一趋势很可能会持续下去。这与国际范围的缔约实践一致，但是，也有一些证据表明，并不是所有的国家都愿意继续接受这种缔约方案。挪威在其新BIT范本中所作的变更就是一例。在众多外国投资者根据《北美自由贸易协定》对美国提起仲裁后，美国总结了屡屡充当被申请人时的经验教训，将《美国BIT范本》(2004年)BIT范本中的争端解决条款规定得更为详细。它包括了若干附件，并在附件中对一些实体性规定的适用范围进行了解释(限制)。美国同时从申请人的角度和被申请人的角度考虑争端解

[300] 在一些案件中已经发生了这种情况，比如ELSI case (USA v. Italy) ICJ and the Barcelona Traction case (Belgium v. Spain) ICJ。

[301] 另请参见《日本—老挝BIT》(2008年)和《日本—柬埔寨BIT》(2007年)，这两个BIT也是这种BIT实践变化的例证，其条约文本 at http://www.mofa.go.jp/region/asia-paci/laos/agree0801.pdf and <http://www.mofa.go.jp/region/asia-paci/cambodia/agree0706.pdf>。

决规定,这种做法殊值肯定。就中国而言,中国投资者对外国提起仲裁的争端数量与外国投资者对中国提起仲裁的争端数量可能持平。

对投资者来说,最好的争端解决态势是有尽可能多的国际仲裁选择机会。毕竟在大多数情况下,在东道国法院解决争端都不是令人满意的事情。就争端解决选择机会而言,中国在其缔结的较晚近的第三代 BITs 中进行了一些颇受欢迎的改变。整体看来,这些新近缔结的更具自由化特征的投资者—东道国争端解决条款的优点,一目了然。国际投资者更愿意在中性、独立的场所解决争端,远离国内体制内可能存在的任何偏见或腐败。虽然大多数投资者都希望争议永远都不发生,但是,将所有争议,而非仅仅征收投资补偿款额争议提交仲裁的能力仍然非常重要。这些变化与 1993 年中国批准《ICSID 公约》、中国海外直接投资总量增长之间一脉相承。〔302〕不能推论说,BIT 项下的投资者可以依靠最惠国待遇条款避开该 BIT 项下待遇不高的争端解决条款,转而利用这些新一代中外 BITs 项下的相应条款。判例法在这方面的态度非常明朗:最惠国待遇条款和限制性争端解决规定的措辞是判断仲裁庭的管辖权能否得到扩大的关键所在。

根据 BIT 的规定,仅仅有权就征收补偿款额争议提起仲裁的投资者,其能否像 RosInvest 案那样,利用最惠国待遇条款赋予仲裁庭裁断所有争议的管辖权呢? 目前尚难预测。在已经审结的投资仲裁案件中,仲裁庭阻止投资者依靠最惠国待遇条款来利用第三方条约中待遇更高的机构仲裁(从专设仲裁转为 ICSID 仲裁),但允许投资者依靠该条款扩大仲裁庭的管辖权。在 RosInvest 案中,仲裁庭认定自己有管辖权,理由是《英国—苏联 BIT》第 3 条包括了关于《丹麦—俄国 BIT》第 8 条(调整所有争端的争端解决)所涉事宜的最惠国待遇条款。这就允许英国投资者避开《英国—苏联 BIT》项下限制性的争端解决规定,该规定仅涉及补偿款额争议。该案仲裁庭确认,根据《丹麦—俄罗斯 BIT》中更为宽泛的规定,它有断定征收是否已经实际发生

〔302〕 2007 年,ICSID 登记了中国投资者根据 BIT 提起的第一起案件。该案争议涉及的是一家鱼粉企业:Tza Yap Shum v. Peru (ICSID Case No. ARB/07/6)。考虑到中国及其投资者向海外投资的资金额非常巨大,这种案件毫无疑问会越来越多。

的管辖权。围绕这个管辖权的争议沸沸扬扬，并因此导致了投资仲裁界的分裂。一些评论者已经视这种适用最惠国待遇条款的做法为滥用程序。但是，对于那些同样将可提起仲裁的争端仅局限于征收补偿款额的中外 BITs 项下的投资者而言，这如今却是一个非常真实的可能。RosInvest 案裁决充满如此多的争议，因此，我们还需要有更多类似的案件来确认尘埃怎样落定。

在 Wintershall 案之后，最乐观的结果是，投资者将能依靠最惠国待遇条款，避开“虚假的当地救济原则的复活”，[303]转而利用《中国—伊朗 BIT》的规定，该 BIT 并未强制性要求投资者求助于当地行政程序。如果将来的仲裁庭都采 Wintershall 案不同的做法，那么，所有来华投资者都可以直接提起国际仲裁。唯一悬而未决的问题便是争端解决规定的范围，照搬 European Media Ventures 案仲裁庭的推理是一种可能：一些中外 BITs 中的限制性争端解决规定导致其自身被解释为调整征收是否实际发生。中国缔结的 BITs 中的争端解决规定反映了过去十年内投资机制所发生的许多变化。毋庸置疑的是，国家对投资保护和仲裁的态度还在发生变化，[304]但迄今尚未进一步产生耐人寻味的成案。

---

[303] C Schreuer, ‘Calvo’s Grandfather: The Return of Local Remedies in Investment Arbitration’ (2005) 1 Law and Practice of International Courts and Tribunals 4.

[304] 这种变化的例子包括：玻利维亚宣告退出《ICSID 公约》；一些国家，如委内瑞拉和厄瓜多尔，正在重新审议 BITs 的保护范围和保护程度，并就此重新展开了谈判；厄瓜多尔根据《ICSID 公约》第 25 条第 4 款发出通知，声明在自然资源争议方面不同意接受 ICSID 管辖；关于投资条约中投资者保护与国家保护国内社会标准、环境标准和人权的义务之间的平衡的《Ruggie 报告》所证实的范式转移；《挪威 BIT 范本》；厄瓜多尔终止其缔结的若干现行 BITs 的行动。

CHAPTER 09 >>

第九章

结论:迈向中国投资条约新范本

一、对现行中国投资条约的整体评估

中国是最积极缔结国际投资条约的国家之一。自从1982年开始缔结第一个国际投资条约以后,中国已经与世界上126个国家缔结了BITs。事实上,中国BIT网络的覆盖面居世界第二,仅次于德国。随着与美国和加拿大之间的BIT谈判的不断推进,中国BIT网络所涵盖的范围还在扩大,在发展中国的对外投资关系方面也变得更为重要。

在传统上,中国一直对国际法的外资保护执行力持批判态度,[1]但是,自从20世纪90年代末期开始,中国有所进展,其所缔结的第三代BITs突破了在国民待遇和全面的投资争端解决问题上的长期保守态度。这一转变的突

---

〔1〕 尽管中国在20世纪80年代和90年代期间都在缔结BITs(中国的第一个BIT是在1982年与瑞典缔结的),但是,这些老一代BITs并未建立确保多数BITs规定执行的机制。

出标志就是中国与塞浦路斯、2001 年与荷兰、2003 年与德国之间签订的 BITs,这三个 BITs 尽管仍存在一些限制,但"在所有的主要方面与世界上大约 2500 项 BITs 所认可的标准缔结实践"均保持一致。[2]

在上述新一代 BITs 中,中国有两个重要的创新:(1)纳入投资争端的国际仲裁——中国现在允许投资者就所有争端(而不只是补偿款额争端)提起仲裁,所附加的条件仅是三个月的当地行政复议程序;(2)给予投资者国民待遇,该待遇仅受祖父条款的限制。新一代 BITs 增加的这些保证很可能缘于中国在保护自己的海外投资企业的利益。[3]

其他的投资者权利,比如不受直接或间接征收、公平公正待遇、全面的保护与安全、转移与汇回利润等权利在很大程度上仍旧保持不变,但是,由于纳入了全面的投资争端解决,这些条款现在很容易被外国投资者实施。

认真系统地审查中国缔结的 BITs 可以一目了然:投资条约机制在飞速发展和转变,其中包含中国的实践。中国在 20 世纪 90 年代缔结的 BITs 数量和类型就是证据。尽管中国缔结的 BITs 的确贯穿着若干共同的主题,但整体看来,每个 BIT 都有所不同,因而,主张中国(或事实上任何其他国家)所缔结的 BITs 都是统一的是不妥的,故认真审查中国所缔结的 BITs 用词的细微变化,比如投资定义等,总是可取的。

很显然,未来的投资仲裁会证明,中国当前的 BITs 中的最惠国待遇条款将是非常关键的。这是投资者用以启动第三代 BITs 中的更优的争端解决条款规定的机制。如果仲裁庭承认,投资者可以利用基础条约中的最惠国待遇条款,即便这一基础条约限制国际仲裁的适用,如规定仅有征收补偿款额才可以提起投资仲裁,投资者仍将能够就整个争端提起仲裁,而不需要先将所有实体事宜提交国内法院解决。

---

〔2〕 S W Schill, 'Tearing Down the Great Wall: The New Generation Investment treaties of the People's Republic of China' (2007) 15 Cardozo J of Int'l & Comp Law 73,76.

〔3〕 中国已经逐渐成为世界上最大的资本输出国,因此,它的要求和期望很可能发生改变,转而要求更高水平的投资保护。2006 年,中国在撒哈拉以南的非洲地区投资了 110.7 亿美元,主要领域是安哥拉、乍得、尼日利亚和苏丹的石油生产和出口。See The Lawyer Special Report, 6 August 2007, p. 18. 如此大规模的投资不可避免地会出现一些争议,比如,中国投资者向 ICSID 提起的第一起仲裁案件:Tza Yap Shum v. Peru 案,Tza Yap Shum v. Peru, ICSID Case No. ARB/07/6。

目前所有的中外 BITs 都设定了下述义务:在启动仲裁程序之前走完"缔约国法律法规所规定的国内行政复议程序……"的义务。[4] 许多 BITs 的最长时间限制是 3 个月或 90 天,但是,也有一些条约的时间限制更长,比如《中国—墨西哥 BIT》规定的是 4 个月,其他 BITs 则没有规定具体的时间期限。《中国—伊朗 BIT》并未将诉诸国内救济规定为国际仲裁的前提条件。该协议第 12 条第 2 款规定,"在适当注意缔约方自己的法律规定的情况下",缔约方有权将争端提交给由三名仲裁员组成的仲裁庭。在该 BIT 项下,当事方依然可以像 Maffezini 案那样援用最惠国待遇条款,以取消当地救济要件。

总的说来,现行的中外投资条约属于"投资保护"型:其仅对已经进入东道国经济体的外资进行保护,不对市场准入机会提供任何额外的保护。考虑到 BITs 也可以用作市场准入的工具(就像美国和加拿大那样),其方式是将国民待遇和最惠国待遇延伸适用于准入前阶段,中国的这种做法可能需要重新审视。中国似可采用谨慎的肯定列表的方式,也就是说,指明对外资开放的那些产业。[5]

最有趣的看点是《中国—美国 BIT》的磋商。这个程序始于 2008 年 6 月 18 日,启动当时"中美政府之间号称已经过 17 个月的探索性讨论"。[6] 倘若美国政府对"市场准入"的强烈偏好得以在《中国—美国 BIT》中实现,则其他投资者就可能通过援用现有的中外 BITs 中的最惠国待遇条款从中获益。

---

〔4〕《中国—墨西哥 BIT》附件 3,第 13 条第 5 款。所有其他新一代 BITs 中也有类似的但书,或位于争端解决条款,或位于条约的议定书中。

〔5〕如果一国给予一个缔约伙伴这种待遇,则第三国就可以根据各自条约中的最惠国待遇条款请求该国给予自己的投资者同样的待遇。考虑到中国已缔结了大量 BITs,来自第三国的这种请求的数量可能会非常可观,故中国可能不愿意接受这一方案。

〔6〕参见美国贸易代表办公室的新闻稿,available at http://www. ustr. gov/assets/Document_Library /Fact_Sheets/2008/asset_upload_file993_14943. pdf,2008 年 6 月 30 日访问。两国此前曾多次展开 BIT 谈判,但均未修成正果,其原因很大程度上在于两国对包括国民待遇标准在内的特定事项上分歧过大。关于更早期的《美国—中国 BIT》谈判的分析, see T A Steinert, 'If the BIT Fits: The Proposed Bilateral Investment Treaty between the United States and the People's Republic of China', 2 Journal of Chinese Law, Fall 1988.

另外,有人指出,对中国来说,现在正是进一步更新和升级其 BIT 范本的时间。的确,相关部门一直在积极考虑如何起草一个新范本。本书以下部分将展示我们对该新范本的意见和建议。

二、迈向一个全新的投资条约范本

(一)总体思路

《中国 BIT 范本》的重新修订势在必行。从世界范围来看,独具一格的新一代 BITs 已经涌现,其典型例子便是 2004 年的美国和加拿大 BIT 范本。[7] 在中国国内,当前的 BIT 文本已经采用自由主义的路径。这也引起学者的诸多争论,其原因主要在于此种路径会对国家主权造成侵蚀。就外部而言,与美国和加拿大之间的磋商也需要对所有的 BIT 文本进行更为彻底的研究。预计中美、中加之间的 BIT 磋商应是所有中外 BIT 谈判中最为棘手的,因为这两国过去的 BIT 缔结实践倾向于更高标准的自由化,而如前所述,与之成鲜明对比的是,中国过去的 BIT 实践所采用的理念是单纯的"保护型"BIT。

有人提出,中国在修订新的 BIT 范本时应采用单一文本形式,而不是采用双重乃至多重范本、对不同的缔约伙伴区别对待的做法。也许下述观点值得探讨:中国应采纳至少两种范本,其一针对与资本输出国之间的 BITs,该范本采用更为保守和防御性的方法,以保护中国的国家主权;其二则是针对与资本输入国之间的 BITs,在这些国家中,诸如苏丹和安哥拉,中国已经或者即将进行重大投资,此类范本应该采取一种更为自由化或进攻性的方法,以保护中国在那里的投资。然而,这种缔约方法应予抛弃。一则这有悖于世界范围内的通常缔约做法。通常情况下,国家会为了与所有的其他国

[7] 这些新签订的 BITs 展示了四个主要特征,其中,多数特征或者具有减少实体义务的效果,或者具有提高国家—投资者争端解决机制启用的条件的效果。关于这方面的详细信息,see UN Conference on Trade and Development [UNCTAD], Recent Developments in International Investment Agreements, UNCTAD/WEB/ITE/IIT/2005/1, IIA MONITOR NO. 2 (2005) at 4 – 6, available at < http://www.unctad.org/Templates/Download.asp? docid = 6294&lang = 1&intItemID = 3784 >。

家之间进行 BIT 谈判提供一个基础而制定 BIT 范本,虽然这一范本很可能会因另一缔约伙伴的具体需要而做出修正,但是,包含在标准文本中的一般基准仍将不变。目前似乎并没有国家在其 BIT 范本中公开地采用双重或多重对待的方法。此外,该做法违背了大多数 BITs 中规定的非歧视和最惠国待遇。[8] 事实上,一个标准的最惠国待遇条款会使得同一个 BIT 的防御性限制规定毫无用处,因为它能够把其他进攻性的 BITs 中更为自由化的规定移植过来。从技术上说,在保守型的 BITs 中,虽然可以将这类更为自由化的 BITs 列为最惠国待遇条款的适用例外,[9] 但这种例外相当罕见(根据最近的判例来看,虽然这种做法可能会改变),条约的缔约相对方很可能会拒绝接受。

有人主张在该新 BIT 范本中,应该采取新的做法,以便在国家主权和外国投资者的权利、义务之间达成平衡。毫无争议的是,虽然 BITs 是国家之间的条约,但其主要处理的却是东道国和外国投资者之间的关系。传统上,资本输出国利用 BITs 来保护其海外投资,而不考虑保护东道国规制此类投资的权利。根据《北美自由贸易协定》对美国和加拿大这样的资本输出国提起的投资仲裁案件,使作为被申请人的这两国出人意料地处于防御者的位置。[10] 此类案例的出现,让这些国家意识到,需要保护的不仅是外国投资者的权利和利益,还包括东道国的规制权。[11] 为适应国家的这类需要,他们修订了各自的 BIT 范本。[12] 中国当前在国际投资中的地位越来越与发达的资本输出国相类似,其正在变成日益重要的资本输出国以及资本输入国。像大多数资本输出国一样,中国的双重地位要求其 BIT 范本必须满足下述双

---

〔8〕 例如,参见陈安教授主编:《国际投资法的新发展与中国双边投资条约的新实践》,复旦大学出版社 2007 年版。

〔9〕 关于最惠国待遇例外的例子,可参见 2008 年《挪威 BIT 范本》附件 2 以及《可持续发展国际研究所国际投资协议范本》第 10 条。

〔10〕 关于发达国家,特别是美国和加拿大立场调整的分析,see W Shan, 'From "North - South Divide" to "Private - Public Debate": Revival of the Calvo Doctrine and the Changing Landscape of International Investment Law', (2007) 27(3) Northwestern Journal of International Law and Business, 631 - 64。

〔11〕 Id.

〔12〕 Id.

重需要:一是保护国家管制来华外资的权利和权力的需要;二是保护中国的海外投资的需要。虽然一个国家有可能为了实际谈判的具体需要而调整BIT文本,但确保BIT范本将整体平衡放在首位仍十分重要。

BIT的"平衡方法"也与中国领导层近来提出的"和谐世界"理念相吻合。[13] 根据王逸舟的探讨,该概念要求的内容包括"在牢记南北方国家的鸿沟不断加深的同时建立更为公平合理的国际经济安排"。[14] 正如晚近激增的投资仲裁案件所证实的那样,只对外国投资者授予权利的BITs是片面的,有可能会进一步加剧国家之间的紧张关系。另外,对实际当事方,也即东道国和外国投资者授予均衡的权利和义务的BITs将有助于消除争议,便利国际经济关系的和平发展。

如下所述,这种"均衡方法"的BIT将不仅包括对外国投资者提供保证和授予权利的规定,还包括为东道国保留对外资管制权的规定和对外国投资者施加义务的规定。[15] 本书所提议的BIT新范本位于本书附录5,本书称为《新范本》。

新范本包含五个部分。第一部分有两个条文,界定了该协议的基本术语和适用范围。第二部分具体阐述了给予外国投资者的待遇标准,包括一般待遇标准以及更为具体的标准。第三和第四部分规定了争端解决机制,包括投资者与国家间争端解决的机制以及国家与国家间争端解决的机制。第五部分则是条约常见的最终条款,例如BIT的生效、有效期间以及终止等。

(二)具体变化

《新范本》对当前范本的大多数规定进行了修改,增加了一些新的规定。

〔13〕 这个概念是2005年9月胡锦涛主席在联合国成立60周年的全球峰会演讲中第一次提出的。自此,这一概念便成为中国政府处理国际关系时惯常使用的关键概念。关于这个概念的权威解释,请参见王逸舟:《建设和谐世界:一个重大的国际倡议》,载《人民日报海外版》2005年09月24日,第1版。

〔14〕 同上。

〔15〕 这种均衡方法已被采纳,比如《挪威BIT范本》(2008年)以及《可持续发展国际研究所国际投资协议范本》便是两个例子。后者at http://www.iisd.org/pdf/2005/investment_model_int_agreement.pdf,2008年8月20日访问。

下文将详述这些变化以及相应的原因。

序言

建议文本：

中华人民共和国政府与______________政府（以下简称缔约方），

期望在平等互利基础上强化两国之间的合作关系；

意图为缔约一方投资者在缔约另一方的领域内的投资创造有利的投资条件；

认识到互相鼓励、促进和保护此类投资将有助于刺激投资者的商业主动性以及将促进两个国家的繁荣昌盛；

期望建立有助于增加两国之间的投资流量的规则框架以及确保另一缔约方在缔约各方的领域内的投资的保护和安全；

期望以一种与保护健康、安全、环境以及促进国际承认的劳动权利相一致的方式实现这些目标；

强调公司社会责任的重要性；

达成如下协议：

评论：这个新文本继承了当前文本的三大原则（其一，便利和吸引投资；其二，有助于实现缔约双方的繁荣昌盛；其三，在平等互利的基础上开展合作），但做了以下四点改变：第一，在平等互利的基础上，将合作的原则调整到第一款。这主要是因为，在一开始阐述最普遍性的原则更符合逻辑。它还有一项优点，即强调“平等互利”，这一包含在一些中外 BIT 序言当中的、具有“中国特征”的原则。[16] 第二，强调彼此双方建立促进和保护投资的法律框架的共同愿望。虽然条约自身便是此类愿望的明证，但在条约序言中明确指出该点更有分量，尤其是，如果仲裁庭根据《维也纳条约法公约》第 31

〔16〕 这个原则起源于中国政府自 20 世纪 50 年代以来提倡的“和平共处五项原则”。这五项原则分别是：互相尊重主权和领土完整、互不侵犯、互不干涉内政、平等互利、和平共处。关于这项原则的来源和内容的更多信息，请参见刊载于下列刊物的系列文章：3 Chinese Journal of International Law（2004）。

条解释 BIT 的“目的和宗旨”,更是如此。[17] 第三,该文本强调,投资的促进和保护不应该有害于对健康、安全和环境,以及国际承认的劳动者权利的保护。换言之,虽然 BIT 的基本目的在于促进和保护投资,但是,其不应对东道国为保护健康、安全和环境,以及国际承认的劳动者权利而采取措施的权利产生不利影响,故该表述可起到维护东道国权利的作用,有助于实现外国投资者与东道国政府之间的上述平衡。晚近一些新的 BIT 范本中经常包含这类新规定,[18] 一些中外 BITs 也部分作出规定。[19] 第四,也是最后一点,序言中也强调了公司的社会责任,以作为确保条约权利义务均衡的另一项措施。[20]

第一部分　定义和适用

BIT 往往从基本术语的定义开始。其主要作用与有关条约适用范围的条款相当,均是为了确定条约的适用范围。故而,后者也应放在第一部分加以规定,然而,当前范本却放在最后部分。

《新范本》的定义部分包含 5 个重要的术语,其中包括当前范本中已有的三个定义,也即“投资者”“投资”“回报”(return)。为了更准确地界定“投资”“投资者”,《新范本》使用了“法律实体”的概念,并对之进行了界定。与当前范本的做法不同,为了理解方便起见,《新范本》首先对“(缔约一方)投资者”的概念做出界定,紧随其后的是“法律实体”“投资”“领域”等概念。《新范本》与当前范本对“回报”这一概念的规定基本相同,故下文不再赘述。下文将依次分析这些定义,随后介绍条约适用范围的规定。

“缔约一方的投资者”　建议文本

为本协议的目的起见,

“缔约一方的投资者”指的是:

---

[17] SGS v. Philippines 案仲裁庭考虑了保护伞条款的解释问题,确认该“BIT 是促进和相互保护[……]投资的条约,在存在多种解释的情况下,按照有利于保护 BIT 项下投资的方式进行解释是合理合法的”。SGS v. Philippines, para 116.

[18] 例如,可参见 2004 年《美国 BIT 范本》序言、2008 年《挪威 BIT 范本》序言。

[19] 《中国—特立尼达和多巴哥 BIT》序言、《中国—圭亚那 BIT》序言。

[20] 2008 年《挪威 BIT 范本》的序言也有类似规定。

在缔约另一方领域内拥有投资的

1. 依据缔约一方的法律拥有该国国籍或永久居住权的自然人(但是,如果一个自然人拥有双重国籍,则其应被视为只是其起主导作用的有效国籍的国家的国民);或者

2. 根据缔约一方的法律组建或者以其他方式成立,并在该方领域内从事实质性经营活动的任何法律实体。

评论:在"投资者"定义方面,有三点主要变化。第一个变化是在自然人国籍的替代性标准中增加"永久居所"这一标准。这一做法反映了该问题有关缔约实践的晚近趋势,[21] 并已经被《中国—新西兰自由贸易协定》所接受。[22] 但是,考虑到中国尚未颁布有关外国永久居民待遇的法律,故增加下述限制可能是有益的:

在中国颁布其有关外国永久居民待遇的国内法律之前,除本协议第[……]条所述义务之外,本协议在缔约一方对待缔约另一方的永久居民方面不施加任何义务。

第二个变化是它增加了一个替代性的规定,以限制双重国籍的国民利用该协议,方式是采用"起主导作用的有效国籍标准"。[23] 对于与承认双重国籍的国家之间签订 BIT 而言,这一规定将格外有用。

第三个主要变化是将法律实体的国籍限制为"缔约一方的投资者"。在当前的范本中,合并采用了"成立地"(place of incorporation)和"所在地"(seat)标准。在《新范本》中,"所在地"标准被"实质性经营活动"标准取代,以保留更多的弹性空间。这一做法已为《中国—墨西哥 BIT》所接受。[24] 但是,《新范本》并未像《中国—墨西哥 BIT》那样使用"企业"这一术语,也没有使用"公司"或"法人"这类许多其他中外 BITs 采用的术语。其原因在于,这些术语在中文中都有相应的表述,这些表述在中国相应国内法中所界定

[21] 例如,可参见 2008 年《挪威 BIT 范本》第 1 条。

[22] 《中国—新西兰自由贸易协定》第 135 条。

[23] 例如,可参见 2004 年《美国 BIT 范本》第 1 条("缔约一方的投资者"定义)。

[24] 《中国—墨西哥 BIT》第 1 条。

的含义与BIT项下的含义截然不同。[25] 为避免不必要的混淆，《新范本》采用了当前范本中的“法律实体”这一术语。该术语的含义更为宽泛，且未正式被中国任何一部主要的法律所界定。为进一步明确，《新范本》接着对该术语做出界定。

法律实体 建议文本

“法律实体”指的是依据可适用的法律组建或成立的任何实体，不管其是否以营利为目的，也不管其为私人所有或政府所有，包括任何公司、信托、合伙、独资企业、合营企业或其他社团。

评论：为了确保定义覆盖面的广泛性，采用“法律实体”此类宽泛的定义非常重要，这样可以同时涵盖营利实体和非营利实体，以及公共实体和私有实体。该定义大致沿用了2004年《美国BIT范本》的表述，该表述已经为《中国—墨西哥BIT》所采用。[26]

投资 建议文本

“投资”指的是：

缔约一方投资者根据缔约另一方的法律和规章直接或间接拥有或控制的任何资产，包括但不限于：

1. 法律实体；

2. 股票、股权或其他行使的企业股份参与，以及从中产生的权利；

3. 公债、债券、贷款和其他形式的债，以及由此产生的权利；

4. 根据包括交钥匙合同、建筑合同、管理合同、生产或者利润分享合同产生的权利；

5. 合同；

6. 金钱请求权和履行请求权；

7. 知识产权；

---

〔25〕《民法通则》已经对法人做出界定；不同形式的企业均由相应的法律加以界定，比如《个人独资企业法》《合伙企业法》《中外合资经营企业法》《中外合作经营企业法》《外资企业法》；各种形式的公司则由《公司法》加以界定。

〔26〕请参见2004年《美国BIT范本》第1条、2008年《挪威BIT范本》第1条。

8. 法律或者诸如特许合同、许可合同、授权合同以及许可证合同所授予的权利;

9. 任何其他有形以及无形的财产、动产和不动产,以及任何相关的财产权,比如租赁权、抵押权、留置权和质押权。

资产必须具有投资属性才属于本协议项下的投资,诸如投入资产或其他资源、期待可获得营利或利润,或者承担风险等都是投资属性。

所投资的资产在形式上的任何变化并不影响其作为投资的性质,只要这类变化是依据在其领域内投资的缔约方的法律和规章进行的。

评论:在晚近的一些投资仲裁案例中,投资概念已经成为确定仲裁庭管辖权的关键所在。第一,为了使该定义宽泛而有分寸,《新范本》对当前范本进行了一些变更。最重要的变化便在于,通过引入"投资特征"的方式对投资定义进行限制。这种做法源自投资仲裁实践,且已经在一些晚近新采用的 BIT 范本中得到了采纳。〔27〕 第二,为了进一步明确,把原有范本的"投入"这一措辞替换为"拥有或控制"。〔28〕 第三,为了使投资概念涵盖范围更广,《新范本》使用了"直接或间接"的提法来修饰"拥有或控制"。实际上,许多晚近缔结的中外 BITs 都已经开始保护"间接投资",其中一些中外 BITs 对"间接投资"这一提法作了进一步界定。〔29〕 这种进一步界定有助于创造更大的确定性。第四,为了确保投资定义的涵盖范围更为宽泛,《新范本》纳入了一个内容更多的非穷尽性列举清单。〔30〕

领土　建议文本:

"领域"指的是:

1. 就中华人民共和国而言,中华人民共和国的领土包括领海和其上的领空,以及中华人民共和国根据中国法律和国际法对其拥有勘探、开发海床及其底土资源的主权的领海下面的任何区域和其上覆水域。

---

〔27〕 请参见 2004 年《美国 BIT 范本》第 1 条、2008 年《挪威 BIT 范本》第 1 条。关于这方面的仲裁实践,请参见本书前文第 2 章第 2. 18 部分。

〔28〕 比如,《中国—墨西哥 BIT》第 1 条就采用这一做法。

〔29〕 关于更多详细信息,请参见第 2. 28 部分。

〔30〕 2008 年《挪威 BIT 范本》第 1 条有类似的清单。

2. 就……国而言,……

评论:当前范本未对“领土”进行界定。但是,上述定义已经被一些中外BITs所采用。[31] 包括香港和澳门在内的中国特别行政区的地位从下文的第9.35段起讨论。

适用范围 建议文本

1. 本协议适用于缔约一方在本协议生效后就缔约另一方的投资者或者其投资所采取或保持的措施。第三部分[争端解决]并不适用于在本协议生效之前已经发生的事件所衍生的争议。

2. 本协议适用于在本协议生效之前或者生效之后依据相关缔约方法律和规章所进行的投资。

3. 本协议适用于第1条第5款所界定的缔约方的领土。

评论:上述规定分别从协议所适用的主题、时间适用范围、空间适用范围对条约的适用范围做出界定。当前范本仅仅指明了协议所涵盖的“投资”和时间适用范围,而未界定所涵盖的“措施”以及空间适用范围。

至于当前范本已经提及的两方面,也即所涵盖的“投资”和时间适用范围,《新范本》未作任何变更。当前范本中还规定协议不适用于其生效之前已经产生的争端,就政府措施而言,它澄清了其仅涵盖“缔约一方在本协议生效后就缔约另一方的投资者或者其投资所采取或保持的措施”。因此,条约在这个问题上没有溯及力。

就地域适用范围而言,《新范本》提及“定义”条款所界定的“领域”这一概念。但是,为了进一步明确,缔约方可能会增加一个解释性的注释,以澄清中国的特别行政区缔结的专门投资条约的权限问题,就像《中国—墨西哥BIT》所规定的那样:

经中华人民共和国中央政府的授权,香港和澳门特别行政区政府可以自己另行与墨西哥合众国政府谈判和签署促进和相互保护投资协定。[32]

如果缔约方不想让该BIT适用于香港和澳门特别行政区,则其可以沿

〔31〕 关于中国签订的BIT中的“领土”定义,请参见本书前文第2章第2.81部分。

〔32〕 第2章第2.90部分已经讨论了这个解释的影响。

用《中国—俄罗斯 BIT》的做法,采用下述用语:

1. 除非缔约双方另行商定,本协定不适用于中华人民共和国香港特别行政区和中华人民共和国澳门特别行政区。

第二部分 待遇标准

条约的第二部分规定的是投资待遇的实质性标准,既包括一般标准,又包括特殊标准。一般待遇标准包括公平公正待遇标准、保护与安全、最惠国待遇和国民待遇。特殊待遇标准包括传统的促进和保护投资规定,比如投资准入、征收、损失补偿、转移、代位求偿、不减损以及这些标准的例外和投资者的社会责任。

一般待遇标准 建议文本:

(1)缔约任何一方在任何时候都应该根据普遍承认的国际法原则,包括公平公正待遇、全面的保护与安全对待缔约另一方的投资者的投资。

(2)为进一步明确,"公平公正待遇"和"全面的保护与安全"并不要求给予一般接受的国际法原则以外或者之上的待遇。违反本协议其他规定,或者另一个国际协议本身并不构成违反本条款。

评论:在该约中设置一个一般待遇标准条款非常必要,该条款可以起到漏洞补充的作用,以弥补其他明示的待遇标准,也即最惠国待遇和国民待遇的不足。但是,考虑到中国在"习惯国际法"或者"国际最低待遇标准"概念上知之不多,对该概念的发展与演变参与亦有限,使用更为中性的概念"一般接受的国际法原则"更为可取,后者所指的国际法原则应该是国际社会真正普遍接受的原则,而不仅仅是少数国家接受的原则。[33] 第 2 款吸取了《北美自由贸易协定》的经验,2004 年《美国 BIT 范本》亦采用此种做法。[34] 该待遇标准应该适用于投资的准入和经营阶段,但与该 BIT 的其他规定一样,受到该约第 12 条所规定的例外的约束。

---

〔33〕 值得注意的是,《中国—墨西哥 BIT》实际上已经采用了"最低待遇标准"的用语,该用语与《北美自由贸易协定》第 11 章和 2004 年《美国 BIT 范本》的表述相类似。然而,由于上述原因所致,此种做法或许并不合适。

〔34〕 2004 年《美国 BIT 范本》第 5 条第 2 款、第 3 款。

最惠国待遇条款 建议文本:

1. 在投资的准入、扩张、经营、管理、保持、使用、享用或处分方面,缔约任何一方给予缔约另一方投资者及其投资的待遇应不低于其在相同或类似情况下给予任何第三国的投资者及其投资的待遇。

2. 第1款所提及的待遇不应被解释为缔约方有义务由于下述原因给予缔约另一方投资者任何待遇、好处或特权:

(1) 任何关税同盟、自由贸易区、经济联盟和此类同盟或类似机构中达成的任何国际协定;

(2) 便利在边境地区(boarder areas)进行的小规模的边境贸易的任何安排;

(3) 为进一步明确,第1款所指的待遇并不包括本协议或其他国际协议中所规定的争端解决机制。

评论:《新范本》对当前范本所做的变化有:第一,其采用投资的"准入、扩张"的措辞,明确条约同时适用于投资者的运营阶段和准入阶段。[35] 第二,为更精确地设定该规定的适用范围起见,《新范本》使用了"在相同或类似情况下"这一限制性修饰语。第三,《新范本》明确地将争端解决问题排除在最惠国待遇的适用范本之外。如果缔约双方有意让最惠国待遇适用于争端解决事宜,则可以相应地修改上述用语。第四,第2款两类常见的最惠国待遇例外,包括自由贸易区和边境贸易,但没有包括国际税收协定例外,因为第12条第5款将国际税收协定规定为一般可适用的例外。

国民待遇 建议文本

1. 在不损害进行投资时的法律和规章的前提下,在投资的运营、管理、保持、使用、享受或处分方面,缔约任何一方应给予缔约另一方投资者及其投资不低于其在相同或类似情况下给予其自己的投资者及其投资的待遇。

2. 国民待遇也适用于附件A所列举的投资的准入(或市场准入)。

评论:《新范本》包括了一个适用于准入后阶段的全面性国民待遇条款,

---

〔35〕 关于晚近中国缔结的BITs中最惠国待遇规定扩展适用于投资设立阶段的例子,请参见《中国—芬兰BIT》第3条第3款。

其仅受制于"祖父条款"的约束,这种做法已被一些 2001 年后缔结的中外 BITs 采纳。[36] 对于准入阶段,《新范本》采用了类似于《服务贸易总协定》项下的国民待遇义务那样的"肯定式"清单的做法。在这里,"相同或类似情况下"这一限制性修饰语再次被明确提及。该标准同样受制于第 12 条中的一般可适用的例外。

投资准入　建议文本

1. 在受本协议以及任何其他可适用的条约义务的约束的情况下,缔约任何一方应当对缔约另一方投资者根据其可适用的法律和规章进行的投资给予准入。

2. 在受其法律和规章约束的情况下,缔约一方应当对缔约另一方国民在缔约一方领域内从事于投资有关的活动给予获得签证和工作许可方面的协助和便利。

评论:投资准入通常情况下属于东道国自由裁量权范畴,东道国仅受当前协议或其他条约的约束。例如,根据《新范本》,东道国在准入阶段已经承担了公平公正待遇和最惠国待遇义务,以及在一定程度上的国民待遇义务。投资准入的一个重要方面即是与此类投资有关的人员的入境。根据《新范本》,东道国仍然保有这项权利,其仅承担"尽最大努力"的义务。

征收　建议文本:

1. 缔约任何一方不得直接或者通过相当于征收或国有化(征收)的措施间接征收或国有化一项投资,除非:

(1) 为了公共目的;

(2) 非歧视;

(3) 根据法律的正当程序;

(4) 根据下述第 2 款进行补偿。

2. 补偿应该:

(1) 等于征收发生之前一刻被征收投资的公平市场价值。公平市场价

---

〔36〕 例如,可参见《中国—塞浦路斯 BIT》之《议定书》。

值不应该反映由于该项征收行为之前已被公开知晓导致的任何价值变化；

（2）包括自征收之日起至实际付款之日止的利息，该利息应以商业合理利率计算；

（3）毫不迟延地支付；

（4）可完全变现(realizable)和自由转移。

3. 在非常罕见的情况下，也即缔约一方所采取的非歧视性管制措施旨在并用于保护正当的公共福利目标，比如公共健康、安全和环境，这类措施不构成间接征收。

评论：与当前范本相比，这一规定对防范征收提供了更有力的保护，其方式主要是将“法律的正当程序”（而不是国内法律程序）设置为征收的一个条件，以及将“公平市场价值”（而不是“同等”价值）设为赔偿标准。“法律的正当程序”意味着国际法中的正当程序义务。“公平市场价值”一语则指明赔偿应该是完全赔偿，不能少给。与之相反，新增的第3款则用于保留国家出于公共福利目的管制外资的正当权利。[37] 缔约方可能想就“直接或间接征收”之类的术语作进一步的界定，就此而言，2004年《美国BIT范本》可以用作参考。[38]

损失赔偿

《新范本》对此未作修改，而中外BITs中的损失赔偿条款几乎完全相同。

转移 建议文本

1. 缔约任何一方在不损害其法律和规章所规定的任何可适用的形式要求的情况下，应保证缔约另一方的投资者可以将其在缔约一方领域内与投资有关的所有款项毫不迟延地汇入或者汇出该领域。这种转移包括但不限于：

（1）设立、保持或者扩张投资所必需的款项；

---

〔37〕 2008年《挪威BIT范本》第12条、2004年《美国BIT范本》附件2之第4条第2款便是这方面的例子。

〔38〕 2004年《美国BIT范本》附件2。

(2) 与知识产权和工业产权有关的利润、利息、红利、资本利得、版税或者其他费用;

(3) 合同,包括贷款协议项下的款项;

(4) 全部或者部分出售或清算投资所产生的收入;

(5) 缔约另一方国民从事与投资有关的工作所获得的收入或酬金;

(6) 由于第 7 条和第 8 条的原因而应付给投资者的任何赔偿;

(7) 根据第 3 部分的争端解决获得的款项。

2. 本条第 1 款涉及的形式要求:

(1) 不应严于本协定生效时的要求;

(2) 不应在本协定生效后施加新的限制;

(3) 不应作为规避本条项下缔约方的承诺和义务的方式。

3. 除非本条另有规定,任一缔约方不应阻止以国际货币基金组织列举的可自由兑换的货币按照汇兑当日通行的市场汇率毫不迟延地进行汇兑。

4. 缔约一方可以通过公平、非歧视和善意地适用该国关于以下事项的法律禁止汇兑:

(1)破产、清算或保护债权人利益;

(2)债券的发行、买卖或交易;

(3)刑事犯罪和行政违法;

(4)转移货币或其他货币工具的报告;或

(5) 保证司法程序中判决的实现。

5. 在面临严重的国际收支困难或严重的国际收支困难之威胁时,任一缔约方可以暂时限制汇兑,只要该国是依照国际标准实施措施或方案。这些限制应在公平、非歧视和善意的基础上进行。

评论:本规定比当前范本的规定更新也更复杂。第一,删除"受其法律和规章约束",代之以限制性更弱的"不损害其法律和规章中任何可适用的形式要求"。这一限制又依次被第 2 款的"锁定"和"棘轮"要求所限制。[39]

---

〔39〕 这与中国晚近的 BIT 实践是一致的。例如,可参见《中国—德国 BIT》第 6 条及其《议定书》第 6 条。

第二,为了更具确定性,《新范本》固定了货币和汇率。第三,第4款和第5款分别包括了国际收入严重不平衡时的普遍接受的例外和临时保障措施。[40]

代位求偿

《新范本》对此未作任何变更。

不减损 建议文本

1. 本条约不减损授权缔约一方投资者或者受保护的投资享受高于本协议待遇的下列任何事项:

(1) 缔约一方的法律、规章、行政做法或程序,或者行政或立法决定;

(2) 缔约一方的国际法律义务;

(3) 缔约一方所承担的义务,包括缔约一方在投资授权或者投资协议项下的义务。

为本协议的目的:

(4) "投资授权"指的是缔约一方的相关外资部门给予缔约另一方受保护的投资或者投资者的授权。

(5) "投资协议"指的是缔约一方国家机关与缔约另一方的受保护的投资或者投资者之间的书面协议,后者出于对该协议的信赖而设立或者取得受保护的投资。该协议在下列事项上对受保护的投资或者投资者授予了权利:

①国家机关控制的自然资源,比如,自然资源的勘探、开采、精炼、运输、分销或者销售;

②代表该缔约方向公众提供服务,比如发电或者分销电力,水处理或者分销,或者电信;

③承担并未仅限于由政府使用或者并未由政府主要使用或者受益的基础建设工程,比如道路、桥梁、运河、水坝或者管道等。

评论:这是一个"权利保留"条款,其保证外国投资者得以从任何比BIT

[40] 中国晚近缔结的一些投资条约已经采用这种做法。参见《中国—新西兰FTA》第142条第4款,以及《中国—墨西哥BIT》第8条第3款、第5款。

的规定更为优惠的特权和利益中受益。这种“更为优惠的待遇”的渊源是非常广泛的,从国内法律和做法到国际规范以及任何具体的约定。所谓具体的约定包括投资授权和投资协议,为确保明确性,《新范本》对其作了界定。[41] 它也被看作是“保护伞”条款的变种,尤其是考虑到它涵盖“投资协议”时,情况更是这样。[42]

例外 建议文本:

1. 本协议中的任何规定都不应被解释为防止缔约方采取或者实施下列必要措施,条件是此类措施的实施方式不得在投资者之间或者投资之间构成任意的或不合理的歧视,或者构成对国际投资的变相限制:

(1) 保护公共道德或者维护公共秩序;

(2) 保护人类、动物或者植物生命或健康;

(3) 确保与本协议相一致的法律和规章的遵守;

(4) 保护具有艺术、历史或者考古价值的国宝;

(5) 保护环境。

2. 本协议中的任何规定不得被解释为:

(1) 要求缔约任何一方提供其认为如披露将违反其根本安全利益的信息;或

(2) 阻止缔约一方采取其认为保护其根本安全利益的任何必要行动:

①与防御和安全部门的投资有关的行动;

②与裂变和聚变物质或衍生这些物质的物质有关的行动;

③ 战时或国内或国际关系中其他紧急情况下采取的行动;或者

(3) 阻止一方为维护国际和平与安全的义务而采取的任何行动,包括根据《联合国宪章》采取的行动。

3. 本协议的规定不应适用于缔约一方专门用来保持和推动语言、文化多样性,文化和视听政策的法律和规章,以及缔约方在与版权或邻接权有关

---

〔41〕 该规定的措辞与2004年《美国BIT范本》第1条(“定义”)、第16条(“不减损”)非常接近。

〔42〕 该新范本因此未包含单独的保护伞条款。

的国际协议、国内法律和措施项下的权利和义务。

4. 不管本协议其他条款作何规定，缔约方有权出于审慎原因采取措施，包括为保护投资者、存托人、保单持有者或者金融服务提供者对其负有信义义务的人采取措施，以确保金融体系的完整性和稳定性或者增强市场竞争，包括所有权控制和限制。

在此类措施与本协议的规定不符的时候，其不应被用来规避缔约方在本协议项下的承诺或义务。

5. 税收

（1）本协议的任何规定都不影响缔约方所设置的直接税或间接税的设置、实施或者征收。

（2）本协议的任何规定均未创设从缔约方缔结的避免双重征税协议项下获得任何利益的任何权利。

（3）有关第(1)段和第(2)段是否适用的任何争端，只能提交至缔约双方税收主管机关或者缔约一方的国内法院或上诉机构，且此类争端不受本协议第三部分【国家—投资者争端解决】调整。

（4）如果走完上述第(3)段的程序后，缔约一方的税收主管机关不同意应适用上述第(2)段，而认为应适用【征收】条款解决该案争端，则本协议第三部分【国家—投资者争端解决】应调整该争端。

评论：正如上文第4章第4、5段所讨论的那样，与贸易协定相比，国际投资条约对东道国的经济、社会和政治状态有更深的影响。但是，投资条约历来仅对东道国施加义务，却未对其正当权利和利益提供足够的保障措施。这已经成为在该领域工作的非政府组织的主要争议之一：投资条约过于偏袒投资者，不考虑东道国出于许多正当原因进行规制的利益，包括环境和公共安全。[43] 尤其是与贸易协定相比，BITs中的例外条款非常简单粗略。因此，人们认为，有必要引入此种必要的例外，以保护东道国的这种权利和利

---

〔43〕 M Mahnaz, Time for a Change: Germany's Bilateral Investment Treaty Programme and Development Policy, Dialogue on Globalization Occasional Papers No. 27 (Friedrich Ebert Stiftung, November 2006), available at http://library. fes. de/pdf - files/iez/global/04138. pdf.

益。中国晚近与墨西哥缔结的BIT仅设置了一个有限的例外，且这一例外仅适用于国民待遇和最惠国待遇条款。也许中墨两个国家对包括一个明示的例外清单均不感兴趣。

出于这些考虑，以及受晚近挪威、加拿大和美国所采用的BIT范本的启发，[44]《新范本》包括了5类例外。第一，增加了某种"一般例外"。这些例外与《服务贸易总协定》第14条和1947年GATT第20条类似。第二，包括了"安全例外"规定，其与《服务贸易总协定》第14条和1947年GATT第21条相类似。第三，考虑到中国是一个具有非常丰富文化和传统的国家，《新范本》增加了"文化例外"。但是，该例外不影响缔约方根据国际规则或国内立法和安排所享有和承担的与版权和相邻权有关的权利和义务。第四，《新范本》排除了出于审慎监管金融系统目的而采取的措施，该例外也包括在《服务贸易总协定》第2条第1款《金融服务附件》内。第五，《新范本》一般性规定，缔约国所采取的与设置、执行或者征收直接或者间接税有关的国内措施，以及产生于国际税收协议的利益不适用于本协议。它也为处理上述潜在的与被豁免的国内税收措施有关的争议而设计了一个专门的机制。[45]

公司的社会责任　建议文本

缔约方同意鼓励投资者遵守《OECD跨国企业指南》和参与《联合国全球约定》，以对社会负责的方式经营其投资。

评论：如上所述，BITs不应成为单方面授权投资者的工具，而应该旨在东道国和投资者之间达成权利和利益的平衡。《新范本》因此增加本条，对外国投资者的母国设定了鼓励其海外投资者以对社会负责的方式经营其投资的义务，方式是投资者遵守《OECD跨国企业指南》和参与《联合国全球约定》。[46]

---

〔44〕请参见2008年《挪威BIT范本》第5部分第24～8条；《可持续发展国际研究所BIT范本》第10部分第49～51条。

〔45〕这是以2008年《挪威BIT范本》第28条为蓝本。关于更为自由主义的方法，请参见2004年《美国BIT范本》第21条。关于本段所用术语的更多情况，请参见《经济合作与发展组织税收条约范本》及其附带评述。

〔46〕例如，可参见2008年《挪威BIT范本》第32条。

第三部分　投资者与国家间争端解决

沿用晚近的BIT实践,《新范本》中的投资者与国家间争端解决规定大大细化了当前范本的规定,并在此基础上进行了扩充。[47] 当前范本在投资者与国家之间的争端解决问题上只有一个由4段组成的条文,而《新范本》则用了整整一部分、9个条文来阐述这个问题,其中许多规定都是当前范本所没有的。虽然一些国家不愿意以说明性的方式表述投资者与国家之间的争端解决的问题,但至少《新范本》中的附加性规定可以作为国家之间谈判磋商时一个不错的考虑清单。下文将对《新范本》与当前范本做比较,同时阐述和简要分析这些条文。

适用　建议文本

本部分适用于缔约一方与缔约另一方投资者就所主张的违反第二部分义务并导致后者遭受损失或损害的行为所产生的争端。

评论:这是一个新增加的规定,该条款的启用必须满足以下三个条件:第一,必须是缔约一方与缔约另一方的投资者之间的争议。第二,所提出的请求必须基于所主张的违反本条约义务的行为。第三,违反条约义务的行为已经造成损失或损害。通过设置这些条件,该规定可能会产生防止滥诉的效果。

磋商和仲裁意图通知　建议文本

1. 争端双方首先应该努力通过磋商或者谈判方式解决争端。

2. 为了友好解决争端,争端一方投资者应该最迟在提起请求前6个月向作为争端另一方的缔约方送达有关自己提交仲裁的意图的书面通知。此类通知应该明确规定:

(1)作为争端一方的投资者的名称和住所,如果投资者是就某一企业的损失或者损害提起的请求,则还应包括该企业的名称和住所;

---

〔47〕 请参见晚近的BIT范本,如2004年美国《BIT范本》【包括了整整两个部分(第2部分和第3部分,后一部分处理的是国家之间的争端),共计15个条文规定争端解决问题】以及2008年《挪威BIT范本》(包括整整一个部分,共计10个条文)。关于中国晚近签订了包括详尽的争端解决规定的BITs,请参见2008年《中国—墨西哥BIT》第3章第11－28条,以及《中国—新西兰自由贸易协定》第11章第2部分第152－8条。

（2）投资者所声称被违反的第二部分规定以及其他相关规定;

（3）投资者所提出的请求的问题以及事实、法律基础;

（4）所寻求的救济以及(在可能的情况下)所要求的大致损害赔偿数额。

评论:该规定强调,通过磋商和谈判方式友好解决争端始终是更可取的,并且应在第一时间采用。它也通过规定“仲裁意图通知”程序将相关程序规范化,[48]并对“仲裁意图通知”所必须包含的细节做了规定。强调磋商作为最开始即应采取的救济措施乃是沿袭当前范本的做法,但是“仲裁意图通知”则是新增的内容。

提交仲裁　建议文本

1. 在受附件B约束的情况下,缔约一方投资者可以就下述请求提交仲裁:缔约另一方违反了第二部分的义务,且投资者因为该违反条约义务行为遭受损失或损害。

2. 作为争端一方的投资者可以根据如下规则就上述请求提交仲裁:

（1）《ICSID公约》,条件是缔约双方都是该约的缔约方;

（2）《ICSID附加程序规则》,条件是只有一个缔约方是《ICSID公约》的缔约方,而非缔约双方均是该约的缔约方;

（3）《UNCITRAL仲裁规则》,或者;

（4）争端双方同意的任何其他仲裁规则。

3. 仅在如下情况下作为争端一方的投资者才可以提出仲裁请求:

（1）投资者根据本部分所规定的程序同意仲裁;

（2）求偿是就缔约另一方的企业的利益遭受损失或者损害而提出的,而该企业是投资者所拥有或者控制的法人,此种情况下,投资者和企业放弃其根据缔约方的法律,或者其他争端解决程序,在任何行政法庭或者法院提起或者继续任何与被指称违反第二部分的义务的争端缔约方的措施有关的任何程序。但根据争端缔约方的法律在任何行政法庭或法院申请禁止性

[48]《中国—墨西哥BIT》第12条有类似的规定。

的、宣告性的或者其他类似救济而不涉及赔偿金的支付的程序除外。

4. 本条所指的同意和弃权应当采用书面形式,包含在仲裁申请书中,且送达给争端缔约方。

5. 该仲裁应受可适用的仲裁规则规制,但本部分另有规定的除外。

6. 在遵守本协议第 12 条的前提下,投资者可以在其最先知道或者本应最先知道导致争端发生的事件之日起 3 年内将争端提交仲裁。

7. 缔约双方承认,根据本条,非控股的少数股东仅就其作为投资者的自身法律利益所遭受的直接损失或者损害享有出诉权。

评论:与当前范本相比,本规定更为详细、复杂。第一,其缩小了可提交仲裁的争端范围,从"任何争端"缩小到只有满足上述条件的争端。第二,它删除了国内法院这个选项,因为在实践中这一选项很少被使用。第三,它扩大了争端解决机关的选择范围,包括了非 ICSID 途径,如 ICSID 附加程序、UNCITRAL,以及任何其他专设仲裁庭,为投资者提供了最大可能的选择。第四,它要求作为争端一方的投资者对此类仲裁做出明确的同意,并放弃采用其他救济的机会。第五,它为该规定的启用设定了 3 年的时间界限。最后,它对少数股东的出诉权设定了特殊的限制——在缔约方愿意对少数股东提供保护的情况下,少数股东仅能就其所遭受的直接损失或损害提出赔偿请求。通过提及条约的附件 B,《新范本》保留了当地行政审查这一前提条件,中国可以在愿意的时候删除这一要件。

缔约方的同意　建议文本

1. 缔约方在此无条件的同意根据本部分规定将争端提交给国际仲裁。

2. 就争端当事方的书面同意而言,上述第 1 款的同意以及投资者将争端提交仲裁应该满足《ICSID 公约》第 2 章(ICSID 的管辖权)、《ICSID 附加程序规则》以及《纽约公约》第 2 条的要求。

评论:该条款确认缔约方在满足《ICSID 公约》《ICSID 附加程序规则》以及 1958 年《纽约公约》等法律文件中的"同意"要求的情况下,无条件地同意将投资者—国家争端提交国际仲裁。虽然在投资者与东道国间的争端解决规定中提及上述文件的情况下,也可以推导出争端双方的书面同意必须满足上述文件要求的意思,但为了进一步明确,最好还是更清楚地表述出来。同意是《ICSID 公约》的基石,缺乏明确的同意,仲裁庭将无权审理案件。此类规定在其他 BIT 范本中十分常见,但当前范本中并未规定。[49]

仲裁庭的构成 建议文本

1. 除非争端当事方另有约定,仲裁庭应由三名仲裁员组成,争端双方各指定一名仲裁员,第三名仲裁员由双方共同指定并将担任首席仲裁员。

2. 上述第 1 款所提到的仲裁员应在国际法和国际投资事宜上拥有经验。

3. 如果仲裁庭未能在争端提交仲裁之日起 90 天内组建,则不管是由于争端一方未指定仲裁员还是由于争端双方就首席仲裁员未达成一致意见,应争端任何一方的请求,ICSID 秘书长将自行决定任命尚未指定的仲裁员。但是,ICSID 秘书长应确保首席仲裁员并非任一缔约方的国民。

评论:本规定是《新范本》中另一个新条款,虽然有关仲裁员指定的规定已出现在很多中外 BITs 中。更早的规定虽然不甚详细,但无一例外地规定了三名仲裁员组成的仲裁庭。无疑,它们遵循了中国最初的两个 BIT 范本中的任命规定。[50] 这个新规定规定了指定投资仲裁案件仲裁员的程序和要件。对于仲裁所依据的现有仲裁规则,比如《ICSID 仲裁规则》《ICSID 附加程序规则》《UNCITRAL 仲裁规则》,本规定进行了修订,以使它们与本规定相一致。[51]

合并审理 建议文本

如果两个或更多投资者通知其有意将争端提交仲裁,而这些仲裁请求拥有共同的法律或事实问题,并且源自于相同事件或者情况,则在所有争端

---

〔49〕 例如,可参见《美国 BIT 范本》《加拿大 BIT 范本》。《挪威 BIT 范本》规定,缔约国仅对 ICSID 仲裁表示同意。《中国—墨西哥 BIT》第 14 条也明文规定了对仲裁管辖权的同意。

〔50〕 请参见《中国 BIT 范本》(第一版)第 9 条第 4 款;《中国 BIT 范本》(第二版)第 9 条第 4 款。以下便是包含了这种规定的中外 BITs 例子:《中国—奥地利 BIT 议定书》第 4 条;《中国—保加利亚 BIT》第 9 条第 2 款;《中国—塞浦路斯 BIT》第 8 条第 4 款;《中国—丹麦 BIT》第 8 条第 4 款;《中国—爱沙尼亚 BIT》第 8 条第 4 款;《中国—匈牙利 BIT》第 10 条第 2 款;《中国—斯洛文尼亚 BIT》第 8 条第 4 款;《中国—乌拉圭 BIT》第 9 条第 5 款。

〔51〕 请参见《新范本》第 16 条第 5 款。

方均同意合并仲裁请求的情况下，争端双方应该进行磋商，协调应当适用的程序，包括选择审理争端的机构。

评论：近年来，仲裁请求的合并审理引起了很大的争议，这主要是由于仲裁案件不断涌现，其中一些案件源于同样的事实。由于仲裁是一个纯粹的合意程序，只有在各方当事人同意的情况下才有必要予以合并审理。[52]在没有任何明示规定的情况下，对同样的请求进行合并审理，比如对源自阿根廷经济危机的案件进行合并审理是不可能的。在各方当事人同意的情况下，曾经非正式地将几个有关阿根廷的仲裁请求合并审理。[53] 将此类合并审理条款并入投资条约的首个也是最广为人知的例子是《北美自由贸易协定》第1126条。目前已有几个案件根据该条进行，结果却并不相同。[54] 晚近的《中国—墨西哥BIT》和《中国—新西兰自由贸易协定》均包含合并审理

---

〔52〕 例如，可参见下述被申请人拒绝合并审理的案件：Lauder v. Czech Republic, UNCITRAL Award (Final), 3 September 2001, para 173。See generally, P Friedland, Arbitration Clauses for International Contracts (2000) Chapters 6 – 8 and Annex 27 on multi – party contracts; J Carver, 'How to Avoid Conflicting Awards: the Lauder and CME Cases' (2004) 5(1) J World Inv & Trade 23 – 9; H Bagner, 'How to Avoid Conflicting Awards: the Lauder and CME Cases', (2004) 5(1) J World Inv & Trade 31 – 5; W Kühn, 'How to Avoid Conflicting Awards: the Lauder and CME Cases', (2004) 5(1) J World Inv & Trade 7 – 17; and N Gallagher, 'Parallel Proceedings, Res Judicata and Lis Pendens: Problems and Possible Solutions' in L A Mistelis and J D M Lew (eds.), Pervasive Problems in International Arbitration (2006) 329 – 56.

〔53〕 请参见与水务专营相关的案件：Aguas Provinciales de Santa Fe, SA, Suez, Sociedad General de Aguas de Barcelona, SA andInteragua Servicios Integrales de Agua, SA v. Argentina, ICSID Case No. ARB/03/17; Aguas Cordobesas, SA, Suez, and Sociedad General de Aguas de Barcelona, SA v. Argentina, ICSID Case No. ARB/03/18; and Aguas Argentinas, SA, Suez, Sociedad General de Aguas de Barcelona, SA and Vivendi Universal, SA v. Argentina, ICSID Case No. ARB/03/19。该仲裁庭也同时依据《UNCITRAL仲裁规则》审理Anglian Water Group向ICSID提起的一个专设仲裁案件。

〔54〕 例如，可参见2005年9月7日《合并审理仲裁庭的命令》，依《北美自由贸易协定》设立的合并审理仲裁庭借此命令合并审理加拿大多个软木材公司（Canfor Corporation, Tembec Investments and Terminal Forest Products Limited）对美国提出的仲裁请求。《北美自由贸易协定》框架下的早期案件中，依据协定设立的第一个合并审理仲裁庭拒绝了墨西哥的此类申请，墨西哥想让该庭合并审理软饮料用甜味剂生产者所提起的两个仲裁（Corn Products International and ADM – Archer Daniels Midlands Company) and Tate & Lyle)。See Order of the Consolidation Tribunal, 20 May 2005. Both available online at <http://www. naftaclaims. com>.

的条款。[55]《新范本》沿用了《中国—新西兰自由贸易协定》的做法，因为根据相关各方的同意更为现实。一些缔约方可能想对合并审理条款做更详细的规定，则可以参考诸如《北美自由贸易协定》第1126条和2004年《美国BIT范本》第33条此类的规定。[56]

仲裁的进行　建议文本

1. 争端各方可以根据可适用的仲裁规则就仲裁的法律地点达成协议。如果争端各方未能就此达成协议，则仲裁庭应该根据可适用的仲裁规则决定仲裁地。仲裁地应位于《纽约公约》成员方的领土内。

2. 仲裁庭应有权接受和考虑作为非争端当事方的个人和实体提交的法庭之友诉状，只要仲裁庭已经确定他们与正在审理的事实或者法律问题直接相关。仲裁庭应确保争端双方以及另一缔约方有机会就书面的法庭之友意见提交评论。

3. 在根据本部分进行的仲裁中，争端缔约方不应将争端投资者依据保险合同或保证合同就其所主张的全部或部分损害已经获得或将要获得保险赔付或其他补偿作为一种抗辩、反请求、抵销权或其他。

4. 仲裁庭得建议采取临时保全措施以保护争端一方的权利，或确保仲裁庭的管辖权得到充分有效行使，建议包括保存争端一方占有或控制的证据，或保护仲裁庭的管辖权。但仲裁庭不得建议扣押财产或者禁止被指控违反第16条的措施的施行。

评论：本规定也是新增加的。它涉及仲裁程序以下几个重要方面。第一，它确认在决定仲裁地时的当事人意思自治。如当事方未能就仲裁地达成一致，则仲裁庭可以决定仲裁地点，条件是其必须将仲裁地设定在《纽约公约》缔约国境内，以确保仲裁裁决的承认和执行。在没有采用ICSID仲裁

---

〔55〕 这个BIT规定："第16条合并如果由ICSID秘书长指定组建的合并仲裁庭认为依第15条组建的两个或两个以上仲裁庭受理的诉求具有共同的法律或事实问题，为了公正和有效地解决这些诉求，该合并仲裁庭得依所涵盖的所有争端各方的协议合并仲裁程序。"请参见《中国—墨西哥BIT》第16条。

〔56〕 请参见《美国BIT范本》第33条。

的时候,这当然非常关键。[57] 第二,作为一个选项,它授权仲裁庭接受和考虑来自相关第三方的法庭之友诉状,并给予争端双方就该诉状作出回应的机会。[58] 第三,它确保投资者诉诸投资仲裁条款的权利不会受到其所可能订立的保险或保证安排的不利影响。[59] 第四,它使仲裁庭有权建议采取任何临时措施,包括对争端一方控制或占有的证据采取保全的措施。但是,仲裁庭不得以临时措施的形式禁止实施争议中的政府措施。[60]

准据法 建议文本

1. 依本部分组建的仲裁庭应根据本协定和普遍承认的国际法原则对所提交争端中的各争议问题做出裁决。

2. 缔约双方就本协定的任何条款共同作出或一致同意的解释应对依本部分组建的仲裁庭具有拘束力。

评论:大多数中外 BITs 包含可适用的法律条款。[61] 这些条款的长度和范围不尽一致,但一般都会提及东道国法律。事实上,《ICSID 公约》第 42 条就曾提及东道国的国内法。《新范本》在此对当前范本做了两个修改:一方面,它删除了作为可适用的法的东道国法律。考虑到东道国当地法院不再是争端解决的一个可能途径,没有必要再将当地法列为可适用的法律。[62] 另一方面,它预想到缔约双方对条约共同进行解释的可能,澄清这种缔约双方共同做出的解释对根据本部分进行仲裁的仲裁庭有约束力。《北美自由贸易协定》的经验显示,在保证条约规范统一适用方面,这种共同解释机制

---

〔57〕 ICSID 裁决当然具有执行性,因为根据《ICSID 公约》第 54 条,各缔约国应将 ICSID 裁决视为东道国法院的终局判决,故而,仲裁地点无关宏旨。

〔58〕 依照《UNCITRAL 仲裁规则》设立的仲裁庭在审理 Methanex 案时,第一次接受了法庭之友书状。此后 ICSID 修改了《ICSID 仲裁规则》,使仲裁庭获得了考虑法庭之友书状的可能性。此外,一些 BIT 范本也为仲裁庭保留了这种可能性,比如美国、挪威和可持续发展国际研究所所采纳的 BIT 范本即是如此。

〔59〕《中国—墨西哥 BIT》有此种规定。请参见《中国—墨西哥 BIT》第 18 条。

〔60〕 例如,可参见《中国—墨西哥 BIT》第 21 条。

〔61〕《中国—捷克共和国 BIT》第 9 条第 5 款就是个很好的例子。它规定:"仲裁庭应当考虑以下因素依法裁决:·有关缔约方的生效法律;·本协议的条款,以及缔约方之间的其他相关协议;·缔约一方与缔约另一方投资者之间签订的关于投资的特定合同的条款;国际法的普遍原则。"

〔62〕 例如,《中国—墨西哥 BIT》第 19 条就接受了这种做法。

的确非常必要,有时也非常有用。[63]

裁决和执行 建议文本

1. 除非争端双方另有约定,裁定缔约一方违反依本协定承担之义务的裁决,只可单独或一并判定:

(1) 金钱赔偿及任何适当的利息;或

(2)在缔约方可以以支付金钱补偿代替返还原物的条件下,返还原物。

2. 如果是为企业蒙受的损失或损害将诉求提交仲裁:

(1) 判定返还原物的裁决应规定原物向该企业返还;

(2) 判定金钱赔偿及任何适当利息的裁决应规定向该企业支付的数额;以及

(3)裁决应规定,本裁决的作出不损害任何人依据可适用的国内法可能享有救济的任何权利。

3. 仲裁裁决应当且仅对争端双方和该特定案件具有终局性和拘束力。

4. 仲裁裁决应当公开,除非争端双方另有约定。

5. 仲裁庭不得判定惩罚性的赔偿。

6. 缔约各方应在其领土内采取一切必要措施以有效执行依本条作出的裁决,并应为执行以其为当事一方的程序作出的任何裁决提供便利。

7. 只有在下列情况下,争端方才可寻求执行一项终局裁决:

(1) 当终局裁决是依《ICSID 公约》作出时:

①自裁决作出之日起已超过 120 日且争端方未请求修改或废止该裁决;或

② 修改或废止程序已经完结;以及

(2)当终局裁决是依《ICSID 附加程序规则》《UNCITRAL 仲裁规则》或争端双方选择的任何其他仲裁规则作出时:

---

〔63〕 例如,《北美自由贸易协定》自由贸易委员会(FTC)已经就诸如公平公正待遇标准等重要概念做出了解释。See NAFTA Free Trade Commission, North American Free Trade Agreement Notes of Interpretation of Certain Chapter 11 Provisions (adopted on 31 July 2001), available at http://www.sice.oas.org/TPD/NAFTA/Commission /CH11understanding_e.asp, 2008 年 8 月 10 日访问。但是,在双边的背景下,有关条约解释的联合声明可能难以达成,尤其当已经产生争议时,情况更是如此。

① 自裁决作出之日起已超过3个月且争端方均未启动修改、撤销或废止该裁决的程序;或

② 法院已经驳回或同意修改、撤销或废止裁决的申请且没有进行上诉。

评论:除第3款外,比之于当前范本,本条是一个全新的条文。但是,这一条款已在《中国—墨西哥BIT》当中出现。增加该条款的目的在于澄清和确定,以避免东道国在以后的执行阶段提出任何进一步的异议。它对诸如违反条约义务的救济、仲裁裁决的公开与实施等方面作了详细规定。它规定,违反条约义务的主要救济是金钱赔偿。只有在可以以金钱赔偿的方式实施的情况下方可裁定返还原物。不得做出惩罚性损害赔偿的裁决。仲裁裁决应予公开,便于公众知晓。该条也规定了裁决执行的详细规则。

第四部分　国家间争端解决

与投资者与东道国之间的争端解决相比,中国当前的范本中所包含的国家间争端解决规则相对较为详细。但是,《新范本》做了一些改动,以使得相关规定更为清楚,强化其作用,确保其在实践中容易操作。

适用　建议文本

1. 本部分适用于缔约双方之间因本协定条款的解释或适用而产生的争端。

2. 缔约一方不得依本部分就侵害投资者权利的有关争端启动程序,除非缔约另一方未能遵守或履行就该投资者依第三部分提交的争端所作之终局裁决。在这种情况下,依本部分组建的仲裁庭,应争端投资者所属缔约方之请求,可:

(1) 声明不遵守或不履行终局裁决不符合本协定规定之义务;以及

(2) 建议缔约另一方遵守或履行该终局裁决。

评论:这个规定是新增的。它处理两个问题:其一,条约的适用;其二,本部分与先前各个部分的关系。它确认,原则上国家间争端解决机制不能用来解决投资者与国家间争端。但是,如果缔约一方未能遵守根据第三部分所作出的终局裁决,则本部分(第四部分)可以被启用以保护投资者。这

就限制了国家间争端解决机制的适用范围。[64]

磋商与谈判　建议文本

1. 如果缔约双方因本协定之解释或适用产生争端,则该争端应尽可能通过磋商和谈判友好解决。

2. 如果争端未能在书面请求谈判或磋商之日起6个月内通过上述方式解决,任一缔约方可将争端提交给依本部分规定组建的仲裁庭,或提交给缔约双方同意的任何其他国际法庭。

评论:该规定与当前范本基本相同。但是,它提供了这样一种可能性:此类争端由非专设仲裁庭解决,当然,只有在缔约双方同意选择另一种仲裁程序的情况下,这种可能性才能实现。

仲裁庭的组成　建议文本

1. 缔约一方(申请方)通过外交途径将书面通知递交给缔约另一方(被申请方),则仲裁程序启动。该通知应包含关于其诉求之事实和法律基础的陈述,依第24条进行之磋商和谈判的经过和结果的概述,申请方依本部分启动仲裁程序的意向,以及该申请方指定之仲裁员的姓名。

2. 在该通知递交后30日内,被申请方应通知申请方其所指定之仲裁员的姓名。

3. 在第二名仲裁员被指定之日后30日内,缔约双方指定的仲裁员应共同协商指定第三名仲裁员,该仲裁员经缔约双方同意应担任首席仲裁员。如果本款所指之同意未能在指定第三名仲裁员之日后30日内作出,则适用下述第4款的规定。

4. 若在上述第2款和第3款规定的期限内,未按要求指定仲裁员或作出同意,任一缔约方得邀请国际法院院长指定尚未指定的仲裁员。如果院长是任一缔约方的公民或是永久居民,或由于其他原因院长无法指定仲裁

〔64〕 虽然迄今为止这种BITs中的国家间争端解决规定尚未得到经常援用,但是在Empresas Lucchetti, S. A. and Lucchetti Peru, SA v. Peru case案中,智利和秘鲁之间已经启动了仲裁程序,不过,该仲裁程序目前暂时中止,等候投资仲裁庭做出终局裁决。See Empresas Lucchetti, S. A. and Lucchetti Peru, SA v. Peru case (ICSID Case No. ARB/03/4). 有人预计,因能源供应问题未来将会引起国家的更大关注,《能源宪章条约》第27条(国家间争端)将变得更加重要。

员，则应邀请国际法院副院长进行指定。如果副院长是任一缔约方的公民或永久居民，或由于其他原因副院长无法指定仲裁员，则应邀请国际法院中不属于任一缔约方的公民或永久居民的最资深法官进行必要的指定。

5. 如果按本条规定指定的仲裁员辞职或不能履行职责，则应以指定原仲裁员的相同方式指定继任者，且该继任者拥有与原仲裁员相同的权力和责任。

评论：与当前范本的相应条款相比，本条的内容更为具体、更具有可操作性。[65]《新范本》很明显地包括了仲裁意向通知程序，以及当所指定的仲裁员辞职或者不能履行职责时的仲裁员替换任命程序。《中国—墨西哥BIT》中就包含这样的详细的规定。[66]

仲裁的进行 建议文本

1. 经首席仲裁员召集，仲裁庭应决定仲裁地点和启动仲裁程序的日期。

2. 仲裁庭应决定与其管辖权相关的所有问题，并根据缔约双方的任何协议决定自己的程序。

3. 在程序进行的任何阶段和在作出任何裁决前，仲裁庭均得建议缔约双方友好解决该争端。

4. 在任何时候，仲裁庭都应给予缔约双方公平听证的机会。

评论：本条中的大多数款项都是新增的内容。[67] 除了确认仲裁庭的决定仲裁地和仲裁开始日期的权力外，本条澄清仲裁庭可以在程序进行的任何阶段建议友好解决争端。而且，该条文强调了在仲裁过程中公平听证的重要性。

准据法 建议文本

依本部分组建的仲裁庭应根据本协定和普遍承认的国际法原则对各争议问题作出裁决。

---

〔65〕《中国—BIT 范本》(第三版)第8条第3款、第4款。

〔66〕《中国—墨西哥 BIT》第24条。

〔67〕例外的是第4款中的仲裁庭应自行决定其程序规则，当前《中国 BIT 范本》第8条第5款的规定与之相同。

评论:这一规定与当前范本基本相同。但是,它不再用“缔约双方均予承认”这一短语限制可适用的“国际法原则”。

裁决　建议文本

1. 仲裁庭应依多数票作出裁决。裁决应以书面形式作出且应包含可适用的事实和法律认定。裁决作出后应当送达缔约各方。

2. 裁决对缔约双方具有终局性和拘束力。

评论:对当前范本的唯一改动就是强制性要求在裁决中包括事实和法律认定。根据当前范本,裁决仅需要“应缔约方的请求”给出“理由”。[68]

费用　建议文本

缔约各方应各自承担所指定仲裁员及出席仲裁程序的费用。首席仲裁员的费用和与仲裁活动有关的其他费用应由缔约双方平均分担,除非仲裁庭裁定缔约一方应承担较高比例的费用。

评论:本部分的最后一个条款澄清了仲裁员费用的分担方式,当前范本中并无这一规定。但是,许多中外 BITs 中倒是包括类似的规定,这与中国的最初两个 BIT 范本相一致。[69]

第五部分　最终条款

最后一部分包括了大多数 BITs 中所存在的、标准的最终条款,包括有关磋商、拒绝授予利益、生效、生效期间以及条约的终止。

磋商　建议文本

缔约一方可以建议缔约另一方就与本协定有关的任何问题举行磋商。此类磋商应在缔约双方同意的时间和地点举行。

评论:这一规定与当前范本相同。必要时可以将该条发展成缔约方之间的适当的制度性安排,特别是中国在与重要的伙伴国家签订条约的情况下,更是如此。这种磋商可能会导致缔约方对条款做出正式的解释,正如第 21 条所规定的那样,这种解释对依据第三部分成立的仲裁庭有约束力。

---

〔68〕《中国 BIT 范本》(第三版)第 8 条第 6 款。

〔69〕《中国 BIT 范本》(第一版)第 8 条第 7 款,《中国 BIT 范本》(第二版)第 8 条第 7 款;例如,可参见《中国—比利时和卢森堡 BIT》第 9 条。

拒绝授予利益 建议文本

缔约双方可以共同磋商决定拒绝将本协定之利益授予缔约另一方之企业及其投资，如果该企业系由非缔约方之自然人或企业拥有或控制。

评论：这是一个新增的规定，旨在让缔约方有机会对受非缔约方控制或拥有的投资拒绝给予保护。这一规定与《美国 BIT 范本》的规定有所不同，因为《新范本》是“共同”拒绝授予利益，而不是美式的那种“单方面”拒绝授予利益。相较之下，美国范本所规定的启动条件不甚严格，如果特定情况发生，则缔约一方即可单方面作出此类决定。〔70〕《新范本》之所以增加拒绝授予利益条款启动的难度，是为了避免 BIT 保护被轻易否定。《中国—墨西哥 BIT》已采用这样的规定。〔71〕

条约的生效、有效期和终止 建议文本

1. 缔约双方应相互书面通知对方其已完成与本协定批准和生效所必需的国内法律程序。

2. 本协定应自通过缔约双方所使用的外交途径发出用以通知上述款所提及的要求已经完成的后一份通知之日起 30 日后生效。

3. 有效期 10 年。之后，除非任一缔约方提前 12 个月通过外交途径书面通知另一缔约方其终止本协定的决定，本协定应长期有效。

4. 对于本协定终止之前作出的投资，本协定之规定应自终止之日起继续有效 10 年。

5. 经缔约双方同意可对本协定作出修改，修改应根据上述第 1 款和第 2 款规定的程序生效。

---

〔70〕 2004 年《美国 BIT 范本》相关规定的内容是：“第 17 条拒绝给予利益

1. 缔约一方可以拒绝将本条约的利益给予缔约另一方的投资者及其投资，如果缔约另一方的投资者是企业，而非缔约方的人拥有或控制这个企业，且拒绝给予利益的缔约方：(1)与该非缔约方之间没有保持外交关系；或者(2)采取或保持与该非缔约方或该非缔约方的人有关的措施，该措施禁止与该企业交易，或者如果将本条约的利益授予该企业或其投资，就违反或规避了该措施。2. 缔约一方可以拒绝将本条约的利益给予缔约另一方的投资者或其投资，如果缔约另一方的投资者是企业，而该企业在缔约另一方领域内未从事实质性经营活动，且非缔约方或拒绝给予利益的缔约方的人拥有或控制该企业。”请参见 2004 年《美国 BIT 范本》第 17 条。

〔71〕 《中国—墨西哥 BIT》第 31 条。

评论:除了第1款以外,该规定基本上与当前范本相同,只是做了一些技术上的修改。第一段是新增的,它施加了国内批准的法律程序完成以及条约生效的通知义务,该规定可能有助于提高BIT的同意或批准速度和比率。

三、结论

长期以来,中国一直是最重要的FDI接受国,它也在快速地成为重要的对外投资国。因此,中国现在的确需要认真考虑采用一个更为精细的、更具前瞻性的、为自己量身设计的投资条约范本,而不再像过去那样单纯地照搬欧洲国家的BIT样本。

《新范本》在投资保护问题上强调一种均衡的路径,因为晚近世界各国所采取的措施已经表明,传统上的一边倒的投资条约范本难以为继。《新范本》包括了五个部分,包含32个条款,涉及定义、适用、实体待遇标准、投资者—国家争端解决、国家间争端解决、最后条款。这些条款的起草,不仅注意到在更新条约时参照中国以及世界上其他国家在条约缔结上的最好实践,而且还注意到提高此类条约项下的主要当事方,也即外国投资者和东道国之间权利和义务的整体平衡度。因此,不仅更新和加强了传统的投资者促进和保护规定,而且还增加了新的规定以保障东道国规制外资的权利,以及强化公司的社会责任。可以坚信,随着中国进一步发展,进一步致力于建设和谐世界,这个《新范本》将会很好地为中国的利益服务,还可能会为世界的整体福利服务。

附 录

附录一 中国缔结的BITs清单

（截至2008年7月）[1]

洲	序号	国家	签署日期	生效日期	备注
欧洲（38项）	1	瑞典	1982年3月29日	1982年3月29日	
		瑞典议定书	2004年9月27日		
	2	罗马尼亚（1983年）	1983年2月10日	未知	
		罗马尼亚（1994年）[2]	1994年7月12日	1995年9月1日	
		罗马尼亚附加议定书	2007年4月16日		
	3	德国	1983年10月7日	1985年3月18日	
		德国	2003年12月1日	2005年11月11日	重新签订
	4	法国	1984年5月30日	1985年3月19日	
		法国	2007年11月26日		重新签订
	5-6	比利时与卢森堡	1984年6月4日	1986年10月5日	
		比利时与卢森堡	2005年6月6日		重新签订
	7	芬兰	1984年9月4日	1986年1月26日	
		芬兰	2004年11月15日		重新签订
	8	挪威	1984年11月21日	1985年7月10日	
	9	意大利	1985年1月28日	1987年8月28日	
	10	丹麦	1985年4月29日	1985年4月29日	
	11	荷兰	1985年6月17日	1987年2月1日	
		荷兰	2001年11月26日		重新签订
	12	奥地利	1985年9月12日	1986年10月11日	
	13	英国	1986年5月15日	1986年5月15日	
	14	瑞士	1986年11月12日	1987年3月18日	
	15	波兰	1988年6月7日	1989年1月8日	
	16	保加利亚	1989年6月27日	1994年8月21日	

〔1〕 数据来源：商务部条约和法律司。但是，作者根据自行收集的信息增加了3个BITs，具体为：1983年《中国—罗马尼亚BIT》（与罗马尼亚社会主义共和国缔结）、《中国—塞浦路斯BIT》《中国—瓦努阿提BIT》。另外，本表中也包括了两个含有BIT式内容的自由贸易协定。

〔2〕 第二个BIT是在1989年东欧革命爆发前夜签署的，但未生效。

续表

洲	序号	国家	签署日期	生效日期	备注
欧洲(38项)		保加利亚附加议定书	2007年6月26日	2007年11月10日	
	17	苏联	1990年7月21日	1991年7月26日	
	18	匈牙利	1991年5月29日	1993年4月1日	
	19	捷克和斯洛伐克	1991年12月4日	1992年12月1日	
	20	斯洛伐克	2005年12月7日	2007年5月25日	议定书
	21	捷克	2005年12月8日		
	22	葡萄牙	1992年2月3日	1992年12月1日	
		葡萄牙	2005年12月9日		重新签订
	23	西班牙	1992年2月6日	1993年5月1日	
		西班牙	2005年11月24日	2008年7月1日	重新签订
	24	希腊	1992年6月25日	1993年12月21日	
	25	乌克兰	1992年10月31日	1993年5月29日	
	26	摩尔多瓦	1992年11月6日	1995年3月1日	
	27	白俄罗斯	1993年1月11日	1995年1月14日	
	28	阿尔巴尼亚	1993年2月13日	1995年9月1日	
	29	克罗地亚	1993年6月7日	1994年7月1日	
	30	爱沙尼亚	1993年9月2日	1994年6月1日	
	31	斯洛文尼亚	1993年9月13日	1995年1月1日	
	32	立陶宛	1993年11月8日	1994年6月1日	
	33	冰岛	1994年3月31日	1997年3月1日	
	34	南斯拉夫	1995年12月18日		
	35	马其顿	1997年6月9日	1997年11月1日	
	36	塞浦路斯	2001年1月17日	2002年4月29日	
	37	波斯纳亚和黑塞哥维那	2002年6月25日		
	38	拉脱维亚	2004年4月15日		

续表

洲	序号	国家	签署日期	生效日期	备注
亚洲(40项)	39	泰国	1985年3月12日	1985年12月13日	
	40	新加坡	1985年11月21日	1986年2月7日	
	41	科威特	1985年11月23日	1986年12月24日	
	42	斯里兰卡	1986年3月13日	1987年3月25日	
	43	日本	1988年8月27日	1989年5月14日	
	44	马来西亚	1988年11月21日	1990年3月31日	
	45	巴基斯坦	1989年2月12日	1990年9月30日	
	46	土耳其	1990年11月13日	1994年8月19日	
	47	蒙古	1991年8月25日	1993年11月1日	
	48	乌兹别克斯坦	1992年3月13日	1994年4月12日	
	49	吉尔吉斯	1992年5月14日	1995年9月8日	
	50	亚美尼亚	1992年7月4日	1995年3月18日	
	51	菲律宾	1992年7月20日	1995年9月8日	
	52	哈萨克斯坦	1992年8月10日	1994年8月13日	
	53	韩国	1992年9月30日	1992年12月4日	
		韩国	2007年9月7日	2007年12月1日	重新签订
	54	土库曼斯坦	1992年11月21日	1994年6月6日	
	55	越南	1992年12月2日	1993年9月1日	
	56	老挝	1993年1月31日	1993年6月1日	
	57	塔吉克斯坦	1993年3月9日	1994年1月20日	
	58	格鲁吉亚	1993年6月3日	1995年3月1日	
	59	阿拉伯联合酋长国	1993年7月1日	1994年9月28日	
	60	阿塞拜疆	1994年3月8日	1995年4月1日	
	61	印度尼西亚	1994年11月18日	1995年4月1日	
	62	阿曼	1995年3月18日	1995年8月1日	
	63	以色列	1995年4月10日	计划重新修订	
	64	沙特阿拉伯	1996年2月29日	1997年5月1日	
	65	黎巴嫩	1996年6月13日	1997年7月10日	
	66	柬埔寨	1996年7月19日	2000年2月1日	
	67	孟加拉	1996年9月12日		

续表

洲	序号	国家	签署日期	生效日期	备注
亚洲(40项)	68	叙利亚	1996年12月9日	2001年11月1日	
	69	也门	1998年2月16日	2002年4月10日	
	70	卡塔尔	1999年4月9日	2000年4月1日	
	71	巴林	1999年6月17日	2000年4月27日	
	72	伊朗	2000年6月22日		
	73	文莱	2000年11月17日		
	74	约旦	2001年11月15日		
	75	缅甸	2001年12月12日	2002年5月21日	
	76	朝鲜	2005年3月22日		
	77	印度	2006年11月21日	2007年8月1日	
	78	俄罗斯	2006年11月9日		
大洋洲(4项)	79	澳大利亚	1988年7月11日	1988年7月11日	
	80	新西兰	1988年11月22日	1989年3月25日	
	81	巴布亚新几内亚	1991年4月12日	1993年2月12日	
	82	瓦努阿图	2006年4月7日		
非洲(31项)	83	加纳	1989年10月12日	1990年11月22日	
	84	埃及	1994年4月21日	1996年4月1日	
	85	摩洛哥	1995年3月27日	1999年11月27日	
	86	毛里求斯	1996年5月4日	1997年6月8日	
	87	津巴布韦	1996年5月21日	1998年3月1日	
	88	赞比亚	1996年6月21日		
	89	阿尔及利亚	1996年10月17日		
	90	加蓬	1997年5月9日		
	91	喀麦隆	1997年5月10日		
	92	尼日利亚	1997年5月12日		已废除
	93	尼日利亚	2001年8月27日		重新签订
	94	苏丹	1997年5月30日	1998年7月1日	
	95	刚果(金)	1997年12月18日		
	96	南非	1997年12月30日	1998年4月1日	
	97	佛得角	1998年4月21日	2001年10月1日	
	98	埃塞俄比亚	1998年5月11日	2000年5月1日	

续表

洲	序号	国家	签署日期	生效日期	备注
非洲（31项）	99	刚果	2000年3月20日		
	100	博茨瓦纳	2000年6月12日		
	101	塞拉利昂	2001年5月16日		
	102	莫桑比克	2001年7月10日		
	103	肯尼亚	2001年7月16日		
	104	科特迪瓦	2002年9月30日		
	105	吉布提	2003年8月18日		
	106	贝宁	2004年2月18日		
	107	乌干达	2004年5月27日		
	108	突尼斯	2004年6月21日	2006年7月1日	
	109	赤道几内亚	2005年10月20日		
	110	纳米比亚	2005年11月17日		
	111	马达加斯加	2005年11月21日	2007年7月1日	
	112	几内亚	2005年11月18日		
	113	塞舌尔	2007年2月10日		
美洲（13项）	114	玻利维亚	1992年5月8日	1996年9月1日	
	115	阿根廷	1992年11月5日	1994年8月1日	
	116	乌拉圭	1993年12月2日	1997年12月1日	
	117	厄瓜多尔	1994年3月21日	1997年7月1日	
	118	智利	1994年3月23日	1995年8月1日	
	119	秘鲁	1994年6月9日	1995年2月1日	
	120	牙买加	1994年10月26日	1996年4月1日	
	121	古巴	1995年4月24日	1996年8月1日	
		古巴议定书	2007年4月20日		重新修订
	122	巴巴多斯	1998年7月20日	1999年10月1日	
	123	特立尼达和多巴哥	2002年7月22日		
	124	圭亚那	2003年3月27日		
	125	哥斯达黎加	2007年10月24日		
	126	墨西哥	2008年7月11日		

续表

洲	序号	国家	签署日期	生效日期	备注
含有BIT规定的自由贸易协定(2项)	127	巴基斯坦自由贸易协定第9章[3]	2006年11月24日		
	128	新西兰自由贸易协定第11章	2008年4月7日		

[3] 在中国当时缔结的所有自由贸易协定中，这是仅有的包含BIT式的独立投资篇章的两个协议。其他自由贸易协定【按：原文误作BIT。译者注】(例如，与智利和东盟)均未包含此类独立的投资篇章。

附录二 中国BIT范本(第一版)

中华人民共和国政府和__________政府关于鼓励和相互保护投资协定[1]

中华人民共和国政府和__________政府(以下简称缔约双方),

愿为缔约一方的投资者在缔约另一方境内的投资创造有利条件;

认识到相互鼓励、促进和保护此种投资有助于促进投资者的商业积极性和增进两国的繁荣;

希望在平等互利的基础上,加强两国间的经济合作;

达成协议如下:

第一条

本协定内:

一、"投资"一词系指缔约一方投资者依照缔约另一方的法律和法规在缔约另一方领土内所投入的各种财产。特别是,但不限于:

(一)动产、不动产及其他财产权利,如抵押权、质权;

(二)公司的股份、股票和任何其他形式的参股;

(三)金钱请求权或其他具有经济价值的行为请求权;

(四)著作权、工业产权、专有技术和技术流程;

(五)法律赋予的特许权,包括勘探、开发自然资源的特许权。

二、"投资者"一词

在中华人民共和国方面,系指:

(一)根据中华人民共和国法律具有其国籍的自然人;

(二)依照中华人民共和国法律设立,其住所位于中华人民共和国领土内的经济实体;

在______________方面,系指:

在______________方面,系指:

(一)

(二)

三、"收益"一词系指由投资所产生的款项,如利润,股息,利息,提成费和其他合法收入。

第二条

一、缔约一方应鼓励缔约另一方的投资者在其领土内投资,并依照其法律和法规接受这种投资。

二、缔约一方应为在其领土内从事与投资有关的活动的缔约另一方国民获得签证和工作许可提供帮助和便利。

第三条

一、缔约一方的投资者在缔约另一方领土内的投资和与投资有关的活动应当受到公正与公平的待遇和保护。

二、本条第一款所称待遇和保护,不得低于缔约另一方给予任何第三国投资者的投资和与投资有关活动的待遇和保护。

三、本条第一款和第二款所称待遇和保护,不应包括缔约另一方依照关税同盟、自由贸易区、经济联盟、避免双重征税协定或者为了方便边境贸易对第三国投资者的投资给予的任何优惠待遇。

第四条

一、缔约一方不应对缔约另一方投资者在其领土内的投资采取征收、国有化或者类似措施(以下统称征收),除非符合下列条件:

(一)为了公共利益;

(二)依照国内法定程序;

(三)非歧视;

(四)给予补偿。

二、本条第一款第(四)项所称补偿,应等于征收决定宣布那一刻被征收的投资的价值。补偿应以可兑换货币支付给投资者,并可自由转移。补偿不应

[1] 资料来源:中华人民共和国政府商务部(原来的对外经济和贸易合作部)条约和法律司。这是国务院于20世纪80年代初期(1984年前后)通过的第一版BIT范本。其英文版可见于联合国贸易与发展会议(UNCTAD)"国际投资协议(IIA)数据库"网站。

不合理迟延。

第五条

缔约一方的投资者在缔约另一方领土内的投资，因战争、全国紧急状态、暴动、骚乱或其他类似事件而遭受损失，缔约另一方若采取相关措施，则缔约一方投资者的待遇不应低于缔约另一方给予任何第三国投资者的待遇。

第六条

一、缔约一方应根据其法律和法规的规定，保证缔约另一方投资者自由转移在其领土内的投资和收益，包括：

（一）利润、股息、利息及其他合法收入；

（二）因全部或部分清算其投资而获得的款项；

（三）与投资有关的贷款协议的偿还款项；

（四）本协定第一条第一款第（四）项的提成费；

（五）技术援助或技术服务费、管理费；

（六）有关涉及投资的承包工程的支付；

（七）在缔约一方的领土内从事与投资有关活动的缔约另一方国民的收入。

二、上述转移应按照转移之日接受投资的缔约一方通行的市场汇率进行。

第七条

如果缔约一方或其代表机构对其投资者在缔约另一方领土内的某项投资做了担保，并据此向投资者作了支付，缔约另一方应承认该投资者的权利或请求转让给了缔约一方或其代表机构，并承认缔约一方或其代表机构对上述权利或请求权的代位。代位的权利或请求权不得超过上述投资者的原有权利或请求权。

第八条

一、缔约双方对本协定的解释或适用所产生的争端应尽可能通过外交途径协商解决。

二、如在六个月内通过协商不能解决争端，根据缔约任何一方的要求，可将争端提交专设仲裁庭。

三、专设仲裁庭由三名仲裁员组成。缔约双方应在缔约一方收到缔约另一方要求仲裁的书面通知之日起的两个月内各委派一名仲裁员。该两名仲裁员应在其后的两个月内共同推举一名与缔约双方均有外交关系的第三国国民为第三名仲裁员，并由缔约双方任命为首席仲裁员。

四、如果在收到要求仲裁的书面通知后四个月内专设仲裁庭尚未组成，缔约双方间又无其他约定，缔约任何一方可以提请国际法院院长任命尚未委派的仲裁员。如果国际法院院长是缔约任何一方的国民，或由于其他原因不能履行此项任命，应请国际法院中非缔约任何一方国民的最资深法官履行此项任命。

五、专设仲裁庭应自行制定其程序规则。仲裁庭应依据本协定的规定和缔约双方均承认的国际法原则作出裁决。

六、仲裁庭的裁决以多数票作出。裁决是终局的，对缔约双方具有拘束力。应缔约任何一方的请求，专设仲裁庭应说明其作出裁决的理由。

七、缔约双方应负担各自委派的仲裁员和出席仲裁程序的有关费用。首席仲裁员和专设仲裁庭的有关费用由缔约双方平均负担。

第九条

一、缔约一方的投资者与缔约另一方之间就在缔约另一方领土内的投资产生的争议应尽量由当事方友好协商解决。

二、如争议在六个月内未能协商解决，当事任何一方有权将争议提交接受投资的缔约一方有管辖权的法院。

三、如涉及征收补偿款额的争议，在诉诸本条第一款的程序后六个月内仍未能解决，可应任何一方的要求，将争议提交专设仲裁庭。如有关的投资者诉诸了本条第二款所规定的程序，本款规定不应适用。

四、该仲裁庭应按下列方式逐案设立：争议双方应各任命一名仲裁员，该两名仲裁员推选一名与缔约国双方均有外交关系的第三国国民为首席仲裁员。头两名仲裁员应在争议任何一方书面通知另一方提出仲裁后的两个月内任命，首席仲裁员应在四个月内推选。如在上述规定的期限内，仲裁庭尚未组成，争议任何一方可提请“解决投资争端国际中心”秘书长作出必要的委任。

五、仲裁庭应自行制定其程序规则。但仲裁庭在制定程序时可以参照《“解决投资争端国际中心”仲裁规则》。

六、仲裁庭的裁决以多数票作出。裁决是终局的，对争议双方具有拘束力。缔约双方根据各自的法律应对执行上述裁决承担义务。

七、仲裁庭应根据作为争端方的接受投资缔约一方的法律（包括其冲突法规则），本协定的规定以及缔约双方均接受的普遍承认的国际法原则作出裁决。

八、争议各方应负担其委派的仲裁员和出席仲裁程序的费用，首席仲裁员的费用和仲裁庭的其余费用应由争议双方平均负担。

第十条

如果缔约一方根据其法律和法规给予缔约另一方投资者的投资或与投资有关的活动的待遇较本协定的规定更为优惠，应从优适用。

第十一条

本协定应适用于在其生效之前或之后缔约任何一方投资者依照缔约另一方的法律和法规在缔约另一方的领土内进行的投资。

第十二条

一、缔约双方代表为下述目的应不时进行会谈：

（一）审查本协定的执行情况；

（二）交换法律情报和投资机会；

（三）解决因投资引起的争议；

（四）提出促进投资的建议；

（五）研究与投资有关的其他事宜。

二、若缔约任何一方提出就本条第一款所列的任何事宜进行磋商，缔约另一方应及时作出反应。磋商可轮流在北京和__________举行。

第十三条

一、本协定于缔约双方相互书面通知已完成各自国内法律程序之日后下一个月的第一天开始生效，有效期为五年。

二、如缔约任何一方未在本条第一款规定的有效期期满前一年书面通知缔约另一方终止本协定，本协定将继续有效。

三、本协定第一个五年有效期满后，缔约任何一方可随时终止本协定，但至少应提前一年书面通知缔约另一方。

四、第一条至第十二条的规定对本协定终止之日前进行的投资应自终止之日起继续适用十年。

由双方政府正式授权其各自代表签署本协定，以昭信守。

本协定于______________在______________签订。每份都用中文、__________和英文写成，所有文本具有同等效力。在解释上发生分歧时，以英文本作准。

中华人民共和国政府代表

__________政府代表

附录三　中国 BIT 范本(第二版)

中华人民共和国政府和＿＿＿＿＿政府关于促进和相互保护投资协定[1]

中华人民共和国政府和＿＿＿＿＿政府(以下简称缔约双方),

愿为缔约一方的投资者在缔约另一方境内的投资创造有利条件;

认识到相互鼓励、促进和保护此种投资有助于促进投资者的商业积极性和增进两国的繁荣;

希望在平等互利的基础上,加强两国间的经济合作;

达成协议如下:

第一条

本协定内:

一、"投资"一词系指缔约一方投资者依照缔约另一方的法律和法规在缔约另一方领土内所投入的各种财产。特别是,但不限于:

(一)动产、不动产及其他财产权利,如抵押权、质权;

(二)公司的股份、股票和任何其他形式的参股;

(三)金钱请求权或其他具有经济价值的行为请求权;

(四)著作权、工业产权、专有技术和技术流程;

(五)法律赋予的特许权,包括勘探、开发自然资源的特许权。

二、"投资者"一词

在中华人民共和国方面,系指:

(一)具有其国籍的自然人;

(二)依照中华人民共和国法律设立,其住所位于中华人民共和国领土内的经济实体;

在＿＿＿＿＿＿方面,系指:

在＿＿＿＿＿＿方面,系指:

(一)

(二)

三、"收益"一词系指由投资所产生的款项,如利润,股息,利息,提成费和其他合法收入。

第二条

一、缔约一方应鼓励缔约另一方的投资者在其领土内投资,并依照其法律和法规接受这种投资。

二、任何缔约一方的投资者在缔约另一方领土内的投资,应始终享受公正公平的待遇和持续的保护与安全。缔约一方应在不损害其法律和法规的条件下,对缔约另一方的投资者在其领土内对其投资的管理、维持、使用、享有或处置不得采取任何不合理的或歧视性的措施。缔约一方在任何时候应保证遵守对缔约另一方投资者的投资作出的承诺。

三、缔约一方应为在其领土内从事与投资有关的活动的缔约另一方国民获得签证和工作许可提供帮助和便利。

第三条

一、缔约一方应给予缔约另一方投资者在其境内的投资及与投资有关活动不低于其给予本国投资者的投资及与投资有关活动的待遇。

二、缔约一方给予缔约另一方投资者在其境内的投资及与投资有关活动的待遇,不应低于其给予任何第三国投资者的投资及与投资有关活动的待遇。

三、除本条第一款和第二款的规定外,缔约一方还应根据其法律和法规的规定,尽可能将给予其本国投资者的待遇给予缔约另一方投资者的投资。

四、本条第一款、第二款和第三款所称待遇和保护,不应包括缔约另一方依照关税同盟、自由贸易区、经济联盟、避免双重征税协定或者为了方便边境贸易对第三国投资者的投资给予的任何优惠待遇。

---

〔1〕 资料来源:中华人民共和国政府商务部(原来的对外经济和贸易合作部)条约和法律司。根据条约和法律司官员的信息,该版本由国务院于 20 世纪 80 年代末期(1989 年前后)通过。单文华教授根据原始的中文版本译成英文版。

第四条

一、缔约一方不应对缔约另一方投资者在其领土内的投资采取征收、国有化或者类似措施(以下统称征收),除非符合下列条件:

(一)为了公共利益;

(二)依照国内法定程序;

(三)非歧视;

(四)给予补偿。

二、补偿应按征收决定公布或为公众知道前一刻投资的市场价值为基础计算。若市场价值不易确定,补偿应根据公认的估价原则和公平的原则确定,把投入的资本、折旧、已汇回的资本、更新价值和其他有关因素考虑在内。补偿应包括从征收之日至支付之日按初始投资所用货币适用的通用利率计算的利息。最终确定的补偿款额应以可自由兑换的货币向投资者支付和允许汇回,并不得不适当的拖延。

第五条

一、缔约一方的投资者在缔约另一方领土内的投资,因后一缔约国领土内发生战争或其他武装冲突、全国紧急状态、叛乱或暴乱而遭受损失,后一缔约国给予缔约一国投资者的待遇,不应低于其给予任何第三国投资者的待遇。

二、在不损害本条第一款的情况下,缔约一国的投资者在缔约另一国领土内所遭受的损害或损失是由于:

(一)该国军队或当局征用其财产;

(二)该国军队或当局非因战斗行动或情势必需毁坏了其财产;应得到公平合理和非歧视性的补偿。

三、由此而发生的款项应以可自由兑换的货币支付,并不得不适当的拖延。

第六条

一、缔约一方应根据其法律和法规的规定,保证缔约另一方投资者自由转移在其领土内的投资和收益,包括:

(一)利润、股息、利息及其他合法收入;

(二)因全部或部分清算其投资而获得的款项;

(三)与投资有关的贷款协议的偿还款项;

(四)本协定第一条第一款第(四)项的提成费;

(五)技术援助或技术服务费、管理费;

(六)有关承包工程的支付;

(七)在缔约一方的领土内从事与投资有关活动的缔约另一方国民的收入。

二、上述转移应按照转移之日接受投资的缔约一方通行的市场汇率进行。

第七条

如果缔约一方或其代表机构对其投资者在缔约另一方领土内的某项投资做了担保,并据此向投资者作了支付,缔约另一方应承认该投资者的权利或请求转让给了缔约一方或其代表机构,并承认缔约一方或其代表机构对上述权利或请求权的代位。代位的权利或请求权不得超过上述投资者的原有权利或请求权。

第八条

一、缔约双方对本协定的解释或适用所产生的争端应尽可能通过外交途径协商解决。

二、如在六个月内通过协商不能解决争端,根据缔约任何一方的要求,可将争端提交专设仲裁庭。

三、专设仲裁庭由三名仲裁员组成。缔约双方应在缔约一方收到缔约另一方要求仲裁的书面通知之日起的两个月内各委派一名仲裁员。该两名仲裁员应在其后的两个月内共同推举一名与缔约双方均有外交关系的第三国国民为第三名仲裁员,并由缔约双方任命为首席仲裁员。

四、如果在收到要求仲裁的书面通知后四个月内专设仲裁庭尚未组成,缔约双方间又无其他约定,缔约任何一方可以提请国际法院院长任命尚未委派的仲裁员。如果国际法院院长是缔约任何一方的国民,或由于其他原因不能履行此项任命,应请国际法院中非缔约任何一方国民的最资深法官履行此项任命。

五、专设仲裁庭应自行制定其程序规则。仲裁庭应依据本协定的规定和缔约双方均承认的国际法原则作出裁决。

六、仲裁庭的裁决以多数票作出。裁决是终局的,对缔约双方具有拘束力。应缔约任何一方的请求,专设仲裁庭应说明其作出裁决的理由。

七、缔约双方应负担各自委派的仲裁员和出席仲裁程序的有关费用。首席仲裁员和专设仲裁庭的有关费用由缔约双方平均负担。

第九条

一、缔约一方的投资者与缔约另一方之间就在缔约另一方领土内的投资产生的争议应尽量由当事方友好协商解决。

二、如争议在六个月内未能协商解决,当事任何一方有权将争议提交接受投资的缔约一方有管辖权的法院。

三、如涉及征收补偿款额的争议,在诉诸本条第一款的程序后六个月内仍未能解决,可应任何一方的要求,将争议提交专设仲裁庭。如有关的投资者诉诸了本条第二款所规定的程序,本款规定不应适用。

四、该仲裁庭应按下列方式逐案设立:争议双方应各任命一名仲裁员,该两名仲裁员推选一名与缔约国双方均有外交关系的第三国国民为首席仲裁员。头两名仲裁员应在争议任何一方书面通知另一方提出仲裁后的两个月内任命,首席仲裁员应在四个月内推选。如在上述规定的期限内,仲裁庭尚未组成,争议任何一方可提请“解决投资争端国际中心”秘书长作出必要的委任。

五、仲裁庭应自行制定其程序规则。但仲裁庭在制定程序时可以参照《“解决投资争端国际中心”仲裁规则》。

六、仲裁庭的裁决以多数票作出。裁决是终局的,对争议双方具有拘束力。缔约双方根据各自的法律应对执行上述裁决承担义务。

七、仲裁庭应根据作为争端方的接受投资缔约一方的法律(包括其冲突法规则),本协定的规定以及缔约双方均接受的普遍承认的国际法原则作出裁决。

八、争议各方应负担其委派的仲裁员和出席仲裁程序的费用,首席仲裁员的费用和仲裁庭的其余费用应由争议双方平均负担。

第十条

如果缔约一方根据其法律和法规给予缔约另一方投资者的投资或与投资有关的活动的待遇较本协定的规定更为优惠,应从优适用。

第十一条

本协定应适用于在其生效之前或之后缔约任何一方投资者依照缔约另一方的法律和法规在缔约另一方的领土内进行的投资。

第十二条

一、缔约双方代表为下述目的应不时进行会谈:

(一)审查本协定的执行情况;

(二)交换法律情报和投资机会;

(三)解决因投资引起的争议;

(四)提出促进投资的建议;

(五)研究与投资有关的其他事宜。

二、若缔约任何一方提出就本条第一款所列的任何事宜进行磋商,缔约另一方应及时作出反应。磋商可轮流在北京和__________举行。

第十三条

一、本协定于缔约双方相互书面通知已完成各自国内法律程序之日后下一个月的第一天开始生效,有效期为五年。

二、如缔约任何一方未在本条第一款规定的有效期期满前一年书面通知缔约另一方终止本协定,本协定将继续有效。

三、本协定第一个五年有效期满后,缔约任何一方可随时终止本协定,但至少应提前一年书面通知缔约另一方。

四、第一条至第十二条的规定对本协定终止之日前进行的投资应自终止之日起继续适用十年。

本协定于____________在____________签订。每份都用中文、__________和英文写成,所有文本具有同等效力。在解释上发生分歧时,以英文本作准。

中华人民共和国政府代表

____________政府代表

附录四　中国BIT范本(第三版)(最新版)

中华人民共和国政府和__________政府关于促进和保护投资协定[1]

中华人民共和国政府和__________政府(以下简称缔约双方),

愿为缔约一方的投资者在缔约另一方境内的投资创造有利条件;

认识到相互鼓励、促进和保护此种投资有助于促进投资者的商业积极性和增进两国的繁荣;

希望在平等互利的基础上,加强两国间的经济合作;

达成协议如下:

第一条　定义

本协定内:

一、"投资"一词系指缔约一方投资者依照缔约另一方的法律和法规在缔约另一方领土内所投入的各种财产。特别是,但不限于:

(一)动产、不动产及其他财产权利,如抵押权、质权和类似权利;

(二)公司的股份、股票和任何其他形式的参股;

(三)金钱请求权或其他与投资有关的具有经济价值的行为请求权;

(四)知识产权,尤其包括著作权、专利权、商标权、商名、工艺流程、专有技术和商誉;

(五)法律或法律允许通过合同赋予的经营特许权,包括勘探、耕作、提炼或开发自然资源的特许权。

根据缔约一方的法律和法规在其领土内进行的投资的任何形式的变化,不影响其作为投资的性质。

二、"投资者"一词

在中华人民共和国方面,系指:

(一)根据缔约一方的法律,具有该缔约一方国籍的自然人;

(二)依照缔约一方的法律法规设立和组成,在该缔约方领土内具有住所的任何经济实体,包括公司、社团、合伙和其他组织。

三、"收益"一词系指由投资所产生的款项,包括利润,股息,利息,资本利得、提成费和其他合法收入。

第二条　促进和接受投资

一、缔约一方应鼓励缔约另一方的投资者在其领土内投资,并依照其法律和法规接受这种投资。

二、任何缔约一方的投资者在缔约另一方领土内的投资,在任何时候应享受持续的保护和安全。

三、缔约一方应在不损害其法律和法规的条件下,对缔约另一方的投资者在其领土内对其投资的管理、维持、使用、享有或处置不得采取任何不合理的或歧视性的措施。

四、缔约一方应依据其法律和法规,为在其领土内从事与投资有关的活动的缔约另一方国民获得签证和工作许可提供帮助和便利。

第三条　投资待遇

一、缔约一方的投资者在缔约另一方的境内的投资应始终享受公平公正的待遇。

二、在不损害其法律法规的前提下,缔约一方应给予缔约另一方投资者在其境内的投资、收益以及与投资有关活动不低于其给予本国投资者的投资、收益及与投资有关活动的待遇。

三、缔约一方给予缔约另一方投资者在其境内的投资及与投资有关活动的待遇,不应低于其给予任何第三国投资者的投资及与投资有关活动的待遇。

四、本条第三款所述的待遇,不应解释为缔约一方有义务将由下列原因产生的待遇、优惠或特权给予缔约另一方投资者:

---

〔1〕资料来源:中华人民共和国政府商务部(原来的对外经济和贸易合作部)条约和法律司。根据条约和法律司官员的信息,该版本由国务院于20世纪90年代末期(1997年前后)通过,系中国当前在BIT谈判过程中正在使用的工作文本。这是商务部条约和法律司所提供的英文版。

（一）任何关税同盟、自由贸易区、经济联盟，以及任何导致上述组织的国际协定或相似的组织的协定；

（二）全部或主要与税收有关的任何国际协定或国际安排；

（三）为方便边境地区小额投资的任何国际协定或安排。

第四条　征收

一、缔约一方不应对缔约另一方投资者在其领土内的投资采取征收、国有化或者其他类似措施（以下统称征收），除非符合下列条件：

（一）为了公共利益；

（二）依照国内法定程序；

（三）非歧视；

（四）给予补偿。

二、本条第一款所述的补偿，应等于投资在采取征收措施或为公众知道前一刻二者中较先时刻的公平市场价值。该价值应根据公认的估价原则确定。补偿应当包括从征收发生日起到支付日以通行商业利率计算的利息。补偿的支付不应迟延，并应有效兑换和自由转移。

第五条　损害和损失补偿

缔约一方的投资者在缔约另一方领土内的投资，如果由于缔约后者一方领土内的战争、全国紧急状态、骚乱或其他相似情形而遭受损失，缔约后者一方在恢复、赔偿、补偿和其他解决措施方面给予该投资者的待遇不应低于其给予本国或任何第三国投资者待遇，并从优适用。

第六条　投资和收益的汇回

一、缔约一方应根据其法律和法规的规定，保证缔约另一方投资者自由转移在其领土内的投资和收益，包括：

（一）利润、股息、利息及其他合法收入；

（二）全部或部分投资的销售或清算所获得的款项；

（三）与投资有关的贷款协议的偿还款项；

（四）本协定第一条第一款第（四）项的提成费；

（五）技术援助或技术服务费、管理费；

（六）有关承包工程的支付；

（七）在缔约一方的领土内从事与投资有关活动的缔约另一方国民的收入。

二、本条第一款的任何内容不得影响本协定第四条和第五条规定支付的赔偿的自由转移。

三、上述的转移应以接受投资的缔约方适用的通行市场汇率，在转移之日以可自由兑换的货币进行。

第七条　代位

如果一缔约方或其指定的机构，根据其对非商业风险的一项担保或保险合同，就在另一缔约方领土内的某项投资向投资者作了支付，后一缔约方应认可：

（一）该投资者的权利或请求权依照前一缔约方的法律或法律程序，转让给了前一缔约方或其指定机构；以及

（二）前一缔约方或其指定机构在与投资者同等的范围内，代位行使该投资者的权利和执行该投资者的请求权，并承担其与投资相关的义务。

第八条　缔约双方的争议解决

一、缔约双方对本协定的解释或适用所产生的争端应尽可能通过外交途径协商解决。

二、如在六个月内通过协商不能解决争端，根据缔约任何一方的要求，可将争端提交专设仲裁庭。

三、专设仲裁庭由三名仲裁员组成。缔约双方应在收到要求仲裁的书面通知之日起的两个月内各委派一名仲裁员。该两名仲裁员应在其后的两个月内共同推举一名与缔约双方均有外交关系的第三国国民为首席仲裁员。

四、如果在收到要求仲裁的书面通知后四个月内专设仲裁庭尚未组成，缔约双方间又无其他约定，缔约任何一方可以提请国际法院院长任命尚未委派的仲裁员。如果国际法院院长是缔约任何一方的国民，或由于其他原因不能履行此项任命，应请国际法院中非缔约方的国民且无其他不胜任原因的最资深法官履行此项任命。

五、专设仲裁庭应自行制定其程序规则。仲裁庭应依据本协定的规定和缔约双方均承认的国际法原则作出裁决。

六、仲裁庭的裁决以多数票作出。裁决是终局的，对缔约双方具有拘束力。

应缔约任何一方的请求，专设仲裁庭应说明其作出裁决的理由。

七、缔约双方应负担各自委派的仲裁员和出席仲裁程序的有关费用。首席仲裁员和专设仲裁庭的有关费用由缔约双方平均负担。

第九条　投资者与缔约一方争议的解决

一、缔约一方的投资者与缔约另一方之间就在缔约另一方领土内的投资产生的法律争议应尽量由争端当事方友好协商解决。

二、如争议自争议当事任何一方要求友好解决之日起六个月内未能解决，应缔约另一方的投资者的请求，可以将争议提交：

(一)作为争议当事人一方的缔约方有管辖权的法院；

(二)“解决投资争端国际中心”，依照1965年5月18日在华盛顿开放签字的《关于解决国家与他国国民投资争端的公约》，作为争议当事人一方的缔约一方可以要求作为争议当事人另一方的投资者在将争议提交“解决投资争端国际中心”之前用尽缔约一方法律法规所规定的国内行政复议程序。

一旦投资者将争端提交给有关缔约方适格的法院，或“解决投资争端国际中心”，则在两者中选定的程序是终局性的。

三、该仲裁庭应根据争议当事方的缔约一方的法律(包括其冲突法规则)、本协定的规定以及普遍承认的国际法原则作出裁决。

四、仲裁庭的裁决是终局的，对争议当事双方具有拘束力。缔约双方应对执行上述裁决承担义务。

第十条　其他义务

一、如果一缔约方的立法或缔约双方之间现存或其后设立的国际义务使一缔约方投资者的投资享受比本协定规定的更优惠待遇的地位，该地位不受本协定的影响。

二、缔约任何一方应恪守其与缔约另一方投资者就投资所作出的任何承诺。

第十一条　适用

本协定应适用于在其生效之前或之后缔约任何一方投资者依照缔约另一方的法律和法规在缔约另一方的领土内进行的投资，但不适用于其生效之前出现争端。

第十二条　磋商

一、缔约双方代表为下述目的应不时进行会谈：

(一)审查本协定的执行情况；

(二)交换法律情报和投资机会；

(三)解决因投资引起的争议；

(四)提出促进投资的建议；

(五)研究与投资有关的其他事宜。

二、若缔约任何一方提出就本条第一款所列的任何事宜进行磋商，缔约另一方应及时作出反应。磋商可轮流在北京和__________举行。

第十三条　生效、期限和终止

一、本协定于缔约双方相互书面通知已完成各自国内法律程序之日后下一个月的第一天开始生效，有效期为十年。

二、如缔约任何一方未在本条第一款规定的有效期期满前一年书面通知缔约另一方终止本协定，本协定将继续有效。

三、第一条至第十二条的规定对本协定终止之日前进行的投资应自终止之日起继续适用十年。

四、本协定可以经缔约双方之间书面协议加以修改。任何修改依照当前协议生效所要求的相同程序完成后生效。

由双方政府正式授权其各自代表签署本协定，以昭信守。

本协定于______________在______________签订。每份都用中文、__________和英文写成，所有文本具有同等效力。在解释上发生分歧时，以英文本作准。

中华人民共和国政府代表

______________政府代表

附录五　中国 BIT 新范本(草案)

中华人民共和国政府和__________
政府关于促进和保护投资协定
(新范本草案)

中华人民共和国政府与__________政府(以下简称缔约方),

期望在平等互利基础上强化两国之间的合作关系;

意图为缔约一方投资者在缔约另一方的领域内的投资创造有利的投资条件;

认识到互相鼓励、促进和保护此类投资将有助于刺激投资者的商业主动性以及将在两个国家创造繁荣昌盛;

期望建立有助于增加两国之间的投资流量的规则框架以及确保另一缔约方在缔约各方的领域内的投资的保护和安全;

期望以一种与保护健康、安全、环境以及促进国际承认的劳动权利相一致的方式实现这些目标;

强调公司社会责任的重要性;

达成如下协议:

第一部分　定义和适用

第一条　定义

在本协议内:

一、"缔约一方的投资者"指的是:在缔约另一方领域内拥有投资的:[1]

(一)依据缔约一方的法律拥有该国国籍或永久居住权的自然人(但是,如果一个自然人拥有双重国籍,则其应被视为只是其起主导作用的有效国籍的国家的国民);或者

(二)根据缔约一方的法律组建或者以其他方式成立,并在该方领域内从事实质性经营活动的任何法律实体;

二、"法律实体"指的是依据可适用的法律组建或成立的任何实体,不管其是否以营利为目的,也不管其为私人所有或政府所有,包括任何公司、信托、合伙、独资企业、合营企业或其他社团;

三、"投资"指的是:缔约一方投资者根据缔约另一方的法律和规章直接或间接拥有或控制的任何资产,包括但不限于:

(一)法律实体;

(二)股票、股权或其他行使的企业股份参与,以及从中产生的权利;

(三)公债、债券、贷款和其他形式的债,以及由此产生的权利;

(四)根据包括交钥匙合同、建筑合同、管理合同、生产或者利润分享合同产生的权利;

(五)合同;

(六)金钱请求权和履行请求权;

(七)知识产权;

(八)法律或者诸如特许合同、许可合同、授权合同以及许可证合同所授予的权利;

(九)任何其他有形以及无形的财产、动产和不动产,以及任何相关的财产权,比如租赁权、抵押权、留置权和质押权。

资产必须具有投资属性才属于本协议项下的投资,诸如投入资产或其他资源、期待可获得营利或利润,或者承担风险等都是投资属性。

所投资的资产在形式上的任何变化并不影响其作为投资的性质,只要这类变化是依据在其领域内投资的缔约方的法律和规章进行的。

四、"收益"一词系指由投资所产生的款项,包括利润,股息,利息,资本利得、提成费和其他合法收入。

五、"领土"指的是:

(一)就中华人民共和国而言,系指中华人民共和国的领土,包括领海和其领空,以及中华人民共和国根据中国法

---

[1] 考虑到中国尚未颁布有关外国永久居民待遇的法律,增加下列限制性规定可能有所裨益:在中国颁布其有关外国永久居民待遇的国内法律之前,除本协议第[……]条所述义务之外,本协议在缔约一方对待缔约另一方的永久居民方面不施加任何义务。

律和国际法在其领海以外拥有勘探和开发海床和底土资源及海底以上水资源的主权权利的任何区域。[2]

（二）就……国而言，……

第二条　适用范围

一、本协议适用于缔约一方在本协议生效后就缔约另一方的投资者或者其投资所采取或保持的措施。第三部分【争端解决】并不适用于在本协议生效之前已经发生的事件所衍生的争议。

二、本协议适用于在本协议生效之前或者生效之后依据相关缔约方法律和规章所进行的投资。

三、本协议适用于第一条第五款所界定的缔约方的领土。

第二部分　待遇标准

第三条　一般待遇标准

一、缔约任何一方在任何时候都应该根据普遍承认的国际法原则，包括公平公正待遇、全面的保护和安全对待缔约另一方的投资者的投资。

二、为进一步明确，"公平公正待遇"和"全面的保护与安全"并不要求给予一般接受的国际法原则以外或者之上的待遇。违反本协议其他规定，或者另一个国际协议本身并不构成违反本条款。

第四条　最惠国待遇

一、在投资的准入、扩张、经营、管理、保持、使用、享用或处分方面，缔约任何一方给予缔约另一方投资者及其投资的待遇应不低于其在相同或类似情况下给予任何第三国的投资者及其投资的待遇。[3]

二、第1款所提及的待遇不应被解释为缔约方有义务由于下述原因给予缔约另一方投资者任何待遇、好处或特权：

（一）任何关税同盟、自由贸易区、经济联盟和此类同盟或类似机构中达成的任何国际协定；

（二）便利在边境地区（boarder areas）进行的小规模的边境贸易的任何安排。

三、为进一步明确，第一款所指的待遇并不包括本协议或其他国际协议中所规定的争端解决机制。

第五条　国民待遇

一、在不损害进行投资时的法律和规章的前提下，在投资的运营、管理、保持、使用、享受或处分方面，缔约任何一方应给予缔约另一方投资者及其投资不低于其在相同或类似情况下给予其自己的投资者及其投资的待遇。

二、国民待遇也适用于附件A所列举的投资的准入（或市场准入）。

第六条　投资准入

一、在受本协议以及任何其他可适用的条约义务的约束的情况下，缔约任何一方应当对缔约另一方投资者根据其可适用的法律和规章进行的投资给予准入。

二、在受其法律和规章约束的情况下，缔约一方应当对缔约另一方国民在缔约一方领域内从事于投资有关的活动给予获得签证和工作许可方面的协助和便利。

第七条　征收

一、缔约任何一方不得直接或者通过相当于征收或国有化（征收）的措施间接征收或国有化一项投资，除非：

（一）为了公共目的；

---

[2] 此处可以增加下述解释性注释：经中华人民共和国中央政府的授权，香港和澳门特别行政区政府可以自己另行与墨西哥合众国政府谈判和签署促进和相互保护投资协定。如果缔约方不打算将该BIT适用于香港和澳门特别行政区，则其可以效仿《中国—俄罗斯BIT》的做法，采用下述用语：一、除非缔约双方另行商定，本协定不适用于中华人民共和国香港特别行政区和中华人民共和国澳门特别行政区。

[3] 中国将会在议定书或者附录当中采用一个祖父条款，以便保留其采取任何不符措施的权利，这以《中国—德国BIT议定书》为典例，该条约规定：

中华人民共和国 方面，第二条第三款和第三条第二款不适用于

（一）任何***现存的*** 在其境内维持的不符措施。

（二）这种不符措施的***持续*** 。

（三）任何对这种不符措施的***修改，但修改不能增加措施的不符程度*** 。

中华人民共和国将采取所有适当的措施逐渐地撤除这些不符合措施。（着重部分系作者标示的）。同样参见2003年《中国—德国BIT议定书》，关于第二条和第三条。

（二）非歧视；

（三）根据法律的正当程序；

（四）根据下述第二款进行补偿。

二、补偿应该：

（一）等于征收发生之前一刻被征收投资的公平市场价值。公平市场价值不应该反映由于该项征收行为之前已被公开知晓导致的任何价值变化；

（二）包括自征收之日起至实际付款之日止的利息，该利息应以商业合理利率计算；

（三）毫不迟延地支付；以及

（四）可完全变现（realizable）和自由转移。

三、在非常罕见的情况下，也即缔约一方所采取的非歧视性管制措施旨在并用于保护正当的公共福利目标，比如公共健康、安全和环境，这类措施不构成间接征收。

第八条　损失补偿

缔约一方的投资者在缔约另一方领土内的投资，如果由于缔约后者一方领土内的战争、全国紧急状态、起义、骚乱或其他相似情形而遭受损失，缔约后者一方在恢复、赔偿、补偿和其他解决措施方面给予该投资者的待遇不应低于其给予本国或任何第三国投资者待遇，并从优适用。

第九条　转移

一、缔约任何一方在不损害其法律和规章所规定的任何可适用的形式要求的情况下，应保证缔约另一方的投资者可以将其在缔约一方领域内与投资有关的所有款项毫不迟延地汇入或者汇出该领域。这种转移包括但不限于：

（一）设立、保持或者扩张投资所必需的款项；

（二）与知识产权和工业产权有关的利润、利息、红利、资本利得、版税或者其他费用；

（三）合同，包括贷款协议项下的款项；

（四）全部或者部分出售或清算投资所产生的收入；

（五）缔约另一方国民从事与投资有关的工作所获得的收入或酬金；

（六）由于第六条和第七条的原因而应付给投资者的任何赔偿；

（七）根据第三部分的争端解决获得的款项。

二、本条第一款涉及的形式要求：

（一）不应严于本协定生效时的要求；

（二）不应在本协定生效后施加新的限制；

（三）不应作为规避本条项下缔约方的承诺和义务的方式。

三、除非本条另有规定，任一缔约方不应阻止以国际货币基金组织列举的可自由兑换的货币按照汇兑当日通行的市场汇率毫不迟延地进行汇兑。

四、缔约一方可以通过公平、非歧视和善意地适用该国关于以下事项的法律禁止汇兑：

（一）破产、清算或保护债权人利益；

（二）债券的发行、买卖或交易；

（三）刑事犯罪和行政违法；

（四）转移货币或其他货币工具的报告；或

（五）保证司法程序中判决的实现。

五、在面临严重的国际收支困难或严重的国际收支困难之威胁时，任一缔约方可以暂时限制汇兑，只要该国是依照国际标准实施措施或方案。这些限制应在公平、非歧视和善意的基础上进行。

第十条　代位

如果缔约一方或其指定的机构根据其对在缔约另一方领土内的投资的有关非商业性风险的担保或保险合同向其投资者作了支付，缔约后者一方应当承认：

（一）根据缔约前者一方国内的法律或合法交易，将投资者的任何权利或索偿转让给缔约前者一方或其指定机构，以及

（二）缔约前者一方或其指定机构有权代位行使该投资者的权利及进行索偿并在与投资者同等限度内承担义务。

第十一条　不减损

一、本条约不减损授权缔约一方投资者或者受保护的投资享受高于本协议待遇的下列任何事项：

（一）缔约一方的法律、规章、行政做法或程序，或者行政或立法决定；

（二）缔约一方的国际法律义务；或

（三）缔约一方所承担的义务，包括缔约一方在投资授权或者投资协议项下的义务。

二、为本协议的目的：

（一）"投资授权"指的是缔约一方的相关外资部门给予缔约另一方受保护的投资或者投资者的授权。

（二）"投资协议"指的是缔约一方国家机关与缔约另一方的受保护的投资或者投资者之间的书面协议，后者出于对该协议的信赖而设立或者取得受保护的投资。该协议在下列事项上对受保护的投资或者投资者授予了权利：

1. 国家机关控制的自然资源，比如，自然资源的勘探、开采、精炼、运输、分销或者销售；

2. 代表该缔约方向公众提供服务，比如发电或者分销电力，水处理或者分销，或者电信；

3. 承担并未仅限于由政府使用或者并未由政府主要使用或者受益的基础建设工程，比如道路、桥梁、运河、水坝或者管道等。

第十二条　例外

一、本协议中的任何规定都不应被解释为防止缔约方采取或者实施下列必要措施，条件是此类措施的实施方式不得在投资者之间或者投资之间构成任意的或不合理的歧视，或者构成对国际投资的变相限制：

（一）保护公共道德或者维护公共秩序；

（二）保护人类、动物或者植物生命或健康；

（三）确保与本协议相一致的法律和规章的遵守；

（四）保护具有艺术、历史或者考古价值的国宝；

（五）保护环境。

二、本协议中的任何规定不得被解释为：

（一）要求缔约任何一方提供其认为如披露将违反其根本安全利益的信息；或者

（二）阻止缔约一方采取其认为保护其根本安全利益的任何必要行动：

1. 与防御和安全部门的投资有关的行动；

2. 与裂变和聚变物质或衍生这些物质的物质有关的行动；

3. 战时或国内或国际关系中其他紧急情况下采取的行动；或者

（三）阻止一方为维护国际和平与安全的义务而采取的任何行动，包括根据《联合国宪章》采取的行动。

三、本协议的规定不应适用于缔约一方专门用来保持和推动语言、文化多样性，文化和视听政策的法律和规章，以及缔约方在与版权或邻接权有关的国际协议、国内法律和措施项下的权利和义务。

四、不管本协议其他条款作何规定，缔约方有权出于审慎原因采取措施，包括为保护投资者、存托人、保单持有者或者金融服务提供者对其负有信义义务的人采取措施，以确保金融体系的完整性和稳定性或者增强市场竞争，包括所有权控制和限制。

在此类措施与本协议的规定不符的时候，其不应被用来规避缔约方在本协议项下的承诺或义务。

五、税收

（一）本协议的任何规定都不影响缔约方所设置的直接税或间接税的设置、实施或者征收。

（二）本协议的任何规定均未创设从缔约方缔结的避免双重征税协议项下获得的任何利益的任何权利。

（三）有关第（一）项和第（二）项是否适用的任何争端，只能提交至缔约双方税收主管机关或者缔约一方的国内法院或上诉机构，且此类争端不受本协议第三部分【国家—投资者争端解决】调整。

（四）如果走完上述第（三）项的程序后，缔约一方的税收主管机关不同意应适用上述第一项，而认为应适用【征收】条款解决该案争端，则本协议第三部分【国家—投资者争端解决】应调整该争端。

第十三条　公司社会责任

缔约方同意鼓励投资者遵守《OECD跨国企业指南》和参与《联合国

全球契约》,以对社会负责的方式经营其投资。

第三部分 投资者—国家争端解决

第十四条 适用

本部分适用于缔约一方与缔约另一方投资者就所指称的违反第二部分义务并导致后者遭受损失或损害的行为所产生的争端。

第十五条 磋商和仲裁意图通知

一、争端双方首先应该努力通过磋商或者谈判方式解决争端。

二、为了友好解决争端,争端一方投资者应该最迟在提起请求前六个月向作为争端另一方的缔约方送达有关自己提交仲裁的意图的书面通知。此类通知应该明确规定:

(一)作为争端一方的投资者的名称和住所,如果投资者是就某一企业的损失或者损害提起的请求,则还应包括该企业的名称和住所;

(二)投资者所声称被违反的第二部分规定以及其他相关规定;

(三)投资者所提出的请求的问题以及事实、法律基础;

(四)所寻求的救济以及(在可能的情况下)所要求的大致损害赔偿数额。

第十六条 提交仲裁

一、在受附件B约束的情况下,缔约一方投资者可以就下述请求提交仲裁:缔约另一方违反了第二部分的义务,且投资者因为该违反条约义务行为遭受损失或损害。

二、作为争端一方的投资者可以根据如下规则就上述请求提交仲裁:

(一)《ICSID公约》,条件是缔约双方都是该约的缔约方;

(二)《ICSID附加程序规则》,条件是只有一个缔约方《ICSID公约》,而非缔约双方均是该约的缔约方;

(三)《UNCITRAL仲裁规则》,或者;

(四)争端双方同意的任何其他仲裁规则。

三、仅在如下情况下作为争端一方的投资者才可以提出仲裁请求:

(一)投资者根据本部分所规定的程序同意仲裁;

(二)求偿是就缔约另一方的企业的利益遭受损失或者损害而提出的,而该企业是投资者所拥有或者控制的法人,此种情况下,投资者和企业放弃其根据缔约方的法律,或者其他争端解决程序,在任何行政法庭或者法院提起或者继续被指称违反第二部分的义务的争端缔约方的措施有关的任何程序。但根据作为争端一方的缔约方的法律在任何行政法庭或法院申请禁止性的、宣告性的或者其他类似救济而不涉及赔偿金的支付的程序除外。

四、本条所指的同意和弃权应当采用书面形式,包含在仲裁申请书中,且送达给作为争端一方的缔约方。

五、该仲裁应受可适用的仲裁规则规制,但本部分另有规定的除外。

六、在遵守本协议第十二条的前提下,投资者可以在其最先知道或者本应最先知道导致争端发生的事件之日起三年内将争端提交仲裁。

【七、缔约双方承认,根据本条,非控股的少数股东仅就其作为投资者的自身的法律利益所遭受的直接损失或者损害享有出诉权。】

第十七条 缔约方的同意

一、缔约方在此无条件的同意根据本部分规定将争端提交给国际仲裁。

二、就争端当事方的书面同意而言,上述第一款的同意以及投资者将争端提交仲裁应该满足《ICSID公约》第二章(ICSID的管辖权)、《ICSID附加程序规则》以及《纽约公约》第二条的要求。

第十八条 仲裁庭的组成

一、除非争端当事方另有不同规定,仲裁庭应由三名仲裁员组成,争端双方各指定一名仲裁员,第三名仲裁员由双方共同指定,该仲裁员应系仲裁庭庭长。

二、上述第一款所提到的仲裁员应在国际法和国际投资事宜上拥有经验。

三、如果仲裁庭未能在争端提交仲裁之日起90天内组建,则不管是由于争端一方未指定仲裁员还是由于争端双方就首席仲裁员未达成一致意见,应争端任何一方的请求,ICSID秘书长将自行决定任命尚未指定的仲裁员。但是,

ICSID 秘书长应该确保首席仲裁员并非任一缔约方的国民。

第十九条　合并审理

如果两个或更多投资者通知其有意将争端提交仲裁，而这些仲裁请求拥有共同的法律或事实问题，并且源自相同事件或者情况，则在所有争端方均同意合并仲裁请求的情况下，争端双方应该进行磋商，协调应当适用的程序，包括选择审理争端的机构。〔4〕

第二十条　仲裁的进行

一、争端各方可以根据可适用的仲裁规则就仲裁的法律地点达成协议。如果争端各方未能就此达成协议，则仲裁庭应该根据可适用的仲裁规则决定仲裁地，只是仲裁地应位于《纽约公约》成员方的领土内。

【二、仲裁庭应有权接受和考虑作为非争端当事方的个人和实体提交的法庭之友诉状，只要仲裁庭已经确定他们与正在审理的事实或者法律问题直接相关。仲裁庭应确保争端双方以及另一缔约方有机会就书面的法庭之友意见提交评论。】

三、在根据本部分进行的仲裁中，争端缔约方不应将争端投资者依据保险合同或保证合同就其所主张的全部或部分损害已经获得或将要获得保险赔付或其他补偿作为一种抗辩、反请求、抵销权或其他。

四、仲裁庭得建议采取临时保全措施以保护争端一方的权利，或确保仲裁庭的管辖权得到充分有效行使，建议包括保存争端一方占有或控制的证据，或保护仲裁庭的管辖权。但仲裁庭不得建议扣押财产或者禁止实施被指控违反第十六条的措施。

第二十一条　准据法

一、依本部分组建的仲裁庭应根据本协定和普遍承认的国际法原则对所提交争端中的各争议问题做出裁决。

二、缔约双方就本协定的任何条款共同作出或一致同意的解释应对依本部分组建的仲裁庭具有拘束力。

第二十二条　裁决和执行

一、除非争端双方另有约定，裁定缔约一方违反依本协定承担之义务的裁决，只可单独或一并判定：

（一）金钱赔偿及任何适当的利息；或

（二）在缔约方可以以支付金钱补偿代替返还原物的条件下，返还原物。

二、如果是为企业蒙受的损失或损害将诉求提交仲裁：

（一）判定返还原物的裁决应规定原物向该企业返还；

（二）判定金钱赔偿及任何适当利息的裁决应规定向该企业支付的数额；以及

（三）裁决应规定，本裁决的作出不损害任何人依据可适用的国内法可能享有救济的任何权利。

三、仲裁裁决应当且仅对争端双方和该特定案件具有终局性和拘束力。

四、仲裁裁决应当公开，除非争端双方另有约定。

五、仲裁庭不得判定惩罚性的赔偿。

六、缔约各方应在其领土内采取一切必要措施以有效执行依本条作出的裁决，并应为执行以其为当事一方的程序作出的任何裁决提供便利。

七、只有在下列情况下，争端一方才可寻求执行最终裁决：

（一）当终局裁决是依《ICSID 公约》作出时：

1. 自裁决作出之日起已超过 120 日且无一争端方请求修改或废止该裁决；或

2. 修改或废止程序已经完结；以及

（二）当终局裁决是依《ICSID 附加程序规则》、《UNCITRAL 仲裁规则》或争端双方选择的任何其他仲裁规则作出时：

1. 自裁决作出之日起已超过 3 个月且无一争端方均为启动修改、撤销或废止该裁决的程序；或

2. 法院已经驳回或同意修改、撤销或废止裁决的申请且没有进行上诉。

---

〔4〕　如果缔约方关注合并审理机制的运作的话，那么缔约方可能会考虑效仿诸如 2004 年《美国 BIT 范本》和《北美自由贸易协定》第 1126 条的做法，在这方面进行详细的规定。

第四部分　国家间争端的解决

第二十三条　适用

一、本部分适用于缔约双方之间因本协定条款的解释或适用而产生的争端。

二、缔约一方不得依本部分就侵害投资者权利的有关争端启动程序，除非缔约另一方未能遵守或履行就该投资者依第三部分提交的争端所作之终局裁决。在这种情况下，依本部分组建的仲裁庭，应争端投资者所属缔约方之请求，可：

（一）声明不遵守或不履行终局裁决不符合本协定规定之义务；以及

（二）建议缔约另一方遵守或履行该终局裁决。

第二十四条　磋商与谈判

一、如果缔约双方因本协定之解释或适用产生争端，则该争端应尽可能通过磋商和谈判友好解决。

二、如果争端未能在书面请求谈判或磋商之日起6个月内通过上述方式解决，任一缔约方可将争端提交给依本部分规定组建的仲裁庭，或提交给缔约双方同意的任何其他国际法庭。

第二十五条　仲裁庭的组成

一、缔约一方（申请方）通过外交途径将书面通知递交给缔约另一方（被申请方），则仲裁程序启动。该通知应包含关于其诉求之事实和法律基础的陈述，依第二十四条进行之磋商和谈判的经过和结果的概述，申请方依本部分启动仲裁程序的意向，以及该申请方指定之仲裁员的姓名。

二、在该通知递交后30日内，被申请方应通知申请方其所指定之仲裁员的姓名。

三、在第二名仲裁员被指定之日后30日内，缔约双方指定的仲裁员应共同协商指定第三名仲裁员，该仲裁员经缔约双方同意应担任首席仲裁员。如果本款所指之同意未能在指定第三名仲裁员之日后30日内作出，则适用下述第四款的规定。

四、若在上述第二款和第三款规定的期限内，未按要求指定仲裁员或作出同意，任一缔约方得邀请国际法院院长指定尚未指定的仲裁员。如果院长是任一缔约方的公民或是永久居民，或由于其他原因院长无法指定仲裁员，则应邀请国际法院副院长进行指定。如果副院长是任一缔约方的公民或永久居民，或由于其他原因副院长无法指定仲裁员，则应邀请国际法院中不属于任一缔约方的公民或永久居民的最资深法官进行必要的指定。

五、如果按本条规定指定的仲裁员辞职或不能履行职责，则应以指定原仲裁员的相同方式指定继任者，且该继任者拥有与原仲裁员相同的权力和责任。

第二十六条　仲裁的进行

一、经首席仲裁员召集，仲裁庭应决定仲裁地点和启动仲裁程序的日期。

二、仲裁庭应决定与其管辖权相关的所有问题，并根据缔约双方的任何协议决定自己的程序。

三、在程序进行的任何阶段和在作出任何裁决前，仲裁庭均得建议缔约双方友好解决该争端。

四、在任何时候，仲裁庭都应给予缔约双方公平听证的机会。

第二十七条　准据法

依本部分组建的仲裁庭应根据本协定和普遍承认的国际法原则对各争议问题作出裁决。

第二十八条　裁决

一、仲裁庭应依多数票作出裁决。裁决应以书面形式作出且应包含可适用的事实和法律认定。裁决作出后应当送达缔约各方。

二、裁决对缔约双方具有终局性和拘束力。

第二十九条　费用

缔约各方应各自承担所指定仲裁员及出席仲裁程序的费用。首席仲裁员的费用和与仲裁活动有关的其他费用应由缔约双方平均分担，除非仲裁庭裁定缔约一方应承担较高比例的费用。

第五部分　最后条款

第三十条　磋商

缔约一方可以建议缔约另一方就与本协定有关的任何问题举行磋商。此类磋商应在缔约双方同意的时间和地点举行。

第三十一条 拒绝授惠

缔约双方可以共同磋商决定拒绝将本协定之利益授予缔约另一方之企业及其投资,如果该企业系由非缔约方之自然人或企业拥有或控制。

第三十二条 生效、有效期和终止

一、缔约双方应相互书面通知对方其已完成与本协定批准和生效所必需的国内法律程序。

二、本协定应自通过缔约双方所使用的外交途径发出用以通知上述款所提及的要求已经完成的后一份通知之日起30日后生效。

三、有效期10年。之后,除非任一缔约方提前12个月通过外交途径书面通知另一缔约方其终止本协定的决定,否则,本协定应长期有效。

四、对于本协定终止之前作出的投资,本协定之规定应自终止之日起继续有效10年。

五、经缔约双方同意可对本协定作出修改,修改应根据上述第一款和第二款规定的程序生效。

由双方政府正式授权其各自代表签署本协定,以昭信守。

本协定于____________在____________签订。每份都用中文、__________和英文写成,所有文本具有同等效力。在解释上发生分歧时,以英文本作准。

中华人民共和国政府代表

____________政府代表

附录六(1)　1982 年中国—瑞典 BIT

中华人民共和国政府和瑞典王国政府关于相互保护投资的协定

中华人民共和国和瑞典王国政府，愿坚持公平合理地对待缔约一方投资者在缔约另一方境内投资，特协议如下：

第一条

本协定内：

一、“投资”应包括缔约一方投资者在缔约另一方境内、依照其法律和规章用于投资的各种形式的资产，尤其是：

（一）动产、不动产及其他物权，如：抵押权、留置权、质权、用益权及类似权利；

（二）公司的股份或其他形式的权益；

（三）金钱的请求权或具有经济价值的任何行为的请求权；

（四）版权、工业产权、工艺流程、商名和商誉；

（五）根据公法或合同给予特许权持有者一段时间的合法地位的商业特许，包括勘探或采掘和提炼自然资源的特许权。

二、“投资者”：

在中华人民共和国方面，系指经中国政府核准进行投资的任何公司、其他法人或中国公民。

在瑞典方面，系指符合瑞典法律规定的瑞典公民，及所在地在瑞典境内或由瑞典公民或瑞典企业控制的任何法人。

第二条

一、缔约各方应始终保证公平合理地对待缔约另一方投资者的投资。

二、缔约任何一方的投资者在缔约另一方境内的投资所享受的待遇，不应低于第三国投资者的投资所享受的待遇。

三、尽管有本条第二款的规定，缔约一方如已同其他国家缔结关于关税同盟或自由贸易区的协议，则应有给予该协议参加国投资者的投资以更优惠待遇的自由。缔约一方也有按在本协定签字前同其他国家缔结的双边协议规定，给予其他国家投资者投资以更优惠待遇的自由。

第三条

一、缔约任何一方对缔约另一方投资者在其境内的投资，只有为了公共利益，按照适当的法律程序，并给予补偿，方可实行征收或国有化，或采取任何类似的其他措施。补偿的目的，应使该投资者处于未被征收或国有化相同的财政地位。征收或国有化不应是歧视性的。补偿不应无故迟延，而且应是可兑换的，并可在缔约国领土间自由转移。

二、第一款规定也适用于投资的日常收入，以及清算时的清算款项。

第四条

缔约各方应根据其法律和规章允许将下列所得用任何可兑换货币进行转移，并不得不适当地迟延：

（一）缔约另一方投资者的投资所产生的净利、股息、提成费、技术援助费和技术服务费、利息和其他日常收入；

（二）缔约另一方投资者投资的全部或部分清算所得款项；

（三）缔约双方都承认作为投资的借款的偿付款；

（四）在缔约一方境内因某项投资而被允许工作的缔约另一方公民的收入。

第五条

如果缔约一方根据其对缔约另一方境内的某项投资所做的保证，向某投资者支付了款项，缔约另一方即应承认缔约一方该投资者的任何权利或请求权转让给了缔约一方，并承认缔约一方对任何上述权利或请求权的代位。但不应损害缔约一方根据第六条所享有的各项权利。代位所涉及的请求权，应扣除原投资者对缔约另一方可能负有的任何债务。

第六条

一、缔约双方在解释或执行本协定

中所发生的争端，应尽可能通过缔约双方政府谈判解决。

二、如果谈判未能解决争端，则应根据缔约任何一方的要求，将争端提交仲裁庭。

三、仲裁庭应据案单独设立，缔约双方各委任一名仲裁员，再由两名仲裁员协商推举一名第三国国民，并由缔约双方政府委任为仲裁庭首席仲裁员。仲裁员应在缔约任何一方通知缔约另一方希将争端提交仲裁庭之后两个月内委任，首席仲裁员应在三个月内委任。

四、如果第三款规定的期限未得到遵守，又无任何其他安排，缔约任何一方可以请求联合国秘书长进行必要的委任。如果联合国秘书长是缔约任何一方国民，或不能履行上述职能，则请求负责法律事务的联合国副秘书长进行必要的委任。

五、仲裁庭应根据多数票做出裁决，该裁决应具有拘束力。缔约各方应承担本国仲裁员和法律顾问在仲裁活动中的费用。首席仲裁员及其他费用由缔约双方平均负担。仲裁庭可以对费用作出不同的规定。在其他方面，仲裁庭可以制定自己的程序。

第七条

本协定的任何规定均不应损害根据国内法或国际法而对缔约一方公民或公司在缔约另一方境内的权益所产生的权利或利益。

第八条

本协定应适用于一九七九年七月一日以后的所有投资。

第九条

一、本协定自签字之日起生效。

二、本协定有效期为十五年，如在最初的十四年终了后，缔约任何一方未以书面通知缔约另一方拟终止本协定，则本协定应继续有效；在缔约另一方收到终止协定通知一年后，终止通知即应生效。

三、对于在终止本协定通知生效之日前进行的投资，第一条至第八条的规定应从终止本协定通知生效之日起继续有效十五年。

本协定于一九八二年三月二十九日在北京签订，共两份，每份都用中文、瑞典文和英文写成，三种文具有同等效力。

中华人民共和国政府代表（魏玉明）

瑞典王国政府代表（松德费尔特）

阁下：

值此签署《瑞典王国政府和中华人民共和国政府关于相互保护投资的协定》之际，我荣幸地提及双方代表团在谈判过程中达成的下述谅解：

鉴于中华人民共和国不是一九六五年三月十八日《关于解决各国与他国国民之间投资争端公约》（《华盛顿公约》）的参加国，双方代表团感到还不可能在本协定内写入解决缔约一方与缔约另一方投资者之间的争端的任何规定。但是，双方代表团同意：如果将来中华人民共和国加入了《华盛顿公约》，本协定即应补充一项协议，规定提交“解决投资争端国际中心”去解决争端所必须遵守的制度。

瑞典政府接受这一谅解。如蒙确认此项谅解也为中华人民共和国政府所同意，我将不胜感激。

瑞典王国驻中华人民共和国

特命全权大使

松德费尔特

我荣幸地代表中华人民共和国政府确认，同意上述来函内容。

顺致最崇高的敬意。

中华人民共和国政府代表

魏玉明

一九八二年三月二十九日于北京

附录六(2)　1986年中国—英国BIT

中华人民共和国政府和大不列颠及北爱尔兰联合王国政府关于促进和相互保护投资协定

中华人民共和国政府和大不列颠及北爱尔兰联合王国政府,

愿为缔约一方的国民和公司在缔约另一方领土内投资创造有利条件;

认识到根据国际协定鼓励和相互保护此种投资将有助于激励国民和公司经营的积极性和增进两国的繁荣;

达成协议如下:

第一条　定义

本协定为:

一、

(甲)"投资"系指缔约一方依照其法律和法规在其领土内接受作为投资的所有资产,特别是,但不限于:

(一)动产、不动产和任何其他财产权利,如抵押权、留置权或质权;

(二)公司的股份、股票和债券或该公司财产中的权益;

(三)对金钱的请求权或通过合同具有财政价值的行为请求权;

(四)著作权、工业产权、专有技术和商誉;

(五)法律或法律允许通过合同赋予的经营性特许权,包括勘探、耕作、提炼或开发自然资源的特许权。

"投资"包括本协定生效之日存在的投资;所投资产形式的变化,不影响其作为投资的性质。

(乙)"收益"系指由投资所产生的款项,主要是:利润、利息、资本利得、股息、使用费和酬金。

(丙)"国民":

(一)在中华人民共和国方面,系指根据中华人民共和国法律具有中华人民共和国国籍的自然人。

(二)在联合王国方面,系指根据联合王国有效法律,获得联合王国国民身份,且在联合王国有居住权或依照本协定第十条规定延伸适用的任何领土有居住权的自然人。

(丁)"公司":

(一)在中华人民共和国方面,系指在中华人民共和国领土内任何地方依照有法律设立或组建的公司、商号或社团。

(二)在联合王国方面,系指在联合王国任何地方或依照本协定第十条规定延伸适用的任何领土内依照有效法律设立或组建的公司、商号或社团。

二、本协定也适用于缔约一方的国民或公司在缔约另一方行使主权或主权权利或管辖权的领海、海域或大陆架内进行的投资。

第二条　促进和保护投资

一、缔约一方应在其领土内鼓励缔约另一方的国民或公司投资,为此创造良好条件,并有权行使法律所赋予的权力接受此种投资。

二、缔约任何一方的国民或公司在缔约另一方领土内的投资,应始终受到公正和公平的待遇和持久的保护和保障。缔约各方同意,在不损害其法律和法规规定的条件下,对缔约另一方的国民或公司在其领土内对投资的管理、维持、使用、享有或处置不得采取不合理的或歧视性的措施。缔约各方应遵守其对缔约另一方国民或公司的投资可能已同意的义务。

第三条　投资待遇

一、缔约任何一方在其领土内给予缔约另一方国民或公司的投资或收益的待遇不应低于其给予任何第三国国民或公司的投资或收益的待遇。

二、缔约任何一方在其领土内给予缔约另一方国民或公司在管理、使用、享有或处置他们的投资的待遇,不应低于其给予任何第三国国民或公司的待遇。

三、除本条第一款、第二款的规定外,缔约任何一方应尽量根据其法律和法规的规定给予缔约另一方的国民或公司的投资与其给予本国国民或公司以相同的待遇。

四、上述第一款至第三款的规定,不

应解释为缔约一方有义务因下述情况而产生的待遇、特惠或特权给予缔约另一方的国民或公司：

（甲）缔约任何一方已经或可能参加的任何现存或将来的关税同盟或类似的国际协定或为方便边境贸易的协定；

（乙）任何全部或主要与税收有关的国际协定或安排，或任何全部或主要与税收有关的国内立法。

第四条　损失补偿

一、缔约一方的国民或公司在缔约另一方领土内的投资，因在缔约另一方领土内发生战争或其他武装冲突、革命、全国紧急状态、叛乱或骚乱而遭受损失，缔约另一方给予缔约一方国民或公司的待遇，不应低于其给予任何第三国国民或公司的待遇。

二、在不损害本条第一款的情况下，缔约一方的国民或公司在缔约另一方领土内，在上款所述事态下遭受损失，则由于：

（一）缔约另一方的军队或当局征用了他们的财产；

（二）缔约另一方的军队或当局非因战斗行动或情势必需而毁坏了他们的财产，应予以恢复或合理的补偿。由此发生的支付款应能自由转移。

第五条　征收

一、只有为了与国内需要相关的公共目的，并给予合理的补偿，缔约任何一方国民或公司在缔约另一方领土内的投资方可被征收、国有化或采取与此种征收或国有化效果相同的措施（以下简称征收）。此种补偿应等于投资在征收或即将进行的征收已为公众所知前一刻的真正价值，应包括直至付款之日按正常利率计算的利息，支付不应不适当地迟延，并应有效地兑换和自由转移。受影响的国民或公司应有权依照采取征收的缔约一方的法律，要求该一方的司法或其他独立机构根据本款规定的原则迅速审理其案件和其投资的价值。

二、缔约一方依照有效法律对在其领土内任何地方设立或组成的并由缔约另一方国民或公司持有股份的公司之资产进行征收时，应保证适用本条第一款的规定，从而保证拥有此种股份的缔约另一方国民或公司就其投资得到合理的补偿。

第六条　投资和收益的汇回

一、缔约各方保证缔约另一方的国民或公司有权将其投资和收益以及按照与投资有关的贷款协议的任何支付款项自由转移至其居住国。

二、上述第一款所提到的权利应受制约于缔约各方有权在其国际收支困难的例外情况下，并在有限的时期内公平诚信地行使其法律所赋予的权力。但此种权力不得用于阻止利润、利息、股息、使用费或酬金的转移，并应保证每年至少转移百分之二十的投资及其他任何形式的收益。

三、货币的转移应以该资本初始投资时的可兑换货币或投资者与有关缔约方同意的任何其他可兑换的货币不迟延地实施。除非有关的国民或公司另行赞同，转移应依照有关缔约一方有效的外汇管理条例按转移之日适用的汇率进行。

四、在中华人民共和国方面：联合王国国民或公司就上述第一款至第三款转移可兑换货币，应从转移货币的国民或公司的外汇存款账户中进行。若该外汇存款账户中没有足够的外汇供转移，在下述情况下，中华人民共和国应允许把当地货币兑换成可兑换货币进行转移：

（一）全部或部分投资清算所提款项；

（二）从第一条第一款（甲）（四）项的财产中所得的使用费；

（三）依照由中国银行担保的投资有关的贷款协议所进行的偿付款项；

（四）由中华人民共和国主管机构专门准许该国民或公司主要在中华人民共和国领土内进行经济活动所得的利润、利息、资本利得、股息、酬金和其他形式的收益。

第七条　国民或公司与东道国之间争议的解决

一、缔约一方的国民或公司与缔约另一方之间有关征收补偿款额的争议，在提出书面通知该项争议之后六个月内未能友好解决，应提交国际仲裁。

二、如将争议提交国际仲裁,有关的国民或公司和缔约另一方可同意将争议提交:

(甲)争议双方指定的一个国际仲裁员;

(乙)依照争议双方间的一项专门协议指定的专设仲裁庭;

(丙)依照联合国国际贸易法委员会仲裁规则设立的专设仲裁庭。

三、如按上述第二款将争议提交仲裁后三个月内没有就任一可选择的程序达成协议,争议双方有义务依照当时有效的联合国国际贸易法委员会仲裁规则将争议提交仲裁。争议双方可书面同意修改规则。

四、本条内的国民或公司包括第五条第二款所述的国民或公司。

第八条　缔约双方之间的争端

一、缔约双方对本协定的解释或适用发生的争端,应尽可能通过外交途径解决。

二、如果缔约双方之间的争端不能如此解决,则应依缔约任何一方的要求提交仲裁庭。

三、该仲裁庭应按下述方式逐案设立,自收到仲裁要求后两个月内,缔约方应各指派一名仲裁庭成员,该两名成员应推举一名第三国国民并由缔约双方批准指派为仲裁庭主席。主席应在另两名成员指派出之日起两个月内予以指派。

四、如在本条第三款规定的期限内未作出必要的指派,又无任何其他协议,缔约任何一方可请求国际法院院长作出必要的指派,如院长是缔约任何一方的国民,或因其他原因不能履行此项职责,则应请求副院长作出必要的指派。如副院长是缔约任何一方的国民或也不能履行此项职责,则应依次请求非缔约任何一方国民的国际法院资深法官作出必要的指派。

五、仲裁庭应以多数票作出裁决。裁决对缔约双方均有拘束力。缔约各方应承担其指派的仲裁庭成员及其出席仲裁程序的代表的费用。主席的费用和其余费用由缔约双方平均承担。仲裁庭应自行规定其程序。

第九条　代位

一、如缔约一方或其指定的代理机构,依照其对在缔约另一方领土内某项投资的保证向其国民或公司作了支付,缔约另一方应承认被保证的国民或公司的全部权利和请求权,依法律或合法行为转让给了缔约一方或其指定的代理机构,并承认缔约一方或其指定的代理机构由于代位有权行使和执行与被保证的国民或公司同样程度的权利及请求权。缔约一方或其指定的代理机构可承担与投资有关的义务。

二、缔约一方或其指定的代理机构,通过转让取得的权利和请求权以及实行这种权利和请求权时得到的支付所享受的待遇,在所有情况下,应与被保证的国民或公司依本协定就有关投资及其收益有权享受的待遇相同。

三、缔约一方或其指定的代理机构在行使取得的权利和请求权时所得到的支付,应由缔约一方自由使用,以偿付其在缔约另一方领土内的开支。

第十条　领土的延伸

在本协定签字之时或其后任何时候,缔约双方可互换照会同意将本协定的规定延伸适用于由联合王国政府负责国际关系的领土。

第十一条　生效

本协定自签字之日起生效。

第十二条　期限和终止

本协定有效期为十年。此后应在缔约任何一方书面通知缔约另一方终止本协定之日起的十二个月内继续有效。对于在本协定有效期间所进行的投资,本协定的规定自终止之日起十五年内对该类投资应继续有效,并不损及此后适用缔约双方接受的一般国际法规则。

由双方政府授权其各自代表签署本协定,以昭信守。

本协定于一九八六年五月十五日在伦敦签订。一式两份,用中文和英文写成,两种文本具有同等效力。

中华人民共和国政府代表
大不列颠及北爱尔兰联合王国政府代表
(郑拓彬)
(杰弗里·豪)

致中华人民共和国对外经济贸易部郑拓彬部长阁下

阁下：

我荣幸地提及于今日签署的《大不列颠及北爱尔兰联合王国政府和中华人民共和国政府关于促进和相互保护投资协定》(以下简称投资协定)。

在投资协定第一条第一款(甲)项中规定,该项定义的“投资”包括投资协定生效之日存在的投资。我荣幸地建议,凡在本投资协定生效之日缔约另一方国民或公司已经停止行使控制或其他权力的投资,或已经停止取得收入、偿付或应得利益的投资,不适用本投资协定。

如果中华人民共和国政府接受本建议,我荣幸地建议,本函和阁下接受此建议的复函将构成我们两国政府间的一项协议,并作为投资协定的组成部分,于阁下复函之日生效。

顺致崇高的敬意。

大不列颠及北爱尔兰联合王国
外交及联邦事务大臣
(杰弗里·豪)
一九八六年五月十五日于伦敦

致中华人民共和国对外经济贸易部郑拓彬部长阁下

阁下：

我荣幸地提及于今日签署的《大不列颠及北爱尔兰联合王国政府和中华人民共和国政府关于促进和相互保护投资协定》(以下简称投资协定),并建议,一旦中华人民共和国成为一九六五年三月十八日在华盛顿开放签字的《关于解决国家和他国国民之间投资争端公约》(以下简称公约)参加国时,联合王国政府和中华人民共和国政府将就提交“解决投资争端国际中心”调解或仲裁解决关于在其领土内进行投资的缔约一方和投资协定的缔约另一方国民或公司间争议的种类达成一项补充协议。该补充协议用换文方式,并将成为投资协定的组成部分。

如果中华人民共和国政府接受本建议,我荣幸地建议,本函和阁下接受此建议的复函将构成我们两国政府间的一项协议,并将于阁下复函之日生效。

顺致崇高的敬意。

大不列颠及北爱尔兰联合王国
外交及联邦事务大臣
(杰弗里·豪)
一九八六年五月十五日于伦敦

附录六(3) 1988年中国—澳大利亚BIT

中华人民共和国政府与澳大利亚政府相互鼓励和保护投资协定

中华人民共和国政府和澳大利亚政府(以下简称缔约双方)

认识到为经济活动和发展而促进资本流动的重要性,并意识到其对缔约双方在发展经济关系和技术合作,尤其是缔约一方国民在缔约另一方领土内的投资的作用;

考虑到应遵循国际上接受的相互尊重主权、平等、互利、非歧视和相互信任的原则促进投资关系与加强经济合作;

认识到缔约一方国民在缔约另一方领土内的投资应在缔约另一方法律范围内进行;

承认在缔约双方领土内对保护投资和有关活动的原则的明确声明,和为更有效地适用这些原则所制定的规定,将有助于达到上述目标;

缔约双方达成协定如下:

第一条 定义

一、本协定内:

(一)"公司"系指任何按下列方式正式组建、组成、设立或以其他方式正式组织的公司、社团、合伙、信托或其他法律认可的实体:

1. 依照缔约一方的法律,或

2. 依照第三国法律并由本条第一款第(一)项所述实体或按缔约一方法律为其公民或永久居民的自然人所拥有、或控制的。

而不论该实体是否为获利而组建、或是私有或其他形式所拥有、或是有限或无限责任。

(二)"投资"系指各种资产,为缔约一方的国民所拥有、控制或投入,并为缔约另一方依照其随时适用的法律和投资政策所接受,包括:

1. 有形和无形财产,包括权利,如抵押权、留置权、质权;

2. 公司,股票,在公司的其他利益,或在该公司财产中的利益;

3. 对金钱的请求权,或有经济价值的行为请求权;

4. 知识产权和工业产权,包括与版权、专利、商标、商名、工业设计、贸易秘密、专有技术和商誉有关的权利;

5. 法律或法律允许按照合同赋予的任何权利,包括从事农业、林业、畜牧业、渔业的权利,勘探、开采或开发自然资源的权利以及制造、使用和销售产品的权利;和

6. 用于再投入的收益。

投资或再投资财产形式上的任何变化都不应影响其作为投资的性质。

(三)"法律"包括法规。

(四)缔约一方的"国民"系指依照缔约一方法律为其公民或永久居民的自然人,或公司。

(五)"收益"系指由投资所产生的或与投资有关的款项,包括利润、股息、利息、资本利得、使用费、管理和技术援助费、实物的支付和其他所有合法收入。

(六)"与投资有关的活动"依照接受投资缔约一方的法律,包括组织、控制、经营、维护和处置公司、分支机构、代理、办事处、工厂、或进行业务的其他设施;制定、履行和执行合同;取得、使用、保护和处置所有各类财产,包括工业产权和知识产权,借入资金,购买和发行股票,购买和出售外汇。

(七)缔约一方"领土"包括该缔约方行使其主权、主动权权利或管辖权的领海、海域或大陆架。

二、本协定将不适用本条第一款第(一)项2所指的依照第三国法律组织的公司,如已援引与该第三国投资保护协定有关该事宜的规定。

三、本协定将不适用于为缔约一方永久居民而非公民的自然人,假如:

(一)已援引了缔约另一方与该自然人的国籍国间的投资保护协定中的有关该事宜的规定;

(二)该自然人是缔约另一方的公民。

第二条 鼓励和接受投资

一、缔约一方应在其领土内鼓励和促进缔约另一方国民的投资,并应依照其随时适用的法律和投资政策接受投资。

二、缔约一方保留拒绝接受缔约另一方任何公司的投资的权利,若任何第三国的国民控制着该公司,或该公司在缔约另一方领土内无实质的商业活动。

三、本协定不应影响缔约一方在其领土内允许或禁止第三国国民进行投资的权利。

四、本协定不应妨碍缔约一方国民适用缔约另一方比本协定规定更优惠的任何法律或政策的规定。

五、依照缔约一方法律正式组建的公司不应被视为缔约另一方的国民,但缔约另一方国民在该公司中的投资应受本协定保护。

第三条 投资待遇

缔约一方应始终:

(一)保证其领土内的投资和与投资有关的活动得到公正公平的待遇;

(二)对其领土内的投资和与投资有关的活动提供保护与保障,并在不损害其法律的条件下,不应以不合理或歧视性措施损害对投资的管理、维护、使用、享有和处置;并

(三)在其领土内,给予投资和投资有关活动的待遇,包括第八条中的补偿,第十条中的转移,应不低于给予任何第三国国民的投资和投资有关活动的待遇,但缔约一方无义务因下述情况所产生的待遇、特惠或特权给予投资或投资有关活动:

1. 缔约一方参加的任何关税同盟、经济联盟、自由贸易区或区域性经济一体化的协定;

2. 和第三国签订的避免双重税收协定的规定。

第四条 人员的入境和居留

一、缔约一方应依照有关非本国公民的入境和居留随时适用的法律和政策,允许作为缔约另一方国民的自然人和另一方公司雇用的雇员为从事与投资有关的活动的目的入境和在其境内居留。

二、在符合本条第一款条件下,缔约一方应允许在其领土内有投资的缔约另一方国民在其领土内聘用关键的技术和管理人员,而无论被选人员的国籍。

第五条 缔约双方国民间争议的解决

缔约一方应依照其法律:

(一)使在其领土内进行投资的缔约另一方国民和其雇用从事与投资有关活动的雇员在和其国民的争议中,可以完全在其有管辖权的司法或行政机关进行诉讼,以提供维护请求权和执行权利的方式。

(二)允许其国民选择和缔约另一方国民有关投资和投资活动的争议的解决方式,包括在第三国进行仲裁。

(三)为承认和执行任何由此产生的判决或裁决作出规定。

第六条 法律的透明度

缔约各方为了促进了解有关或影响缔约另一方国民在其领土内的投资的法律和政策,应:

(一)公开并随时提供该法律和政策;

(二)应缔约另一方要求,向其提供具体的法律和政策的文本;

(三)应缔约另一方要求,就解释具体的法律和政策进行磋商。

第七条 限制豁免

涉及缔约任何一方国民的投资或投资有关活动的任何关于法院诉讼管辖豁免,起诉的送达程序和执行豁免的任何问题,应依照接受投资缔约方的法律解决。

第八条 征收和国有化

一、缔约一方不应对任何投资采取征收、国有化或其他效果相同的措施,除非所采取措施是为了公共利益,是非歧视性的,依照接受投资缔约一方的法律,并给予合理补偿。

二、本条第一款所述补偿应按措施为公众所知前一刻的投资的市场价值为基础计算。若市场价值不易确定,补偿应根据公认的估价原则和公平的原则确定,应把投入的资本、折旧、已汇回的资本、更新价值和其他有关因素考虑在内。补偿应包括从采取措施之日到支付之日按合理利率计算的利息,支付不得无故

迟延，应能自由兑换，并应在缔约双方领土间依照接受投资缔约方的法律当时确定的，以采取措施前六个月的每日平均汇率计算的汇率自由转移。

第九条　战争或武装冲突

缔约一方国民在缔约另一方领土内的投资因战争或其他武装冲突、暴乱、叛乱或其他类似事件遭受损失，如缔约另一方就此损失采取措施，其给予该国民的待遇应不低于其给予任何第三国国民的待遇。

第十条　转移

一、缔约一方，经要求，应依照其法律和政策允许缔约另一方国民在其领土内的与投资或投资活动有关的所有资金和与投资有关而从国外雇用的人员的收入和其他财产自由转移，并不无故迟延。此类资金包括以下几项：

（一）初期资本和任何用于维持或扩大投资的追加投资；

（二）收益；

（三）费用，包括有关知识产权和工业产权的支付；

（四）全部或部分出售、抽回或清算投资所得；

（五）按贷款协议所作的支付；

（六）资本增值。

二、此类资金和个人收入的汇出，应以国际货币基金组织分类的可自由兑换货币，并依照接受投资缔约方的法律确定的汇出之日的汇率进行。

三、缔约各方可通过公平地、非歧视地和诚信地适用其法律，保护债权人的权利，或保证执行司法或行政诉讼的判决。

第十一条　对投资者的承诺

缔约一方在其法律管辖下，应遵守其有管辖权的机构向缔约另一方国民就依照法律和本协议条款进行的投资所作的书面承诺。

第十二条　缔约一方和缔约另一方国民之间投资争议的解决

一、如缔约一方和缔约另一方国民之间发生有关投资和投资有关活动的争议，争议双方应首先通过协商和谈判寻求解决争议。

二、如争议在争议一方书面通知另一方争议事宜之日起三个月内未能解决，任何一方可采用下列方式：

（一）依照接受投资缔约一方的法律，向其有管辖权的司法或行政部门提出诉讼；

（二）双方同意的或第八条下的有关补偿额的争议，可提交依本协定附件一组成的仲裁庭解决。

三、本条第二款所述方式应不损害双方向接受投资缔约一方有管辖权的政府部门就争议问题寻求协助的权利。

四、一旦中华人民共和国和澳大利亚都成为一九六五年《关于解决国家和他国国民之间投资争端公约》的成员国，争议可依照接受投资缔约一方成为《公约》成员时的条件提交《解决投资争端国际中心》解决。

五、在任何有关投资或投资有关活动的争议的诉讼程序中，缔约一方不能以有关国民已根据保险或担保合同获得或将获得部分或全部所要求的损失的赔偿或其他补偿作为抗辩，提出反请求权、抵销权或其他权利。然而争议的缔约另一国民不应获得多于由第八条第二款确定的投资争议标的的价值的补偿。补偿应考虑到有义务补偿的缔约一方领土内的所有补偿来源。

第十三条　缔约双方间的争议

一、缔约双方在需要时，应就本协定的执行问题进行磋商。

二、缔约双方应尽力及时通过友好协商和谈判解决双方间就解释或适用本协定所产生的争议。如争议自缔约一方以书面形式要求协商或谈判六十天内未能以上述方法解决，争议将应缔约任何一方要求提交依本协定附件二规定设立的仲裁庭，或其他任何经双方同意的国际仲裁庭。

第十四条　生效、时效和终止

一、本协定签字即生效。本协定有效期为十年，之后将继续无限期有效，除非依照本条第三款终止本协定。

二、本协定将适用一九七二年十二月二十一日以后进行的投资。

三、在本条第一款所述第一个十年结束时或其后的任何时间，缔约任何一方可以提前一年以书面形式通知缔约另一方终止本协定。

四、尽管有本条第三款终止条款,本协定对在终止之日以前进行或取得的投资应自终止之日起十年内继续适用。

由双方政府授权其各自代表签署本协定,以昭信守。

本协定于一九八八年七月一日在北京签订。一式两份,用中文和英文写成,两种文本具有同等效力。

中华人民共和国政府代表(郑拓彬)

澳大利亚政府代表(比尔·海登)

附件一

一、第十二条第二款第(二)项所述仲裁应由三人组成并按下述方式指派:争议各方应指派一名仲裁员,争议双方指派的仲裁员应在其最后仲裁员指派后的三十天内,达成一致推举一名与缔约双方有外交关系的第三国国民为仲裁庭主席。

二、如一方送达提交仲裁诉讼书面通知六十天后,仍未就仲裁庭主席达成一致,争议任何一方均可请求国际复兴开发银行行长作出指派。

三、如争议一方收到争议另一方的提交仲裁诉讼和指派仲裁员的书面通知后,未能在收到另一方的通知后三十天内指派其仲裁员,此仲裁员应在仲裁庭主席指派后由主席指派。

四、如依本附件指派的仲裁员辞职、死亡或因其他原因不能履行仲裁员的职能,继任仲裁员应按和上述原仲裁员同样的指派方式指派。继任仲裁员应具有原任仲裁员的所有权力和义务。

五、仲裁庭应依据争议双方间的任何协议条款并参照一九六五年《关于解决国家与他国国民间的投资争端公约》制定的程序规则,规定其程序。

六、仲裁庭应决定所有有关其权限的问题。

七、在仲裁庭作出决定前,仲裁庭可在诉讼程序任何阶段,建议争议双方友好解决争议。仲裁庭应考虑本协定条款、争议双方间的任何协定和接受投资缔约方的有关国内法,以多数票作出裁决。

八、裁决应是终局的,并具有约束力,并依照缔约一方法律在其领土内执行。

九、争议各方应负担其指派的仲裁员的费用。主席的费用和其他与仲裁活动有关的费用应由双方平均承担。

附件二

一、第十三条所述仲裁庭应由三人组成,并按下述方式指派:缔约各方应指派一名仲裁员,缔约双方达成一致指派第三名仲裁员,该仲裁员应为一名与缔约双方都保持外交关系的国家的国民。该第三名仲裁员将作为仲裁庭主席。

二、仲裁诉讼应在提出诉讼缔约一方通过外交途径送达缔约另一方通知后成立。该通知应概括写明提出要求的根据、所要求的救济性质和提出诉讼缔约一方指派的仲裁员的姓名。在该通知送达六十天内,缔约另一方应通知提出诉讼的缔约一方其指派的仲裁员的姓名。

三、如在送达仲裁诉讼成立通知六十天内,缔约双方未能就仲裁庭主席达成一致,缔约任何一方可以请求国际法院院长作出指派。如果院长是缔约任何一方的国民或因其他原因而不能履行,则请求国际法院副院长作出指派。如果副院长是缔约任何一方的国民或因其他原因而不能履行,则应请求非缔约任何一方国民的国际法院资深法官作出指派。

四、假如依本附件指派的仲裁员辞职、死亡或因其他原因不能行事,继任仲裁员应按上述原仲裁员同样的指派方式指派,继任仲裁员应具有原任仲裁员所有的权利和义务。

五、仲裁庭应在仲裁庭主席确定的时间和地点集合,此后仲裁庭应决定开庭地点和时间。

六、仲裁庭应决定所有有关其权限的问题,并应依照缔约双方间的任何协议规定其程序。

七、在仲裁庭作出决定前,仲裁庭可在诉讼程序的任何阶段建议缔约双方友好解决争议。仲裁庭应考虑本协定的条款,缔约双方已签订的国际协定,以及普遍承认的国际法原则,以多数票作出裁决。

八、缔约各方应各自负担其所任命的仲裁员的费用。主席的费用和其他与仲裁活动有关的费用应由缔约双方平均承担。

九、仲裁庭应公正地听取缔约双方的意见。仲裁庭可以对缔约一方作出不应诉裁决。裁决应以书面形式作出,并应说明其法律依据。经签字的裁决文本应送达缔约各方。

十、裁决应是终局的,并对缔约双方均具有约束力。

附录六(4) 1988年中国—日本BIT

中华人民共和国和日本国关于鼓励和相互保护投资协定

中华人民共和国政府和日本国政府,

希望加强两国间的经济合作,

愿意通过给予投资、与投资有关的业务活动和投资财产以良好的待遇和保护,为各自国家的国民和公司在另一方境内的投资创造良好的条件,

认识到鼓励和相互保护投资会促进两国间的经济和技术的交流,

经过两国政府代表的谈判,

达成协议如下:

第一条

本协定内:

(一)"投资财产",系指缔约一方国民或公司在缔约另一方境内,在进行投资时,依照或不违反该缔约另一方法律和法规用作投资的所有种类的资产,包括:

(1)股份和其他形式的公司份额;

(2)金钱债权和根据具有金钱价值的合同给付的请求权;

(3)有关动产和不动产的权利;

(4)专利权、商标权、有关商名和服务标记的权利及其他工业产权和有关专有技术的权利;

(5)包括勘探和开采自然资源的权利在内的特许权。

(二)"收益",系指由投资财产所产生的价值,特别是指利润、利息、资本利得、股息、使用费和手续费。

(三)"国民",对缔约一方系指具有该缔约一方国籍的自然人。

(四)"公司":

(1)在中华人民共和国方面,系指企业、其他经济组织和社团。

(2)在日本国方面,系指社团法人、合伙、公司和团体,不论其是否有限责任、是否法人或是否以营利为目的。

根据缔约一方有关法律和法规设立并在该缔约一方境内具有住所的公司应视为该缔约一方的公司。

第二条

一、缔约各方应尽可能促进缔约另一方国民和公司在其境内投资,并根据本国的有关法律和法规给予许可。

二、缔约任何一方国民和公司,在缔约另一方境内,关于投资许可和与投资许可有关的事项,享受不低于第三国国民和公司的待遇。

第三条

一、缔约任何一方在其境内给予缔约另一方国民和公司就投资财产、收益及与投资有关的业务活动的待遇,不应低于给予第三国国民和公司的待遇。

二、缔约任何一方在其境内给予缔约另一方国民和公司就投资财产、收益及与投资有关的业务活动的待遇,不应低于给予该缔约一方国民和公司的待遇。

三、本条所述的"与投资有关的业务活动"包括:

(1)维持分公司、代理店、办事处、工厂和其他用于业务活动的适当的设施;

(2)控制和经营自己设立或取得的公司;

(3)雇用和解雇专家,包括技术人员、高级职员和律师,及其他职工;

(4)缔结和履行合同。

第四条

缔约任何一方国民和公司在缔约另一方境内,为行使和维护自身的权利,在请求或接受法院审理和向行政机构提出申诉的权利方面的待遇,不应低于该缔约另一方给予其国民和公司或第三国国民和公司的待遇。

第五条

一、缔约任何一方国民和公司的投资财产和收益,在缔约另一方境内,应始终受到保护和保障。

二、缔约任何一方国民和公司的投资财产和收益,在缔约另一方境内,只有为了公共利益,依照法律和法规,是非歧

视性的并给予补偿,方可被采取征收、国有化或其他类似效果的措施。

三、本条第二款所述的补偿,应使该国民和公司处于未被采取本条第二款所述的征收、国有化或其他类似效果的措施时相同的财政状况。补偿不得迟延。补偿应能有效地兑换和自由转移,兑换和转移时所使用的外汇兑换率按确定补偿价款之日使用的有效兑换率。

四、缔约任何一方国民和公司,当其投资财产和收益被采取征收、国有化或其他类似效果的措施时,有权就这些措施和补偿的价款,根据采取这些措施的缔约另一方的有关法律和法规,请求或接受该缔约另一方有管辖权的法院的审理,或向有权限的行政机关提出申诉。

五、缔约任何一方在其境内,关于本条第一款至第四款规定的事项,给予缔约另一方国民和公司的待遇,不应低于给予第三国国民和公司的待遇。

第六条

缔约任何一方国民和公司,在缔约另一方境内,由于发生敌对行为或国家紧急状态而使其投资财产、收益或与投资有关的业务活动受到损害,如该缔约另一方就发生敌对行为或国家紧急状态而采取任何措施时,享受不低于第三国国民和公司的待遇。

第七条

缔约任何一方根据对其国民或公司在缔约另一方境内的投资财产和收益所承担的保证支付款项时,该缔约另一方应承认该国民或公司对此项投资财产和收益的权利或请求权因上述支付而转移给该缔约一方,并应承认该缔约一方由此产生的对该国民或公司的请求权和诉讼权的代位。

关于根据上述权利或请求权的转移而向缔约一方支付的款项的转移,准用第五条第二款至第五款和第八条的规定。

第八条

一、缔约任何一方应保证缔约另一方国民和公司在缔约双方境内之间以及该缔约一方境内和第三国境内之间进行支付、汇款以及包括投资财产的清算价款在内的金钱证券或资金的自由转移。

二、本条第一款的规定,不妨碍缔约任何一方根据本国有关法律和法规,施行外汇限制。

第九条

本协定也适用于本协定生效之前在一九七二年九月二十九日以后缔约任何一方的国民和公司在缔约另一方境内依照该缔约另一方的有关法律和法规取得的投资财产和收益。

第十条

本协定不论缔约双方有无外交关系或领事关系同样适用。

第十一条

一、关于在缔约任何一方境内的缔约另一方国民或公司的投资,该缔约一方和该缔约另一方国民或公司之间发生的争端,应尽可能通过争端当事者之间的友好协商解决。

二、缔约任何一方或根据其法律和法规其他承担补偿义务者和缔约另一方国民或公司关于第五条第三款所述的补偿价款的争端,如果当事任何一方提出为解决争端进行协商的六个月内未能解决,则根据该国民或公司的要求,可提交参考一九六五年三月十八日在华盛顿签订的《关于解决国家和他国国民之间投资争端公约》(以下简称华盛顿公约)而组成的调解委员会或仲裁委员会。缔约任何一方和缔约另一方国民或公司关于其他事项的争端,可根据当事双方的同意,提交如上所述的调解委员会或仲裁委员会。

如果该缔约另一方国民或公司在该缔约一方境内求助于行政或司法解决时,该争端不得提交仲裁。

三、第二款所述的仲裁委员会,由三名仲裁员组成:当事双方各委任一名仲裁员,该两名仲裁员应自当事一方收到另一方要求将争端提交第二款所述仲裁的通知之日起六十天内委任,该两名仲裁员在其后九十天内一致同意决定另一名非缔约任何一方国民的第三名仲裁员为首席仲裁员。

四、如果当事各方委任的仲裁员未能在第三款规定的其后九十天内就第三名仲裁员取得一致意见,当事任何一方均可请求当事双方事先所同意的第三者委任与缔约双方均有外交关系的第三国国民为仲裁员。

五、仲裁程序由仲裁委员会参考华盛顿公约制定。

六、仲裁委员会的裁决是终局的,具有拘束力。仲裁委员会裁决的执行,应根据被要求在其境内执行裁决的国家有效的关于执行裁决的法律和法规进行。仲裁委员会应陈述其裁决的依据,并应当事任何一方的要求说明理由。

七、当事各方应各自负担其仲裁员和参与仲裁过程的费用,首席仲裁员履行其职务的费用和仲裁委员会的其他费用应由双方平均负担。

八、在实施本条第二款所述的交付仲裁委员会的情况下,国家之间不得提出有关该案件的请求。

第十二条

缔约任何一方国民或公司拥有实质利益的第三国公司,在缔约另一方境内,除非该缔约另一方和该第三国之间具有有效的关于投资和保护投资财产的国际协定,应享受如下待遇:

(1)关于第二条第二款、第三条、第五条第一款至第四款、第六条及第九条规定的事项,不低于第三国国民或公司拥有实质利益的其他第三国公司在该缔约另一方境内享受的待遇。

(2)关于第三条、第五条第一款至第四款、第六条和第九条规定的事项,不低于该缔约另一方国民或公司拥有实质利益的第三国公司在该缔约另一方境内享受的待遇。

第十三条

一、缔约各方对缔约另一方提出的有关影响本协定适用问题的建议,应给予善意的考虑,并提供适当的机会进行协商。

二、缔约双方对本协定的解释或适用发生争端,在通过外交谈判未能圆满调整时,应提交仲裁委员会裁决。

该仲裁委员会由三名仲裁员组成:由缔约双方在缔约任何一方收到缔约另一方要求仲裁通知之日起六十天内各任命一名仲裁员,再由该两名仲裁员在其后九十天内一致同意的非缔约任何一方国民的第三名仲裁员作为首席仲裁员。

三、在缔约各方所任命的仲裁员未能在第二款规定的其后九十天内就第三名仲裁员取得一致时,则缔约双方应请求国际法院院长任命非缔约任何一方国民的第三名仲裁员。

四、仲裁委员会应以多数票作出裁决。裁决是终局的,具有拘束力。

五、仲裁程序由仲裁委员会制定。

六、缔约各方各自负担其仲裁员和参与仲裁过程的费用,首席仲裁员履行其职务的费用和仲裁委员会的其他费用由双方平均负担。

第十四条

缔约双方设立由缔约双方政府代表组成的联合委员会,其任务是研究本协定的执行情况及有关两国间投资的事项;结合一方或双方国家关于接受外国投资的法律制度或政策的发展,就本协定的适用及与本协定适用有关的事项进行磋商;并在必要时向缔约双方政府提出适当的建议。联合委员会根据缔约任何一方的要求在北京和东京轮流举行。

第十五条

一、本协定自缔约双方各自履行完毕为生效所需的国内法律程序并交换确认通知之日起三十天后生效。本协定有效期为十年。十年以后,在根据本条第二款的规定终止之前,本协定继续有效。

二、在本协定最初十年期满时或其后任何时期,缔约任何一方均可以书面提前一年通知缔约另一方终止本协定。

三、对于本协定终止之日前取得的投资财产和收益,本协定第一条至第十四条的规定,自本协定终止之日起继续有效十五年。

由各自政府正式授权的签署人在本协定上签字,以资证明。

本协定于一九八八年八月二十七日在北京签订,一式两份,每份都用中文、日文和英文写成,三种文本具有同等效力。如在解释上发生分歧,以英文本为准。

中华人民共和国政府代表(郑拓彬)　日本国政府代表(中岛敏次郎)

议定书

当此《中华人民共和国和日本国关

于鼓励和相互保护投资协定》(以下简称协定)签订之际,签字者同意下列各项作为不可分割的组成部分。

一、协定的任何规定都不应解释为在著作权方面给予任何权利或承担任何义务。

二、只要一八八三年三月二十日在巴黎签署的关于保护工业产权公约的规定或其后修改的规定在缔约双方之间有效时,协定的任何规定不应解释为影响到缔约任何一方根据该公约的规定对缔约另一方所承担的义务。

三、关于协定第三条第二款的规定,缔约任何一方,根据有关法律和法规,为了公共秩序、国家安全或国民经济的正常发展,在实际需要时,给予缔约另一方国民和公司的差别待遇,不应视为低于该缔约一方国民和公司所享受的待遇。

四、协定第三条第二款的规定,不应妨碍缔约任何一方规定关于外国人及外国公司在其境内活动的特别手续。但是,该手续不应在实质上损害该条第二款规定的权利。

五、缔约任何一方,对希望在其境内进行投资和与投资有关的业务活动的缔约另一方国民的入境、逗留和居住的申请,应根据其有关法律和法规给予善意的考虑。

六、尽管有协定第三条的规定,缔约任何一方根据对等原则或依照避免双重征税和防止偷税漏税协定,均可保留给予特别税收优惠的权利。

七、协定第八条第二款的规定不影响缔约任何一方作为国际货币基金协定的缔约国关于外汇限制具有或可能具有的权利和义务。

八、协定第十一条第一款的规定,不得解释为妨碍缔约任何一方的国民和公司在缔约另一方境内可以寻求行政或司法解决。

九、协定第十二条所述的"实质利益",系指达到能够控制公司或对其有决定性影响的程序的利益。缔约任何一方国民或公司拥有的利益是否相当于"实质利益",应根据各个情况分别由缔约双方协商决定。

由各自政府正式授权的签署人在本议定书上签字,以资证明。

本议定书于一九八八年八月二十七日在北京签订,一式两份,每份都用中文、日文和英文写成,三种文本具有同等效力,如在解释上发生分歧,以英文本为准。

中华人民共和国政府代表(郑拓彬)　日本国政府代表(中岛敏次郎)

会谈纪要

签字者就今天签订的《中华人民共和国和日本国关于鼓励和相互保护投资协定》(以下简称协定)谈判中达成的谅解纪要如下:

一、缔约双方确认,缔约任何一方的国民或公司在缔约另一方境内,依照或不违反该缔约另一方当时的法律和法规设立的常驻代表机构的财产,也享受协定的保护。

二、缔约双方确认,协定第三条第二款所述的"低于给予该缔约一方国民和公司的待遇"包括对下述活动差别性地采取限制或妨碍措施:采购原材料或辅料、电力或燃料、各类生产或操作工具;在国内外销售产品;在国内外借款;引进技术;在国外设立分支机构。本款不得影响协定议定书三规定的适用。

三、关于协定第五条,缔约双方确认该条第三款所述的补偿必须是与征收、国有化或其他类似效果的措施被公布或者被采取时(先者为准)的投资财产和收益相当的款额,并包括考虑到付款前期间的适当利息。

四、协定第五条第三款中所述的"不得迟延",不排除在决定款额及支付方法等方面所需要的合理时间。

一九八八年八月二十七日于北京

中华人民共和国政府代表　日本国政府代表

(郑拓彬)　(中岛敏次郎)

附录六(5) 1992年中国—韩国BIT

中华人民共和国政府和大韩民国政府关于鼓励和相互保护投资协定

中华人民共和国政府和大韩民国政府(以下简称缔约方),

希望加强两国间的经济合作,

愿意通过缔约各方给予投资、与投资有关的业务活动良好的待遇和保护,为各自国家的投资者在另一方领土内投资创造良好的条件,

认识到鼓励和相互保护投资会促进两国间的经济技术交流,

达成协议如下:

第一条

本协定内:

一、"投资"一词,系指一国的投资者在另一国领土内,在进行投资时,依照另一国适用的法律和法规,用作投资的所有种类的财产,特别是,但不限于:

(一)动产和不动产及其他物权,如抵押权、留置权、质权、用益权和类似权利;

(二)股份、股票、债券或公司、企业或合营企业中其他任何形式的参股;

(三)金钱请求权或与投资有关的具有经济价值的行为请求权;

(四)知识产权,包括著作权、商标权、专利权、工业设计、工艺流程、专有技术、商业秘密及商名,和商誉;

(五)依照法律或根据合同赋予的任何权利及依法取得的任何许可证或许可,包括勘探、提炼、种植和养殖或开发自然资源的权利。

投资财产的任何形式的改变,不影响其作为投资的性质。

二、"收益"一词,系指由投资所产生的款项,主要包括利润、利息、资本利得、股息、提成费及酬金。

投资产生的收益用于再投资时,再投资的收益享有与该投资相同的保护。

三、"投资者"一词,系指在另一国领土内投资的一国的国民或公司。

(一)"国民"一词,在缔约一方系指具有该国国籍的自然人。

(二)"公司"一词,

1. 在中华人民共和国方面,系指企业,其他经济组织和社团;

2. 在大韩民国方面,系指法人、合伙、公司和社团,不论是否有限责任、是否法人或是否以营利为目的。

依照一国适用的法律和法规组成且在其领土内拥有住所的公司,应视为该国的公司。

第二条

一、缔约各方应尽可能在其领土内促进另一国的投资者的投资,并根据其本国适用的法律和法规使该投资获得许可。

二、任何一方国家的投资者,在另一国的领土内,关于投资许可和与投资许可有关的事项,享受不低于第三国投资者的待遇。

三、对愿进入另一国领土内从事投资及与投资有关的业务活动的任何一方国家的国民,另一国应对其入境、居留、居住以及从事业务活动获得许可证和许可的申请,依照其适用的立法应给予善意的考虑。

第三条

一、任何一方国家的投资者,在另一国领土内,在有关投资、收益和与投资有关的业务活动方面应保证得到不低于任何第三国投资者的待遇。

二、任何一方国家的投资者,在另一国领土内,在有关投资、收益和与投资有关的业务活动方面,应保证得到不低于后者一方国家投资者的待遇。

三、本条所述的"与投资有关的业务活动",特别是,但不限于:

(1)维持分公司、代理店、办事处、工厂和其他用于业务活动的适当的设施;

(2)控制和经营自己设立或取得的公司;

(3)雇用和解雇专家,包括技术人员、高级职员和律师及其他职工;

(4)缔结和履行合同。

四、本条第一款的规定不应解释为一国有义务将以下事项产生的待遇、优惠或特权给予另一国的投资者：

(1)任何现有或将来的关税同盟或自由贸易区或共同对外关税区或货币联盟或任何一国已是或可能为其成员的类似国际协定或其他形式的区域合作；或

(2)全部或部分与税收有关的国际协定或安排。

第四条

任何一国的投资者在另一国领土内，为行使和维护自身的权利，在请求或接受法院审理和向行政仲裁机构及行政机关提出申诉的权利方面的待遇，不应低于该另一国给予其本国投资者或第三国投资者的待遇。

第五条

一、任何一国的投资者的投资和收益，在另一国领土内，应始终受到保护和保障。

二、任何一方国家的投资者的投资和收益，在另一国领土内，只有为了公共利益，在非歧视的基础上，方可被征收、国有化或采取其他具有类似效果的措施(以下简称征收)。征收应依照适用的法律和法规进行，并给予补偿。

三、本条第二款所述的补偿应在宣布征收决定或征收决定为公众所知前一刻投资的市场价值的基础上计算。若市场价值不易确定，则依照普遍承认的估价原则，在公正原则基础上，尤其考虑原投资资本、折旧、已汇出资本及其他相关因素以确定补偿。该补偿的进行不得迟延，应包括自征收之日起直至支付之日以适当利率计算的利息，应能以确定补偿款额之日有效的官方汇率有效实现并自由转移。

四、任何一国投资者在另一国领土内有关本条第一款至第三款所述事项方面，保证得到非歧视待遇。

五、受影响的投资者有权依照采取征收一国的法律，请求该国有管辖权的法院或行政仲裁机构或行政机关，就本条第二款、第三款和第四款所述措施及补偿款额进行及时审查。

六、若任何一国在其领土内任何地方征收依照其有效法律组成或设立的另一国投资者拥有股份的公司的财产，应适用本条规定。

第六条

一、任何一国投资者在另一国领土内，由于武装冲突、全国紧急状态或内乱而使其投资受到损害，如后者一方采取予以恢复、赔偿、补偿或其他解决措施时，享受不低于第三国投资者的待遇。

二、在不损害本条第一款的情况下，一国的投资者在另一国的领土内因该款所述事件遭受损害或损失是由于：

(1)另一国军队或当局征用其财产；

(2)非因战斗行动或情势所迫，另一国军队或当局毁坏其财产；

对投资者在财产被征用期间遭受的损害或损失应给予公平合理的补偿。

三、本条第一款和第二款补偿款项的支付应不迟延地进行，以确定补偿款额之日有效的官方汇率自由转移。

第七条

缔约任何一方或其指定的代理机构，根据对其投资者在另一国领土内的某项投资所作的担保而支付了款项时，缔约另一方应承认：

(1)依照法律或根据该国的法律事务，该投资者将权利或请求权转让给了前者缔约一方或其指定的代理机构，及

(2)前者缔约一方或其指定的代理机构，因代位有权行使该投资者的权利或请求权并应承担与投资有关的义务。

第八条

一、一国的投资者依照另一国适用的法律和法规，在投资方面应得到保证以任何可自由兑换货币不迟延地转移以下款项出其领土，特别是，但不限于：

(1)一国投资者投资的净利润、股息、提成费、技术援助和技术服务费、利息和其他正常收入；

(2)出售或全部或部分清算一国投资者的投资的款项；

(3)原始投资及扩大投资的追加款项；

(4)偿还与投资有关的借款的款项；

(5)被允许在另一国领土内从事投

资有关活动的一国国民的收入；

（6）补偿。

二、本协定内，汇率应与转移之日有效的官方汇率一致。

第九条

一、关于一国投资者和另一国政府有关投资产生的任何争议，在后者一国领土内应尽可能通过争端双方友好协商解决。

二、在给予另一国投资者的待遇不低于给予其本国投资者投资的待遇或给予第三国投资者投资的待遇的基础上，该投资者可使用符合投资所在一国适用的法律和法规的法律补救措施。

三、任何一国政府或根据其法律和法规其他承担补偿义务者与另一国投资者关于第五条第三款所述的补偿款额的争端，如果自当事任何一方要求友好解决之日起六个月未能解决，则根据该投资者的要求，可提交参考一九六五年三月十八日在华盛顿签订的《关于解决国家和他国国民之间投资争端公约》（以下简称华盛顿公约）而组成的调解委员会或仲裁委员会（以下简称仲裁委员会）。一国政府和另一国投资者之间关于其他事项的争端，可根据双方的同意，提交如上所述的仲裁委员会。

如果该另一国的投资者在该一国领土内救助于行政或司法解决时，该争端不得提交仲裁委员会。

四、本条第三款所述仲裁委员会，由三名仲裁员组成：当事双方各委任一名仲裁员，该两名仲裁员应自当事一方收到另一方要求将争端提交第三款所述仲裁的通知之日起六十天内委任，该两名仲裁员在其后九十天内一致同意指定另一名非任何一国国民的第三名仲裁员为首席仲裁员。

五、如果在第四款规定的期间内当事各方委任的仲裁员未能就第三名仲裁员取得一致意见，当事任何一方可请求当事双方事先同意的第三者委任与两国均有外交关系的第三国国民为首席仲裁员。

六、仲裁程序由仲裁委员会参照华盛顿公约制定。

七、仲裁委员会的裁决是终局的，具有拘束力。仲裁委员会裁决的执行，应根据被要求在其境内执行裁决的国家有效的关于裁决的法律和法规，仲裁委员会应陈述其裁决的依据，并应当事任何一方的要求说明理由。

八、当事各方应各自负担其仲裁员和参与仲裁过程的费用，首席仲裁员履行其职务的费用和仲裁委员会的其他费用应由双方平均负担。

九、在实施本条第三款所述的交付仲裁委员会的情况下，国家之间不得提出有关该案件的请求。

十、尽管有本条的规定，在中华人民共和国成为华盛顿公约的成员国时，应投资者或政府的要求，可将除中华人民共和国声明保留不提交根据华盛顿公约设立的“解决投资争端国际中心”（以下简称中心）的争端以外的任何争端，提交“中心”。

第十条

一、缔约双方对本协议的解释或适用发生争议，应尽可能通过协商或谈判解决。

二、如果争议在三个月内得不到解决，应缔约任何一方的要求，可将争议提交仲裁庭。

三、仲裁庭按以下方式逐案设立。自收到仲裁要求之日起两个月内，缔约各方各委任一名仲裁员。该两名成员一致同意一名由缔约双方同意的第三国国民为仲裁庭首席仲裁员（以下简称首席仲裁员）。首席仲裁员应自另两名仲裁员委任之日起两个月内得到委任。

四、如果在本条第三款规定的期限内尚未作出必要的委任，除非另有商定，缔约任何一方可请求国际法院院长委任第三名仲裁员，如果该院长为任何一国国民或因其他原因不能履行此职责，则提请副院长作出委任。如果该副院长也为任何一国国民或不能履行此项职责，则提请国际法院中非缔约任何一国的国民的次资深官作出委任。

五、仲裁庭以多数票作出裁决。裁决是终局的，具有拘束力。缔约各方各自负担其仲裁员和参与仲裁程序的费用，首席仲裁员的费用和其他费用由缔约双方平均负担。仲裁庭自行制定其仲裁程序。

第十一条

本协定适用于一国投资者在另一国领土内的投资和收益。

(一)在中华人民共和国投资者方面,适用于一九四九年十月一日以后的投资。

(二)在大韩民国投资者方面,适用于一九四八年八月十五日以后的投资。

第十二条

一、某事项同时受本协定和另一双方国家均为其成员的国际协议管辖时,本协定不得妨碍缔约任何一方或在另一国领土拥有投资的一国投资者从优适用。

二、如果一国根据其法律和法规或其他具体规定或合同给予另一国投资者的待遇比本协定的规定更优惠,则从优适用。

第十三条

任何一国投资者拥有实质利益的第三国公司,在另一国领土内,除非该另一国和该第三国之间具有有效的关于投资和保护投资的国际协议,应保证得到如下待遇:

(一)关于第二条第二款、第三条、第五条第一款至第四款和第六款、第六条和第八条及第十一条规定的事项,不低于第三国投资者拥有实质利益的其他第三国公司在该另一国领土内享受的待遇。

(二)关于第二条和二款、第三条、第五条第一款至第四款和第六款、第六条和第八条及第十一条规定的事项,不低于该另一国投资者拥有实质利益的第三国公司在该另一国领土内享受的待遇。

第十四条

一、为便于执行本协定,缔约双方同意设立由双方代表组成的联合委员会。

二、联合委员会的职责主要包括:

(一)审查协定的执行情况及两国间有关投资的事宜;

(二)结合一方或双方国家关于接受外国投资的法律制度或政策的发展,就本协定的适用及与本协定的适用有关的事项进行磋商;

(三)必要时向两国政府提出适当的建议。

三、联合委员会根据缔约任何一方的要求在北京和汉城轮流举行。

第十五条

本协定生效后,中国国际商会和大韩贸易振兴公社一九九二年五月二日签订的关于鼓励和相互保护投资协定同时失效。

第十六条

一、本协定签署后,自缔约双方相互交换各自履行完毕国内法律程序的通知之日起第三十天生效,有效期五年。除非任何一方在本协定有效期满前一年书面通知另一方终止本协定,本协定自动继续有效一年。

二、对于本协定终止之日前取得的投资和收益,本协定第一条到第十四条的规定,自本协定终止之日起继续有效十五年。

三、经缔约双方同意,可修改本协定。

由分别正式授权的签署人在协定上签字,以昭信守。

本协定于一九九二年九月三十日在北京签署。一式两份,每份都用中文、韩文和英文写成,三种文本具有同等效力。如在解释上发生分歧,以英文本为准。

中华人民共和国政府代表

大韩民国政府代表

议定书

值此中华人民共和国政府和大韩民国政府关于鼓励和相互保护投资协定(以下简称协定)签署之际,签字者同意下列各项作为本协定不可分割的组成部分。

一、根据一八八三年三月二十日在巴黎签署的保护工业产权国际公约或其后修改的规定或根据任何一国已是或可能为其成员国的现存或将来的国际协定,协定的任何规定不应解释为影响到知识产权方面的任何权利或义务。

二、关于协定第三条第二款及第十三条第(二)项的规定,任何一国政府为了公共目的、国家安全或国民经济的正常发展,在必须时,根据适用的法律和法规给予另一国的投资者的差别待遇，如果采取的这种差别待遇不是针对另一国投资者或另一国投资者拥有股份的合营公司，不应视为低于该一国投资者所享受的待遇。

三、协议第三条第二款的规定，不应妨碍任何一国政府规定外国投资者在其领土内活动的特别手续。但应保证该手续在实质上不损害上述条款规定的权利。

四、关于第五条第四款：

（1）缔约任何一方给另一国投资者的待遇，不低于给予第三国投资者的待遇。

（2）缔约任何一方依照其有效立法，保留对另一国投资者所享受的不低于给予其本国投资者的待遇作出或维持例外限制规定的权利。

五、协定第八条第二款的规定不影响任何一国作为国际货币基金的缔约国关于外汇限制具有或可能具有的权利和义务。

六、关于第八条的规定，“不迟延”一词系指应在履行转移手续一般所需时间内完成。自提出转移有关款项的申请之日起，对第八条所述的转移，期限不得超过六个月。

七、协定第十三条所述的“实质利益”，系指达到能够控制公司或对其具有决定性影响的程度的利益。

由分别正式授权的签署人在本议定书上签字，以昭信守。

本议定书于一九九二年九月三十日在北京签署。一式两份，每份都用中文、韩文和英文写成，三种文本具有同等效力。如在解释上发生分歧，以英文本为准。

中华人民共和国政府代表

大韩民国政府代表

附录六(6)　2001 年中国—荷兰 BIT

中华人民共和国政府和荷兰王国政府关于鼓励和相互保护投资协定

荷兰王国政府和中华人民共和国政府(以下简称缔约双方),

愿为加强两国之间的传统友谊和拓展两国之间的经济关系,特别是缔约一方的投资者在缔约另一方领土内进行投资方面;

认识到同意给予上述投资的待遇将有助于促进资本和技术的流动以及增进缔约双方的经济发展,并认识到希望给予投资公平公正待遇;

达成协议如下:

第一条　定义

本协定内:

一、"投资"一词系指缔约一方投资者在缔约另一方其领土内所投入的各种财产,特别是,包括但不限于:

(一)动产、不动产以及其他财产权利如抵押权、质押权;

(二)公司股份、债券、股票和任何其他形式的参股;

(三)金钱请求权或其他具有经济价值的与投资有关的行为请求权;

(四)知识产权,特别是著作权、专利权、商标权、商名、工艺流程、专有技术和商誉;

(五)法律或法律允许依合同授予的商业特许,包括勘探、耕作、提炼或开发自然资源的特许权。

所投资财产发生任何形式上的变更,不影响其作为投资的性质。

二、"投资者"一词,系指:

(一)依照缔约一方法律拥有缔约一方国籍的自然人;

(二)按照缔约一方的法律法规设立和组成,在该缔约方领土内具有住所的任何经济实体,包括公司、社团、合伙和其他组织,不论其是否以营利为目的,其责任是否为有限。

三、"收益"一词系指由投资所产生的款项,包括利润,股息、利息、资本利得、使用费和其他合法收入。

四、为本协定之目的,"领土"一词分别为:

在中华人民共和国方面,系指中华人民共和国领土(包括领海及其领空),以及根据中国法律和国际法,在其领海以外拥有勘探和开发海床和底土资源及海底以上水资源的主权权利的任何区域。

在荷兰王国方面,系指荷兰王国领土和根据荷兰王国有效法律和国际法,属于荷兰王国对其行使管辖权或主权的荷兰王国专属经济区或大陆架的任何毗邻领海区域。

第二条　促进和接受投资

缔约一方应鼓励缔约另一方的投资者在其领土内投资,并依照其法律和法规接受此种投资。

第三条　投资待遇

一、缔约一方的投资者在缔约另一方的领土内的投资应始终享受公正与公平的待遇。缔约一方投资者在缔约另一方领土内的投资应享受持续的保护和保障。

二、缔约任何一方均不得采取任何不合理的或歧视性的措施损害缔约另一方投资者对其投资的管理、维持、使用、享有和处置。

三、缔约一方给予缔约另一方投资者的投资和与该投资有关的活动的待遇不应低于其给予本国或任何第三国投资者的投资及与投资有关的活动的待遇。

四、缔约一方应遵守与缔约另一方投资者关于投资所达成的任何承诺。

五、如果缔约任何一方的法律或现行国际法的义务或缔约双方除本协定外的约定中含有如下一般或具体规定,即赋予缔约另一方投资者的投资比本协定更优惠的待遇,则该规定应在其更优惠的程度上优于本协定而适用。

六、本条第一款到第五款的规定不得解释为缔约一方有义务将下述原因产生的任何待遇、优惠或特权获得的利益给予缔约另一方投资者：

（一）建立关税同盟、经济联盟、货币联盟或相似的组织的协定，或根据导致上述联盟或组织的临时协定；

（二）全部或主要与税收有关的任何国际协定或国际安排；

（三）为方便边境地区小额投资的任何国际协定或安排。

第四条 人员的进入和逗留

缔约一方应在其法律框架内对在其领土内从事与投资有关活动的缔约另一方投资者的签证和工作许可，给予善意的考虑。

第五条 征收

一、缔约任何一方不得对缔约另一方投资者在其领土内的投资征收、国有化或采取其他类似措施（以下简称征收），除非满足下述条件：

（一）为公共利益并依照国内法律程序；

（二）该征收是非歧视性的或不违背采取此措施的缔约方已经给予的保证；

（三）征收应给予补偿。

二、第一款第（三）项所述的补偿应等于投资在采取征收措施前一刻的公平市场价值。公平市场价值不应因为征收事先已为公众所知而反映了任何价值上的改变。其应当包括以通行商业利率计算的从征收发生日起到支付日之间的利息，且为对受影响的投资者有效，其应当以受影响投资者的国家的货币或受影响投资者接受的可自由兑换货币予以支付并不迟延地转移至相关投资者指定的国家。

第六条 损害和损失补偿

缔约一方的投资者在缔约另一方领土内的投资，如果由于缔约后者一方领土内的战争、全国紧急状态、起义、骚乱或其他相似情形而遭受损失，缔约后者一方在恢复、赔偿、补偿和其他解决措施方面给予该投资者的待遇不应低于其给予本国或任何第三国投资者待遇，并从优适用。

第七条 投资和收益的汇回

一、缔约一方应保证缔约另一方投资者在其领土内的投资和收益的转移，包括，但不限于：

（一）利润、股息、利息及其他合法收入；

（二）全部或部分投资的销售或清算所获得的款项；

（三）与投资有关的贷款协议的偿还款项；

（四）与本协定第一条第一款第（四）项的事项有关的提成费；

（五）技术援助或技术服务费、管理费的支付；

（六）有关承包工程的支付；

（七）缔约另一方投资者从事与在其领土内投资有关活动的收入。

二、本条第一款的任何内容不得影响本协定第五条和第六条规定支付的赔偿的自由转移。

三、上述的转移应以接受投资的缔约方适用的通行市场汇率，在转移之日以可自由兑换的货币进行。

第八条 代位

如果缔约一方或其指定的代理机构依照其对在缔约另一方领土内的投资的保证向其投资者作了支付，缔约后者一方应当承认被保证的投资者的全部权利和请求权依照法律或法律程序转让给了缔约前者一方或其指定的代理机构，并应承认缔约前者一方或其指定的代理机构根据代位行使和投资者同等程度的权利。

第九条 缔约双方的争议解决

一、缔约双方对本协定的解释或适用所产生的争议应尽可能通过外交途径协商解决。

二、如争议在六个月内不能解决，根据缔约任何一方的要求，应将争议提交专设仲裁庭解决。

三、该仲裁庭由三名仲裁员组成。自收到书面仲裁请求通知的两个月内，缔约双方应各指派一名仲裁员。在随后的两个月内，该两名仲裁员应共同推举一名与缔约双方均有外交关系的第三国之国民为仲裁庭首席仲裁员。

四、如果自收到要求仲裁的书面通知的四个月内尚未组成仲裁庭，又无任何其他协议，缔约任何一方可请求国际法院院长作出必要的指派，如院长是缔约任何一方国民，或因其他原因不能履行此项职责，则应请求非缔约任何一方国民的国际法院最资深法官作出必要的任命。

五、仲裁庭应自行制定其程序规则。仲裁庭应根据本协定的规定和可适用的国际法原则作出裁决。

六、仲裁庭的裁决以多数票作出。裁决是终局的，并对双方具有约束力。应缔约任何一方的请求，仲裁庭应说明其作出裁决的理由。

七、缔约双方应负担各自指派的仲裁员和出席仲裁程序的有关费用。首席仲裁员和仲裁庭的有关费用应由缔约双方平均分担。

第十条　投资者与缔约一方争议的解决

一、缔约一方与缔约另一方投资者之间关于该投资者在缔约前者一方领土内的投资产生的争议应尽可能由争议有关各方友好解决。

二、投资者可以决定将争议提交有管辖权的国内法院。如有关中华人民共和国领土内的投资的法律争议已提交给有管辖权的国内法院，该争议只有在相关投资者已经从国内法院撤诉后方可提交国际争议解决。如果争议与在荷兰王国领土内的投资有关，投资者可以选择在任何时候将争议提交国际争议解决。

三、如争议自争议当事任何一方要求友好解决之日起六个月内未能解决，缔约各方无条件同意应有关的投资者要求将该争议提交：

（一）"解决投资争端国际中心"，依照 1965 年 5 月 18 日在华盛顿开放签字的《关于解决国家与他国国民投资争端的公约》，进行仲裁或调解，或

（二）除非争议当事方另有约定，依照《联合国国际贸易法委员会仲裁规则》建立的专设仲裁庭。

四、该专设仲裁庭应根据当事各方约定的法律规则解决争议。如无此约定，该仲裁庭应适用为争议当事方的缔约一方的法律（包括其冲突法规则）、本协定的规定以及可适用的国际法规则。

五、仲裁庭的裁决是终局的，对争议当事双方具有拘束力。

第十一条　磋商

缔约任何一方可以向缔约另一方提议，就与本协定的解释、适用和执行有关的事宜进行磋商。缔约另一方应对提议给予善意的考虑，并对该磋商提供充分的机会。

第十二条　适用

本协定同样适用于在其生效之前，缔约一方投资者依照缔约另一方进行投资时有效的法律法规，在缔约另一方的领土内进行的投资。无论缔约双方是否存在外交或领事关系，本协定的规定应当适用。

第十三条　过渡

一、本协定替代了 1985 年 6 月 17 日在海牙签订的《中华人民共和国政府与荷兰王国政府关于相互鼓励和保护投资协定》。

二、本协定应适用在其生效之前或之后缔约任何一方投资者在缔约另一方领土内进行的所有投资，但是，不适用任何在本协定生效之前已经进入司法或仲裁程序的与投资有关的争议或请求。该争议或请求应当继续依照本条第一款所述的 1985 年协定的规定解决。

第十四条　关于荷兰王国协定的适用和终止

关于荷兰王国方面，除非第十五条第一款所述的通知另有声明，本协定应当适用于荷兰王国在欧洲的部分、也适用于荷兰安替列群岛和阿鲁巴岛。

依照第十五条第一款，荷兰王国应有权终止本协定在荷兰王国在欧洲的部分、荷兰安替列群岛和阿鲁巴岛的适用。

第十五条　生效、期限和终止

一、本协定自缔约双方完成各自国内必要法律程序并以书面形式相互通知之日起下一个月的第一天开始生效，有效期为十五年。

二、除非缔约任何一方在本协定有效期期满前六个月通知缔约另一方终止本协定，本协定应五年为一期默示延续。

三、对本协定终止之日前进行的投资，前述第一条至第十四条的规定应自终止之日起继续适用十五年。

由双方政府正式授权其各自代表签署本协定，以昭信守。

本协定于______年____月____日在__________签订，一式两份，每份都用中文、荷兰文和英文写成，三种文本同等作准。若解释上发生分歧，以英文本为准。

中华人民共和国政府代表

荷兰王国政府代表

议定书

值此中华人民共和国和荷兰王国在签署关于鼓励和相互保护投资协定之时，缔约双方的签字代表同意下述条款作为本协定的组成部分：

关于第一条

第一条第一款所述“投资”一词包括由缔约一方投资者拥有或控制的第三国法人在缔约另一方领土内依照后者的法律法规已经进行的投资。只有当投资被缔约另一方征收之后该第三国无权或放弃其赔偿请求权的情况之下，本协定相关条款方为适用。

本协定亦适用于缔约一方投资者在缔约另一方领土内依照其法律法规进行的再投资。

关于第三条第二款和第三款

在中华人民共和国方面，第三条第二款和第三款不适用于：

（一）在其领土内任何现存的不符措施；

（二）对第一款所述的任何不符措施的延续；

（三）对第一款所述的任何不符措施的修正，只要这种修正不增加附有此义务的该措施在修正前存在的不符程度。

将努力逐渐消除这些不符措施。

关于第七条

一、在中华人民共和国方面本协定第七条所指的转移，应当符合当前中国有关汇兑管制的法律和法规所规定的手续。

二、在此方面，中华人民共和国应当给予荷兰王国投资者不低于其给予任何第三国投资者的待遇。

三、该手续不得被用于规避本协定中缔约方的承诺和义务。

四、本协定第七条的规定不应影响缔约任何一方作为国际货币基金组织成员国所享有的或可能享有的在汇兑限制方面的权利和义务。

关于第十条

荷兰王国注意到中华人民共和国的声明，其要求有关的投资者依照第十条第三款将争议提交国际仲裁之前用尽中华人民共和国的法律法规规定的当地行政复议程序。中华人民共和国声明，完成该程序的最长期限为三个月。

中华人民共和国政府代表

荷兰王国政府代表

附录六(7)　2003年中国—德国BIT

中华人民共和国和德意志联邦共和国关于促进和相互保护投资的协定

中华人民共和国和德意志联邦共和国(以下简称缔约双方),

愿为缔约一方的投资者在缔约另一方境内投资创造有利条件,

认识到鼓励、促进和保护投资将有助于激励投资者经营的积极性和增进两国繁荣,

愿加强两国间的经济合作,

达成协议如下:

第一条　定义

本协定内:

一、"投资"一词系指缔约一方投资者在缔约另一方境内直接或间接投入的各种财产,包括但不限于:

(一)动产,不动产及抵押、质押等其他财产权利;

(二)公司的股份、债券、股票或其他形式的参股;

(三)金钱请求权或其他具有经济价值的行为请求权;

(四)知识产权,特别是著作权、专利和工业设计、商标、商名、工艺流程、商业秘密、专有技术和商誉;

(五)法律或法律允许依合同授予的商业特许,包括勘探、耕作、提炼或开发自然资源的特许权;

作为投资的财产发生任何形式上的变化,不影响其作为投资的性质;

二、"投资者"一词,

(一)在德意志联邦共和国方面,系指:

1.德意志联邦共和国基本法意义上的德国人;

2.任何住所在德意志联邦共和国境内的法人,具有或不具有法人资格的、营利或非营利的商业公司、其他各种公司和社团。

(二)在中华人民共和国方面,系指:

1.根据中华人民共和国的法律,具有其国籍的自然人;

2.经济实体,包括根据中华人民共和国的法律法规设立或组建且住所在华境内的公司、协会、合伙及其他组织,不论其是否营利也不论其为有限责任或无限责任。

三、"收益"一词系指由投资所产生的款项,如利润、股息、利息、资本利得、提成费和其他合法收入。

第二条　促进和保护投资

一、缔约一方应鼓励缔约另一方的投资者在其境内投资,并依照其法律和法规接受这种投资。

二、缔约一方投资者在缔约另一方境内的投资应享受持续的保护和安全。

三、缔约一方不得对缔约另一方投资者在其境内投资的管理、维持、使用、享有和处分采取任何随意的或歧视性的措施。

四、缔约一方应依据其法律和法规,对在其境内从事与投资有关活动的缔约另一方国民获得签证和工作许可的申请给予善意的考虑。

第三条　投资待遇

一、缔约一方的投资者在缔约另一方的境内的投资应始终享受公平公正的待遇。

二、缔约一方应给予缔约另一方投资者在其境内的投资及与投资有关活动不低于其给予本国投资者的投资及与投资有关活动的待遇。

三、缔约一方给予缔约另一方投资者在其境内的投资及与投资有关活动的待遇,不应低于其给予任何第三国投资者的投资及与投资有关活动的待遇。

四、本条第一款到第三款所述的待遇,不应解释为缔约一方有义务将由下列原因产生的待遇、优惠或特权给予缔约另一方投资者:

(一)任何现存或将来的关税同盟、自由贸易区、经济联盟以及共同市场的成员;

(二)任何双重征税协定或其他有

关税收问题的协定。

第四条 征收与补偿

一、缔约一方的投资者在缔约另一方的境内的投资应享有充分的保护和保障。

二、缔约一方投资者在缔约另一方境内的投资不得被直接或间接地征收、国有化或者对其采取具有征收、国有化效果的其他任何措施(以下简称征收),除非为了公共利益的需要并给予补偿。这种补偿应等于采取征收或征收为公众所知的前一刻被征收投资的价值,以在先者为准。补偿的支付不应迟延,应包括直至付款之日按当时商业利率计算的利息,并应可有效地兑换和自由转移。对补偿的决定和支付应在征收当时或征收之前以适当方式采取准备措施。尽管有第九条的规定,然而征收措施的合法性和补偿款额的估价,应投资者的要求,仍可由国家法院进行审查。

三、缔约一方的投资者在缔约另一方的境内可就本条规定的事项享有最惠国待遇。

第五条 损害与损失的补偿

缔约一方的投资者在缔约另一方境内的投资,如果由于战争或其他武装冲突、革命、全国紧急状态、或叛乱而遭受损失,缔约另一方给予其在恢复原状、赔偿、补偿或其他有价值的补偿方面的待遇,不应低于其给予本国或任何第三国投资者的待遇。

第六条 投资和收益的汇回

一、缔约任何一方应保证缔约另一方投资者转移在其境内的投资和收益,包括:

(一)维持或扩大投资所用的主要或追加款项;

(二)收益;

(三)全部或部分出售或清算投资或者减少投资资本所获得的款项;

与投资有关的贷款协议的偿还款项;

(四)有关承包工程的支付;

(五)在缔约一方的境内从事与投资有关活动的缔约另一方国民的收入。

二、缔约任何一方应保证缔约另一方的投资者依据第四条和第五条获得的补偿和其他赔偿的自由转移。

三、上述转移应以可自由兑换的货币按照转移当日接受投资的缔约一方通行的市场汇率不迟延地进行。若市场汇率不存在,则应符合支付时国际货币基金组织特别提款权同有关货币汇率折算得出的交叉汇率。

第七条 代位

如果缔约一方或其指定的机构对其投资者在缔约另一方境内的某项投资做了担保,并据此向投资者作了支付,缔约另一方应承认该投资者的权利和请求权依照法律或合法交易转让给了缔约前者一方或其指定机构,并承认缔约前者一方或其指定机构对上述权利和请求权的代位。代位的权利不得超过该投资者的原有权利。关于因此种请求权的转让而支付的款项的转移,准用第六条。

第八条 缔约双方间争议解决

一、缔约双方对本协定的解释或适用所产生的争议,应尽可能通过外交途径协商解决。

二、如果争议在六个月内未能协商解决,根据缔约任何一方的要求,可将争议提交专设仲裁庭解决。

三、仲裁庭由三名仲裁员组成。自收到书面仲裁要求之日起两个月内,缔约双方应各自任命一名仲裁员。该两名仲裁员应共同选定一位与缔约双方均有外交关系的第三国国民担任首席仲裁员。首席仲裁员的任命应在自前两名仲裁员任命之日起两个月内作出。

四、如果仲裁庭未能在自收到书面仲裁申请之日起四个月内组成,缔约双方间又无其他约定,缔约任何一方可以提请国际法院院长作出必要的任命。如果国际法院院长是缔约任何一方的国民,或由于其他原因不能履行此项任命,应请国际法院中非缔约任何一方的国民也无其他不胜任原因的法官中资历最深者履行此项任命。

五、仲裁庭应自行决定其程序。仲裁庭应按照本协定以及缔约双方都承认的国际法的原则作出裁决。

六、仲裁庭的裁决应以多数票作出。裁决是终局的,对缔约双方均有拘束力。应缔约任何一方的请求,仲裁庭应对其所作的裁决进行解释。

七、缔约任何一方应承担其指定的仲裁员及出席仲裁程序的代表的费用。首席仲裁员和仲裁庭的相关费用应由缔约双方平均承担。

第九条　投资者与缔约一方争议解决

一、缔约一方与缔约另一方投资者之间就投资产生的任何争议，应尽可能由争议双方当事人友好解决。

二、如争议自其被争议一方提出之日六个月内，未能解决，应缔约另一方的投资者的请求，可以将争议提交仲裁。

三、争议应依据 1965 年 3 月 18 日《解决国家和他国国民之间投资争端公约》提交仲裁，除非争议双方同意依据《联合国国际贸易法委员会仲裁规则》或其他仲裁规则设立专设仲裁庭。

四、专设仲裁庭作出的任何裁决都应是终局的，具有约束力。依据上述公约的程序所作出的裁决应是具有约束力的且只受公约规定的上诉或补救措施的影响。裁决应根据国内法执行。

第十条　其他义务

一、如果缔约任何一方的立法或缔约双方之间现存或在本协定后根据国际法设立的义务，含有使缔约另一方投资者的投资享受比本协定的规定更优惠待遇的规定，该规定在其更优惠的范围内应比本协定优先适用。

二、缔约任何一方应恪守其就缔约另一方投资者在其境内的投资所承担的任何其他义务。

第十一条　适用

本协定应适用于缔约任何一方投资者在缔约另一方境内依照缔约另一方法律法规于本协定生效前或生效后作出的投资。

第十二条　缔约双方之间的关系

无论缔约双方之间是否存在外交或领事关系，本协定的规定都应适用。

第十三条　磋商

缔约一方可以向缔约另一方提议就与本协定的解释、适用和执行有关的任何事宜进行磋商。缔约另一方应对此提议给予善意的考虑并给予适当的机会进行磋商。

第十四条　议定书

附加的议定书应作为协定的组成部分。

第十五条　生效、有效期和终止

一、本协定自缔约双方以书面形式相互通知已满足此类生效所需的其国内要求之日一个月后生效。相关日期应为收到最后的通知之日。

二、本协定有效期为十年，除非缔约任何一方在本协定期满前十二个月通过外交途径书面通告废除本协定，应在到期后在无限期有效。

三、本协定第一个十年有效期届满后，缔约任何一方可随时终止本协定，但至少应提前十二个月通过外交途径书面通知缔约另一方。

四、对在本协定终止之日前所作出的投资，本协定第一条至第十四条的规定应自本协定终止之日起继续适用二十年。

第十六条　过渡

一、一九八三年十月七日签订的《中华人民共和国和德意志联邦共和国关于促进和相互保护投资的协定》将在本协定生效后终止。

二、本协定应适用于缔约一方的投资者在缔约另一方的境内的所有投资，不管其是在本协定生效之前还是之后作出的。但是，本协定不得适用于在本协议生效前已进入司法或仲裁程序的与投资有关的任何争议或请求权。此等争议和请求应继续按本条第一款规定的一九八三年十月七日的协定的规定解决。

本协定于二〇〇三年十二月一日在北京签订，一式两份，每份都用德文、中文和英文写成，三种文本同等作准。若德文和中文文本的解释发生分歧，以英文本为准。

中华人民共和国代表

德意志联邦共和国代表

议定书

值此中华人民共和国和德意志联邦共和国关于促进和相互保护投资的协定签字之际，双方正式授权的代表议定如下各项，作为该协定的组成部分。

一、关于第一条

(一)为了避免歧义,缔约双方议定第一条所指的"投资",系指为了与企业建立持续的经济关系,尤其是那些能够对企业的管理产生有效影响的投资。

(二)"间接投资"系指缔约一方的投资者通过其完全或部分拥有的、住所在缔约另一方境内的公司所作的投资。

(三)投资的收益和再投资的收益,享有同投资一样的保护。

二、关于第二条

本协定适用于缔约各方领土,包括领海及国际法允许的有关缔约方可以行使主权或管辖权的专属经济区和大陆架。

三、关于第二条和第三条

中华人民共和国方面,第二条第三款和第三条第二款不适用于

(一)任何现存的在其境内维持的不符措施;

(二)这种不符措施的持续;

(三)任何对这种不符措施的修改,但修改不能增加措施的不符程度。

中华人民共和国将采取所有适当的措施逐渐地撤除这些不符合措施。

四、关于第三条

(一)第三条第二款所指的"活动"尤其包括但不限于:一项投资的管理、维持、使用、享有和处分。"待遇低于"尤其指:限制购买原材料或辅料、能源或燃料、生产设备或操作工具的不平等待遇及其他具有类似效果的措施。因公共安全和秩序、公众健康或道德而采取的措施,不应视为第三条中的"待遇低于"。

(二)第三条并不要求缔约一方有将其依照税法只给予住所在本国境内的投资者的税收优惠、免税或减税待遇,扩大到住所在缔约另一方境内的投资者的义务。

五、关于第六条

(一)中华人民共和国方面

1. 第六条第一款第(三)项将适用,如果转移遵循关于外汇管理的中国现行法律和法规规定的相关手续。

2. 第六条第一款第(四)项将适用,如果贷款协议已在相关的外汇管理部门登记。

如果上述手续根据中国法律的相关规定不再被要求,第六条可以不受限制地适用。

(二)在履行转移手续一般所需时间内完成的转移,应被视为第六条第三款所指的"没有迟延"。期间应从具有全部真实文件和信息的相关要求被提交至相关外汇管理部门之日开始,并不得超过两个月。

六、关于第九条

关于在中华人民共和国的投资,德意志联邦共和国的投资者仅在下列情况下可以把争议提交仲裁:

(一)投资者已经根据中国法律把争议提交行政复议程序,

(二)投资者把争议提交复议程序三个月后,争议仍然存在,和

(三)如果争议已经被提交至中国的法院,投资者可以根据中国法律撤回。

七、缔约一方的投资者可以自由地选择国际运输方法运送与本协定规定的投资直接相关的人员和/或资本货物。

中华人民共和国代表

德意志联邦共和国代表

附录六(8)　2006年中国—俄罗斯BIT

中华人民共和国政府和俄罗斯联邦政府关于促进和相互保护投资协定

中华人民共和国政府和俄罗斯联邦政府(以下简称缔约双方),

愿为缔约一方的投资者在缔约另一方领土内投资创造有利条件;

认识到相互鼓励、促进和保护投资将有助于激励投资者经营的积极性和增进两国繁荣;

愿在平等互利的基础上,加强两国间的合作;

达成协议如下:

第一条　定义

本协定内:

一、"投资"一词系指缔约一方投资者依照缔约另一方的法律和法规在缔约另一方领土内所投入的各种财产,特别是,包括但不限于:

(一)动产、不动产及任何财产权利;

(二)股份、股票及其他形式的对商业组织的参股;

(三)与投资相关的金钱请求权或其他具有经济价值的行为请求权;

(四)知识产权,特别是著作权、专利、商标、商名、工艺流程、专有技术和商誉;

(五)法律或法律允许依合同授予的商业特许,包括勘探、耕作、提炼或开发自然资源的特许权。

作为投资的财产发生任何形式上的变化,不影响其作为投资的性质,只要该变化不违反接受投资一方的法律和法规。

二、"投资者"一词系指:

(一)根据缔约任何一方的法律和法规,具有其国籍的自然人;

(二)法律实体,包括根据缔约任何一方的法律设立或组建且住所在该缔约一方境内的公司、协会、合伙及其他组织。

三、"收益"一词系指由投资所产生的款项,特别是,包括但不限于利润,股息,利息,资本利得,提成费,以及其他与投资相关的费用。

四、"活动"一词系指对所承认的投资的管理、维持、使用、享有和处置。

五、"缔约方领土"一词系指:

(一)中华人民共和国的领土和俄罗斯联邦的领土;

(二)缔约一方按照国际法为勘探、提炼、开发和保护自然资源而行使主权权利或管辖权的上述领土的领海外围海域。

六、"缔约方的法律法规"系指中华人民共和国的法律和法规,以及俄罗斯联邦的法律和法规。

第二条　促进和保护投资

一、缔约一方应鼓励为缔约另一方的投资者在其领土内投资创造有利条件,并依照其法律和法规接受这种投资。

二、缔约一方应根据其法律法规在其领土上对缔约另一方投资者的投资提供完全的保护。

三、在不违反缔约方法律法规的情况下,缔约方应对在本国境内从事与投资相关的活动的缔约另一方的国民在提供签证和工作许可方面予以优惠考虑。

第三条　投资待遇

一、缔约一方应保证在其领土内给予缔约另一方投资者的投资和与该投资相关的活动公平和平等的待遇。

在不损害其法律法规的前提下,缔约方不得采取任何可能阻碍与投资相关的行为的歧视措施。

二、在不损害其法律法规的前提下,缔约一方应给予缔约另一方投资者的投资及与投资有关活动不低于其给予本国投资者的投资及与投资有关活动的待遇。

三、缔约一方给予缔约另一方投资者的投资及与投资有关活动的待遇,不应低于其给予任何第三国投资者的投资及与投资有关活动的待遇。

四、本条第三款所述的待遇,不应解

释为缔约一方有义务将由下列原因产生的待遇、优惠或特权获得的利益给予缔约另一方投资者：

（一）建立自由贸易区、关税同盟、经济联盟、货币联盟或类似机构的协定，或者基于将形成此类联盟或机构的过渡协定；

（二）与税收有关的国际协定或者国际安排；

（三）俄罗斯联邦与前苏维埃社会主义共和国联盟国家之间的与本协定项下投资有关的协定。

在世界贸易组织协议所包含的议题方面，本条第四款所述协定应符合前一缔约方在世界贸易组织中的承诺。

五、在不损害本协定第四条、第五条、第九条规定的前提下，缔约双方给予的待遇可以不高于缔约双方依据双方都加入了的与投资待遇相关的多边安排所给予的待遇。

第四条　征收

一、缔约任何一方对缔约另一方的投资者在其领土内的投资不得采取征收、国有化或其他类似措施（以下简称征收），除非为了公共利益的需要，并符合下列所有条件：

（一）依据国内法律程序；

（二）非歧视性的；

（三）给予补偿。

二、本条第一款所述的补偿，应等于采取征收或征收为公众所知的前一刻被征收投资的市场价值，并适用两者中更早者。该价值应根据普遍承认的估价原则确定。补偿包括自征收之日起到付款之日按6月期美元借贷的伦敦同业借贷利率计算的利息。补偿的支付不应迟延，并应以可自由兑换的货币进行。

第五条　损失赔偿

缔约一方的投资者在缔约另一方领土内的投资，如果由于战争、国民骚乱、全国紧急状态或其他类似事件而遭受损失，缔约另一方对其恢复原状、赔偿、补偿或采取其他措施的待遇，不应低于它在相似的情况下给予本国或任何第三国投资者的待遇，并从优适用。

第六条　支付的转移

一、缔约任何一方应按照其法律和法规，保证缔约另一方投资者在履行了所有税收义务后可以将其在该缔约方领土内与投资有关的支付自由转移出境，特别是：

（一）第一条所定义的收益；

（二）全部或部分出售或清算投资获得的款项；

（三）对借贷的支付；

（四）在缔约一方的领土内从事与投资有关活动的缔约另一方国民的收入；

（五）按照本协定第九条由投资争端解决获得的支付；

（六）本协定第四条、第五条所规定的赔偿。

二、本条第一款所规定的支付应根据缔约方的法律法规能够按兑换当日可适用的市场汇率自由兑换为任何可自由兑换的货币。

三、支付应当依据缔约方现行的外汇法律法规，不应迟延，并以可自由汇兑的货币进行。

第七条　代位

一、如果缔约一方对其投资者在缔约另一方领土内投资的非商业风险规定了财政补偿，并据此对该投资者作了支付，缔约另一方应承认缔约一方依照法律或合法交易通过代位获得了该投资者所有的权利和请求权。

二、但是，通过代位获得的权利或者请求权不应超过该投资者原有的权利或者请求权，也不能损害缔约另一方已经获得的该投资者的原有权利或者请求权。

第八条　缔约双方间争议解决

一、缔约双方对本协定的解释或适用所产生的任何争议，应尽可能通过外交途径协商解决。

二、如果争议在6个月内未能通过上述方式解决，根据缔约任何一方的要求，应将争议提交专设仲裁庭解决。

三、仲裁庭由3名仲裁员组成。自收到书面仲裁申请之日起两个月内，缔约双方应各自任命一名仲裁员。该两名仲裁员应在其任命之日起2个月内共同选定一位缔约双方均认可的第三国国民担任首席仲裁员。

四、如果仲裁庭未能在自书面仲裁申请提出之日起 4 个月内组成,缔约双方间又无其他约定,缔约任何一方可以提请国际法院院长作出必要的任命。如果国际法院院长是缔约任何一方的国民,或由于其他原因不能履行此项任命,应提请国际法院中非缔约任何一方的国民也无其他不胜任原因的最资深法官履行此项任命。

五、仲裁庭应自行决定其程序。仲裁庭应按照本协定以及缔约双方都承认的国际法原则作出决定。

六、仲裁庭的裁决应以多数票作出。裁决是终局的,对缔约双方均有拘束力。应任何缔约一方的请求,仲裁庭应对其所作的裁决进行解释。

七、争议各方应承担其仲裁员及出席仲裁程序的代表的费用。首席仲裁员和仲裁的相关费用应由争议双方平均承担。

第九条　缔约一方与缔约另一方投资者争议解决

一、缔约一方与缔约另一方投资者之间产生的与投资相关的任何争议,应尽可能通过协商友好解决。

二、如争议自争议任何一方提出之日起 6 个月内未能通过协商友好解决,则应将其提交给:

(一)作为争议一方的缔约方国内有管辖权的法院;或

(二)根据 1965 年 3 月 18 日在华盛顿签署的《关于解决国家和他国国民之间投资争端公约》设立的"解决投资争端国际中心"(以下简称"中心")(如果该公约对缔约双方均已生效);或依据解决投资争端国际中心附设机构规则进行(如果该公约对缔约一方未生效);或

(三)根据《联合国国际贸易法委员会仲裁规则》设立的专设仲裁庭。

三、一旦投资者将争议提交给相关缔约方有管辖权的法院,或者提交给"中心"仲裁,或者提交给专设仲裁庭,其选择将是终局的。

四、仲裁裁决应当基于:

(一)本协定的条款;

(二)接受投资的缔约方的法律和法规,包括与法律冲突相关的规则;

(三)国际法的规则和普遍接受的原则。

五、仲裁裁决是终局的,对争议双方均有拘束力。缔约各方应当依据本国法律和法规保证该裁决的执行。

第十条　其他义务

如果任何缔约一方的法律法规或缔约双方都已加入的现存的国际协定或双方在其后缔结的作为本协定补充的国际协定,含有使另一方投资者的投资享受比本协定的规定更优惠待遇的规定,则该规定在其更优惠的范围内应比本协定优先适用。

第十一条　适用

一、本协定应适用于缔约一方投资者自 1985 年 1 月 1 日起在缔约另一方境内作出的所有投资,但不适用本协定生效前引起的争议。

二、缔约任何一方应恪守其依据本协定与缔约另一方投资者就投资所作出的承诺。

第十二条　磋商

缔约双方应当应缔约任何一方的要求对本协定的解释和适用事项进行磋商。缔约任何一方要求此种磋商时,缔约另一方应及时答复。

第十三条　生效、期限和终止

一、本协定自缔约双方完成各自国内必要法律程序并以书面形式相互通知之日起下一个月的第一天开始生效。

二、本协定有效期 10 年,此期限届满后,自动延长至下一个 5 年,除非缔约一方在每个 5 年有效期满之前至少 12 个月书面通知缔约另一方其终止本协定的意愿。

三、对本协定终止之日前所作出的投资,本协定第一条至第十二条的规定应自本协定终止之日起继续适用 10 年。

四、1990 年 7 月 26 日签署的《中华人民共和国政府和苏维埃社会主义共和国联盟政府关于鼓励和相互保护投资协定》自本协定生效之日起在中华人民共和国和俄罗斯联邦之间自动终止。

五、本协定的议定书补充了本协定,并构成本协定的组成部分。

由双方政府正式授权其各自代表签署本协定,以昭信守。

本协定于2006年11月9日在北京签订,一式两份,每份都用中文、俄文和英文写成,三种文本同等作准。若文本解释发生分歧,以英文本为准。

中华人民共和国政府代表

俄罗斯联邦政府代表

议定书

值此中华人民共和国政府和俄罗斯联邦政府在签署关于促进和相互保护投资协定之时,缔约双方的全权代表同意下述条款作为本协定的组成部分:

一、除非缔约双方另行商定,本协定不适用于中华人民共和国香港特别行政区和中华人民共和国澳门特别行政区。

二、关于第三条

中方注意到,关于本协定第三条第五款,俄罗斯联邦认为世界贸易组织《服务贸易总协定》属于与投资有关的多边安排范畴。

三、关于第九条

在投资者将本协定第九条所提及的争端递交该条第二款第(二)项和第二款第(三)项所规定的机构之前,作为争端一方的缔约方可以要求相关投资者用尽该缔约方法律法规所规定的国内行政复议程序。该国内行政复议程序:

(一)应当在最惠国待遇的基础上实施;

(二)应当自行政复议机构受理投资者行政复议申请之日起不超过90天。如果行政复议机构没有受理上述申请或在受理后90日内未予答复,相关投资者有权将该争端递交本协定第九条第二款第(二)项和第(三)项所规定的机构;

(三)不应阻止投资者将争端递交本协定第九条第二款第(二)项和第(三)项所规定的解决投资争端国际中心和专设仲裁庭;

(四)不应取代本协定第九条第二款第(二)项和第(三)项所提到的仲裁程序和机构。

本议定书于2006年11月9日在北京签订,一式两份,每份都用中文、俄文和英文写成,三种文本同等作准。若文本解释发生分歧,以英文本为准。

中华人民共和国政府代表

俄罗斯联邦政府代表

附录六(9)　2007年中国—塞舌尔BIT

中华人民共和国政府和塞舌尔共和国政府关于互相促进和保护投资的协定

中华人民共和国政府和塞舌尔共和国政府(以下简称缔约双方),

愿加强两国间的经济合作,为中国在塞舌尔的投资和塞舌尔在中国的投资创造有利条件,

确信促进和保护投资将有利于加强为了两国经济发展而进行的资本和技术的转移,

达成协议如下:

第一条　定义

为本协定之目的:

(一)“投资”一词系指直接或间接投入的各种财产,包括但不限于:

1. 动产、不动产和抵押、留置、用益和质押等其他财产权利;

2. 公司的股份、股票、债券和任何其他形式的参股,包括股票溢价和少数股权;

3. 金钱请求权和其他合同项下的有经济价值的履行请求权;

4. 知识产权,特别是著作权,包括模型和工业产权,如专利、商标、工业设计(包括工业模型),技术流程,商号和商誉;

5. 法律或依合同授予的商业特许,包括勘探、耕作、提炼或者开发自然资源,包括在缔约双方海域内的自然资源。

(二)“间接投资”包括:

1. 缔约一方的投资者通过其完全或部分拥有的且住所在缔约另一方境内的公司所作的投资;和

2. 本条第一款所述“投资”一词包括由缔约一方投资者拥有或控制的第三国法人在缔约另一方领土内依照后者的法律法规已经进行的投资。只有当投资被缔约另一方征收之后该第三国无权或放弃其赔偿请求权的情况之下,本协定相关条款方为适用。

投入的财产的任何形式的变化都不影响其作为投资的性质,只要这些变化不违背投资所在缔约国的法律。

(三)“投资者”一词,系指:

1. 拥有任一缔约方国籍的自然人;

2. 根据任一缔约方生效法律成立或组建并且总部在该缔约国的公司、合伙和社团;或者由拥有缔约一方国籍的自然人或者依缔约一方生效法律成立或组建且总部设在该缔约国的法人所直接或间接控制的公司、合伙和社团(以下简称公司)。

“间接控制”是指由拥有缔约一方国籍的自然人或者依缔约一方生效法律成立或组建且总部设在该缔约国的法人所拥有或控制的第三国公司、合伙和社团。

(四)“收益”一词系指投资所产生的所有款项,包括但不限于利润、利息、资本利得、股息、许可费等。再投资的收益享受同样的保护。

(五)“领土”一词系指,缔约一方领土以及其根据《联合国海洋法公约》在勘探、开发和保护自然资源方面拥有主权权利和管辖权的领海之外的海域及大陆架。

(六)本协定不得解释为禁止缔约方在为保护和促进文化和语言的多样性的政策框架内采取的对外国公司的予以规范的措施和对这些公司行为设置的条件。

第二条　协定的范围

本协定中,缔约方应当为其下属主权实体的行为和疏忽负责,包括但不限于其联邦州、地区、地方政府或缔约方控制、代表或负责其国际事务或者根据其国内立法行使主权的任何其他实体。

第三条　促进和投资承认

缔约一方应当根据其立法和本协定的规定促进和承认缔约另一方的投资者在其领土内进行的投资。

第四条　公平公正待遇

任一缔约方都应当根据国际法原则

给予另一缔约方投资者在其领土内进行的投资公平公正待遇，并且保证因此获得承认的权利的行使在法律上和事实上均不应有障碍。包括但不限于：任何被认为是法律上和事实上对公平公正待遇有所妨碍的对于购买和运输原材料、辅料、能源、燃料和生产方式和运行方式上的歧视性限制，和妨碍产品在其境内和海外销售和运输，以及其他类似措施。

在缔约双方立法的框架内，缔约双方应当在审查一缔约方国民提出的与其在另一缔约方领土内所作的投资有关的入境请求、居留、工作和旅游许可请求给予优待。

第五条 国民待遇和最惠国待遇

缔约一方应当给予缔约另一方投资者在其领土内的投资和与投资有关的活动不低于其给予本国投资者或者最惠国投资者的待遇，如果后者更优惠。鉴于此，获得在缔约一方领土内的工作许可的自然人应当享有从事其专业活动的相关便利。

这一待遇不包括一缔约方由于参加或者组成自由贸易区、关税同盟、共同市场或者任何其他形式的地区性经济组织而给予第三国投资者的待遇。

本条规定不得解释为缔约一方有义务给予缔约另一方投资者因任何全部或者主要与税收有关的国际协定或安排或者全部或主要与税收有关的国内立法而产生的待遇、优惠或特权。

第六条 没收和补偿

一、任一缔约方的投资者在另一缔约方领土内的投资都不得被没收或者被采取直接或者间接产生同样效果的措施，除非是合法的、非歧视性的，且为了与该缔约方国内需要有关的公共目的和根据本条规定给予适当补偿。该没收应当不违反特定义务。补偿应当等于采取没收前或者没收为公众所知时中较早一刻被征收投资的真实价值，应当包括按照正常商业利率计算的直至付款日的利息，不应有不合理的迟延并能有效实现。根据实行没收的缔约方的法律，受影响的投资者应当有权根据本款所列的原则就投资者的案件和投资的估价向实施没收的缔约国的司法部门或者其他独立机构申请审查。

二、在不损害本条第一款普遍适用的前提下，如果缔约一方征收了一依其领土内任何地方的生效法律成立或组建的公司的财产，而另一缔约方投资者在该公司中有股权，该缔约方应当保证本条第一款的规定得以适用以保证这些另一缔约方的作为股权所有者的投资者能够得到第一款所规定的关于投资的必要补偿。

三、一缔约方的投资者的投资因另一缔约方领土内发生的战争或其他武装冲突、革命、国家紧急状态或者叛乱而遭受了损失，应当享受另一缔约方给予的不低于其给予本国投资者或者给予最惠国投资者的待遇。

第七条 自由转移

另一缔约方投资者在一缔约方领土内作了投资，该缔约方应当保证这些自然人和公司的以下款项的自由转移：

（一）利息、股息、利润和其他经常收入；

（二）因第一条第一款第四项、第五项所规定的无形权利而产生的许可费；

（三）定期合同项下贷款的偿还；

（四）部分或全部清算或处分投资的款项，包括所投入资本的资本利得；

（五）第五条第二款、第三款规定的没收或损失的补偿；

（六）与工程承包相关的支付。

任一缔约方的自然人取得了在另一缔约方领域或海域的工作许可，应当允许其向其母国转移适当比例的因其被批准的投资而产生的所得。

前款所述的转移应当根据缔约国的法律以转移当日的官方汇率立即实现。

在特殊情况下，当资本流入或者流出第三国导致严重的收支不平衡或对收支平衡造成严重威胁时，各缔约方可以根据其法律对支付采取临时保障措施，只要这些措施是确实必要的，是以公平、非歧视的方式采取的。

本条前款所述的规定不影响缔约一方诚信的履行其国际义务或其因参加或组成自由贸易区、关税同盟、共同市场、经济或货币同盟或任何其他形式的地区合作或一体化而产生的权利和义务。

第八条 投资者和缔约国争端解决

一、任何缔约一方和缔约另一方投资者之间的与投资相关的争议都应当争取友好协商解决。

二、如争议自争议一方提出协商解决之日起6个月内,未能通过协商解决,争议应按投资者的选择提交:

(一)作为争议一方的缔约方有管辖权的法院;

(二)依据1965年3月18日在华盛顿签署的《解决国家和他国国民之间投资争端公约》设立的"解决投资争端国际中心"。前提是争议所涉及的缔约方可以要求有关投资者在提交"解决投资争端国际中心"之前,用尽该缔约方法律和法规所规定的国内行政复议程序。

一旦投资者已决定将争议提交相关缔约方的有管辖权的法院或"解决投资争端国际中心",对上述两种程序之一的选择应是终局的。

三、仲裁裁决应根据作为争议一方的缔约方包括其冲突法规则在内的法律、本协定的规定和被普遍接受的国际法原则作出。

四、裁决是终局的,对争议双方具有拘束力。缔约双方应承担执行裁决的义务。

第九条 担保和代位

如果缔约一方或其指定的机构根据其对非商业风险的一项担保或保险合同就在缔约另一方领土内的某项投资向投资者作了支付,缔约另一方应承认:

(一)该投资者的权利和请求权依照缔约前者一方的法律或法律程序转让给了缔约前者一方或其指定机构;以及

(二)缔约前者一方或其指定机构在与投资者同等的范围内,代位行使该投资者的权利或执行该投资者的请求权,并承担其与投资相关的义务。

第十条 特别承诺

如果与另一缔约方投资者有关的投资构成一缔约方的特别承诺的内容,在不影响本协定的规定的前提下,仍应当受上述特别承诺约束,如果后者包括比本协定更优惠的条款。

第十一条 缔约双方间争议解决

一、对本协定的解释或适用产生的争议,如果可能,通过外交途径解决。

二、如果争议未能在任何一方提起争议的六个月内解决,该争议将应任一缔约方的请求提交至仲裁庭。

三、上述仲裁庭将根据每一具体案件按照以下程序建立:每一缔约方应指定一名仲裁员,此两名仲裁员共同指定一第三国的国民,该第三国国民应当被缔约双方任命为首席仲裁员。所有的仲裁员应当在缔约一方将争议提交至仲裁庭的意图通知另一缔约方之日起的两个月内指定。

四、如果上述第三款的期限未能满足,则任一缔约方,在没有任何其他协议的情况下,应当请求国际法院的院长来做必要的任命。如果院长是其中一争议方的国民,或者由于其他原因不能履行此项任命,应请国际法院中非缔约任何一方的国民也无其他不胜任原因的最资深法官履行此项任命。

五、仲裁庭应当根据多数票作出裁定。该裁定应当是最终的且对缔约双方有法律的约束力。

仲裁庭应当确定其自身的程序规则。应任一缔约方的请求仲裁庭应当对裁决进行解释。

缔约双方应承担其任命的仲裁员及其出席仲裁程序的费用。首席仲裁员的相应费用应由缔约双方平均分担。

第十二条 适用

本协定应适用于缔约一方的投资者在缔约另一方的境内根据另一缔约方的法律和法规于本协定生效之前或之后的投资,但是并不适用于在本协议生效之前引起的争议。

第十三条 生效与终止

缔约双方应互相书面通知完成使本协定生效所要求的国内法律程序。本协定自后一方书面通知发出之日起的下一个月的第一日生效。

本协定有效期10年。除非缔约一方提前6个月通过外交途径书面通知缔约另一方终止本协定,本协定将继续有效。

本协定终止后,在其有效期间所作的投资继续享受本协定 20 年的保护。

本协定于 2007 年 2 月 10 日在维多利亚签订,一式两份,每份均用中文和英文写成,两个文本具有同等效力。

中华人民共和国政府代表

塞舌尔共和国政府代表

附录六(10)　2008年中国—墨西哥BIT

中华人民共和国政府和墨西哥合众国政府关于促进和相互保护投资的协定

中华人民共和国和墨西哥合众国(以下简称缔约双方),

愿为缔约一方投资者在缔约另一方领土内的投资创造有利条件;

认识到相互鼓励、促进和保护此类投资将有助于激励投资者投资的积极性和增进两国的繁荣;

愿在平等互利的基础上,加强两国合作;

达成协议如下:

第一章　一般性条款

第一条　定义

本协定内,

缔约一方投资者一词系指:在缔约另一方领土内已拥有投资的,

(一)根据缔约一方可适用的法律,具有其国籍的自然人;或

(二)根据缔约一方的法律设立或组建并在该缔约一方领土内开展实质性经营活动的企业。

企业一词系指根据可适用的法律设立或组建的任何实体,不论是否以营利为目的,不论是私人所有还是国家所有,包括任何公司、信托、合伙、独资企业、合资企业和其他组织。

投资一词系指缔约一方投资者所有或控制并依照缔约另一方法律和法规获得的资产,列举如下:

(一)企业;

(二)企业发行的股票;

(三)企业发行的债券;

1. 如果该企业是投资者的附属企业;或

2. 如果债券的原始到期期限至少为3年,但不包括缔约一方或国有企业发行的债券,不论原始到期期限长短;

(四)对企业的贷款

1. 如果该企业是投资者的附属企业;或

2. 如果贷款的原始到期期限至少为3年,

但不包括对缔约一方或国有企业的贷款,不论原始到期期限长短;

(五)在企业中使所有者有权分享企业所得和利润的权益;

(六)在企业中使所有者有权分享企业解散时之财产的权益,但不包括上述第(三)项和第(四)项所排除的债券和贷款;

(七)为商业目的获得或使用的不动产或其他财产,而不论是有形财产还是无形财产;

(八)由于向缔约一方境内投入用于该境内经济活动的资本或其他资源而产生之权益,如根据:

1. 与投资者位于该缔约另一方境内之财产有关的合同,包括交钥匙合同或建设合同或特许经营合同,或

2. 回报主要依赖企业的生产、收入或利润之合同;

但是,投资不包括:

(九)金钱请求权,系仅源于:

1. 缔约一方境内之国民或企业向缔约另一方境内之企业销售货物或提供服务的商业合同;

2. 与商业交易有关的授信,如贸易融资,但不包括第(四)项所指的贷款;或

(十)与上述第(一)项至第(八)项所指各种权益无关的任何其他金钱请求权。

领土一词:

(一)在中华人民共和国方面,系指中华人民共和国领土(包括领海及其领空),以及根据中国法律和国际法,在其领海以外中华人民共和国拥有勘探和开发海床和底土资源及其上覆水域资源的主权权利的任何区域。[1]

---

〔1〕 经中华人民共和国中央政府的授权,香港和澳门特别行政区政府可以自己另行与墨西哥合众国政府谈判和签署促进和相互保护投资协定。

（二）在墨西哥合众国方面，系指墨西哥合众国领土，包括与其海岸相连的海域（例如，领海、专属经济区和大陆架），但限于墨西哥根据国际法可以行使主权权利或管辖权的那些区域。

第二条 投资的接受

任一缔约方应依照其可适用的法律和法规允许缔约另一方投资者所作投资之进入。

第二章 投 资 保 护

第三条 国民待遇

一、在不损害投资时缔约一方法律和法规的前提下，缔约一方应给予缔约另一方投资者在投资经营、管理、维持、使用、享有以及处分方面不低于其在相同情况下给予其本国投资者的待遇。

二、在不损害投资时缔约一方法律和法规的前提下，缔约一方应给予缔约另一方投资者的投资在投资经营、管理、维持、使用、享有以及处分方面不低于其在相同情况下给予其本国投资者投资的待遇。

第四条 最惠国待遇

一、任一缔约方应给予缔约另一方投资者在投资经营、管理、维持、使用、享有以及处分方面不低于其在相同情况下给予任何第三国投资者的待遇。

二、任一缔约方应给予缔约另一方投资者的投资在投资经营、管理、维持、使用、享有以及处分方面不低于其在相同情况下给予任何第三国投资者投资的待遇。

第五条 最低待遇标准

一、任一缔约方应根据国际法给予缔约另一方投资者的投资包括公正和公平待遇以及完全的保护和安全的待遇。

二、本条规定将给予外国人的国际法最低待遇标准作为给予缔约另一方投资者投资的最低待遇标准。公正和公平待遇和完全的保护和安全这两个概念并不要求给予由国家实践和法律确信所确立之国际法要求给予外国人的最低待遇标准之外或额外的待遇。违反本协定的其他条款或其他国际协定的条款，不构成对本条的违反。

第六条 损失赔偿

缔约一方投资者在缔约另一方领土内的投资，由于战争、全国紧急状态、暴动、骚乱或其他类似事件而遭受损失，缔约另一方给予该投资者在恢复原状、赔偿、补偿或其他解决方案方面的待遇，不应低于其给予本国或任何第三国投资者的待遇，二者中以对有关投资者更为有利者为准。

第七条 征收和补偿

一、任一缔约方不得直接地或通过相当于征收或国有化的措施间接地对投资实施征收或国有化（以下简称征收），除非：

（一）为了公共利益；

（二）在非歧视的基础上；

（三）根据法律的正当程序；和

（四）根据下文第二款给予补偿。

二、补偿应：

（一）相当于征收前一刻被征收投资的公平市场价值。该公平市场价值不应反映由于征收事先为公众所知而发生的价值变化。

（二）毫不迟延地支付；

（三）包括自征收之日起到实际支付之日止按照合理的商业利率计算的利息；以及

（四）可以充分实现和自由转移。

三、在不损害第三章第一节规定之条款的前提下，投资被征收的投资者应有权根据有关缔约方可适用的法律，要求缔约方法院或任何主管机关及时审理其案件，并根据本条规定要求评估该投资的价值。

第八条 转移

一、在不损害缔约一方法律和法规规定的任何可适用的形式要求之前提下，缔约一方应保证缔约另一方投资者可以毫不迟延地自由汇入或汇出所有与其领土内的投资有关的款项。

这类汇兑应包括，但不限于：

（一）设立、维持或扩大投资所必需的数额；

（二）利润、利息、分红、资本收益、版税和其他与知识产权和工业产权有关的收费；

（三）依照包括贷款协议在内的合

同所付的款项；

（四）全部或部分出售或清算投资所获得的收入；

（五）从事与投资有关活动的缔约另一方国民的收入和薪酬；

（六）投资者依照第六条和第七条所拥有的任何补偿；以及

（七）依照第三章第一节的争端解决获得的款项。

二、除非本条另有规定，任一缔约方不应阻止以国际货币基金组织列举的可自由兑换的货币按照汇兑当日通行的市场汇率毫不迟延地进行汇兑。

三、缔约一方可以通过公平、非歧视和善意地适用该国关于以下事项的法律，禁止汇兑：

（一）破产、清算或保护债权人利益；

（二）债券的发行、买卖或交易；

（三）刑事犯罪和行政违法；

（四）汇兑货币或其他货币工具的报告；或

（五）保证司法程序中判决的实现。

四、本条第一款涉及的形式要求：

（一）不应严于本协定生效时的要求；

（二）不应在本协定生效后施加新的限制；

（三）不应作为规避本条项下缔约方的承诺和义务的方式。

五、在面临严重的国际收支困难或严重的国际收支困难之威胁时，任一缔约方可以暂时限制汇兑，只要该国是依照国际标准实施某些措施或方案。这些限制应在公平、非歧视和善意的基础上进行。

第九条　代位

一、若缔约一方或其指定机构对其投资者在缔约另一方领土内的某项投资提供针对非商业风险的财政保证，并据此作了支付，或根据其代位人之权利行事，缔约另一方应承认对任何权利、所有权、索赔权、特权或现有或将发生的诉讼的代位。但是，缔约一方或其指定机构作为代位人，不得享有超过原投资者享有的权利。

二、如果发生争端，代位行使投资者权利的缔约一方不得启动或参与国内法院的程序，也不得依照第三章的规定将案件提交国际仲裁。

第十条　例外

第三条和第四条不得被解释为缔约一方有义务将该国由于下列原因授予的待遇、优惠或特权方面的利益给予缔约另一方投资者及其投资：

（一）任何现存或将来的区域经济一体化组织、自由贸易区、关税同盟、货币联盟或其他类似的一体化安排，缔约一方已是其成员或可能成为其成员；或

（二）由全部或主要涉及税收的国际协定或安排或任何国内法律而产生的缔约一方的任何权利和义务。如果本协定与其他有关税收的国际协定或安排不一致，以后者为准。

第三章　争端解决

第一节　缔约一方与缔约另一方投资者之间的争端解决

第十一条　目的

本节应适用于缔约一方与缔约另一方的投资者之间由于声称违反本协定第二章规定之义务且造成损失或损害而产生的争端。

第十二条　意向通知和磋商

一、争端双方应首先努力通过磋商或谈判解决诉求。

二、为友好解决诉求，争端投资者应至少在提交仲裁前6个月向争端缔约方递交书面的拟将诉求提交仲裁的意向通知书。[2] 该通知书应载明：

（一）争端投资者的名称和住所，以及企业的名称和住所（如果投资者是为该企业蒙受的损失或损害提起诉求）；

（二）第二章中被声称违反的条款以及任何其他相关条款；

（三）争议问题及诉求的事实和法律依据；以及

（四）所寻求的救济及请求赔偿的大概数额。

---

〔2〕 附件一适用于本款。

第十三条 仲裁:范围、资格和期限

一、缔约一方投资者可将缔约另一方违反第二章规定之义务且该投资者由于或源于该违反行为而蒙受损失或损害的诉求提交仲裁。〔3〕

二、一项投资本身不得根据本节提出诉求。

三、争端投资者可以根据下列规则将诉求提交仲裁:

(一)《解决国家和他国国民之间投资争端公约》(以下简称《华盛顿公约》),倘若争端缔约方与投资者所属缔约方都系《华盛顿公约》的缔约方;

(二)解决投资争端国际中心附加程序规则,倘若争端缔约方或投资者所属缔约方中一方而不是双方系《华盛顿公约》的缔约方;

(三)联合国国际贸易法委员会仲裁规则;或

(四)争端各方同意的任何其他仲裁规则。

四、争端投资者可将诉求提交仲裁,仅当:

(一)投资者同意根据本节规定的程序进行仲裁;且

(二)投资者和企业(如果诉求是为投资者拥有或控制的缔约另一方企业法人的利益所蒙受的损失或损害而提起)放弃根据缔约一方法律在行政法庭或法院,或者依其他争端解决程序启动或继续与争端缔约方被指控违反第二章的措施有关的任何程序。但根据争端缔约方的法律在行政法庭或法院寻求禁止性、宣示性或其他类似救济(不包括支付赔偿金)的程序除外。

五、本条所指的同意和弃权应以书面形式递交给争端缔约方,并应附在仲裁请求书中。〔4〕

六、除本节修改的地方外,可适用的仲裁规则应适用于仲裁。

七、在不损害第十二条的前提下,投资者可以于其首次获悉或应当获悉产生该争端的事件之日起不迟于3年内将争端提交仲裁。

八、缔约双方承认,根据本条规定,无控制权的小投资者仅有资格就其自己作为投资者的法律利益遭受的直接损失或损害提出诉求。

第十四条 缔约方同意

一、缔约各方在此无条件同意依据本节将相关争端提交国际仲裁。

二、上述第一款的同意和争端投资者将诉求提交仲裁的申请应满足ICSID公约第二章(中心的管辖权)的要求或ICSID附加程序规则关于争端各方书面同意的要求。

第十五条 仲裁庭的组建

一、除非争端双方另有约定,仲裁庭应由3名仲裁员组成。争端各方应各指定一名仲裁员,争端双方应商定第三名仲裁员作为仲裁庭主席。

二、上述第一款所指的仲裁员应具有国际法和国际投资事务方面的经验。

三、如果因为争端一方未能指定仲裁员或者争端双方未能就仲裁庭主席人选达成一致,致使仲裁庭不能在仲裁请求提出之日起90日内组建,则应任一争端方的请求,ICSID秘书长应自由指定尚待指定的仲裁员。但ICSID秘书长应确保其所指定的仲裁庭主席系非缔约双方的国民。

第十六条 合并

如果由ICSID秘书长指定组建的合并仲裁庭认为依第十五条组建的两个或两个以上仲裁庭受理的诉求具有共同的法律或事实问题,为了公正和有效地解决这些诉求,该合并仲裁庭得依所涵盖的所有争端各方的协议合并仲裁程序。

第十七条 仲裁地

应任一争端方的请求,依本节提起的任何仲裁应在《承认和执行外国仲裁裁决公约》(以下简称《纽约公约》)缔约国内进行。

第十八条 保险赔付

在依本节进行的仲裁中,争端缔约方不应将争端投资者依据保险合同或保证合同就其所主张的全部或部分损害已经获得或将要获得保险赔付或其他补偿作为一种抗辩、反请求、抵销权或其他。

---

〔3〕 附件二适用于本款。

〔4〕 附件三适用于本款。

第十九条　适用的法律

一、依本节组建的仲裁庭应根据本协定和可适用的国际法原则和规则对所提交争端中的各争议问题做出裁决。

二、缔约双方就本协定的任何条款共同作出或一致同意的解释应对依本节组建的仲裁庭具有拘束力。

第二十条　裁决和裁决的执行

一、除非争端双方另有约定,裁定缔约一方违反依本协定承担之义务的裁决,只可单独或一并判定:

(一)金钱赔偿及任何适当的利息;或

(二)在缔约方可以以支付金钱补偿代替返还原物的条件下,返还原物。

二、如果是为企业蒙受的损失或损害将诉求提交仲裁:

(一)判定返还原物的裁决应规定原物向该企业返还;

(二)判定金钱赔偿及任何适当利息的裁决应规定向该企业支付的数额;以及

(三)裁决应规定,本裁决的作出不损害任何人依据可适用的国内法可能享有救济的任何权利。

三、仲裁裁决应当且仅对争端双方和该特定案件具有终局性和拘束力。

四、仲裁裁决应当公开,除非争端双方另有约定。

五、仲裁庭不得判定惩罚性的赔偿。

六、缔约各方应在其领土内采取一切必要措施以有效执行依本条作出的裁决,并应为执行以其为当事一方的程序作出的任何裁决提供便利。

七、只有在下列情况下,争端一方才可寻求执行一项终局裁决:

(一)当终局裁决是依《华盛顿公约》作出时:

1. 自裁决作出之日起已超过120日且无一争端方请求修改或撤销该裁决;或

2. 修改或撤销程序已经完结;以及

(二)当终局裁决是依解决投资争端国际中心附加程序规则、联合国国际贸易法委员会仲裁规则或争端双方选择的任何其他仲裁规则作出时:

1. 自裁决作出之日起已超过3个月且无一争端方启动修改、取消或撤销该裁决的程序;或

2. 法院已经驳回或同意修改、取消或撤销裁决的申请且没有进行上诉。

第二十一条　临时保全措施

仲裁庭得建议采取临时保全措施以保护争端一方的权利,或确保仲裁庭管辖权得到充分有效行使,包括建议保存争端一方拥有或控制的证据或保护仲裁庭的管辖权。但仲裁庭不得建议扣押财产或者禁止被指控违反第十三条的措施的施行。

第二节　缔约双方之间的争端解决

第二十二条　范围

一、本节适用于缔约双方之间因本协定条款的解释或适用而产生的争端。

二、缔约一方不得依本节就侵害投资者权利的有关争端启动程序,除非缔约另一方未能遵守或履行就该投资者依第一节提交的争端所作之终局裁决。在这种情况下,依本节组建的仲裁庭,应争端投资者所属缔约方之请求,可:

(一)声明不遵守或不履行终局裁决不符合本协定规定之义务;以及

(二)建议缔约另一方遵守或履行该终局裁决。

第二十三条　磋商和谈判

一、任一缔约方可就本协定的解释或适用请求磋商。

二、如果缔约双方因本协定之解释或适用产生争端,则该争端应尽可能通过磋商和谈判友好解决。

三、如果争端未能在书面请求谈判或磋商之日起6个月内通过上述方式解决,任一缔约方可将争端提交给依本节规定组建的仲裁庭,或提交给缔约双方同意的任何其他国际法庭。

第二十四条　仲裁庭的组建

一、缔约一方(申请方)通过外交途径将书面通知递交给缔约另一方(被申请方),则仲裁程序启动。该通知应包含关于其诉求之事实和法律基础的陈述,依第二十三条进行之磋商和谈判的经过和结果的概述,申请方依本节启动仲裁程序的意向,以及该申请方指定之仲裁员的姓名。

二、在该通知递交后30日内，被申请方应通知申请方其所指定之仲裁员的姓名。

三、在第二名仲裁员被指定之日后30日内，缔约双方指定的仲裁员应共同协商指定第三名仲裁员，该仲裁员经缔约双方同意应担任首席仲裁员。如果本款所指之同意未能在指定第三名仲裁员之日后30日内作出，则适用下述第四款的规定。

四、若在上述第二款和第三款规定的期限内，未按要求指定仲裁员或作出同意，任一缔约方得邀请国际法院院长指定尚未指定的仲裁员。如果院长是任一缔约方的公民或是永久居民，或由于其他原因院长无法指定仲裁员，则应邀请国际法院副院长进行指定。如果副院长是任一缔约方的公民或永久居民，或由于其他原因副院长无法指定仲裁员，则应邀请国际法院中不属于任一缔约方的公民或永久居民的最资深法官进行必要的指定。

五、如果按本条规定指定的仲裁员辞职或不能履行职责，则应以指定原仲裁员的相同方式指定继任者，且该继任者拥有与原仲裁员相同的权力和责任。

第二十五条　程序

一、经首席仲裁员召集，仲裁庭应决定仲裁地点和启动仲裁程序的日期。

二、仲裁庭应决定与其管辖权相关的所有问题，并根据缔约双方的任何协议和考虑《常设仲裁法院任择性规则》，决定自己的程序。

三、在程序进行的任何阶段和在作出任何裁决前，仲裁庭均得建议缔约双方友好解决该争端。

四、在任何时候，仲裁庭都应给予缔约双方公平听证的机会。

第二十六条　裁决

一、仲裁庭应依多数票作出裁决。裁决应以书面形式作出且应包含可适用的事实和法律认定。裁决作出后应当送达缔约各方。

二、裁决对缔约双方具有终局性和拘束力。

第二十七条　适用的法律

依本节组建的仲裁庭应根据本协定和可适用的国际法原则和规则对各争议问题作出裁决。

第二十八条　费用

缔约各方应各自承担所指定仲裁员及出席仲裁程序的费用。首席仲裁员的费用和与仲裁活动有关的其他费用应由缔约双方平均分担，除非仲裁庭裁定缔约一方应承担较高比例的费用。

第二十九条　本协定的适用

本协定应适用于本协定生效后缔约一方的投资者在另一缔约方领土内所作的投资，以及在本协定生效时业已存在的依照缔约双方可适用的法律所作的投资。但是，本协定之规定不应适用于因本协定生效前业已发生的事件而产生的诉求，或本协定生效前业已解决的诉求。

第三十条　磋商

缔约一方可以建议缔约另一方就与本协定有关的任何问题举行磋商。此类磋商应在缔约双方同意的时间和地点举行。

第三十一条　拒绝授予利益

缔约双方可以共同磋商决定拒绝将本协定之利益授予缔约另一方之企业及其投资，如果该企业系由非缔约方之自然人或企业拥有或控制。

第三十二条　生效、有效期和终止

一、缔约双方应相互书面通知对方其已完成与本协定批准和生效所必需的国内法律程序。

二、本协定应自后一份通知发出之日起30日后生效。

三、本协定有效期10年。之后，除非任一缔约方提前12个月通过外交途径书面通知另一缔约方其终止本协定的决定，本协定应长期有效。

四、对于本协定终止之前作出的投资，本协定之规定应自终止之日起继续有效10年。

五、经缔约双方同意可对本协定作出修改，修改应根据上述第一款和第二款规定的程序生效。

本协定于2008年7月11日在北京签订，一式两份，每份都用中文、西班牙文和英文写成，三种文本同等作准。

如对文本的解释发生分歧，以英文本为准。

中华人民共和国政府代表
墨西哥合众国政府代表

附件一

第十二条第二款之附件

一、第十二条第二款所指之意向通知书应提交给：

在墨西哥合众国方面：经济部；及

在中华人民共和国方面：商务部。

二、争端投资者应以诉求所针对之缔约方认为适当的中文或西班牙文提交第十二条第二款所指之书面意向通知书。如果该意向通知书是以前述语言之外的其他语言提交，则应同时提交由专家翻译的相应译文。

三、为加速磋商程序，投资者在提交意向通知书时应同时提交下列文件的副本：

（一）如果投资者是自然人，护照或任何其他能够证明国籍的官方文书；如果投资者是非争端缔约方的企业，根据该缔约方法律取得的设立企业的法令或设立或组建企业的任何其他文书。

（二）若缔约一方的投资者拟为缔约另一方的企业蒙受的损失或损害提请仲裁：

1. 根据争端缔约方可适用的法律设立企业的法令或设立或组建企业的任何其他文书；及

2. 证明争端投资者拥有或控制该企业的文书。

（三）如可适用，授权委托书或证明某人得到正当授权代表争端投资者行事的文书。

附件二

第十三条第一款之附件

缔约一方投资者不得同时在依第三章设立的仲裁庭和缔约另一方的行政法庭或法院程序中指控缔约另一方违反第二章之义务。如果缔约一方的企业是由缔约另一方投资者拥有或控制，该企业已在缔约另一方法院或行政法庭指控缔约一方违反本协定之义务，则该投资者不得在依第三章设立的仲裁庭指控该违反行为。

附件三

第十三条第五款之附件

投资者在根据第三章第一节提请仲裁前，应当用尽争端缔约方法律和法规所规定的国内行政复议程序。

如果国内行政复议程序在复议申请首次提交之日后 4 个月内未完成，则应当认为程序已经完成，投资者得启动国际仲裁。投资者得在第十二条规定的 6 个月磋商或谈判期限内提交复议申请。

附录六(11) 2008年《中国—新西兰自由贸易协定》第11章

中华人民共和国政府和新西兰政府自由贸易协定

第十一章 投 资

第一节 投 资

第一百三十五条 定义

就本章而言:

企业是指根据适用法律设立或组建的实体,无论其是否以营利为目的,是否为私有、国有或国有控股,包括公司、信托、合伙企业、个人独资企业、合资企业、协会或其他类似组织;

一方的企业是指根据一方法律设立或组建,并在其境内从事实质性商业经营的企业和子公司;

投资是指一方投资者在另一方境内直接或间接投入的各种资产,包括但不限于:

(一)动产、不动产及抵押、质押等其他财产权利;

(二)股份、债券、股票及其他类型的公司参股;

(三)与投资有关的金钱请求权或其他任何具有经济价值合同行为的给付请求权;

(四)知识产权,特别是版权、专利权和工业设计、商标、商名、工艺流程、贸易和商业秘密、专有技术及商誉;

(五)法律或法律允许依合同授予的特许经营权,包括自然资源的勘探、种植、开采或开发的特许权;

(六)包括政府发行的债券在内的债券、信用债券、贷款及其他形式的债[1]以及由此衍生出的权利;

(七)法律或合同授予的权利,以及依据法律特许及许可授予的权利;

投入资产发生任何形式上的变化,不影响其作为投资的性质;

投资包括由一方投资者拥有或控制的第三国法人,在另一方境内已设立的投资。本协定的相关规定仅适用于此类投资被另一方征收,而该第三国没有或放弃赔偿请求权的情况;

一方的投资者是指一方在另一方境内寻求投资、进行投资或已设立投资的自然人或企业;[2]

一方的自然人是指一方法律规定的公民或永久居民。在中方关于外国永久居民待遇的国内法律颁布之前,除第一百四十二条、第一百四十三条、第一百四十四条、第一百四十五条及第一百四十八条规定的义务外,本章其他条款不涉及对永久居民的义务。

第一百三十六条 目标

本章旨在:

(一)在互利的基础上,鼓励和促进双边投资流动及双方在投资相关问题上的合作;

(二)建立一个对双方间日益增长的投资流动有益的规则框架,并确保在各方境内对另一方的投资提供保护与安全;

(三)在互利的基础上,促进一方与在其境内另一方投资者之间的合作。

第一百三十七条 范围

一、本章适用于一方采取或维持与下列内容相关的措施:

(一)另一方投资者;

(二)另一方投资者的投资。

二、本章不适用于一方采取或维持的影响服务贸易的措施。

三、尽管有第二款规定,为保护以商业存在模式提供服务的投资,第一百四

---

〔1〕 在一方主管部门登记的贷款及其他形式的债,不包括在按时偿还无罚息的情况下无利息收益的贸易之债。

〔2〕 为进一步明确,一方投资者定义中与投资准入相关的因素仅适用于第一百三十九条及第一百四十二条。

十二条[3]、第一百四十三条、第一百四十四条、第一百四十五条及第一百四十八条适用于影响一方服务提供者通过在另一方境内以商业存在形式提供服务的措施。对于通过商业存在形式提供服务的情形,第二节适用于第一百四十二条、第一百四十三条、第一百四十四条、第一百四十五条及第一百四十八条。

四、为进一步明确,本章对任何一方在本协定生效之日前发生的行为或事实,或者已不存在的情况不具有约束力。

五、本章不适用于:

(一)一方提供的补贴或补助;或者

(二)规范政府机构为政府目的进行货物或服务采购的法律、法规、政策或普遍适用的程序,只要该采购不以商业转售或为商业销售生产货物或提供服务为目的。

六、本章适用于一方投资者在另一方境内设立的所有投资,无论其设立于本协定生效前或生效后,但第二节不适用于任何在本协定生效前已经进入司法或仲裁程序的与投资相关的争端或请求。

第一百三十八条　国民待遇

各方在管理、经营、运营、维护、使用、收益或处置方面,应当给予另一方投资者的投资及与该投资相关的活动,不低于其在同等条件下给予其本国投资者的投资及相关活动的待遇。

第一百三十九条　最惠国待遇

一、各方在准入、扩大、管理、经营、运营、维护、使用、收益或处置方面,应当给予另一方投资者、投资者的投资及与该投资相关的活动,不低于其在同等条件下给予任何第三国投资者的投资及相关活动的待遇。

二、为进一步明确,本条规定的义务不包含要求给予另一方投资者除本章规定内容以外的争端解决程序。

三、尽管有第一款规定,对于在本协定生效之日前签署或生效的自由贸易协定或多边国际协定,双方有权保留采取或维持任何措施,给予相关协定成员第三国差别待遇的权利。

四、为进一步明确,就有关货物贸易、服务贸易或投资的自由化协定而言,第三款所述还包括相关协定缔约方之间为实现更广泛经济一体化或进一步贸易自由化而采取的任何措施。

五、双方保留根据本协定生效之日后签署或生效的国际协定,对涉及下列领域所采取或维持的措施,给予第三国差别待遇的权利:

(一)渔业;以及

(二)海事。

第一百四十条　业绩要求

双方同意,WTO《与贸易有关的投资措施协定》经必要修改后并入本协定,并适用于本章范围内的所有投资。

第一百四十一条　不符措施

一、第一百三十八条不适用于:

(一)任何在其境内现存不符措施;

(二)任何第(一)项所指不符措施的延续;

(三)任何第(一)项所指不符措施的修改,只要与修改前的义务相比,该修改未增加该措施的不符之处。

二、双方应当尽力逐步消除不符措施。

三、尽管有第一款规定,对各方而言,第一百三十八条不适用于任何不在其现存双边投资协议国民待遇义务范围内的措施。

第一百四十二条　转移

一、除非出现第二百零二条设定的情况,各方应当允许另一方投资者自由转移与投资相关的所有支付,特别是包括:

(一)设立、维护或扩大投资所需款项;[4]

(二)投资收益,包括利润、股息、利息及其他收入;

(三)专利使用费、管理费及技术援助和其他费用;

(四)投资的全部或部分销售或清

---

[3] 双方理解,第一百四十二条第一款第(一)项关于设立或扩大投资所需款项的规定仅在该部门有服务市场准入承诺的情况下,才适用于服务提供的商业存在模式。

[4] 双方理解,关于设立或扩大投资所需款项的规定仅在成功完成引进外资批准程序后才可适用。

算所得款项,或减少投资资本所得款项;

(五)与投资有关的贷款协议的支付;

(六)根据合同需支付的款项,包括偿还贷款、专利使用费及其他因许可、特许、特许经营及其他类似权利产生的支付;

(七)与该投资有关的外国员工的收入和其他报酬;

(八)根据第一百四十四条及第一百四十五条进行的支付;以及

(九)因争端解决产生的支付。

二、第一款所指转移,应当以可自由兑换货币,按照转移当日接受投资一方主要市场汇率进行,不得迟延。若不存在市场汇率,则应当按照支付时国际货币基金组织有关特别提款权的货币汇率折算得出的交叉汇率进行。

三、就中方而言,只有遵循中国现行法律及规章关于外汇管理相关手续有关规定的转移,第一款规定的义务才适用,只要:

(一)这些手续没有被用作规避中方在本协定中的承诺或义务;

(二)在此方面,中方给予新方投资者的待遇不得低于其给予任何第三国投资者的待遇;

(三)手续应当在转移通常所需期限内完成。该期限从向外汇管理部门提交申请之日起计算,不得超过60日。申请应当包括完整、真实的材料和信息;

(四)在任何情况下,与投资有关的转移手续不应比初始投资设立时要求的手续更为严格;并且

(五)当中国法律不再要求这些手续时,第一百四十二条适用应当不再有任何限制。

四、尽管有第一款、第二款规定,一方在公平、非歧视和善意实施其与下列内容相关的法律基础上,可以禁止转移:

(一)破产、倒闭或保护债权人权利;

(二)证券、期货或衍生物的发行、销售或交易;

(三)刑事犯罪;

(四)必要时用于协助执法或金融管理机构的财务报告或转移备案记录;或者

(五)确保遵守司法或行政程序中做出的法令或裁决。

五、第三款的任何规定不应影响根据第一百四十四条及第一百四十五条支付的补偿款项的自由转移。

六、任何一方不得要求其投资者转移在另一方境内投资产生的收入、所得、利润或其他款项,或处罚未转移此类款项的投资者。

七、就中方而言,第六款的义务仅在中国关于外汇管理的法律及规章允许的范围内适用。但当根据中国法律,这些法律及规章不再适用时,第六款适用应当不再有任何限制。

第一百四十三条 公平公正待遇

一、按照普遍接受的国际法规则,始终给予各方投资者在另一方境内投资公平公正待遇,提供全面保护与安全。

二、公平公正待遇包括基于一般法律原则,确保投资者不会在任何与投资者投资相关的法律或行政程序中被拒绝公正对待,或受到不公平或不公正对待的义务。

三、全面保护与安全要求各方在履行确保投资保护与安全职责时,采取合理的必要措施。

四、任何一方不得对另一方投资者对投资的管理、维护、使用、收益或处置采取不合理或歧视性措施。

五、违反本章任何其他条款,并不构成对本条的违反。

第一百四十四条 损失补偿

一方投资者在另一方境内的投资,如果因另一方境内战争或其他武装冲突、全国紧急状态、起义、骚乱或其他相似情形而遭受损失,则另一方在恢复原状、赔偿、补偿和其他解决措施方面给予该投资者的待遇不应低于其给予本国或任何第三国投资者的待遇,并从优适用。

第一百四十五条 征收

一、任何一方不得对另一方投资者在其境内的投资实施征收、国有化或采取其他等同措施(以下简称征收),除非征收是:

(一)为公共目的;

(二)符合可适用的国内法;

（三）以非歧视的方式实施；

（四）不违背一方已给予的保证；以及

（五）按照第二款、第三款及第四款规定给予补偿。

二、上述补偿应当等于投资被征收前当时的公平市场价值。公平市场价值不应因征收事先被公众所知而发生任何价值上的变化。该补偿应当包括按主要商业利率计算的从征收发生日起到支付日之间的利息。补偿的支付不应迟延，并应当可有效兑换和自由转移。补偿应当以受影响投资者的国家货币或受影响投资者接受的任何可自由兑换货币支付。

三、如果公平市场价值是以可自由兑换货币表示，则支付的补偿不应低于征收之日的公平市场价值，加上按该货币合理的商业利率计算的，从征收发生日起到支付日之间的利息。

四、如果公平市场价值是以不可自由兑换货币表示，则支付的补偿，按照支付日主要市场汇率兑换为所支付的货币，不应低于：

（一）征收之日按照当日主要市场汇率兑换为可自由兑换货币的公平市场价值，加上

（二）按该可自由兑换货币合理的商业利率计算的，从征收发生日起到支付日之间的利息。

五、本条不适用于根据《TRIPs 协定》给予的，与知识产权相关的强制许可。

第一百四十六条　透明度

各方应当公布其参加的与投资有关的国际协定。

第一百四十七条　联系点

各方应当指定一个或多个联系点，便利就本章所涉任何问题进行沟通，并应当将该联系点的详细信息提供给另一方。双方应将联系点详细信息的修改情况及时通知对方。

第一百四十八条　代位

一、如果一方或其指定的代理机构依照对投资的非商业风险所做的保证、担保或保险合同向投资者进行了支付，另一方应当承认该投资者的任何权利和请求转让给了该支付方或其指定的代理机构，并应当承认该支付方或其指定的代理机构有权在与投资者同等的范围内，根据代位履行与投资相关的义务。

二、如一方（或其指定的任何代理、机构、法定部门或公司）已向其投资者进行了支付，并已接管该投资者的权利及请求，则该投资者不得向另一方主张这些权利或请求，除非其得到授权，代表该方或进行支付的代理机构采取行动。

第一百四十九条　利益的拒绝给予

经事先通知及磋商，一方可拒绝将本章的利益给予：

（一）另一方投资者，如果该投资是由非缔约方的人拥有或控制的企业进行的，且该企业在另一方境内未从事实质性商业经营；或者

（二）另一方投资者，如果该投资是由拒绝给予利益一方的人拥有或控制的企业进行的，且该企业在另一方境内未从事实质性商业经营。

第一百五十条　投资委员会

一、双方特此建立投资委员会。应任何一方或自贸区联合委员会要求，该委员会应当举行会议，考虑本章出现的任何问题。

二、该委员会的职能包括：

（一）审议本章的实施情况；

（二）确定并建议促进及增加双边投资的措施；

（三）考虑制定有助于增强第一百四十一条所规定措施透明度的程序。

第一百五十一条　投资促进与便利化

双方确认将通过包括以下方式在内的途径，实现便利双边投资的愿望：

（一）以改善双向投资环境为目的进行合作和信息交流；

（二）为促进双边投资，在中方与新方的机构间建立联系。

第二节　投资者—国家争端解决

第一百五十二条　磋商与谈判

在本章项下，一方投资者与另一方之间产生的，与该投资者在另一方境内投资直接相关的法律争端，应尽最大可能，通过投资者与另一方的磋商与谈判友好解决，在争端方均接受的前提下，这

种磋商与谈判可包括利用非约束性的第三方程序。磋商与谈判的要求应当以书面形式提出且应当说明争端的性质。

第一百五十三条　允许提交仲裁请求

一、除非争端方另行商定,如果自提出磋商与谈判要求之日起 6 个月内,无法通过第一百五十二条解决该争端,则应当根据投资者的选择,将争端提交至:

(一)根据 1965 年 3 月 18 日于华盛顿缔结的《关于解决各国和其他国家国民之间投资争端的公约》设立的解决投资争端国际中心("ICSID")进行调解或仲裁;或者

(二)根据联合国国际贸易法委员会("UNCITRAL")规则进行仲裁;

但该投资者应当根据第一款第(一)项或第一款第(二)项,在提交仲裁请求 3 个月前通知争端国家一方。

二、接到第一款所指通知后,争端国家一方可要求有关投资者在根据第一款第(一)项或第一款第(二)项提交仲裁请求前,依据该方法律及规章规定,履行适当的国内行政复议程序,该程序不应超过 3 个月。

三、如果争端已被提交国内管辖法院,只有在最终裁决做出前,投资者从国内法院撤诉,该争端才可被提交国际争端解决。

四、除本节另有规定外,第一款所涉及的且在根据本节提交仲裁请求之日仍然有效的仲裁规则,应当适用于该仲裁。

五、仲裁裁决应当是最终的,且对争端方具有约束力。争端各方应当承诺执行该裁决。

第一百五十四条　仲裁请求的接受与初步反对意见

一、如果自争端投资者知道或在合理情况下应当知道由于违反本章义务给其或其投资造成了损失或损害时起,至提交第一百五十二条所指的磋商与谈判请求之日,时间已超过 3 年,则不得根据本章将仲裁请求提交仲裁。

二、争端国家一方在仲裁庭组成后 30 日内,可因仲裁请求明显缺乏法律依据或超出仲裁庭管辖权或职能,提出反对意见。反对意见应当尽可能明确说明反对理由。

三、仲裁庭对此反对意见应当先于仲裁请求所涉具体问题进行裁决。争端方应当得到合理机会向仲裁庭陈述其观点及意见。如果仲裁庭认定仲裁请求明显缺乏法律依据或超出仲裁庭管辖权或职能,其应当按此做出裁决。

四、如理由充分,仲裁庭可裁决补偿胜诉方因提交反对意见或对此提出抗辩发生的合理费用与支出。在判定此裁决是否理由充分时,仲裁庭应当考虑仲裁请求或反对意见是否是无意义的或明确缺乏法律依据,并应当给争端方提供合理的发表意见的机会。

第一百五十五条　协定的解释

一、应争端国家一方要求,仲裁庭应当要求缔约双方就争端问题涉及的本协定条款进行共同解释。缔约双方应当在该要求提出后 60 日内,以书面形式,将表明双方解释的联合决定提交仲裁庭。

二、缔约双方根据第一款做出的联合决定应当对仲裁庭具有约束力。裁决应当与该联合决定相一致,如果缔约双方在60 日内未能做出这样的决定,仲裁庭应当独自对该问题做出决定。

第一百五十六条　仲裁请求的合并

若两个或更多投资者表明,将提交的仲裁请求源于同一事件或情形产生的共同法律或事实问题,则在所有争端方均同意合并仲裁请求的情况下,争端方应当举行磋商,协调应当适用的程序,包括选择审理争端的机构。

第一百五十七条　仲裁程序相关信息和文件的公布

一、在受第二款约束的前提下,争端国家一方可在其认为适当的情况下,确保公众可获得所有仲裁庭文件。

二、任何向仲裁庭提交的被专门指定为保密的信息应当避免披露。

第一百五十八条　裁决

一、若仲裁庭针对争端国家一方做出最终裁决,则仅可单独或合并做出以下裁决:

(一)货币损害赔偿及可能的利息;

(二)财产恢复原状。在此情况下,裁决应当规定争端国家一方可通过支付货币损害赔偿和可能的利息代替恢复原状。

二、仲裁庭还可根据本章及可适用的仲裁规则裁定开支及费用。

三、仲裁庭不得裁定惩罚性损失赔偿。

四、除限于争端方之间及该特定案件外，仲裁庭做出的裁决不具约束力。

五、只有当所有可行的复议程序结束后，争端一方才可寻求执行最终裁决。

六、在受第五款约束的前提下，争端一方应当遵守并执行裁决，不得迟延。

附录七　《ICSID 公约》

解决国家与他国国民间投资争端公约

（1965 年 3 月 18 日订于华盛顿）

序　　言

各缔约国：

考虑到经济开发需要进行国际合作和私人国际投资在这方面的作用；

鉴于各缔约国和其他缔约国国民之间对此项投资经常发生争端的可能性；

深信此类争端虽然通常受各国的法律程序管辖，但是在某些情况下，采取国际解决方法可能是适当的；

特别重视提供国际调解或仲裁的便利，各缔约国和其他缔约国国民如果有此要求，可将此类争端提交国际调解或仲裁；

愿意在国际复兴开发银行的赞助下建立此种便利；

承认双方同意借助此种便利将此种争端交付调解或仲裁，即构成有约束力的协议，该协议特别需要对调解员的任何建议给予适当考虑，对任何仲裁裁决予以遵守；及

宣告不能仅就缔约国批准、接受或认可本公约这事实而不经其同意就认为缔约国具有将任何特定的争端交付调解或仲裁的义务；

现共同议定下列各项：

第一章　解决投资争端国际中心

第一节　建立和组织

第一条

一、兹建立解决投资争端国际中心（以下简称“中心”）。

二、“中心”的宗旨是依据本公约的规定为各缔约国和其他缔约国国民之间的投资争端，提供调解和仲裁的便利。

第二条

“中心”的所在地应设在国际复兴开发银行（以下简称“银行”）的主要办事处。该所在地可以根据行政理事会经其成员的三分之二多数做出的决定迁往其他地点。

第三条

“中心”应设有一个行政理事会和一个秘书处，并应有一个调解员小组和一个仲裁员小组。

第二节　行政理事会

第四条

一、行政理事会由每一缔约国各派代表一人组成。在首席代表未能出席会议或不能执行任务时，可以由副代表担任代表。

二、如无相反的任命，一个缔约国所指派的银行的董事和候补董事应成为各该国的当然代表和副代表。

第五条

银行行长应为行政理事会的当然主席（以下简称主席），但无表决权。在他缺席或不能执行任务时和在银行行长出缺时应由暂代理行长的人担任行政理事会主席。

第六条

行政理事会在不损害本公约其他条款赋予它的权力和职能的情况下，应：

（一）通过“中心”的行政和财务条例；

（二）通过提起调解和仲裁的程序规则；

（三）通过调解和仲裁的程序规则（以下简称调解规则和仲裁规则）；

（四）批准同银行达成的使用其行政设施和服务的协议；

（五）确定秘书长和副秘书长的服务条件；

（六）通过“中心”的年度收支预算；

（七）批准“中心”活动的年度报告。

上述第（一）项、第（二）项、第（三）项和第（六）项中决定，应由行政理事会成员的三分之二多数票通过。

二、行政理事会可以设立它认为必需的委员会。

三、行政理事会还应执行它确定为履行本公约规定所必需的其他权力和

任务。

第七条

一、行政理事会每年应举行一次年度会议和理事会可能决定的或经理事会至少五个成员国的请求由主席或秘书长召开的其他会议。

二、行政理事会每个成员享有一个投票权，除本公约另有规定外，理事会所有的事项应以多数票做出决定。

三、行政理事会任何会议的法定人数应为其成员的多数。

四、行政理事会可由其成员的三分之二多数的决定建立一种程序，根据该程序主席可以不召开理事会的表决。该项表决只有理事会的多数成员在上述程序规定的限期内投票，才能认为有效。

第八条

对行政理事会成员和主席的服务，“中心”不付给报酬。

第三节　秘　书　处

第九条

秘书处由秘书长一人，副秘书长一人或数人以及工作人员组成。

第十条

一、秘书长或任何副秘书长由主席提名，经行政理事会根据其成员的三分之二多数票选举产生，任期不超过6年，可以连任，主席在同行政理事会成员磋商后，对上述每一职位得提出一个或几个候选人。

二、秘书长或副秘书长的职位同执行任何政治任务是不相容的。秘书长或任何副秘书长除经行政理事会批准外，不得受雇于其他任何人，或从事任何职业。

三、在秘书长缺席或不能执行任务时，或在秘书长职位出缺时，由副秘书长担任秘书长。如果有一个以上的副秘书长，应由行政理事会在事前决定他们担任秘书长的次序。

第十一条

秘书长是“中心”的法定代表和主要官员，并依照本公约的规定和行政理事会通过的规则负责其行政事务，包括任命工作人员。他应执行书记官的任务，有权认证根据本公约做出的仲裁裁决并核证其副本。

第四节　小　　组

第十二条

调解员小组和仲裁员小组各由合格的人员组成，他们应根据以下规定指派，并愿意提供服务。

第十三条

一、每一缔约国可以向每个小组指派四人，他们可以是，但不一定是该缔约国国民。

二、主席可以向每个小组指派10人，向一个小组指派的人员应具有不同的国籍。

第十四条

一、指派在小组服务的人员应具有高度的道德品质，并且在法律、商务、工业或金融方面有公认的资格，他们可以被信赖做出独立的判断。对仲裁员小组的而言，在法律方面的资格尤其重要。

二、主席指派在小组中服务的人员时，还应适当注意保证世界上各种主要法律体系和主要的经济活动方式在小组中具有代表。

第十五条

一、小组成员的服务期限为6年，可以连任。

二、小组成员遇有一人死亡或辞职时，指派该成员的机构有权指派另一人在该成员剩余的任期内服务。

三、小组成员应继续任职，直至其继任人被指派时为止。

第十六条

一、一个人可以在两个小组服务。

二、如果一个人被一个以上的缔约国，或被一个或一个以上的缔约国和主席指派在同一个小组服务，则应认为他是被首先指派他的机构所指派，或者如果其中一个指派他的机构是他国籍所属的国家，则应认为他是被该国所指派。

三、一切指派应通知秘书长，并从接到通知之日起生效。

第五节　“中心”的经费

第十七条

如果“中心”的开支不能以使用其设施的收费或其他收入来偿付，则属于银行成员的缔约国应各按其认购的银行资本股份的比例,而不属于银行成员的缔约国则按行政理事会通过的规则来负担超支部分。

第六节 地位、豁免和特权

第十八条

"中心"具有完全的国际法律人格。"中心"的法律能力应包括:

(一)缔结契约的能力;

(二)取得和处理动产和不动产的能力;

(三)起诉的能力。

第十九条

为使"中心"能完成其任务,它在各缔约国领土内应有本节规定的豁免和特权。

第二十条

"中心"及其财产和资产享有豁免一切法律诉讼的权利,除非"中心"放弃此种豁免。

第二十一条

主席、行政理事会成员,担任调解员或仲裁员或按照第五十二条第三款任命的委员会成员以及秘书处的官员和雇员:

一、对他们在执行任务时所作的行为,享有豁免法律诉讼的权利,除非"中心"放弃此种豁免;

二、如不是当地的国民,则应享有缔约国给予其他缔约国相应级别的代表、官员和雇员在豁免移民限制、外国人登记要求和国民兵役义务方面的同等权利,在外汇限制方面的同等便利以及有关旅行的同等待遇。

第二十二条

第二十一条的规定应适用于根据本公约作为当事人、代理人、法律顾问、律师、证人或专家而在诉讼中出席的人,但该条第二款只适用于他们在诉讼所在地的停留和往返旅程。

第二十三条

一、"中心"的档案不论其在何处,应不可侵犯。

二、关于官方通讯,各缔约国给予"中心"的待遇不得低于给予其他国际组织的待遇。

第二十四条

一、"中心"、其资产、财产和收入以及本公约许可的业务活动和交易应免除一切税捐和关税。"中心"还应免除征收或偿付任何税捐或关税的义务。

二、除当地的国民外,对"中心"付给行政理事会主席或成员的津贴,或付给秘书处官员或雇员的薪金、津贴或其他报酬,均不得征税。

三、对担任调解员或仲裁员或依照第五十二条第三款所任命的委员会成员的人在本公约规定的诉讼中所得到的报酬或津贴,均不得征税,如果此项征税的唯一法律依据是"中心"的地点或诉讼的所在地或付给报酬或津贴的地点。

第二章 "中心"的管辖权

第二十五条

一、"中心"的管辖权适用于缔约国(或缔约国指派到"中心"的该国的任何下属单位或机构)和另一缔约国国民之间因投资而直接产生的任何法律争端,而该项争端经双方书面同意提交给"中心"。当双方表示同意后,不得单方面撤销其同意。

二、"另一缔约国国民"系指:

(一)在双方同意将争端交付调解或仲裁之日以及在根据第二十八条第三款或第三十六条第三款将请求予以登记之日,具有作为争端一方的国家以外的某一缔约国国籍的任何自然人,但不包括在上述任一日期也具有作为争端一方的缔约国国籍的任何人。

(二)在争端双方同意将争端交付调解或仲裁之日,具有作为争端一方的国家以外的某一缔约国国籍的任何法人,以及在上述日期也具有争端当事国的缔约国国籍的法人,而该法人因受外国控制,双方同意为了本公约的目的,应看作是另一缔约国国民。

三、某一缔约国的下属单位或机构表示的同意,须经该缔约国批准,除非该缔约国通知"中心"不需要予以批准。

四、任何缔约国可以在批准、接受或认可本公约时,或在此后任何时候,把它将考虑或不考虑提交给"中心"管辖的一类或几类争端通知"中心",秘书长应立即将此项通知转交给所有缔约国。此项通知不构成第一款所要求的同意。

第二十六条

除非另有规定，双方同意根据本公约交付仲裁，应视为同意排除任何其他补救办法而交付上述仲裁。缔约国可以要求用尽当地各种行政或司法补救办法，作为其同意根据本公约交付仲裁的一个条件。

第二十七条

一、缔约国对于它本国的一个国民和另一缔约国根据本公约已同意交付或已交付仲裁的争端，不得给予外交保护或提出国际要求，除非该另一缔约国未能遵守和履行对此项争端所做出的裁决。

二、前款所称的"外交保护"，不包括纯为便利争端的解决所作的非正式外交接触。

第三章　调　　解

第一节　请求调解

第二十八条

一、希望采取调解程序的任何缔约国或缔约国的任何国民，应就此向秘书长提出书面请求，由秘书长将该项请求的副本送交另一方。

二、该项请求应包括关于发生争端的问题的材料、双方的身份以及他们同意依照采取调解或仲裁的程序规则进行调解等内容。

三、秘书长应登记此项请求，除非他根据请求中所包括的材料，发现此项争端显然在"中心"的管辖权范围之外。他应立即将登记或拒绝登记之事通知双方。

第二节　调解委员会的组成

第二十九条

一、调解委员会（以下简称"委员会"）应在依照第二十八条提出的请求予以登记之后尽速组成。

二、

（一）"委员会"应由双方同意任命的唯一的调解员或任何非偶数的调解员组成。

（二）如双方对调解员的人数和任命的方法不能取得协议，则"委员会"应由三名调解员组成，由每一方各任命调解员一名，第三人由双方协议任命，并担任"委员会"主席。

第三十条

如果在秘书长依照第二十八条第三款发出对请求已予以登记的通知后九十天内，或在双方可能同意的其他期限内未能组成"委员会"，主席经任一方请求，并尽可能同双方磋商后，得任命尚未任命的调解员或数名调解员。

第三十一条

一、除主席根据第三十条进行任命的情况外，可以从调解员小组以外来任命调解员。

二、从调解员小组以外任命的调解员应具备第十四条第一款所述的品质。

第三节　调解程序

第三十二条

一、"委员会"应是其本身权限的决定人。

二、争端一方提出的异议，认为该争端不属于"中心"的管辖权范围内，或因其他原因不属于"委员会"权限范围，应由"委员会"加以考虑，并决定是否将其他为先决问题处理，或与该争端的实体问题一并处理。

第三十三条

任何调解程序应依照本节规定，以及除双方另有协议外，依照双方同意调解之日起有效的调解规则进行。如发生任何本节或调解规则或双方同意的任何规则未加规定的程序问题，则该问题应由"委员会"决定。

第三十四条

一、"委员会"有责任澄清双方发生争端的问题，并努力使双方对共同可接受的条件达成协议。为达此目的，"委员会"可以在程序进行的任何阶段，并可随时向双方建议解决的条件。双方应同"委员会"真诚合作，以便"委员会"能执行其任务，并对"委员会"的建议予以最认真的考虑。

二、如果双方达成协议，"委员会"应制定一项报告，指出发生争端的问题，并载明双方已达成协议。如果在程序进行的任何阶段，"委员会"认为双方已不可能达成协议则它应结束此项程序并制定一项报告,指出已将争端提交调解,并载明双方未能达成协议。如果一方未能出席或参加上述程序,“委员会”应结束此项程序并制定一报告,指出该方未能出席或参加。

第三十五条

除争端双方另有协议外,参加调解程序的任何一方均无权在其他任何程序中,不论是在仲裁员面前或在法院或其他机构,引用或依仗参加调解程序的另一方所表示的任何意见,所作的声明或许诺,或所提出的解决办法,也不得引用或依仗“委员会”提出的报告或任何建议。

第四章 仲 裁

第一节 请求仲裁

第三十六条

一、希望采取仲裁程序的任何缔约国或缔约国的任何国民,应就此向秘书长提出书面请求,由秘书长将此项请求的副本送交另一方。

二、该项请求应包括关于发生争端的问题的材料、双方的身份以及它们同意依照采取调解和仲裁的程序规则提交仲裁等内容。

三、秘书长应登记此项请求,除非他根据请求中所包括的材料,发现此项争端显然在“中心”的管辖权范围之外。他应立即将登记或拒绝登记之事通知双方。

第二节 仲裁庭的组成

第三十七条

一、仲裁庭应在依照第三十六条提出的请求登记之后尽速组成。

二、

(一)仲裁庭应由双方同意任命的唯一的仲裁员或任何非偶数的仲裁员组成。

(二)如双方对仲裁员的人数和任命的方法不能取得协议,仲裁庭应由三名仲裁员组成,由每一方各任命仲裁员一名,第三人由双方协议任命,并担任仲裁庭庭长。

第三十八条

如果秘书长依照第三十六条第三款发出关于请求已予以登记的通知后90天内,或在双方可能同意的其他期限内未能组成仲裁庭,主席经任何一方请求,并尽可能同双方磋商后,得任命尚未任命的仲裁员或数名仲裁员。主席根据本条任命的仲裁员不得为争端一方的缔约国的国民或其国民是争端一方的缔约国的国民。

第三十九条

大多数仲裁员不得为争端一方的缔约国国民和其国民是争端一方的缔约国的国民。但如唯一的仲裁员或仲裁庭的每一成员是经双方协议任命的,则不适用本条的上述规定。

第四十条

一、除主席根据第三十八条进行任命的情况外,可以从仲裁员小组以外来任命仲裁员。

二、从仲裁员小组以外任命的仲裁员应具备第十四条第一款所述的品质。

第三节 仲裁庭的权力和职能

第四十一条

一、仲裁庭应是其自身权限的决定人。

二、争端一方提出的下述异议,应由仲裁庭加以考虑,并决定是将其作为先决问题处理,还是与该争端的实体问题一并处理:认为该争端不属于“中心”的管辖权范围内,或因其他原因不属于仲裁庭的权限范围内。

第四十二条

一、仲裁庭应依据当事人双方协议的法律规范处断争端。如无此种协议,仲裁庭应适用作为争端当事国的缔约国的法律(包括它的法律冲突规范)以及可以适用的国际法规范。

二、仲裁庭不得借口法律无明文规定或含义不清而暂不做出裁决。

三、第一款和第二款的规定不得损害仲裁庭在双方同意时依据公平与正义原则裁断争端的权力。

第四十三条

除非双方另有协议,如果仲裁庭在程序的任何阶段认为有必要时,它可以:

（一）要求双方提出文件或其他证据；和

（二）访问与争端有关的场地，并在该地进行它可能认为适当的调查。

第四十四条

如果双方另有协议，任何仲裁程序应依照双方同意提交仲裁之日有效的仲裁规则进行。在没有这种协议的情况下，则应依照本节规定。如发生本节或仲裁规则或双方同意的任何规则未作规定的任何程序问题，则该问题应由仲裁庭决定。

第四十五条

一、一方未出席或陈述其案情，不得视为接受另一方的主张。

二、如果一方在程序的任何阶段未出席或陈述其案情，另一方可以请求仲裁庭处理向其提出的问题并做出裁决。仲裁庭在做出裁决之前，应通知未出席或陈述案情的一方，并给以宽限日期，除非仲裁庭确信该方不愿意这样做。

第四十六条

除非双方另有协议，如经一方请求，仲裁庭应对争端的主要问题直接引起的附带或附加的诉请或反诉请求做出决定，但上述要求应是在双方同意的范围内，否则则是在“中心”的管辖范围内。

第四十七条

除双方另有协议外，仲裁庭如果认为情况需要，得建议采取任何临时措施，以维护任何一方各自的权利。

第四节　裁决

第四十八条

一、仲裁庭应以其全体成员的多数票对问题做出决定。

二、仲裁庭的裁决应以书面作成，并由仲裁庭投票赞成的成员签字。

三、裁决应处理提交仲裁庭的每一个问题，并说明所根据的理由。

四、仲裁庭的任何成员可以在裁决上附上他个人的意见（不论他是否同意多数人的意见），或他持不同意见的声明。

五、“中心”未经双方的同意不得公布裁决。

第四十九条

一、秘书长应迅速将裁决的核证无误的副本送交双方。裁决应视为在送交上述副本之日做出。

二、仲裁庭经一方在做出裁决之日后45天内提出请求，可以在通知另一方后对裁决中遗漏的任何问题做出决定，并纠正裁决中的任何抄写、计算或类似的错误。其决定应为裁决一部分并应按裁决一样的方式通知双方。第五十一条第二款和第五十二条第二款规定的期限应从做出决定之日计算。

第五节　裁决的解释、修改和撤销

第五十条

一、如果双方对裁决的意义或范围发生争端，任何一方可以向秘书长提出书面申请，要求对判决做出解释。

二、如有可能，该项要求应提交做出裁决的仲裁庭。如果不可能这样做，则应依照本章第二节组织新仲裁庭。仲裁庭如认为情况有此需要，可以在它做出决定前停止执行裁决。

第五十一条

一、任何一方可以根据发现一些其性质对裁决有决定性影响的事实，而向秘书长提出书面申请要求修改裁决，但必须以在做出裁决时，仲裁庭和申请人都不了解该事实为条件，而且申请人不知道该事实并非由于疏忽所致。

二、申请应在发现该事实后90天内，无论如何应在做出裁决之日后3年内提出。

三、如有可能，该项要求应提交做出裁决的仲裁庭。如果不可能这样做，则应依照本章第二节组织新仲裁庭。

四、仲裁庭如认为情况有些需要，可以在做出决定前，停止执行裁决。

如果申请人在申请书中要求停止执行裁决，则应暂停止执行，直到仲裁庭对该要求做出决定为止。

第五十二条

一、任何一方可以根据下列一个或几个理由，向秘书长提出书面申请，要求撤销裁决：

（一）仲裁庭组成不当；

（二）仲裁庭明显超越其权力；

（三）仲裁庭的成员有受贿行为；

（四）严重违背基本程序规则；

（五）裁决未陈述其所依据的理由。

二、申请应在做出裁决之日后120天之内提出。但以受贿为理由而要撤销除外，该项申请应在发现受贿行为后120天之内，并且无论如何在做出裁决之日后3年之内提出。

三、主席在接到要求时，应立即从仲裁小组中任命由三人组成的专门委员会。委员会的成员不得为做出裁决的仲裁庭的成员，不得具有与上述任何成员相同的国籍，不得为争端一方的国家的国民或其国民是争端一方的国家的国民，不得为上述任何一国指派参加仲裁员小组的成员，也不得在同一争端中担任调解员。委员会根据第一款规定的任何理由有权撤销裁决或裁决中的任何部分。

四、第四十一至第四十五条、第四十八条、第四十九条、第五十三条和第五十四条以及第六章和第七章的规定，准用于委员会的程序。

五、委员会如认为情况有此需要，可以在做出决定前，停止执行裁决。如果申请人在申请书中要求停止执行裁决，则应暂时停止执行，直到委员会对该要求做出决定为止。

六、如果裁决被撤销，则经任何一方的请求，应将争端提交给依照本章第二节组织的新仲裁庭。

第六节　裁决的承认和执行

第五十三条

一、裁决对双方有约束力。不得进行任何上诉或采取任何其他除本公约规定外的补救办法。除依照本公约有关规定予以停止执行的情况外，每一方应遵守和履行裁决的规定。

二、在本节中，“裁决”应包括依照第五十条、第五十一条或第五十二条对裁决做出解释、修改或撤销的任何决定。

第五十四条

一、每一缔约国应承认依照本公约做出的裁决具有约束力，并在其领土内履行该裁决所课予的金钱义务，如同该裁决是该国法院的终局判决一样。具有联邦宪法的缔约国可以在联邦法院或通过该法院执行该裁决，并可规定联邦法院应视该裁决如同是其组成的一邦的法院做出终局判决。

二、要求在一缔约国领土内予以承认或执行的一方，应向该缔约国为此目的而指定的主管法院或其他机构提供经秘书长核证无误的该裁决的副本一份。每一缔约国应将为此目的而指定的主管法院或其他机构以及随后关于此项指定的任何变动通知秘书长。

三、裁决的执行应受要求在其领土内执行的国家关于执行判决的现行法律的管辖。

第五十五条

第五十四条的规定不得解释为背弃任何缔约国现行的关于免除该国或任何外国予以执行的法律。

第五章　调解员和仲裁员的更换和取消资格

第五十六条

一、在委员会或仲裁庭业已组成，程序已经开始之后，其组成应保持不变；但如有一调解员或一仲裁员死亡、丧失资格或辞职，其空缺应依照第三章第二节或第四章第二节的规定予以补充。

二、尽管委员会或仲裁庭的某一成员已停止成为调解员或仲裁员小组的成员，他应继续在该委员会或仲裁庭服务。

三、任何由一方任命的调解员或仲裁员未经委员会或仲裁庭（该调解员或仲裁员是该委员会或仲裁庭的成员）的同意而辞职，造成的空缺应由主席从有关的小组中指定一人补充。

第五十七条

一方可以根据明显缺乏第十四条第一款规定的品质的任何事实，向委员会或仲裁庭建议取消其任何成员的资格。参加仲裁程序的一方还可以以某一仲裁员根据第四章第二节无资格在仲裁庭任职为理由，建议取消该仲裁员的资格。

第五十八条

对任何取消调解员或仲裁员资格的建议的决定应视情况由委员会或仲裁庭的其他成员做出，但如在成员中，双方人数相等，或遇到建议取消唯一的调解员或仲裁员的资格，或取消大多数调解员或仲裁员资格时，则应由主席做出决定。如决定认为该建议理由充分，则该决定所指的调解员或仲裁员应依照第三章第二节或第四章第二节的规定予以更换。

第六章　程序的费用

第五十九条

双方为使用“中心”的设施而应付的费用由秘书长依照行政理事会通过的条例予以确定。

第六十条

一、第一委员会和每一仲裁庭应在行政理事会随时规定的限度内并在同秘书长磋商后，决定其成员的费用和开支。

二、本条第一款的规定并不排除双方事先同有关的委员会或仲裁庭就其成员的费用和开支取得协议。

第六十一条

一、就调解程序而言，委员会成员的费用和开支以及使用“中心”的设施的费用，应由双方平均分摊。每一方应负担与程序有关的任何其他开支。

二、就仲裁程序而言，除双方另有协议外，仲裁庭应估计双方同程序有关的开支，并决定该项开支、仲裁庭成员的费用和开支以及使用“中心”的设施的费用应如何和由何人偿付。此项决定应成为裁决的一部分。

第七章　程序进行的地点

第六十二条

调解和仲裁程序除以下条文的规定外，应在“中心”的所在地举行。

第六十三条

如果双方同意，调解和仲裁程序可以在下列地点举行：

（一）常设仲裁法庭或任何其他适当的公私机构的所在地，“中心”可以同上述机构就此目的做出安排；或

（二）委员会或仲裁庭在同秘书长磋商后所批准的任何其他地点。

第八章　缔约国之间的争端

第六十四条

缔约国之间发生的不能通过谈判解决的有关本公约的解释或适用的任何争端，经争端任何一方的申请，得提交国际法院，除非有关国家同意采取另一种解决方法。

第九章　修　　改

第六十五条

任何缔约国得建议修改本公约。建议修改的文本应在审议该修改案的行政理事会召开会议之前至少 90 天送交秘书长，并由秘书长立即转交行政理事会所有成员。

第六十六条

一、如果行政理事会根据其成员的三分之二多数决定修改，则建议修改的文本应分送给所有缔约国予以批准、接受或认可。每次修改应在本公约的保存者向各缔约国发出关于所有缔约国已经批准、接受或认可该项修改的通知之后 30 天开始生效。

二、任何修改不得影响任何缔约国或其任何下属单位或机构或该国的任何国民，在修改生效之日以前表示同意受“中心”管辖而产生的由本公约规定的权利和义务。

第十章　最后条款

第六十七条

本公约应开放供银行的成员国签字。本公约也向参加国际法院规约、而行政理事会根据其成员的三分之二多数票邀请其签署本公约的任何其他国家开放签字。

第六十八条

一、本公约须由签字国依照其各自的宪法程序予以批准、接受或认可。

二、本公约在交存第 20 份批准书、接受或认可书之日后 30 天开始生效。对以后每一个交存其批准、接受或认可书的国家，本公约在其交存之日后 30 天开始生效。

第六十九条

每一缔约国应采取使本公约的规定在其领土内有效所必需的立法或其他措施。

第七十条

本公约应适用于由一缔约国负责其国际关系的所有领土，但不包括缔约国

在批准、接受或认可时，或其后以书面通知本公约的保存者予以除外的领土。

第七十一条

任何缔约国得以书面通知本公约的保存者废除本公约。该项废除自收到该通知后六个月开始生效。

第七十二条

缔约国依照第七十条或第七十一条发出的通知，不得影响该国或其任何下属单位或机构或该国的任何国民在保存者接到上述通知以前由它们当中之一所表示的同意受"中心"管辖而产生的由本公约规定的权利和义务。

第七十三条

本公约的批准书，接受或认可书以及修改的文本应交存于世界银行，它是本公约的保存者。保存者应将本公约核证无误的副本送交银行的成员国和被邀请签署本公约的任何其他国家。

第七十四条

保存者应依照联合国宪章第一〇二条和大会通过的有关条例向联合国秘书处登记本公约。

第七十五条

保存者应将下列各项通知所有签字国：

（一）依照第六十七条的签字；

（二）依照第七十三条交存批准书、接受和认可书；

（三）依照第六十八条本公约的生效日期；

（四）依照第七十条不适用本公约的领土；

（五）依照第六十六条对本公约的任何修改的生效日期；和

（六）依照第七十一条废除本公约。

订于华盛顿，用英文、法文和西班牙文写成，三种文本具有同等效力，共一份，存放在国际复兴开发银行档案库，银行已在后面签字，以表明它同意履行根据本公约所承担的任务。

附录八 中国有关向 ICSID 提交的争端种类的通知

中国关于其认为适合或不适合提交 ICSID 解决的争端种类的通知

通知文本：

根据《公约》第 25 条第 4 款，中国政府将仅考虑将因征收和国有化产生的补偿争端提交“解决投资争端国际中心”管辖。

通知日期：1983 年 1 月 7 日

参考书目

一、著作和论文

Abdala, MA and PT Spiller (2008), 'Chorzów's Standard Rejuvenated: Assessing Damages in Investment Treaty Arbitrations', 25(1) *Journal of International Arbitration* 103.

Acconci, P (2008), 'Most – Favoured – Nation Treatment' in P Muchlinski, F Ortino and C Schreuer (eds.), *The Oxford Handbook of International Investment Law*, Oxford University Press, 363.

Alexandrov, S (2004), 'Breaches of Contract and Breaches of Treaty. The Jurisdiction of Treaty – based Arbitration Tribunals to Decide Breach of Contract Claims in *SGS v. Pakistan* and *SGS v. Philippines*', 5 *Journal of World Investment and Trade* August.

Alvarez, HC (2000), 'Arbitration under the North American Free Trade Agreement', 16 *Arbitration International*, 393.

Amerasinghe, CF (2004), *The Local Remedies Rule in International Law*, 2nd edn., Cambridge University Press.

Amkhan, A (2007), 'Consent to Submit Investment Disputes to Arbitration under Article 26 of the Energy Charter Treaty', *International Arbitration Law Review* 65.

Aust, A (2002), *Modern Treaty Law and Practice*, Cambridge University Press, 2002.

Bagner, H (2004), 'How to Avoid Conflicting Awards: the Lauder and CME Cases', 5 (1) *Journal of World Investment & Trade*.

Banifatemi Y (ed.) (2008), *Precedent in International Arbitration*, Juris Publishing, IAI Series on International Arbitration No. 5.

Bates, LW (1988), 'Protecting Foreign Investments in China: the Sino Japanese Bilateral Treaty: Comparison with Earlier BITs and U. S. Positions', 10 *East Asian Executive Report* 9.

Berger, KP (2006), 'Law and Practice of Escalation

Clauses',22(1) *Arbitration International* 1.

Beveridge, F (2000), *The Treatment and Taxation of Foreign Investment under International Law*, Juris Publishing, 35.

Bishop, D (1998), International Arbitration of Petroleum Disputes: The Development of a *Lex Petrolea* (online at http://www. kslaw. com/library/pdf/00000001. pdf).

Bishop, D, J Crawford and M Reisman (2005), *Foreign Investment Disputes, Cases, Materials and Commentary*, Kluwer.

Brower, CN (1976), 'The Future of Foreign Investment—Recent Developments in the International Law of Expropriation and Compensation' in V. S. Cameron (eds.), *Private Investors Abroad - Problems and Solutions in International Business in* 1975, Southwestern Legal Foundation Symposium Series, Private Investors Abroad, Matthew Bender.

Brownlie, I (2003), *Principles of Public international Law*, 6th edn., Oxford University Press.

Burke - White, WW (2008), 'The Argentine Financial Crisis: State Liability under BITs and the Legitimacy of the ICSID System', University of Penn, Institute for Law & Economics Research Paper No. 08 - 01 (available at http://ssrn. com/abstract = 1088837).

Cai, C (2006), 'Outward Foreign Direct Investment Protection and the Effectiveness of Chinese Practice',7(5) *Journal of World Investment and Trade* 638.

Carver, J (2004), 'How to Avoid Conflicting Awards: the Lauder and CME Cases',5(1) *Journal of World Investment and Trade.*

Cassese, A (2001), *International Law*, Oxford University Press.

Chen, A (ed.) (2007), New Developments in International Investment Law and New Practice of Bilateral Investment treaties in China (in Chinese), Fudan University Press.

Chen, A (2006), 'Should the Four Great Safeguards in Foreign BITs be Hastily Dismantled? Comments on Provisions concerning Disputes Settlement in Model US and Canadian BITs',7(6) *Journal of World Investment & Trade* 899.

Chen, A (1987), *International Investment Law* (in Chinese), Lujiang Press (Xiamen).

Chen H (2006), 'New Developments on Fair and Equitable Treatment under International Investment Agreements', *Journal of International Economic Law* 3, Peking University Press, in Chinese.

Chen H, W Zhou, and H Jiang (2000), 'The Relationship between International Treaties and Municipal Law and the Practices of China', 2 *Tribune of Political Science and Law*, Zhengfa Luntan.

Chew, PK (1994), 'Political Risk and U. S. Investment in China: Chimera of Protection and Predictability?' 34 *Virginia Journal of International Law.*

Choudbury, B (2005), 'Evolution or Devolution? Defining Fair and Equitable Treatment in International Investment Law', 6 *Journal of World Investment and Trade* 297.

Christie, GC (1962), 'What Constitutes a Taking under International Law, 38 *British Yearbook of Inernational Law.*

Coe, J and N Rubins (2005), 'Regulatory Expropriation and the *Tecmed Case*: Context and Contributions' in T Weiler (ed.), *International Investment Law and*

Arbitration: Leading cases from the ICSID, NAFTA, Bilateral Treaties and Customary International Law, Cameron May.

Crawford, J (2008), 'Treaty and Contract in Investment Arbitration', 24 (3) *Arbitration International.*

Crawford, J (2006), *The Creation of States in International Law*, 2nd edn. Oxford University Press.

Crawford, J (2002), *The International Law Commission's Articles on State Responsibility: Introduction, Text and Commentaries*, Cambridge University Press.

Cremades, BM & DJA Cairns (2004), 'Contract and Treaty Claims and Choice of Forum in Foreign Investment Disputes' in N. Horn (ed.) *Arbitrating Foreign Investment Disputes: Procedural and Substantive Legal Aspects* 332, Kluwer.

Davis, BG (1991), 'Pathological Clauses: Frédéric Eisemann's Still Vital Criteria', 7 *Arbitration International* 365.

de Aréchaga, EJ (1978), 'State Responsibility for the Nationalisation of Foreign Owned Property', 11 *NYU Journal of International Law and Politics* 179.

di Pietro, D (2005), 'Applicable Law under Article 42 of the ICSID Convention: The Case of Amco v. Indonesia' in T Weiler (ed.) *International Investment Law and Arbitration: Leading Cases from the ICSID, NAFTA, Bilateral Treaties and Customary International Law*, Camron May.

Dixon, M (2005), *Textbook on International Law*, 5th edn. Oxford University Press.

Dolzer, R (2005), 'Fair and Equitable Treatment: A Key Standard in Investment Treaties', 39 *International Lawyer* 87.

Dolzer, R (2002), 'Indirect Expropriation: New Developments?' 11 *NYU Environmental Law Journal* 64.

Dolzer, R and C Schreuer (2008), *Principles of International Investment Law*, Oxford University Press.

Dolzer, R and M Stevens (1995), *Bilateral Investment Treaties*, Kluwer.

Domke, M (1961), 'Foreign Nationalizations: Some Aspects of Contemporary Law', 55 *American Journal of International Law* 585.

Douglas, Z (2003), 'The Hybrid Foundations of Investment Treaty Arbitration', 74 *British Yearbook of International Law.*

Douglas, Z (2006), 'Nothing If Not Critical for Investment Treaty Arbitration: *Occidental*, *Eureko* and *Methanex*', 22(1) *Arbitration International* 27 – 51.

El – Kosheri, A (2005), 'Contractual Claims and Treaty Claims within the ICSID Arbitration System' in B. Cremades and J. Lew (eds.) *Parallel State and Arbitral Procedures in International Arbitration: Dossiers*, ICC Institute of World Business Law.

Fatouros, AA (1962), *Government Guarantees to Foreign Investors*, Columbia University Press.

Fietta, S (2005), 'Most Favoured Nation Treatment and Dispute Resolution under Bilateral Investment Treaties: a Turning Point', 8 *International Arbitration Law Review* 131.

Fitzmaurice, G (1957), 'The law and Practice of the International Court of Justice 1951 – 4: Treaty Interpretations and other Treaty Points', *British Yearbook of International Law* 203.

Fortier, LY (2003), 'Caveat Investor: The Meaning of "Expropriation" and the Protection Afforded Investors under NAFTA,' 20(1) *News from ICSID* 1.

Fortier, LY and SL Drymer (2004), 'Indirect Expropriation in the Law of International Investment: I Know It When I See It, or Caveat Investor', 19 *ICSID Review: Foreign Investment Law Journal.*

Foster, D (2006), 'Umbrella Clauses: A Retreat from the *Philippines*?', 9 (4) *International Arbitration Law Review.*

Francioni, F (1975), 'Compensation for Nationalisation of Foreign Property: The Borderland between Law and Equity', 24 *International and Comparative Law Quarterly.*

Friedland, P (2001), *Arbitration Clauses for International Contracts*, Juris Publishing.

Gaffney, JP and JL Loftis (2007), 'The "Effective Ordinary meaning" of BITs and the Jurisdiction of Treaty – Based Tribunals to Hear Contract Claims', 8(1) *Journal of World Investment and Trade* 5.

Gaillard, E (2005), 'Investment Treaty Arbitration and Jurisdiction over Contract Claims – the SGS Cases Considered' in Todd Weiler (ed.), *International Investment Law and Arbitration: Leading cases from the ICSID, NAFTA, Bilateral Treaties and Customary International Law*, Cameron May.

Gaillard, E (2005), 'Establishing Jurisdiction through a Most-Favoured-Nation Clause', New York Law Journal, 2 June.

Gaillard, E (2008), '"Biwater", Classic Investment Bases: Input, Risk Duration', *New Work Law Journal, Expert Analysis*, 240(16).

Gaillard, E and Y Banifatemi (2003), 'The meaning of "and" in Article 42(1), Second Sentence, of the Washington Convention: The Role of International Law in the ICSID Choice of Law Process', 18 *ICSID Review: Foreign Investment Law Journal.*

Gaillard, E and J Younan (eds.) (2008), *State Entities in International Arbitration*, Juris Publishing, IAI Series on International Arbitration No. 4.

Gallagher, N. (2006), 'Parallel Proceedings, Res Judicata and Lis Pendens: Problems and Possible Solutions' in LA Mistelis and JDM Lew (eds.), *Pervasive Problems in International Arbitration*, Kluwer.

Gallagher, N. and L Shore (2004), 'Bilateral Investment Treaties', *International Arbitration Law Review* 49.

Gallus, N. (2008), 'An umbrella Just for Two? BIT Obligations Observance Clauses and the Parties to a Contract', 24(1) *Arbitration International.*

Gao, Z (1994), *International Petroleum Contracts: Current Trends and New Directions*, Graham & Trotman/Martinus Nijhoff.

Garcia – Bolivar, OE (2004), "Burgeoning ICSID Decisions", 1 *Transnational Dispute Management* 4, October.

Gill, J, M Gearing and G Birt (2004), 'Contractual Claims and Bilateral Investment Treaties: A Comparative Review of the SGS Cases', 21 (5) *Journal of International Arbitration.*

Gotanda, JY (1996), 'Awarding Interest in International Arbitration', *American Journal of International Law* 40.

Hamida, WB (2005), 'La clause relative au respect des engagements dans les traités d'investissement', Institut des Hautes Études internationales, May 2005.

Harb, A (2006), 'The Wrongful Acts of Independent State Entities and Attribution to States in International Investment Disputes', *Transnational Dispute Management*, December.

He X (2001), 'On the Application of WTO Agreements in Chinese Courts',

Journal of International Trade (Guoji Maoyi Wenti) 3.

Heiskanen, V. (2007), 'The Doctrine of Indirect Expropriation in Light of the Practice of the Iran - United States Claims Tribunal', 8(2) *Journal of World Investment and Trade.*

Higgins, R (1982), 'The Taking of Property by the State: Recent Developments in International Law', 176 *Recueil des Cours* 259.

Hober, K (2007), *Investment Arbitration in Eastern Europe: in Search of a Definition of Expropriation*, Juris Net Lic.

Hoffmann, AK (2008), 'Indirect Expropriation' in A Reinisch (ed.), *Standards of Protection in International Investment Law*, Oxford University Press.

International Law Commission (ILC) (2006), 'Fragmentation of International Law: Difficulties Arising from Diversification and Expansion of International Law', Report of the ILC Study Group, UN Doc A/CN. 4/L682 13 April 2006 and UN Doc A/CN. 4L. 702 18 July 2006.

Jennings, R, and A Watts (eds.) (2006), *Oppenheim's International Law*, 9th edn., Longman.

Jerome, A and H Chiu (1974), *People's China and International Law*, Princeton University Press.

Kaufmann - Kohler, G (2006), 'Interpretation of Treaties: How do Arbitral Tribunals interpret Dispute Settlement Provisions Embodied in Investment Treaties?' in JDM Lew and L Mistelis (eds.), *Pervasive Problems in International Arbitration*, Kluwer.

Khalil, MI (1993), 'Treatment of Foreign Investment in Bilateral Investment Treaties', in FI Shihata (ed.), *Legal Treatment of Foreign Investment: The World Bank Guidelines*, Martinus Nijhoff Publishers.

Kinnear, MN, AK Bjorklund and JF Hannaford (2006), *Investment Disputes under NAFTA: An Annotated Guide to NAFTA Chapter* 11, Kluwer.

Kong, Q (1998 - 1999), 'Bilateral Investment Treaties: The Chinese Approach and Practice', 8 *Asian Yearbook of International Law* 105.

Kreindler, RH (2007), 'Investment Treaties and the Evolution in Their Negotiation and Application: The New Germany - China BIT an Its Relevance to International Financial Law Trends', Institute for Law and Finance, November (available on www. transnational - dispute - managment. com).

Kreindler, RH (2006), 'Fair and Equitable Treatment - A Comparative International Law Approach', 3 *Transnational Dispute Management* 3, June.

Kriebaum, U (2007), 'Partial Expropriation', 8(1) *Journal of World Investment and Trade.*

Kriebaum, U (2007), 'Privatizing Human Rights: the Interface between International Investment Protection and Human Rights' in A Reinisch and U Kriebaum, *The Law of International Relations: Liber Amicorum Hanspeter Neuhold*, Utrecht.

Kühn, W (2004), 'How to Avoid Conflicting Awards: the Lauder and CME Cases, 5(1) *Journal of World Investment & Trade.*

Kunoy, B (2006), 'Singing in the Rain - Developments in the Interpretation of Umbrella Clauses', 7(2) *Journal of World Investment and Trade.*

Kurtz, J (2005), 'The Delicate Extension of Most Favoured Nation Treatment to Foreign Investors: Maffezini v. Kingdom of Spain' in T Weiler (ed.) *International Investment Law and Arbitration: Leading Cases from the ICSID, NAFTA, Bilateral*

Treaties and Customary International Law, Cameron May, 523.

Lai W (1992), 'Launch Foreign Cooperation and Speed up Offshore Oil and Gas Development,' China Institute for Marine Development Strategy (ed.), *Law and Policy in Marine Affairs*, (in Chinese) Beijing: Ocean Press.

Laird, IA (2004), 'MTD Equity Sdn. Bhd. and MTD Chile SA v. Republic of Chile, Recent Deveopments in the Fair and Equitable Treatment Standard', 1 *Transnational Dispute Management* 4, October.

Lauterpacht, E (1996), 'International Law and Private Foreign Investment', 4 *Global Legal Studies Journal* 257.

Lauterpacht, E (1968), 'The World Bank Convention on the Settlement of International Investment Disputes', Recueil d'etudes de droit international en hommage á Paul Guggenheim, 642.

Lew, J, L Mistelis and S Kröll (2003), *Comparative International Commercial Arbitration*, Kluwer.

LI, S (1998), 'Bilateral Investment Promotion and Protection Agreements: Practice of the People's Republic of China', in P de Waart, P Peters and E Denters (eds.), *International Law and Development* 163.

Liu N (2000), 'The Application of Treaties in Domestic Law and the Legal Construction of China', in Xiaoqing Zhu and Lie Huang ed., *The Relations between International Treaties and Domestic Law* (in Chinese), World Knowledge Press.

Lowe, V. (2007), 'Changing Dimensions in International Investment Law', Lectures at the Chinese Academy of International Law at Xiamen, China, University of Oxford Faculty of Law Legal Studies Working Paper Series No. 4/2007, March.

Lowenfeld, A (2002), *International Economic Law*, Oxford University Press.

Lu J (2001), *China's Entry into WTO and Utilising Foreign Capital, Overseas Investment* (in Chinese), Foreign Economic and Trade University Press.

Mann, FA (2008), *Further Studies in International Law*, Oxford University Press.

Mann, FA (1992), *The Legal Aspects of Money*, 5th edn., Clarendon Press.

Mann, FA (1981), 'British Treaties for the Formation and Protection of Investment', *British Yearbook of International Law*, Oxford University Press.

Marlles, JR (2007), 'Public Purpose, Private Losses: Regulatory Expropriation and Environmental Regulation in International Investment Law', 16 (2) *Journal of Transnational Law and Policy*, 275.

Martinez, L (2006), 'The Interplay of Contract Claims and Treaty Claims: *Bayindir v. Pakistan* (ICSID Case No. ARB/03/29)', 3 *Transnational Dispute Management* 2.

McLachlan, C, L Shore and M Weiniger (2007), *International Investment Arbitration: Substantive Principles*, Oxford University Press.

Menaker, AJ (2007), 'The Enduring Relevance of the Expropriation Jurisprudence in the Iran – US Claims Tribunal for Investor – State Arbitrations' in CR Drahozal and CS Gibson (eds.), *The Iran – US Claims Tribunal at 25: The Cases Everyone Needs to Know for Investor – State & International Arbitration*, Oxford University Press.

Mendelson, M (2004), 'The Runaway Train: The "Continuous Nationality Rule" from the Panevezys – Saldutiskis Railway Case to Loewen', in T Weiler (ed.), *International Investment Law and Arbitration: Leading Cases from ICSID, NAFTA, Bilateral Treaties and Customary International Law*, Cameron May.

Meng, G (2006), 'Legal Nature of the BOT Concession Agreements and the Legislative structure', (in Chinese), 13 *Journal of International Economic Law* 3.

Mo, J(1991), 'Some Aspects of the Australia China Investment Protection Treaty', 25 *Journal of World Trade Law* 43.

Muchlinski, P, F Ortino and C Schreuer(eds.)(2008), *The Oxford Handbook of International Investment Law*, Oxford University Press.

Newcombe, A (2005), 'The Boundaries of Regulatory Expropriation', 20 *ICSID Review: Foreign Investment Law Journal* 1.

OECD (2006), Working Papers on International Investment, No. 2006/3, Interpretation of the Umbrella Clause in Investment Agreements, October, 22 (online at www.oecd.org/dataoecd/3/20/37579220.pdf).

OECD (2005), *International Investment Law: A Changing Landscape*, OECD.

Orrego Vicuna, F(2003), 'Carlos Calvo, Honorary NAFTA Citizen', 11 *New York University Environmental Law Journal* 1.

Parra, A and I Shihata (1997), 'Provisions on the Settlement of Investment Disputes in Modern Investment Laws, Bilateral Investment Treaties and Multilateral treaties on Investment', 12 *ICSID Review: Foreign Investment Law Journal* 287.

Partasides, C (2003), 'International Commercial Arbitration', in *Bernstein's Handbook on Arbitration and Dispute Resolution Practice*, John Tackaberry; Arthur Marriott, Sweet & Maxwell.

Paulsson, J (2005), *Denial of Justice in International Law*, Cambridge University Press.

Paulsson, J (1995), 'Arbitration without Privity', 10 *ICSID Review: Foreign Investment Law Journal* 232.

Paulsson, J and Z Douglas (2004), 'Indirect Expropriation in Investment Treaty Arbitrations' in N Horn and S Kröll (eds.), *Arbitrating Foreign Investment Disputes*, Kluwer Law International.

Perkams, M (2008), 'Piercing the Corporate Veil in International Investment Agreements' in A Reinisch and C Knahr (eds.), *International Investment Law in Context*, Utrecht: Eleven International Publishing.

Pryles, M (2007), 'Lost Profit and Capital Investment', 1(1) *World Arbitration and Mediation Review* 1.

Pryles, M. (2001), 'Multi – Tiered Dispute Resolution Clauses', 18(2) *Journal of International Arbitration.*

Radi, Y (2007), 'The Application of the Most Favoured Nation Clause to the Dispute Settlement Provisions of Bilateral Investment treaties: Domesticating the "Trojan Horse"', 18(4) *European Journal of International Law* 757.

Reed, L and L Martinez (2008), 'The Energy Charter Treaty: An Overview', 14 (2) *ILSA Journal of International & Comparative Law* 405.

Reed, L, J Paulsson and N Blackaby (2004), *Guide to ICSID Arbitration*, Kluwer Law International.

Reinisch, A (2008), 'Expropriation' in P Muchlinski, F Ortino and C Schreuer (eds.) *The Oxford Handbook of International Investment Law*, Oxford University Press 408.

Reinisch, A (2008), 'Legality of Expropriation' in A Reinisch (ed.), *Standards of Protection in International Investment Law*, Oxford University Press.

Reinisch, A (ed.)(2008), *Standards of Protection in International Investment Law* 407, Oxford University Press.

Reinisch, A (2004), 'The Use and Limits of *and Lis Pendens* as Procedural Tools to

Avoid Conflicting Dispute Settlement Outcomes', 3 *Law & Practice of International Courts and Tribunals* 37.

Reinisch, A, and C Knahr (eds.) (2008), *International Investment Law in Context*, Eleven International Publishing.

Reisman, M (2000), 'The Regime for Lacunae in the ICSID Choice of Law Provision and the Question of Its Threshold', 15 *ICSID Review: Foreign Investment Law Journal* 362.

Reisman, M and R Sloane (2003), 'Indirect Expropriation and Its Valuation in the BIT Generation', 74 *British Yearbook of International Law.*

Ripinsky, S and K Williams (2008), *Damages in International Investment Law*, British Institute of International & Comparative Law.

Roha, G (1961), 'Is the Law of Responsibility of States for Injuries to Aliens a Part of Universal International Law?', *American Journal of International Law* 863 onwards.

Sacerdoti, G (2004), 'Investment Arbitration: Under ICSID and UNCITRAL Rules: Prerequisites, Applicable Law, Review of Awards', 19 *ICSID Review: Foreign Investment Law Journal* 1.

Sacerdoti, G (1997), 'Bilateral Treaties and Multilateral Instruments on Investment Protection', *Recueil des Cours Tome.*

Savage, J (2005), 'Investment Treaty Arbitration and Asia: Survey and Comment', 1 *Asian International Arbitration Journal* 1.

Schachter, O (1984), 'Compensation for Expropriation, Editorial Comment', 78 *American Journal of International Law.*

Schill, S (2008), 'Enabling Private Ordering – Function, Scope and Effect of Umbrella Clauses in International Investment Treaties', International Law and Justice Working Papers (2008/9), *New York University School Law* (available online at http://www.iilj.org/publications/documents/2008-9. Schill. pdf).

Schill, S (2007), 'Tearing Down the Great Wall: the New Generation Investment Treaties of the People's Republic of China,' 15 *Cardozo Journal International & Comparative Law* 73-118.

Schill, S (2006), 'Fair and Equitable Treatment under Investment Treaties as an Embodiment of the Rule of Law', Institute for International Law and Justice Working Paper 2006/6.

Schreuer, C (2006), 'The Concept of Expropriation under the ECT and the Other Investment Protection Treaties' in C Ribeiro (ed.), *Investment Arbitration and the Energy Charter Treaty*, Juris Publishing.

Schreuer, C (2005), 'Calvo's Grandfather: The Return of Local Remedies in Investment Arbitration', 1 *Law and Practice of International Courts and Tribunals.*

Schreuer, C (2005), 'Fair and Equitable Treatment in Arbitral Practice', *Journal of World Investment & Trade*, 357-377, June.

Schreuer, C (2005), 'Investment Treaty Arbitration and Jurisdiction over Contract Claims – the *Vivendi I* Case Considered' in T Weiler (ed.) *International Investment Law and Arbitration: Leading Cases from ICSID, NAFTA, Bilateral Treaties and Customary International Law*, Cameron May, 281.

Schreuer, C (2004), 'Travelling the BIT Route – Of Waiting Periods, Umbrella Clauses and Forks in the Road', 5 *Journal of World Investment & Trade* 231.

Schreuer, C (2002), 'Failure to Apply the Governing Law in International Investment Arbitration', 7 *Austrian Review of International and European Law* 147.

Schreuer, C (2001), *The ICSID Convention: A Commentary*, Cambridge University Press.

Schreuer, CH and M Weiniger (2008), 'Conversations Across Cases – Is there a Doctrine of Precedent in Investment Arbitration?', 5 (3) *Transnational Dispute Management*, Special Issue on Precedent in Investment Arbitration.

Schwebel, S (1994), 'On Whether the Breach by a State of a Contract with an Alien is a Breach of International Law' in SM Schwebel, *Justice in International Law*, Cambridge University Press, 425.

Schwebel, S (1987), *International Arbitration: Three Salient Problems*, Cambridge University Press.

Shan, W (2007), 'From "North – South Divide" to "Private – Public Debate": Revival of the Calvo Doctrine and the Changing Landscape of International investment Law', 27 (3) *Northernwestern Journal of International Law and Business.*

Shan, W (2005), *The Legal Framework of EU – China Investment Relations – A Critical Appraisal*, Hart Publishing.

Shan, W (2005), 'Law and Foreign Investment in China: General Role of Law and Substantive Issues', 2 *Manchester Journal of International Economic Law* 3.

Shan, W (2002), 'Towards a Level Playing Field for Foreign Investment in China', 3(2) *The Journal of World Investment.*

Shan, W (2000), 'National Treatment and the Transformation of FDI Laws and Policies in China', 6(1) *International Trade Law and Regulation.*

Shan, W (2000), '*Towards a New Legal Framework for EU – China Investment Relations*', 35 *Journal of World Trade* 5.

Shan, W (2007), 'Is Calvo Dead', 55 *American Journal of Comparative Law* 123.

Shan, W, P Simons and D Singh (eds.) (2008), *Redefining Sovereignty in International Economic Law*, Hart Publishing.

Shany, Y (2005), 'Contract Claims v. Treaty Claims: Mapping Conflicts Between ICSID Decisions on Multi – Sourced Investment Claims', 99 *American Journal of International Law* 835.

Shaw, MN (2003), *International* Law, 5th edn. Cambridge University Press.

Shea, DR (1995), *The Calvo Clause: a Problem of Inter – American and International Law and Diplomacy*, University of Minnesota Press.

Sheppard, A (2006), 'The Distinction between Lawful and Unlawful Expropriation' in C Ribeiro (ed.), *Investment Arbitration and the Energy Charter Treaty*, Juris Publishing.

Sheppard, AW (2005), 'Res Judicata and Estoppel' in B. Cremades & J Lew (eds.), *Parallel State and Arbitral Procedures in International Arbitration*, ICC Publishing, 219.

Shihata, FI (1994), 'Recent Trends Relating to Entry of Foreign Direct Investment', 9 *ICSID Review: Foreign Investment Law Journal.*

Shihata, FI (1986), 'Towards a Depoliticisation of Foreign Investment Disputes: The Role of ICSID and MIGA', 1 *ICSID Review: Foreign Investment Law Journal* 1.

Shihata, FI and A Parra (1994), 'Applicable Substantive Law in Disputes between States and Private Foreign Parties: The Case of Arbitration under the ICSID Convention', 9 *ICSID Review: Foreign Investment Law Journal* 183.

Shin, O (1982) 'On Overseas Investment and Bilateral Treaties' in A Chan (ed.), *The History and Current Situations of International Economic Legislation*, Law

Press China,119.

Sinclair,A (2009), 'The Umbrella Clause Debate', Paper from 9th Investment Treaty Forum Public Conference 14 September 2007 in forthcoming *BIICL Investment Treaty Law*,Current Issues Vol. III.

Sinclair,AC (2004), 'The Origins of the Umbrella Clause in the International Law of Investment Protection',20 *Arbitration International* 4.

Snodgrass,E (2006), 'Protecting Investors' Legitimate Expectations: Recognizing and Delimiting a General Principle',21 *ICSID Review: Foreign Investment Law Journal* 1,Spring.

Sohn,LB and RR Baxter (1961), 'Responsibility of States for Injuries to the Economic Interests of Aliens',55 *American Journal of International Law* 54.

Sornarajah,M (2008), 'A Coming Crisis: Expansionary Trends in Investment Treaty Arbitration' in KP Sauvant, *Appeals Mechanism in International Investment Disputes*,Oxford University Press.

Sornarajah,M (2004),The International Law on Foreign Investment,2nd edn. Cambridge University Press.

Sornarajah,M (2000),The Settlement of Foreign Investment Disputes,Kluwer Law International.

Sornarajah,M (1995), 'Protection of Foreign investment in the Asian Pacific Economic Co-operation Region',29 *Journal of World Trade* 2.

Spiermann,O (2008), 'Applicable Law' in P Muchlinski,F Ortino and C Schreuer (eds.),*The Oxford Handbook of International Investment Law*,90.

Steinert,TA (1988), 'If the BIT Fits: The Proposed Bilateral Investment Treaty between the United States and the People's Republic of China',2 *Journal of Chinese Law*,Fall.

Sun C and W Shen (1997), 'BOT Investment: the Legal Confl icts and Analysis', *Chinese Legal Science* (Zhongguo Faxue,) 1.

Teynier,E (2006), 'Les "umbrella clauses"' in A Mourre (ed.) Gazette du Palais,Les cahiers de l'arbitrage: Volume III Gazette Du Palais.

The American Law Institute (1986),*Restatement of the Foreign Relations Law of the United States*,3rd revision,Vol. 2.

Thomas,JC (2002),"Reflection on Article 1105 of NAFTA: History,State Practice and the Influence of Commentators",17 (1) *ICSID Review - Foreign Investment Law Journal*.

Thompson,TN (1979), 'China's Nationalisation of Foreign Firms: The Politics of Hostage Taking 1949-1957',6 University of Maryland Law School Occasional Papers/Reprints Series in Contemporary Asian Studies.

Tian,J and Z Lin (2002), 'Judicial Review of Administrative Actions Involving International Trade',*People's Daily* (overseas edition),7 September,3.

Tridemas,T (2006), *The General Principles of EC Law*, 2nd edn., Oxford University Press.

Tudor,I (2008), '*The Fair and Equitable Treatment Standard in International Foreign Investment Law*',Oxford University Press.

Turner,PJ and M Mangan (2007), 'China's Investment Treaties: Substantive and Procedural Rights',*Asian Counsel*,May,22.

UNCTAD (2007),*Bilateral Investment Treaty* 1995-2006: *Trends in Investment Rulemaking*,United Nations.

UNCTAD (2007), *World Investment Report* 2007: *Overview*.

UNCTAD (2007), 'Investor – State Dispute Settlement and Impact on Investment Rulemaking', UNCTAD/ITE/IIA/2007/3.

UNCTAD (2006), 'Developments in International Investment Agreements in 2005', IIA Monitors Series No. 2 2006, UNCTAD/WEB/ITE/IIA/2006/7.

UNCTAD (2005), 'Recent Developments in International Investment Agreements', UNCTAD/WEB/ITE/IIT/2005/1, IIA Monitor No. 2.

UNCTAD (2004), 'State Contracts', UNCTAD Series on Issues in International Investment Agreements (UNCTAD/ITE/IIT/2004/ 11) 3.

UNCTAD (2004), 'International Investment Agreements: Key Issues (Vol. I)', UNCTAD/ITE/IIT/2004/10 ("UNCTAD, Key Issues I").

UNCTAD (2003), *World Investment Report* 2003: *Overview*.

UNCTAD (2000), *Transfer of Funds*.

UNCTAD (1999), '*Fair and Equitable Treatment*', UNCTAD Series on Issues in International Investment Agreements, Vol. 3.

UNCTAD (1998), *Bilateral Investment Treaties in the Mid – 1990s*, United Nations.

US Department of the Treasury (2007), *U. S. Fact Sheet: The Third Cabinet – Level Meeting of the U. S. – China Strategic Economic Dialogue*, 13 December, Beijing (available at http://www. ustreas. gov/press/releases/hp733. htm – last visit on 9 Feb. 2008).

van Aaken, A (2008), 'Fragmentation of International Law: The Case of International Investment Protection', 1 University of St. Gallen Law School Law and Economics Research Paper Series 28 (available at http://ssrn. com/abstract = 1097529).

Vandevelde, KJ (1992), *United States Investment Treaties: Policy and Practice*, Kluwer.

Vasciannie, S (1999), 'The Fair and Equitable Treatment in International Investment Law and Practice', 70 *British Yearbook of International Law*.

Veeder, VV (1998), 'The Lena Goldfields Arbitration: The Historical Roots of Three Ideas', 47 *International and Comparative Law Quarterly* 747.

Vinuesa, RE (2002), 'Bilateral Investment Treaties and the Settlement of Investment Disputes under ICSID: The Latin American Experience,' 8 *Law & Business Review in Americas* 501.

Waelde, T and A Kolo (2001), 'Environmental Regulation, Investment Protection and "Regulatory Taking" in International Law', 50 *International and Comparative Law Quarterly*.

Wälde, T (2005), 'The "Umbrella Clause" in Investment Arbitration: A Comment on Original Intentions and Recent Cases', 6 *The Journal of World Investment and Trade* 2.

Walker, Herman Jr. (1957 – 1958), 'Modern treaties of friendship, Commerce and Navigation', 42 *Minnesota Law Review* April.

Wang G (2002), *International Investment Law* (in Chinese), Peking University Press.

Wang T (1995), *International Law*, Law Press China (in Chinese).

Wang, Y (2005), 'Establishing a Harmonious World: An Important International Call', *People's Daily* (Overseas Edition), 24 September, 1.

Wang, Y (1997), *Investment in China: A Question and Answer Guide on How to*

Do Business, CITIC Publication House.

Webb Yackee, J (2007), 'Conceptual Difficulties in the Empirical Study of Bilateral Investment Treaties', Legal Studies Research Paper Series, Paper No. 1053, October (available at http://ssrn.com/abstract=1015088).

Weil, P (2000), 'The State, the Foreign Investor and International Law: The No Longer Stormy Relationship of a Ménage Á Trois', 15 *ICSID Review: Foreign Investment Law Journal.*

Weiler, T (ed.) (2005), *International Investment Law and Arbitration: Leading Cases from ICSID, NAFTA, Bilateral Treaties and Customary International Law*, Cameron May.

Weiler, TG Grierson (2008) (ed.), *Investment Treaty Arbitration and International Law*, Juris Publishing.

Weiler, T and LM Diaz (2004), 'Causation and Damages in NAFTA Investor State Arbitration' in T Weiler (ed.) *NAFTA Investment Law and Arbitration: Past Issues, Current Practice, Future Prospects*, 179, Ardsley: Transnational Publishers.

Wolf, KM (1995), 'The Legal Framework for Joint Development of China's Onshore Oil Recourses: Negotiation Strategies and Future Prospects', 9 *Journal of Chinese Law* 141 – 205 (Fall 1995).

Wong, J (2008), 'The Application of Most Favoured Nation Clauses to Dispute Resolution Provisions in Bilateral Investment Treaties', 3 *Asian Journal of WTO and International Health Law and Policy* 171.

World Bank (1992), 'Report to the Development Committee and Guidelines on the Treatment of Foreign Direct Investment' ('World Bank report'), 31 *International Legal Materials* 1366.

Wortley, BA (1977), *Expropriation in Public International Law*, Cambridge University Press.

WTO (2006), *Trade Policy Review on People's Republic of China: Report by the Secretariat*, WT/TPR/S/161, 28 February.

WTO Working Party on the Accession of China (2001), 'Report of the Working Party on the Accession of China' (hereinafter "Working Party Report"), WT/ACC/CHN/49, 1 October.

Xie L (1999), 'Government Intervention and the Legislation on BOT Concession Agreements', *Law Review* (*Faxue Pinglun*) 4.

XuC and Z Lin (1998), *Chinese Foreign Investment Law* (in Chinese), Law Press China.

Yannaca – Small, C (2004), '*Fair and Equitable Treatment Standard in International Investment Law*', OECD Working Papers on International Investment Number 2004/3.

Yannaca – Small, K (2006), 'Indirect Expropriation and the Right of Governments to Regulate Criteria to Articulate the Difference' in C Ribeiro (ed.), *Investment Arbitration and the Energy Charter Treaty*, 159, Juris Publishing.

Yannaca – Small, K (2006), 'Interpretation of the Umbrella Clause in the Investment Treaties', OECD Working Papers on International Investment, No. 2006/3, Oct.

Yannaca – Small, K (2005), '"Indirect Expropriation" and the "Right to Regulate" in International Investment Law' in OECD, *International Investment Law: A changing Landscape*, 43.

Yao, M (1993), *Comparative Foreign Investment Law* (in Chinese), Wuhan University Press.

Yao, M (1992), Textbook on Foreign Investment Enterprises, 2nd edn, Law Press China.

Yao, M (1987), International Investment Law (in Chinese), Wuhan University Press.

Yao, W and X Cai (2005), '*Summary of Study of "Going Abroad" Strategy in China*', *Economy and Management Studies* 10.

Yu, A (1998), *Foreign Invested BOT Projects and Administrative Contract Law*, Law Press China.

Yu, J (2003), *International Investment Law* (in Chinese), Law Press China.

Yuan, H (2007), 'Authorities Interpret the 11th Foreign Investment Plan, China Investment' (in Chinese), Part I (posted at http://www.sina.com.cn – last visited on 23 April 2008).

Yuan, H (2007), Interpreting the New Revision of the FDI Catalogue, published in China Investment (in Chinese) (posted at http://www.sina.com.cn – last visited 24 April 2008).

Zeng H (1999), International Investment Law, Peking University Press.

Zhan, Z (2005), 'Legal Disputes of Foreign Invested Enterprises', (posted at: http://www.chinado.cn/ReadNews.asp? NewsID = 429 – last visit on 12 August 2008).

Zhang, X (2003), *Law and Practice of International Tax Treaties in China*, Wildy, Simmonds and Hill Publishing.

Zheng, HR (1987), 'The Sino – U.S. Income Tax Treaty and Its Effect on Chinese Taxation of American Economic Interests', 40 *Tax Lawyer* 733, Spring.

Zhu, S and W Lin (1999), 'The Legal Nature of BOT Concession Agreements', Chinese Legal Science (Zhongguo Faxue) 4.

Zhu, X and L Huang (eds.) (2000), *The Relations between International Treaties and Domestic Law* (in Chinese), World Knowledge Press.

Zimbler, B and K Arbatova (1999), 'Russia: The new Russian foreign investment law' (available at http://www.iflr.com/? Page = 10&PUBID = 33&ISS = 11977&SID = 508948&TYPE = 20 – last visited on 29 March 2007).

Zolia, V (2005), 'Effect and Purpose of "Umbrella Clauses" in Bilateral Investment Treaties: Unresolved Issues', 2 *Transnational Dispute Management* 5.

Zou, K (2004), 'China's Governance over Offshore Oil and Gas Development and Management', 35 *Ocean Development & International Law* 339.

二、主要网络资源

中国

中国投资指南：http://www.fdi.gov.cn/main/index.jsp。

商务部（以前的对外经济和贸易合作部）：http://english.mofcom.gov.cn/。

中国外商投资企业协会：http://caefi2.mofcom.gov.cn/。

《人民日报》：http://english.peopledaily.com.cn/。

新华社：http://www.xinhuanet.com/english/。

中国中央电视台:http://www.cctv.com。
中国国际贸易促进委员会:http://www.ccpit.org/。
中国国际经济贸易仲裁委员会:http://www.cietac.org.cn/index_english.asp。

世界
亚太经合组织(APEC):http://www.apecsec.org.sg/。
《能源宪章条约》(ECT):http://www.encharter.org/index.jsp。
"解决投资争端国际中心"(ICSID):http://icsid.worldbank.org/ICSID/Index.jsp。
国际法院(ICJ):http://www.icj-cij.org/。
国际货币基金组织(IMF):http://www.imf.org。
国际仲裁通讯员:http://www.iareporter.com。
投资求偿:http://www.investmentclaims.com/。
投资条约仲裁:http://ita.law.uvic.ca/。
投资条约新闻:http://www.investmenttreatynews.org/。
伊—美求偿法庭:http://www.iusct.org/index-english.html。
多边投资担保机构(MIGA):http://www.miga.org/。
《北美自由贸易协定》(NAFTA)求偿:http://naftaclaims.com/。
OGEMID 电子讨论清单:http://www.dundee.ac.uk/cepmlp/journal/html/ogemidannounce.html。
经济合作与发展组织(OECD):http://www.oecd.org/home/。
跨国争端管理(TDM):http://www.transnational-dispute-management.com/about/welcome.html。
联合国贸易与发展会议(UNCTAD)投资文件在线:http://www.unctadxi.org/templates/Startpage____718.aspx。
世界银行:http://www.worldbank.org/。
世界贸易组织(WTO):http://www.wto.org/。

索　引

译后记

这是一本难得的国际投资法学经典著作。著者结合国际投资仲裁实践与各国的缔约实践，旁征博引，对中国的国际投资条约实践作了系统的回顾与分析，深入地解读了中国双边投资条约(BITs)历史演变背后的政策意蕴，并从国际化、市场化和法治化这三个纬度细致地描绘出中国这个正在崛起的发展中大国是如何与国际投资法律进程相适相应的。

译者有机会将本书译成中文，深感荣幸。在本书中，著者以其渊博的学识、敏锐的洞察力、非凡的阐释能力、崭新的视角，通过绵密细致、洞察入微的规范分析与实证研究，将深奥的国际法学知识与复杂的国家政策选择巧妙地融合为一体，为读者勾勒出中国参与国际投资法律实践的"中国路径"。无疑，译校此书是一次难得的跟从前辈重走求真之路的机会，收获自不待言。

此刻重新翻看译稿，感慨良多。由于译者的个人原因，本书的译校一延再延，然而，著者对此却给予了充分的耐心与包容。单文华教授还在百忙之中拨冗审阅了本书译稿，并就某些术语与措词的翻译提出了中肯而宝贵的建议。在此，我们表示感谢。

本书视野开阔，风格洗练，语言简明，论证丝丝入扣。遗憾的是,囿于译者的学识水平,译文不妥之处在所难免,惟愿这些不足没有减损原作之本真。在此,也恳请各位专家、学者和读者批评指正。

魏艳茹　李庆灵

2015 年 8 月

图书在版编目(CIP)数据

中外投资条约研究/单文华,(美)娜拉-伽拉赫著;魏艳茹,李庆灵译.—北京:法律出版社,2015.11
ISBN 978-7-5118-8786-3

Ⅰ.①中… Ⅱ.①单…②娜…③魏…④李… Ⅲ.①对外投资—经济条约—研究—中国 Ⅳ.①922.295.4

中国版本图书馆 CIP 数据核字(2015)第 284158 号

中外投资条约研究

单文华 娜拉-伽拉赫 著
魏艳茹 李庆灵 译

责任编辑 易明群 黄倩倩
装帧设计 李 瞻

开本 720 毫米×960 毫米 1/16
印张 40.5 **字数** 505 千
版本 2015 年 12 月第 1 版
印次 2015 年 12 月第 1 次印刷
出版 法律出版社
编辑统筹 学术·对外出版分社
总发行 中国法律图书有限公司
经销 新华书店
印刷 固安华明印业有限公司
责任印制 陶 松

法律出版社/北京市丰台区莲花池西里 7 号(100073)
电子邮件/info@ lawpress. com. cn
销售热线/010-63939792/9779
网址/www. lawpress. com. cn
咨询电话/010-63939796

中国法律图书有限公司/北京市丰台区莲花池西里 7 号(100073)
全国各地中法图分、子公司电话:
第一法律书店/010-63939781/9782
西安分公司/029-85388843
重庆公司/023-65382816/2908
上海公司/021-62071010/1636
北京分公司/010-62534456
深圳公司/0755-83072995

书号:ISBN 978-7-5118-8786-3
定价:128.00 元
(如有缺页或倒装,中国法律图书有限公司负责退换)